Höfler, Karl Adolf C

Papst Adrian VI.

(1522-1523)

Höfler, Karl Adolf Constantin Ritter von

Papst Adrian VI.

(1522-1523)

Inktank publishing, 2018

www.inktank-publishing.com

ISBN/EAN: 9783747766378

Papst Adrian VI.

1522—1523.

VI. 163

J. č. 2518.

Von

Constantin Ritter von Höfler.

Praevalebant jam fata
C. Vellej. Patero

Vorrede.

Meine Absicht war ursprünglich, der Geschichte des letzten deutschen Papstes eine Einleitung vorauszusenden, welche für die Reformations= periode eine neue Grundlage schaffen sollte. So lange dieselbe nur als eine Angelegenheit der deutschen Nation betrachtet wird, kommt man nämlich nicht aus der fatalen Lage heraus, die Partei=Anschauung des sechs= zehnten Jahrhunderts für die einzig richtige zu halten, sich nicht über sie, sondern unter sie zu stellen und denjenigen Theil der Deutschen, welcher sich an sie nicht anschloß, gleichsam als nicht vollberechtigt an= zusehen, ihn zu Deutschen zweiten Grades zu machen. Das ist denn auch in der That die im gegenwärtigen Augenblicke noch vorherrschende Ansicht, obwohl sie niemals die universalhistorische sein kann, ja selbst nicht einmal die wahrhaft nationale, da die deutsche Nation aus dem großen Ereignisse des sechzehnten Jahrhunderts zwar den inneren Zwiespalt erntete, aber nicht die religiöse Einigung und wenn man auch in unseren Tagen durch Gewaltmaßregeln „das Werk der Reformation zu vollenden" hoffte, so hat man dadurch eher den politischen Bau geschädigt als gefördert, auf keinen Fall aber das vorgesetzte Ziel erreicht.

Vom streng wissenschaftlichen Standpunkte aus wird es aber doch wohl geboten erscheinen, zur richtigen Würdigung deutscher Vorgänge analogen Erscheinungen bei anderen Völkern nachzugehen. Erst eine Vergleichung der deutschen Bewegung der Geister mit der der Romanen und Slaven führt, wie ich glaube, zur richtigen und unparteiischen Würdigung dessen,

*

5

was dem einen und was dem anderen Volke im Guten wie im Schlimmen wirklich zukommt. Diese unendlich schwierige und ausgedehnte Forschung darf aber nicht so betrieben werden, daß man die deutschen Vorgänge im sechszehnten Jahrhunderte als Normalzustände ansieht, als den einzig berechtigten Grabmesser christlicher Lehre und christlicher Lebensanschauung, so daß letztere früheren oder späteren Erscheinungen nur in dem Maße zuerkannt werden, in welchem sie mit den zu Wittenberg hervorgetretenen übereinstimmen. Das ist wohl die Pastoren-Geschichtschreibung, die mehr oder minder in usum Delphini stattfindet und mit dem behaglichen Gefühle verbunden ist, wie unendlich weit wir es im Vergleiche zu anderen Nationen gebracht haben! Gegen diese Auffassung erkläre ich mich aber als Deutscher, der ich so gut bin wie ein Anderer, wenn ich auch nicht zum deutschen Reiche gehöre, wie als Mann der Wissenschaft auf das entschiedenste. Der große geistige Proceß, welchen die Romanen im Mittelalter durchmachten, der nicht minder wichtige der slavischen Völker darf nicht länger in der Art betrachtet werden, daß man sich nur an einen Savonarola und etwa an den Magister Johannes Hus — letzteren natürlich in der Krumel'schen Auffassung — und ähnliche Vorläufer der Reformation erinnert und an ihr Wirken den unausbleiblichen Wittenberger Maßstab anlegt!

Mein Gedanke war nun, als Einleitung zu der Darstellung Adrian's ein Bild der Entwicklung der Romanen in ihrer Totalität und ebenso ein Bild der Entwicklung der Slaven, gleichfalls als ein Ganzes aufgefaßt, zu geben und mich durch die ungeheuren Schwierigkeiten eines Versuches, der einmal gewagt werden mußte, nicht abschrecken zu lassen. Das Eine ist erfolgt und die größere Abhandlung: „Die Romanen und ihr Verhältniß zu den Reform-Ideen des Mittelalters" 1878, sucht Einheit in die Vielheit romanischer Völkerentwicklung zu bringen und den Nachweis zu liefern, wie diese nach gewaltigem Ringen endlich im Jahre 1517 in dem Satze übereinkamen, nur das Evangelium könne noch helfen.

Schwieriger war die Durchführung eines leitenden Gedankens bei den slavischen Völkern, da sich unter ihren Händen alle einheitlichen Ideen der übrigen Völker in trennende umgestalten, wie sie es denn zu keinem politischen Staatensystem, zu keiner Einheit der Sprache, der Schrift, der Literatur, ja bis heutigen Tages nicht einmal des Kalenders brachten, geschweige zur Einheit in religiöser Beziehung. Da gibt es von Anbeginn an keinen Zwiespalt, dem sie sich nicht zugewendet und der nicht ihr natio= nales und politisches Leben zersetzt hätte, von den Bogomilen und Pata= renern Bulgarien's zu den Hussiten und Adamiten Böhmen's, von den Graecoschismatikern bis zu den russischen Nihilisten, die, moderne Tabo= riten, was im achtzehnten Jahrhunderte die Czaren an den Czarewitschen und die Großen des Volkes an den Czaren geübt, im neunzehnten Jahrhunderte in die Form einer Doctrin bringen, die Doctrin des Mordes.

Man kann sich aber kaum einen größeren historischen Gegensatz denken, als die Entwickelung der romanischen Staaten und der sla= vischen Reiche. Die ersteren auf ehemals römischem Boden gegründet und durch das römische Recht noch mehr mit Rom verwachsen als durch gemeinsame Geschichte. Der bleibenden Occupation folgt die Constituirung der Rechtsverhältnisse, die Aufrichtung der Verfassungen, die Concentrirung der Territorien zur Einheit eines Staates auf dem Fuße nach. Der staatlichen Einheit und Abgeschlossenheit stellt sich die kirchliche Einheit zur Seite. Die Bedeutung der Hauptstädte entspricht diesem einheitlichen Streben; die Lehensherrschaften Frankreichs gehen allmälig in die Krone über, die zahlreichen Königreiche Spanien's in die Kronen von Castilien und von Aragon, die freilich erst Karl I. (V.) völlig vereinigt. England wird durch die Normannen als Ein großer Staat festgehalten, Irland dazu erobert, die politische Vereinigung Schottland's rastlos versucht. Geht auch Italien durch seine Verbindung mit dem deutschen Reiche seinen eigenen Weg und wird es endlich der Zankapfel zwischen Frankreich und Aragon (Spanien), so ist es von der größten Wichtigkeit, daß das seiner Natur nach allen christlichen Völkern gemeinsame Papstthum den Romanen als ihr beinahe unbestrittenes Erbe verfällt, in 800 Jahren nur einmal der schüchterne Versuch gemacht wird, es einem Deutschen, Adrian VI., zuzuwenden.

Dagegen die Slaven ausgebreitet über den Theil Europa's, der die größte Breiteanlagerung besitzt, nicht über die Inseln und Halbinseln des Westen, in stetem Kampfe mit der civilisirten Welt, Romäern oder Germanen; immer bereit, sich an die weniger civilisirten anzuschließen, an Hunnen und Avaren, an Magyaren und Tataren, dulden sie die schrecklichste Knechtschaft, wenn sie nur in ein heimisches Gewand, in die slavische Sprache sich einhüllt. Führen die anderen Völker mühsam einen Bau auf, so wollen sie da anfangen, wo diese enden, mit eigenem Kaiserthum, das der Idee des Kaiserthums entbehrt, mit eigenem Patri= archate, mit eigener Kirchensprache. Wo sich die ganze übrige Welt fügt, verlangen sie eine Ausnahmsstellung. Sie haben keinen Sinn für das Privatrecht und daher auch kein Verlangen nach einer Verfassung, sie bringen es zu keinem Staate, nur zu Reichen; was sie bauen, ist ephemer, weil ihr unstäter Sinn keine Dauer aufkommen läßt und es ihnen vor Allem behagt, einzureißen, was die Bedeutenderen unter ihnen geschaffen. Immer ist die Richtung zum Extremen vorhanden. Wo Absolutismus ist, wird er zum russischen, wo Freiheit ist, führt sie zur polnischen Anarchie. Sie sind immer dem Fremden feind und können es nimmer entbehren. Was sie nicht haben, wird mit Ungestüm verlangt; was sie besitzen, hat im Vergleiche zu dem, was die Zukunft bringen könnte, keinen Werth. Ein Staatensystem ist ihnen zu wenig, sie theilen sich unter das deutsche und kaiserliche, unter das päpstliche, das romäische, das magyarische, der Waräger aus dem äußersten Norden einigt sie wider ihren Willen, dem Osmanen reichen sie zur Aufrichtung seiner Zwing= herrschaft im vierzehnten und fünfzehnten Jahrhunderte die Hand, wie einst vor den Mauern von Constantinopel den Avaren und den Persern. Nicht die Sprache ist es allein, die den Slaven von den übrigen Völkern trennt. So bedeutend diese Scheidung ist, so ist sie gering gegen die culturhistorische, gegen den gänzlichen Mangel an historischem Zusammen= hange mit der alten Welt und ihrer Civilisation, gegen den Mangel an Gemeinsamkeit gleichartiger Erlebnisse, und den stets wiederkehrenden Versuch, wenn andere Völker sich in ihrer Cultur, in der Gemeinsamkeit der politischen oder wissenschaftlichen Aufgaben einander nähern, eine flavifche Berechtigung auf den Grund hin zu erlangen, daß sie den Organismus der übrigen stören.

So verstreicht das Mittelalter für sie in fruchtlosem Ringen, in einer Fülle von Ansätzen, an die eine ungemeine Kraft vergeudet wird, bis zuletzt die slavische Welt einer großen Bresche gleicht, durch die der Os= mane einzieht, dessen Sultan der rechtgläubige Czar seinen lieben Bruder nennt, mit welchem er in Freundschaft leben will.

Diesen Entwicklungsproceß zu durchgehen und zu beschreiben, blieb aber bisher nur mein Wunsch, da die Schwierigkeiten zu erheblich und nicht blos wissenschaftlicher Art sind.

Ich war somit genöthigt, meinen ursprünglichen Plan zu modificiren und wenn ich nicht die Vollendung eines Werkes, an dem ich zweiund= vierzig Jahre arbeite, in das Unbestimmte hinausschieben wollte, dem= selben jene Einleitung zu geben, die es jetzt erhielt, wobei späteren Tagen, wenn sie gefristet werden, noch immer vorbehalten bleibt, in den hier angedeuteten Pfad wieder einzulenken.

Die gegenwärtige Arbeit ist aber von Anfang bis zum Ende Mosaik und jeder Erzgießer und Bildhauer weiß, was das heißen will, wenn das Erz zum künstlerischen Gusse nicht in hinreichendem Maße vor= handen ist, der Marmorblock zur Ausführung der Gedanken nicht reicht. Das ist nicht meine Schuld, wohl aber der Grund, warum wir bisher keine Monographie über Adrian besaßen und die im Geistesleben der europäischen Völker so entscheidenden Jahre 1522 und 1523 der Dar= legung dessen entbehren mußten, was ein Deutscher in jenen Tagen unter= nahm, der sich berufen fühlte, gegen die wilden Wasser mit kühner Hand den ersten Damm aufzuführen.

Es ist etwas Tragisches in dieser Geschichte und es treten Gegen= sätze in ihr hervor, die das Gemüth auf das Innerste bewegen. Geschichte ist aber nicht da zur Erheiterung, sondern zur Belehrung; ihr Inhalt ein höchst ernster, ergreifender, namentlich wenn er einen Parteikampf schildert, in welchem die bedeutendsten Persönlichkeiten sich nicht auskannten, mit der Verzweiflung rangen und nur mit Mühe sich über den tobenden Fluthen erhielten, die gemeine Naturen verschlangen. Die Auflösung eines kirch=

lichen und politischen Systems, an welchem Jahrhunderte gezimmert, geht nicht ohne convulsivische Kämpfe vor sich. Wer aber kann innerlich ruhig bleiben, wenn alle Fugen eines großen Gebäudes plötzlich zu krachen be= ginnen und sich jene furchtbare Wendung der Dinge wiederholt, die der römische Geschichtschreiber mit den auf Valerius Diocletianus bezüglichen Worten ausdrückte: quasi fragorem quendam impendere comperit status Romani?!

Ich kann zum Schluß eine Bemerkung nicht unterdrücken.

Stärker als je drängt sich mir jetzt, wo ich beende, was ich in jungen Jahren begonnen, der Gedanke auf, welchen Vorzug die Rechts= wissenschaft und ein Rechtsverfahren vor der Geschichte und historischen Forschung besitze. Der Jurist verfaßt auf der festen Grundlage der Ge= setze seine Anklageacte, er vernimmt die Zeugen, er hört das Für und Wider und entscheidet, nachdem das Factum sichergestellt worden. Der Proceß ist zu Ende, wie das Urtheil verkündet wurde. Der historische Proceß hat kein Ende, die Forschung schließt nie ab, der nimmer müde Fleiß führt zu keinem den Forscher vollständig befriedigenden Ziele. Wir durchwandern die verschiedensten Zeiten, wir vergleichen Völker und Staaten, dringen in das Innere der Seele, in den geheimen Haushalt verderblicher und heilsamer Gedanken, aber zum Abschlusse kommen wir nie und das Beste, das uns zu Theil wird, ist nicht sowohl, was wir wissen, als was wir ahnen.

Prag, den 25. December 1879.

Der Verfasser.

Inhalt.

12

Erstes Buch.

Erster Abschnitt.

Das deutsche Reich im Anfange des sechszehnten Jahrhunderts.

Die deutsche Geschichte bildet von den Tagen an, als der Stamm der Karolinger erlosch, der ostfränkische Theil ihres großen Reiches der Auflösung preisgegeben war (911), bis zum Tode Kaiser Maximilian's im Jahre 1519 ein innerlich zusammenhängendes Ganzes; es ist die mittelalterliche Periode der deutschen Reichsgeschichte. Mit Mühe hält

15

König Konrad I. in schwerer Uebergangszeit die deutschen Stämme zu= sammen; auch tritt bereits unter ihm das Königthum, von dem deutschen Episkopat getragen, als der Ring hervor, der die Widerstrebenden ver= einigt. Noch stärker ist dieses der Fall bei Heinrich I. (919—936), der die Auseinandersetzung mit den französischen Karolingen, den legi= timen Erben der in Trümmer zerfallenen Monarchie, unternimmt, zu den vier Hauptstämmen einen fünften, zu dem deutschen Kerne einen slavischen gesellt und dadurch den Anfang macht zu dem nicht blos natio= nalen, sondern auch internationalen Charakter des Reiches. Bereits die dritte königliche Regierung Otto's I. (936—973) gab auf dieser Basis dem Reiche seine bleibende Gestaltung, als der deutsche König erst das Königreich Italien erlangte und dadurch das einstige Hauptland römischer Macht, Bildung und Herrlichkeit mit dem deutschen Reiche verband, dann die römische Kaiserkrone erlangte (962) und dadurch den Deutschen die Superiorität im Westen, auf dem Boden der lateinischen Kirche zugleich eine Fülle von Arbeiten wie den Inbegriff der Größe erwarb. Es war nicht ein Eintrag gegen Deutschland, als Otto und seine kaiserlichen Nachfolger die schwere Aufgabe unternahmen, die lateinische Welt gegen die griechische, die christliche gegen die moslemische, die deutsche gegen die magyarische und slavische zu vertheidigen und in der Mitte von Europa ein Reich aufzurichten, das von den Grenzen Skandinaviens bis zu den moslemischen Küstenstädten Italiens reichte. Die Entfaltung der Dinge ging unendlich rasch. Der zweite Otto befand sich bereits in vollster Betheiligung an dem Weltkampfe, den die Araber seit 300 Jahren führten. Der dritte Otto vermochte der christlichen Welt einen Deutschen, seinen Vetter, zum Papste zu geben, half die Königreiche Polen und Ungarn aufrichten, die Lücken zwischen dem romäischen und deutsch=römischen Reiche durch lateinische Königreiche ausfüllen und faßte bereits den kühnen Gedanken, den politischen Schwerpunkt von der Nordseite der Alpen nach dem Süden zu verlegen, Rom zur Hauptstadt des deutsch=römischen Erdkreises zu machen und dadurch der ganzen abendländischen Welt ein Centrum zu geben.

Bilden die ersten drei Kaiser für sich eine eigene Gruppe, welche der nach Otto's III. frühem Tode (1002) entstandene nachhaltige Auf= stand der Italiener gegen die Deutschen von der der drei nachfolgenden Kaiser, Heinrich als Kaiser der Erste, Konrad als Kaiser der Erste, Heinrich als Kaiser der Zweite (1002 - 1056), trennt, so gehören Letztere auch insoferne zusammen, als sie den politischen Schwerpunkt wieder nach Deutschland verlegen, das losgerissene Italien wieder mit dem

Reiche vereinigen, die große Slavenherrschaft Boleslav Chrobry's, die Prag zum gefährlichen Mittelpunkte einer polnisch-böhmischen Monarchie machen wollte, stürzen, die magyarische mit dem Kaiserreiche in Verbindung, ja in Abhängigkeit setzen, in Rom aber einer ganzen Reihe deutscher Päpste Platz gewähren, Kaiserthum und Papstthum, die höchsten Würden der Zeit, unbestritten den Deutschen zuwenden und ihre Thätigkeit durch Anschluß an die Reform-Ideen der Zeit krönen.

Man hat alle Ursache, die Thätigkeit der sechs ersten Kaiser (962 bis 1056) groß und bedeutend zu nennen. Man spricht von den sieben Königen Roms als den Begründern des gewaltigen römischen Staates, von den sieben ersten Sultanen der Osmanen als den Schöpfern osmanischer Weltherrschaft. Ein Reich, halb erblich, halb electiv, halb geistlich, halb weltlich, das sechsmal hintereinander, wenn auch nur in 94 Jahren, so ausgezeichnete Herrscher sah, mußte rasch auf den Höhepunkt seiner Macht und seiner Wirksamkeit gebracht werden. Und so war es denn auch und bezeichnet das Jahr 1056 auch den Anfang eines tiefen Verfalles, das Aufhören einer gleichmäßigen politischen Richtung, die Deutschland an die Spitze der abendländischen Nationen erhoben.

Dann kommen wir rasch zu einem zweiten und verhängnißvollen Zeitraume der deutschen Geschichte, der, mit Heinrich IV. beginnend, mit Kaiser Friedrich II. und dem letzten staufischen Könige, Konrad IV. (1254), endet. Drei Punkte treten uns hiebei zur Orientirung entgegen. Die Tage von Canossa, Heinrich's IV. Unterwerfung unter Papst Gregor VII., um der Absetzung durch die deutschen Fürsten zu entgehen (1077); Kaiser Friedrich's I. Unterwerfung zu Venedig unter Alexander III., hundert Jahre später (1177); Kaiser Friedrich's II. Absetzung zu Lyon durch den Spruch eines Concils und der frühe Tod des Kaisers (1250), seines Sohnes, König Konrad's IV., in Italien, bald auch der Untergang seines ganzen Geschlechtes. Es sind nicht drei leuchtende Sterne am deutschen Horizonte, sie bezeichnen aber drei höchst denkwürdige Perioden, welche sich riesenmäßig übereinanderthürmen und zusammenstürzend das alte Kaiserthum zertrümmern, das nach dem Tode Kaiser Friedrich's II. im dreizehnten Jahrhunderte nicht wieder ersteht. Sie sind die natürliche, ich möchte sagen unausbleibliche Folge eines mit steigender Erbitterung geführten, rastlos sich erneuernden Kampfes, der im eilsten Jahrhunderte entsteht, das zwölfte beherrscht, im dreizehnten durch den Umsturz des Kaiserthums, das sich mit demselben identificirt, zu Ende geführt wird; die natürliche Folge, als Alles auf die Theorie von Blut und Eisen

1 *

gestellt wurde und das Recht nur im Schwerte beruhte, brutale Gewalt
allein galt. Da will Heinrich IV. die Sachsen knechten wie Heinrich V.
die deutschen Fürsten, wie König Konrad III. die Welfen, wie Friedrich
Barbarossa erst die lombardischen Städte zerstört, dann in der Zerstück-
lung der großen Herzogthümer die Bürgschaft der absoluten Kaiserherrschaft
erblickt, wie Heinrich VI. das normannische Königthum und den nor-
mannischen Adel ausrottet, wie Friedrich II. mit Hilfe der Saracenen
alle Stände, die seiner Willkür Widerstand leisten, befriegt, bis endlich
der Gedanke entsteht, das staufische Haus und die Freiheit der Welt seien
incompatible Dinge, und sich mitten aus diesen Kämpfen der blutige Faden
des deutschen Königschisma entwickelt, das seinen Ausgang nimmt am
frühen Tode des grimmigen Heinrich VI. (1197). Seitdem wird das
Princip des friedlichen Ausgleichs preisgegeben und der Bürgerkrieg
constant, man kann sagen, deutsches Lebenselement. Der Sohn Heinrich's,
der Knabe Friedrich II., wird als römischer König entthront, mühsam
gegen die Deutschen im Besitze Siciliens erhalten; der Welfe Otto IV.
und der Staufer Philipp, Herzog von Schwaben, streiten sich um die Königskrone und machen in die Wette das slavische Königthum Böhmen groß.
Philipp fällt durch Meuchelmord (1208), wie hundert Jahre später König
Albrecht I. Kaiser Otto IV. wird von dem Staufer Friedrich II. befriegt,
mit Hilfe der Franzosen entthront, das Ausland in den Königstreit hineingezogen, nicht blos Böhmen, auch Dänemark wird von dem Sieger groß
gemacht und der französische König feiert bei dieser Gelegenheit seine
Triumphe über den Kaiser, der vor dem Pfaffenkönige Friedrich II., König
von Gottes und des apostolischen Stuhles Gnaden, in die Einsamkeit ent-
weichen muß. Dann beginnt mit 1220 das verhängnißvolle Kaiserthum
Friedrich's, der erst 1235 aus Italien nach Deutschland zurückkehrt, um
seinen ältesten Sohn Heinrich zu stürzen und in Wien den jüngeren Sohn
Konrad an die Stelle des älteren zum deutschen Könige zu erheben. Zehn
Jahre später findet auch die Absetzung des Vaters, die Erhebung erst
Heinrich's, Landgrafen von Thüringen, dann Wilhelm's, Grafen von
Holland, statt, der gebannte Kaiser wird von den Parmigianen (18. Fe-
bruar 1248) geschlagen, verliert Lager, Krone, Siegel, Macht und stirbt
in Apulien (1250), vier Jahre nach ihm König Konrad, ohne daß ein
Staufer mehr die deutsche Krone erlangte.

Das Königschisma, das am Grabe eines Staufers (1197) ent-
standen, reicht aber weit über das Grab des staufischen Hauses hinaus.
Es setzt sich unter den römischen Königen Alfons von Castilien und
Richard von Cornwallis fort. Es erneut sich in eigenthümlicher Art im

Kampfe Ottokar's, Königs von Böhmen, mit dem römischen Könige Rudolf von Habsburg, der endlich die Einheit des deutschen Königthums, aber nicht das Kaiserthum herstellt, wohl aber von dem richtigen Gedanken getragen wird, daß nur die Erblichkeit der deutschen Königskrone dem Reiche aus seinen Wirren aufhelfen könne. Das Schisma beginnt auf's neue, als Herzog Albrecht von Oesterreich gegen König Adolf gewählt wird. Albrecht besteigt über die Leiche des erschlagenen Königs den Thron (1298), um zehn Jahre später den blutigen Anfang durch blutiges Ende zu büßen. Vier Jahre nach der Ermordung des kraftvollen Königs Albrecht stellte Graf Heinrich von Lützelburg, römischer König, das Kaiserthum wieder her (1312), nachdem es 62 Jahre hindurch unbesetzt geblieben. Das Jahr darauf (1313) war er selbst eine Leiche. Das Königschisma begann 1314 auf's neue; nach achtjährigem Bürgerkriege wurde König Friedrich III. zwar nicht erschlagen, aber gefangen, und der Sieger, Ludwig von Baiern, sah dann am Ende seiner Tage das Königschisma, das er, seinen Eid vergessend, erneut hatte, gegen ihn selbst durch Karl von Mähren auf's neue ausbrechen. Ludwig's plötzlicher Tod (11. October 1347) rettete ihn vor den Folgen einer zweiten Schlacht von Ampfing (1322) oder von Göllheim (1298), wo König Adolf fiel. Dann stellte Kaiser Karl nicht blos die Einheit des Königthums her, wie seinerzeit König Rudolf gethan, sondern auch das Kaiserthum (1355); aber schon unter seinem Sohne König Wenzel brach das Königschisma ärger als je aus, so daß erst zwei Könige, Ruprecht und Wenzel, dann selbst drei miteinander stritten. Erst unter dem letzten Luxemburger, Kaiser Sigmund, tobt sich der blutige Hang aus und nimmt der Kampf der Stände eine andere Richtung. Die Fürstenhäuser rivalisiren untereinander, machen sammt und sonders den Kaiser schwach und theilen sich in dessen Attribute, die Vielstaaterei kömmt auf, die Einheit des Reiches, repräsentirt durch den König oder Kaiser, wird illusorisch; nur noch die der Kirche ist vorhanden. Die Nation ist in Spaltung und Fehden versunken, ohne Hilfe, ohne Rettung aus sich selbst. Das ist der kurze Inhalt deutscher Geschichte seit 1056 bis zu den Tagen, in welchen endlich die Krone bei dem Hause Habsburg bleibt (1438).

Man hatte von Seiten der Staufer gehofft, durch Erwerbung des Königreiches Sicilien eine südeuropäische Großmacht zu begründen. Das Königreich Jerusalem, die Königreiche Corsica und Sardinien waren dazu errungen worden, Italien bis auf Rom und Venedig in den Besitz des Kaisers gekommen; ein einziger Tag hatte Friedrich's ganze Macht gebrochen und das Kaiserthum unrettbar in den Abgrund gezogen.

Seit dem Jahre 1250 trennen sich die Geschicke Italiens und Deutsch-
lands. Das anjouinische Haus verdrängt in Sicilien das staufische, wird
Erbe auch der Arpaden in Ungarn, die Aragonesen werden Herren
Siciliens, und die deutschen Könige, welche an eine Aufrichtung des
Kaiserthums denken, schließen sich an die Aragonesen Siciliens (Tri-
nakriens) an, während Habsburger und Luxemburger mit den Anjous
Fühlung suchen. Die inneren Streitigkeiten der Deutschen absorbiren die
Großmachtstellung, welche sich ohne den Besitz Italiens nicht behaupten
läßt. Das Uebergewicht der Romanen über die Deutschen macht sich auf
allen Punkten fühlbar und erst der zufällige Umstand, daß nicht ganz
ein Jahrhundert nach dem Aussterben der Arpaden (1301) das Haus
Anjou in Ungarn erlischt und Sigmund von Luxemburg die Krone von
Ungarn, von Böhmen und des deutschen Reiches gewinnt, scheint endlich
eine Stetigkeit in die deutsche Geschichte zu bringen, aber auch die ganze
politische Achse zu verschieben. Es war schon im vierzehnten Jahrhunderte,
hundert Jahre nach Kaiser Friedrich's II. Tode, Aehnliches versucht worden,
als Kaiser Karl IV. aus Böhmen, Mähren, der Lausitz, Schlesien, Brandenburg, der Oberpfalz und zahlreichen Enclaven im deutschen Reiche einen
böhmischen Großstaat schuf, von dem man — wie heutigentags bei dem
Verhältnisse Preußens zu dem deutschen Reiche — nicht wußte, ob
Böhmen in Deutschland, ob nicht das deutsche Reich in den Großstaat
Böhmen aufgehen werde. Der Tod des Kaisers Sigmund, der keine
männlichen Erben hinterließ — sein Bruder, König Wenzel, war ganz
kinderlos geblieben — und das Aussterben der Luxemburger (1437), der
frühe Tod Albrecht's II. von Habsburg, der die drei Kronen, des Reiches,
Böhmens und Ungarns besaß (1439), wie der Umstand, daß Albrecht's
nachgeborner Sohn Ladislaus wohl Böhmen und Ungarn, aber nicht
das Reich besaß, in der Blüthe der Jugend starb (1457), bewirkte, daß
auch diese Combinationen sich verzogen. Ungarn riß sich von allem Ver-
bande mit dem Reiche los, Böhmen kam an die polnisch-lithauischen
Jagellonen, die auch Ungarn erwarben, und das Reich verfiel immer
mehr den trostlosesten inneren Wirren. Hätte sich nicht das Kaiserthum
noch bei den Habsburgern Friedrich III. und Maximilian neunundsiebenzig
Jahre (1440—1519) ununterbrochen erhalten, die Anarchie, von den
Fürsten entfesselt, hätte bei allen Thoren des Reiches siegreichen Einzug
gehalten.

Damals war es, daß das Bedürfniß einer Reform des Reiches
unwiderstehlich hervortrat. Die Warnung des beredten Enea Silvio
Piccolomini, es werde, wenn nicht an der Besserung der Dinge gearbeitet

werde, der Untergang folgen[1]), war nicht — wie die des Cardinals
Nicolaus von Cusa: wenn der Clerus sich nicht selbst reformire, werde
er reformirt werden — vollständig in den Wind gesprochen worden, und
die ersten Jahre der Regierung Maximilian's waren mit Reformversuchen
vergangen. Allein gerade das Wichtigste, die Aufrichtung einer großen
Centralgewalt, einer bleibenden, wohlorganisirten Reichssteuer, nicht blos
zur Unterhaltung eines Reichsgerichtes, sondern auch eines Reichsheeres,
um nöthigenfalls die Fürsten zu Paaren zu treiben, war entweder geradezu
hintertrieben oder doch höchst mangelhaft in's Werk gesetzt worden. Weit
entfernt, daß ein frischer Geist, wie er nach glücklich vollbrachter Orga=
nisation sich in einem verjüngten Staatskörper zu zeigen pflegt, sich jetzt
bemerkbar gemacht hätte, traten nur die unzähligen im vielgespaltenen
Reichskörper vorhandenen Gegensätze noch feindlicher hervor, die Animo=
sitäten nahmen bei dem Mangel an hervorragenden Persönlichkeiten,
namentlich unter den Fürsten, an Schärfe zu, die Stände schlossen sich
noch engherziger als früher gegen einander ab, das Gefühl der Gemein=
samkeit der Interessen erlosch, ein unendlich spießbürgerlicher Sinn, der
erbberechtigte Uebelstände als deutsches Urwesen zu bezeichnen Lust hatte,
erlangte nicht blos Geltung, sondern trat auch aller freien und groß=
artigen Anschauung der Dinge entgegen, die Gährung ward stärker, die
Ziele unklarer, das Treiben der Parteien verworrener.

Das Reich, anstatt durch seine Verbindung mit Italien eine welt=
historische Aufgabe zu lösen, hatte es vernachlässigt, das Schwesterland
durch eine gemeinsame Verfassung zur Erreichung gemeinsamer Ziele an
sich zu knüpfen; Jahrhunderte lang im traurigsten inneren Zwiste befangen,
war es entschieden im Niedergange begriffen. Als im September 1521
zu Calais die großen Unterhandlungen König Heinrich's VIII. von Eng=
land, König Franz' I. von Frankreich und der Abgesandten Kaiser Karl's V.
stattfanden, wurden von den Letzteren die nachdrücklichsten Beschwerden
über die gewaltthätigen Handlungen der Franzosen erhoben. Sie hatten dem
burgundischen Hause „das Herzogthum Burgund, la visconte d'Au-
xonne et ressort de sainct Laurens, Masconoys, Auxerrois und Bar=sur=
Senne, die Grafschaft Boulogne, die Landschaften an der Somme mit Peronne
Montdidier und Roye," nebst geringfügigeren Territorien entrissen. Sie
hatten Spanien entfremdet: Narbonne, Montpellier, Toulouse und das
ganze Land von Languedoc, Bierne (Bearn) und die Grafschaften Foix
und Bigorre. Endlich dem deutschen Reiche: „das Königreich Arles, die

---

[1]) Prius est interire quam corrigi.

Grafschaft Provence, die Dauphiné, Lyonois und Beaujoloys, das Herzogthum Mailand, das Herzogthum Gennes (Genua) und die Grafschaft Asti." Kaiser Karl V. verlangte, daß alles dieses ihm und dem Reiche zurückerstattet würde [1]. Das Reich, welches unter dem Habsburger Rudolf der Demembration durch den Böhmenkönig Ottokar entgegengetreten war, hatte sich längst gewöhnt, die Franzosen zugreifen zu lassen. Der Habsburger Karl stand mit seinem Begehren allein und ohne Unterstützung da.

Italien befand sich in fremden Händen und ein großer Theil des deutschen Reiches nicht minder. Die Vereinigung beider Länder unter Einem Scepter hatte das deutsch=römische Kaiserthum begründet, die Prätensionen der Romanen nach einem Weltkaiserthum zurückgewiesen, Mitteleuropa vereinigt, die slavische Welt von der romanischen geschieden, die Cultur der lateinischen Kirche nach dem Norden getragen, den politischen Schwerpunkt in Deutschland, den geistigen in Italien gelassen und einen Wetteifer entzündet, der freilich, sollte man meinen, noch eine andere Lösung zuließ, als in der Demüthigung zu Canossa und Venedig, in der Zerstörung Mailands durch Kaiser Friedrich und im Wüthen eines Ezelino da Romano, im Vernichtungskampfe der Guelfen und Ghibelinen zum Vorschein kam. Jetzt bestand Italien aus einer spanischen Masse im Süden, aus der Signoria von Venedig, das sich des Papstes, des Kaisers und des Königs von Frankreich erwehrte, aus dem Herzogthume Mailand, das König Wenzel begründet, um der Erhebung zu einem Königreiche zuvorzukommen, das aber nun wie ein Spielball des Kaisers, der Schweizer und des französischen Königs [2] hin und her geschleudert wurde, aus der Republik Florenz, die sich des Kaiserthums erwehrte, um den Franzosen oder im günstigsten Falle den Mediceern zu verfallen, aus den Herzogthümern Savoyen-Piemont, Genua, Ferrara, Urbino, Mantua, aus kleinen Staaten, kaiserlichen oder kirchlichen Lehen, endlich aus dem Kirchenstaate, der Mittelitalien und die Zugänge zum aragonischen (spanischen) Königreiche Sicilien umfaßte. Diesen ausgenommen, gab es in Italien nur weltlichen Besitz, königlichen, herzoglichen, republikanischen. Da aber das Papstthum mit Italienern besetzt wurde, galt es auch als italienisches Wahlfürstenthum gleich Venedig, und der Italiener, der an Befreiung seines Vaterlandes von der Herrschaft der Barbaren (Ausländer) dachte, mußte wohl, daß er in dieser Beziehung zuletzt doch auf den römischen

---

[1] Lanz, Actenstücke und Briefe. I, S. 359.
[2] Es ist interessant, sich zu vergegenwärtigen, daß Tirol damals (1521) an Frankreich (Mailand) angrenzte.

Stuhl rechnen konnte [1]). Ganz anders verhielten sich die Dinge in Deutschland, dort hatten dieselben Kaiser, welche in Italien mit den Päpsten stritten, die fürstliche Macht der Bischöfe begründet. Von Jahrhundert zu Jahrhundert waren die Regalien geringer geworden; die Kaiser des fünfzehnten Jahrhunderts bezogen vom Reiche so viel wie nichts, wurden aber unsomehr bestürmt, für das Reich einzutreten. Es gab unter Kaiser Friedrich III. und Maximilian in Augsburg und anderswo ärgerliche Scenen, wenn das kaiserliche Hoflager verlegt und die Wirthsrechnungen beglichen werden sollten. Von sieben churfürstlichen Stimmen waren die ersten drei geistlich, der Grundbesitz im Reiche überwiegend geistlich. Der König von Böhmen, der zwischen den drei geistlichen und den drei weltlichen (deutschen) Churfürsten die Mitte hielt, war kein Deutscher. Er war Jagellone, Pole, ursprünglich Lithauer, sein Königreich dem deutschen Reiche durch den Hussitenkampf und die Vertreibung der Deutschen aus demselben entfremdet. Kein Land hatte sich dem deutschen Wesen feindlicher erwiesen als das nobile membrum imperii, wie Kaiser Karl das Königreich genannt, das er mit Allem geschmückt hatte, was er aus aller Herren Länder zusammentragen konnte, und das ihm selbst mit Zerstörung alles dessen gelohnt hatte, das er geschaffen, mit wilder Inbrunst in die Barbarei zurückgesprungen war. Jeden Augenblick mußte man fürchten, daß, wenn auch nicht die Krone, doch ein Theil der „Herren", die sich als die „Herren des Königs" ansahen, an den inneren Händeln des Reiches Antheil nehmen und aus Böhmen herausbrechen würden. Gab es in Italien nur Einen Kirchenstaat — das eigentliche Deutschland zählte ihrer die schwere Menge. Darin lag ein ganz unnatürlicher Zustand der Dinge, der im Widerspruche mit allen andern Reichen sich befand, in die Länge sich nicht halten ließ und die Opposition der Laien ebenso hervorrief, als er der eigentlichen Aufgabe der Kirche nur zu oft Schaden brachte. Schon 1111 war die Frage aufgeworfen worden, ob es nicht im wahren Interesse der Kirche begründet sei, dem Reiche den großen Besitz, den sie vom Reiche erhalten und für den sie dem Reiche zu Leistungen verpflichtet war, zurückzugeben und sich auf die milden Stiftungen zu beschränken. Der deutsche Clerus hatte darin einen Act der Spoliation erblickt und sich Papst Paschal entgegengestellt, der jenes wünschte. Seitdem waren ganze Herzogthümer an die deutschen Bischöfe und Erz-

---

[1]) Macchiavelli's Satz, daß die Päpste stets mit ausländischen Mächten unterhandelt, war nur nach der einen Seite hin wahr, daß sie die eine auswärtige Macht durch die andere in Schach zu halten und Italiens Freiheit dadurch zu wahren gestrebt.

bischöfe gekommen und wenn der Laie mit steigendem Unmuthe auf den immer mehr anwachsenden Besitzstand des Clerus blickte, konnte man ihm dieses nicht verargen. Schon im Anfange des fünfzehnten Jahrhunderts lag der Ausbruch eines großen Kampfes zwischen Geistlich und Weltlich sehr nahe, und hätte nicht der Hussitensturm die Gemüther von dem innern Streit auf die Nothwendigkeit gelenkt, den Kampf um das Dasein gegen die Czechen aufzunehmen, wer kann sagen, wie weit die blutige Auseinandersetzung zwischen Geistlich und Weltlich, Republikanisch und Fürstlich, Bürgern, Bauern, Adel, Fürsten ein Jahrhundert vor Luther gediehen wäre?!

Unterdessen nahm die Anzahl der Reichsstädte, der geistlichen, der adeligen, der fürstlichen Territorien des Reiches immer mehr zu.

Sie überstieg damals die Anzahl von 350 mehr oder minder selbstständigen Territorien, da man nebst den 7 Churfürsten 4 Erzbischöfe (Maidburg, Salzburg, Bisenz, Bremen), 46 Bischöfe, 33 weltliche Fürsten, 3 welsche (Herzog von der Maaß, von Sophoy und den Fürsten von Carino), 63 Prälaten, 13 Aebtissinen, 4 Baleyen, 107 Grafen und Herren, 85 Frei= und Reichsstädte zählte, im Ganzen 362. Die Bisthümer waren: Bamberg, Würzburg, Worms, Speyer, Straß=burg, Eychstett, Augsburg, Costnitz, Hildesheim, Paderborn, Chur, Halberstadt, Verden, Münster, Passau, Freisingen, Chiemsee, Gurk, Sekau, Lavandt, Basel, Wallis, Regensburg, Meißen, Naumburg, Minden, Osnabrück, Lübeck, Utrecht, Camin, Schwerin, Genf, Camerik, Lusan, Metz, Tull, Lüttich, Trient, Brixen, Merseburg, Lubus, Branden=burg, Ratzeburg, Schleswig, Havelburg[1]). Die Zerbröckelung des Reiches war weit gediehen. Rechnet man die Grafen und Herren nebst den Frei= und Reichsstädten hinweg, so standen, abgesehen von den Churfürsten, an deren Spitze drei geistliche sich befanden, 130 geistlichen Ständen 36 weltliche gegenüber, 50 Erz= und Bischöfen 36 weltliche Fürsten. Die Anzahl der Abteien und Klöster ging in die Tausende. Auf welcher Seite Reichthum und Besitz sich befanden, konnte unter derartigen Verhältnissen keinem Zweifel unterliegen. Der Bischof stand in der Regel dem weltlichen Fürsten als Fürst und nicht blos in seiner bischöflichen Würde gegenüber und nur wenige unter den „fünfzig Bischöfen", wie man sich auszudrücken pflegte, waren Landesbischöfe und machten nicht, gleich den Landesfürsten, Anspruch auf Reichsunmittelbarkeit. Umsomehr

---

[1]) Nach den Mainzer Aufzeichnungen von 1522 im Wiener Staatsarchiv, wobei aber Verden zweimal gezählt wurde.

suchten die Hohenzollern in Brandenburg und Franken, die Wittelsbacher in Pfalz und Baiern, die Landgrafen von Hessen die jüngeren Glieder ihrer Häuser zu Bischöfen und Erzbischöfen, mindestens zu Dompröpsten oder Domherren zu erheben, natürlich unbekümmert, ob dadurch die Kirche sich verweltliche, wenn nur das Fürstenhaus gewann; suchte der Landes= fürst den Einfluß des Diöcesanbischofs zu schmälern, wo er konnte, da ihm dieser als Fürst entgegentrat. So lose im Ganzen der Reichsverband war, so widerstrebend die Interessen der geistlichen und weltlichen Fürsten, so zahllos die Differenzen zwischen den Prälaten, den Grafen, Rittern, Herren und Reichsstädten, so gab es doch noch immer das Band einer gemeinsamen Religion, einer gemeinsamen Kirche, einer gemeinsamen Ver= fassung, zu der es ja Italien im Laufe von 700 Jahren nicht gebracht. Sie bildete freilich nur den äußeren Rahmen und gestattete, daß inner= halb desselben sich alle möglichen Gegensätze breitmachten, deren Auf= einanderplatzen als Inbegriff deutscher Freiheit bezeichnet wurde, der Kampf zwischen Adel und Fürsten, Geistlich und Weltlich, Reichsstädten und Adel, Städten und Bischöfen, Zünften und Geschlechtern, Bauern und Herren, Vornehm und Gering, Churfürsten, Fürsten und Kaiser. Die Aufrichtung einer großen und geschlossenen Monarchie im Westen hatte nicht bewirkt, daß die Macht des deutschen Reiches gestärkt, im Innern die Ordnung kräftiger betont worden wäre. Im Gegentheile, das Reich besiegelte seine Schwäche, indem es Ende des fünfzehnten Jahrhunderts sich in einen Staatenbund umgestaltete, und als es zur Durchführung der nöthigsten inneren Reformen und Einführung einer allgemeinen Steuer, des gemeinen Pfennigs, kam, ging ein Jammern durch das Reich, als handle es sich um einen ewigen Tribut wie in Frankreich[1]), um den Verlust aller Freiheit. Der König von Frankreich verfügte über die ganze Kraft seines ungetheilten Reiches, es gab in demselben keinen Fürsten, der sich seiner Willkür widersetzt hätte. Der römische König und erwählte Kaiser aber mußte bei den wichtigsten Be= rathungen der Reichsstände den Saal verlassen und vor der Thüre warten, bis diese zu Ende gekommen waren[2]). Das war die Ehre, das war der Einfluß, den die deutsche Nation ihrem Oberhaupte gönnte. Und doch war Maximilian mit allen seinen Fehlern einer der vielseitigsten und genialsten Männer seiner Zeit. Als Knabe von den Oesterreichern in der Wiener Burg belagert, von dem Jagellonen Wladislaus um die

---

[1]) Höfler, Kaiserl. Buch, Einleitung.
[2]) Höfler, Ueber die politische Reformbewegung.

Krone von Ungarn gebracht, ja von König Mathias aus Wien getrieben, gründete er in dem Augenblicke die westeuropäische Macht „des Hauses Oesterreich" an den Küsten des Oceans, als die an den Ufern der Donau zu Grunde zu gehen schien, Alles verloren war, was Klugheit, Standhaftigkeit, Tapferkeit und unermüdliche Wahrung erworbener Rechte im Laufe von 300 Jahren zu Stande gebracht hatten.

Niemand bewies durch seine Thatkraft besser das Unwahre der so oft wiederholten Phrase: „tu felix Austria nube", als Kaiser Maximilian, der die Erbin von Burgund vor zwölf Freiern erstritt. Was an der Heirat mit Marien Sache des Glückes war, wurde reichlich aufgewogen durch ihren frühen Tod, durch König Ludwig's XI. Ränke, durch die Entführung der Anna von Bretagne, Braut Maximilian's, durch den frühen Tod Don Juan's, Gemahl der Erzherzogin Margaretha (Maximilian's Tochter) und ihres Kindes, durch den frühen Tod König Philipp's von Castilien und den Wahnsinn seiner Gemahlin Donna Juana, die Minderjährigkeit ihrer beiden Söhne und den Zwist mit ihrem. Großvater Ferdinand, König von Aragon. Mit der glücklichen Heirat schien das Unglück, das Karl den Kühnen betroffen (1476), in das Haus Habsburg eingekehrt zu sein. Die Erwerbung der Niederlande stürzte dasselbe in unabsehbare Kämpfe mit Frankreich, deren convulsivische Wirkungen sich bis in die jüngste Zeit erstreckten, als ihr Grund und Ausgangspunkt längst abhanden gekommen war. Zwischen Frankreich und England eingeklemmt, blieb die neue Erwerbung allen Schwankungen der beiden rivalisirenden Mächte ausgesetzt, einerseits der Ausgangspunkt zur Erwerbung Spaniens, andererseits die unversiegbare Quelle politischer Verwicklungen und der bleibenden Feindschaft mit Frankreich. Nur der rastlosen Thätigkeit Maximilian's war es möglich, Oesterreich den Ungarn wieder zu entreißen, wenn auch die sprichwörtliche Treulosigkeit der Ungarn ihn wieder des Erbrechtes auf Ungarn beraubte; ja selbst die getheilte Hausmacht wußte er wieder zu vereinen. Er setzte sich (1515) mit den Jagellonen auseinander[1]), adoptirte den Sohn des Böhmen- und Ungarnkönigs Wladislaus, den jugendlichen König Ludwig und bestimmte ihn zum Reichsvicar und Nachfolger; er zog auch den König von Polen auf seine Seite und bewirkte dadurch, daß, als er den Plan faßte, seinem Enkel Karl die deutsche Krone zuzuwenden, die Versuche der Franzosen, auf die jagellonischen Höfe ein-

---

[1]) Eine vortreffliche Darstellung der ungarischen Zustände im Anfange des sechszehnten Jahrhunderts enthält die „ambasciada Veneziana in Ungheria", herausgegeben von H. v. Reumont. 1879.

zuwirken und sie für das französische Interesse zu gewinnen, sich frucht=
los erwiesen. Er knüpfte selbst das Geschick des habsburgischen Hauses
wieder an die Erhaltung der Königreiche Böhmen und Ungarn an, als
diese der Obhut eines Knaben anvertraut waren, der weder in Böhmen
noch in Ungarn sich Ansehen zu verschaffen wußte¹). Das habsburgische
Kaiserhaus wurde dadurch zur Wacht an der Donau gegen den Einbruch
orientalischer und occidentaler Barbaren.

Als Maximilian die Anerkennung als erwählter römischer Kaiser
erlangt (1508), suchte er sogleich auch den drückendsten Uebelständen in
der deutschen Kirche zu begegnen. Er verlangte, daß sich der Geistliche
mit einer Präbende begnüge, drang auf Wahrung der Rechte des deutschen
Clerus an den wälschen Bisthümern, auf Aufrechthaltung des Laien=
patronates, auf Entlastung der Pfarreien, trat dem Erwerb von Bullen,
Dispensen und Anwartschaften, den steten Appellationen nach Rom
entgegen und behauptete das Recht der Compactaten der deutschen Nation²).

Der verhängnißvollen inneren Lage des Reiches gegenüber traten
aber die Beschwerden der deutschen Nation gegen den römischen Stuhl,
wie sie in Actenstücken vor uns liegen, nicht in erheblicher Weise hervor.
Man beschwerte sich wohl über die häufigen Dispensationen, Suspen=
sionen und Revocationen, welche von dem römischen Stuhle erfolgten,
über die Zurückweisung von Wahlen, namentlich bei Propsteien, über
die Verleihung von Pfründen und geistlichen Würden an Cardinäle und
Protonotare, insbesondere über die zahlreichen Exspectativen, die zu
einer Masse von Streitigkeiten und Ausgaben Anlaß gaben, über die
Eintreibung von Annaten, über die Verleihung von hohen Würden an
ganz untaugliche Personen³), über neue Ablässe mit Beseitigung der alten,

---

¹) Siehe hierüber die interessanten Archivalien des böhmischen Landesarchivs.
Nach der „relatio Cuspiniana" nahm Maximilian den König Ludwig als tertium
filium an. Später schreibt dieser: „Idem — Caesar contra literas suas nobis in
Viennensi conventu datas operam dedit in Augustensi et magnis studiis ela-
boravit atque effecit ut rex Carolus nulla de nobis facta mentione in Regem Romanorum eligeretur. Deinde illud quoque fecit, ut principes electores magna
ex parte in eodem Augustensi conventu sua suffragia ipsi regi Carolo darent."
Der König von Polen gab dann als Vormund König Ludwig's seine Zustimmung
zur Wahl Karl's und riß damit Böhmen und Ungarn mit sich fort. — „Nobis
insciis," schrieb König Ludwig, „rex Poloniae ad electionem Caroli consenserit."

²) Gravamina germanicae nationis (Bibl. Univ. Prag. VI. H. 145).

³) Ecclesiarum regimina minus dignis committuntur qui ad mulos magis
quam homines pascendos et regendos essent idonei. — Gravamina nationis
Germanicae et S. R. Imperii decem.

um Geld zusammenzuscharren. Man setzte hinzu, daß man früher
für die Verleihung des Palliums des Erzstuhles Mainz 10,000 fl.
bezahlt habe, jetzt sei diese Summe allmälig auf 20,000, 25,000
bis 27,000 fl. gestiegen und da das Erzbisthum rasch mehrfach
erledigt worden [1]), trage dieses nicht wenig zur Verarmung, Noth
und Elend bei. Es war keine Ehre für Deutschland, wenn unter den
Vorstellungen, die bei dem Papste angebracht werden sollten, hervorgehoben
wurde, Deutschland sei durch die verschiedenen Kriege theilweise verödet,
die Bevölkerung sei herabgekommen, zum großen Theile seien die Felder
unbebaut, die Zölle gemindert, die Bergwerke weniger ergiebig, die Einnahmen geschmälert. Die Beschreibung errinnerte an das Gemälde,
welches Cyprianus von den Folgen der römischen Herrschaft bei dem
Untergange der alten Welt entwarf. Sie ließ aber die Frage unbeant-
wortet, ob die deutsche Nation nichts Klügeres, nichts Besseres habe
thun können, als sich selbst zu Grunde zu richten? Eine Verfolgung
der Geistlichen, ein Abfall wie in Böhmen ward in Aussicht gestellt.
Deutschland bedürfe sein Geld für seine eigenen dringenden Ausgaben. Jetzt
erst schien man daran zu denken, daß das Reichskammergericht erhalten,
Hospitäler, Waisenhäuser, Armen- und Versorgungsanstalten [2]) gegründet
werden müßten. Der Cumulation von Pfründen müsse gesteuert, bei jedem
Capitel zwei Präbenden, eine für einen Fachtheologen, eine für einen
Canonisten bestimmt werden. Deutschland solle eine Pragmatik erhalten,
wie sie Frankreich bereits besitze und da in dieser Beziehung ein Widerstand
von Seiten der geistlichen Churfürsten, der Mendicanten, der Prälaten
und insbesondere der Päpste zu befürchten sei, möge der Kaiser Vorkehrungen treffen, diesen zu beseitigen. Man mußte sich nur darüber
wundern, daß die deutsche Nation nicht längst Hand angelegt hatte,
ihre Uebelstände zu beseitigen und sie zu der Höhe emporschießen ließ,
daß man rathlos war, was jetzt anzufangen.

Mit einem gewissen Triumphe bemerkte der florentinische Staatssecretär
Nicolò Macchiavelli, daß nur die Zwietracht der Deutschen sie hindere,
von ihrer inneren Größe und Bedeutung Gebrauch zu machen. Der
Nachfolger Maximilian's aber machte kein Hehl daraus, zu erklären [3]), daß
das Reich im Vergleiche zu dem, was es gewesen, für einen Schatten
zu halten sei. Er mochte auseinandersetzen, daß, wenn das Ansehen des
Reichsoberhauptes erhalten werde, auch das der Glieder, der Churfürsten

---

[1]) In vita unius hominis septies.
[2]) Pro pustulatis quorum proh dolor plena est Germania.
[3]) 12. März 1521.

zumal, gewahrt werde. Der ganz und gar verkehrte Begriff von Freiheit, dem man in Deutschland huldigte, ließ aber nicht erkennen, daß eine Freiheit ohne Ordnung und ohne Macht sich nicht halten lasse. „Wann der Kaiser des Kaiserthums halb noth angeht und er vermant seine Fürsten gemein und edlen," schreibt Sebastian Münster in seiner Kosmographie[1]) „so sprechen sie, daß sie gefeit sind und Niemanden dienen, denn der jnen Sold giebt. Dazu lassen sie auch ihre Unterthanen nicht dienen und sagen doch, daß der Kaiser ihr Herr sei." Zu den vielen Uebelständen kam der steigende Haß der Reichsritterschaft gegen die Fürsten, in deren Dienste ein Theil von ihnen getreten war, ein Theil aber saß auf seinen Jagdschlössern und hatte Lust, mit aller Welt Krieg zu führen. Nur dem intelligenteren Theile fiel bei, daß die Reichsritterschaft eigentlich nur dem Kaiser unterworfen sei, ihre Stellung gegen die Territorialfürsten wahren müsse, und eher sich mit den Reichsstädten gegen diese verbinden solle, als den Landesfürsten Vorschub zu leisten im Kampfe gegen den Kaiser und die Reichsstände. Von dieser Erkenntniß bis zur energischen That war aber noch ein weiter Weg und unterdessen verdrängten die Fürsten den Adel wo sie konnten aus dem Besitze der Domstifte, der Capitel, der Reichsbisthümer, zogen ihn in ihre Dienste und machten ihn dadurch von den Territorialfürstenthümern abhängig. Man legte einen Werth darein, als Liebhaber des Adels zu gelten. Viel zu spät erkannte dann ein Theil des Reichsadels, wie viel ihm diese Liebe gekostet und wie sehr er aus einer Stellung nach der andern hinausgedrängt worden war. Der Krieg zwischen Geistlichen und Weltlichen, der in nächster Zukunft Deutschland mit den wildesten Scenen bedrohte, ward vorderhand um den Besitz von Abteien, Propsteien und der Bisthümer unter den Laien selbst geführt, die dadurch ihre Macht zu stärken suchten.

Ja, hätten die republikanischen Ordnungen im Reiche, Geistliche und Weltliche, Stifter, Adel, Städte ihr gemeinsames Interesse gegen das Erbfürstliche richtig gewürdigt und, was Churfürst Albrecht Achilles von Brandenburg († 1486) so sehr fürchtete, „einen Brey" in gemeinsamer Sache gemacht, das Erbfürstenthum hätte noch im sechszehnten Jahrhundert unterliegen müssen. Allein nicht blos der Adel war gespalten, auch die Reichsstädte, die nur mit Mühe sich die Reichsstandschaft erkämpften, im Innern aber durch den oft blutigen Kampf der Zünfte mit den Geschlechtern (Patriciern) auf das Tiefste gespalten waren. Wie es in Rotenburg, Erfurt, Constanz, Speyer, Köln, Augsburg zu inneren Kämpfen gekommen

---

[1]) Basel 1550. S. 381.

war, rührten sich in ihrer Art auch die Bauern [1]). Schon 1432 hatte sich die rheinische Geburschaft unter eigenen Hauptleuten zu organisiren begonnen [2]). Seitdem hatte es an Bundschuh und an Bauernaufständen nicht gefehlt. Selbst die slavischen Bauern in der Steiermark [3]) rührten sich und verlangten ihre alten Rechte (Slava prawda). „Da ist nichts," meinte Sebastian Münster, „das das arme volk nit thun muß und on (ohne) verlust nit aufschieben darf." Umsomehr besorgte der freie Bauer in den Oberlanden den Verlust seiner Rechte und war er entschlossen, diesen nicht gutwillig zu dulden. Man befürchtete deshalb auf dem Reichstage zu Augsburg 1518 das Schlimmste „von dem wüthenden Gemüthe" des deutschen Bauern und bedurfte es wenig Oel zur großen Flamme. Der Zündstoff lag in allen Theilen des Reiches aufgehäuft da, und wer sich berufen fühlte, den Funken hineinzuwerfen, konnte sicher sein, daß es am allgemeinen Brande nicht fehlen werde. Wer aber die Hoffnung auf eine Reform nicht aufgeben wollte, mußte sich sagen, daß kein Reich schwerer zu reformiren sei, als das deutsche; daß kein Stand ohne den andern reformirt werden könne, das Reich nicht ohne die Kirche, die Kirche nicht ohne das Reich. Wer diese Riesenaufgabe unternahm, mochte zusehen, was er unternehme, ob er nicht anstatt aufzubauen zerstöre. Alle angeregten und nicht gelösten Fragen, die aus dem fünfzehnten in das sechszehnte Jahrhundert sich hinübergezogen hatten, drängten sich dann mit einemmale in den Vordergrund, und kam der Stein zum Rollen, so genügte der erste Stoß und keine Gewalt der Erde konnte den nachstürzenden Schutt mehr aufhalten, die Erschütterung, ja die Umwälzung des Reiches erfolgte. Unter diesen Verhältnissen war es als ein fröhliches Ereigniß zu bezeichnen, daß die große geistige Bewegung, welche die Concilien des fünfzehnten Jahrhunderts erzeugt, als sie die tiefere Kenntniß der griechischen Sprache und Literatur gefördert, das Bedürfniß nach einer besseren Unterrichtsmethode, nach einer edleren Form und reicherem Kerne unabweisbar gemacht hatten, auch nach Deutschland gedrungen war, und zwar in solchem Maße, daß man bald sagen konnte, es sei keine (größere) deutsche Stadt so entfernt von aller Literatur, daß sie nicht die gelehrtesten Kenner der griechischen Sprache aufzuzählen habe [4]). Als von 66 größeren und kleineren Universitäten Europas

[1]) Bensen, Bauernkrieg. S. 32, p. 24.

[2]) Schaab, Geschichte des großen rheinischen Städtebundes. I, S. 410. Urk. 317.

[3]) Robitsch, Geschichte der Protestanten in der Steiermark. S. 14.

[4]) Hagen, Deutschlands literarische und religiöse Verhältnisse im Reformationszeitalter. I, S. 215 ff Möhler's gesammelte Schriften. 1841. Bd. I.

nicht weniger als 16 Deutschland angehörten, die gelehrten Schulen, in welchen Latein und Griechisch gelehrt wurde, nicht gerechnet, war endlich auch der Tag angebrochen, von welchem man hoffen konnte, Rom nicht blos das Kaiserthum, sondern auch die Wissenschaft zu entreißen, den Vorrang, welchen Italien bisher im geistigen Leben behauptet, endlich Deutschland zuzuwenden. Wie innerlich vergnügt lobte sich 1511 der gelehrte Johann Eck sein Jahrhundert, „in welchem, nachdem die Barbarei den Abschied erhalten, die Jugend auf die beste Weise unterrichtet wird, wo die Dialektik die sophistischen Lächerlichkeiten verschmäht und darum täglich solider wird, wo die vortrefflichsten Redner in lateinischer und griechischer Sprache in ganz Deutschland sich finden. Wie viele Wiederhersteller der schönen Künste blühen nicht jetzt, die von alten Schriftstellern das Ueber=flüssige und Unnöthige ausscheiden, die Alles glänzender, reiner und eleganter machen, alle vortrefflichen Autoren wieder an das Licht ziehen, Griechi=sches und Hebräisches von Neuem übersetzen, Männer wie Erasmus, Wimpfeling, Pirkheimer, Cuspinianus, Peutinger, Reuchlin, Heinrich Bebel, Vadianus, Beatus Rhenanus und viele Andere. Wahrhaft glücklich dürfen wir uns preisen, daß wir in so einem Jahrhunderte leben." Derselbe gelehrte Theologe führt auch an, sonst seien die Wissenschaften nur in den Klöstern gepflegt worden, jetzt, da sie überall emporsprössen, wären sie allein nur in den Klöstern nicht. Nicht nur Bürgerliche, sondern Adelige, ja Fürsten gäben sich den Wissenschaften hin. Die Mönche sollten bedenken, wie weit sie in dieser Beziehung zurückgeblieben seien. Hand in Hand mit der Entwicklung der Wissenschaft ging gleich=zeitig auch die der Kunst, gleichfalls von der italienischen in Bezug auf Höhe der Conception, Schönheit der Formen, Pracht der Farben über=flügelt und erst was die Malerei betraf, von Albrecht Dürer zur gleich=berechtigten Höhe der Darstellung gebracht. Ja es ist beinahe unbegreif=lich, in der Weltgeschichte nicht dagewesen, daß eine und dieselbe Nation eine so großartige Entwicklung zeitigte, welche ihren gerechten Stolz bildete und in deren Pflege die edelsten Geister wetteiferten, um mit einemmale aus dem Munde eines Professors, ja des populärsten öffent=lichen Lehrers, zu erfahren, daß nur der blinde Glaube allein nütze, die Universitäten nichts taugten, das Studium der Philosophie nicht viel weniger als satanisch sei, die Freiheit des Willens, das edelste Kleinod des Menschengeschlechtes, müsse preisgegeben, mit der ganzen Vergangen=heit gebrochen, der Kunst wie der Wissenschaft der Krieg erklärt werden. Man traut den Augen nicht, wenn man diese Verrückung der Dinge gewahrt.

v. Höfler: Adrian VI.　　　　　　　　　　　　　　　　2

Die deutsche Wissenschaft hatte bei den zerrütteten Zuständen des Reiches, bei der nur zu berechtigten Unzufriedenheit und Gährung der Massen, bei der sittlichen Verwilderung nicht blos des Clerus, sondern aller Stände, der hohen wie der niederen, eine ungemein schwierige Aufgabe. Sie löfte nur einen Theil derselben, wenn sie die Jugend ein besseres Latein lehrte, ihr die Harmonie der griechischen Sprache erschloß, die sprachlichen Geheimnisse des Alten Testamentes eröffnete. Die Jugend mußte vor Allem erzogen werden, ein edleres Princip mußte das Leben durchdringen, den Fürsten mußte etwas Anderes beigebracht werden als Jagd- und Stallgedanken; das ekelhafte Saufen, das die Nation von Oben bis Unten verrohte [1]), mußte abgethan und ein anderer Begriff von Tugend herrschend werden, als der der Ueberfüllung mit Speise und Trank. Das Erbübel der Deutschen, der kleinliche Neid, wie die den Deutschen angeborene Unversöhnlichkeit, blieben von den Fortschritten der Wissenschaft unberührt; der Haß der Laien gegen die Geistlichen war nirgends ärger als in Deutschland und bereitete eine grauenvolle Zukunft. Das Reich befand sich nichtsweniger denn außer der Gefahr vor deutschen Taboritenkämpfen und es war keine Uebertreibung, wenn Zeitgenossen darauf hinwiesen, daß es gar nicht an Personen fehle, die da meinten, Gott einen Dienst zu erweisen, wenn sie die Geistlichen, als Gott und den Menschen gleich verhaßt, mißhandelten und ausplünderten. Man konnte einen allgemeinen Niedergang bemerken. Die geistlichen Churfürsten waren es gewesen, welche nach dem Untergange des alten großen Kaiserthums Grafenhäusern an der Stelle der fürstlichen den Weg zum Königthume bahnten. Warum sollte in natürlicher Consequenz den Rittern derselbe Weg nicht auch eröffnet sein; warum sollte nur den Häusern Brandenburg, Wittelsbach (Baiern-Pfalz), Brabant-Hessen die Verfügung über die geistlichen Fürstenthümer zufallen? Warum der Clerus — Regular- und reichsständischer Clerus — den größeren Theil des deutschen Grundes und Bodens besitzen? Was aber der Adel vorhatte, wenn er sich in den Besitz des Kirchengutes setze, konnte man aus dem Schicksale der Klöster erkennen, die in seine Hände fielen und in denen nun Hunde gefüttert wurden und die Aebte, wie Aeneas Silvius bereits bemerkte, sich mit Schauspielern abgaben. Die Wissenschaft erwies sich, wie immer in Zeiten großer Gährung, unfähig, Hilfe

---

[1]) Vergl. Eobanus: „Von den Arten der Betrunkenen und von der Vermeidung der Trunkenheit" (Krause, I, S. 209). „Wären die Deutschen nicht diesem Feinde zum Raube verfallen, sie hätten den ganzen Erdkreis besiegt, jetzt gelte das Laster als Tugend" (S. 213).

zu bringen. Sie konnte Einzelne retten, die mit großer persönlicher Aufopferung ihr zugethan waren, die aber doch, als der Sturm losbrach, wie Willibald Pirkheimer, rathlos dastanden. Sie erschöpfte sich, Mittel ausfindig zu machen, der entsetzlichen Bubonenpest (dem morbus gallicus) zu steuern, die die Massen zur Verzweiflung trieb. Sie hatte auch kein Mittel, dem Glauben an eine neue Sündfluth entgegenzutreten, die um das Jahr 1524 losbrechen sollte und gleichfalls nicht wenig beitrug, bange Erwartungen einer herannahenden Katastrophe zu vermehren [1]; sie besaß keines, um einem socialen Umsturz der Dinge zu begegnen. Dazu brachte die Wissenschaft erst noch ihre eigenen Streitigkeiten, den Neid der Gelehrten, ihren Haß und ihre kleinlichen Leidenschaften [2]. Sie goß mit ihrem Hohne, ihrer Unversöhnlichkeit das Oel, welches heilen sollte, in die Flammen. Einer der jüngeren aber hochverdienten Zeitgenossen, der Spanier Ludwig Vives, hat in seiner ungemein lehrreichen Schrift über die Ursachen des Verderbnisses der Künste und über die Art, wie die Wissenschaften zu lehren sind, ein seltsames Gemälde der Parteiung unter den Gelehrten entworfen, der Gewissenlosigkeit, mit welcher für Geld die akademischen Grade an Ignoranten ertheilt, Mediciner ohne irgend eine Kenntniß der Natur gleichsam als privilegirte Mörder auf das Land geschickt wurden, die Juristen, statt das Recht aufrecht zu erhalten, Processe nährten und Verwirrung säeten, die Philosophen mit ihren Subtilitäten die Geister tödteten, mit ihrem schlechten Latein eher Barbarei schufen als sie beseitigten, so daß man ein Recht hatte zu fragen, was nützt denn dieser so hochgepriesene Aufschwung der Geister? Man hat sich in Deutschland gewöhnt, diese Frage vom Standpunkte des Streites Reuchlin's mit Hochstraten aufzufassen und große Lust, Jeden, der nicht die epistolae obscurorum virorum als eine rettende That, Ulrich von Hutten aber als den Engel des Jahrhunderts betrachtet, mit den unwissenden Mönchen jener Tage in einen Topf zu werfen. So aber darf eine Bewegung nicht aufgefaßt werden, welche nicht blos in Deutschland, sondern gleichzeitig in den verschiedensten Ländern stattfand, auf dem einen Punkte zur eifrigen und kühnen wissenschaftlichen Forschung auch den strengen sittlichen Ernst hinzufügte, dort aber sich des letzteren entschlug und dann wohl das Alte und Veraltete zerstörte, aber statt des gedeihlichen Friedens nur zu oft unnützen Lärm, Hader und Streit hervorrief und die Wissenschaft mit den innerlich berechtigten Ansprüchen der Ethik

---

[1] Siehe Friedrich, Astrologie und Reformation (1864).

[2] Turpissimum est nobis latrones ac lenones majore inter se consensione vivere quam eruditos. Lud. Vivis de tradendis disciplinis. V, p. 323.

2*

in einen unheilbaren Conflict versetzte[1]). Es ist nicht wahr, daß die Wissen=
schaft veredelt; sie kann es, sie findet sich aber auch bei den gemeinsten
Naturen vor, in deren Händen sie statt einer Wohlthat eine Plage
wird. Man würde sich sehr täuschen, wenn man die Universitäten als
Pflanzstätten der guten Sitten betrachten wollte. Die Professoren waren
oftmals so abhängig vom Landesherrn, daß sie sich von ihm einen neuen Rock
erbaten, die Studenten wieder von den Professoren, welche ihnen die Lebens=
mittel verkauften, Letztere wurden an manchen Orten von den Scolastikern
gewählt und darum angewiesen, um ihre Gunst zu buhlen[2]). Wenn
irgendwo eine Reform nöthig war, so bedurften derselben die Univer=
sitäten, an welchen, wenn die sittlichen und höheren Ideen abhanden=
kommen, nur zu oft die niedrigsten Leidenschaften mit der sogenannten
Pflege der Wissenschaft einen merkwürdigen Bund zu schließen wissen,
der edleren Naturen den Aufenthalt gründlich zu verleiden vermag.

     Zwei Richtungen stritten sich im deutschen Geistesleben um die
Herrschaft. Die eine, sich stützend auf die Gottesgelehrten des vierzehnten
und fünfzehnten Jahrhunders, verlangte Zurückziehung von allen äußeren
Begebenheiten, Sammlung und Concentrirung des Geistes auf das, was
allein zum Heile dient, erblickte als Aufgabe der Wissenschaft die Er=
kenntniß seiner selbst, als Aufgabe des Einzelnen die Vorbereitung für
das Ewige[3]). Sie hatte wesentlich beigetragen zu verhindern, daß das
deutsche Volk in der Zeit des grimmigsten Haders zwischen seinem
Königthum und dem Papstthum nicht in eine alles edlere Leben ver=
zehrende Parteirichtung aufging, wie dies in Italien der Fall war.
Die andere Richtung schloß sich an die allgemeine Bewegung der Geister,
vor Allem in den romanischen Ländern, an und verlangte nachdrückliche
Betheiligung an dem Aufschwunge der Kunst und Wissenschaft, den diese in
Folge der großen Erlebnisse und Bestrebungen des an productiven
Geistern überreichen fünfzehnten Jahrhunderts genommen. Die Frage
war aber nicht mehr, ob man in diese Richtung einlenken solle, ob man

---

[1]) Nunquam bene traditur disciplina quae venditur. — Duo sunt vitia
ob omni conditione atque eruditis longissime pellenda avaritia et honoris cupido,
quae simul artes corrumpunt simul literatos et literas adducunt in contemptum.
De tradendis disciplinis, II, p. 451. Vives beschäftigt sich hiebei mit Fragen, die
das neunzehnte Jahrhundert noch immer beschäftigen, z. B.: Gradus honorum in
Academia an erit satius nullos esse omnino.

[2]) Tholuk hat diese Nachtseiten der Universitäten ebenso scharf bezeichnet als
Döllinger.

[3]) W. Hasak, der christliche Glaube des deutschen Volkes beim Schlusse des
Mittelalters. — Böhm, Friedrich Reiser's Reformation Kaiser Sigmund's, S. 41.

ihr ferne bleiben könne, sondern ob man nicht, wenn man an den allgemeinen Impuls sich anschloß, einer natürlichen Entwicklung folgend, auch die negativen Geister entfeſſele, und, wenn dieſe dann die poſitiven ſehr bald ablöſen würden, welche Rolle hierauf Deutſchland zu ſpielen beſchieden ſei?!

Niemand wird die große geiſtige Arbeit gering achten, welche der claſſiſchen Philologie, dem Verſtändniſſe des Alterthums und ſeiner Ideen= fülle in Deutſchland neue Bahnen eröffnete. Es war eine ganz große That, als Erasmus von Rotterdam, der Fürſt der Gelehrten, ſeine griechiſche Ausgabe des neuen Teſtaments vollendete, den correcten Text Papſt Leo X. dedicirte und ſomit der gelehrten Kenntniß der Quellen des neuen Bundes eine ſichere Unterlage gegeben wurde, man kann wohl ſagen, die Kirche die Huldigung der Gelehrſamkeit empfing und dankend annahm; als der gelehrte Trithem, Abt von Sponheim († 1516), an der Reformation des weitverzweigten Benedictinerordens arbeitete, Kaiſer Maximilian ſelbſt einen Mittelpunkt für Gelehrte darbot, unter welchen Peutinger und Willibald Pirkheimer hervorragten; als die Geſchicht= ſchreibung, dem Vorbilde der Alten folgend, ſich um neue Quellen ebenſo umſah, als ſie eine edlere Diction annahm; die antike Welt ihren reichen Gedankenvorrath wie ein unerſchöpfliches Füllhorn auch über Deutſchland ergoß. Von dieſer reichen Blüthenſaat, die die Glaubensſpaltung im theo= logiſchen Haſſe erſtickte, kann man nur mit denſelben Gefühlen ſprechen, mit welchen man nach langem Winter die Ankunft des Frühlings begrüßt. Allein je unumwundener dieſes geſchieht, deſto begründeter iſt auch die Frage, welchen ſittlichen und fördernden Einfluß die Literatur, damals bereits von dem gewaltigen Vehikel der Preſſe getragen und jetzt erſt zu einer Macht ſich erſchwingend, auf die damalige Zeit gewann? Und da muß, wie bemerkt, wenn auch nur vorübergehend, des Streites Reuchlin's mit dem Dominikaner Hochſtraten gedacht werden, weil derſelbe zum erſtenmale jene ätzende Lauge der Satire und des Hohnes in Fluß brachte, die den nachfolgenden theologiſchen Kämpfen den Charakter einer Verbiſſenheit und Liebloſigkeit ohne Gleichen verlieh. Die epistolae ob-scurorum virorum haben hiebei das Außerordentliche geleiſtet und eine Bahn gebrochen, die conſequent vom Federkriege zum Bürgerkriege führen mußte. Nicht im Streite der Parteien liegt die Gefahr, wohl aber darin, daß die Parteien verlangen, daß ſich Alles ihnen unterordne, auch dann, wenn im leidenſchaftlichen Kampfe das Ziel bereits ein anderes geworden und jedes Mittel, das einen Erfolg verſpricht, willkommene Waffe iſt, wenn es nur den Gegner verwundet. Die Parteiwuth kämpft regelmäßig mit zweischneidigen Schwertern und ihre Geschosse fliegen weit über das Ziel hinaus.

Wenn auch nicht von Seiten Reuchlin's, einer durchaus edlen Natur, aber doch von Seiten der aufdringlichen Anhänger Reuchlin's wurde seit 1517 Alles aufgeboten, auf die Masse einzuwirken und diese in einen literarischen Streit hineinzuziehen, den sie nicht verstand, welcher aber dadurch immer größere Dimensionen annahm und zuletzt nur einigen wenigen Agitatoren dienen sollte.

Es war zunächst die Nothwendigkeit gemeinschaftlicher Abwehr gegen Vorgänge, welche die Wissenschaft selbst zu bedrohen schienen, die Männer so verschiedener Art wie Willibald Pirkheimer und den Ritter Ulrich von Hutten zusammenführte, den sanguinischen aber edlen Charakter mit dem stürmischen Revolutionsmann, der aus Gründen, die an Catilina's Auf= treten mahnen, an dem allgemeinen Umsturze der Dinge arbeitete. Ehe noch eine entscheidende Wendung zum Schlimmen eingetreten war, klagte schon Glarean, Professor in Basel, dem Nürnberger Freunde: „das Jahrhundert ist so tumultuös, daß alle schönen Künste und Wissenschaften zugleich mit der Philologie rettungslos zu Grunde gehen müssen. Es zieht ein ent= setzliches Wetter gegen alle Studien heran und nun kommt noch das Aergste dazu, daß die Gelehrten selbst, welche bei der Wiederherstellung der Texte der alten Schriftsteller sich mit ihren Bemerkungen wechselseitig freundschaftlich unterstützen sollten, dazu gar keine Lust bezeugen, sondern jeder einzelne nur seinem eigenen Ruhme nachjagt (1514)." Es war ein Unglück, daß die geistige Entwicklung der deutschen Nation in dem wichtigsten Momente den streitsüchtigen Philologen in die Hände fiel, mit denen, wie Goethe sagt, ein heiteres Verhältniß nicht eingegangen werden kann; es war nichts Geringes, daß der Fürst der Philologen, aus Furcht, es möchte die Wissenschaft sonst ihren Gegnern preisgegeben werden, so lange von allen Maßregeln gegen die immer stärker werdenden Aus= schreitungen abrieth, bis diese selbst das Oberwasser gewannen und den= jenigen beseitigten, welcher in seiner Selbsttäuschung gehofft hatte, durch seine Rathschläge die Sache der schönen Wissenschaften zu retten[1]), ohne zu ahnen, daß gerade durch die freie Bewegung, welche er vertrat, bald dem allgemeinen Umsturze die Wege bereitet würden. Aber war es möglich, den entgegengesetzten Weg einzuschlagen? Wenn Erasmus sich über den Geist seiner Zeit täuschte, auf wessen Urtheil war dann noch zu gehen und bestand das Verhängniß jener Tage nicht gerade darin, daß das, worin

---

[1]) Döllinger, Reformation, I, S. 9.

die Klügsten das Heil erblickten, in seinen Consequenzen den Umsturz
der Dinge beschleunigte, dem man zu entgehen hoffte?

Es kam noch manch' anderes Ferment dazu. Vielleicht nicht das
geringste jenes, an welchem man gewöhnlich vorübergeht und das ja
auch heutigentags als ein noli tangere betrachtet wird, der Juden-
wucher, der so überhand nahm, daß in einzelnen Diöcesen, wie z. B.
1512 in Regensburg, auf Synoden Maßregeln ergriffen wurden, das
Volk wie den Clerus vor jüdischen Wucherern sicherzustellen[1]).
Sie haußten nicht blos in Regensburg. Bald waren kaiserliche
Mandate nothwendig, um der Einschleppung und Verbreitung falscher
Münzen durch die Juden zu steuern. Der Humanist Mutianus ließ sich nicht
nehmen, daß es bei dem Bauernkriege des Jahres 1525 sich um Aufrichtung
einer Republik handelte und Juden dabei ihre Hand im Spiele hatten[2]).
Es kam die keinen Stand befriedigende Halbheit der Reichsreform hinzu,
welche es ganz begreiflich macht, wenn zuletzt die niederen Ordnungen,
bei welchen der Sinn für altherkömmliches Recht noch nicht erloschen
war, sich berufen fühlten, die Reform in ihre Hände zu nehmen. Und
wenn dann nach der Meinung Einiger, und vor Allem Ulrich's von
Hutten, der Clerus die Zeche zahlen sollte, hielten auch die Andern
nicht lange mehr mit ihrem Geheimnisse hinter dem Berge, daß es
nach den geistlichen Fürsten die weltlichen treffen solle. Die Zahl der
Verschuldeten, der privilegirten Umsturzmänner, mehrte sich[3]) wie die der
Reißläufer, welche, dem Beispiele der Schweizer folgend, für fremdes
Geld und eine fremde Sache ihr deutsches Blut vergossen und, unter
französischer Fahne dienend, Kaiser und Reich zu befehden kein Gewissen
trugen[4]). Die vielverbreitete astrologische Literatur, welche bei dem
gemeinen Manne ebenso Eingang fand, als sie den Gelehrten beunruhigte,
trug zur Beängstigung der Gemüther nicht wenig bei, machte namentlich
sie für eine Katastrophe empfänglich, welche unabänderlich in der nächsten
Zeit eintreten werde. Geängstigt durch die steigende Gefahr vor den

---

¹) Joannes III. — Usuram a subditis suis omnino prohibuit edita super
hoc constitutione synodali quam paulo post a Leone X. P. R. confirmatam
obtinuit ut populus et clerus a judaeis usurariis tutiores essent. Enhuber conciliorum Ratisbonens. brevis recensio. 1768. 4. p. 60.

²) Krause, Eobanus. I, S. 413 Urk.

³) Reuchlin an W. Pirkheimer. 1519.

⁴) Kaiser Karl V. ließ die in Spanien unter französischen Fahnen eingedrun-
genen deutschen Hauptleute und Soldaten über die Klinge springen. Doch, das waren
nur Söldlinge gewöhnlicher Art. Was soll man aber zu Johann Philippsohn von
Schleiden, dem Geschichtschreiber der Reformation (Sleidanus) sagen, dem unter allen

Osmanen, durch Trinken und sinnliche Ausschweifungen herabgestimmt, gequält von der nicht zu entrinnenden Seuche[1]), welche den Prior von Ebrach, der sie beschrieb, während der Predigt befiel[2]), von bangen Ahnungen über eine noch schlimmere Zukunft erfüllt und auf einen Retter hoffend, der alles Ungerade gerade, alles Unebene eben machen werde, freiheitsdurstig und ebenso allem Gehorsam widerstrebend, der großen Masse nach roh, gemein und jedes Rechtsgefühles baar, verwildert und mit tödtlichem Hasse gegen andere Stände erfüllt, von der populären Literatur aufgestachelt, bot die deutsche Nation im Anfange des sechs= zehnten Jahrhunderts den Anblick eines wilden, tosenden Meeres dar, das, bereits vom Sturme erfaßt, Woge um Woge nach dem Ufer zu schleudern beginnt.

Wer unter so schweren Verhältnissen am Vorabende einer Revolution sich berufen fühlte, statt das Signal zum Umsturze zu geben und im Trüben zu fischen, an einem starken Kaiserthume zu arbeiten, den aus= wärtigen Feinden Widerstand zu leisten, nicht zu rasten noch zu ruhen, bis nicht gerettet war, was sich retten ließ, war denn doch ein Held zu nennen. So steht denn auch der Habsburger Maximilian da, dem es

---

im Solde Frankreichs stehenden Deutschen wenige an Wissen, Geist und Geschichts= erfahrung gleichkamen, den aber an Treue gegen den König von Frankreich, wie du Bellay, der französische Gesandte, sich ausdrückte, Niemand übertraf, und der Frankreich besonders deshalb gute Dienste leistete, weil seine Beziehungen zu Frank= reich nicht wie die Anderer offenkundig waren!!

[1]) Johann Riebling. Vergl. meine „Fränkischen Studien".

[2]) Vergl. Conrads Reitteri prioris monasterii Caesariensis (Kaisheim bei Donauwörth) carmen discolon — ut nos S. Maria a gallico morbo intactos praeservet et incolumes. Augustae 1508.

> Eu lues turpis
> Nesciens atrox utriusque sexus
> Parcere cuiquam.
> Non puer tutus tenuis in annis,
> Non senex sed nec viridis juventa
> Effugit illam.

Str. 18.
> Quisquis subjectus capiti rebellat
> Et jugo collum excutiens petat se
> Libere natum quasi pullum onagri
> Vanus homullus.
> Trudit in saccum locuples egenum
> Atque conculcant homines nocentes
> Colla sanctorum toleratque justus
> Crimen iniqui.

im bewegten Leben nicht süß wurde, als im Getümmel der Schlacht, auf Bergeshöhen und in Gletschernähe, im Umgang mit Gelehrten und Künstlern, mit zarten Frauen, deren lieblichste, Maria von Burgund, er kaum gewonnen, auch schon verloren und der, ehe das Greisenalter ihn beschlich, eben beschäftigt, seinem Enkel Don Carlos die Nachfolge im Reiche zu sichern, am 12. Januar 1519 zu Wels starb.

Erst nach einem Sturmlaufe ohne Gleichen, nachdem Spanien seine Doublonen, Frankreich seine Sonnenthaler in Bewegung gesetzt, die Kaiserkrone Karl oder Franz von Frankreich zu verschaffen, entschied sich, als die Nation bereits für den Enkel Maximilian's Partei ge= nommen, das Churfürsten=Collegium am 29. Juli 1519 für König Karl und blieb auch Churfürst Joachim von Brandenburg, der am längsten für König Franz ausgehalten, nichts Anderes übrig, als sich zu fügen. Die drohende Haltung des rheinischen Adels hatte die Wahl des deutschen Fürstensohnes entschieden. Als Bernard Wurmser am 30. November 1519 in Molin del Rey im Namen der Churfürsten die Anrede an den Neugewählten hielt, unterließ er es, selbst die Schwere der Aufgabe zu betonen. Aber der Großkanzler Mercurin de Gattinara übernahm es in der Antwort, welche er im Namen des neuen Kaisers gab, die Re= stauration des heiligen Reiches, die Befestigung des römischen Stuhles, damit das Schifflein Petri in Sicherheit gebracht werde, die Vernichtung der treulosen Feinde des christlichen Namens und die Erfüllung der Worte Christi, daß Ein Schafstall werde und Ein Hirte als solche zu bezeichnen. Schon am 16. August hatte Papst Leo X., der anfäng= lich über die Wahl des Königs von Sicilien=Spanien nicht erfreut war, geschrieben, daß er ihn als den festesten Schirm und Schutz des Glaubens betrachte. Im Mai des darauffolgenden Jahres verließ Kaiser Karl Castilien, das hinter ihm der Flamme des Aufruhrs ver= fiel, um in Aachen die Königskrone und, wie er hoffte, dann in Rom die Kaiserkrone zu erlangen. Allein der Zustand des Reiches und der französische Krieg machten seine Anwesenheit in Deutschland nothwendig. Die Gefahr eines Türkenkrieges rückte heran. Die territoriale Ausein= andersetzung mit dem Infanten Ferdinand, jüngeren Bruder Kaiser Karl's, war unabweisbar geworden. Vor Allem aber mußten Mittel und Wege ersonnen werden, um dem kirchlichen Aufstande zu begegnen, der plötz= lich entstanden, wie ein fressendes Feuer um sich griff und in nächster Zeit eine allgemeine Erhebung der Laien gegen die Geistlichen, ein Blut= vergießen ohne Gleichen in Aussicht stellte.

Zweiter Abschnitt.

Die Anfänge der deutschen Glaubensspaltung. Dr. Martin Luther.
Der Reichstag zu Worms. Luther in Bann und Acht.

Man hatte in Deutschland über die Kirchthurmspiel-Interessen den Sinn und das Verständniß für die allgemeine Lage der Dinge von Jahr zu Jahr mehr eingebüßt und war endlich dahin gekommen, sich für die allgemeine Kirche zu halten, wie es im fünfzehnten Jahrhundert die Hussiten in Böhmen gethan. Das lateranische Concil, das das romanische Schisma beendigt, die Einheit der Kirche wiederhergestellt, Frankreich wieder zur Anerkennung des Papstes gebracht hatte, war für Deutschland fast ohne Theilnahme und Bedeutung vorübergegangen, obwohl Maximilian es feierlich durch eine Gesandtschaft anerkannt hatte. Es stand nur bei dem deutschen Episkopate, und die Principien der Reform, welche das Concil für alle Gebiete als maßgebend ausgesprochen hatte, drangen in das Leben ein; nur genügte es nicht, daß einige Bischöfe ihre Anerkennung des Concils aussprachen, sie mußten auch die gewaltige Berufung an das Evangelium, womit das Concil im Jahre 1517 seine Sitzungen schloß [1]), thatkräftig aufnehmen und in das Leben einführen, Provinzial-synoden halten und jene Anstalten und Mittel treffen, die die Noth der Zeit, die gewaltige Verweltlichung des Clerus, die dem ganzen Systeme drohende Gefahr erheischten. Statt dieses zu thun und zu verfahren, wie ihr Zeitgenosse der Cardinal von Toledo, Francisco Jimenes, that, duldeten sie den schmählichen Ablaßkram, der die Gemüther in Aufregung versetzte, durch den Mißbrauch, der nirgends leichter geschehen konnte als hier, Aergerniß hervorrief und was nun und nimmermehr hätte ge-schehen sollen, die Verheißung überirdischen Gewinnes mit dem schmutzigen Handel der Ablaßprediger in Verbindung brachte, die Papst Leo X. ausgesandt hatte, Geld für den Weiterbau der St. Peterskirche zu ge-winnen. Daß darüber heftige Zerwürfnisse entstehen konnten, diese, wenn einmal ausgebrochen, von unberechenbarer Tragweite werden würden, war unschwer vorauszusehen, wenn man überhaupt Einsicht besaß und Vorsicht üben wollte.

Die Art und Weise, wie zunächst im Meißener Lande der Ablaß verkündet und wohl noch mehr, wie er aufgefaßt und gewonnen wurde,

---

[1]) Höfler, Die romanische Welt und ihr Verhältniß zu den Reform-Ideen des Mittelalters. 1879. S. 247.

bewog noch im Jahre 1517 den Bruder Martin von Eisleben vom
Orden der Eremiten des heiligen Augustinus und Professor an der chur-
sächsischen Universität zu Wittenberg, das Stillschweigen zu brechen, das
Andere in Bezug auf das Aergerniß beobachteten, welches öffentlich gegeben wurde. Er nahm Anlaß an der Vollmacht, die Johann Tetzel,
Dominikaner-Ordensbruder, von dem Erzbischofe von Mainz und Magdeburg, Cardinal Albrecht von Brandenburg, zur Verkündung des Ablasses
erhalten, um sich in einem beinahe kriechenden Schreiben an den Erz-
bischof-Churfürsten zu wenden[1]). „Ich, der Auswurf unter den Menschen,"
so bezeichnete sich der Bruder dem Erzbischof, erklärte aber dessen Ausschreiben als sehr tadelnswerth und hob an diesem namentlich vier Punkte
hervor. Erstens, daß das Volk zu dem Glauben gebracht werde, man
könne, wenn man nur für Geld einen Ablaßbrief erlange, seines Seelen-
heiles sicher sein. Zweitens, daß es verleitet werde, zu glauben, die
Seelen erschwängen sich sogleich aus dem Fegefeuer, sobald das Ablaß-
geld in den Kasten geworfen worden. Drittens, daß es annehme, der
Gnadenschatz sei so groß, daß keine noch so arge Sünde vorhanden sei[2]),
von welcher nicht Lösung erhalten werden könne. Endlich daß der Mensch
von aller Schuld und Strafe durch den Ablaß befreit werde.

Es war in der That weit gekommen, daß der Bruder Martin erst
den Erzbischof aufmerksam machen mußte, welcher Unfug unter ihm getrieben werde, statt daß dieser selbst von Anfang sich gegen ihn gestellt
und das ganze ärgerliche Treiben mit allen seinen Consequenzen
ferngehalten, die irrigen Lehren verboten hätte[3]). Es war aber ein

---

[1]) Ego faex hominum. Dr. Martin Luther's Briefe von Dr. de Wette.
Bd. I, S. 68.

[2]) Etiam ut ajunt si per impossibile quis matrem Dei violasset.

[3]) Welche Lehre übrigens in Betreff des Ablasses galt, möge hier mit den
Worten der Siete partidas König Alfonso des Weisen (I, tit. IV, leg. XLVI), also
aus den Tagen Kaiser Friedrich's II., ausgedrückt werden: perdones et solturas may
grandes otorga santa eglesia à los cristianos segunt dice en la ley ante desta et
porque muchos homes son que dubdan en ellos et non saben el grant pro que
viene ende, tovieron por bien los santos padres de lo mostrar et dixieron que
cada que los cristianos confiesan sus pecados verdaderamente et les mandan
aquellos à quien se manifiestan en qué manera fagan emienda dellos, que
quantos dias les otorgan de perdon, tantos les alivia et les mengua nuestro
señor Jesu Cristo de aquella penitencia que habien rescibida et que eran
tenudos de complir en este mundo ó en el otro en purgatorio; et esto se en-
tiende de los que viven en penitencia quando los otorgan los perdones, ó la
facen luego lo mas aina que pueden despues que gelos han otorgados; ca tan
grant fue la piedat que N. S. Jesu Cristo hobo de los pecadores

eigenthümliches Verhängniß, daß das Salz der Erde gerade jetzt in Deutschland taub geworden war und als das Reich einsichtsvoller und energischer Bischöfe bedurfte, diese mehr als je abhanden gekommen waren. Es lag aber nicht in dem Charakter Bruder Martin's, auf halbem Wege stehen zu bleiben. Er stand damals im 37. Lebensjahre, war Doctor und Professor der Theologie, gelehrt und scharfsinnig, ascetisch im Kloster= leben, aber dessenungeachtet von unbändiger Willenskraft, angesehen als Prediger, beliebt als akademischer Lehrer, obwohl bis dahin in weiteren Kreisen nicht bekannt. An demselben Tage, an welchem er durch sein Schreiben dem Erzbischofe darstellte, daß ein Einschreiten der kirchlichen Behörde gegen den Ablaßkram dringend nothwendig sei, heftete er auch an die Thüren der Allerheiligenkirche zu Wittenberg 95 Thesen über die verschiedensten theologischen Materien an und lud nach akademischer Sitte zu ihrer Erörterung ein (31. October 1517).

Ein großes wissenschaftliches Turnier war somit in Aussicht gestellt, an welchem alle theologischen Ritter Antheil nehmen konnten und dessen Aussicht auch die theologischen Facultäten der verschiedenen Universitäten in Spannung versetzte. Bruder Martin war plötzlich an die Oeffentlich= keit getreten, inmitten der verschiedensten Streitigkeiten, die Deutschland bewegten, ein neuer, und zwar ein theologischer Streit ausgebrochen und da, wie Bruder Martin richtig bemerkt, die Lehre vom Ablasse selbst nichts weniger als festbegrenzt war[1]), gute Werke der Frömmigkeit und Liebe unendlich höher gelten sollten als Abläße, da die Frage, ob Reue und Zerknirschung besser sei als Erwerbung des Ablasses geradezu als brennende Tagesfrage zu betrachten war, die über die wirkliche Versöhnung des Menschen mit Gott sich daran anreihte, so hatte das Auftreten des Augustinermönches ebenso den Angelpunkt des christlichen Lebens über= haupt als diejenige Frage getroffen, die gerade jetzt alle Gemüther beschäftigte, Stadt und Land, Vornehme und Geringe, den Reichen, der große Summen gab, wie den Armen, der das Schärflein der Witwe bei= steuerte, gleich sehr berührte. Alle Klöster, alle Stifte, alle die Tausende und Tausende von Stadt= und Landpfarreien, Hütten und Burgen wurden mehr oder minder davon betroffen. Wie eine Seuche war diese Ablaßverkündigung hereingebrochen; man athmete leichter auf, wenn ihr ein Ziel gesetzt wurde und lobte den Muthigen, der es that.

---

et la merced que les quiso facer, que maguer ellos non pudiesen complir en este mundo sus penitencias, que non quiso que se perdiesen por ende solamente que non muriesen en pecado mortal. Tomo I, p. 175. Madrid 1807. 4⁰.

[1]) Quam dubia res sit indulgentia.

Die erste, rasch vorübergehende Phase des Reformationsdramas war damit eingetreten. Sie bestand aus einem akademischen Kampfspiele, das immer größere Dimensionen annahm, weil die Zuschauer sich unter die Kämpfenden mischten. Auf Luther's Thesen im sächsischen Wittenberg antwortete von der brandenburgischen Universität Frankfurt aus Johann Tetzel mit 116 Sätzen [1]). Im baierischen Ingolstadt bereitete Johann Eck seine Obelisken vor; die gelehrte Welt parteite sich für und wider; in wenigen Monaten gab es in Deutschland unter den Humanisten, welche noch im Reuchlin'schen Streite begriffen, in dem bis dahin so schweigsamen, jetzt so kühnen Ordensbruder einen Kampfgenossen erblickten, keine Sache, welche die Gemüther in größere Spannung versetzte, als die Entwicklung des in Wittenberg begonnenen Dramas. Hatte der Professor die gelehrte Welt herausgefordert, so machten sich rasch die Studenten zu Kampfrichtern und verbrannten die nach Wittenberg gebrachten Exemplare der Tetzel'schen Thesen, ein Vorgang, der die Erbitterung nur vermehren konnte. Luther selbst trug in seiner feurigen, beredten Weise den Kampf von der Universitätskanzel in die Kirche; Alles staunte über die Kühnheit der Sprache. Man hatte bis dahin Aehnliches noch nicht gehört. Es war aber von großer Wichtigkeit für den ganzen Entwicklungsgang, als nicht blos die Universitätsaula, sondern auch die Kirche zum Schauplatze der persönlichen Erörterungen und Anschauungen Luther's auserwählt wurde. Dadurch geschah der erste Schritt, dem Streite den Charakter eines bloßen Universitätsstreites zu entziehen. Die Strenggläubigen, welche mit tiefem Bedauern die Fortschritte der kirchlichen Uebelstände bisher im Stillen beklagt hatten, nicht minder als die dem kirchlichen Systeme Abgeneigten, welche von der Oberherrschaft der Theologen den Untergang der Wissenschaft befürchteten, fingen an, in dem Augustinerbruder den Retter dessen zu erblicken, wofür ihre Herzen schlugen, ihre Sympathien waren. Die Bewegung wurde allgemein. Wäre damals Martin Luther mit einem innerlich und äußerlich abgeschlossenen Systeme von Glaubenssätzen hervorgetreten, hätte er schon damals die menschliche Freiheit geächtet, die guten Werke als schädlich, den Papst als Antichrist, die katholischen Fürsten als Henker und Narren, alle Einrichtungen der katholischen Kirche, die Sacramente zumal, als Satanswerke bezeichnet, wie er kurze Zeit nachher that, die Dinge hätten sich sehr einfach, aber auch für ihn sehr ungünstig gestaltet.

---

[1]) Der ausgezeichnete Theolog Wimpina, welcher mit Staupitz und Pollich die Universität Wittenberg eingerichtet hatte, soll ihm die Feder geliehen haben. Dagegen Gröne, S. 77.

Er hätte dadurch seinen eigenen Untergang besiegelt, da die katholische Ueberzeugung noch zu stark vorhanden war, um einen derartigen Angriff zu dulden, geschweige, wenn er gewagt wurde, ihn nicht siegreich abzuschlagen. So aber kam Luther die Gährung, in welcher er sich selbst befand, sein eigenes Schwanken und das Unfertige seines Lehrbegriffes ganz ungemein zu Statten. Niemand konnte damals mit Recht behaupten, der unterwürfige Bruder vom Orden der Eremiten des heiligen Augustin sei nicht ein ganz demüthiger Mönch, ein frommer und entschiedener Katholik, ein Ordensmann, der alle Verpflichtungen seines Ordens mit ängstlicher Gewissenhaftigkeit erfülle und erfüllte und gegen dessen nüchternen, ja ascetischen Lebenswandel auch nicht das Mindeste eingewendet werden konnte. Es wäre geradezu Frevel und Narrheit gewesen, anzunehmen, er werde die Messe, die er täglich las, als elende Gottlosigkeit, das Cölibat, das er beobachtete, als Frevel[1]), das Ordensgelübde als Tyrannei bezeichnen, Ohrenbeichte, Anrufung der Heiligen oder Bilderverehrung bekämpfen, den Sturm gegen die Siebenzahl der Sacramente unternehmen, die Gelehrten als Verkehrte bezeichnen, gegen die Universitäten auftreten, den Ausspruch wagen, daß die Vernunft erwürgt werden müsse. Statt ihm anzuhängen, hätte man ihn wie ein Monstrum, wie ein Ungeheuer geflohen. So aber erklärte er, er disputire nur über Dinge, über welche die Kirche noch nichts beschlossen; er unterwerfe sich unbedingt ihrer Entscheidung. Nur ein Concil habe über neue Glaubensartikel zu entscheiden. Er sprach sich entschieden für das Fegefeuer aus. „Wenn es die Kirche beschließt, will ich glauben, daß der Ablaß Seelen erlöse[2]).“ Erst im Streite, den er hervorgerufen, und in der Erörterung, welche nach allen Seiten hin stattfindet, wird er sich des inneren Gegensatzes, der schon lange in ihm dämmerte, klar; da ist ihm dann wieder das Concil kein unfehlbares Tribunal; dem Papste gegenüber wohl, nicht aber wenn der Concilbeschluß nicht auf Schrift und Vernunft beruht, für die nachher bei der Unfreiheit des Willens kein Platz mehr im Systeme ist. Er will nur bis zur Concils-Entscheidung disputiren, aber Papst und Concil können auch irren. Einer muß aber denn doch nicht irren, sonst gäbe es keine Autorität, und das ist Christus, natürlich in der Luther zu Theil gewordenen Separatoffenbarung. Er selbst ist bereit zu sterben, wenn er irrt, aber die Entscheidung über den Irrthum behält er sich selbst vor und als er nach Rom citirt wird,

---

[1]) Coelibatum immundum tum missarum impietatem et religionum tyrannidem. An Staupitz, 27. Juni 1522.

[2]) Kolde, S. 21 ff.

wo ihm wirkliche Gefahr drohte, bietet er Alles auf, auf den Chur=
fürsten von Sachsen einzuwirken, damit dieser ihm verbiete, nach Rom
zu gehen[1]). Er ruft aber nichtsdestoweniger dem Papste zu, er möge
ihn tödten oder lebendig machen, er werde in der Stimme Papst Leo's X.
die Stimme Christi erkennen (30. Mai 1518); aber — revociren kann
ich nicht[2]).

Gerade der Wechsel von Unterwerfung und trotzigem Rückfall, von
Zugeständnissen und noch schärferen Angriffen, von Bekenntniß des
eigenen Unwissens, der Unzulänglichkeit der eigenen Kenntnisse und
der Reservation des eigenen Urtheiles in letzter Instanz, mußte eine
Wirkung hervorbringen, wie kaum das schlaueste Vorgehen hätte erzeugen
können. Er erweckte zugleich Furcht und Hoffnung, trieb die Spannung
auf das Höchste und bewirkte, daß in kurzer Zeit sich die Augen Aller
auf denjenigen richteten, der so zaghaft und so trotzig, so bescheiden und so
ungestüm, so demüthig und so stolz, so gläubig und so kritisch, die Pe=
tulanz zurückwies, mit welcher Erasmus theologische Fragen in Form
von spaßhaften Dialogen behandelte und, während die Consequenz seiner
Behauptungen jede Autorität vernichtete, für sich und was er das Evan=
gelium nannte, eine unbedingte Anerkennung verlangte, als wäre er
1500 Jahre „im Rathe der Propheten und Apostel" gesessen. Hat
später das feste Beharren auf dem Satze, seine Lehre sei das wahre
Gotteswort, das mit Hilfe der Päpste und der römischen Kirche der
Satan trotz aller Incarnation Christi der erlösten Welt entzogen, Wunder
gewirkt, ihn in den Augen der Seinigen zum Gottesmanne gestempelt,
der die Welt von der Finsterniß des Papstthums erlöst und somit erst
das Werk der Erlösung vollendete, so schuf ihm jetzt gerade das Ent=
gegengesetzte Anhänger unter allen Classen. Durch die Opposition seiner
Gegner, die er als Dummköpfe hinzustellen sich bemühte, von Position
zu Position getrieben, begann der Bergmannssohn eine wahre Gruben=
arbeit auf dem Gebiete der Theologie, deren Fundamente er unter=
wühlte, während er nach Oben im Strahle der Sonne im schönen Dome
aus breiter Brust und voller Kehle noch das vere dignum oder das tantum
ergo erschallen ließ, die Worte der Consecration aussprach und das
Sacrament zur Anbetung hoch emporhielt, den Incens darbrachte und das
officium betete, „die Werke des Satans" selbst noch, gläubig oder

---

[1]) An Spalatin, 8. und 21. August 1518.
[2]) Vivifica, occide, voca, revoca, approba, reproba, ut placuerit. Vocem
tuam, vocem Christi in te praesidentis (nachher ist er der Antichrist) et loquentis
agnoscam (De Wette, I, p. 122). Revocare non possum (De Wette, I, p. 121).

ungläubig, verrichtete, sein Leben in zwei einander widersprechende Hälften theilte.

Man hat so oft Papst Leo X. den Vorwurf gemacht, er habe zu dem Brande, welcher sich in Wittenberg entzündete, ruhig zugesehen. Es kann gezweifelt werden, ob, so lange der Streit an den deutschen Universitäten wogte, Leo X. einen Beruf haben konnte, sich hineinzu= mischen. Es ist aus den Aufzeichnungen Seripando's (Ordensgeneral der Augustiner) erhärtet, daß Leo X. seinen maestro del sacro palazio, Sylvester Pieria, beauftragte, gegen Luther zu schreiben, und ebenso die einzelnen Orden aufforderte, ihre fähigsten Köpfe dazu anzuspornen; daß er Luther nach Rom citirte, der Churfürst von Sachsen aber selbst bei dem päpstlichen Legaten zum Augsburger Reichstage, dem sogenannten Cardinal von Gaeta, durchsetzte, daß dieser ihn wiederholt zu sich be= schied. Luther selbst stellte die Sache später so dar, als wäre er vor seinem ärgsten Feinde gestanden, „der nichts so fast floch als Ursach meiner Lehr zu hören und lieber gesehen, ich wär nit kummen" [1]. Allein Luther war bereits dahin gelangt, daß er seinen Gegnern gegenüber, die er ja doch selbst zur Entgegnung aufgefordert, schon im Sommer 1517, als er dem Pieria entgegnete, meinte, es bleibe kein anderes Mittel übrig, als „die Obrigkeit hinter sie zu schicken". Denn diese seien noch viel gefährlichere Feinde des Staates und viel todeswürdiger als Diebe, Räuber und Bösewichter jeder Art. Wenn man diese mit dem Schwerte, Häretiker mit Feuer strafe, warum verfolgt man nicht um= somehr diese Päpste, dieses Geschwärm des römischen Sodoma, welches die Kirche Gottes unaufhörlich verderbt, mit allen Strafen? Warum wascht man seine Hände nicht in ihrem Blute? [2] Die deutsche Refor= mation schien mit dem Mordgedanken zu beginnen, zu welchem bei der Entwicklung der slavischen die Taboriten gekommen waren; die Aufforderung, des Spieles ein Ende zu machen und mit Waffen, nicht mit Worten, über die verdammten Leute herzufallen, bezeichnet hinlänglich den Geist, der jetzt in Deutschland nach der Herrschaft rang.

---

[1] 1. November 1521 (De Wette, II, S. 61).

[2] Lutheri opera. Ed. Ionens. I, p. 60. Die Stelle lautet wörtlich: „So wir Diebe mit Strang, Mörder mit Schwerd, Ketzer mit Fewer straffen, Warumb greiffen wir nicht vil mehr an diese schedlichen Lerer des verderbens, als Bebste Cardinal Bischove und das ganze Geschwärm des römischen Sodoma (die Gottes Kirche ohne Unterlaß vergifften und zu grund verderben), mit allerley Waffen und waschen unsre Hände in ihrem Blute, Als die wir beide uns vnd vnsre Nachkommen aus dem allergrößten gefehrlichsten Fewer gern retten wollen."

Gott gebe, meinte der Ritter Ulrich von Hutten, ehe er (Januar 1520) Luther die Hand zum Bunde reichte, daß unſere Feinde, die Geiſt=lichen, ſo heftig als möglich wider einander kämpfen und ſich dadurch gegenſeitig zu Grunde richten [1]. War für dieſe Partei der Ausbruch der Glaubensſpaltung ein angenehmes Schauſpiel, ein Spectakelfeuer, zu welchem ſie gerne Holz zum Brande beitrugen, ſo ſuchten gemäßigtere Männer, wie Scheuerl in Nürnberg, Staupitz, Link, beiden Parteien den Frieden an das Herz zu legen. Wollte ihn aber Luther, ſo wollte ihn Karlſtadt nicht, und wenn der Römer Pieria ihm antworten würde, meinte Luther, werde er noch heftiger gegen ihn ſchreiben. Er werde nicht widerrufen, wenn er ſich auch kein Hehl daraus machte, daß er dem Banne verfalle [2]. Er wolle aber nicht zum Ketzer werden mit dem Widerſpruche der Meinung, durch welche er zu einem Chriſten geworden ſei. Eher wolle er ſterben, verbrannt, vertrieben und vermaledeit werden. Am 17. October 1518 erklärte er jedoch, er wolle nichts Anderes als die Kirche hören und ihr folgen.

Es war dieſes zu Augsburg, wohin ſich der Cardinal Thomas von Vico (Gaetanus) [3] im Auftrage Papſt Leo's X. begeben, um Luther zu hören und auf ihn väterlich einzuwirken. Dieſer war mit einem Geleitsbriefe des Churfürſten von Sachſen gekommen, was den Cardinal veranlaßte, Letzterem zu ſchreiben, wenn der Churfürſt ihm kein Vertrauen ſchenken wollte, ſo hätte er Luther überhaupt nicht zu ihm ſenden ſollen; vertraue er ihm aber, ſo wäre der Geleitsbrief nicht nothwendig [4]. Auf die erſte Unterredung folgte eine zweite, zu der Luther mit Anderen kam, um die Erklärung abzugeben, daß er nur mehr ſchriftlich verhandeln wolle. Als ihm dieſes in aller Milde [5] zugeſtanden worden war, übergab er eine aus=führliche Auseinanderſetzung [6], auf welche der Cardinal einging und nun wiederholte Beſprechungen mit Luther's Begleitern pflog und von den beſten Hoffnungen eines glücklichen Ausganges der Beiprechungen erfüllt war, als plötzlich in der unhöflichſten Weiſe die Unterredung abgebrochen

---

[1] Studien und Skizzen von Jarke. I, S. 148.

[2] An Karlſtadt, 14. October 1518.

[3] Cardinale di San Sisto.

[4] Siehe das höchſt intereſſante Schreiben des Cardinals an den Churfürſten vom 25. October über ſeine Unterredungen mit Luther in den „Manoscritti Torri-giani" (A. St. It. III. 26, S. 192) und die Antwort des Churfürſten vom 18. December.

[5] Intuitu illustr. ducis Friderici — paterno tamen non judicialiter.

[6] Cum patre Vicario generali congregationis — venit postea solus ille theologiae Magister socius fratris Martini, qui probavit et collaudavit tractatum.

wurde, erft der eine Colloquent heimlich abreiste, dann Luther gleichfalls sich aus dem Staube machte[1]). Der Cardinal fühlte sich begreiflich durch die Rohheit dieses Benehmens auf das Empfindlichste verletzt, Luther aber war der Ueberzeugung, daß er, wenn er nicht sowohl revocire als von dem schlecht unterrichteten Papste an den besser zu unterrichtenden appellire, im Sinne des Churfürsten handle[2]); er sei auf Befehl des Papstes in Augsburg erschienen. Die Herablassung des Cardinals hatte in ihm die Meinung erweckt, daß sich die Römer vor ihm fürchteten[3]), während er ihnen den Eindruck eines hartnäckigen, treulosen und un= gezogenen Mannes hinterließ.

Der Cardinal erklärte dem Churfürsten, er wasche jetzt seine Hände; nach= dem nicht er, sondern Luther die Unterredung und damit den Sühnversuch abgebrochen, werde die Sache in Rom ihren geregelten Weg nehmen; der Churfürst möge seine Ehre bedenken und entweder Luther nach Rom schicken oder ihn aus seinem Lande treiben[4]).

Die Antwort des Churfürsten ließ lange warten. Sie lautete dahin, er habe, indem Bruder Martin in Augsburg erschien, seinem Versprechen Genüge geleistet; er habe gehofft, der Cardinal werde ihn väterlich anhören und dann entlassen, nicht aber ohne gehörige Untersuchung und reifliche Besprechung[5]) ihn zur Revocation zwingen. Er könne sich nicht überzeugen, daß Luther's Lehre nicht christlich oder häretisch sei, ihn auch, weil er der Häresie nicht überwiesen worden, nicht von seiner Universität entfernen. Da sich Luther dem Urtheile anderer Universi= täten unterwerfen wolle, müßten ihm seine Irrthümer erst nachgewiesen

---

[1]) Insalutato hospite et me omnino inscio. Secutus deinde est F. Martinus et socii ejus multique imo sibi perbelle illuserunt. — Ego illustrissime prin- ceps fraudulentum F. Martini et sequacium consilium non solum admiratus sum, verum prorsus perhorrui et obstupui. l. c. p. 193.

[2]) Scio enim me principi nostro illust. gratum facturum appellando magis quam revocando. De Wette, I, S. 164.

[3]) l. c. S. 166.

[4]) Consulat honori et conscientiae suae vel mittendo F. Mar- tinum ad urbem vel ejiciendo extra terras suas postquam non vult paterna via errorem suum cognoscere et cum universali ecclesia bene sentire. Postremo illud sciat Ill. D. V. nequaquam posse hoc tam grave ac pestilens negotium diu haerere, nam Romae prosequeretur causam, quando ego lavi manus meas et ad S. D. N. hujusmodi fraudes scripsi. l. c. p. 194. Luther hatte offenbar diesen Brief vor sich, als er dem Churfürsten schrieb: Consulat igitur Ill. D. V. honori suo et conscientiae suae non mittendo me ad urbem. De Wette, S. 185.

[5]) Ut Martinus refert.

werden[1]). Luther hatte Zeit gehabt, auf den Churfürsten einzuwirken, in dessen Sinne er ja gehandelt hatte und der in Bezug auf seine Entweichung aus Augsburg nicht ein Wort der Entschuldigung hatte, im Gegentheil die Bemerkung des Cardinals, daß er jetzt seine Hände wasche, als Drohung sehr übel nahm.

Der Churfürst befand sich in einer argen Täuschung, wenn er glaubte, daß Bruder Martinus je eingestehen werde, daß er Unrecht habe. Er hatte erst alles Mögliche gethan, um den Churfürsten zu bewegen, ihm das Heimatsrecht nicht aufzukünden und sich deshalb zu einer Disputation und dem Urtheil von Universitäten erboten, natürlich in der Voraussetzung, daß diese sich für ihn entscheiden würden. Wenn aber nicht, so ließ sich wohl auch ein Ausweg finden, wie damals, als er von Augsburg wegging.

Bereits am 11. December, also eine Woche, ehe der Churfürst von Altenburg aus an den Cardinal schrieb[2]), hatte Luther, wie er an Wenzel Link schreibt, ausfindig gemacht, daß Rom der Sitz des Antichrists sei[3]); am 21. December erklärte er sich gegen einen Türkenkrieg, da die römische Tyrannei ärger sei als die osmanische. Und das war, als der osmanische Sultan mit der äußersten Macht und der äußersten Entschlossenheit an dem Untergange der gesammten Christenheit arbeitete.

Als das Jahr 1518 schloß, war zu den vielen Zerwürfnissen, die das deutsche Reich zerrütteten, unter dem Schutze des Churfürsten von Sachsen ein neues von unberechenbarer Tragweite gekommen. Auf's neue waren die Fragen, welche bisher auf den Concilien zu Constanz, Basel und jüngst erst im Lateran von wissenschaftlichen Körperschaften, Facultäten und Universitäten der verschiedensten Länder erörtert worden waren, aufgetaucht; ob der Papst über dem Council stehe oder das Council über dem Papste, über die Verdienste Jesu Christi und den geistigen Schatz der Kirche, über den geistlichen Gehorsam, den Bann und dessen Tragweite, über Gnade und Sacramente. Bald gab es keinen Punkt des Katechismus, der nicht in die öffentliche Besprechung hineingezogen wurde;

---

[1]) Quum itaque sese Martinus offerat ad aliquarum universitatum judicium et in locis tutis disputationem et cognita causa obedienter permittendum ut doceatur simul et ducatur, arbitramur merito admittendum, aut saltem ei ostendendos in scriptis errores quamobrem tamen haereticus esse debeat. l. c. p. 195.

[2]) 18. December 1518.

[3]) Ut videas an recte divinem, Antichristum illum verum juxta Paulum in Romana curia regnare pejorem Turcis esse hodie puto me demonstrare posse. 11. December 1518.

3*

während diese selbst an Eifer, an Hitze und Leidenschaft, an Unnach-
giebigkeit immer mehr zunahm, gab es bald keine theologische Materie,
die nicht von dem allgemeinen Wirbel ergriffen worden wäre. Alle
Parteien des in seinen Fundamenten aufgewühlten Reiches lauschten auf
den Fortgang des Streites und berechneten, welche Wendung er in ihrem
Interesse nähme. Die Tage, als man sich in Byzanz auf Märkten und
öffentlichen Hallen um Dogmen stritt, waren plötzlich in Deutschland
eingezogen; dem Hussitismus stand eine Nachsommerblüthe auf deutschem
Boden in Aussicht. Blutige Worte waren gefallen; eine blutige Entwicklung des Dramas stand in nächster Nähe.

Man kann es dem Churfürsten von Sachsen nicht verargen, wenn
er unter diesen Verhältnissen nichts dagegen gehabt hätte, daß Luther
seinen Aufenthalt in Wittenberg mit einem andern vertauschte. Dieser
selbst überlegte, wohin er sich begeben könne und es ist bekannt, daß er
nach mehr als einer Seite hin die Sonde ausstreckte. Der eigentliche Anlaß der großen Bewegung trat rasch in den Hintergrund und Luther
selbst meinte, „Tetzel solle sich unbekümmert lassen, denn die Sach' sei
von seinetwegen nit angefangen, sondern hab das Kind viel einen andern
Vater" [1]. Er selbst mochte es freilich am besten wissen, welche psycho-
logische Gründe ihn wider den Willen seines Vaters in das Kloster geführt,
dort Heil und Beruhigung zu suchen, um dann erst als Mönch die
katholische Welt in ungeheure Aufregung zu bringen und endlich Priesterthum und Mönchthum den Abschied zu geben.

Schon Ende 1518 war Luther aus Nürnberg [2], wo seine besten Freunde
Christoph Scheurl, der Rathsherr, der Feldherr Willibald Pirkheimer,
der große Maler Albrecht Dürer wohnten, die Nachricht zugekommen,
daß Papst Leo den sächsischen Edelmann Karl v. Miltiz mit drei Breven
an den Churfürsten von Sachsen gesendet habe. Die Sendung war ein
Beweis, wie sehr dem Mediceer die Beilegung der deutschen Wirren
am Herzen lag und er, ehe er zum Banne griff, alle gütlichen Mittel
aufzubieten entschlossen war [3]. Der päpstliche Abgesandte wurde von
dem Churfürsten geradezu unartig behandelt. Als Miltiz schon glaubte,
Luther gewonnen zu haben, der sich zum Stillschweigen verpflichten wollte,

---

[1] Gröne, S. 172.
[2] Brief an Spalatin, 9. December.
[3] Luther behauptet von ihm, er habe ihn in Ketten und Banden nach Rom
schleppen wollen, aber bald eingesehen, daß dies unmöglich sei und darum andere
Saiten aufgezogen. Ego sic me gessi quasi has Italitates et simulationes non
intelligerem. 20. Februar.

wenn dasselbe auch seinen Gegnern auferlegt würde[1]), sprang Luther, wie er es mit dem Cardinal von Gaeta gethan, plötzlich wieder ab. In der ihm eigenthümlichen Weise erklärte er, daß er zwar das Primat des Papstes nicht leugnen wolle, aber dieses sich (für ihn) nicht aus der Schrift erweisen lasse. Jetzt tritt die entscheidende Wendung insofern ein, daß nicht das Leben der Kirche, die, wie das Senfkorn, sich zum mächtigen Baume in fünfzehn Jahrhunderten erhob, noch die geistige Entwicklung des Christenthums nebst der erst spät entstandenen Schrift, die ihre Autorität durch den Consens der Kirche erlangte, für ihn als bestimmend gilt, sondern die Schrift allein, ein Buch, dessen Inhalt stets ebenso Quelle der Erkenntniß als der geistigen Verirrung war; nur was sich aus ihr erweisen lasse, sei christlich und habe zu bestehen. Was sich aber erweisen lasse, dafür kannte er keine andere Autorität an, als sich selbst, vindicirte sich somit dafür ausschließlich den Geist Gottes. Die natürliche Folge hievon aber war, daß Päpsten und Concilien, ja Aposteln und Kirchenvätern gegenüber in den vielen strittigen Punkten der Aus-legung, der theoretischen Auffassung wie der Praxis, der Augustiner-bruder zu Wittenberg als einzig richtiger Ausleger der Schrift und ihr oberster Richter auftrat. Da gehört es denn doch zu den Seltsamkeiten, wo nicht zu den Unbegreiflichkeiten, daß Luther angeblich am 3. März 1519 ein demüthiges Schreiben an Papst Leo X. richtete, Abbitte leistete, aber „aus Ehrerbietung gegen die römische Kirche" nicht wider-rufen zu können erklärte. Er sei es, welcher Denen Widerstand geleistet, die Rom in Deutschland in Verruf gebracht[2]). Er erklärt, er wolle die römische Kirche in ihrer Macht nicht schmälern, da diese über Alles reiche und nur Christus höher stehe. Er verspreche, die Materie des Ab-lasses nicht mehr zu behandeln[3]), selbst zu schweigen, wenn seine Gegner

---

[1]) „Zum andern will er Carl dem heiligen Vater Papst kurzlich schreiben aller sachen, wie er erfunden Gelegenheit und darnachsehen, daß päpstliche Heiligkeit heraus-befehle etwa einen gelehrten Bischof (Trier, Salzburg oder Naumburg, 19. Januar) die Sach erfahren und Artikel anzeigen, welche irrig und von mir widerrufen werden sollten. Und alsdann, so ich den Irrthumb gelehret werde, soll und will ich gerne denselben widerrufen und der heiligen römischen Kirche (die er als Antichrist bezeichnete) ihre Ehre und Gewalt nicht schwächen." (An den Churfürsten Friedrich, Anfangs Januar 1519.) Das war denn doch eine Komödie. Wie konnte man glauben, daß Luther nach der Erklärung an Papst Leo revociren werde. Jetzt hieß es, Eck reize ihn, ernsthafter gegen die römischen Ungeheuer (lernas) zu schreiben. (3. Februar 1519.)

[2]) Si Romanam ecclesiam volo honorare, id quam maxime mihi curandum video, ne quid ullo modo revocem. De Wette, I, S. 234.

[3]) Nec Beatitudo tua ullis malis dolis credat, qui aliter de Luthero hoc machinantur.

dasselbe thäten, und das Volk zu ermahnen, die römische Kirche zu ver=
ehren und nicht seine „harten Schreiben" [1] nachzuahmen. Er wolle ja
nichts Anderes, als daß die römische Kirche nicht durch Geiz verunstaltet
und das Volk dadurch nicht in Irrthum verleitet werde. Es sei ihm
niemals in den Sinn gekommen, von dem apostolischen Sitze Roms
abzufallen [2]. Wer war hiebei der Täuschende, wer der Getäuschte? —
Das ist schwer zu entscheiden. Man mußte nach diesen Erklärungen und
der Altenburger Uebereinkunft mit Miltiz glauben, Alles was bisher vor=
gegangen sei, war, wenn nicht ein Traum, doch müßiges Gerede, der ganze
Streit falle in sich selbst zusammen, als am 13. März Luther dem Chur=
fürsten erklärte, er könne trotz der Uebereinkunft mit Miltiz doch nicht
schweigen. „Eck greife ihn an [3]), es handle sich um Schand und Unehr
der Universität Wittenberg. Er sei zwar von Herzen geneigt, alle Weg
still stehen so sie auch still stehen. Dann wohl die Position päpstliche
Heiligkeit antrifft, so hab ich doch müssen der Disputation Weis nach=
zufolgen das Widderspill halten, allzeit mit Fürbehalt aller Unter=
thänigkeiten und Gehorsam des heiligen römischen Stuels" [4], von welchem
er unter demselben Datum an Spalatin schreibt, er wisse nicht, ob
der Papst [5] der Antichrist selbst, oder dessen Apostel sei. Gerade
um diese Zeit dürfte die demüthige Abbitte Luther's an Papst Leo, in
welcher er sich selbst als Auswurf der Menschen [6], als „Schäflein des
Papstes", bezeichnet hatte, dessen Blöken er freundlich vernehmen möge,
nach Rom gekommen sein. Der Brief, wie die darin enthaltenen Ver=
sprechungen waren illusorisch, bereits antiquirt. Huldigte der Papst den
Protestationen, wie sie lauteten, so war er jedenfalls der Getäuschte.
Durchschaute er aber das Spiel mit Worten, so mußte er dem doppel=
züngigen Mönche jede Achtung versagen. Allein die scheinbare Unter=
werfung band ihm wenigstens für's Erste die Hände, und das scheint
das Zielpunkt des Schreibens gewesen zu sein.

Es folgte die für die ganze Entwicklung der Glaubensspaltung so
ungemein wichtige Leipziger Disputation zwischen den beiden Professoren

---

[1]) Asperitates.

[2]) Nunquam fuit in animo ut ab apostolica sede Romana voluerim de-
sciscere. An Spalatin, 5. März 1519.

[3]) Er scheut sich hiebei nicht, seinen Gegner als bestochen hinzustellen.

[4]) De Wette, I, S. 238.

[5]) Verso et decreta Pontificum pro mea disputatione et (in aurem tibi
loquor) nescio an Papa sit Antichristus ipse vel apostolus ejus. L. c. S. 239.

[6]) Faex hominum et pulvis terrae.

Johann Eck von Ingolstadt und Martin Luther von Wittenberg, beide Doctoren der römisch-katholischen Theologie (27. Juni bis 15. Juli 1519). Die Schärfe der Argumentation seines gelehrten Gegners trieb Luther dahin, den historischen und rechtlichen Begriff der Kirche aufzugeben und den der unsichtbaren anzunehmen, daß, wo das Wort Gottes gepredigt und geglaubt wird, das der wahre Glaube, der unbewegliche Fels sei; er wisse. es selbst nicht, ob er es dulden könne, daß auf Erden ein anderes Haupt der allgemeinen Kirche aufgestellt werde als Christus. Er befand sich auf hussitischem Boden und negirte den Rechtsbestand von 1500 Jahren. Nichtsdestoweniger erkannte er die Verpflichtung an, Concilbeschlüsse in dem, was zum Glauben gehöre, in jeder Weise an- zunehmen, bekämpfte aber die Bestimmung des Constanzer Concils, welches gerade der deutschen Nation am theuersten sein mußte; dann wollte er wieder nicht zugeben, daß er das Constanzer Concil ver- leugnet habe [1]).

Luther konnte sich selbst täuschen; aber seine Behauptungen über Papst und Concil ließen ihm auf dem Boden der katholischen Kirche keinen Raum. Noch meinte er, „es sei kein Ursach' so groß noch mag werden, daß man sich von derselben Kirchen reissen oder scheiden soll, denn durch Abreissen und Verachten wird's nicht besser". Aber auch. dieses Bedenken ward bald beseitigt.

Er hatte als Kampfrichter die Universitäten Cöln, Löwen und Paris angenommen, bei der Leipziger Disputation der Pariser noch sehr lobend gedacht. Am 30. August erklärte sich schon Cöln gegen ihn, am 7. November Löwen, etwas später Paris. Er war vom Verdict seiner Kampfrichter getroffen und fühlte auch die ganze Schwere einer Ent- scheidung, welche nur der Vorbote der kirchlichen Sentenz sein konnte. Bis dahin hatte der Streit, welcher in Wittenberg begonnen worden war, mehr oder minder den Charakter eines Universitätsstreites an sich getragen. Luther war jetzt auch diese Stütze entzogen; er mußte sich um eine neue umsehen und fand sie in jenem Theile der Humanisten [2]), der

---

[1]) Kolde, S. 51. Später nennt er das Constanzer Concil ein conciliabulum Satanae, ein Ausdruck, der eines Deutschen ebenso unwürdig ist, als überhaupt eines vernünftigen Mannes. Man begreift, wenn man derartige Ausdrücke liest, daß ihn allmälig seine früheren Freunde, wie W. Pirkheimer, für verrückt hielten. Eine größere Schmach konnte er der deutschen Nation nicht anthun.

[2]) Schon früher hatte er sich in fast kriechenden Schreiben um die Gunst Reuchlin's und des Erasmus beworben. Er nennt sich Letzterem gegenüber stultus und bittet, ihn als fraterculum anzusehen. (28. März 1519.)

den Kampf gegen die alte Methode in einen Vernichtungskampf gegen
den Clerus umzuwandeln entschlossen war, seinerseits nicht einen Augen=
blick Bedenken trug, zum Bürgerkriege das Signal zu geben.

Die große Wendung in den deutschen Reichsangelegenheiten war
nach zwei Seiten erfolgt. Einerseits durch den Tod Kaiser Maximilian's
am 12. Januar 1519, worauf nach einem sechsmonatlichen Intriguen=
spiel ohne Gleichen die deutschen Churfürsten sich zuletzt doch entschlossen,
die Krone des deutschen Reiches nicht dem früheren Grafen von Angoulême,
König Franz I. von Frankreich zuzuwenden, sondern dem Sohne des Herzogs
von Burgund, Erzherzogs von Oesterreich, Königs von Castilien, dem Enkel
Maximilian's, Karl, seit 1516 König der jetzt erst vereinigten Königreiche
von Castilien und Aragon. Die Wahloperation hatte aber im entschei=
denden Momente wesentlich durch das Verhalten des mächtigen Reichs=
ritters Franz von Sickingen und der rheinischen Grafen und Herren ein
für Karl V. günstiges Resultat gewährt. Franz, an die Spitze der den
Fürsten so sehr abholden Reichsritterschaft gestellt, hatte durch seine Be=
theiligung am Wahlgeschäfte, dem König Franz noch durch eine Armee
einen für ihn günstigen Ausgang zu verschaffen gehofft hatte, ein An=
sehen erlangt, daß er die rheinischen Churfürsten wie die rheinischen
Reichsstädte in Schach zu halten vermochte. Ohne tollkühn zu sein,
strebte er jetzt den Plan zu verwirklichen, die dem Reiche so schädliche
Oligarchie der Churfürsten zu brechen, die Reichsverfassung zu ändern,
erst den geistlichen und dann wohl auch den weltlichen Churfürsten ein
Ende zu bereiten und, während er den Kaiser „mit des Reiches freien
Knechten" umgab, jene Prophezeiungen in Ausführung zu bringen, mit
welchen man sich damals in Deutschland trug und die manches tapfere
Herz mit Schrecken erfüllten.

Die zweite Wendung der Dinge aber war, daß, während der Neu=
gewählte noch in Spanien verweilte, in seiner Abwesenheit der religiöse
Streit die bisherigen Dämme durchbrach und nun statt der wissenschaft=
lichen Corporationen die Massen zu Kampfrichtern wurden. Man konnte
die eingetretene Wendung sehr bald an der Sprache bemerken, die Luther
führte und mit welcher er sich an den von ihm aufgerufenen Autoritäten
rächte, die sich bei Gelegenheit der Leipziger Disputation wider ihn er=
klärt hatten. Es ist unmöglich, die Ausdrücke, mit welchen der deutsche
Professor seinem maßlosen Zorne gegen die mißliebigen Erklärungen der
Universitäten Luft machte, im Texte wiederzugeben. Wie mochten sie aber
auf die Masse des Volkes wirken, die sich immer freut, wenn Männer von
Bildung und Stellung, ihrer Würde vergessend, zu ihr heruntersteigen!

Wenn Derjenige Unrecht zu haben pflegt, der seinen Zorn nicht bemeistert, wie soll man von dem Manne urtheilen, der bereits auf den Scheffel gestellt, aus den Worten eine Cloake machte, seine Gegner damit zu verunreinigen [1]), sich aber damit am meisten beschmutzt?! So trotzig und sieggewohnt aber Luther sich auch benahm, der Boden wankte doch unter seinen Füßen. Papst und Kaiser einigte die gemeinsame Gefahr des drohenden Umsturzes. Andererseits näherten sich aber auch Ulrich von Hutten und Franz von Sickingen dem trotzigen Mönche [2]); auch der fränkische Ritter Sylvester von Schauenburg und hundert andere Ritter boten ihm, wie einst der böhmische Adel dem Johann von Husinetz, den Schutz ihrer Burgen und Reisigen an. Luther befand sich dadurch nicht blos frei von Menschenfurcht [3]). Er verhieß ein populäres Buch über die Verbesserung des Zustandes der Kirche herauszugeben, in welchem er den Papst auf das heftigste als Antichrist behandeln wollte. Man konnte schon nach den Berichten Karl's von Miltiz sich in Rom keiner Täuschung darüber hingeben, daß der Augustinermönch Dictator Deutschlands geworden war.

Marin Sanuto bringt eine Nachricht aus Rom vom 22. Mai 1520, es sei ein Consistorium in der Angelegenheit Luther's gehalten, aber nichts beschlossen worden. Es habe die Ueberzeugung vorgeherrscht, man solle den Irrthümern Luther's nicht eine größere Wichtigkeit bei=

---

[1]) Die Theologen zu Löwen — Priester wie er — waren „eine Tölpelschule, grobe Esel, verfluchte Rangen, ärgste Buben, gotteslästerliche faule Bänche, blutdürstige Mordbrenner, Brudermörder, große und grobe epicuräische Säue, Ketzer und Götzen, eitel verdammte Heiden, die eitel Lügen, Ketzerei, Gotteslästerung und Abgötterei lehrten, ein Stankpfuhl, eine verfluchte höllische Grundsuppe, eine Schmeißerei, die gar nichts aus der hl. Schrift sondern eitel Menschenkoth scheißen in das Volk, das nicht ihr sondern des lebendigen Gottes Volk ist und heißet", denn Gott mußte auch immer in Verbindung mit diesen geistigen Excrementen gebracht werden! Die theologische Facultät zu Paris aber war eine verdammte Teufelssynagoge, ein von dem Scheitel an bis auf die Fersen schneeweißer Aussatz der rechten christlichen Hauptketzerei, eine Mutter allen Irrthums in der Christenheit, die größte Geisteshure, die von der Sonne beschienen ist und das rechte Hinterthor von der Hölle, des Papstes größte Hurenkammer. — Man kann wenigstens von dieser Sprache nicht sagen, daß sie vorhanden war, um die Empfindungen zu verbergen; wohl aber war das Volk zu bedauern, das der Reformator mit dieser Sprache zu füttern für gut fand. In dieser Pöbelhaftigkeit ist Luther sich jedoch gleich geblieben und verrohte die Nation sichtbar unter seinen Händen. Da ist nichts zu entschuldigen und nichts zu beschönigen.

[2]) 20. Januar und 28. Februar 1520.

[3]) Securum me fecit Silvester Schauenburg et Franciscus Sickingen ab hominum timore.

messen, als ihnen gebühre, um den Scandal nicht zu vergrößern[1]). Dem Datum nach gehört in diese Zeit der Vorbereitungen auch der Brief, welchen Martin Luther (angeblich am 6. April 1520) an den Papst schrieb und der unter dem Scheine persönlicher Hochachtung gegen den Papst denselben mit Hohn und Grobheit überschüttete, seine eigene Fried= fertigkeit betheuerte und ebenso seine Nachgiebigkeit bis auf den Punkt, auf den es ankam. Er diente zugleich als Begleitungsschreiben für Uebersendung seiner Schrift von der christlichen Freiheit, welche Luther für sich in Anspruch nahm, um seine Doctrinen ungescheut verbreiten zu können. Leo X. mußte thörichter als thöricht sein, wenn er nicht den wahren Inhalt erkannte, nämlich Rom und den römischen Stuhl als den Grund und Ausgang alles Verderbens darzustellen und dieses unter der Form plumper Schmeichelei dem Papste unmittelbar in das Gesicht zu schleudern; man empfindet, wenn man den Brief liest, das Gefühl, wie der Briefschreiber selbst hohnlachend sich freut, die Form gefunden zu haben, unter welcher er das ganze Gift, von dem er durchdrungen war, an den rechten Mann bringen konnte. Der Brief hätte Ulrich von Hutten alle Ehre gemacht, und ist jedenfalls ein beredtes Zeug= niß des neuen Freundschaftsbündnisses. Man würde aber irre gehen, wenn man die Bannbulle, welche erst erschien, nachdem alle anderen Maßregeln sich als unwirksam erwiesen, mit diesem Briefe in Ver= bindung brächte. Sie war das Werk des von dem Humanisten Sadolet hochgepriesenen Cardinals Pietro Accolti, war in Wittenberg in den ersten Tagen des October 1520 bekannt und jetzt erst schrieb Luther jenen Brief an Papst Leo, dem er das Datum vom 6. April verlieh[2]). So sehr die Humanisten, vielleicht Aehnliches für sich fürchtend, ihr Erscheinen tadelten, so sehr hatte Leo X. Recht, wenn er darin aus= einandersetzte, er habe vier Jahre lang alle Nachsicht geübt, alle Beleidi= gungen ruhig ertragen und Sanftmuth ihnen entgegengesetzt. Auch jetzt erfolgte noch nicht unmittelbar der Bann, sondern es sollte derselbe erst eintreten, wenn Luther (Lotter) und seine Anhänger die Frist von zwei Monaten (60 Tagen) verstreichen ließen. In diesem Falle aber wurden alle christlichen Fürsten aufgefordert, Luther und die Seinigen zu er= greifen, sie entweder nach Rom zu bringen oder sie doch aus ihren

[1]) Rawdon Brown, Calendar vol. III, p. 34.
[2]) Vergl. die Anmerkung Henke's zu Roscoe's Leo's X. III, S. 205. Der Brief wurde zurückdatirt und geschrieben, nachdem die Bannbulle schon nach Deutschland gekommen war — eine Finte, welche einem Ulrich von Hutten besser stand als einem „Gottesmanne".

Ländern zu vertreiben. In Cöln, Löwen, Mainz wurden auf dieses Luther's Schriften verbrannt. Er erneute am 17. November die Appellation an ein freies christliches Concil, das in seinem Sinne ab= zuhalten eine Unmöglichkeit war. Dann verbrannte er am 10. De= cember 1520, umringt von Mitgliedern der Universität Wittenberg, wie er selbst schrieb, zitternd und betend¹) die Extravaganzen, die Decre= talen, die Schriften seiner Gegner Eck und Emser, zuletzt die päpstliche Bulle, sich darauf berufend, daß der Apostel Paulus die Zauber= bücher verbrannt habe! Er sei als geschworener Doctor der heiligen Schrift — in Wahrheit der römisch-katholischen Theologie — dazu ver= pflichtet gewesen. Am 11. December verkündete er auf der Kanzel, besser wäre es, wenn auch der Papst oder vielmehr der römische Stuhl mit verbrannt worden wäre. Der Churfürst von Sachsen ließ Alles ge= schehen. Er glaubte, „die erbittertsten Zwiste und schrecklichen Erregungen" dadurch aufzuhalten, daß er stillschweigend sanctionirte, was in Witten= berg Anarchisches vorfiel. Klarer sah der Hohenzoller'sche Erzbischof von Mainz, welcher schon am 20. Februar den Churfürsten aufmerksam gemacht hatte, es bereite sich ein Brand vor, wie er seit langer Zeit nicht dagewesen. Die Deutschen, dem Priesterstande feind und an Raub gewöhnt, hofften durch Luther nun Gelegenheit zu erlangen, den ihnen verhaßten reichen Priesterstand umzustürzen und dann Alles darunter und darüber zu werfen. Als das Jahr schloß, war die Aussaat der Um= wälzung bereits im reichsten Maße erfolgt. Luther hatte mit den eigenen Erklärungen der Jahre 1517, 1518 gebrochen und den Strick ge= schwungen, der die Sturmglocke in Bewegung setzte. Das Blöken des Schäfleins des Papstes hatte sich sehr eigenthümlich vernehmen lassen und erdröhnte wie eine Sturmglocke durch die Länder.

Bei allem Trotze und aller Verwegenheit hatte der Mönch denn doch nicht jene Vorsicht außer Acht gelassen, deren er zur eigenen Deckung bedurfte. Er konnte auf den notorischen Widerwillen der deutschen Nat ion gegen Romzählen; er wußte, inwiefern die deutsche Reichsver= fassung ihm Schutz gewähre; je weiter er im Sturmlaufe voranging, desto mehr konnte er auf die Partei rechnen, die im eigenen Interesse auf den allgemeinen Umsturz speculirte. Seine Rolle als religiöser Re= formator war ja nur die eine Seite der Wirksamkeit, welche er sich eröffnete. Er mußte sich sagen, wolle er in Deutschland die Kirche

---

¹) Exussi libros Papae et bullam, primum trepidus et orans sed nunc (14. Juni 1521) laetior quam ullo alio totius vitae meae facto. De Wette, I, p. 512.

umſtürzen, ſo mußte er vor Allem den Zuſtand des Reiches verändern, der mit derſelben auf das Innigſte zuſammenhing. Eine Reform des Reiches in ſeinem Sinne führte dann von ſelbſt den Umſturz der Kirche herbei. Unterſtützte er mit ſeiner Feder die Partei der Reichsritter, ſo konnte er auf ihren Sieg rechnen, ohne daß es nöthig geweſen wäre, unmittelbar Handlangerdienſte bei dem Umſturze der Reichsver= faſſung und Reichsordnung zu leiſten.

Luther war entſchloſſen, das Aeußerſte zu wagen, was bisher in deutſcher Sprache erſchienen war und verfaßte daher die „Schrift von des chriſtlichen Standes Beſſerung an den chriſtlichen Adel deutſcher Nation" (Auguſt 1520); man konnte ſie den Text nennen, zu welchem der Sickingiſche Aufſtand die Noten gab, eine vollſtändige Anleitung zum ſyſtematiſchen Umſturze der Kirche und des Reiches [1]). Er hatte kein Be= denken getragen, den Utraquismus — die Pragerei — die Quelle ſo großer Zerwürfniſſe im benachbarten Böhmen 1519 nach Deutſchland zu verpflanzen [2]), das jetzt der Schauplatz für alle evangeliſchen Verſuche werden ſollte. Dann wurde der Satz aufgeſtellt, „daß Laie, Prieſter, Fürſten, Biſchove, Geiſtliche weltlich keinen anderen Unterſchied im Grund und warlich haben denn des Amptes oder Werkes halben und nicht des Standes halben [3]), ſomit kein eigentlicher Unterſchied der Stände vor= handen — alle geiſtlichen Standes wahrhaftig Prieſter, Biſchove und Bepſte ſeien". Damit aber ja in dieſer Beziehung kein Zweifel obwalte, wurde ausgeführt, „daß ein Schuſter, ein Schmied, ein Bawer ein jeglicher ſeines Handwerkes ampt und werk hat und doch alle gleich geweiht Prieſter und Biſchove und was geiſtlich Recht dawider geſagt hat, iſt lauter ertichtet romiſche Vermeſſenheit — teufeliſches Wort oder Werk". Die ſogenannte Schlüſſelgewalt, die Auslegung der heiligen Schrift ge= höre nicht dem Papſte zu, ſondern „der ganzen Gemeine", ſelbſt nicht mehr den Concilien, deren bindende Kraft er verwarf. Da Alle Prieſter ſind, Alle einen Glauben, ein Evangelium, ein Sacrament haben — während gerade er die Einheit zerriß — „haben auch alle Macht zu ſchmeken oder zu urteilen, was da Recht oder Unrecht im Glauben ſei.

---

[1]) Hic Papam acerrime tracto quasi antichristum. (3. Auguſt 1520.) Staupitz hatte ihn vergeblich abzuhalten geſucht. Raſch waren 4000 Exemplare ver= griffen. Nec hoc a me agitur, ſchrieb er am 19. Auguſt, ut seditionem moveam — er mußte ſich wundern, wenn ſie nicht erfolgte — sed ut concilio generali liber- tatem asseram (!).

[2]) Opera. Ihenae. 1590. I, f. 20.

[3]) An den chriſtlichen Adel. f. 290.

An dem weltlichen Schwert ist es, ein frei Concilium zu berufen. Wenn aber der Papst das wehre, so sei er der Endechrist und in des Teufels Gemeinschaft". An den Deutschen aber sei es, sich aufzumachen, dem Papste die Hoffart zu nehmen, das Cardinalscollegium auf 12 zu reduciren, die Annaten abzuschaffen, die päpstlichen Monate bei der Besetzung der geistlichen Dignitäten zu beseitigen, was Alles in möglichst gehässiger Weise und mit der möglichsten Stärke der Ausdrücke motivirt wurde. Die Palliumgelder, der Pfründenhandel, Commenden und Coadjutorien, die Cumulation geistlicher Aemter, die Einsetzung von Administratoren, die Verleihung von Erbpfründen, die Reservationen seien zu beseitigen, wobei der Vatican wegen des Mißbrauches mit Dispensationen als Huren= haus bezeichnet wurde. Wolle man gegen die Türken streiten, so müsse man zuerst den größten Dieb und Räuber, den römischen Geiz, bekämpfen, der christliche Adel deutscher Nation müsse sich gegen den Papst als ge= meinsamen Feind und Zerstörer der Christenheit setzen. Wenn ein Cour= tisan herauskomme, solle man ihn, wenn er nicht abstehe, in den Rhein springen machen, und in der That verschwand Karl von Miltiz im Rheine! Ein kaiserliches Gesetz solle die Bestätigung der Bischöfe und Aebte durch den Papst aufheben, keinen Bann mehr gestatten. Der Papst solle nur der allergelehrteste in der Schrift sein[1]). Die Appellationen müßten an den Primas von Germanien und dessen Con= sistorium gehen, die casus reservati ganz aufhören. Es ward als Be= weis, daß „man in Rom fast nichts mehr wisse vom Glauben zu sagen", angeführt, daß auf dem vaticanischen Concil bestimmt worden war: des Menschen Seele sei unsterblich[2]). Der Eid, welchen der Bischof dem Papste schwöre, müsse abgethan werden wie alle päpstliche Gewalt dem Kaiser gegenüber. Luther wußte genau, daß der Papst an Sicilien so viel Recht habe als er selbst, ebenso an Bologna, der Romagna 2c. Die Wallfahrten nach Rom müßten abgethan, die Bettelklöster von zehn auf eines reducirt und keine neuen dürften gebaut werden, Bettelmönche weder beichtsitzen noch predigen; in den Klöstern solle man so lange bleiben als man wolle, den Priestern die Ehe unverboten sein, Pfarrer zumal müßten heiraten, alle Jahrestage und Seelenmessen abgethan werden wie die Strafen des geistlichen Rechtes, die Fast= und Festtage, Kirchweihen, Capellen, Feld=

---

[1]) l. c. f. 298.

[2]) War es grobe Unwissenheit, war es absichtliche Entstellung und somit Lüge, das vaticanische Concil hatte denjenigen gegenüber, welche die Unsterblichkeit leug= neten, letztere betont.

kirchen, Wallfahrten, Abläſſe [1]), Bettelei und Meſſeſtiftungen. Wo es ſich
aber um die alten Stifter handelte, die am meiſten weltlichen Zwecken
dienten, am meiſten einer Reform bedurften, am meiſten verweltlicht
waren, da lenkt Luther ein, um es mit dem Adel nicht zu verderben,
der dieſe als ſein Erbeigenthum anſah. Er adoptirt ganz die An=
ſchauungen der Reichsritterſchaft: „Die alten Stifter und Thüme (Dome)
ſeien onzweifel darauff geſtifftet, das dieweil nicht ein jegliches Kind vom
Adel Erbbeſitzer und Regierer ſein ſoll, es nach deutſcher Nation Sitten
in denſelben Stiften möchte verſorgt werden." Abgeſehen von dem Um=
ſtande, daß dieſe Adelsauffaſſung von Luther's Zeitgenoſſen, dem Prior
des fränkiſchen Ebrach, geradezu als „verſtunken und verlogen" bezeichnet
wurde, bildete der Mißbrauch, den der deutſche Adel mit den Erz= und
Bisthümern trieb, den Hauptgrund der Verweltlichung der deutſchen
Kirche. Durch den beabſichtigten Ausſchluß aller Fürſten einerſeits und
den factiſchen aller Unadeligen, des geſammten Bürger=, Bauern= und
Gelehrtenſtandes, wäre aber dieſe jetzt ſo arg geworden, daß mit Recht gefragt
werden konnte, was ärger war, der von Luther und von ſo vielen An=
deren ſo oft gerügte Mißſtand mit den Commenden, Reſervationen u. dergl.,
oder derjenige, welcher jetzt im Intereſſe des habſüchtigen Adels auf Koſten
Aller beibehalten werden ſollte? „Alle Bruderſchaft, Ablas, Ablasbriefe,
Bullen und Meßbriefe Dispenſation und was des Dings gleich iſt, nur
alles erſäufft und umbracht, alle päpſtlichen Botſchaften mit ihren
Facultäten verjagt, denn der Papſt," dem Luther vor nicht langer Zeit
ſich unterworfen, „iſt der wahre Endechriſt [2])."

Die Abſicht, in Deutſchland tabula rasa zu machen, war damit
ausgeſprochen, der ſociale Charakter der Bewegung enthüllt. Auch die
Böhmen, ſelbſt unter ſich geſpalten und von den zerſtörenden Folgen
des Utraquismus und Huſſitismus wie in das Herz getroffen [3]), ſollten

---

[1]) In dieſer Beziehung iſt äußerſt bezeichnend, was Luther am 6. October an
Tulich ſchrieb: De indulgentia ante duos annos scripsi sed sic ut me nunc
mirum in modum poeniteat editi libelli. Haerebam enim id temporis magna
quidem superstitione Romanae tyrannidis, unde et indulgentias non penitus re-
jiciendas esse censebam, quas tanto hominum consensu censebam comprobari
De Wette, I, p. 492.

[2]) f. 309.

[3]) Nunc, klagt ein böhmiſcher Zeitgenoſſe (liber decanorum facultatis philosophicae. II, p. 285), omnium fere adolecentulorum prona licet ingenia in di-
versas — partes sunt distracta dispersa dissecataque. Pars et illa quidem potior
avaritiae studet et nihil in hac vita melius censet nisi lucri; pars vero aliis,
et illis quidem pestilentissimis cum sectis tum etiam dogmatibus a Deo alienata

noch für die radicale Umwälzung gewonnen werden. Sie galten als
die größten Feinde des deutschen Namens, waren aber mit dem bestechen=
den Beispiele der Säcularisation vorangegangen. Auch das Schicksal,
das sie der Carolina bereitet, schreckte nicht ab. Aus den Hochschulen
sollte der blinde Heide Aristoteles mit Ausnahme von Logica, Rhetorica
und Poetica vertrieben werden. Einen Doctor der heiligen Schrift könne
nur der heilige Geist vom Himmel machen [1]) und wo die heilige Schrift
nicht regiere, da rathe er Niemanden, daß er sein Kind auf die Univer=
sität hinthue. Er leugnet nicht, daß das römische Reich durch den Papst
an die Deutschen gekommen ist. „So ist's doch gewis, das Gott des
Bapstes Bosheit hierin hat gebraucht. Haben wir doch durch bepstische
Tück und schalkheit mit ungelichen Blutvergießen, mit Unterdrückung
unser Freiheit, mit Zusatz und Raub aller unser Güter, sonderlich der
Kirchen und Pfründen mit Geduld untreglicher Trügerei und Schmach
solch Reich leider allzu thewer bezalet, sind wir der allerlistigsten Ty=
rannen Knecht geworden. Der Bapst geb Rom her und alles, was er
hat vom Kaiserthum [2]).'' Die Frage war nur, ob nicht letzteres vom
Papstthum mehr bezogen hatte, als dieses von jenem.

Wenn es in Deutschland, wo Herzog Ulrich von Württemberg sich
mit öffentlichem Morde besudelte, das Raubritterthum blühte und der
Lanzknecht fremden Herren sich gegen Kaiser und Reich verdingte, zum
allgemeinen Blutvergießen kam, Luther dasselbe für das Jahr 1521 be=
sorgte, wenn Ritter oder Bauer jetzt nicht Alles „ersäufte oder umbracht'',
so war es, seit dem Büchlein von des christlichen Standes Besserung, nicht
nöthig, nach dem moralischen Urheber der Aufstände zu fragen, nament=
lich da noch verkündet wurde, daß der jüngste Tag vor der Thüre stehe,
und zur Seligkeit der Glaube allein genüge, die guten Werke in den

---

ne dicam dementata est, ut nihil vilius nihil pernicosius nihil detestabilius
ducat quam ingenuis inservire artibus. Omnes fere philosophi nunc ludibrio
risuique expositi sunt; omnes philosophum virum quasi digito demonstrant,
hominem sine fruge asserentes. Lucrati undecumque per fas nefasque summum
in hac vita bonum buccinantes et post lucrum sine artibus ingenuis scire theo-
logisare altaque contemplari ac perscrutari divina; haec etiam scire, de sub-
stantiis divinae usiae disserere et de sacramentis disceptare. — Und etwas früher:
Teterrima socordiae pestis adeo studiosorum pectora obsedit ut nonnunquam
unicus, interdum nullus Aristotelis liber profiteretur et publice auscultaretur. —
Inaestimata scholarium paucitas. Ego vero hoc perniciosum malum regni turbelis
et sectarum discordiis attribuo. Quippe regnum Bohemiae tres famigeratas
religiones alere quis ignorat.

[1]) Damit war wohl sein eigener Beruf gemeint.
[2]) l. c. f. 314.

Hintergrund traten, wo nicht gar geradezu als schädlich erschienen. Daß aber der Verkünder derartiger Theorien, ohne sich nicht selbst zu ver= nichten und einen moralischen Selbstmord zu begehen, nicht mehr zurück= weichen konnte, nachdem er einmal so weit gegangen war, verstand sich doch wohl von selbst. Wie sich auch von selbst verstand, daß, wenn der Knappensohn von Eisleben am Schlusse der Schrift, wo er sich gegen Putz und Luxus, Zinskauf, Fressen und Saufen der Deutschen kehrt, auch gegen die Fugger eiferte, die Bergknappen in den Fugger'schen Bergwerken zu Schwaz in Tirol sich berufen fühlten, Luther's Theorie in die Praxis umzuwandeln. Er gab die Anleitung[1]), zog sich aber zurück, wenn Andere zur Praxis schritten, in der Hoffnung, daß der Einsturz des Gebäudes, dessen Fundamente er unterwühlt, von selbst erfolge[2]). Er wollte ja nur die Gewissen befreien, dann werde schon Alles von selbst zusammenstürzen. Er scheint wirklich ganz vergessen zu haben, daß die ungeschlachte Masse in aufgeregten Zeiten ein wunderbares Gedächtniß besitzt, namentlich wenn einmal von Ersäufen, Umbringen, die Hände im Blute Anderer waschen, die Rede war. Der Samen pflegt nicht „unter die Dörner" zu fallen und wechselte auch Luther nach Be= lieben die Scenerie, die Masse blieb bei dem, was durch die Faust entschieden werden konnte. Seit dem Sommer 1520 mußte man in Deutschland jeden Augenblick auf den Ausbruch einer großen Revolution gefaßt sein. Die Masse hat eben auch ihre Logik. Damals kam der König von Spanien, erwählter römischer Kaiser, aus Spanien, wohin er im Jahre 1517 aus seinem niederländischen (burgundischen) Erbbesitz gegangen war, nach dem deutschen Reiche. Er hatte am 20. Mai 1520 la Coruña verlassen[3]), um in Aachen die römische Königskrone und, wie

---

[1]) Er begriff gar nicht, wie man ihn zu großer Bissigkeit (nimiae mordaci-
tatis) beschuldigen könne (27. Februar 1521). Er ist gänzlich unschuldig, wenn es zu
einem Aufstande kommt. Omnes fore divinant Bohemicae similem seditionem,
schreibt er an demselben Tage (De Wette, I, p. 563), in nostros quoque clericos
grassaturam. Ego sine culpa sum, qui hoc molitus sum ut nobilitas Germaniae non ferro sed consiliis et edictis (quod facere possunt) Romanistis illis
modum poneret. Hutten, Sickingen, Schaumberg und ihre Genossen waren ganz
die Männer, denen man, um sie bei Maß zu halten, eine derartige Schrift zukommen
lassen mußte, in der sie nur das Signal (classicum) ihres geistlichen Führers „zum
Dareinschlagen" erblicken konnten und erblickten.

[2]) Nam haec ego quaesieram hactenus ut conscientiae ab istis contrariis
faciebus liberarentur et res ipsa per sese rueret communi assensu.
30. März 1522.

[3]) Höfler, Aufstand der castillianischen Städte, S. 67. — Ich bemerke einem
Recensenten meines Aufstandes der Comuneros, der es sonderbar fand, daß ich

er hoffte, noch von Papst Leo X. in Rom die Kaiserkrone zu empfangen. Er ließ sein spanisches Erbland, das er dem Titel nach mit seiner Mutter, der unklugen Königin Johanna, regierte, in einer Gährung zurück, welche rasch zu der von Toledo aus geschürten Revolution führte, die Castilien, Valencia, die Balearen und Sicilien ergriff, von König Franz von Frankreich geschürt wurde, so daß dieser die Hoffnung nährte, er werde binnen Jahresfrist den Kaiser Spaniens und der Kaiserkrone berauben. Karl, genöthigt sich auf das Engste an König Heinrich von England anzuschließen, stand, kaum zwanzig Jahre alt, in der Mitte von zwei Vulcanen. Wie Deutschland von dem Augustinerbruder aufgewühlt wurde, an den sich jetzt die kampfbereite Ritterschaft anschloß, unternahm es in Castilien der städtische Adel, aufgebracht über die Mißwirthschaft der flämischen Minister Karl's, die castilianischen Städte in Aufruhr zu bringen, und wie in Deutschland die Fürsten, mit Recht unzufrieden über die großen kirchlichen Mißbräuche, ruhig zusahen, daß der Zersetzungsproceß von Tag zu Tag, von Monat zu Monat, von Jahr zu Jahr zunahm, ließ der hohe Adel Castiliens, in der Hoffnung, den König zur größeren Anerkennung der castilianischen Rechte zu zwingen, den blutigen Aufstand der Städte und der Hidalgos zum vollen Ausbruche kommen. Bald stand Adrian, Bischof von Tortosa, Cardinal von St. Johann und Paul, Großinquisitor Spaniens, einst Lehrer Karl's V. und nun Gobernador von Castilien, wie auf einsamem Felsen, der von den Fluthen gepeitscht wird, in Valladolid machtlos dem Aufruhr gegenüber da. In Deutschland hinderte nur die Vielheit der Territorien, die Getheiltheit der fürstlichen Interessen, der schroffe Unterschied der Stände ein rasches Losbrechen des Sturmes und als das Gewitter sich entlud, hatten diejenigen, welche zuerst losschlugen, die Ritter, weder Bürger noch Bauern auf ihrer Seite und als nach ihrer Unterdrückung die Bauern losschlugen, waren die Ritter bereits machtlos und wurden die Fürsten Sieger.

Gerade zu der Zeit, als Luther seine gewaltige Aufruhrschrift an den deutschen Adel herausgab [1]), bemächtigten sich die Comuneros Castiliens

---

Castilien schrieb, daß nicht blos Zurita und die älteren spanischen Schriftsteller, sondern auch Neuere, wie Don Alvaro Gil Sanz, la politica castellana, Salamanca 1878 — Castilla schreiben.

[1]) Joh. Lange hatte in einem Schreiben an Luther dessen Schrift mit vollem Rechte als ein Signal zum Angriffe (classicum), und zwar als solches atrox et ferox bezeichnet. Der Herold des Umsturzes antwortete ihm darauf: Libertate et impetu fateor plenus est, multis tamen placet, nec aulae nostrae, dem churfürstlichen Hofe, penitus displicet. Gerade damals heirathete Philipp Melanchthon auf Luther's

der Feste Tordesillas, wo sich die Königin befand und war diese zu be=
wegen, die Schriftstücke zu unterzeichnen, welche ihr die Aufständischen
vorlegten, wich sie der von der aufständischen Regierungsbehörde, Junta,
schmählich ausgeübten Gewalt, so war König Karl verloren; nicht er,
sondern nur Juana la Loca (die Wahnsinnige) wurde in Castilien an=
erkannt und der Aufruhr wälzte sich dann über Andalusien, dessen
Anschluß an den castilianischen Aufstand bisher verhindert worden war,
in das Gebiet der Krone von Aragon, nach Valencia, nach den Inseln.
Ehe noch Karl's Mutter und seine bei dieser befindliche jüngste
Schwester, die Infantin Katharina, durch Wiedereinnahme von Torde=
sillas den Händen der Aufständischen entrissen werden konnte, erfolgte
am 21. October 1520 Karl's feierlicher Einzug in die Krönungsstadt
Aachen, jedoch ohne den Churfürsten von Sachsen. Karl leistete den
Eid, den katholischen Glauben zu schützen, erlangte von den Fürsten das
Gelöbniß der Treue und empfing sodann von den drei Churerzbischöfen
die Krönung (24. October 1520), den Titel eines gewählten römischen
Kaisers. Von Aachen ging er nach Cöln und schrieb daselbst für den
6. Juni 1521 seinen ersten Reichstag. nach Worms aus[1]). Es war
somit in Erwartung des Reichstages und unmittelbar nach der Unter=
handlung des päpstlichen Gesandten mit dem Churfürsten von Sachsen,
der verlangt hatte, daß Luther erst durch feste Zeugnisse der Schrift
widerlegt werden solle, daß einerseits Luther die päpstliche Bulle verbrannte,
andererseits hatte Kaiser Karl den Churfürsten aufgefordert (28. No=
vember), Luther zum Reichstage mitzubringen. Sieben Tage nach dem
Wittenberger Brande nahm jedoch Karl diese Aufforderung zurück, da
Luther die in der Bulle bezeichnete Frist unbenützt verstreichen ließ und
somit dem Banne verfallen sei. Luther selbst erklärte bereits am 21. De=
cember 1520, was ihn betreffe, so werde er nach Worms gehen und
meinte, da Kaiser Sigmund seit der Verbrennung des Hus kein Glück
gehabt habe, „samt seinem Hause untergegangen sei," werde sich Kaiser
Karl hüten, die kaiserlichen Hände mit Blut zu beflecken.

Nicht von Kaiser Karl und nicht von dem verhöhnten Papste war
die Weisung ausgegangen, daß man seine Hände im Blute Anderer
baden solle.

Die Frage, um welche es sich zunächst handelte, lautete dahin, ob
sich Luther in Rom oder auf deutschem Gebiete zu verantworten habe.

Anstiften. Am 8. September schrieb Luther: Classicum meum acutissimum est
et vehementissimum. Der Churfürst schenkte ihm Wildpret. (De Wette, I, p. 483.)

[1]) Sleidanus, p. 51.

Begreiflich verlangte der Papst das erstere. In Rom selbst, schrieb der kaiserliche Botschafter an seinen Herrn, erwartete man ihn. Er möge in aller Sicherheit kommen und daselbst disputiren. Seine Behauptungen würden nach ihrem Werthe gewürdigt werden (31. December 1520) [1]). Ganz anders aber war die Ansicht am kaiserlichen Hofe. Hier wurde bereits gepredigt, den Papst zu reformiren [2]) sei nicht Sache eines Privatmannes, wohl aber des Kaisers und der Churfürsten. Vergeblich beklagte sich der gelehrte Aleander, päpstlicher Nuntius, hierüber. Der Kaiser gewährte Luther unter der (von ihm nicht gehaltenen) Bedingung, unterwegs nicht zu predigen, einen Geleitsbrief und sandte selbst Ende März den kaiserlichen Herold nach Wittenberg ab, Luther nach Worms zu geleiten [3]), um auf dem Reichstage vernommen zu werden. Sein Zug nach Worms unter kaiserlichem Geleite glich einem Triumphzuge. Die Hoffnungen aller Bessergesinnten, Aller, die auf den Sieg der Wahrheit und der Wissenschaft rechneten, der Humanisten, der deutschen Patrioten, die in Rom nur eine Quelle der Bedrückung Deutschlands sahen, Aller, welche von Haß gegen den Clerus erfüllt, nach dessen Rechten und Besitzungen sich sehnten, der offenen und versteckten Umsturzmänner, wie derjenigen, die der Aeußerlichkeiten der Kirche überdrüssig, nach dem edlen Kerne begehrten, vereinigten sich damals noch mit Luther, dem Verkündiger evangelischer Freiheit. Es charakterisirte vollkommen die deutschen Zustände, daß Senat und Rector der Universität Erfurt, dieser Burg humanistischer Bestrebungen, drei Meilen weit dem Mönche entgegenzogen, den der Herold des Kaisers schützte, der Rector Crotus begrüßte, die Stadt in Jubel aufnahm, Helius Eobanus Hessus, der gefeierte Poet, besang. Bescheiden antwortete Luther, dann predigte er in seiner Ordenskirche, die überfüllt war (7. April), am 9. reiste er ab, am 10. begannen Studenten und Pöbel den Sturm auf die Wohnungen der Stiftsherren, die mit Mühe dem Tode entgingen. Im Juni widerholten sich die husitischen Unthaten in Erfurt [1]), im Juli erneuten sie sich in noch ärgerer Weise, der Rath der Stadt sah jedoch ruhig zu, als das reine Evangelium diese Erstlingsfrüchte brachte. Deutschland

---

[1]) Brewer, Calendar. II, p. 332.

[2]) Correct. Brewer, Cal. III, p. 121. Francesco Cornaro an die Signoria am 27. Januar 1521. Vergl. auch n. 160, p. 104.

[3]) Bekanntlich betheuerte Hus, daß er ohne Geleitsbrief nach Constanz gekommen sei. Man sorgte jetzt dafür, daß ähnliche Vorkommnisse wie in Constanz in Worms nicht stattfänden.

[4]) 10. bis 12. Juni. Krause, I, S. 332.

4 *

konnte sich auf wilde Scenen gefaßt machen. Die Spaltung unter den Humanisten war, seit Luther den Boden Erfurts betreten, unheilbar [1]). Ein Spottgedicht Eoban's auf Hieronymus Emser folgte; bezeichnend war, daß Eoban die Ritter Sickingen und Hutten geradezu aufforderte, die päpstlichen Legaten Aleander und Marinus, die unter dem Schutze des Kaisers und des Völkerrechtes sich in Worms befanden, einzukerkern, das Schwert gegen sie zu ziehen. Das sind die Türken, die ihr erst schlagen müßt, ehe ihr die wirklichen Türken verjagt [2]). Das allein ging noch ab, daß die deutschen Vertreter der Humanität dem Bruche des Völker= rechtes das Wort redeten.

Die Spannung war auf das Höchste gestiegen. Wie Emser, der Luther als den Stier von Wittenberg bezeichnete, hatte auch der Franciskaner Thomas Murner die Feder gegen ihn ergriffen, er selbst durch sein Buch über die Babylonische Gefangenschaft seinen Gegnern neuen Stoff zur Anklage gegeben. Seine ritterlichen Freunde hielten jedoch fest zusammen. Der Hohenzoller Albrecht, erster Churfürst des Reiches, den sich Hutten besonders ausgewählt, erhielt Drohbriefe, der Nuntius des Papstes schien seines Lebens nicht sicher. Man mußte von Sickingen und seinen Freunden auf jede Gewaltthätigkeit zu Gunsten Luther's gefaßt sein. Die Secretäre des Kaisers waren seine Anhänger [3]). Eine päpstliche Bulle verbot die Lectüre seiner Schriften; zu Worms am kaiserlichen Hofe wurden sie offen verkauft. Die marranos [4]), deren Einfluß bei dem castilianischen Aufruhr so bemerkenswerth war, besorgten von Antwerpen aus eine spanische Uebersetzung seiner Werke, um sie in Spanien zu verbreiten. Andererseits aber wandten sich die Granden von Spanien, der Cardinal von Tortosa, der Almirante von Castilien, der Präsident und die Herren vom Rathe (12., 13. April) an den Kaiser und forderten ihn auf, dafür Sorge zu tragen, daß die verabscheuungswürdige Häresie Luther's nicht nach Spanien dringe und er selbst als Ketzer der Bestrafung nicht ent= gehe [5]). Karl war jedoch entschlossen, Luther vor dem Reichstage Gehör zu geben, ihn zum Widerrufe aufzufordern, das Geleit zu halten. Widerrufe

---

[1]) Krause, I, S. 329.

[2]) l. c. S. 326.

[3]) Friedrich, der Reichstag zu Worms, S. 13.

[4]) Judenchristen, die das Christenthum nur zum Scheine oder der Gewalt weichend angenommen.

[5]) Bergenroth, Suppl. p. 86, 87, 88. Wie sehr Karl genöthigt war, auf Spanien, dessen Reichthum ihm die deutsche Krone verschafft, Rücksicht zu nehmen, ergibt sich selbst aus der ersten österreichischen Landestheilung (zu Worms), wobei es heißt: „Von wegen unsers Fürstenthumbs Würtenberg dasselb wirdt nit in die gemelt Zahlung

er nicht, so sollten seine Bücher verbrannt, er selbst in seine Heimat entlassen, als Häretiker behandelt werden. Am 15. April, also kaum, daß die Briefe der Granden Tordesillas verlassen, kam Luther in Worms an, wo er bis zum 25. April blieb. Er durfte nicht fürchten, daß das Geleit gebrochen werde [1]). Er wurde wiederholt vernommen; namentlich war es sein Festhalten an den Artikeln, welche das Constanzer Concil verworfen, was einen Ausgleich unmöglich machte [2]), selbst wenn Luther's persönliches Auftreten die Meinung günstiger für ihn gestimmt hätte als es wirklich der Fall war.

Er selbst leugnete in Worms nicht etwa blos die Infallibilität des Papstes, auch die Autorität der Concilien fand vor ihm keine Gnade. Er empörte aber gerade dadurch den Kaiser, wie er die ihm bisher an= hängenden Reichsfürsten und Reichsstände in Verlegenheit setzte. Nach dem Verhöre am 18. April und der trotzigen Erklärung Luther's, er werde nicht widerrufen, gab ein eigenhändiges Schreiben Kaiser Karl's an die venetianische Signoria dieser seinen Entschluß zu erkennen (19. April) [3]), gleich seinen Vorfahren die Kirche zu beschützen und aufrecht zu erhalten, was durch das Concil zu Constanz und die anderen Concilien bestimmt worden war. Luther's Meinung sei der ganzen Kirche entgegen; er aber, der Kaiser, entschlossen, seine Königreiche und Länder, seinen Körper, sein Blut, Leben und Seele für die Christenheit einzusetzen. Nachdem er die hartnäckige Antwort Luther's vernommen, erkläre er, daß es ihn reue, so lange eine Verfolgung Luther's und seiner falschen Lehre verschoben zu haben. „Mein Entschluß ist," fügte Kaiser Karl hinzu, „gegen Luther als einen öffentlichen Häretiker einzuschreiten." Es war dasselbe Schreiben, das Karl dann dem Reichstage mittheilte.

Gasparo Contarini, der venetianische Botschafter, welcher erst am 20. April nach Worms kam, somit weder bei der Ankunft Luther's noch bei seinen Vernehmungen zugegen war, berichtete über das, was nach dem

---

tomen angesehen das wir solches Landt von unserm hispanischen gellt erobert und erlangt haben!

[1]) Wenn Luther später an den Grafen von Schlick schrieb: „Wormatiam in- gressus sum etiam cum scirem, mihi violatam esse a Caesare fidem publicam," so war das eine unwürdige Lüge. Er hätte sich nur zu gerne mit Hus identificirt und aus Kaiser Karl einen Kaiser Sigmund nach der landläufigen Auffassung gemacht, als hätte dieser den Geleitsbrief gebrochen.

[2]) Kobde, S. 111.

[3]) Brewer, p. 192. An demselben Tage, an welchem Giovanni Badoer der Signoria aus Frankreich schrieb, die französische Expedition nach Navarra sei be- schlossen worden. l. c. p. 190.

20. April vorfiel, an Nicolo Tiepolo und Matteo Dandolo, nach den Mit=
theilungen des Cardinals von Sion, Luther habe sich für die Auflöslichkeit
der Ehe ausgesprochen; jeder im Stande der Gnade befindliche Laie könne
das Sacrament der Eucharistie verwalten; es entstehe Alles aus Noth=
wendigkeit (ohne Freiheit) [1]). Wäre, setzte der Venetianer hinzu, Luther klug
gewesen, hätte er sich auf seine ersteren Sätze beschränkt, sich nicht in
offene Glaubensirrthümer verstrickt, er würde von ganz Deutschland nicht
blos begünstigt, sondern angebetet worden sein. Er (Contarini) habe
dieses schon aus den Worten des Herzogs von Baiern und mancher
Anderer in Augsburg erfahren, jetzt aber dieses aus Erfahrung bemerkt [2]).

Die Leidenschaftlichkeit hatte den höchsten Grad erreicht. Ein Placat
war von 400 Rittern und Edlen an der Kathedrale von Worms an=
geheftet worden, bedrohte alle Gegner Luther's und den Erzbischof=Chur=
fürsten von Mainz besonders [3]). Der Nuntius und die Prälaten waren
von der Sickingisch=Hutten'schen Partei bedroht, in Stücke gehaut zu
werden. Die Churfürsten von Sachsen und Brandenburg kamen so an
einander [4]), daß der Erstere, sonst so schweigsam, förmlich tobte und ein
Handgemenge befürchtet wurde, das noch glücklich der Erzbischof von
Salzburg verhinderte. Während man sonst nicht zehn Worte im Jahre
aus dem Churfürsten von Sachsen herausbringen konnte, habe er auf
dem Reichstage gebrüllt wie zehn Stiere. Und doch hing das Geschick
von Deutschland nicht sowohl von den Churfürsten als von Franz von
Sickingen ab, der der Schrecken und einzige Beherrscher des Reiches sei [5]).
Dieser aber stand auf Seite des Mönches, der seines Schutzes sicher
war. Während man für die nächste Zukunft Deutschlands das Schlimmste
besorgte, vor Allem den Massenmord der Geistlichen als nächste Wirkung
der von Wittenberg ausgehenden Bewegung, den Untergang der christ=
lichen Religion wie der Wissenschaft, urtheilten Unbefangene, Luther habe
die Erwartungen fast Aller getäuscht, weder Reinheit der Moral noch Klug=
heit bewiesen, selbst seine Gelehrsamkeit wurde bezweifelt, nur in Unklugheit

---

[1]) Quod omnia eveniunt de necessitate. That fornication is no sin. Brewer,
p. 192, 199.

[2]) Im Schreiben vom 25. April erwähnt er ausdrücklich, Luther sei am 24.
auf einem Wagen, begleitet von 20 Reisigen, abgereist. Sleidanus setzt den 25. April
als Tag der Abreise an.

[3]) Brewer, p. 199.

[4]) Die Nuntien Marino Carraccioli und Girolamo Aleandro hatten päpstliche
Schreiben an den Churfürsten Joachim von Brandenburg und den Herzog Georg
von Sachsen mitgebracht. Lämmer, p. 4 und 5.

[5]) Terror Germaniae. Is solus nunc in Germania regnat. Aleandro, p. 74, 78.

leuchte er voran[1]). Die Enttäuschung begann und Luther selbst blickte bald
mit nichts weniger als innerem Behagen auf seinen Aufenthalt in Worms.
Es war gerade ein Jahr[2]), daß Don Juan Manuel, kaiserlicher
Botschafter in Rom und mit allen diplomatischen Ränken vertraut, dem
Kaiser den Rath gab, einem Bruder (frayle), der sich Bruder Martin
nenne, ein klein wenig Gunst zu schenken[3]), der Papst hege große Besorg=
niß in Betreff desselben und der Kaiser könne. dadurch den Papst zu
seinen Wegen bringen. Kaiser Karl hatte wohl im September desselben
Jahres den spanischen Gobernadoren an das Herz gelegt, nicht zu dulden,
daß ein päpstlicher Erlaß, die Inquisition betreffend, veröffentlicht werde,
ehe er nicht von dem königlichen Inquisitionsrathe gesehen und geprüft
worden war[4]). Jetzt aber schlossen sich die beiden Häupter der Christenheit
auf das Engste aneinander an. Papst Leo erklärte sich am 4. Mai 1521
hocherfreut über die bewunderungswürdige Ruhe und Weisheit des
Kaisers; dieser aber schloß mit Papst Leo X. am 8. Mai den berühmten
Vertrag ab[5]), der als die nächste Folge des Wormser Reichstages und
des Eindruckes anzusehen ist, den Luther auf den Kaiser hervorbrachte[6]).
„Die beiden wahren Häupter der Christenheit, erhaben über alle anderen
Gewalten und von Gott als die obersten eingesetzt, verbanden sich, die
Irrthümer zu bekämpfen, den allgemeinen Frieden zu stiften, die Türken
zu bekriegen, Alles in besseren Stand und Form zu bringen, die Fran=
zosen aus Italien zu treiben, zur Verfolgung aller Feinde des katholi=
schen Glaubens und aller Lästerer des römischen Stuhles[7])."

Es war nicht ohne Absicht, daß das kaiserliche Mandat, welches
nach dem öffentlichen Verhöre Luther's die Sentenz in sich schloß, gleich=
falls am 8. Mai veröffentlicht wurde.

Das Ausschreiben Kaiser Karl's gegen Luther enthält eine umständ=
liche Geschichte des Wormser Reichstages, erwähnt Luther's Berufung

---

[1]) In der englischen Uebersetzung: Luther disappointed the exspectations of
almost every body at Worms. For he exhibits neither moral purity nor any
prudence. Of Scholarship he is devoid and in short he excels solely in im-
prudence. Brown, Calendar, III, p. 117.

[2]) 12. Mai 1520.

[3]) Un pequito de favor. Calend. p. 279, 304.

[4]) Papeles de Simancas.

[5]) Lämmer M. V. p. 7.

[6]) Du Mont T IV. P. III. p. 96.

[7]) Nec non in omnibus aliis rebus negotiis bello et pace se cum eadem
Majestate Caesarea semper conjunctissimum futurum (Leonem X.) ut res ipsius
Caesaris eodem habeat loco quo suas in omnibus et per omnia.

und daß er „ohne beratte Antwort" nicht kommen solle. Luther habe protestirt, daß er seine Bücher nicht verleugnen wolle und noch mehrere verfaßt habe, als man ihm gezeigt. Als er zum zweitenmale erschienen, wurde er zur Revocation aufgefordert und ihm versprochen, „daß der Papst aus jeder christl. Nation zwei treffenliche Männer eines guten Leben und hoher Lehre bestimmen solle, seine Bücher vleissiglich zu über= sehen und das pöß daraus thun und was gut wäre, das sollte die päpstl. Heiligkeit approbiren. Er habe aber weder revocirt, noch das letztere angenommen, sondern das ganz abgeschlagen und mit dergleichen ungepür= lichen Worten und Gepärden, die khainen Synnigen und Regulirten geist= lichen khains wegs gezimmen, offentlich gesagt, er wolle in seinen Büchern nit ain Wort ändern vnd also in vnser und der Stend Gegenwart die hl. Concilien unmiltiglich vnd vnverschaempt verspottet, verdampt, verschmäht und genzlichen verachtet, und zuvor das zu Constanz so der teutschen Nation zu ewiger Eer den Frieden und die Ainigkeit wieder gegeben, er werde denn mit Disputation — über= wunden. Auf daß habe ihn der Kaiser entlassen wollen, doch auf Bitten der Chur und Fürsten ihm noch 3 Tage zur Bekehrung gegeben, worauf 2 Churfürsten, 2 geistliche, 2 weltliche Fürsten mit ihm unterhandelt. Und als auch das umsonst gewesen, habe ein Churfürst 2 gütige und kunstreiche Doc= tores zu sich genommen und ihn von seiner unsinigkeit abzubringen gesucht. Darauf als wir glaublich bericht sin, sol Martin Lüter geantwort haben, daß er nit allein alle yetzgemelte Personen, sondern auch ain gemain Concilium obgleich wohl ains würde, verdachtlich vnd argfwenig halte.

Wenn sich nun die Sachen dermassen verlaufen haben und Martin Luther also ganz verstopft und verkerlich in seinen offenbaren ketzerischen Opinionen verharrt vnd dadurch von allen den die Gotzfurcht und ver= nunfft haben, vnsinnig oder das er mit dem pösen geist besessen wäre [1], geacht und gehalten würdet, habe der Kaiser ihn am 25. April verabschiedet und das Geleit auf 20 Tage erstreckt (bis 14. Mai), worauf dann die Acht ihre Wirkung habe. Niemand dürfe ihn hausen, hofen, ätzen, tränken, seine Vorschieber dürfe man niederwerfen, seine Bücher dürfen nicht gekauft oder verkauft werden, alle Schmähschriften, Bücher, Zettel, Malerei (gegen Papst, Prälaten, Fürsten, Hohe= schulen 2c.) sollen zerrissen und verbrannt werden [2]." — Wie kann man

---

[1] Wie diese Ansicht bald unter Luther's feurigsten Anhängern Verbreitung fand, mag man unten ersehen, wo von diesen die Rede ist.

[2] Das mehrere Blätter umfassende gedruckte Mandat in den Mainzer Acten des Wiener Hof= und Staatsarchives. 8. Mai 1521. „Wir schicken Euch," heißt es

vernünftigerweise von Kaiser Karl verlangen, daß er sich für die Reformation hätte entscheiden sollen, wenn ihm Luther den Eindruck eines Besessenen machte?

Der Wormser Reichstag hatte zur nächsten Folge, daß, wenn der Kaiser noch im Februar 1521 nichts weniger denn auf der Seite des Papstes gestanden, den er der Treulosigkeit beschuldigte[1]), im Mai Kaiser und Papst sich völlig verstanden, die Einigung zwischen ihnen hergestellt war, und konnte die christliche Welt durch die Rückkehr zum alten Systeme gerettet werden, so stand ihre Heilung jetzt näher als je.

Doch lauteten sehr bedeutende Stimmen anders.

„Eine andere Zeit," schrieb Aleandro, Erzbischof von Brindisi, als Resultat seiner Wormser Erfahrungen, „ist angebrochen, der Sinn der Völker ist geändert. Hoffen wir nicht, daß Gott wie früher unseren Irrthümern ruhig zusehen werde. Die Geißel ist geschwungen, die Axt an die Wurzel gelegt, wenn wir uns nicht bessern. Nur von Gott ist Hilfe zu erwarten. Nicht bedarf es neuer Gesetze und neuer Bullen, sondern nur, daß der Papst aus seinem Hofe die Irrthümer entferne, die Gott und die Menschen beleidigen, daß er die Geistlichen selbst durch Beraubung des geistlichen Standes bestrafe. Wenn die Deutschen sehen, daß dies bei unsern und ihren Geistlichen geschehe, wird von Luther keine Rede mehr sein. In uns selbst liegt der Ursprung und die Heilung des Uebels[2])."

Gerade in dieser Zeit (1. Mai 1521) schrieb Alviso Gradenigo, der venetianische Orator in Rom, an die Signoria: „Heute Abend giebt Papst Leo X. Comödie mit Musik[3])." Am 12. Mai berichtet Gasparo Contarini der Signoria, den Tag vorher habe der Erzbischof von Mainz dem Nuntius Carracciolo mitgetheilt, Luther sei am 3. Mai von einem Böhmen überfallen und weggeschleppt worden[4]). Nicht ein Hussite hatte

---

in einem Erlasse Kaiser Karl's (aus Gent, 4. August), „hiermit 50 Libellen oder Büchlein Martin Luther's außgangen Lere und Schässlen bernerend." Innsbrucker Copialbuch, I, f. 100.

[1]) Brown, III, p. 118, Note †).

[2]) Friedrich, S. 35, Note.

[3]) Questa sera il Papa fa far una comedia con musica. Brown, l. c. p. 119.

[4]) l. c. Man hielt den Ueberfall für verrätherisch, da er trotz des kaiserlichen Geleites geschehen. Man mag in Albrecht Dürer's Tagebuch den Jammer lesen, in welchen dieser ausbrach, als am 17. Mai die Nachricht von dem Ueberfalle Luther's nach Antwerpen kam. Thaussing, Dürer's Briefe. Wien 1872. S. 119—123. Der ganz leidenschaftliche Ausbruch des Gefühles zeigt zugleich die Höhe des Hasses gegen „Papst und Geistliche", den Luther bereits entzündet hatte.

es gethan, sondern deutsche Reisige im Auftrage des Churfürsten Friedrich von Sachsen, Reichsvicars in Niederdeutschland, wenn der Kaiser aus dem Lande ging. Der Kaiser ächtete den Gebannten, der Churfürst ließ ihn heimlich nach der Wartburg bringen.

Damit begann im deutschen Revolutionsdrama ein neuer Act der Begünstigung der Anarchie durch diejenigen, welche berufen waren, sie zu beseitigen, durch die Fürsten, gegen Kaiser und Papst [1]). Zur religiösen Umwälzung gesellten sich die deutlichen Symptome der politischen Auflehnung und des Bürgerkrieges, der der deutschen Geschichte von nun an den ständigen Charakter verleiht, Deutschland allmälig zum Spielballe fremder Staaten erniedrigte. Das war der Boden, auf welchem die Glaubensspaltung emporwuchern konnte.

Dritter Abschnitt.

Tod Papst Leo's X. (1. December 1521). Conclave. Ausarbeitung einer Capitulation für den zu Erwählenden. Unvermuthete Wahl eines Abwesenden, eines Deutschen, des Cardinals Adrian tit. SS. Joh. et Pauli (9. Januar 1522).

Die Wahl Karl's I. — des ersten Königs von Gesammtspanien — zum römischen Kaiser und damit zum Nachfolger seines Großvaters Maximilian's I., hatte die Lage Europa's von Grund aus verändert. Das französische Königthum, welches durch die Eroberung Italien's (1494) die Kaiserkrone zu gewinnen hoffte, Italien verlor und jene nicht gewann, dann seine Hebel an Deutschland anlegte, die Kaiserkrone durch Zustim-

---

[1]) Es war offenbar zur eigenen Sicherstellung, wenn am 24. Juni 1521 Kaiser Karl Franz von Sickingen, von dem man die Terrorisirung des Wormser Reichstages befürchtet hatte, sammt Etlichen vom Adel auf drei Jahre in seine Dienste nahm. (Copialbuch, I, f. 114.) Die Etlichen vom Adel waren: Ernst Schenk, Freiherr von Trautenberg, Ulrich von Hutten, Hartmann von Cronberg, Augustin von Braunsberg, Berthold von Flerschaim, Conrad von Brenngken, Merdra von der Egg, Franz Fuchs von Schwarzenburg, Philipp von Feurbach, Johann Hilche von Lorch, Hans von Erenberg, Melchior von Rudesheim, Philipp Slnichter von Erffenstein, Heinrich von Schwarzenburg, Bernhard von Kerpa, Conz von Hattstein, Johann Blitz von Liechtenberg, Asmus von der Hauben, Christoph Vogt, Laurenz Nachtershofer, Balthasar Sler, Peter Scher, Jakob Brinwald, Martin Hurn, Engelhard Pawman. Der Kaiser wies 2100 fl. rh. an, die diesen jährlich zukommen sollten. Ulrich von Hutten erhielt 200 fl. Dadurch war wenigstens verhindert, daß der Adel nicht auch, wie so viele Deutsche, in französischen Sold trat und gegen den Kaiser die Waffen ergriff.

mung der Churfürsten zu erlangen, auf Polen, Böhmen, Ungarn deshalb einzuwirken suchte, alle einflußreichen Männer durch Versprechungen von Pensionen und Aemtern zu gewinnen trachtete, ein ganzes Netz von Bestechung über Mitteleuropa gezogen hatte, war zuletzt doch unterlegen (29. Juni 1519). König Franz I., welcher überall ausgesprengt hatte, er sei von den Churfürsten auf den deutschen Thron berufen, sah sich, so nahe seinem Ziele von einer Herrschaft bedroht, die auf der Südseite der Pyrenäen, an der Maas und der Schelde, in Hochburgund, in den östlichen Alpen, an der Donau wie am Niederrhein wurzelte, mit Dänemark, England, Portugal, Polen, Böhmen, Ungarn in den besten Verhältnissen stand, das Königreich Neapel-Sicilien, die Balearen wie das vielgespaltene deutsche Reich beherrschte. Von dem Augenblicke der erfolgten Wahl Kaiser Karl's V. war der französische König sein Todfeind geworden, der Todfeind aller Freunde und Bundesgenossen Kaiser Karl's, der Freund und Bundesgenosse aller seiner offenen und geheimen Feinde, der Osmanen wie seiner aufrührerischen Unterthanen, der unzufriedenen Reichsstände; wohin Karl sich wandte, war er von der französischen Politik umstrickt, hatte sie die Hände im Spiele. Jahrhunderte hindurch war die Geschichte Westeuropa's die Geschichte der unheilvollen Kämpfe zwischen Frankreich und England gewesen, schwanden alle großen Fragen der Zeit vor dem Antagonismus dieser beiden Mächte wie in Dunst und Nebel. Das Königreich Jerusalem war untergegangen, das lateinische Reich von Constantinopel wie das griechische der Paläologen. Die Hälfte des in unnützem Kampfe vergossenen Blutes hätte hingereicht, die Macht der Osmanen im Keime zu brechen, während diese jetzt Serbien überflutheten, um an Belgrad einen festen Angriffspunkt gegen Ungarn und die dahinterliegenden deutschen Länder zu gewinnen. Jetzt trat an die Stelle des französisch-englischen Krieges der unversöhnliche Kampf zwischen Spanien-Habsburg und Frankreich ein und stemmte sich nicht das übrige Europa dagegen, so hatte der Erdtheil für die nächsten Jahrhunderte keine andere Geschichte, als die der Selbstzerfleischung dieser beiden Mächte, von welchen die eine, Habsburg, bald ebenso sehr über den Osten wie über den Westen verfügen zu können schien. Franz I. war ganz der Fürst, um auf halbem Wege nicht stehen zu bleiben. Er verstand es, aus Frankreich in Verbindung mit den Schweizern und dem Königreiche Schottland, einerseits auf Mailand, andererseits auf Navarra sich stützend, eine Defensivmacht zu bilden, welche selbst beinahe unangreifbar, nach Belieben wie aus sicherer Ausfallpforte einen Offensivstoß zu führen im Stande war. Aber auch der jugendliche Kaiser, der Kämpfe liebte im Scherze wie im Ernste, in allen ritterlichen Uebungen wohl erfahren war und das Blut Maximilian's wie Karl's des Kühnen in seinen Abern fühlte, war geneigt, die große Frage der Zeit so aufzufaſſen, entweder ſelbſt ein armer Kaiſer zu werden oder ſeinen Gegner zum armen König von Frankreich zu machen[1]). Er hatte Urſache ſo zu ſprechen, denn König Franz hatte in dem Aufruhr der caſtilianiſchen Städte ſeine Hand im Spiele[2]), wie im Kampfe Sultan Soliman's gegen das chriſtliche Europa. Dafür gedachte jetzt Kaiſer Karl zwei Armeen aufzuſtellen, jede von 150.000 Mann, die eine gegen Nord= frankreich, die andere in Spanien (gegen Navarra)[3]). Karl war von der gänzlichen Unzuverläſſigkeit des franzöſiſchen Königs ſo überzeugt, daß er ſeiner Tante Margarethe, welche ihn für eine Ausſöhnung mit ſeinem Gegner zu gewinnen ſuchte, zur Antwort gab, wenn er heute die Hand zum Frieden reiche, werde König Franz nach zwei Monaten ihm auf's neue Störung bereiten. Die Welt mußte ſich darauf gefaßt machen, daß zwiſchen den beiden mächtigſten Fürſten der Chriſtenheit ein Kampf auf Leben und Tod entbrannte, der das Zeitalter umzugeſtalten ver= mochte. Man meinte damals, daß die Verlobung Kaiſer Karl's mit der Tochter Heinrich's VIII. von England, die Verbindung des doch immer geldbedürftigen Kaiſers mit dem reichen England die Vernichtung Frank= reichs herbeiführen werde[4]). In der That häuften ſich die Klagen über die franzöſiſche Treuloſigkeit von allen Seiten. Papſt Leo beſchwerte ſich, daß der König niemals ſeine Verträge halte, den Herzog von Urbino gegen ihn unterſtütze, ihm Ferrara nicht ausliefere, wozu er verpflichtet ſei. Er machte kein Hehl daraus, daß es hohe Zeit ſei, die Frechheit der Franzoſen zu züchtigen, er wolle ſein Blut dafür verſpritzen, ſie aus Italien zu treiben. Als die Franzoſen auch noch Reggio beſetzten, kannte der Aerger des mediceiſchen Papſtes keine Grenzen[5]). Damals erhielt

---

[1]) Als der Kaiſer vom Einbruche der Franzoſen in das Lüttich'ſche (Juli 1521) hörte, hob er die Hände zum Himmel und dankte Gott, daß nicht er dieſen Krieg begonnen habe, „and that this King of France seeks to make me greater than I am. Thanks be to thee always that thou hast given me the means to defend myself. I hope shortly either I shall be a poor Emperor or he a poor King of France." Brewer, „Letters and papers of the reign of Henri VIII." Vol. III. T. II. p. 559.

[2]) All these troubles were stirred up by the King of France. l. c. p. 560. Ulrich von Württemberg war bei ihm und wurde ſehr freundlich aufgenommen. p. 587. Auch in Neapel ſuchte König Franz Unruhe zu ſtiften. p. 598.

[3]) l. c.

[4]) Which will be the destruction of France.

[5]) He says it is high time to punish the insolence of France and he will spend his blod to drive them out of Italy. Vorher aber hatte er mit den Fran=

Cardinal Wolsey, der England unter Heinrich VIII. regierte, seine großen kirchlichen Vollmachten; Leo empfing den weißen Zelter von Neapel als Huldigung des Lehenkönigreichs. In der Furcht, durch ein Bündniß der Venetianer mit dem französischen Könige erdrückt zu werden, sah Leo keinen andern Ausweg, als sich den Spaniern zu nähern. Damals ver= suchte Cardinal Wolsey in Calais zwischen Karl und Franz (Juli und August) zu vermitteln[1]), aber der Papst hatte bereits Kaiser Karl als päpstlichen Vasall wie als katholischen König und Kaiser[2]) gegen den König von Frankreich aufgerufen, Jener ihm alle Hilfe versprochen. Leo X. dachte im Hochsommer 1521 nur an den Krieg mit Frankreich. Er hatte 12.000 Mann zu Fuß, 1400 Reiter, und glaubte, daß die Franzosen diesen Streitkräften nicht gewachsen seien. Er hoffte auf eine Schilderhebung gegen die Franzosen in Mailand und den König von England gleichfalls zum Kampfe gegen sie zu vermögen[3]).

Wie bereits angedeutet, war am 8. Mai 1521 der große Vertrag zwischen Papst Leo X. und Karl V. erfolgt, der engste Anschluß des Papstthums an das Kaiserthum, die innigste Verbindung der beiden großen Weltmächte des Mittelalters. Der Streit der früheren Tage um Sicilien, der den Untergang der Staufer herbeigeführt, war vergessen, päpstliche und kaiserliche Macht, von Gott als die oberste eingesetzt, ver= banden sich zu gemeinschaftlicher Thätigkeit, zur Beseitigung der Irr= thümer in der Christenheit, zur Anrichtung des allgemeinen Friedens, zur Bekämpfung der Türken; in allen Dingen und durch Alles, erklärte der Papst, wolle er die Angelegenheiten des Kaisers wie die eigenen halten. Ein größerer Sieg der spanisch=kaiserlichen Politik ließ sich kaum denken. Das Papstthum übernahm es, das Interesse des Kaiserthums zum eigenen zu machen. Allein auch der Kaiser war gebunden. Er war, wie Gat= tinara dieses in einem Schreiben an Karl V.[4]) auseinandersetzt, ver= pflichtet, keinen Frieden oder Waffenstillstand mit Frankreich einzugehen, während andererseits der Papst rücksichtslos gegen sich selbst, mit ihm sich

zosen und Venetianern zur Vertreibung der Spanier aus dem Königreiche Sicilien unterhandelt. Brewer, p. 575, n. 1419.

1) The two chiefs powers in Christendom have sent their chancellors to Calais to debate their matters before your lieutenant. Brief an Heinrich VIII. vom 13. Juli.

2) Karl war in Kraft der goldenen Bulle zur vollen kaiserlichen Administration gelangt: The Pope also in acknowledging him Emperor has dispensed with his oath. Bericht de Prat's, p. 601.

3) To punish their pride and insolency.

4) 30. Juli 1521.

verbunden, als die Franzosen Navarra besetzten und die spanische Armee
in Neapel widerstandslos war. Schlug nun Kaiser Karl nicht los, so
lief er Gefahr, daß der Papst die Investitur Neapels, den Dispens
in Betreff der römischen Kaiserkrone, den Titel eines Königs von Na=
varra, die Zehnten, die einträgliche Kreuzbulle von Spanien und andere
Indulgenzen zurückzog. Der Papst konnte Frankreich, Venedig und die
Schweizer gewinnen und Karl verlor dadurch seinen italienischen Besitz
vollständig. Andererseits verlangte das kaiserliche Interesse selbst Erfolge;
die Armee stand da und mußte beschäftigt werden; des Kaisers Ehre
stand auf dem Spiele, sein Ansehen nicht blos den geworbenen Soldaten
gegenüber, sondern auch den Bürgern und Herren, welche ihm das
nöthige Geld bewilligt hatten. Spanien war unterworfen, Italien und
Deutschland ihm günstig, die Schweizer eingeschüchtert; das Jahr 1521,
die Verbindung des Kaisers und des Papstes, schienen eine äußerst folge=
reiche Wendung der Dinge zu versprechen.

Beiderseits, der jugendliche Fürst und der stets furchtsame mediceische
Papst hatten sich einander seit Jahren genähert. Schon am 2. Juni 1516
hatte Kaiser Karl den Rath Hieronymus Vich nach Rom abgeordnet, die
Investitur von Sicilien citra Farum zu empfangen und dafür den Eid
zu leisten, den einst König Ferdinand, damals bereits todt, dem Papst
Julius II. geleistet. Das geschah denn auch in Gegenwart Francesco
Orsini's und des Grafen Albert von Carpi, wobei jedoch sich Papst
Leo in Betreff seiner und Anderer Rechte verclausulirte, und zwar aus
Furcht, „die in diesen Tagen auch jeden guten Papst befallen kann[1]." Leo
verlangte dann für seinen Neffen Ippolito von Kaiser Karl eine Rente
von 4000--5000 Ducaten, und Kaiser Karl verhieß Letzterem nach dem Tode
des Herzogs Lorenzo eine Verwandte zur Gemahlin, damit das Haus
Medici nicht aussterbe, gewährte auch dem Cardinal von St. Croce, um
dem Papste gefällig zu sein, eine Rente von 12.000 Ducaten[2].

Nach dem Tode Kaiser Maximilian's ward das Bündniß noch enger,
Papst Leo befand sich jedoch in großer Verlegenheit bei der Kaiserwahl
Karl's. Ist das Datum der Torrigianischen Urkunde echt[3], so beabsichtigte
Maximilian im Jahre 1519 einen Römerzug unternehmen, den aber der
Papst zu verhindern suchte, da die Römerzüge niemals den Päpsten Vor=
theil gebracht. Er gewährte dann am 17. Juni, gerade drei Jahre nach=

---

[1]) Propter metum, qui metus hoc tempore caderet in constantem virum
et in omnem bonum Romanum Pontificum.

[2]) 28. Mai 1519.

[3]) 9. Januar 1519.

dem er Hieronymus Vich in Rom empfangen, dem noch nicht zum Kaiſer gewählten König Karl die Erlaubniß, das Königreich Neapel als päpſt= liches Lehen zu beſitzen[1]). Die Italiener ſahen auf den herzoglichen Thron von Mailand einen der Ihrigen, Francesco Sforza, zurückkehren[2]). Der mediceiſche Papſt gab, um die Herrſchaft ſeines Geſchlechtes und ſeines Neffen in Urbino zu retten, Alles preis, was im Mittelalter von den größten Päpſten mit geiſtlichen und weltlichen Waffen vertheidigt worden war. Er begann ſich vor jenem Frankreich zu fürchten, aus welchem einſt ſeine Vorgänger ſich Hilfe gegen die Staufer erholt, das aber ſeine Dienſte ſich noch theurer hatte zahlen laſſen, als den Nach= folgern Innocenz III. die Erhebung des ſicilianiſchen Staufers (Fried= rich's II.) auf den deutſchen Thron zu ſtehen gekommen war. Hatten die Päpſte, um nur Italien und das Königreich Sicilien zumal nicht mit dem Kaiſerthum vereint zu ſehen, den Himmel wie den Acheron in Be= wegung geſetzt, ſo genügte es dem Mediceer, „wenn nur Rom als ge= meinſames Vaterland Aller angeſehen würde"[3]), dem Könige von Spanien ſeine ſicilianiſchen und oberitaliſchen Beſitzungen zu garantiren und ihm damit den Schemel zur Beſteigung des römiſchen Kaiſerthrones mit eigenen Händen zu halten. Der Vertrag des Papſtes mit dem erwähl= ten Kaiſer Karl am 8. Mai 1521 ſtellte ſich vollends auf eine ganz mittel= alterliche Baſis und konnte ſeinen Grundſätzen nach ebenſogut im drei= zehnten, ja vielleicht noch beſſer als im ſechszehnten Jahrhunderte abge= ſchloſſen werden. Es iſt das ein für die Reformationsgeſchichte unend= lich wichtiges Moment, daß gerade jetzt die extreme Richtung des Mittel= alters zum Siege kam, gerade jetzt Kaiſer und Papſt ſich verſtändigten und gegen eine Welt von Feinden, die zum Theil ihr Antagonismus groß gezogen, ſich die Hände reichten. Nochmal wurde die päpſtliche

---

[1]) Am 17. Januar 1519 war ein Vertrag zwiſchen Papſt Leo X. und König Karl entworfen worden; es blieb aber bei der Punctation ſowie bei dem gleich= zeitigen Vertragsentwurſe Leo's und König Franz' I. (Archivio storico ital. I. und dazu die Note bei Dr. Carutti, storia della diplomazia della corte di Savoia. I, p. 127.) Am 20. Januar 1519 — ſomit auf die Nachricht vom Tode Maxi= milian's — wurde der Vertrag Papſt Leo's mit König Franz wirklich abgeſchloſſen, den Gino Capponi im II. Bande ſeiner storia della republica di Firenze bekannt gemacht hat. Leo dachte an die Befreiung Genua's und Mailand's von den Fran= zoſen, Neapel's von den Spaniern und damit an Herſtellung eines freien Italiens, Träume, die ſehr bald aufgegeben werden mußten. Carutti, I, p. 139.

[2]) Il tratato (dell otto maggio 1521) recava la libertà della Lombardia e in essa collocavasi allora la libertà d'Italia. Carutti, I, p. 135.

[3]) Urbs, quae semper communis patria est habita. Gino Capponi, trattato segreto.

und kaiserliche Gewalt als die höchste, die Gott eingesetzt habe, bezeichnet, als diejenige, welche Rechenschaft zu geben habe über die Verwaltung und Regierung der ganzen Christenheit. An ihnen ist es die Sitten zu bessern, den allgemeinen Frieden herzustellen, den allgemeinen Krieg gegen die Türken zu unternehmen, Alles in einen besseren Stand und in bessere Form zu bringen. „Da alles Uebel nur daraus entstanden war, daß einige Fürsten gegen die wahren und ersten Häupter, Papst und Kaiser, den gehörigen Respect nicht übten," so war die jetzige Verbindung Beider bestimmt, die Welt zu erneuern, alle Feinde des Glaubens, alle Lästerer des römischen Stuhles zu verfolgen, durchzuführen an der Schwelle der neuen Zeit, was das Mittelalter durch den Streit zwischen Kaiser und Papst zu vollenden verabsäumt hatte, damit es abzuschließen, eine neue Aera zu beginnen, das geistliche und weltliche Schwert zu vereinigen und den gesammten Erdkreis durch diese Lichter zu erleuchten[1]. Mit Italien müßte begonnen, Mailand und Genua den Franzosen abgenommen, Parma, Piacenza, Ferrara, das klarer als das Sonnenlicht dem römischen Stuhle gehöre[2]), diesem überliefert, das Haus Medici als das herrschende in Florenz erhalten, Neapel bei dem Reiche bewahrt, Venedig nöthigen-falls angegriffen werden. Die Zwecke der Kirche Gottes und der Nutzen des Hauses Medici, die Feststellung der spanischen Herrschaft in Unteritalien, des kaiserlichen Regimentes in Mailand und Genua ver-banden sich in fast wunderbarer Weise zu einem Ganzen! Nur wie die eigentlichen Zwecke des Christenthums dadurch gefördert werden sollten, war etwas schwerer einzusehen. Nicht das Papstthum hatte die Verwir-rung jener Tage herbeigeführt, nicht das Kaiserthum, beide waren daran unschuldig! Aber die Fürsten waren rebellisch geworden, sie trugen die Schuld am Verderbniß der Zeit, und waren nur Florenz mediceisch, Mai-land und Neapel spanisch geworden, dann war Alles in Ordnung, geist-liche und weltliche Gewalt schlug Alles nieder, der Papst triumphirte über die Lästerer, Karl über König Franz, Italien war mit Ausschluß jedes Dritten getheilt, und mehr bedurfte es ja nicht, um ungestört fort-zuwirthschaften, wie man es nach Beseitigung der großen Reformbewegung des fünfzehnten Jahrhunderts zu thun gewohnt war!

Endlich schien sich die Sache für Leo auf das glücklichste zu wenden. Die Franzosen sahen, von dem Cardinal von Medici, dem Marchese von Mantua, von Antonio de Leva, Prospero Colonna und dem Marchese di

---

[1] Universus orbis his luminaribus illustrationem accipiat. Erklärung Kaiser Karl's.

[2] Lanz, geschichtl. Einleitung, S. 257.

Pescara am 19. November in der Nähe von Mailand überfallen, keinen anderen Ausweg vor sich, als, mit Zurücklassung einer Besatzung im Mai- länder Schlosse, die Stadt zu räumen. Nur das abscheuliche Wetter hin- derte das päpstliche Heer, die Abziehenden zu verfolgen. Sie mußten sich auf das venetianische Gebiet zurückziehen, ohne in Bergamo, wohin sie sich gewendet, Aufnahme zu finden. Pavia, Parma, Piacenza, Cremona, letzteres mit Ausnahme des Schlosses, endlich auch Como waren für sie verloren. Nur Genua hielt noch zu den Franzosen. Der Feldzug war für sie verloren.

Nichts konnte Papst Leo X. eine größere Freude machen als diese Nachricht, die er am 24. November zu Magliana empfing. Von da begab er sich nach Rom zurück, bereits von dem Fieber ergriffen, das er sich durch eine Erkältung zugezogen und in der Herzensfreude nicht beachtet hatte. Niemals war er fröhlicher gewesen als in dem Momente, in welchem ihm schon der Tod im Herzen saß. Ein Bund mit dem Kaiser, den Königen von Polen, Ungarn und Böhmen, Dänemark, Portugal stand in Aussicht. Man hoffte endlich auch die Schweizer, sei es durch Geld, sei es durch Abtretung von Ländereien in beharrliche Feinde Frank- reichs umzuwandeln. Selbst für den Schutz Ungarns könne, so lange Frankreich nicht niedergekämpft sei, nichts Wirksames geschehen. Parma und Piacenza (die Reichslehen) sollten an den Papst fallen. Die Gedan- ken Kaiser Karl's und Papst Leo's vereinigten sich, Frankreich, den Herd alles Uebels, niederzustrecken [1]).

In diesem Augenblicke starb Papst Leo X. in der Nacht vom 1. De- cember, gerade als man glaubte, seine starke Constitution werde den Krankheitsanfall glücklich überstehen. Sogleich verbreiteten sich die un- geheuerlichsten Berichte über sein Ende. Aus dem Palaste des kaiser- lichen Botschafters Don Juan Manuel schrieb Valentin von Teteleben, churmainzischer Gesandte, nach Deutschland, es handle sich hiebei um eine Vergiftung (1. December Nachts). Noch acht Tage später in dem Briefe, in welchem derselbe Deutsche berichtet, Leo habe 800.000 Ducaten Schulden hinterlassen, der Aufwand der Exequien könne mit Mühe bestritten werden, ihre Kosten müsse der Nachfolger tragen, erwähnte er, Leo X. habe weder beichten noch communiciren können, nur die letzte Oelung empfangen, schmerzlich ausgerufen: sic transit gloria mundi und sei dann gestorben. Nach florentinischen Berichten [2]) hatte ihn der Tod

---

[1]) Schreiben Kaiser Karl's vom 6. December an den Bischof von Badajoz.
[2]) Ammirato, II, p. 341.

v. Höfler: Adrian VI. 5

inmitten der Freude überrascht, so daß man, wäre er weltlicher Fürst gewesen, diesen Ausspruch auf ihn hätte anwenden können. In Wirklich= keit hatte den Papst ein Fieberschauer, der ihn, von der Magliana nach Rom zurückgekehrt, bei einer Audienz seiner Verwandten befiel, an die Hin= fälligkeit des irdischen Daseins gemahnt. Als sich derselbe wiederholte, verlangte Leo zu beichten, empfing die Sterbesacramente und endete sodann vom Fieber verzehrt [1]), sein Dasein [2]) unter Umständen, daß mehr als einem der Zeitgenossen der Gedanke sich aufdrängte, seitdem die Kirche Gottes existire, habe kein Papst ein schlimmeres Andenken hinterlassen [3]).

Man berechnete sein Einkommen an weltlichen Bezügen auf jährlich 300.000 Ducaten, auf 100.000 an geistlichen und auf dem Wege der sogenannten Compensationen auf ebensoviel, wo nicht mehr, im Ganzen über 500.000 Ducaten [1]). Er hatte Aemter und Würden verkauft, eine Krämerwirthschaft eingeführt, um Geld zu erlangen, seinen Haushalt, seine Kriege zu führen, seine Schwestern auszusteuern, seiner Familie Florenz zu wahren. König Franz von Frankreich [5]) berechnete seine Schulden auf 1,200.000 Kronen; darunter war eine schwere Post, die sich auf die schweizerischen Eidgenossen bezog und seinen Nachfolger nicht wenig drückte. Man nahm die Kerzen von den Exequien des Cardinals San Giorgio, der eben gestorben war, um sie noch für die päpstlichen Exequien zu verwenden. Man konnte sich gar keinen größeren Gegensatz vorstellen, als den prachtvollen Einzug, den der neue Papst einst in Rom gehalten, und nach einem glanz= und kunstvollen Pontificate, das traurige Ende, das mit der Plünderung des päpstlichen Palastes durch seine Ver= wandten einen würdigen Abschluß fand. — Der eigentliche Knotenpunkt politischer Verwicklung war und blieb auch jetzt Italien, wo troß des Sieges von Mailand und der darauf erfolgten Zurückweisung der Franzosen vor Cremona sich die Dinge, näher betrachtet, gar nicht so außerordentlich günstig ausnahmen. Die Sieger befürchteten eine Ver= einigung der französischen und venetianischen Streitkräfte mit denen des Herzogs von Ferrara, die Besetzung von Reggio und Modena, sobald sie selbst ihre Stellung verließen, ein Auftreten der Bentivogli in Bologna und selbst der Medici zu Gunsten Frankreichs, die Rückkehr des Fran=

---

[1]) Ueber den Sectionsbefund: Lämmer, mantissa. p. 200, n. 3.
[2]) Der wahre Bericht aus Marin Sanuto bei Höfler, Zur Kritik und Quellen= kunde. I.
[3]) Ranke, R. Päpste. III. Auflage. I, p. 88.
[4]) Gradenigo relaz. p. 72.
[5]) Brewer, n. 1947.

cesco Maria nach Urbino, Unruhen von Seite der Baglionis (Bayllous)[1]. Im päpstlichen Lager war unmittelbar auf die Nachricht vom Tode Leo's von den beiden Cardinälen Medici und Sion Kriegsrath gehalten worden[2]. Während diese mit der Post nach Rom ritten, wo sie am 13. December ankamen[3], sollte Prospero mit 2000 Schweizern und seiner Compagnie in Mailand bleiben und die Stadt gegen das Castell in Schutz nehmen, Pavia, Piacenza, Parma, Modena, Reggio, Bologna durch die päpstlichen Schweizer besetzt bleiben. Der Krieg selbst, dessen Last in Italien auf den Kaiser fiel, sollte fortgesetzt werden, neigte sich aber durch die Natur der Dinge mehr dem Stillstand zu. Karl selbst war entschlossen, den Franzosen, die sich nach Lona zwischen Brescia und Peschiera zurückgezogen hatten, Cremona und Genua zu entreißen[4], allein sein beständiger Geldmangel hinderte an kräftigerem Auftreten und nur die pecuniäre Hilfe König Heinrich's VIII. von England konnte sein Heer in achtbare Lage bringen. Fortwährend wurde mit den Schweizern unterhandelt, diese von Frankreich abwendig zu machen; es galt als Grundsatz der kaiserlichen Politik, die Könige von Polen und Ungarn nur dann zu unterstützen, wenn sie sich gegen Frankreich erklärten[5]. Dazu kam noch vieles Andere.

Leo's Tod war das Signal für alle mit seiner Regierung Unzufriedenen, von dieser Vertriebenen, die Rückkehr in ihre Heimat mit Gewalt zu versuchen. Francesco Maria, aus dem Hause Rovere, faßte sogleich den Plan, im Einverständnisse mit Venedig sich Urbino's wieder zu bemächtigen. Gismondo di Verano trachtete nach dem Besitz von Camerino, Sigismundo Malatesta, Sohn des Pandolfo, bemächtigte sich Rimini's. Man befürchtete, die Venetianer wollten sich in den Besitz von Ravenna und Cervia setzen und Modena und Reggio dem Herzoge von Ferrara nehmen. Kirche und Kirchenstaat befanden sich in gleich großem Gedränge; der Einsturz beider schien durch die verfehlten Maßregeln Leo's und seiner Vorgänger unausbleiblich, und was lange mit Mühe sich gehalten, wie mit einemmale, aber jetzt auch unaufhaltsam zum Bruche zu kommen. Das Schlimmste aber war der Zustand des Cardinalscollegiums selbst, das seit mehreren Jahrzehnten der Sitz der Verschwörung gegen die Kirche wie gegen die Päpste gewesen war und

---

[1] Schreiben vom 18. December 1521. Brewer, n. 1881.
[2] Brewer, n. 1890.
[3] Brewer, n. 1892.
[4] Schreiben des Kaisers vom 23. December.
[5] Karl's Schreiben vom 20. December 1521.

5*

wo Anschauungen und Gewohnheiten herrschten, die mit der Aufgabe der Kirche im directesten Widerspruche standen. Der ruhige Beobachter dieses Verderbens kann es daher nur begreiflich finden, wenn Julius II., um der Factionswuth der römischen Familien zu steuern, kein Mitglied derselben in das Cardinalscollegium berief und gemäßigte Männer, wie der königliche Rath Petrus Martyr, Freund Adrian's VI., nur von den bepurpurten und rothhütigen Parteimännern sprachen, welche beständig auf Anstiftung von Unruhen sinnen [1]). Er meinte das Cardinalscollegium bei dem Tode Leo's X.

Gerade als sich in Spanien die ersten Symptome jener politischen Bewegungen zeigten, die auf Herstellung gleichmäßiger Gerechtigkeit und zugleich auf Hebung des Gewerbestandes gerichtet waren, andererseits aber in Deutschland der langgesparte Haß der Weltlichen gegen die Geistlichen durch Martin Luther's Auftreten zum ungezügelten Ausbruche kam, fand in Rom, kaum daß der Krieg Papst Leo's X. um Urbino zu Ende gekommen war, eine Verschwörung toscanischer Cardinäle gegen den mediceischen Papst statt, auf daß auch von dieser Seite in die allgemeine Bewegung eingegriffen werde! Der Cardinal von Siena, Alfonso Petruccio, wollte den Papst durch dessen Leibarzt vergiften. Der Anschlag kam auf; der Cardinal flüchtete sich zur rechten Zeit, Leo X. berief ihn zurück, gab ihm noch durch den spanischen Gesandten alle möglichen Versicherungen, damit er ja zurückkehre; als aber Petruccio in Rom angekommen war, wurde er doch verhaftet und ebenso Bandinelli, Cardinal de Sauli aus Genua, nachher auch die Cardinäle von San Giorgio, Rafaele Riario, Soderini und Adrian von Corneto [2]). Petruccio ward zum Tode verurtheilt und hingerichtet, die übrigen exilirten sich zum Theile selbst. Leo X. mußte daran denken, das Cardinalscollegium zu ergänzen und that es nun in solcher Weise, daß er am 25. Juni 1517 nicht weniger als 31 Cardinäle auf einmal ernannte, unter ihnen zwei Söhne seiner Schwestern und mehrere unbedingte Anhänger des mediceischen Hauses, zwei Trioulzi, und aller schlimmen Erfahrung der früheren Zeiten zum Trotze, einen Colonna und einen Orsini, nachdem Julius II. absichtlich sie beseitigt hatte [3]). Unter ihnen auch drei Ordensgenerale,

---

[1]) Factionarios illos purpuratos, rubro galero cristatos dissidiis et perturbationibus intendere. Epist. n. 760.

[2]) Guicciardini, historia. Ed. Princeps. P. II. p. 1012.

[3]) Essendo, sempre la grandezza de' Baroni, depressione e inquietudine de' Pontefici. Guicciardini, T. II, p. 1015.

der Augustiner, Franciskaner und Dominikaner, Aegidius von Viterbo, ausgezeichnet durch Unbescholtenheit, Gelehrsamkeit und Unabhängigkeit der Gesinnung, die er in so hervorragendem Grade schon vor fünf Jahren bei dem lateranischen Concil bewiesen, Christoph Numatio und Thomas de Vio, Cardinal von Gaeta, dessen Name sehr bald in den deutschen Religionswirren eine große Bedeutung erlangte. An diese Männer, welche ihre Erhebung nur ihren Tugenden, ihrer Gelehrsamkeit und Talenten verdankten, schlossen sich in würdiger Weise Lorenzo Campeggio, der Freund des Cardinals von York, Johann Piccolomini, Erzbischof von Siena, Nicolaus Pandolsini von Florenz, Alessandro Cesarini, Bischof von Pistoja, der Rechtsgelehrte Dominico Jacobazzi, der Römer Giovanni Domenico de' Lupi und Andrea della Valle, endlich auch Adrian von Utrecht an. War die Wahl Ludwig's von Bourbon ebenso eine Berücksichtigung seiner Tugenden als seines Hauses, die des Cardinals Alfons von Portugal vor Allem eine Rücksicht auf seinen königlichen Vater, so geschah die Adrian's wegen seiner besonderen Kenntniß der Theologie, seiner ausgezeichneten Sitten, und wie es scheint, in Berücksichtigung des Wunsches König Karl's. Der Papst, welcher auch von Kaiser Maximilian dazu ersucht worden war, fühlte sich, wie Paul Giovio die Sache darstellt, noch besonders durch die Empfehlungen des beredten Grafen Albert von Carpi und Wilhelm Enkevort's, dessen Stimme schon damals bei der Curie in Ansehen stand, dazu bewogen[1]). Das rühmlichste Zeugniß aber gab ihm Papst Leo selbst, als er König Karl bat[2]), der Armuth eingedenk zu sein, die Adrian's unzertrennliche Lebensgefährtin sei, so zwar, daß er nur durch königliche Unterstützung die hohe Würde bekleiden könne. Wenn ein Pasquill jener Tage die Cardinalspromotion Leo's als eine Finanzspeculation darstellte, die ihm mehr als eine halbe Million Ducaten eingetragen habe, so hat diese Beschuldigung, der auch Guicciardini nicht ferne steht, wenigstens keine Beziehung auf Adrian von Utrecht, den Barbaren, wie ihn der florentinische Geschichtschreiber nennt.

Es gab aber noch einen anderen Standpunkt, von welchem aus die Erhebung Deutscher, Franzosen, Italiener, Spanier, Portugiesen, Engländer zu Cardinälen angesehen werden konnte. Leo X. schien von dem Gedanken erfüllt zu sein, welcher einst Leo IX., den deutschen Papst, be-

---

[1]) Vita Hadriani c. V.
[2]) Octavo cal. Febr. a⁰ V. Henke, Anhang zum II. Bd. von Roskoe's Leo X. n. XLIV. 25. Januar 1518.

seelt hatte, das Cardinalscollegium in einen Senat der gesammten Christenheit umzuwandeln, die hier ihre natürliche Repräsentation finden sollte.
Man kann denn doch nicht leugnen, daß, wenn unter den 31 Ernannten sich gar viele befanden, die nach ihrem Vorleben hier nicht Sitz
und Stimme führen sollten, es von großer Bedeutung war, daß am
Vorabende einer Reformation, die ja selbst in Westeuropa auf das
dringenste verlangt wurde, die verschiedensten Staaten in Rom unmittelbar durch Persönlichkeiten vertreten und mit dem Papstthum verknüpft
waren, die dort selbst das größte Ansehen genossen. Es war eine
lebendige Mauer, die Leo um seinen Thron zog und von der man nun
sehen konnte, ob sie den Stürmen der Zeit gewachsen war, welche
nicht lange auf sich warten ließen. Zwar war die deutsche Nation hiebei
am stiefmütterlichsten bedacht, während bei der stürmischen Bewegung der
Geister gerade hier schon die Klugheit geboten hätte, die tüchtigsten Persönlichkeiten zu gewinnen, und eben deshalb griff daher Adrian später zu
dem Mittel, durch Pfründen und ähnliche Unterstützungen den deutschen
Gelehrten eine unabhängige Existenz zu sichern. Die Erhebung des
Bischofs von Lüttich, der dann als Cardinal-Erzbischof von Valencia
starb; die des Markgrafen Albrecht von Brandenburg, Churfürsten von
Mainz, hatte auf die innere Gestaltung der deutschen Verhältnisse wenig
oder gar keinen Einfluß. Selbst die des Cardinals von San Giovanni
e Paolo, Adrian's, berührte wenigstens jetzt Deutschland nur oberflächlich, da seine ganze Thätigkeit Spanien zugewandt war; nur insofern
war sie für Deutschland und die daselbst vorhandene Parteistellung maßgebend, als Adrian dem niederen Volke entsprungen, Schöpfer und
Gründer seines Glückes, Repräsentant jener Richtung unter den Gelehrten
war, die sich nicht auf den bewegten Ocean des Humanismus hinaus-
wagte, sondern, an dem Traditionellen festhaltend, selbst in der Vernichtung der Bücher Reuchlin's [1]) (1515) Heil erwartet hatte. Bereits am
14. November 1516 zum Großinquisitor von Aragonien und Navarra
ernannt, wurde er es am 4. März 1518 auch für Castilien und Leon,
jedoch ohne daß es dem Cardinal und vierfachen Großinquisitor möglich
gewesen wäre, der Verbreitung der Schriften des Augustinermönches
Martin Luther in Spanien wirksam entgegenzutreten. Hatte er bereits
Reuchlin's Schriften im Streite mit Hochstraten für gefährlich erachtet,

---

[1]) Literae Adriani Florentii de Trajecto ad Cardinalem S. Crucis,
de Reuchlini libris delendis. Böking Ulrichi Hutteni opp. Supplemen-
tum. T. I.

so konnte er sich sehr bald überzeugen, wie unschuldiger Natur sie gegen die des Professors von Wittenberg waren, gegen welche sich selbst die Erklärungen der spanischen Granden unwirksam erwiesen. Auch er mußte sehr bald empfinden, daß er sich einer Macht gegenüber befinde, gegen welche das Rüstzeug der früheren Jahrhunderte sich unwirksam erwies und die in fortwährendem Steigen begriffen war, ohne daß sich ein Mittel gefunden hätte, ihr zu begegnen.

Gerade an ihn hatte vor nicht langer Zeit Leo X. (durch Pietro Bembo) ein ebenso eindringliches als charakteristisches Schreiben erlassen, das einerseits nicht wenig beitrug, Adrian zum Ausharren in der Flamme des castilianischen Bürgerkrieges zu vermögen, andererseits selbst sich wie eine Inschrift auf Adrian's Wirksamkeit ausnahm. „Da wir," hieß es, „unter solchen Verhältnissen geboren sind, daß unser Leben allen Zufällen und Gefahren ausgesetzt ist, mögest Du, was auch kommt, mit Maß ertragen, da nichts durch Deine Schuld entstand; insbesondere da Du so Dein Leben eingerichtet hast und schon eine Reihe von Jahren Dich gewöhntest, wichtige Angelegenheiten zu betreiben und den Völkern die hilfreiche Hand zu bieten, so daß Du schon nicht mehr mit Ehren eine Arbeit fliehen kannst, durch welche Du ihren Frieden betreibst, noch eine Gefahr vermeiden darfst, in welcher für die Völker ein Heil vorhanden ist. Deshalb ermahne ich Dich zu thun, wie es im Sturme tüchtige und eifrige Steuermänner machen, die, wenn sie auch die Macht des Windes nicht zu ertragen vermögen, ihren Sitz doch nicht verlassen, nicht sowohl den Lauf einzuschlagen, den sie beabsichtigen, als vielmehr, um das Schiff nicht völlig den Winden zu überlassen und rasch unterzugehen. So auch wenden sie das Schiff nach rechts oder links, während sie doch selbst gerade gehen wollen. So mögest Du denn jetzt wohl den aufgereizten Völkern vieles von Deinen Rechten vergeben, von der Strenge nachlassen, die Du nicht mehr zu behaupten vermagst, wie von der Gerechtigkeit, die Jene nicht mehr fürchten, von Deiner Mäßigung, von Deinen Gewohnheiten. Aber auf keinen Fall entschlage Dich deshalb der Regierung, weil Jene sich nicht mehr regieren lassen. Wie denn auch jene Empörungen sich verlaufen, so wirst Du gewiß ein großes, wahres und unvergängliches Lob Deiner Rechtschaffenheit, Klugheit und Ausdauer bei diesen Völkern erlangen, die es nicht blos ertragen, daß Du allein von so vielen Tausenden, ein Fremder, bei einer so großen Umwälzung, bei einer so großen Leidenschaft der Gemüther und Verschiedenheit der Meinungen bei ihnen verweilst, sondern auch Dich eifrigst bitten zu bleiben, und Deine Entfernung nicht dulden würden. So sehr scheinen sie auf Dich allein zu blicken, Dich zu verehren und zu lieben [1]."

Wandte man sich aber den in Rom und Italien residirenden Cardinälen zu, so bot das heilige Collegium das treue Abbild jener Zerrissenheit und Feindschaft dar, die damals ganz Italien und die christliche Welt beherrschten. An der Spitze desselben stand der Vicekanzler der römischen Kirche, Julius von Medici, nachgeborner und natürlicher Sohn Giuliano's von Medici, welcher am 21. April 1478 durch die Verschwörung der Pazzi im Dome zu Florenz sein Leben verloren hatte. Am 26. Mai desselben Jahres wurde Julius geboren und von Lorenzo, dessen Bruder Giovanni (nachher Leo X.), Lorenzo's Söhne Pietro und den übrigen Mediceern als solcher anerkannt, von Leo X. zum Erzbischofe von Florenz, zum Cardinal, zum Vicekanzler erhoben. Er regierte eigentlich unter seinem Vetter und trug, wie natürlich, auch einen nicht geringen Theil des Hasses, der auf Leo X. fiel. Jetzt stand er an der Spitze der sogenannten florentinischen Partei, inwieferne diese aus Verwandten oder Creaturen Leo's bestand. Die Anzahl der Neffen des Letzteren war sprichwörtlich geworden [2]. Der Sohn Pietro's, welcher durch die Franzosen aus Florenz vertrieben worden war und der selbst im Garigliano ertrank, Lorenzo, ward durch Leo X. Herzog von Urbino (Lorenzo's Sohn Alessandro später Herzog von Florenz), von Leo's Bruder Giuliano der Sohn, Hippolito, Cardinal. Die drei Schwestern Giuliano's (Pietro's und Leo's X.) heirateten in die vornehmsten Florentiner Familien Cibò, Rudolfi und Salviati. Vier seiner Neffen, einen Cibò (Innocenzo), einen Rudolfo (Nicolò), zwei Salviati (Giovanni und Bernardo) machte Leo zu Cardinälen. Allein die florentinischen Cardinäle waren nichts weniger als einig [3], da der Cardinal Soderini (Cardinal von Volterra) als Todfeind der Mediceer galt, die sein Bruder, der Gonfaloniere von Florenz, 20 Jahre von ihrer Heimat fern gehalten hatte. Er bot jetzt Alles auf, die Wahl des Cardinals Medici zu verhindern. Aber auch unter den von Leo ernannten Cardinälen, welche naturgemäß sich um den Cardinal von Medici hätten schaaren sollen, herrschte keine volle Eintracht. Unter diesen galt wie unter den andern die Meinung, werde er Papst, so sei dies kein Papstwechsel, sondern nur eine Fortdauer der Tyrannei, die er schon unter Leo geübt.

---

[1] Petri Bembi epistolarum Leonis X. Pontif. libri XVI (XVI. 24). Venetiis f.

[2] Pace an Wolsey. ..l. papers. Brewer, III, n. 1918.

[3] Clerk an Wolsey. December 1521. Brewer, n. 1895.

So wenig als das Cardinalscollegium sich durch Reinheit der Sitten auszeichnete, so vergab man dem Cardinal von Medici doch nicht, daß seine Mutter nur die Concubine Giuliano's und von niederer Herkunft, er im Ehebruche gezeugt war — Eigenschaften, die ihn, strenge ge= nommen, von der priesterlichen Würde hätten ferne halten sollen. Man wußte, daß er sich im Geheimen den Franzosen genähert hatte und war nicht ohne Sorge, er möchte als Papst ganz auf ihre Seite treten. Der Cardinal von Colonna, welcher anfänglich für ihn war, trennte sich von ihm und dachte wie so mancher Andere, selbst Papst zu werden, während das Treiben des ganzen Collegiums auf Näherstehende den Eindruck machte, man befinde sich weniger am Vorabende einer Papstwahl, als vielmehr eines Schismas[1]). Da war ferner der Cardinal Fiesco (Flisco), als Genuese „unberechenbar"; Jacobatius galt als wohl= bewandert in Angelegenheiten der Rota, dieses obersten Gerichtshofes der Christenheit, war aber hochbetagt und hatte aus früher Ehe so viele Söhne als Papst Leo Neffen, d. h. zahllos, wie man sich scherzend ausdrückte[2]). Den Cardinal Petruccio hatte man nur Tarquinius Superbus II. genannt. Er hatte einen Sienesen in den Kerker werfen und dessen Gattin zu sich bringen lassen. Letztere, wohl wissend, welches Schicksal ihr bevorstehe, nahm, während sie sich ankleidete, Gift und die Häscher mußten dem wollüstigen Tyrannen die Nachricht bringen, der Gegenstand seiner Liebe liege in den Zügen. Die Pflege ihrer Ver= wandten brachte sie wieder in's Leben[3]). Ihre That galt aber als um so glänzender, da sie als Tochter einer berühmten römischen Buhlerin ihrem Gemahle die Treue bewahrte. Der Cardinal Sauli hatte 50.000 Ducaten bezahlt, um Cardinal zu werden[4]). — Der Cardinal Farnese, damals 55 Jahre alt und Anhänger der guelfischen und orsinischen Partei, hatte zwei Söhne und eine Tochter, besaß mehrere Bisthümer und stattete den einen seiner Söhne mit einem Bisthum aus, während der ältere, 20 Jahre alt, 50 Lanzen gegen die Franzosen in Mailand befehligte. Allein Dinge dieser Art thaten in jenem Zeitalter der

---

[1]) Siehe den vortrefflichen Bericht Clerk's, des englischen Gesandten in Rom, an Wolsey über seine Unterredungen mit Medici, Colonna u. A. I assure your grace, here is a marvollous division and we were never likelier to have a schism.

[2]) Pace to Wolsey 31. Dec. l. c. n. 1918. Er war 72 Jahre alt. Clerk urtheilte über ihn, daß, wenn die Kirche sich nur um geistliche Dinge zu kümmern hätte, er der rechte Mann wäre. l. c. n. 1932.

[3]) Giov. Negri an M. Antonio Micheli. Brief vom 29. December 1522.

[4]) Gradenigo bei Alberi, p. 68.

perſönlichen Würde keinen Eintrag. Man mußte ſich höchſtens gefaßt machen, daß, wenn Farneſe Papſt würde, ſein Geſchlecht auf Koſten des Kirchenſtaates zu Fürſtenthümern gelange. Allein war dieſes etwas Anderes, als was man bei Innocenz VIII. zu Gunſten der Cibò's, bei Alexander VI. zu Gunſten der Borgia's, bei Julius II. zu Gunſten der Roverc's erlebt hatte? Und wenn es bei Leo X. nicht in dieſer Art geſchehen war, ſo lag die Urſache darin, daß bei den Mediceern die Haupttendenz der Politik darauf gerichtet war, ihrem Geſchlechte den Beſitz von Florenz theils zu verſchaffen, theils zu erhalten. Gerade um die Perſon des Cardinals von Medici drehte ſich die ganze Politik der= jenigen Fürſten, welche ſchon wegen Italien's an der Papſtwahl unmittel= bar betheiligt waren. König Franz I. ſah in dem Cardinal von Medici die Urſache des franzöſiſch=italieniſchen Krieges, ſeiner eigenen Niederlage, des Verluſtes von Italien für die Franzoſen. Er gedachte jetzt das Verlorene wieder zu gewinnen, Mailand zu erobern. Er ver= fügte über zehn Cardinäle und war ſo entſchloſſen, die Wahl des Car= dinals von Medici zu hindern, daß er erklären ließ, würde dieſer gewählt, ſo ſolle auch kein Mann in ſeinem Königreiche mehr der römiſchen Kirche gehorchen[1]). Dies war klar geſprochen und die öfter geſprochenen Befürchtungen, es möchte zum Schisma kommen, waren daher nichtsweniger als grundlos.

Von den älteren Cardinälen war der Venetianer Grimani, Sohn des Dogen, krank, angeblich dem Tode nahe. Er eilte zum Con= clave, mußte.aber aus dieſem hinweggebracht werden[2]). Bernardinus Carvajal, ein Spanier, hatte ſchon nach dem Tode Pius' III. Ausſicht, Papſt zu werden. Der Umſtand, daß er übergangen wurde, mag nicht ohne Einfluß geblieben ſein, daß er nachher König Ludwig XII. die Hand bot, um gegen Julius II. als Gegenpapſt aufzutreten. Doch wurde er nachher von Leo wieder in Gnaden aufgenommen. Allein einen Spanier zu wählen, mochte mehr als Einem ſeiner Collegen als bedenklich erſcheinen, da die Abhängigkeit von ſpaniſchen Intereſſen mit Recht im hohen Grade befürchtet werden mochte. So viele von den in Rom anſäſſigen Cardinälen auch das Papſtthum für ſich in Anſpruch nehmen mochten, es ſtellte ſich bei näherer Betrachtung doch immer mehr heraus, daß ſelbſt der ſtärkſte (Medici) nicht ſo ſtark war, eine Wahl für ſich zu Stande zu bringen, die übrigen aber, Farneſe, Colonna —

---

[1]) State papers. III. 2. p. 835.
[2]) l. c. n. 1932. Gradenigo ſagt: e fatto lo scrutinio il cardinal Grimani vista la sua ballottazione ed esser maltrattato uscì dal conclave.

mehr Löwe als Fuchs, wie ihn der englische Gesandte beschreibt, wohl
mächtig genug waren, jede ihnen unangenehme Wahl zu hindern, aber
nicht stark genug, eine ihnen genehme durchzusetzen. Die Cardinäle,
welche nicht geradezu gegen Medici waren, fürchteten dann, er möge,
wenn er selbst nicht durchdränge, die Wahl des Cardinals von York,
des quatuor sanctorum, des Cardinals Aegidius durchsetzen und factisch
statt des Gewählten regieren. Von den auswärtigen Cardinälen war
nur Wolsey zu fürchten. Er war der Repräsentant der engen Verbindung
der Häuser Habsburg und Tudor, Spaniens und Deutschlands mit England, eine große politische, aber eine mindere geistliche Capacität. Er
selbst konnte auf die Zustimmung Karl's V. und Heinrich's VIII. rechnen,
in deren Interesse er ja auch das Papstthum zu führen gedachte [1]).
Uebrigens war nicht im entferntesten daran zu denken, daß die italienischen Cardinäle, welche die überwiegende Mehrzahl besaßen, einen auswärtigen Cardinal wählen würden, wenigstens so lange gewiß nicht, als
die mindeste Hoffnung vorhanden war, einen der Ihrigen durchzusetzen,
und wer von ihnen wünschte nicht selbst Papst zu werden?

So standen denn wohl persönliche Interessen im Cardinalscollegium
einander so schroff als möglich gegenüber, wie aber sich mit diesen das
allgemeine und höhere verknüpfen, wie dieses zum Siege kommen würde,
konnte Niemand sagen. Man mußte sich gestehen, daß die Lage der
Christenheit niemals trostloser war als jetzt. Alle Mittel der früheren
Zeit waren verbraucht, keines schlug mehr an, und hatte man bei dem
letzten lateranischen Concil als einzige Hoffnung auf dieses, ein Concil,
hingewiesen, so war jetzt trotz desselben die Regierung der Kirche in die
Hände einer welschen Oligarchie gelegt worden, die für das Allgemeine
kein Verständniß hatte. Dazu kam die Spaltung unter den christlichen
Staaten, Fürsten und Völkern, eine Bewegung in den niederen Classen
gegen die höheren, welche sich von den Bauern Ungarns zu denen Deutschlands, zu den Communen Spaniens fortzog und höchstens in Frankreich an Continuität litt, da dort noch der König schalten und walten
konnte, als hätte er nur die Aufgabe, den Ausspruch wahr zu machen,
den man ihm beilegte, König von Thieren und nicht von Menschen zu
sein. Das Zeitalter, welches auf allen Gebieten der menschlichen Kunst
so Großes geleistet, hatte sich in socialer Beziehung als unfruchtbar erwiesen, man kann es wohl sagen, auch nicht Eine jener Fragen gelöst,

---

[1]) For no other purpose, sagte er selbst, could he desire the papacy except
to exalt your majesties! Brewer, n. 1884.

welche das ideenreiche fünfzehnte Jahrhundert angeregt hatte. So wie die Dinge bei dem Tode Leo's X. sich ausnahmen, war daher für die nächste Zukunft nur die Wahl zwischen einem kirchlich-weltlichen Abso= lutismus oder einer Revolution, welche, wo sie siegte, dem in den übrigen Ländern angehäuften Zündstoffe den Funken zur allgemeinen Explosion verschaffte. Und da sollten nun jene jugendlichen Fürsten helfen, wie Kaiser Karl, König Franz, König Heinrich von England, der Knabe Ludwig von Ungarn=Böhmen, dieser Spielball für Slaven und Magyaren, denen sich als gemeinsamer Gegner der jugendliche Soliman, prangend in der Fülle der Kraft und Stärke, gegenüberstellte, oder das Cardinals= collegium, das Leo nur deshalb so sehr erweitert zu haben schien, um nach außen den Anstand zu beobachten, in Wirklichkeit aber einer Anzahl italienischer Cardinäle es möglich zu machen, das unwürdige Spiel der Ausbeutung der Christenheit, die systematische Vereitlung aller noch so gut angelegten Reformpläne ungestört in alle Ewigkeit fortzuführen, wie sie es seit einem halben Jahrhunderte unter einem halben Dutzend zum Theile simonistischer Päpste getrieben hatten. War es denn doch schon beinahe gleichgiltig, wer Papst würde, ein Cibò oder ein Medici, Innocenz VIII. oder Alexander VI. So lange nicht das Cardinalscollegium von Grund aus verändert wurde, in dieses die strengen Principien der früheren Zeiten einzogen, war keine Hoffnung des Besserwerdens vorhanden; welcher Papst aber, der selbst aus dem Schoße dieser Männer hervor= gegangen war, hätte die Kraft, die Einsicht, den Willen und die Macht besessen, gegen seinen eigenen Ursprung aufzutreten? Eine leise Hoffnung beruhte daher wohl darauf, daß jener Nichtitaliener gewählt würde, welcher wie kein anderer die Fäden der westeuropäischen Politik in seinen Händen hielt, und wenn ein politischer Papst der Zeit aufhelfen konnte, mehr als jeder Andere geeignet erscheinen durfte, jetzt Papst zu werden und die ihm übertragene Mission zu erfüllen, Thomas Wolsey, der prachtliebendste, in seiner Weise großartigste Charakter seiner Zeit[1]).

Heinrich von England hatte am 16. December die Nachricht von den Vorgängen in Italien, der Niederlage der Franzosen, dem Tode Papst Leo's, der Rückkehr des Cardinals von Medici nach Rom erhalten. Sein Wunsch war, den Cardinal von York als Papst begrüßen zu können; er verhehlte sich aber nicht, daß diese Angelegenheit großer Vor= sicht bedürfe, nur mit Hilfe Kaiser Karl's durchgeführt werden könne.

---

[1]) In der Weise wie ein Commentator Dante's von Bonifacius VIII. gesprochen: magnanimo pecatore.

Sollte die Wahl Wolsey's unmöglich sein, so möge die des Cardinals von Medici betrieben werden. Letzterer sollte jedoch nichts davon erfahren, daß der König Wolsey begünstige, sondern in der Meinung erhalten werden, Heinrich begünstige seine Wahl und erst wenn sich zeige, daß Medici keine Aussicht habe, sollte Wolsey's Wahl betrieben werden. Der König erließ auch in diesem Sinne zwei Briefe an den Cardinal, einen zu Gunsten Medici's, den andern zu Gunsten Wolsey's, letzteren natür= lich nur zu eventuellem Gebrauche. Die am 18. December von Wolsey geschriebenen Briefe kamen zu spät an. Wohl hatte der englische Ge= sandte in Rom sich alle denkbare Mühe gegeben, im Sinne seines Herrn und des Cardinals auf die andern Cardinäle einzuwirken, mit Medici, mit Colonna unterhandelt; er brachte es auch dahin, wie später Cam= peggio an Wolsey schrieb, daß Letzterer in dem Scrutinium mehrfach genannt wurde, „ohne es höher als zu 8—9 Stimmen zu bringen!" [1] Und selbst dieses war nicht wahr.

Zu den großen Wirren, der allgemeinen Unsicherheit, ja der Auf= lösung aller Verhältnisse, die sehr bald die Cardinäle zwang, die Wache des Conclave von 300 Mann auf 1000, bald auf noch mehr zu erhöhen, kam noch die Aufforderung des französischen Oberbefehlshabers in Italien, das päpstliche Heer aus dem französischen (italienischen) Gebiete zurück= zuziehen. Sie ward damit beantwortet, daß man sagte, man wisse nicht, daß es auf französischem Boden stehe, übrigens werde man für baldige Wahl eines Papstes Sorge tragen [2]. Während in Rom selbst die größte Zügellosigkeit der Rede stattfand und der beißende römische Witz gegen den verstorbenen Papst wie gegen die Cardinäle sich erging, machte sich bei Letzteren wenigstens in der Beziehung eine Einheit geltend, daß so ziemlich Jeder Papst werden wollte und zwar durch diejenigen, denen er selbst das Papstthum am wenigsten gönnte. Da konnte denn auch von simo= nistischen Bestrebungen keine Rede sein, wohl aber von Erneuerung und Schärfung einer Papstcapitulation, durch welche Jeder seinen Besitzstand zu wahren und zu vermehren hoffte. Während sich im Hintergrunde von Allen der Cardinallegat von York in der sicheren Hoffnung hielt, durch die Versprechungen des Kaisers und den Einfluß seines Königs Papst zu werden, machte sich an der venetianischen Grenze Francesco Maria della Rovere, der vertriebene Herzog von Urbino auf, sein Herzogthum wieder zu erlangen. Schon am 22. December konnte der Herzog seinem

---

[1] Brewer, n. 1892, 1952, 1855.
[2] The holy college had confirmed the league, schreiben Wingfield und Spinelli aus Gent an Wolsey (25. December). Brewer, n. 1901.

Nuntius bei der venetianischen Signoria mittheilen, er sei in Urbino von den Einwohnern mit der größten Freude aufgenommen worden und hoffe bald die Burg zu erlangen[1]. Am 23. rückte er unter dem Geschrei der Einwohner: feltro, feltro (im Gegensatze zu den palle der Mediceer) in Pesaro ein, am 28. December konnte er aus Fabriano von seinem Einzuge in Sinigaglia berichten, am 5. Januar 1522 aus Perugia, es habe sich diese Stadt durch Vertrag ergeben, Malatesta sei eingerückt. Rasch löfte sich der Knoten, den Leo im Familieninteresse geschürzt hatte. Der Cardinal Adrian von Corneto, dem Papst Leo die englischen Bisthümer Bath und Wales entzogen und der sich vor dem Papste nach Venedig geflüchtet, verließ diesen Zufluchtsort, um sich nach Rom zu begeben[2]. Die antimediceische Partei erhob überall mit Reactionsgelüsten ihr Haupt. Der äußerste Parteihader, wie in den blühendsten Zeiten des Guelfen- und Ghibellinenhasses, war auf's neue ausgebrochen.

Das Cardinalscollegium mußte sich beeilen, zu den Ereignissen Stellung zu nehmen. Es notificirte in üblicher Weise den christlichen Mächten das Hinscheiden Papst Leo's X., traf Vorbereitungen zu den Exequien wie zum Conclave. Von den vielen Schreiben jener Tage die verloren gingen, hat sich das vom 19. December 1521 an die Luzerner und die schweizerischen Eidgenossen erhalten, in welchem der schweizerischen Tapferkeit auf das rühmlichste gedacht, und die Eidgenossen aufgefordert wurden, der verwaisten Braut Christi ihre Hilfe nicht zu versagen, sich ja nicht von Andern verführen noch auf Abwege bringen zu lassen[3]. Günstigeren Eindruck hätte ohne Zweifel das Schreiben hervorgerufen, wenn es die große Schuldsumme beglichen hätte, die die Anforderungen der Schweizer an Papst Leo begriff.

Am 27. December, dem Tage des heiligen Johannes Evangelist, versammelten sich die Cardinäle in St. Peter, der Cardinal Colonna sang die Heiligegeist-Messe, eine lateinische Predigt wurde gehalten, das veni creator gesungen und dann erfolgte der Einzug in die Zellen des Conclave. Jede war 16 Fuß lang, 10 Fuß breit und mündete in eine gemeinsame Capelle, den Wahlort. Zwei Stunden vor Sonnenuntergang versammelten sie sich in der Capelle. Die fremden Botschafter, von England, Portugal, Ungarn, Polen, Venedig, Mailand und andern italieni-

---

[1] Siehe die Briefe des Herzogs und der Herzogin Leonora ruvere de Gonzaga Urbini ducissa vom 20., 22., 24, 26., 28. December 1521, vom 5. Januar 1522 bei Marin Sanuto. Ms.

[2] Brown, n. 374.

[3] Archiv für die schweizerische Reformationsgeschichte. 1876. III, p. 451.

schen Städten erschienen nebst den Herren, welche die Conclavewache
befehligten — römische Barone, — in ihrer Gegenwart wurde die Bulle
Papst Julius II. gegen Simonie vorgelesen und von Jedem beschworen.
Don Juan Manuel, der kaiserliche Botschafter, war jedoch des hohen
Alters wegen nicht gekommen, und der französische Botschafter, welcher,
seitdem Tournay von den Kaiserlichen erobert worden, krank war oder
sich krank stellte, ließ sich überhaupt bei Tage nicht sehen; eine desto
größere Wahlthätigkeit entwickelte er aber unter dem Schleier der Nacht.
Die Wache war bis auf 3500 Mann vermehrt worden. Nicht blos daß
jeder Verkehr nach außen abgesperrt werden sollte, vom vierten Tage des
Conclaves an fand auch ein Abzug an Speisen statt, bis den Ein-
geschlossenen zuletzt nur mehr Brod und Wein gereicht wurde[1]).

Man hatte vor dem Conclave die Cardinäle von Siena, Neffen Papst
Pius' II., Jacobazzo, Campeggio und de Graffis als Diejenigen bezeichnet,
von welchen einer siegreich aus dem Scrutinium hervorgehen würde.
Denn daß einem Medicer ein anderer nachfolge, somit das Papstthum
in Einer Familie herrschend werde, schien denn doch zu sehr allen Traditionen zu widersprechen. Zu den vielseitigen Parteiungen, die sich in
ihren Bestrebungen kreuzten, kam jetzt auch dazu, daß die älteren Cardinäle, von welchen wohl jeder sich als den Würdigsten ansah, keinen unter
50 Jahren wählen wollten. Noch standen die kaiserliche und die französische Partei einander schroff gegenüber und man hielt selbst dafür, daß
die Sedisvacanz nur kurz sein werde, man werde die französischen Cardinäle nicht erwarten, sie geradezu ausschließen, ein Plan, der dem kaiserlichen Botschafter Don Manuel zugeschrieben wurde und bei dem englischen
Gesandten Unterstützung fand[2]). Als Prospero Colonna den zum Conclave reisenden Cardinal von Jvrea unterwegs zwischen Pavia und Piacenza aufhob und in das Schloß von Pavia bringen ließ, glaubte man,
es sei dies ein Werk des Cardinals von Medici. Die Folge war aber
nur, daß die Cardinäle beschlossen, nicht eher das Conclave zu beziehen,
als bis der gefangene Cardinal seine Freiheit erhalten hätte[3]). Man
glaubte in Paris, der Cardinal Colonna habe am meisten Aussicht; in
Rom wollte man gleich anfänglich wissen, der Cardinal Farneje, einst
ein Liebling Papst Alexander's VI. und noch nicht 25 Jahre alt von
diesem am 20. September 1493 zum Cardinal erhoben, werde Papst, so
daß dann das Haus Medici, das ursprüngliche florentinische Kaufhaus,

---

[1]) Clerk to Wolsey 4. Jan. 1522. Brewer, n. 1932.
[2]) Brewer, n. 1885.
[3]) Brewer, n. 1895.

durch ein ursprünglich deutsches abgelöst worden wäre, welches freilich
an Alter, Berühmtheit, Würde und Einfluß jenem bedeutend nachstand.
Schon am 8. December kamen die Cardinäle über die Form der Ab=
stimmung überein, jedoch wurde nach dem Ceremonienmeister Blasius
von Cesena erst am 29. beschlossen, geheime Abstimmung zu halten, d. h.
der Name des Wählers sollte bei Abgabe des schriftlichen Votums ver=
siegelt übergeben, der versiegelte Zettel aber mit einem Zeichen versehen
werden, um den Zutritt zu einem Gewählten zu erleichtern; ein Beschluß
welcher aber nur mit Majorität angenommen wurde, da er eine Neuerung
in sich schloß.

Nach Guicciardini waren 39 Cardinäle am 27. December anwesend,
nach andern 4 Cardinalbischöfe, 20 Priester, 10 Diaconen; 11 Cardinäle
abwesend. So unzuverlässig lauteten aber die Nachrichten, daß dem Kaiser
Karl mitgetheilt wurde, Medici verfüge über 19 Stimmen, habe aber 20
gegen sich und Don Manuel biete nun Alles auf, für Medici Stimmen
zu werben, während dieser fortwährend für Farnese stimmte. Am franzö=
sischen Hofe wollte man wissen, daß Colonna gleich anfänglich 19 Stim=
men hatte, die Wahl nur zwischen ihm und Medici schwanke, in drei
bis vier Tagen Alles entschieden sei[1]. An demselben Tage, an welchem
die Cardinäle das Conclave bezogen, erzählte König Franz, sie würden
die Wahl verschieben, bis die französischen Cardinäle, die mit der Post
abgereist waren, in Rom angelangt seien[2]. Der Bischof von Badajoz
berichtete noch am 24. December an den Kaiser, die Wahl des Cardinals
Fiesco sei so viel als gesichert: Beweise, wie wenig man sich auf jene
Nachrichten verlassen kann, die an Höfen in Umlauf gesetzt und dort
geglaubt wurden.

Nach den von Burmann gesammelten Aufzeichnungen über das Con=
clave wies das erste Scrutinium am 30. December nur eine Zersplitterung
der Stimmen vor, ließ aber, da sich die Stimmen auf 3, 4, 5, 7, 10
verwarfen, nicht einmal eine Fühlung zu. Allein nach einer sehr genau
unterrichteten Quelle der Pariser Bibliothek verfügte schon damals Medici
über 16 Stimmen zu Gunsten Farnese's. Daneben fand sich ein Zettel
vor, der 13 Cardinäle in sich schloß[3]), was eine allgemeine Indignation er=
zeugte, daß mit der ernstesten Sache ein so freules Spiel getrieben war.
Mit Mühe wurde verhindert, daß nicht das Siegel erbrochen und der
Name des so Wählenden bekannt gemacht wurde. Gab die Nennung

---

[1]) Brewer, n. 1946.

[2]) l. c. n. 1947.

[3]) Im dritten Scrutinium. Vielleicht Grimani's? Guicciardini, l. c.

Farnese's, welcher bereits Cardinal war, als er seinen ältesten Sohn erlangte, dessen Tochter verheiratet, dessen jüngerer Sohn mit 12 Jahren Bischof war, der aber nichtsdestoweniger als ein rechtschaffener und wohlgesinnter Mann galt[1]), Anlaß, daß im Conclave die ärgerlichsten Geschichten aus seinem Vorleben erzählt wurden, so war dies regelmäßig bei Jedem, der sich als Candidat bemerklich machte. Spottlieder, welche außerhalb des Conclave's gemacht wurden, richteten ihn schon im Voraus in den Augen der Menge zu Grunde. Sie drangen aus Rom in die entfernteren Länder, so daß, wie Paolo Giovio es auseinandersetzt[2]), dieses Conclave dem Ansehen der Cardinäle eine tödtliche Wunde schlug. Nicht blos König Franz mag so geurtheilt haben, es sei in Rom nicht Sitte zu stimmen, wie der heilige Geist es den Herzen einflößte[3]).

Die Hauptthätigkeit der Cardinäle begann, als es Nacht geworden war und nun von Cella zu Cella die Besprechungen stattfanden. Die jüngeren boten Alles auf, die anderen für die Wahl Farnese's zu stimmen, dieser selbst kam, einer Aufforderung Medici's zufolge, mit Letzterem in der dritten Aula zusammen. Sie verweilten eine Stunde im eifrigen Gespräche und als dann eine größere Anzahl jüngerer und auch älterer Cardinäle als sonst geschah, den Cardinal Farnese in seine Cella zurückbegleitete, glaubten die Conclavisten nicht anders, als die Wahl Farnese's sei gesichert. So noch um die zehnte Stunde der Nacht. Die älteren Cardinäle, schreibt Paris, Bischof von Pesaro, brachten die Nacht schlaflos zu. Als aber die Sonne aufging, war die Sache entschieden; nicht einmal Diejenigen, welche ihre Stimme Farnese versprochen, gaben sie ihm. Er erhielt im zweiten Scrutinium nur mehr fünf Stimmen.

Nach diesem versammelten sich die Alten in der Capelle des heiligen Nicolaus. Medici berief jetzt die Jüngeren in den Saal und die Spaltung war offen, als der Ceremonienmeister, sie zu verhüten, eine öffentliche (allgemeine) Congregation ansagte. Damals verlangte der venetianische Cardinal Grimani, welcher befürchtete zu sterben, seine Entlassung aus dem Conclave, erhielt sie jedoch erst, als sein Arzt eidlich betheuerte, es sei Lebensgefahr vorhanden. Man weiß nicht genau, da der Cardinal erst im September 1523 starb, war es mehr Widerwille über das Spiel, dessen Zeuge und Partner er war, oder wirkliche Todesfurcht, die ihn zum Austritte bewog. Dann thaten sich Colonna und Cornelius als besonders eifrige Vertreter des Cardinals Farnese hervor; als es

---

[1]) Clerk bei Brewer, n. 1932.
[2]) Vita Hadriani, p. 107.
[3]) Brewer, n. 1947.

aber zum dritten Scrutinium kam, erklärte ſich plötzlich Colonna aus wichtiger Urſache ¹) gegen Farneſe und konnte kein Zureden ihn bewegen, für dieſen zu ſtimmen. Es war Aleſſandro Farneſe beſchieden, noch zwei Conclave zu erleben und erſt aus dem letzteren (nach Medici-Clemens VII.) als Sieger hervorzugehen. Zugleich kamen ſchlimme Nachrichten von außen. Sigismund Verano, der Sohn einer Nichte Papſt Julius' II., hatte ſich Camerino's bemächtigt. Sie beſſerten ſich jedoch, als der Marcheſe von Mantua als General-Capitän des kirchlichen Heeres berichtete, daß er Beſatzungen in die Städte des Kirchenſtaates gelegt. Schritt unter dieſen Wirren, welche zuletzt bei dem Stande der Parteien zur Auflöſung aller Ordnung führen mußten, die Papſtwahl nicht voran, ſo waren doch die Cardinäle zu einem Abſchluſſe anderer Art gekommen, welcher wenigſtens bewies, daß im allgemeinen Schiffbruche ſie ſich ſelbſt nicht vergaßen und bereit waren, ihr eigenes Intereſſe an die Stelle des päpſtlichen zu ſetzen. Es war, wenn man die bisher unbekannten Beſchlüſſe dieſes Conclave's lieſt, als wenn die Papſtwahl die Nebenſache wäre und ganz andere Dinge die Cardinäle zu der wenn auch widerwilligen Congregation geführt hätten, als eine Capitulation zu Stande kam, die den ganzen Charakter des Papſtthums, der Kirche, ihrer Oberleitung verändern mußte, ſo daß man ſich nur darüber wundern muß, daß dieſe ſo ungemein wichtigen Beſchlüſſe ſo lange der Kenntnißnahme entzogen werden konnten.

Die Cardinäle hatten trotz ihrer Streitigkeiten im Conclave Zeit gehabt, ſich über eine Reihe von Capiteln zu vereinigen²), durch die ſie den neugewählten Papſt zu binden ſuchten, wie ſie es, wenngleich mit geringem Erfolge, mit Papſt Leo X. verſucht. Wie damals gab man ihnen auch jetzt den glänzenden Aushängſchild pro defensione fidei, libertate ecclesiastica et reformatione ecclesiae in capite et membris³), zur Vertheidigung des Glaubens, zur Freiheit der Geiſtlichen, zur Reformation der Kirche in Haupt und Gliedern. Es war ein mächtiges Zugeſtändniß an die reformbedürftige Zeit, das übrigens nur von dem Conclave Leo's wiederholt wurde⁴). Diesmal wurde die Wiederherſtellung des Friedens unter den chriſtlichen Fürſten und ein Zug gegen die Türken vorangeſtellt. Dann folgte das Verſprechen, vierzehn Tage

---

¹) Grandi causa. Severolo.
²) Severolo erwähnt wiederholt, daß gleich anfänglich im Conclave dieſe Capitel beſprochen wurden.
³) Cod. lat. B. R. M. 151 f., 254. Höfler, Zur Kritik. Abth. II.
⁴) l. c. f. 224.

nach erfolgter Wahl eine Bulle zu erlaffen, durch welche erklärt würde, daß diefe Capitel des Conclave's ehrbar feien und den Papft eidlich bänden; der Neugewählte verfprach ferner für den Ausbau der St. Peters= kirche Sorge zu tragen, den Sitz des Papftthums nicht von Rom zu verlegen, Cardinäle nicht unter 30 Jahren zu creiren und erft dann, wenn das Collegium auf 24 zufammengefchmolzen fei [1]). Der Papft wurde wieder an die Zuftimmung von zwei Dritteln des Collegiums bei Ver= leihung von Kathedralkirchen, an das Concil von Conftanz, bei Ab= fetzung von Prälaten auf Bitten eines Fürften, gewiefen [2]). Wie unter Leo ward beftimmt, daß der Papft nicht die Güter verftorbener Car= dinäle, Prälaten ꝛc. einziehe. Bei Infeudationen, die den Kirchenftaat betrafen, war er an die zwei Drittel der Cardinäle gewiefen, ebenfo was die Erlaffung des Zinfes (census) der Vafallen [3]) und Beamten betraf, in den Bullen war anzugeben de consilio fratrum; die vor= nehmften Beamten hatten dem Papfte und dem Cardinalscollegium zu fchwören. Sogleich nach feinem Regierungsantritte follte er die den Minoriten [4]) in Betreff des Baues der St. Peterskirche gewährten In= dulgenzen zurücknehmen.

Sämmtliche im Conclave verfammelten Cardinäle befchworen Feft= haltung an diefen Capiteln [5]). Um fo größer war ihr Mißgefchick, als die Wahl einen Cardinal traf, der fie nicht befchworen hatte. Sie hatten auch nicht den Muth, von dem im Conclave nicht Anwefenden zu verlangen, daß er diefe Capitel befchwöre [6]), fondern, als ein Abwefender gewählt wurde, fich begnügt, in der Inftruction vom 19. Januar den drei Cardinälen, von welchen aber nur Cefarini nach Spanien kam, aufzu= tragen, fie follten Alles aufbieten, um von dem neuen Papfte nicht blos die Beftätigung ihrer Befitzungen (castra et terras), ihrer Aemter (officia), fondern auch der Verfügungen des Cardinalscollegiums (gesta per sacrum collegium approbare) [7]) zu erhalten.

Den Cardinälen genügte es aber nicht, wie fie es fchon früher ge= than, in Betreff der Regierung der Kirche den neuen Papft zu einer Capitulation zu zwingen, fie verpflichteten ihn auch noch zur ausgedehn=

---

[1]) Die Beftimmungen diefes Capitels find fehr weitläufig und eingehend.

[2]) Wahrfcheinlich bezog fich diefes auf die Abfetzung des Erzbifchofs von Lund durch König Chriftian II.

[3]) Feudatorios regnorum, die zinsbaren Königreiche, wie z. B. Neapel.

[4]) Fratribus S. Francisci ord. minorum de observantia.

[5]) f. 258.

[6]) Gachard, n. VI.

[7]) Gachard, p. 15.

6*

testen Bestätigung ihrer Cardinalsprivilegien [1]). Aus der apostolischen Kammer sollte jeder Cardinal, welcher von kirchlichen Einkünften nicht volle 6000 Gulden beziehe, monatlich 200 Goldgulden erhalten und zu diesem Endzwecke den Klöstern eine Steuer von 24.000 Ducaten auf= erlegt werden. Nur mit Zustimmung von zwei Dritteln sollte es dem Papste gestattet sein, zur Verhaftung von Cardinälen zu schreiten [2]) und nur wenn ein Cardinal überwiesen war, durfte er verurtheilt werden. Den Cardinälen wurde die vollste Steuerfreiheit zugesichert, die vollste Verfügung über ihre Kirchen, Klöster, Propsteien, Aemter, Präbenden 2c., die größte Freiheit in Erwerbung derselben und Beseitigung aller die= selbe beschränkenden päpstlichen Erlässe. Der Cardinal=Kämmerer, der Vicekanzler, der Großpönitentiar und ihre Beamten sollten in ihren (lucrativen) Aemtern geschützt und erhalten, die Schuld Alexander's VI. heimbezahlt, und da es besser sei, daß die Schlösser und Ländereien (castella et terrae) von den Cardinälen als von (päpstlichen) Guber= natoren verwaltet würden, diese den Cardinälen zugesichert werden. End= lich wurde ihnen auch die Verfügung über ihre Kathedral= und anderen Kirchen auf dem Wege von Commenden, Resignation und Cessation zu= gestanden. Wenn ein Cardinal wegen seines Votums im Conclave durch einen Fürsten Schaden erlitte, sollte er gleichfalls 200 Goldgulden monatlich bis zur Ersetzung desselben erhalten. Ausdrücklich verpflichtete sich der neue Papst, alle Verfügungen des Cardinalscollegiums [3]) während der Sedisvacanz zu bestätigen und aufrecht zu erhalten. Die Capelle von Loretto, welche Julius II. nach dem Tode des Cardinals von Recanate von diesem Cardinalate getrennt hatte, sollte trotz der entgegengesetzten Be= stimmung in den Capiteln Leo's X. wieder dem Cardinal — nunmehr Cardi= nal Trani — zurückgestellt und ebenso den Cardinälen alle Rechte, Gnaden und Gewährungen (concessiones), welche seit Papst Julius den Cardinälen zugekommen, dann aber ihnen wieder entrissen worden waren [4]), zurück= gegeben werden; der Cardinal, welcher die Justiz verwalten würde, sollte von

---

[1]) Sie nimmt nicht weniger als zehn Blätter ein: f. 260—269.

[2]) Ut mihi ab eisdem cardinalibus libera proveniant consilia.

[3]) Omnia gesta et acta sede vacante — per sacrum collegium vel ejus priores seu deputatos ab eodem sacro collegio speciales commissarios grata et firma habebo. Letzteres gibt zu dem Gedanken Anlaß, daß das Actenstück auf Grund- lage der früheren, unter Leo X., nach erfolgter Wahl Adrian's verfaßt worden sei oder doch die Schlußredaction erhalten habe. Man hütete sich aber wohl, das Ganze in die Instruction aufzunehmen. Möglicherweise hatte es Cesarini in der Tasche.

[4]) Weitere Verfügungen betrafen specielle Ansprüche der Cardinäle von S. Pan- cratio, Armellino, Mantuano.

jedem 100 Ducaten der Annaten 3 erhalten, die Regeln der Cancellaria, zu Gunſten der Cardinäle, nicht abgeändert werden dürfen. Den alten Cardinälen [1]) ward bei den ſechs biſchöflichen und anderen Titeln das Recht der Option zugeſtanden, den ärmeren Cardinälen ſollten bei den Vacaturen durch den Tod anderer Cardinäle Einkünfte bis zu 6000 Ducaten oder auch andere Pfründen zugewieſen werden [2]). Zuletzt wurden noch Beſtimmungen über eine allgemeine Pfründenaustheilung unter allen Cardinälen getroffen, „damit die Freiheit der Abſtimmung gewahrt und alle ſimoniſtiſche Befleckung entfernt werde". — Niemals war ein ärgerer Verſuch gemacht worden, die Kirche zum Vortheile eines Collegiums auszubeuten, das ja zum großen Theile ſeine Würden gekauft hatte, als damals. Niemals that es mehr Noth, daß ein vollſtändiger Bruch mit dem herrſchenden Syſteme eintrete, als jetzt.

Dieſe Verfügungen und eidlichen Verpflichtungen genügten aber den Cardinälen noch lange nicht. Da eine Anzahl Cardinäle keine Städte zum lebenslänglichen Genuſſe erhalten hatten, wurde gleich Anfangs im Conclave eine Austheilung der Städte des Kirchenſtaates unter= nommen und dem Cardinal Orſini: Aſſiſi mit der Burg; Trani: das Schloß Pieve; dem von Siena: Perſona; Graſſi: eine Stadt in der Maritima [3]); Salvirato: Menitrevium; dem Cardinal von Jvrea: Biſſo; Valle: Cereto; Ceſis: Saſſoferato; Cornelius: Nuceria; Araceli: Scipio; Armellino: Betona; Ceſarini: Anagni; Sion: Veroli; SS. Quatro: Ferentino; Cavalliceſe: Sorano; Trivulzio: S. Maria in Giorgio; Jacobazzo: San Geneſio; Piſano: San Gemino;

[1]) Per aliquos antiquores (antiquos) cardinales.

[2]) Dieſes letzte Capitel iſt gar ſeltſam und lautet wörtlich: Item ad hoc quod cardinalium vota libera sint et in electione pontificis et in aliis cesset omnio simoniae (!) suspicio et pro decore tanto dignitatis teneatur futurus pontifex providere cardinalibus pauperibus usque ad summam VI^m ducatorum anri in redditibus beneficiorum de primis vacaturis presertim vacantibus per obitum aliorum cardinalium que aliis distribui vel dari non possint quacunque occasione vel causa etiam ad cujuscunque principis vel regis instantiam, similiter bene-ficia assumendi ad pontificatum metropolitanas cathedrales ecclesiae, monasteria quecunque et alia beneficia et officia regressus, domus, tituli seu diaconiae et pensiones non extincte ante exitum conclavis salvo jure optandi quibus posset competere ut supra dentur et distribuantur pro rata inter omnes car-dinales equaliter et equata portione dividenda et dicta distributio fiat per col-legium non ad instantiam et voluntatem promoti et assumpti ad papatum, ut cesset omnis suspicio simoniace labis quibuscunque promissionibus vel resig-nationibus non obstantibus. f. 268.

[3]) Sie iſt im Verzeichniſſe ausgelaſſen.

Campeggio: Aquasparta; Cortona: Belforte und Caldarola; Colonna: Priverno; San Sisto: Settia; Como: Montefiori in der Romagna; Vich (Bio): Fermo zugewiesen.

Nachdem so 25 Cardinäle auf Lebenszeit versorgt worden, traf es erst noch alle 35, sich mit Aemtern, namentlich der Verwaltung (praetura), Capitanaten, Gobernatorien und anderen Aemtern der einzelnen Burgen und Städte zu versehen [1]). Die Austheilung sollte zwar nur auf ein Jahr giltig sein, betraf aber nicht weniger als 91 Aemter [2]), darunter die Gubernien von Cesena (Medici), Campania und Maritima (S. Croce), Spoleto (Como), Reate, Interamnia, Ameria (Jacobazzo), Rimini (Volterra), Orvieto (Cesarini), Fano (Armellino), Marino (Grassi), Ascolo (San Sisto), Terracina (Mantuano). Man konnte sagen, was vergeben werden konnte, ward vergeben und wenn der Papst aus der Fremde zurückkehrte, so fand er 35 Herren des Kirchenstaates, er selbst hatte das Nachsehen und bei dem besten Willen die Unmöglichkeit, die weiteren Ansprüche Anderer zu befriedigen. Es war ihm eigentlich so viel wie nichts vom Kirchenstaate gelassen worden und man begreift vollkommen, daß später Papst Adrian auf die Einkünfte, die er aus Frankreich bezog, als auf die einzigen hinwies, auf welche er in seiner Noth rechnen konnte oder auf die er selbst, um leben zu können, angewiesen war. Ebenso daß er, wenn er einmal Einsicht in die Lage der Dinge gewonnen, entschlossen war, den künstlichen Bau der cardinalistischen Omnipotenz an seinen Fundamenten anzugreifen und, soweit er konnte, dann auch mit demselben gründlich aufzuräumen, die Aristokratie durch eine Monarchie zu ersetzen.

Die Fruchtlosigkeit der ersten Scrutinien hatte denn doch eine gute Folge!

Nach dem Scrutinium vom 2. Januar kamen mehrere von den älteren Cardinälen zusammen und beriethen sich, wie der Beste zum Papste gewählt werden könnte. Ihnen entgegen versammelte sich ein Theil der jüngeren in der Nicolauscapelle und beschloß nach heftigem Streite, da die älteren durchaus nicht in die Ansichten des Cardinals von Medici eingehen wollten, denjenigen von den älteren zu wählen, welcher sich am meisten durch seine Rechtschaffenheit auszeichnete und kein Parteimann wäre. Die älteren Cardinäle baten nun die übrigen, sie möchten die Lage der Christenheit wohl in's Auge fassen, damit nicht aus ihrer Uneinigkeit ein Schisma entstehe und das Unglück früherer

---

[1]) Nach dem dritten Scrutinium am 1. Januar 1523.
[2]) Cod. lat. Mon. 151. f. 296—299.

Jahrhunderte ſich erneuere. Bereits ward am vierten Tage der Abzug an Speiſen vollzogen und den Eingeſchloſſenen dann die Wahl gelaſſen zwiſchen geſottenem und gebratenem Fleiſch. Vom 2. Januar an erhielt Jeder nur mehr Eine Speiſe. Auf dieſes ſuchten aber die mediceiſchen Cardinäle am darauffolgenden Tage, 3. Januar 1522, erſt die Wahl des Cardinals Farneſe neuerdings durchzuſetzen. Nun widerſtanden aber die älteren zum viertenmale[1]). Da trat in den Streit der Jungen und der Alten plötzlich die Nachricht ein, die franzöſiſchen Cardinäle eilten zum Conclave herbei. Die Furcht, ſie möchten den Ausſchlag geben, beſtimmte alle, ſich mit der Wahl möglichſt zu beeilen. So kam der 4. Januar und das ſechſte Scrutinium, ohne Reſultat; der Streit wurde lebhafter[2]) und die Cardinäle, welche nach dem Scrutinium in den Hallen ſpazieren gingen, ſetzten den Streit auch in ihren Privat= beſprechungen fort. Dieſen zufolge konnte man annehmen, daß am nächſten Morgen durch die Jüngeren ein Papſt gewählt würde, entweder Farneſe oder Fiesco, oder der Biſchof von Sitten, Cardinal von Santa Pudentiana, Matthäus Schiner, welchen Julius II. creirt hatte (Se= dunenſis). Da die Römer an der üblen Gewohnheit feſthielten, den Palaſt eines neu creirten Papſtes zu plündern, wurden mehrere Paläſte ſorgfältig verwahrt, nichtsdeſtoweniger erlitt Farneſe bereits einen Schaden von 2000 Ducaten, da ſeine Beſitzungen außerhalb Roms an= gegriffen und geplündert wurden, als wäre er bereits Papſt. Der Palaſt Wolſey's wurde mit Artillerie beſetzt und von 3—400 Bewaffneten in Vertheidigungszuſtand gehalten[3]). Als das Scrutinium am 5. Januar erfolgte, wurde nur mit Mühe die Wahl des 27jährigen Cardinaldiakon Cibò, eines Neffen Papſt Leo's X., durch den Cardinal Colonna[4]) — beide waren von Leo creirt — vereitelt und ſo der zweite Plan des Car= dinals von Medici zum Scheitern gebracht. Erzürnt über dieſe In= triguen und Fallſtricke, verſammelten ſich dann die älteren Cardinäle in der Zelle des Cardinals von S. Croce und berathſchlagten den Kriegs=

---

[1]) Giovio berichtet, ſelbſt Farneſe habe dem kaiſerlichen Geſandten Don Juan Mannel Verſprechungen in Betreff ſeiner Ergebenheit gegen Karl V. gemacht. Als aber dieſes ruchbar geworden, ſei der franzöſiſch geſinnte Theil ſeiner Anhänger wankend geworden. Ich laſſe jedoch dieſen Bericht bei dem Grade von Glaubwürdig= keit beruhen, welcher ihm und ſeinem Gewährsmanne zukommt.

[2]) Der Cardinal Soderini ſoll dem Cardinal Medici ſeine uneheliche Geburt vorgeworfen haben, was Andere als unwahr zurückwieſen. Petrus Martyr, episto= larium. XXXV, 749.

[3]) Brewer, n. 1933.

[4]) Nach Severolo durch den Cardinal Franc. Armellino.

plan für den nächsten Tag. Ihnen wäre sogar die Ankunft der fran=
zösischen Cardinäle lieb gewesen, um mit deren Hilfe den jüngeren
widerstehen zu können [1]). Als aber nun am 6. Januar das achte Scrutinium
vorgenommen wurde, zeigte sich die Gewandtheit der Gegner, die Alles
aufgeboten hatten, 12 schriftliche Vota und 9 per accessum für Farnese
zusammenzubringen. Schon rief der Cardinal di SS. quatro coronati:
Papam habemus, in der Hoffnung, die übrigen würden den 21 bei=
treten, als sich die Cardinäle di Monte und Colonna erhoben und [2])
das Verlangen stellten, da Farnese noch einige Stimmen fehlten — es
waren eben 26 nöthig — so solle der Papst nicht tumultuarisch gewählt
werden. Sie verschafften sich Stille, die Aufregung legte sich, statt
eines Beitrittes aus Ueberraschung erfolgte ein neues Scrutinium und
die Wahl Farnese's kam nicht zu Stande. Der Cardinal Cesarini,
welcher dem Cardinal Aegidius von Viterbo beigetreten war, ohne jedoch
von Farnese abgetreten zu sein, gab Veranlassung zu einer Controverse,
ob dieses überhaupt geschehen dürfe [3]). Der Streit wurde nicht entschieden,
aber auch die Papstwahl nicht; wohl aber hatte die Sache die Folge,
daß die Aelteren sich entschlossen, soviel wie möglich einstimmig auf=
zutreten, um nicht dem Gespötte der Jüngeren zu verfallen. Zu gleicher
Zeit, heißt es nach einer anderen Quelle, habe Bruder Aegidius von
Viterbo, Cardinal von S. Matthäus, dessen Tugenden Clerk nicht
genug zu rühmen weiß [4]), den Cardinälen vieles Nachtheilige in Betreff
Farnese's mitgetheilt, was um so leichter Glauben fand, als er viele
Jahre dessen Beichtiger war; eine Nachricht, welche aber gar nicht mit
demjenigen übereinstimmt, was man sonst von dem höchst ehrenwerthen
Charakter dieses Augustiner=Cardinals weiß [5]). Auf keinen Fall hat die
Sache, wenn sie wahr sein sollte, den Fortgang der Wahl Farnese's
gehindert, vielmehr verbreitete sich nach dem neunten Scrutinium am
7. Januar das Gerücht, die Anhänger Farnese's wollten die äußersten
Minen springen lassen, um seine Wahl im nächsten Scrutinium durch=
zusetzen. Das Gerücht trug nur dazu bei, die Gegenpartei um so vor=
sichtiger zu machen und zu verabreden, gemeinsame Beschlüsse zu fassen,
so daß die Parteien am 8. Januar sich schroffer als je gegenüberstanden.

---

[1]) Severolo.

[2]) Voce manibusque. Severolo.

[3]) An accedendo ad alium auferat votum ab electione prius (prioris).

[4]) Brewer, n. 1932.

[5]) Et tunc clausa fuit fenestrella camerae sacristiae ob suspicionem non-
nullarum cedularum per illam projectarum. Severolo.

Man hegte bereits Besorgniß vor den vielen von Leo X. Verbannten und dem ungezügelten Auftreten der Factionshäupter. So oft geschlagen, war endlich die Partei Medici dahin gekommen, Farnese fallen zu lassen. Im Namen Giulio's schlug jetzt der Cardinal Colonna den Cardinal della Valle als den besten und für den jetzigen stürmischen Zustand der Kirche tüchtigsten Candidaten vor. Auch er konnte die hinreichende Anzahl von Stimmen nicht erhalten. Einer nach dem Andern von den Car-dinälen war in das Treffen geführt worden, Einer nach dem Andern war erlegen. Da hatte Soderini mit angstvollem Blicke auf Medici, seinen beharrlichen Gegner, geblickt, als wollte er ihn zum Mitleiden bewegen und ihm mit den Augen sagen: Du kannst mich zum Papste machen; Medici aber hatte den Blick gar nicht vom Boden erhoben, so daß Soderini wie ein gebrochener Mann zurücksank. Da hatte der Car-dinal von S. Croce die Cardinäle angeredet und sie aufgefordert, die ihm noch fehlenden Stimmen zu geben. Grimani war angeblich aus Ver-druß über die fehlgeschlagene Wahl weggegangen. Cibò hatte seinen Spott getrieben und nur zum Scheine die Wahl Anderer gefördert. Scham, Verwirrung, Aerger und Rathlosigkeit nahmen überhand.

Als Farnese, Ancona und Grassi dem Cardinal von Sion[1]) die Tiara anboten, erklärte dieser: „Ich will nicht Papst werden, aber ich will auch keinen Papst, der ein Weib hat," was sich auf die drei Antrag-steller bezog. Colonna hatte die Wahl Farnese's verhindert, als dieser schon ausgerufen wurde; Egidio war zum großen Erstaunen der Uebrigen Farnese nicht beigetreten. Versprechungen, die gemacht worden waren, wurden nicht gehalten, Eide gebrochen; man war ohne einen Funken von Gewissenhaftigkeit und Schonung nur nach dem persönlichen Interesse und gegenseitiger Abneigung vorangegangen. Unterdessen hatte sich Francesco Maria in den Besitz von Urbino gesetzt; dieser hatte die Baglioni wieder eingeführt, man mußte erwarten, daß Siena die Ver-triebenen wieder aufnehme, Perugia falle; daß die Herrschaft der Me-diceer wanke. Vergeblich hatte Medici, nachdem er selbst durch die Widersprüche der Aelteren unmöglich geworden, SS. Quatro, Cortona, Farnese vorgeschlagen; endlich erklärte er, er überlasse den Anderen die Zügel und möge dann herauskommen, was immer. Man behauptete, daß eher ein Handgemenge als eine Wahl in Aussicht stehe, als endlich Medici, einsehend, daß nach der Beseitigung Valle's, Cibò's, Farnese's, Colonna's, Soderini's, SS. Quatro's keiner der Anwesenden Aussicht

---

[1]) Dem Schweizer, Schiner.

habe durchzudringen, den abwesenden Cardinal von Tortosa vor-
schlug. In der ihm eigenthümlichen Weise, ernste Gegenstände spielend zu
behandeln, führte er aus, die von ihm vorgeschlagenen Candidaten hätten
den Uebrigen, die von diesen vorgeschlagenen ihm und den Seinen nicht
gefallen, da sei es das Beste, einen Cardinal zu wählen, welcher in
Rom nicht anwesend, aber ein rechtschaffener Mann sei. Man konnte
eher erwarten, er werde den Cardinal von York vorschlagen, welcher im
fünften Scrutinium 5 Stimmen, dann aber keine mehr erhalten hatte.
Er nannte aber entweder „in Berücksichtigung Seiner kaiserlichen Majestät", oder, wie eine andere Version lautet, den ihm empfohlenen Cardinal von St. Johann und Paul, ohne einen Werth darauf zu legen,
daß derselbe bereits in sieben Scrutinien 2, 3, selbst 8, zuletzt freilich
nur Eine Stimme erhalten hatte. Seine Empfehlung bestand darin,
Adrian sei 65 (63) Jahre alt und werde nach dem allgemeinen Urtheile für
einen heiligen Mann gehalten. Der Vorschlag konnte als ein bloßes
Wahlmanöver angesehen werden. Er war ganz unbegreiflich, wenn man
erwog, daß Adrian, als im Conclave nicht anwesend, den Capiteln,
der Verfügung über die Städte, über die Pfründen nicht zugestimmt
hatte, durch keinen Eid gebunden war, somit durch die Wahl eines
Abwesenden an und für sich alle im Interesse des Cardinalscollegiums
gefaßten Beschlüsse in Frage gestellt wurden — ein Act größerer
Verblendung vom Standpunkte des Cardinalscollegiums ließ sich daher
kaum denken.

Allein das entscheidende Wort war gesprochen[1]. Kaum hatte
Medici geendet, so erhob sich der Cardinal von Gaeta, um das Ansehen
der eigenen Person für den Abwesenden in die Wagschale zu legen.
Medici verfügte ja nur über 15 Stimmen. Als aber der gelehrte Cardinal Fra Tomaso de Bio, erwähnte, ihm sei von seiner Reise nach Deutschland der Cardinal von St. Johann und Paul als ein tugendreicher,
gelehrter, unsträflicher Mann bekannt, und, obwohl er selbst sich im Conclave als Gegner Medici's gezeigt, nun Letzterem beistimmend, das offene
Zeugniß der Wahrheit und Gerechtigkeit seiner Aussage abgab, schien
nicht mehr in Betracht zu kommen, daß der Vorgeschlagene ein imperialissimo sei; Colonna trat bei, Jacobazzo folgte, dann Jvrea. Vergeblich
rief jetzt Orsini den Seinigen zu: Schafsköpfe![2] merkt ihr den Ruin Frankreichs nicht? Er erhielt eine Antwort, die dem ungeziemenden Ausdrucke

---

[1] Me patrem patrum fecit discordia fratrum.
[2] Pecoroni.

angemessen war [1]), und die Zustimmenden mehrten sich ohne Unterlaß. Als
Caviglion (Cavallon), Monte, Tribulzio, Piccolomini, Araceli, Ancona,
Campeggio, Armellino beigetreten, erklärte endlich Trani: und ich trete
dem Cardinal von Tortosa bei und mache ihn dadurch zum Papste [2]). Die
Mehrheit war erlangt, die Wahl entschieden und den Uebrigen blieb nun
nichts Anderes übrig, als in Eile ihre Zustimmung zu erklären. Sie
thaten es Alle. Keiner von den Anwesenden blieb zurück, nur der Cardinal von Bologna [3]), heißt es, erklärte, er kenne den Mann nicht [4]).
Ehe noch den Wahlherren die Besinnung kam, was sie gethan, daß ein
Abwesender, ein Deutscher, ein Barbar nach italienischem Ausdrucke, der
Lehrer des Kaisers und ihm auf's äußerste zugethan, Jemand, den sie
nie gesehen und der Rom und sie nicht kannte, gewählt worden war,
öffnete sich das kleine Fenster des Palastes, aus welchem der Ruf:
Papam habemus, die Verkündigung der vollzogenen Wahl zu geschehen pflegte, und vor welchem bis kurz vorher eine zahlreiche Procession, die Papstwahl zu erspähen, gehalten hatte. Ein Kreuz kam zuerst [5])
zum Vorschein. Dann verkündete mit ganz leiser, kaum hörbarer Stimme
der Venetianer Cardinal Cornelius die Wahl des Cardinals von Tortosa.
Die wenigen Anwesenden hörten wohl das Papam habemus, allein der
Cardinal von Tortosa (Dortoniensis) war ihnen unbekannt, sie verstanden Cortoniensis, Andere ließen sich nicht nehmen, es könne nur der
Cardinal von Medici gewählt worden sein. Rasch sah man jetzt erst Einzelne plötzlich über den Platz laufen, dann hörte man Rufe. Niemand
wußte das Rechte anzugeben, die Einen meinten Medici und riefen
palle, die Anderen verstanden auf dieses erst Valle und meinten diesen
Cardinal. Aber wie ein elektrisches Licht verbreitete sich die Nachricht
von der vollzogenen Wahl mit Blitzesschnelle durch die Stadt. Tausende
strömten zum großen Platze vor St. Peter. Unterdessen war auch
die leichte Mauer niedergerissen, welche die Conclavisten von der
Außenwelt trennte und trafen die seit vierzehn Tagen Eingesperrten An-

---

[1]) Höfler, Zur Kritik und Quellenkunde. Auch Severolo spielt darauf an: in
quo (scrutinio) nonnulla verba parum honesta inter nonnullos Cardinales in plena
congregatione habita fuere.

[2]) Später war es S. Croce, Carvajal, welcher behauptete, er sei es, der
Adrian zum Papste gemacht. Jedenfalls war er auch für Adrian gewesen.

[3]) Orsini nach Giovio.

[4]) Entscheidend hierüber ist das Notificationsschreiben der Cardinäle an den
Papst, wo von der Einstimmigkeit der Wahl gesprochen wird.

[5]) Animo egro.

stalten, nach Hause zu gehen. Allein gerade diese Vorbereitungen ent-
täuschten diejenigen, welche bisher auf Medici, Colonna, Cortona oder
selbst Valle gerathen hatten. Alles drängte sich zu der Treppe, über
welche der feierliche Zug der Cardinäle nach der Kirche gehen sollte,
wohin der Neugewählte nach alter Sitte getragen wurde, diesen zu
sehen und seinen Namen zu erfahren. Allein der Zug blieb aus; wer
Bekannte unter den Cardinälen hatte, wandte sich nun zum Conclave,
dort das Nähere zu erfahren. Bereits hatten die zahlreichen Officialen
und Höflinge Leo's erfahren, der neugewählte Papst sei ein Spanier,
kein Römer, und nun machte Jeder in seiner Weise seinem Unmuthe
Luft. Der Eine knirrschte, der Andere fluchte, der Dritte weinte, Alle
aber berechneten, daß es mindestens 6 Monate dauern würde, bis der
neue Papst komme, sie unterdessen keine Einnahmen hätten, wozu sich
erst noch die Besorgniß gesellte, es möchte der Kaiser den Neugewählten
gar nicht aus Spanien fortgehen lassen und wenn er auch käme, nun
so käme er mit spanischem Geleite und werde außer Stande sein, viel
(für die Römer) zu thun. Jetzt erfuhr man, der Bischof von Tortosa,
Cardinal Adrian, sei gewählt.

Man konnte denen, welche die Aemter gekauft, die nun nichts ein-
trugen, verzeihen, wenn sie sich, in allen ihren Erwartungen getäuscht,
dem Ausbruche ihrer Leidenschaft hingaben. Allein die Cardinäle selbst
sah man im heftigsten Wortwechsel begriffen. Es war, sie wußten selbst
nicht wie, der Geist der Vereinigung über sie gekommen und als sie
stattgefunden, reute sie das Geschehene und gab sich die heftigste Zwietracht kund. Italien hatte das Gefühl für die allgemeinen und großen
Aufgaben des Papstthums dazumal wie heutigentags verloren. Gerade
was an der Wahl besonders zu loben war, die Uebereinstimmung der
bis dahin so uneinigen Cardinäle, bezeichnete Paolo Giovio als wahrhaft schmachvoll. Während die christliche Welt sich nach einem frommen,
gelehrten, einem heiligen Papste sehnte, der unter der Kirche etwas Anderes
verstand, als eine Anstalt zur Beförderung von Familienzwecken, erklärte
Giovio, ganz in der italienischen Anschauung befangen, es sei die Ehre
Italiens verletzt worden, da ein Holländer, ein Barbar, und noch
dazu wegen seiner Tugenden (per conto di virtù) gewählt worden
war. Man hätte ihm auch dieses vergeben, wenn er nur ein Italiener,
ein Römer gewesen wäre. Auch Guicciardini gibt dieser beschränkten
Ansicht Ausdruck. Das Nationalgefühl war beleidigt, die Wahl schon
deshalb unpopulär. Das römische Volk hatte nie etwas von dem
Gewählten gehört, ihn nie gesehen. Jeder Einzelne fühlte sich beleidigt,

durch die Wahl eines Ausländers verletzt, in seinem Nationalgefühle gekränkt. Der 9. Januar 1522 war für Rom ein Unglückstag geworden.

Es gab jedoch zur Beurtheilung der Wahl noch einen anderen Standpunkt, den deutsch-nationalen, der als solcher mindestens so berechtigt war als der exclusiv italienische.

Nicht ganz drei Jahre waren verflossen und die deutsche Nation hatte den zweiten glänzenden, wenn auch unblutigen Sieg über die Franzosen erfochten. Das erstemal 1519, als die deutschen Churfürsten, gezwungen durch die drohende Haltung des Volkes, sich entschlossen, die Bewerbungen König Franz' I. von Frankreich um die Kaiserkrone zurückzuweisen, sie den Erzherzog Karl von Oesterreich, König von Spanien zum römischen Könige wählten und durch diese Wahl auch den entgegengesetzten Bestrebungen Papst Leo's X. ein Ziel setzten. Denn wenn dieser auch im Herzen sich mit der Begierde getragen, daß weder Karl noch Franz zu ihrer großen Macht auch noch die eines deutschen Kaisers erlangten, so ist es doch nach den Correspondenzen Minio's (des venetianischen Botschafters in Rom)[1] außer Zweifel, daß er sich bis dahin durch die auffallende Begünstigung des französischen Königs eine große Blöße gegeben, und selbst die Schweizer wider sich in Harnisch brachte. Die zweite, mindestens ebenso große Niederlage hatten aber die Franzosen am 9. Januar 1522 durch die Wahl Adrian's erlitten und es ist gewiß, daß, wenn der deutsche Papst sich in der Art, wie die französischen Päpste sich stets als Franzosen zu fühlen gepflegt hatten, benommen hätte, diese Niederlage wohl noch schlimmer für Frankreich sich gestalten mußte, als der Ausschluß ihres Königs vom deutschen Throne. Endlich war es nach so vielen und großen Unbilden, welche im Laufe der Jahrhunderte die deutsche Nation von den Päpsten durch Zurücksetzung aller Art erlitten, dahin gekommen, daß Papst und Kaiser Einer Nation, der deutschen, entstammten; ja noch mehr. Hatten die Spanier wesentlichen Antheil an der Wahl Kaiser Karl's genommen und die beträchtlichen Geldsummen flüssig gemacht, über die Graf Heinrich von Nassau, der das Wahlgeschäft leitete, im entscheidenden Augenblicke so klug und glücklich verfügte, so hatten die Italiener selbst wider ihren Willen Adrian von Utrecht den Weg zum Pontificate gebahnt, zu welchem ihn seine Tugenden beriefen. Die Romanen hatten den Schemel zur jetzigen Größe Deutschlands gehalten.

Es ist aus confessioneller oder dynastischer Abneigung Sitte geworden, diese bedeutende Wendung in der deutschen Geschichte als geringfügig anzu-

---

[1] R. Brown, Calendar II.

sehen und wäre Karl nicht ein Habsburger, Adrian nicht ein Gegner Luther's gewesen, so würde die volle Bedeutung dieses Ereignisses für die deutsche Nation wohl längst erkannt worden sein. Dennoch aber war es vom nationalen Standpunkte aus das wichtigste und folgenreichste Ereigniß, welches seit fast einem halben Jahrtausende eintrat, und konnten sich die Franzosen rühmen, ein ganzes Jahrhundert lang fast nur aus ihrem Schooße der Christenheit Päpste gegeben zu haben, so war seit der Constituirung des christlichen Abendlandes, seit der Begründung gleichzeitiger romanischer, deutscher und slavischer Staaten es nur den Deutschen vorbehalten, der Christenheit zugleich „die beiden Lichter der Welt", wie das Mittelalter Papst und Kaiser bezeichnete, zu geben. Man mußte bis auf Heinrich III., auf Otto III. zurückgehen, um ein analoges Ereigniß ausfindig zu machen. Es war damit, ehe es mit der mittelalterlichen Ordnung der Dinge zu Ende ging, noch einmal ein glänzender Versuch der Rückkehr zum alten Staaten- und Kirchensysteme geschehen; auf die Periode eines so langen und verderblichen Streites zwischen Kaiser und Papst der oft so sehnsüchtig von den Besseren herbeigewünschte Moment einer Versöhnung der beiden obersten Gewalten endlich eingetreten. Die beiden Schwerter waren nicht mehr gegen einander, sie schienen nur mehr gegen den gemeinsamen Feind gerichtet. Eine Aera des Friedens zwischen Kaiser und Papst stand in Aussicht, wenn beide noch wirklich die Häupter der Christenheit waren und nicht blos so lauteten.

Selten oder niemals war einer Nation, unvermuthet und theilweise ohne ihr Zuthun, eine reichere Möglichkeit gewährt worden, einen entscheidenden Einfluß auf eine großartige Zeit auszuüben, als jetzt der deutschen, wenn sie Einsicht und Willen genug besaß, von dieser Gebrauch zu machen. Wie sie sich jetzt entschied, entschied sich ihr Geschick, das Geschick der christlichen Welt für Jahrhunderte.

Zweites Buch.

Erster Abschnitt.

Stimmung in Rom über die erfolgte Wahl.

Der erste von den Cardinälen, welcher das Conclave verließ, war de la Valle. Auch er hatte sich, und zwar nicht ungegründete Hoffnung gemacht, diesmal die Tiara zu erlangen. Als er an die Pforte des vaticanischen Palastes kam, empfing ihn von 6000 Personen, welche sich bereits versammelt hatten, ein Geheul, Schreien und Pfeifen, das man sich nicht ärger vorstellen konnte. In ähnlicher Weise wiederholte sich das scheußliche Treiben, so oft sich einer der Cardinäle sehen ließ. Welche Schmach es sei, daß 39 Cardinäle nicht einen der Ihrigen zu wählen verstanden, namentlich jetzt, wo Alles auf dem Spiele stehe. Männer und Frauen folgten in höchster Wuth den über ihr eigenes Werk am meisten verblüfften Cardinälen, sie schreiend und schimpfend zu ihren Paläsien begleitend. Jronisch dankte der Cardinal Gonzaga (Mantuano), als er an der Engelsbrücke angelangt war, dem ihn begleitenden Haufen, daß er, nur schreie und schimpfe und nicht nach römischer Sitte zu Stein= würfen seine Zuflucht genommen. Am nächsten Tage prangte Pasquino mit Denkzetteln, Sonetten, bissigen Bemerkungen. Die Cardinäle wurden als Verräther am Blute Christi bezeichnet[1]), mit allen denkbaren Be= schimpfungen überhäuft. Niemand war unglücklicher als sie selbst. Sie hatten in einem unbewachten Augenblicke gethan, was sie nicht wollten, was sie verabscheuten, als sie es gethan, was sie nicht mehr zurücknehmen konnten. Man stritt sich, ob in so verkehrten Herzen der heilige Geist eine Wirkung ausüben könne[2]). Nicht was sie wollten, hatten sie gethan, was sie mußten, und darin bestand ihre gerechte Strafe. Jetzt aber, da es geschehen war, mußten sie auch die Folgen auf sich nehmen, und hatte Orsini diejenigen gescholten, welche bei der Wahl des imperialis= simo Frankreichs Interesse ganz vergaßen, so konnte man sich zunächst über die Stimmung des französischen Königs, wenn er die Wahl Adrian's erfuhr, keine Illusionen machen.

Freilich, wenn die Wahl so glatt abgelaufen wäre, wie so manche Auf= zeichnungen über das Conclave, das officielle Schreiben der Cardinäle und der uns erhaltene Bericht des spanischen Botschafters Don Juan Manuel uns glauben machen wollen! Nicht ohne Grund wünschte dieser, sich mit dem Neugewählten zu besprechen. Als es nicht möglich war, er= öffnete Manuel in einem späteren Briefe dem Papste, Medici und die kaiserliche Partei hätten ihn zum großen Verdrusse der französisch Gesinnten gewählt. Letztere aber, d. h. die Cardinäle Volterra, Colonna, Orsini, Ancona, Fiesco, Como, Cavallon, Monte, Minerva, Araceli, Grassi, Grimani, Cornaro hätten selbst die Absicht gehabt, erst noch unter dem Schutze des französischen Königs einen anderen Papst zu wählen[3]). Nur Medici, La Valle, Siena, Campeggio, Cesarini, die florentinischen Cardi= näle überhaupt, Farnese und Cesis stimmten fest. Wiederholt sprach der Gesandte die Versicherung aus, nur der König von Spanien habe Adrian zum Papste gemacht[4]). Allein der letzteren und so unumwunden aus= gesprochenen Behauptung stellen sich schwere Bedenken entgegen. Einmal ist es sicher, daß der ebenso kluge als einflußreiche Cardinal Wolsey

---

1) Mariu Sanuto. Gregorovius. Höfler, Zur Kritik.
2) Guicciardini.
3) Gachard, p. 56.
4) Solo et rey os ha fecho papa.

von König Franz von Frankreich Zusicherungen in Betreff des Papstthums erlangt hatte; Karl V. aber hatte ihm nicht blos deshalb in
Bruges Zusicherungen gemacht [1]), sondern neuerdings durch den Bischof
von Badajoz am 16. December 1521 eröffnen lassen, er werde deshalb
keine Kosten sparen [2]), obwohl die Sache etwas spät und schon stark vorangeschritten sein dürfte. Er werde für Wolsey mehr thun, als für jeden
Andern [3]). Heinrich von England begünstigte nach dem Berichte des
Bischofs von Badajoz aus London, 19. December, die Wahl Wolsey's
und wünschte nichts so sehr, als daß Kaiser Karl sich dieser Meinung
zuwende [4]). Er beschloß deshalb, einen eigenen Gesandten (Pace) nach
Rom zu schicken [5]), um auf die Cardinäle einzuwirken, wollte aber, wie
bemerkt, nur in Uebereinstimmung mit Kaiser Karl handeln. Die Sache
müsse nämlich mit großer Vorsicht behandelt werden, und könne diese
Wahl nicht stattfinden, so sollte der Cardinal von Medici gewählt werden,
der Cardinal von York nur dann, wenn Ersterer keine Aussicht habe. In
diesem Sinne wolle Heinrich zwei Briefe an die Cardinäle schreiben;
einen für Wolsey und einen für Medici. Der Kaiser möge dasselbe
thun und der englische Gesandte sich deshalb mit Don Juan Manuel
in Rom zu gemeinsamem Auftreten verbinden. Karl ging jedoch in der
Sache weiter als selbst König Heinrich.

Der Kaiser schrieb noch am 28. December eigenhändig an den Cardinal: „Der Weg ist jetzt offen, um die große Begierde zu zeigen, welche
ich in Bezug auf Euere Größe und Beförderung hege. Ihr könnt versichert sein, daß nichts gespart wird, um zum erwünschten Ziele zu
gelangen. Wir haben an das ganze heilige Collegium geschrieben, sowie
an einzelne Cardinäle, um sie zu ermahnen, der Christenheit jenen Papst
zu geben, welcher ihr am besten frommt und das Steuer im Schiffe des
heiligen Petrus, das so lange Zeit auf den Fluthen der hohen See hin-
und hergeworfen ward, in die Hände eines Piloten zu legen, der durch
seine Tugend, seinen Glauben, seine Kunst und seine Geschicklichkeit dasselbe aus der Mitte der Stürme herauszureißen weiß und es in den Hafen

---

[1]) Lanz, Einleitung, S. 280. Actenstücke, S. 510.

[2]) Nous nous y employerons très voluntiers sans y riens epargner. Actenstücke, I, S. 501. Vergl. auch Karl's Schreiben an den Bischof von Elna vom
16. December: he will assiste the legate according to his propose at Bruges
about the Papacy. Brewer, n. 1816. Siehe auch das Schreiben vom 21. December,
und Mignet, p. 310.

[3]) Pour luy plustot que pour nul aultre.

[4]) Actenstücke, I, S. 507.

[5]) Der übrigens erst am 27. Januar in Rom ankam.

v. Höfler: Adrian VI.

des Heiles führt." „Unserem Urtheile nach," schrieb Kaiser Karl an seinen
Botschafter in Rom, Don Juan Manuel, „ist der Cardinal von York die
würdigste Persönlichkeit für das große Hirtenamt. Außer seiner ausgezeichneten Klugheit und langjährigen Geschicklichkeit, die er in der Behandlung der Angelegenheiten sich erwarb, empfiehlt er sich durch die zahlreichen
Tugenden, mit welchen er geschmückt ist. Thut daher mit Eifer und
Geschicklichkeit in unserem Namen und in Uebereinstimmung mit dem englischen Botschafter Alles, was nothwendig ist, sei es bei dem Conclave,
sei es bei jedem einzelnen Cardinale, damit wir zu diesem erwünschten
Ziele kommen." Dieses Schreiben[1]) an Don Juan Manuel entscheidet vollständig die Frage, wen Kaiser Karl sich zum Nachfolger Papst Leo's X.
wünschte, wessen Wahl derselbe zu betreiben hatte. Man kann höchstens
einwenden, daß ein Schreiben vom 30. December aus Spanien zu der
am 9. Januar vollzogenen Wahl nicht früh genug eintraf. Das aber
entscheidet in Betreff der Absicht Kaiser Karl's V. nichts. Er dachte
nicht an Adrian. Wolsey selbst, so berichtete der Bischof von Badajoz,
Gesandter Kaiser Karl's, habe in seiner Gegenwart unter großer Betheuerung dem Könige erklärt, er werde die Wahl nur dann annehmen, wenn
Kaiser und König sie für ihre Sicherheit und ihren Ruhm für wünschenswerth und nothwendig erachteten. Er gedenke die Last des Pontificates
nur auf sich zu nehmen, um an der Erhöhung beider Majestäten zu
arbeiten[2]).

Bereits erklärte König Heinrich VIII., er wie Karl würden wie
Vater und Sohn über den römischen Stuhl verfügen, nach ihrem Ansehen und ihrer Macht, wie über ihr Eigenthum und dadurch dem
ganzen Erdkreise das Gesetz vorschreiben[3]). Der Bischof von Badajoz,
spanischer Botschafter in London, verhehlte hiebei dem Kaiser nicht, welchen
Vortheil Wolsey hiebei ziehe, er möge jetzt gewählt werden oder nicht.

Noch offener rückte der Cardinal von York in einer Unterredung
mit dem Bischofe heraus. Als dieser die guten Dienste seines Herrn anbot, rieth Wolsey, Kaiser Karl solle seine Truppen vor Rom rücken
lassen und könnten die Cardinäle nicht gutwillig dazu gebracht werden,
so sollten sie doch an der Wahl eines französisch gesinnten Papstes
gehindert werden, indem sonst der Verlust von Neapel und Sicilien und
die Zerstörung der ganzen Christenheit erfolgen würde. Allen diesen

---

[1]) 30. December. Mignet. Rivalité, p. 311.

[2]) Damit vergleiche man die Erklärung Adrian's über die Motive seiner Annahme der Tiara.

[3]) Et ,dabunt universo orbi legem!

Gefahren würde durch seine Wahl abgeholfen; er wolle 100,000 Ducaten dafür opfern[1]). Er gab übrigens zu erkennen, daß König Franz ihm die Stimmen von 22 Cardinälen angeboten habe. Er wolle aber die Kaiser= krone auf das Haupt Karl's setzen, seinen eigenen König erheben, hierauf gegen die Franzosen ziehen, dann die Osmanen bekämpfen und an beiden Kriegen auf Seite des Königs und des Kaisers persönlichen Antheil nehmen.

Ehe noch Wolsey die Tiara zu Theil geworden, unter deren Last einst Paul II. zusammengebrochen, begann es in dem Haupte zu schwindeln, das jene schmücken sollte. Wolsey, Heinrich VIII., Karl V., enge ver= bunden die Welt zu beherrschen, welche Zukunft für Europa, welcher Spielraum für ungemessenen Ehrgeiz, während der Abgrund sich bereits zu ihren Füßen aufthat!

Das war nun Alles wie Seifenblasen vergangen. Ob es Wolsey genehm war, ob die Römer schmähten oder verzweifelten, die christliche Welt besaß seit dem 9. Januar 1522 einen Papst, wenn auch dieser selbst noch lange keine Ahnung von der Wahl hatte und durch den rauhen Winter und gewaltigen Schnee in Vitoria, wo er sich eben befand, von der übrigen Welt wie abgeschnitten war.

Mit wenigen Worten hatte der Cardinal von Medici auf einem schon früher vorbereiteten Briefe, der rückwärts den Namen des Gewählten auf der Adresse angab, dem Generalcapitän der römischen Kirche, dem Herzog von Mantua, Kunde von dem wichtigen Vorfalle gegeben[2]). Auch Don Juan Manuel that dasselbe, unterließ jedoch nicht, nachdem er er= wähnt: „Gott hat in seiner gütigen Milde unseren Cardinal von Tor= tosa um 20 Uhr der Welt zum Papste gegeben," hinzuzufügen: „und das ist geschehen mit Zustimmung des Königs Karl, wofür Gott vor Allem gelobt werden möge[3])." „Mit wundervoller Uebereinstimmung," berichtete der Cardinal Campeggio noch aus dem Conclave an Wolsey, „haben die Cardinäle nach 14 Tagen und vielen Streitigkeiten Tortosa zum Papste gewählt, diesen Morgen bei dem eilften Scrutinium erklärten sich 15 Stimmen für ihn, denen dann die meisten von uns beitraten. Was unglaub= lich erschien, die Cardinäle waren durch seine Tugend gewonnen, da keiner oder nur sehr wenige ihn persönlich kannten." — Der englische Gesandte, welcher erst nach der Wahl eintraf, berichtete später, als Adrian die Bei= stimmung der Cardinäle erhalten, sei Niemand erstaunter gewesen als sie

---

[1]) Brewer. 24. December 1521. Actenstücke, S. 523.
[2]) Gregorovius.
[3]) Ed è stato facto con il favor del rey. Gregorovius.

selbst. Vielleicht noch mehr als sie der venetianische Botschafter, der aus Bestürzung vergaß, die Wahl der Signoria zu notificiren. Allmälig trat dann freilich die Erwähnung der Güte, Heiligkeit, Gelehrsamkeit, Gerechtigkeit und Klugheit des Gewählten in den Vordergrund. Besaß er aber auch alle „Cardinaltugenden", daß ein Abwesender, der somit jeder Bewerbung unzugänglich war, gewählt worden, konnte man den Cardinälen doch nicht vergeben.

Zu dem wahrhaft tragischen Momente des Todes Papst Leo's, der die Kirche in so großer Zerrüttung hinterlassen, war durch den fortwährenden Streit über seine Nachfolge ein beinahe komisches hinzugetreten. Vor Allem mußten sich diejenigen rechtfertigen, die dem Scheine oder der Wirklichkeit nach an dem Wolsey ungünstigen Ausgange der Wahl Schuld trugen.

Der englische Gesandte Clerk erwähnt, man habe Wolsey für zu jung erachtet und daß er dem Kaiser nicht immer so günstig gewesen[1]). Hätte man aber Wolsey's und des Königs Stimmung hierüber besser gekannt, so hätte die Sache durchgesetzt werden können. Allein Wolsey habe ja ihm bei seiner Abreise erklärt, daß er damit nichts zu thun haben wolle[2]). Wären wenigstens die königlichen Briefe noch zur rechten Zeit angelangt! Allein die Cardinäle wären zu hartnäckig gewesen und deshalb für ihn keine Hoffnung vorhanden![3]) Wolsey selbst war noch am 17. Januar, an welchem Tage er noch nichts von Adrian's Wahl wußte, der Meinung, der kaiserliche Botschafter biete Alles für Medici auf, was er nicht ohne Aerger bemerkte[4]). In welcher Gemüthsstimmung mußte er sich erst befinden, als das Danksagungsschreiben Medici's anlangte[5]). Man besorgte, wie sich später herausstellte, Wolsey würde nicht nach Rom kommen; er galt ängstlichen Gemüthern als zu mächtig[6]). Welche Nachrichten aber auch Wolsey von Rom erhalten haben mag, schrieb am 5. Februar Kaiser Karl an Bernardin de Mesa, er könne versichert sein, Don Manuel habe keinen Auftrag, sich mit Beseitigung

---

[1]) That he favored not all the best the Emperor. l. c. n. 1960.

[2]) That ye would never meddle therewith. l. c.

[3]) The papacy, fügt er hinzu, is in great decay, the Cardinals brawl and scold; their malicious unfaithful and uncharitable demeanor against each other increases every day.

[4]) Brewer, n. 1968.

[5]) Medici selbst erzählte später (23. Januar) dem Secretär Pace, was er Alles für Wolsey's Wahl gethan und wie er erst, als sie unmöglich schien, sich für einen Freund des Königs und Kaisers entschied. n. 1981.

[6]) Nimis potens. n. 1990.

Wolsey's zu Gunsten Medici's oder eines Andern zu verwenden. Er habe die Briefe zu Gunsten Wolsey's nicht zur rechten Zeit erhalten. Ehe die Cardinäle in das Conclave traten, habe Don Manuel nur den Auftrag gehabt, auf sie einzuwirken, die freundlichst gesinnte Person zu wählen[1]). Da Richard Pace nicht zeitig genug zur Wahl eintraf, sei es durchaus nicht wahrscheinlich, daß Don Manuel sich zu Gunsten Medici's verwendet habe. Der Erfolg beweise das Gegentheil. An die Wahl Adrian's sei von keiner Partei gedacht worden[2]). Wolsey möge sich darüber freuen, daß ein Mann befördert wurde, welcher ihm mehr als irgend ein anderes Mitglied des heiligen Collegiums Gunst gewähren könne. — Man vereinigte sich mehr und mehr in der Ansicht, Medici, verzweifelnd die Opposition Colonna's zu bewältigen, habe, um jeden anderen Italiener auszuschließen, Adrian in Vorschlag gebracht, Colonna habe sich mit 8 Stimmen angeschlossen, dann die Uebrigen[3]).

Je mehr man jedoch die Sache untersucht, desto größer werden die Widersprüche, wie sie eben aus einer falschen und doppelzüngigen Politik hervorgehen.

Da bemühte sich später der spanische Botschafter, Don Juan Manuel, die Sache in ganz anderem Lichte darzustellen. Ihm zufolge waren die Cardinäle Medici, Valle, Sion, Campeggio, Cesarini, die Florentiner Cesi und Farnese auf Seite Adrian's gestanden, Santa Croce, Vico, Trani, und Pisano schwankend gewesen, während die Feindschaft der Cardinäle von Volterra, Colonna, Orsini, Ancona, Fiesco, Como, Cavallon, Monte, Araceli, Grassi, Grimani, Cornaro, welche die französische Partei bildeten, so offen hervortrat, daß sie, nachdem Adrian schon gewählt war, mit dem Plane umgingen, einen französisch gesinnten Papst zu wählen. Um jeden Preis, möchte ich sagen, suchte Don Juan Manuel Adrian zu überreden, nur König Karl sei Ursache von seiner Wahl gewesen, er behauptete diese Thesis auch im Widerspruche mit dem Papste selbst. Er kam selbst auf dieses Thema später nochmal zu sprechen, um als Beweis seiner Behauptung anzuführen, Kaiser Karl habe noch vor dem Conclave Adrian bezeichnet, was gar nicht mit Abwesenden zu geschehen pflege[4]). Aber selbst wenn das letztere wahr war, so folgte noch immer nicht dasjenige,

---

[1]) The most suitable person. n. 2024.

[2]) The election of Adrian was not contemplated by any party, jedenfalls ein merkwürdiges Geständniß, daß Karl selbst an Adrian's Erhebung nicht betheiligt war.

[3]) Spinelli to Wolsey. Brewer, n. 1978.

[4]) Cosa non usada con los ausentes. Rom, 21. April 1522. Gachard, n. XXII.

was als unbedingte Folgerung Don Juan Manuel daraus zog. All'
diesen späteren Erklärungen steht aber die ganz bestimmte Kaiser Karl's
an König Heinrich VIII. vom 27. December 1521 entgegen, er habe,
sobald er des Königs und Wolsey's Absicht in Betreff der Wahl des
Letzteren erkannt habe, sogleich alle Schritte gethan, dieselbe zu befördern[1].

Selbst König Franz hatte dem Cardinal von York Zusicherungen
in Betreff der Papstwahl gemacht[2], so daß, wenn irgend ein Nichtrömer
Aussicht hatte, gewählt zu werden, diese nur dem ungemein klugen und
umsichtigen Leiter der englischen Politik zukam; am wenigsten aber seinem
spanischen Collegen, der, weit entfernt gleich Wolsey an der Spitze von
Westeuropa zu stehen, in jüngster Zeit das Martyrium[3] des Aufstandes
der Communen nur mit äußerster Lebensgefahr überwunden hatte.

In Rom selbst blieb die Meinung die herrschende, welche wir auch
in den handschriftlichen Aufzeichnungen des Ceremonienmeisters Blasius
von Cesena finden, daß der Streit zwischen der Partei Medici und Colonna die Gemüther auf das Heftigste gespalten habe. Plötzlich und
wie ein Blitz sei es ihnen gekommen, ihren Blick außerhalb Roms und
auf den Cardinal von Utrecht zu werfen, von dem man in Rom nur
wußte, er sei einer der 31 Cardinäle Leo's X. gewesen und vom Erzieher
Karl's Cardinal geworden[4]. Die christliche Welt war durch diese ganz
unerwartete Wahl beispiellos überrascht worden. Sie durchkreuzte alle
politischen Combinationen und machte alle Berechnungen zu Schanden.
„Nur Dein ganz unbescholtenes Leben hat Dich auf die höchste Stufe
menschlicher Dinge erhoben,“ schrieb Johann Ludwig Vives voll Begeisterung
an den Neugewählten. „Du hast gezeigt, daß für die Tugend noch ein
Platz vorhanden sei und die Rücksicht auf sie dem menschlichen Geiste
nicht völlig abhanden kam. Das Leben der früheren Päpste bewirkte,
daß die höchste Zierde auf Erden durch Dich selbst Schmuck erlangte“[5]. —
„Das ist der Tag des Herrn,“ rief ein Anderer mit Freudenthränen aus[6].

[1] Par quoy incontinent que ay sceu votre intention et la sienne, ay de-
peche sur ce mes lectres patentes (Lanz hat partenentes) en la meilleure forme
que l'hon a sceu deviser pour promouvoir le dit seigneur Cardinal au dit saint
siege — — et pouvez estre assehure et le dit seigneur cardinal aussis que en
cest affere tant que en moy sera, n'espargneray chose quelcunque par la con-
duire en bon effect. Actenstücke, B. I, p. 163.

[2] Lanz, Geschichtl. Einleitung. S. 283.

[3] Ha seydo martir en todo lo que a pasado otra. Bergenroth, p. 351.

[4] E di Pedante di Carlo V era come si diceva smontato alla porpora.

[5] Burmann, p. 457.

[6] Wilhelmo Henkenvoirt. Ang. Maii Spicil. Rom. II. 235—38. Rayn. l. c.

„Wir haben einen Papst, der ohne Bewerbung und in seiner Abwesenheit gewählt wurde. Es kann keinen besseren, keinen unsträflicheren, keinen heiligeren Papst geben, ja selbst nicht gewünscht werden[1]."

Jetzt freilich wollte Jeder ihn zum Papste erhoben haben, wie Don Juan Manuel auch der Cardinal von Santa Croce, Bernardino Carvajal, dessen Einwirkung auf Adrian schon am 9. März 1522 Karl V. entgegentrat.

Gewiß konnte der deutschen Nation keine größere Ehre zu Theil werden, als daß der Papst, welcher nur seiner Tugend wegen gewählt worden war, und in der schlimmsten Zeit der Kirche, bei dem Einsturze des ganzen seit Jahrhunderten aufgeführten Gebäudes zur Rettung desselben gewählt worden war, ihr angehörte. Einem tobenden Meere zu vergleichen, erhob sich gerade damals die deutsche Nation; welch' eigenthümliche Fügung, daß, um den aus Deutschland heranziehenden Sturm zu beschwichtigen, ein deutscher Papst aus Spanien herbeigeholt werden mußte.

Es war nicht zum erstenmale, daß ein von Rom Abwesender Papst wurde. Von Urban IV. bis Urban V. zählte die Geschichte mehrere Beispiele ähnlicher Wahlen, namentlich französischer Päpste. Der Cardinalbischof von Tortosa, Regent von Spanien, war aber den Römern gänzlich unbekannt[2], da er weder selbst nach Italien gekommen war, noch einen Palast in Rom besaß[3]. Der Cardinal Franziotto Orsini hatte ihn nicht gewählt; die Partei der Orsini war somit von selbst nicht für ihn. Die Römer erwarteten Julius von Medici oder Farnese, die ihnen wohl bekannt waren. Adrian aber war, wenn sie ihn als Spanier oder als Deutschen auffaßten, gleich unangenehm. Es verbreitete sich das Gerücht, nur um Zeit zu gewinnen, sei sein Name im Conclave aufgeworfen worden[4]. Sahen die Einen in seiner gänzlich unverhofften Wahl ein Werk des heiligen Geistes, welcher die Widerstrebenden zu einer Wahl gezwungen, die ihnen selbst als Räthsel erschien, so erblickten Andere darin ein Werk des Zufalles oder der Bemühungen des Dominikaner-

---

[1] Pontificem habemus patrem omnis probitatis, fontem omnium doctrinarum, studiorum decus, studiosorum patronum etc. — The election of the Pope, schrieb am 6. März der Cardinal von Sion an Cardinal Wolsey, was the work of the holy spirit, whose dictates all are bound to obey. — In ähnlicher Weise äußerten sich Georg Cortes und Petrus Delphinus. Rayn. ann. eccles. 1522. 1. 2.

[2] This man here is nother known nor spoken of. Clerk an Wolsey.

[3] Siehe den Brief Lannoy's bei Burmann, p. 53, n. 5.

[4] Wie Guicciardini angibt.

Generals Thomas von Gaeta, welcher sich zum Lobredner des Ab= wesenden gemacht hatte und mit ihm durchgedrungen war. Jn einen wie im andern Falle war er den Römern verhaßt. Man befürchtete eine neue avignonische Periode. Rom sei zu vermiethen, hieß es, weil man glaubte, Adrian würde Spanien gar nicht verlassen.

Man hatte sich italienischerseits so lange daran gewöhnt, die Ver= treibung der Barbaren aus Jtalien als Nationalsache anzusehen, die Päpste hatten sie zur Aufgabe des Kirchenstaates gemacht. Jetzt erhielt die Kirche einen Barbaren[1]) zum Papste, der Kirchenstaat einen Fremden zum Oberhaupte, während andererseits der Cardinal von Sion meinte, die Wahl sei vom heiligen Geiste dictirt[2]). Alles schien ja aus den Fugen zu gehen, als die Cardinäle von einem System abgingen, welches seit der Rückkehr von Avignon beharrlich eingeschlagen worden war, und die oberste Leitung der Kirche einem Manne übergeben wurde, dessen Frömmig= keit, Gelehrsamkeit, Erfahrung und persönliche Unbescholtenheit notorisch waren, dem aber in den Augen der Jtaliener das erste und vorzüglichste Erforderniß zur Leitung der Christenheit fehlte, er war kein Römer, kein Jtaliener, sprach nicht einmal Jtalienisch und genau betrachtet, war er selbst — ein Deutscher. Dieses aber unter so eigenthümlichen Verhältnissen, bei so großer Ueberschuldung der kirchlichen Regierung, daß man urtheilte, das Pontificat Leo's gehe nicht mit seinem Tode zu Ende, sondern werde sich — nach seiner unheilvollen Seite — noch viele Jahre fortsetzen[3]).

Das Spiel, welches im Conclave getrieben worden war, wurde auch nachher fortgesetzt. Als Richard Pace in Florenz mit dem Cardinal Julius von Medici zusammengetroffen war, versicherte dieser ihn, er habe in jedem Scrutinium seine Stimme Wolsey gegeben und 17—18 seiner Freunde bewogen, dasselbe zu thun. Jhm selbst hätten die Fran= zosen große Anerbietungen gemacht[4]), er sie aber zurückgewiesen. Es war dies ein Compliment für die Unterstützung, welche Medici angeblich von englischer Seite erhalten hatte und für die er sich am 12. Januar bei dem Könige und dem Cardinal Wolsey bedankte, damals wohl noch nicht hinlänglich mit den Absichten Wolsey's vertraut. Er wollte damals auch auf das Bisthum Worcester zu Gunsten des Bischofs von Ascoli resigniren[5]). Aber auch der Cardinal von Sion nahm für sich die Ehre

---

[1]) Guicciardini, libro. XIV, p. 1112.
[2]) Brewer, n. 2082.
[3]) Guicciardini, XIV, p. 1108.
[4]) Bericht vom 23. Januar. Brewer, n. 1981.
[5]) l. c. n. 1911, 1956.

in Anspruch, Wolsey vorgeschlagen zu haben[1]) und vertröstete ihn, da er nicht Papst geworden war, mit dem hohen Alter des Neugewählten. Der englische Gesandte wollte wissen, daß, da die Wahl Farnese's am Widerspruche Colonna's gescheitert war, Wolsey im ersten Scrutinium 9, im zweiten 12, im dritten 19 Stimmen erhalten habe. Allein das war Alles absichtliche Täuschung. Nach den sehr genauen Berichten des venetianischen Botschafters, welcher sich hiebei auf Antonio Theobaldo stützte, hatte Wolsey im ersten 4 und in den letzten sechs Scrutinien nur je Eine Stimme, in dem fünften jedoch 5. Es erging ihm in ähn= licher Weise wie dem Churfürsten von Mainz, Albrecht von Branden= burg, der zwar in den ersten fünf Scrutinien keine Stimme erhielt, aber in dem sechsten 2, im siebenten 3, im zehnten 1, im letzten keine[2]). Man wollte keinen fremden Papst, am wenigsten den mächtigen Cardinal von York, von welchem man ein zweites Avignon befürchtete. Es fehlte nun natürlich dem Durchgefallenen gegenüber nicht an Ausflüchten, die Wolsey für baare Münze annehmen konnte. Auch der Cardinal von Siena, der Feind Medici's, wollte wie dieser für Wolsey gearbeitet haben[3]).

Zeigt dieses Benehmen so recht den Geist, der im Cardinalscolle= gium herrschte, so war in der Verdammung des letzteren durch die Römer das einzige einheitliche Moment, das sich bemerkbar machte. Noch am 28. Januar 1522 berichtete Richard Pace an Wolsey, es sei eine Schmach, welche Schandverse auf die Cardinäle in Umlauf gesetzt würden[4]). Natür= lich ward auch der Neugewählte nicht verschont[5]).

Ehe die Cardinäle das Conclave verließen, hatten sie sich in Betreff der nothwendigsten Versicherungen geeinigt. Colonna und Cesarini sollten als Legaten nach Spanien gehen, dem Papste die Nachricht seiner Wahl überbringen und ihn auffordern, sobald als möglich nach Rom zu kommen. Es herrschte denn doch die Besorgniß vor einem spanischen Avignon vor. Da aber Colonna gewählt worden war, so drang die Gegenpartei darauf, daß auch Orsini als Dritter gewählt werde, nach der alten ghibellinisch=guelfischen Parteiung der römischen Fürstenfamilien. Da ferner voraussichtlich die drei Cardinäle die Reise sobald nicht

---

[1]) l. c. n. 1955. Er bezog eine Pension von König Heinrich und erbat sich am 6. März 1522 eine neue Unterstützung von Wolsey. Brewer, n. 2082.

[2]) Höfler, Zur Kritik. S. 80.

[3]) So sagte er zu Pace. Brewer, n. 1990.

[4]) Brewer, n. 1995.

[5]) Berni, Capitulo contra Papa Adriano.

antraten, wurde der Bischof von Scalla (Escalas), ein Spanier, vor= ausgesendet, um so rasch wie möglich dem Papste die Nachricht seiner Wahl zu überbringen und ihn aufzufordern, einen Legaten als seinen Stellvertreter in Rom zu ernennen. Für die interimistische Verwaltung wurde eine Commission von drei Cardinälen, S. Croce (Carvajal), Sion und Cornaro, ernannt. Carvajal schlug jetzt seinen Wohnsitz in den Zimmern des Papstes auf und hatte so wenigstens das Vergnügen, den Papst zu spielen, wenn auch nicht Papst zu sein, den Schimmer einer Würde, der er zweimal so nahe gestanden. Nach einem Monate sollte sodann das Triumvirat durch den ältesten Cardinalbischof, Cardinalpriester, Car= dinaldiakon abgelöst werden. Als Gobernatore von Rom wurde der Bischof von Cervia ernannt und ihm eine Wache beigegeben, zugleich das Verbot, Waffen zu tragen, bei empfindlichen Leib= und Geldstrafen erneut.

Der Anblick Rom's selbst noch in den nächsten Tagen war ein Jammerbild. Die Officialen, die Cortigiani, die Männer, welche ihre Aemter gekauft, nur von Leo's verschwenderischem Hofstaate gelebt, waren in Verzweiflung. Sie entließen ihre Dienerschaft, die nun gleichfalls in das allgemeine Weheklagen einstimmte. Die kostbaren Aufzüge, die Spiele, das dreiste Hervortreten unzüchtiger Weiber hörten mit einemmale auf. Der Carneval war früher zu Ende gegangen als man glaubte, der Tag der Aschen eingetreten. Mehr als 4000 Officiale befanden sich mit einemmale ohne Verdienst. Sie beeilten sich nach Spanien zu kommen, die Ersten zu sein, dem neuen Papste ihre Dienste anzubieten. Mehrere Tausend wollten sich bereits zu Schiffe begeben oder den Landweg ein= schlagen, die Auswanderung begann in Folge der Verzweiflung. Da erfolgte am 13. Januar 1522 das strenge Verbot der Triumviren, Nie= mand solle es wagen Rom zu verlassen, um nach Spanien zu gehen. Jeder Officiale mußte Caution erlegen, es nicht zu thun. Man fürchtete, es möchte sich sonst eine päpstliche Hofhaltung in Spanien bilden. Man beschloß, der Gerichtshof der Rota solle seine Geschäfte wieder aufnehmen und ver= sprach, bei dem neuen Papste zu bewirken, daß derselbe seine Aussprüche be= stätige. Als es sich aber nun darum handelte, das Geld für die Reise der Legaten, zur Ausrüstung der nöthigen Schiffe zu erlangen, war es nothwendig, die herrlichen Tapeten (Rafael's Meisterwerke) zu ver= pfänden, sowie die silbernen Apostel auf dem Altare der sixtinischen Capelle. Das war die Morgenröthe des neuen Pontificates. So weit hatte es Leo X. gebracht. Es war hohe Zeit, daß den Italienern das ausschließliche Recht, über das Papstthum nach Willkür zu verfügen, ent=

rissen werde und sie lernten, daß das Christenthum auch außerhalb
Roms eine Stätte besitze, während die Römer selbst das Mögliche ge=
than, es zu einer bloßen Form, in ein wenn auch prachtvolles Gehäuse
umzuwandeln.

Gleich als wollten die Cardinäle wieder gut machen, was schlimm
ausgefallen war, wurde am 19. Januar 1522 die weitläufige Instruction
für die drei Cardinäle ausgearbeitet, welche dem Herrn Adrian vom
Titel St. Johann und Paul, Priester=Cardinal von Tortosa, der
zum römischen Papst ernannt worden war[1], Alles zu überbringen hatten,
was zum Gebrauche eines Papstes zu gehören pflegte, sammt dem Wahl=
decrete. Sie hatten die Wahl, als Secretär des Papstes für die Breven
den berühmten Bischof von Carpentras, Sadolet, oder Papurucio oder den
gelehrten Secretär des Cardinals Colonna, Pimpinello, mitzunehmen.
Es ward genau vorgezeichnet, was das Haupt der Legaten, der Cardinal
Colonna, dem Papste in Betreff der einstimmig erfolgten Wahl zu sagen,
sowie in welcher Art die Formel der Annahme stattzufinden habe;
dann, wenn diese geschehen und der Fußkuß erfolgt, solle dem Papste
auseinandergesetzt werden, welche ausgezeichnete Persönlichkeiten[2] das
Cardinalscollegium jetzt besitze, mit welcher Freudigkeit er nichtsdesto=
weniger gewählt worden. Wie er als allgemeiner Hirt der Heerde des
Herrn sich beeilen möge, nach Rom zu kommen, alle Nationen und
Fürsten gleich sehr lieben, vergangene Zeiten vergessen und, da er von
dem Cardinalscollegium gewählt worden sei[3], keine Privat= oder be=
sondere Rücksichten für einen Fürsten habe möge. Aus den beweglichen
Worten und dem gewaltigen Drängen, daß der Papst seine Reise nach Rom
beschleunigen möge, war deutlich zu sehen, wie sehr man in Rom fürchtete,
Adrian werde in Spanien bleiben. Jeden Tag und jede Stunde wo möglich
sollten die Legaten den Papst daran erinnern. Ganz besonders aber sollten
sie ihn von jeder Ausübung des päpstlichen Amtes abhalten,
von der Ernennung von Cardinälen, von der Bestätigung dessen, was
Papst Leo X. gethan, von der Bewilligung oder Veräußerung von Ländern,
von der Reformation der Aemter[4], von der Signatur der Capitel[5]. Hin=

---

1) Nominatum. Bei Gachard, Correspondance, u. VI. S. 10—19.

2) Qui pontificatu digni ab universo orbe judicarentur. Das hieß doch den
Mund sehr voll nehmen. Der universus orbis urtheilte etwas anders.

3) Cum a Collegio solum electus fuerit, d. h. doch, nicht etwa durch den
Einfluß Kaiser Karl's V.

4) Officiorum aut conductorum reformatione. p. 15.

5) A signatura capitulorum.

gegen möge er wohl derjenigen gedenken, die bei seiner Wahl gegen=
wärtig waren, ihnen die auf Lebenszeit gewährten Burgen und Länder,
die auf Ein Jahr bewilligten Aemter belassen, die Anordnungen des
Cardinalscollegiums (während seiner Abwesenheit) und die Beschlüsse
der Rota sowie was sonst für Verwaltung der Justiz geschehe, bestätigen,
keine anderen Legaten zur Verwaltung der Stadt noch sonst Personen
ernennen, welche die Ruhe der Stadt und des Senates stören könnten.
Von den drei Abgesandten sollten zwei bei dem Papste bleiben und ihn
nach Rom geleiten, der dritte aber oder ein zuverlässiger Prälat mit
den nöthigen Documenten nach Rom zurückgehen. Die Legaten sollten
weder für sich noch für ihre Freunde und Diener etwas von dem Papste
verlangen, wohl aber bei der äußersten Armuth der Kirche denselben
bewegen, eine Summe Geldes von vacanten Kirchen und Gefällen[1]) zur
Vertheidigung des Kirchenstaates, zur Besoldung der Soldaten anzuweisen.
Endlich möchten sie dem Papste empfehlen, die Bewachung des päpstlichen
Palastes der bewährten Treue der Schweizergarde zu überlassen. Da
sich bedeutende Einkünfte in den Händen des päpstlichen Nuntius in
Spanien (Vianes) befinden müßten, welchem gleich nach Leo's X. Tode
Hofleute und Freunde aus Rom geschrieben haben sollten, müßte dieser
zur Rechenschaftslegung verhalten werden.

Es war klar, wie sehr die Furcht die Cardinäle beherrschte, es möchte
aus der Neuwahl eine Hispanisirung der Kirche erfolgen, sowie, daß die
Cardinäle ihrer eigenen Einkünfte verlustig gehen möchten[2]).

Der neue Papst — episcopus universalis ecclesiae — hatte
aber zu beschwören den katholischen Glauben nach der Tradition der
Evangelien, der von der Kirche bewährten Väter, der acht Concilien,
nämlich: 1. von Nicäa (325)[3]), 2. von Constantinopel (381)[4]), 3. von
Ephesus (431)[5]), 4. von Chalcedon (451)[6]), 5. von Constantinopel
(553)[7]) und 6. ebenso vom Jahre 681[8]), 7. von Nicäa (757)[9]),

---

[1]) Spoliis.

[2]) Gino Capponi hat in seiner Geschichte der florentinischen Republik auf dieses
Actenstück als ein wichtiges und in seinem Besitze befindliches aufmerksam gemacht.
Es ist aber, wie oben bemerkt, seit 1859 von Gachard veröffentlicht.

[3]) Gegen Arius.

[4]) Gegen die Macedonianer.

[5]) Gegen Nestorius.

[6]) Gegen Eutyches.

[7]) Gegen Theodoros von Mopsesta.

[8]) Gegen die Monotheliten.

[9]) Gegen die Ikonoklasten.

8. von Constantinopel (869)[1]); des vom Lateran[2]), Lyon[3]), Vienne[4]),
Constanz[5]) und des jüngsten lateranischen — als allgemeiner Con=
cilien, so daß er den Glauben derselben bis auf den äußersten Punkt
unveränderlich und unverletzt zu wahren, bis zu seinem Leben und Tod
zu bekräftigen und den überlieferten Ritus der Sacramente zu beobachten
versprach. Nicht minder, daß er treu sich bemühe für die Aufrechthaltung des
katholischen Glaubens, die Ausrottung der Häresien und Irrthümer, beson=
ders derjenigen, welche jüngst in Deutschland ausgebrochen[6]), für ihre
Reformation, für Herstellung des Friedens unter den christlichen Fürsten
und Zustandebringung eines Zuges gegen die Türken. Er beschwor die
löblichen Gewohnheiten[7]) des Cardinalscollegiums zu wahren und ohne
ausdrücklichen Consens desselben den Sitz des römischen Hofes nicht zu
verändern[8]).

Dadurch war dem neuen Papste die Stellung gegeben, welche er
einzunehmen hatte. Welche Tendenzen er auch früher befolgt haben mochte,
die subjective Anschauung wich vor der Pflicht seines neuen Amtes und
dessen unermeßlicher Verantwortlichkeit.

Zweiter Abschnitt.

Annahme der Wahl durch Adrian VI.

Der neugewählte Papst, welcher sich zur Zeit seiner Wahl in
Vitoria befand, war am 2. März 1459 in Utrecht geboren, stand somit
im 63. Lebensjahre, als zu den großen Ehren und Bürden, welche ihm
die letzten Jahre gebracht, die größte und schwerste hinzugefügt wurde.
Früh verlor er seinen Vater Florenz. worauf die Mutter Gerdrude die
Erziehung des reichbegabten Knaben übernahm. Er bezog das Gymnasium
zu Löwen und zeichnete sich früh ebenso durch Fleiß und Pietät aus als
durch den Reichthum der Kenntnisse in den verschiedensten Wissenschaften,

---

[1]) Gegen Photius.
[2]) 1215. Unter Papst Innocenz III.
[3]) 1274. Unter Gregor X.
[4]) 1311. Unter Clemens V.
[5]) 1414. Zur Beseitigung des Papstschismas.
[6]) Praesertim novissime exortorum in Germaniae partibus.
[7]) Die Stelle ist bei Gachard p. 19 etwas undeutlich.
[8]) A loco ubi nunc est.

so daß er gleich sehr als ausgezeichneter Mathematiker, als Theolog und Jurist galt. Sein Commentar „In quartum sententiarium (librum) Petri Lombardi", seine „Quaestiones quodlibeticae", seine zahlreichen aka=demischen Disputationen bewiesen ebenso seinen ungewöhnlichen Scharfsinn als seine für jene Tage ungemeine Belesenheit[1]). Die Wissenschaft selbst war aber für ihn nur Mittel zu einem höheren Zwecke, sie mußte sich nicht etwa blos der Kirche, sondern vor Allem dem geistigen Leben unterwerfen, das strenge geordnet, die möglichste innere und äußere Vollendung erlangen sollte. Gerade hiedurch näherte sich seine Richtung mehr den niederländischen Mystikern als den Humanisten, deren Entfaltung gleichzeitig mit seiner eigenen Entwicklung stattfand. Als die Prinzessin Margaretha, Schwester König Eduard's IV. und Gemahlin, dann Witwe Karl's des Kühnen, Herzogs von Burgund und Herrn der Niederlande, auf ihn aufmerksam gemacht wurde, ermöglichte sie ihm, Doctor der Theologie zu werden[2]) und verlieh ihm die Pfründe Göckersee in See=land[3]), welche er durch einen Stellvertreter administriren ließ. Er selbst blieb in Löwen, wo er Dechant des Collegiums von St. Petrus, dann Kanzler der Universität — die nächste Würde nach dem Rector — wurde. Es ist aufgezeichnet, wie niemals ein unkeusches Wort seinen Lippen entfuhr, er immer streng gegen sich selbst war, und nur mit Mühe der Vergiftung durch die Concubine eines Canonicus entrann. Er galt als allgemeiner Rathgeber, als das geistliche Orakel, zu welchem man aus Holland, Flandern, Hennegau und Seeland sich begab, Rath und Hilfe zu erholen. Die Einkünfte seiner Dechantei verwandte er auf die rühm=lichste Weise, indem er für arme Studirende das nach ihm genannte Collegium begründete, dessen Großartigkeit den in den Tagen Julius' II. so oft genannten Cardinal di S. Croce, Bernardino Carvajal, auf ihn aufmerksam machte. Er empfahl „den Meyster Aryan Florisze von Utrecht" dem Papste Julius II. Als aber dieser mit dem Gedanken umging, Adrian nach Rom zu berufen, erfolgte durch den Kaiser die Berufung nach Brüssel, um neben Loys Vacca die Erziehung der königlichen Kinder Philipp's von Castilien, des Infanten Don Carlos, der Infantinen Leo=

---

[1]) Quorum operum, sagte Vegerius, ob eximiam eorum tum doctrinam tum simplicem atque a vulgari disputantium ambitione semotam tradendi rationem ejusmodi apud eruditos est precium atque judicium ut jam pridem passim habeantur in manibus. Quae licet praelo postmodum ab amicis tradita fuerint, ille tamen et ignoravit et quum rescivisset, plurimum fuit indignatus.

[2]) 21. Juni 1491. Moringus, p. 17, n. 1.

[3]) Gören.

nora, Maria, Jsabella unter der Aufsicht ihrer Tante Margaretha und des Kaisers selbst [1]) zu führen. Jn dieser Eigenschaft blieb denn auch Meister Adrian, ohne in seiner strengen und geordneten Lebensweise etwas zu ändern oder im Studium nachzulassen; wohl aber identificirte sich sein ganzes Sein mit dem Wohle und Jnteresse seines königlichen Zöglings, welchem er eine aufopfernde Liebe widmete, die nur der Tod beendigen konnte. Als es sich dann 1515 um eine der wichtigsten Missionen bei König Ferdinand von Aragon handelte, die nur einem völlig zuverlässigen Manne übergeben werden konnte, nämlich die Erbrechte des Jnfanten Karl gegen den Vorzug zur Geltung zu bringen, den König Ferdinand seinem gleichnamigen Enkel, dem Spanier Ferdinand zuwenden wollte, wurde Adrian dazu auserlesen. Er begab sich 1515 über Paris [2]) nach Aragonien, vermochte jedoch das nicht auszuführen, was der Hof von Brüssel wollte. Er fiel bei dem Gouverneur des Prinzen von Spanien, Karl's, dem Herrn von Chièvres, Guillaume de Croy, in Ungnade [3]), als das Testament und der Tod König Ferdinand's sein Benehmen rechtfertigten (1516). Von dieser Zeit an verweilte Adrian erst als Gesandter König Karl's in Spanien, ward Bischof von Tortosa, Cardinal, Großinquisitor und blieb auch, als Karl nach Spanien gekommen war, in dessen unmittelbarer Umgebung. Als Karl Kaiser wurde und nun die Huldigung der Valencianer nicht mehr selbst annehmen konnte, wurde der Cardinal dazu bestimmt, ohne jedoch bei dem Widerstande der Valencianer die Aufgabe glücklich erfüllen zu können. Dann erhob ihn Kaiser Karl mit Umgehung der castilianischen Großen zum Gobernador, während er selbst erst nach England, dann nach Deutschland ging, und nun brach mit einemmale, von unsichtbaren Händen geschürt, der Aufstand der Comuneros aus. Der Cardinal-Gobernador befand sich sehr bald in der mißlichsten Lage [4]), von den Granden wie von dem königlichen Rathe verlassen, auf fremdem Boden, ohne Geld, ohne Jnstruction, der eigenen Verantwortung überlassen, in Valladolid von den Rebellen zurückgehalten, diese selbst im Besitze von Tordesillas und damit Herren der Regierung, der Königin und Karl's Schwester, der Jnfantin Katalina, der Aufstand auf allen Punkten siegreich, von den Franzosen geschürt; die Krone Castiliens, so schien es, für Karl verloren. Da entfloh am 15. October 1520 der Cardinal mit Lebensgefahr aus Valladolid, kam nach langem Ritte, der für ihn um so be-

---

[1]) Le Glay, lettres de Maximilien et de Marguerite. T. II, n. 475. (1512.)
[2]) Vegerius.
[3]) Brewer, lettres and papers. II, n. 1496.
[4]) Siehe hierüber meine Geschichte des Aufstandes der castilianischen Städte.

schwerlicher war, als sich zum Alter auch noch ein Leibschaden gesellte, nach Rioseco und organisirte dort den Widerstand der Granden. Er bewog sie, nach Tordesillas zu ziehen, das nun den Rebellen entrissen wurde und blieb auch dann, zwischen zwei andere Gobernadoren gestellt, die Stütze der königlichen Partei, die endlich erst Juan de Padilla mit dem Heere der Comuneros (23. April 1521), dann die Franzosen, die sich zu Herren Navarra's gemacht, in der Schlacht von Noayn (30. Juni 1521) niederwarf. Niemand hatte für die Erhaltung des Königreiches größere Anstrengungen gemacht, ein größeres Martyrium unter dem Stoße und Gegenstoße der Parteien bestanden, stärker dem siegreichen Adel gegenüber die königliche Sache vertreten, sich reiner und inter= essseloser bewährt als er; Niemand in höherem Maße sich die Achtung selbst der feindlichen Parteien gewahrt. Seine Rathschläge hatten in Torde= sillas die Königin vor unweisen Schritten zurückgehalten, die ihren Sohn verderben konnten; er allein hatte die Eintracht unter den Gobernadoren zu erhalten vermocht und das königliche Ansehen gegen Freund und Feind zu bewahren verstanden, den König vor unklugen Schritten gewarnt und ihn selbst in die Schranken der Pflicht und des Rechtes zurück= zuführen gewußt. So knüpfte sich an seine theologische Bildung, an den Ruf seiner Kenntnisse[1], die er fortwährend durch unausgesetzte Studien zu vermehren suchte, an den Ruf seiner persönlichen Milde[2], an die Anerkennung der Tugenden eines pflichtgetreuen Priesters und Unterthans auch die reichste politische Erfahrung; freilich war die letztere um den Preis seiner Gesundheit erkauft worden, an welcher die stürmischen Monate vom Juni 1520 bis Ende 1521 nicht wenig genagt hatten. Er selbst bemühte sich, das wiedergewonnene Navarra in Ordnung zu bringen, als, ohne hievon eine Ahnung zu haben, der 9. Januar 1522 sein weiteres Schicksal entschied.

Man würde sich jedoch sehr täuschen; wollte man glauben, daß die hohen Würden, welche Adrian erlangt, etwa durch eine Nachgiebigkeit den Wünschen und Anschauungen Kaiser Karl's gegenüber errungen worden seien, die ihn selbst mit seinem Gewissen in einen unheilvollen Conflict versetzte. Stets bereit, seinem kaiserlichen und königlichen Herrn jedes Opfer zu bringen, das von ihm, dem Unterthan, verlangt werden konnte, wahrte er die volle Freiheit seiner persönlichen Anschauung und nahm, je höher

---

[1] No fue muy eloquente, sagt Sandoval, mas en la facultad escolastica fue unico en su tiempo. Historia del emperador Don Carlos V. §. 6.

[2] Vegerius erwähnt, daß in Spanien alle harten Maßregeln seinen Collegen, alle milden ihm zugeschrieben wurden.

er stieg, auch sein Freimuth zu. „Schon als wir in San Jago waren" (1520), schrieb er dem Kaiser am 16. Jänuar 1521 aus Tordesillas, „sagte ich Ew. Hoheit, daß Ihr die Liebe von all' diesen Völkern (den Spaniern) verloren habt und jetzt sehe ich aus Erfahrung, daß Wenige oder gar keiner Euch mit Willen dient, sondern fast Alle nur aus Interesse." Er schrieb ihm am 30. Juni aus Valladolid[1]), er möge Don Pedro Giron sein Recht gegen den Herzog von Medina Sidonia gewähren; es sei große Schande (infamia), daß das Volk sage, der König könne oder wolle nicht Gerechtigkeit erweisen. Er habe schon aus Valencia ihn gewarnt; er rufe jetzt (6. Juli 1520) Himmel und Erde an, daß er ihn auf's neue mahne[2]). Er fordert den Kaiser auf, seiner Mutter zu gedenken und sie aus den Händen der Empörer zu befreien[3]).

Während eine Partei am Hofe zu Brüssel den Cardinal-Gobernador verspottete, so daß er drohte, abzureisen, war er unermüdlich, den Kaiser aufmerksam zu machen, wer die Seele des Aufstandes sei, indem seiner Ueberzeugung nach die Granden nur die Städte vorgeschoben hatten. Er ward nicht müde, dem Kaiser Rathschläge zu geben, in welcher Weise er wieder die Dinge in Spanien in Ordnung bringen könne[4]) und hiebei verstieg er sich in seinem Eifer selbst soweit, dem Kaiser in Erwägung zu bringen, daß Don Fernando und Donna Isabel in der ersten Zeit ihrer Regierung zu Madrigal den Cortes Vieles versprochen, was sie nachher bei den Cortes zu Toledo zurücknahmen! Es war ein Triumph für den Cardinal, daß es sich 1521 darum handelte, ihm wieder die ungetheilte Regentschaft von Spanien zu übergeben, nachdem die beiden anderen Gobernadoren nur zu sehr ihr eigenes Interesse in den Vordergrund geschoben[5]). Der Cardinal kannte den Anlaß der Revolution und die Tendenzen der Großen wie der Massen nur zu genau und widerstrebte eben deshalb jeder zuweitgehenden Concession. Es galt ihm als Grundsatz, daß sich die Granden durch den steten Versuch, sich und ihre Ländereien von der Autorität und Jurisdiction der Krone zu emancipiren, selbst in Könige umwandeln wollten[6]).

---

[1]) Papeles.

[2]) Papeles.

[3]) 8. October 1520.

[4]) Crea me, schrieb er am 16. Jänuar 1521 an den Kaiser, V. M. que si no empezare con mas diligencia por si mesmo de entender en los negocios y no despecharlos cola mano de otros, que nunca España le terna verdadero amor ni acatara su real autoridad y persona como se le deve. Papeles.

[5]) Siehe das interessante Schreiben vom 14. August 1521 an Kaiser Karl. Papeles de Simancas.

[6]) Schreiben des Cardinals vom 23. October 1521.

s. Höfler: Adrian VI. 8

Die Vergangenheit Adrian's war somit gänzlich verschieden von der Leo's X.

Ungeachtet aller dieser vortrefflichen Eigenschaften und eigentlich gerade mit denselben bildete Adrian einen Gegensatz zu Leo X., wie er sich nicht schärfer gestalten konnte. Nicht blos, daß dem 46jährigen lebens= lustigen Papste ein Mann nachfolgte, den der Ernst des Lebens früh zum Greise gemacht, daß die geniale Munterkeit des Florentiners der pe= dantische Ernst des Nordländers ablöste, für welchen nicht jeder Tag neuen Genuß, sondern nur strenge Pflichterfüllung brachte, ein Tag dem andern in bestimmter Regelmäßigkeit nachfolgte und das Leben in ge= wohnter Form mit jedem Tage seinen Kreislauf von Neuem begann. Adrian besaß gleich Leo eine Vorliebe für Bauten, aber die Kunst selbst war ihm fremd geblieben, die Wissenschaft nur Mittel zum Zweck und gerade die Eleganz der Form, welche in Rom unter Leo ihren Triumph feierte, ward von Adrian der Zweckmäßigkeit ohne Mitleid zum Opfer gebracht. Er stand an der Spitze einer literarischen Partei, welche man mit einer wohl= geschlossenen Phalanx vergleichen konnte, die die geistigen Errungenschaften der christlichen Aera sorgfältig beschützte und zu der großen Beweglichkeit der Humanisten sich eher abwehrend als zustimmend verhielt, während Letztere unablässig bemüht waren, durch Aufnahme des Ideenkreises der Alten, unabhängig von Aristoteles, dem Meister der alten Schule, den Boden aufzuwühlen, auf welchem Erstere mehr stand als sich bewegte. Adrian hatte gegen Reuchlin Partei genommen und beschützte mit dem hohen Ansehen, das seiner Person, seiner Stellung, seinen unbestreitbaren Tugenden zukam, die traditionelle Gelehrsamkeit, als hätte er ein Vorgefühl, wie rasch eine dritte Generation emporsteigen und Alles im jähen Umsturze be= graben würde. Seine ganze Individualität war in der Kirche und deren Aufgabe aufgegangen; mit dieser verwebte sich aber von selbst das Kaiser= thum, welches, seit sein Zögling Kaiser geworden, für ihn nicht blos Sache der Politik, sondern auch des Herzens geworden war, und wenn Außenstehende urtheilten, daß jetzt das Papstthum spanisch geworden war, so wußten diese freilich nicht, in welche Conflicte Adrian als Vertreter des Königthums in Spanien mit den anderen Gobernadoren und den Vicekönigen gekommen war und wie selbstständig er den eigentlichen Spaniern gegenüber die Rechte des Königthums verfochten hatte. War aber so Adrian mit den Verhältnissen und Zuständen der westlichen Monarchie und seines engeren Vaterlandes vertraut wie kein Anderer, blickte der spanische Clerus auf ihn als auf sein natürliches Haupt, namentlich da der Cardinalerzbischof von Toledo sich Spanien entfremdet

hatte und in der Fremde gestorben war, so stand er doch durch seinen Aufent=
halt in Spanien seit Ende 1515 den deutschen Verhältnissen ferne, er kannte
die leitenden Persönlichkeiten so wenig als die geheimen Motive, die sich
in der nun ausgebrochenen revolutionären Bewegung durchkreuzten und
ohne deren genaue Kenntniß jeder Versuch, heilend aufzutreten, nur zu
leicht zu Mißgriffen führte. Er hatte bereits Luther's Unwillen auf sich
gezogen, der am 9. September 1520 sich auf das heftigste gegen ihn
äußerte[1]), ehe noch Adrian selbst an der Spitze der spanischen Granden
und des Clerus dem Kaiser die berühmte Aufforderung zukommen ließ, die
Kirche gegen den neuen Häresiarchen zu vertreten. Noch weniger war ihm
das vielverschlungene italische und römische Getriebe, die Sonderinteressen
der einzelnen Staaten, die Stellung der Parteien in Rom, wie das
ganze vielverschlungene Gewebe von Aemtern und Würden, berechtigten
und unberechtigten Ansprüchen, die Praxis des römischen Stuhles bekannt.
Die Freiheit des italienischen und namentlich des römischen Lebens,
in welcher sich Leo so wohl zu fühlen pflegte, widerstrebte seiner nordischen
Natur; die großartige Entwicklung der Kunst in Rom war ihm eine
Seltsamkeit, zu welcher er, der Schüler des Aristoteles, wenig oder kein
Verständniß mitbrachte. Seine gelehrte Natur, welche an reifliches
Prüfen, an Abwägen des Für und Wider gewöhnt war, wußte sich
nur schwer hineinzufinden, da rasch zu entscheiden, wo ihm der sichere
Boden fehlte, er somit das Gefühl der Sicherheit nicht besaß und eben
deshalb der Erfolg für ihn zweifelhaft war. Er erkannte, wie die ätzende,
Alles verhöhnende Art der Wissenschaft seiner Zeit die allgemeine Auflösung
befördert habe; er machte sich so wenig wie Aleandro ein Hehl, wo der
Sitz des kirchlichen Uebels zu suchen sei. Er mußte sich selbst sagen,
wenn er die Lage des Papstthums überblickte, er stehe wie auf einsamer
schlanker Säule, dem Toben der Elemente ausgesetzt; er sei der Rufer
in der Wüste, dessen Stimme die Winde verschlangen. Nur der feste
Glaube an ein höheres Eingreifen in die menschlichen Verhältnisse, die
unerschütterliche Ueberzeugung von Pflicht, Beruf und der Nothwendigkeit,
das eigene Leben zum Opfer zu bringen, konnten den Gobernador
Spanien's vermögen, kaum daß er der spanischen Revolution entronnen,
sein Schifflein noch gefährlicheren Wogen anzuvertrauen, sich dem Hasse
auszusetzen, mit welchem seine eigene deutsche Nation das Papstthum ver=
folgte, und den Verwicklungen zu begegnen, denen kaum eine elastische

---

[1]) De Wette, Briefe. I, p. 433. Adrian's Schreiben an die Löwener bei
Burmann, p. 446.

8*

Natur auszuweichen im Stande war, die aber jede spröde Natur zer=
malmten. Leo X. war der Ueberzeugung gewesen, daß er den Bewegungen
in Deutschland gegenüber eher eine zu große Nachsicht habe walten lassen
als eine zu große Strenge geübt hatte, wenn auch die gegen Luther
gerichtete Bulle, da sie den Stier bei den Hörnern packte, in Deutschland
bei allen denen Mißbilligung fand, welche, wie das so oft bei großen
Völkerkrisen eintritt, der Meinung waren, nur Nachgiebigkeit könne
retten, bis endlich gar nichts mehr vorhanden war, was noch nachgegeben
oder gerettet werden konnte, geschweige irgend einen Werth wirklicher
Concession in sich schloß. Der Cardinal von Tortosa hatte aber bereits
1519 seine Stellung eingenommen. Mit seinem Wissen und seiner
Zustimmung erklärte sich nach der Leipziger Disputation die Universität
Löwen gegen Luther; sein Einfluß war es, daß die gegen Luther verfaßten
Artikel gemäßigter ausfielen als Viele erwarten mochten[1]). Er trat noch
stärker hervor, als Luther's unbändige Natur zum Vorscheine kam. Da
schrieb Adrian dem Decane und der theologischen Facultät zu Löwen, er
begreife nicht, wie man Luther ungestraft seine Irrthümer verbreiten
lassen könne[2]); sein Name erscheint an der Spitze der Granden und der
Bischöfe Castilien's in dem Schreiben an Kaiser Karl V. (12. April 1521),
das diesem nach Worms geschickt wurde[3]). Noch war die Revolution in
Castilien, an welcher sich so viele Geistliche und Mönche betheiligt, nicht
zu Ende geführt, als der Cardinal, der Almirante, die Granden in
Tordesillas den Kaiser aufmerksam machten, daß der Verführer (el seductor) auch die spanischen Königreiche in Aufruhr zu bringen suchte.
Es drohe von deutscher Seite ein Brand, der nicht so leicht sich er=
sticken lasse. Die Granden verlangten von dem Kaiser, daß Luther und
seine Anhänger bestraft und die verabscheuungswürdige und verkehrte
Pestilenz vernichtet[4]) und aus der Welt ausgerottet werde.

Es war nicht wahrscheinlich, daß der Papst Adrian, als der deutsche
Clerus haufenweise sich der neuen Lehre anschloß[5]), der Abfall der Geist-

---

[1]) Siehe den Brief des Erasmus, MCLXIII, App. zu ep. DXI und Burmann's Noten zu Moringus, c. 111, p. 6 und 7.

[2]) S. d. Miror valde, quod homo tam manifeste tamque pertinaciter in fide
errans et suas haereses omniaque (?) diffundens impune errare et alios in per-
niciossissimos errores trahere impune sinitur. Burmann, p. 447.

[3]) Bergenroth, Supplem. n. 86.

[4]) Tan detestable y corrupta pestilencia –– sea esterminada y hechada
de todo el mundo. p. 378.

[5]) Siehe darüber Kilian Leib, der die Pfarrer aufzählt, die die Gemeinden
zum Abfalle bewogen.

lichen erst den der Laien veranlaßte, eine andere Ueberzeugung in Bezug auf den Seductor erlangte, als der Cardinal von Tortosa und Großinquisitor Spanien's (1521) ausgesprochen hatte.

Für's Erste benachrichtigte das Cardinalscollegium den Gobernador Spanien's, er sei am 39. Tage nach dem Tode Papst Leo's X. im eilsten Scrutinium, Morgens um die achte Stunde von allen Cardinälen, Einen ausgenommen, der sich wegen Krankheit ferne gehalten (Grimani), gewählt worden. Die Cardinäle drückten ihm ihre Freude über das Ereigniß aus, benachrichtigten ihn, daß der Gewohnheit gemäß drei Legaten sich zu ihm verfügen würden, seine Erklärung entgegenzunehmen und baten ihn, sich sobald wie möglich Italien zu nähern, damit ihm die Abgesandten entgegengehen könnten. Unterdessen werde das Collegium die Regierung Rom's und des Kirchenstaates übernehmen, der Papst aber möge die Legaten erwarten und ehe er nicht das Wahlinstrument von ihnen feierlich empfing und die Wahl annahm, sich jeder Regierungshandlung entschlagen. Wiederholt ward ihm zu Gemüthe geführt, wie sehr die Ruhe Italiens seine schleunige Ankunft wünschenswerth mache. Am 11. Januar 1522, schrieb Don Juan Manuel, Gesandter Kaiser Karl's V., an den neuen Papst[1]). Von den 38 Stimmen hätten ihm nur wenige gefehlt. Der Wille des Kaisers habe sich mit dem göttlichen bei seiner Wahl vereinigt. Er möge seine Reise entweder über Flandern und Deutschland nehmen, wobei er die deutsche Nation gewinnen könne, was von so großer Wichtigkeit wäre, oder sich in Barcelona einschiffen. Er rieth ihm, bei den exorbitanten Bitten, welche an ihn gerichtet würden, keine Gnaden oder Gerechtigkeitssachen, ehe er nicht das Pontificat übernommen, zu entscheiden[2]). Den Cardinal von Medici möge er für Rom, da er am meisten Ansehen habe und für ihn und den Kaiser sei, für die Lombardei, die Romagna und die Mark Sion, be la Valle und Campeggio als Legaten ernennen, als Protonotar Enkefort, als Tresoriere, ein Amt, das 100 Ducaten jährlich trage, den Bischof von Algier. In Betreff der Bitten von Seite des Collegiums, der Investituren und Confirmationen, Capitanien und Lieutenantsstellen möge sich der Papst sehr in Acht nehmen, da viel Betrug damit verbunden sei. Das Schreiben des Cardinalscollegiums genüge, um ihn in Stand zu

---

[1]) Es ist höchst bezeichnend für die Auffassung der Wahl: y como quiera que Vuestra Santidad sea mayor papa que los pasados, porque junto con el pontificado tiene el imperio y los otros reynos del rey, será muy loada la humildad que en la verdad no es agena de Vuestra Santidad. l. c. p. 8.

[2]) l. c. n. IV und V.

fetzen, die wichtigsten Dinge vorzunehmen. Auch möge er sich einen Fischerring machen lassen und den Namen Adrian VI. annehmen, da der erste dieses Namens einen Türkenkrieg geführt, wie es wohl er auch mit Hilfe Gottes und des Kaisers thun werde, und die Adriane ausgezeichnete Persönlichkeiten waren[1]). Der Rath des Gesandten, von dem Neugewählten strenge befolgt, war nicht in allen Stücken ein guter. Nicht mit den Türken kämpfte Adrian I., wohl aber geschah unter dem zweiten der Sturz der Longobardenherrschaft und Karl's des Großen Schenkung an den römischen Stuhl. Mag man anerkennen, daß sie alle bedeutende Männer waren, welche den Namen Adrian trugen, und mehr wie einer kein Römer, so regierten sie sämmtlich, mit Ausnahme des ersten, sehr kurze Zeit, so daß auf den zweiten, dritten, vierten, fünften nur die Durchschnittssumme von etwas über zwei Jahre fiel! — und war der letzte von diesen durch Dante mit einem Beinamen belegt, welcher jeden Nachfolger abschrecken mußte, seinen Namen sich beizulegen. Wer wollte auch nach dem verschwenderischen und freigebigen Leo X. sich mit einem Namen bezeichnen, mit welchem der Makel des Geizes bei den Italienern verbunden war! Doch hatte Don Manuel wohl so wenig als der Neugewählte eine Ahnung, wie der größte Dichter Italien's den letzten Adrian bezeichnet hatte. Der Name mißfiel von Anfang, als er am 10. April publicirt wurde. Die größte und dauerndste Verlegenheit wurde aber dem Papste durch die Cardinäle in Rom und ihren gegen= seitigen Haß bereitet. Schon einen Monat nach der Wahl befürchteten ruhige Beobachter, es werde durch sie Alles in Trümmer gehen, wenn der Papst nicht bald einen Legaten schicke. Sie sollten sich entscheiden, ob der von Leo begonnene Krieg fortgesetzt werden solle oder nicht. Parma

---

[1]) Adrian I., Römer, regierte von 772—795. Adrian II. 867—872. Adrian III., erwählt 884, regierte nur 14 Monate. Adrian IV. war ein Engländer und krönte Kaiser Friedrich Barbarossa (1154—1159). Adrian V., Genuese, regierte nur 40 Tage und starb in Viterbo mit den besten Absichten, den Kirchenstaat aus den Händen der Tyrannen zu befreien, 1276. Ihn erblickte Dante unter den Büßenden des Purga= toriums:

> Fino a quel punto misera e partita
> Da Dio anima fui, del tutto avara
> Or come vedi qui ne son punita —
> E nulla pena il morto ha più amara.
> Come avarizia spense a ciascun bene
> Lo nostro amor onde operar perdési,
> Cosi giustizia qui stretti ne tiene
> Ne' piedi e nelle man legati e presi.

und Piacenza, welche der Kirchenstaat wieder gewonnen, mußten unterstützt werden; allein Leo X. hatte dafür gesorgt, daß kein Geld in der
Casse war. Der Herzog von Urbino hatte sein Herzogthum wieder gewonnen, in Perugia und Camerino bemühten sich die Vertriebenen,
zurückzukehren. Siena, selbst Florenz waren bedroht. Die Mehrzahl der
in Rom zurückgebliebenen Cardinäle war französisch gesinnt und man
meinte selbst, von ihnen gingen die Rathschläge aus, nach denen der
Herzog von Urbino handelte[1]. Wie Don Manuel sich ausdrückte, hatten
die Cardinäle bei der Wahl das heilige Evangelium bei sich, aber seit
sie herausgetreten, hätten sie den Teufel in sich. Jeder dachte nur an
sich und seine Neigung. Sie bemächtigten sich des Nachlasses Papst
Leo's an Juwelen und Silberzeug im Werthe von 300.000 Ducaten
und theilten es unter sich. Nicht blos die französische Partei, sondern auch
Unterthanen des Kaisers wünschten eine neue Wahl und ein Schisma[2]),
während Andere den Plan in den Vordergrund stellten, Papst und Kaiser
sollten mit König Heinrich in England zusammenkommen, dann der
Kaiser den Papst nach Rom führen, dort die Krönung erlangen, Italien in
seinem Interesse einrichten und über Neapel nach Spanien zurückkehren[3]).

So sehr man wegen der allgemeinen Lage der Dinge und der
Rom's insbesondere wünschen mußte, daß die Ankunft des Papstes sich
beschleunige, so schienen jetzt erst sich die größten Hindernisse einzustellen.
Es verbreitete sich, da heftige Stürme und Piraten (the moors) die
Verbindung Italiens mit Spanien unterbrochen, die Nachricht vom Tode
des Papstes, die auch Glauben fand. Die Abreise der Legaten verzögerte
sich theils hiedurch, theils durch die Schwierigkeit, Schiffe aufzutreiben.
Ein einziges Schiff zu miethen, kostete 1500 Ducaten. Den Legaten
war es ein entsetzlicher Gedanke, wenn sich die Nachricht vom Tode des
Papstes bestätigte, ein neues Conclave einträte, in diesem sich nicht zu
befinden, da doch jeder überzeugt war, er müsse Papst werden. Endlich
beschlossen die übrigen Cardinäle, gedrängt von den Römern, die Legaten
müßten abreisen, sobald sie in Erfahrung gebracht, ob der Papst lebe
oder gestorben sei, oder welchen Weg er einschlagen werde. Bereits
besprach der englische Gesandte in Rom die Möglichkeit einer Neuwahl[1])
und ertheilte Wolsey seinen Rath, wie er es am besten anfangen sollte,

---

[1]) Pace und Clerk an Wolsey. Brewer, n. 2044. 11. Februar 1522.
[2]) Don Juan Manuel in n. 2045.
[3]) And all things be concluded comme il faut. Pace an Wolsey, n. 1996.
29. Januar 1522.
[4]) Brewer, n. 2017.

zur Erfüllung seines Wunsches zu kommen. Er möge daher bewirken, daß der Papst über England gehe. Es sei ja nicht undenkbar, daß er dort sterbe und Wolsey dann mit den dort befindlichen Cardinälen seinen Zweck erreiche. Noch Ende Februar besprach man in Rom fort= während eine Neuwahl und daß sie dort nicht gehalten werden dürfe, wo Adrian, den man für todt hielt, gestorben sei. Von fünf Boten, welche man an den Papst geschickt, waren drei in Frankreich zurück= gehalten worden, der vierte wurde durch widrige Winde nach Civitá Vecchia zurückgetrieben, blieb dort 10 Tage, mußte dann, als er abgereist war, wegen der Mauren (Piraten) wieder zurück nach Italien, kam endlich nach Nizza, konnte nun aber wegen der Franzosen nicht weiter. Von dem fünften erfuhr man nichts [1]). Der neue Papst erfuhr nichts von seiner Wahl, die Römer nicht, ob der Papst lebe oder schon gestorben sei. Mochten die Römer beschließen, was sie wollten, dem Papste kam keine Nachricht zu. Am besten hatten es noch die drei Cardinäle, welche, da man in Rom von dem Papste nichts erfuhr, der Beschwerde einer gefahrvollen Reise sich für's Erste enthoben sahen.

Kaiser Karl war nach dem Wormser Reichstage nach seinen flandri= schen Staaten zurückgegangen. Er hatte, wie er in seinen Commentaren sich ausdrückte, in Worms mehr gethan, was er konnte, als was er wünschte und entschlossen war, zu thun [2]). Er hatte von Spanien aus seine Unterthanen in den österreichischen Erbländern auf seine Ankunft vertröstet, dann werde er Ordnung schaffen und das Gleichgewicht zwischen Ausgaben und Einnahmen feststellen. Er war weder in die oberen Lande noch nach Oesterreich gekommen. Der längst und schon von Cardinal Jimenes gehegte Plan, den Erzherzog=Infanten zum Beherrscher Oester= reich's zu machen, war in Worms nur zum Theile erfolgt, und wenn Ferdinand auch als Gobernador der kaiserlich österreichischen Länder, so= wie als Fürst von Ober=, Niederösterreich, Kärnten, und Krain das Ganze der habsburgisch=deutschen Lande damals verwaltete, so war doch durch die Wormser Theilung das alte Stammgebiet, wie es sich seit den Tagen Rudolf's zusammengefügt hatte, mehr zerrissen als getheilt, und ein un= erquicklicher, haltloser Zustand geschaffen worden, ein Provisorium, das Niemanden befriedigte. Die „beiden Königinen von Ungarn" [3]) waren

---

[1]) Pace an Wolsey, 22. Februar 1522. Brewer, n. 2064.

[2]) Commentaires, p. 15.

[3]) Unsere theuersten Schwestern, wie es regelmäßig von ihnen in den zahl= reichen Erlässen des Copeibuches heißt, die von ihnen handeln und von Kaiser Karl's Sorge für die vor ihrer Vermählung in Innsbruck weilenden Prinzessinen zeugen.

im Laufe des Jahres 1521 in Linz vermählt worden, die Infantin
Maria mit König Ludwig, Anna von Ungarn (Böhmen) mit dem In-
fanten-Erzherzog. Der Ausbruch des französischen Krieges 1521, sowie
der Aufstand der Comunidades zwangen Kaiser Karl, um den wichtigen
Ereignissen näher zu stehen, seinen Aufenthalt in Flandern zu verlängern;
fort und fort wurde er gemahnt, nach Spanien zurückzukehren. Doch
konnte er nicht ohne Befriedigung in seinen Commentaren berichten, daß
die Franzosen, deren König im Einverständnisse mit den Comunidades
war[1], aus Navarra vertrieben wurden, Robert de la Mark, ihr Ver-
bündeter, den größten Theil seiner Besitzungen verloren, die Comunidades besiegt wurden. Gerade als das für Karl so verhängnißvolle
Jahr 1521 schloß, das neue begann, waren wegen der Besetzung einer
Domherrenstelle zu Trient ernste Verwicklungen zwischen dem Kaiser und
der römischen Curie entstanden. Der Kaiser behauptete, daß das Bisthum Trient in die Rechtssphäre des Concordates Kaiser Friedrich's III.
gehöre und wies nicht blos die Innsbrucker Regierung, sondern auch
seinen Orator in Rom, Don Juan Manuel, an, mit allem Ernste darauf
zu bestehen, daß die Wahlen in Trient nach den „Compactaten" der
deutschen Nation stattfänden, deren Rechte ernstlich geschützt würden. Der
sehr bestimmt gehaltene Erlaß trägt das Datum vom 9. Januar 1522,
des Wahltages Adrian's VI.[2]

Ein Courier aus Rom überbrachte am 12. Januar[3] dem Herzog
von Mailand die Nachricht von der Papstwahl. In 50 Stunden legte
er den weiten Weg zurück. Sogleich wurde ein Expreß mit einem Briefe
abgefertigt, der Sonnabend 18. Januar[4], während Karl bei der Messe
war, in Brüssel ankam. Der Kaiser eröffnete die Depesche, las sie und
gab sie sodann mit den Worten den Umstehenden: Maitre Adrian ist
Papst geworden. Allein nun verstrich ein Tag nach dem andern, keine
Bestätigung kam. Endlich am 21. Januar, 9 Uhr Abends, kam die
Depesche Don Manuel's und bewies, daß der Herzog nicht getäuscht
worden war. Noch am selben Abende verkündete das Geläute aller Glocken
der Stadt den Bewohnern das freudige Ereigniß. Man konnte sich nichts
Vortheilhafteres denken, als einen Papst, der dem Kaiser ergebener war,

---

[1] Commentaires, p. 14.
[2] Innsbrucker Copeibuch. I, p. 156.
[3] In Ferrara war die Nachricht am 10. Januar bekannt. Documenti di storia
ital. I, p. 150.
[4] Vergl. Marino Sanuto, de successu rerum Ital. libri LVI. lib. XXXII,
p. 308.

als dieser selbst es wünschte[1]). Am 22. zog Kaiser Karl nach St. Gudula zum feierlichen Hochamte, dann empfingen er und der Infant Ferdinand die Glückwünsche der fremden Gesandten. Festliche Aufzüge fanden statt, Freudenfeier loderten empor, die Erhebung des großen Landsmannes zu feiern. Belgien und Spanien fühlten sich gleich geehrt.

„Es ist ein wunderbarer Umstand," bemerkte am 22. Januar Contarini unter dem ersten Eindrucke der Nachricht, „daß bei einer so großen Anzahl von Cardinälen die Wahl auf einen Abwesenden und den Meisten Unbekannten fiel. Der Papst gilt als sehr fromm und voll der besten Eigenschaften. Er liest alle Tage Messe und verrichtet alle Pflichten, wie ein tugendhafter Prälat." Fünf Tage später schrieb bereits Antonio Suriano an die venetianische Signoria, Cardinal Wolsey sei durch die Wahl schmerzlich berührt, da der Kaiser ihm nicht dazu geholfen[2]). England und Frankreich seien bis jetzt gegen einander übel gesinnt gewesen, seit der neuen Wahl habe König Franz in England sagen lassen, er werde sich in die schottische Sache — die Achillesferse England's — nicht mischen; der König konnte sich also getrost seinen Vergnügungen überlassen, Wolsey seinem Grolle. Die Nothwendigkeit, nach Spanien zu gehen[3]), trat jetzt für den Kaiser gebieterisch hervor, ebenso, die Abmachungen mit dem Infanten Ferdinand in Betreff Oesterreich's zu Ende zu führen. Die Reise Karl's über England nach Spanien ward für den März bestimmt. Heinrich VIII. war bereit, Flandern gegen König Franz zu decken[4]). Der Kaiser hatte den englischen Gesandten Spinelli, als dieser sich über die eingetroffene Nachricht erkundigte, gesagt, der neue Papst sei hochbetagt, von schwacher Complexion und kränklich. Sollte er nicht lange leben, so würde der kaiserliche Botschafter in Rom Aufträge erhalten, die von der Aufrichtigkeit seiner Absichten Wolsey keinen Zweifel ließen[5]). Letzterer mußte gute Mienen zum üblen Spiele machen. Sein Herr war nicht Kaiser, er nicht Papst geworden, die Weltgeschichte noch nicht mit der England's identificirt[6]).

---

[1]) Worte Contarini's bei Brown, n. 395.

[2]) l. c. n. 396 — talkes amiss.

[3]) Sanuto bei Brewer, n. 409.

[4]) Contarini bei Brewer, n. 430.

[5]) Brewer, n. 1969, 1970.

[6]) Am 3. Februar berichtete dann Gaspar Contarini über Adrian's Jugend. Sein Vater, ein Schreiner, habe seinen Sohn ausgesetzt, der von Thüre zu Thüre seinen Unterhalt suchte, bis er von Jemandem, den er nachher seinen Vater nannte, aufgenommen wurde. Sanuto, p. 320. — Der Kaiser dankte den Cardinälen für die

Rasch wurde Adrian's bewährter Freund, Lope Hurtado de Mendoza, welcher sowohl die Aufträge Karl's an den Gobernador, als des Letzteren an den Kaiser übermittelt hatte, im Auftrage Karl's an den neuen Papst geschickt, ihm schriftlich und mündlich den Glückwunsch darzubringen [1]); ein eigenes Schreiben Kaiser Karl's an die Cardinäle vom 26. Januar beglückwünschte sie in Betreff ihrer Wahl und sprach zugleich den Wunsch aus, daß der Gewählte sobald als möglich nach Rom gehen möge [2]). Bei dem drohenden Einbruche der Franzosen in Italien und Spanien konnte für Kaiser Karl kaum ein glücklicheres Ereigniß eintreten. Hoffte Franz einen neuen Aufstand in Castilien hervorzurufen, so sank diese Hoffnung auf Nichts herab, als Spanien die Ehre widerfuhr, daß sein Gouverneur Papst wurde. Franz fühlte auch sehr wohl die große Trag= weite des Ereignisses vom 9. Januar. Er sah in Adrian nur die Creatur Karl's [3]), der durch ihn sich in den Besitz von ganz Italien, auch des Kirchenstaates, setzen werde. Wohl nicht ohne Grund verbreiteten fort= während Kaufleute aus Lyon die falsche Nachricht vom Tode des neuen Papstes. Sie drang auch nach Rom und diente nicht wenig dazu, die Verwirrung der Dinge zu mehren. Die böse Gesinnung des Königs theilte sich auch seinen Untergebenen mit, so daß der französische Ad= miral Jean Bernardine den Secretär des Cardinals von Medici, Felix Trophinus, apostolischen Collector, gefangen nahm, als er zum neugewählten Papste reiste, diesem im Namen seines Herrn Glück zu wünschen.

Beinahe mit denselben Worten, deren sich einst Kaiser Friedrich II. nach dem Frieden von San Germano gegen Papst Gregor IX. bediente, äußerte sich jetzt Kaiser Karl V. über die Einheit des Papstthums und des Kaiserthums; beide sollten nur Eine Sache sein, Ein Gemüth bei beiden [4]).

Wahl (26. Januar), er habe bereits einen neuen Gobernador ernannt und daß er die Reise des Papstes beschleunigen werde. Der Brief, p. 325. Brown, n. 404.

[1]) De persona tan intima a nos, heißt es in der Instruction, de nuestra propria nacion que dende nuestra niñez nos a criado e instituydo y tenga tan grande y verdadero amor a nuestra persona. Bei Gachard, n. VIII. 25. Ja= nuar. Vergl. Brewer, n. 2004. Lope war Adrian von der Zeit des Aufstandes der Communen sehr wohl bekannt und Adrian hatte ihn hiebei als einen treuen und verläßlichen Diener seines Herrn kennen gelernt. Vergl. Bergenroth, Suppl. S. 264.

[2]) Raynaldi, annales 1522. n. 6.

[3]) An La Batie und Poillot. Brewer, n. 1994.

[4]) Et doit être une même chose et unanime de deux. Lanz, I, p. 59.

„Wir hätten," schrieb Kaiser Karl am 25. Januar 1522 [1]) an die Luzerner, „keinen besseren Papst verhoffen noch begehren mögen, dieweil er zusammt dem heiligen Leben auch den guten Tugenden, Sitten und großer Kunst und der besonderen Liebe und Zuneigung zu christlicher Zierde und Andacht, darin wir ihn von unserer Jugend auf erkennen, gleich wie wir von deutschem Geblüt herkommen und bei unserem Ge= schlecht oder Eltern von Jugend auf erwachsen ist und von dem wir zu Zeiten mit guter Lehre, Kunst und Tugend unterwiesen und von ihm als einem guten Vater gehalten worden sein." Der Kaiser sah darin eine „klare göttliche Anschickung, daß der gewählt worden war, welcher fern von Rom von der Höhe und Würde eines Statthalters in Spanien keinen Sinn noch Gedanken noch deshalb Jemands in Handlung oder Fürschub gehabt hat. Die Eidgenossen möchten sich mit ihm erfreuen, daß sie jetzt einen Papst und Kaiser, beide aus deutschem Geblüt und Nation geboren, der auch mit gleichem Willen und Gemüth nichts anders denn der deutschen Nation Ehre und Wohlfahrt auch der Christenheit Aufnehmen und Erweiterung begehren würde, mit ihm in Einigung und Bündniß auch ihnen und der ganzen deutschen Nation so geneigt haben."

„Nach dem Urtheile Aller," schrieb der Großkanzler, Mercurino Gattinara, an seinen Freund, den königlichen Rath von Indien, Petrus Martyr de Angleria, „hat der allmächtige Gott den Kaiser mit seinen Gnaden überschüttet, indem er denjenigen zum Hirten seiner Heerden machte, der wie kein Anderer dem Kaiser durch Treue, Eifer und Recht= schaffenheit näher steht. Wer kann zu sagen wagen, daß jetzt nicht Alles nach dem Wunsche des Kaisers gehen werde, daß nicht er (Adrian) es sei, durch welchen die Zierde des christlichen Erdkreises bis zum Himmel erhoben, alle barbarische Treulosigkeit und Gottlosigkeit entfernt, der ganze Erdkreis endlich der heiligsten Lehre des Kreuzes folgen werde [2])." Mehr als alles Andere genügt dieses, um die Stimmung zu bezeichnen, welche in den höchsten Schichten vorherrschte. Man erwartete einen Kaiser= papst, ein vollständiges Eingehen in die kaiserlichen Entwürfe, eine Identificirung der Zwecke der Kirche mit denen des Kaiserthums. Die mittelalterliche Ordnung der Dinge schien niemals fester begründet, als in dem Augenblicke, in welchem sie auf das tiefste erschüttert war.

---

[1]) Nicht 1525, wie es im Archiv für die schweizerische Reformationsgeschichte, III, S. 498, heißt.

[2]) Petri Martyris A. M. epistolarum lib. XXXV, p. 439.

Mit Sehnsucht sahen der Nachricht von der Wahl eines Papstes vor Allem König Ludwig von Ungarn und die Regenten Schottland's in der Minderjährigkeit James' V. entgegen. Letzterer hatte im Alter von einem Jahre seinen Vater James IV., Gemahl der Margaretha von England, Schwester Heinrich's VIII., verloren. Einstimmig hatten die Stände den Herzog Johann von Albany zum Vormunde gewählt und sich die Wahl durch Papst Leo X. bestätigen lassen, der denn auch bei dieser Gelegenheit die Privilegien des Königreichs bekräftigte. Als nun aber der Herzog von Frankreich nach Schottland zurückgekehrt war und Boten an den Papst sandte, wurden diese von den Engländern an der Weiterreise verhindert; ein englischer Herold hatte die Kriegserklärung gebracht und Schottland gewärtigte nicht blos eine feindliche Invasion, sondern England hatte auch den alten Alliirten Schottland's, den Kaiser, auf seine Seite gebracht. Die schottischen Stände flehten daher den Papst an, den zehnjährigen König unter seinen Schutz zu nehmen, König Heinrich von dem Angriffe abzuhalten und nicht zu dulden, daß die geistlichen Würden nach dem Belieben von Parteimännern außerhalb Schottland's besetzt würden[1]) (6. Februar 1522). Hoffte König Ludwig von Ungarn die Rettung seines Reiches vor dem Einbruche der Osmanen, die am 29. August Belgrad erobert[2]) und sogleich in einen Angriffspunkt gegen das magyarische Königreich umgewandelt hatten, von dem Papste, als die Zerrüttung des eigenen Reiches dessen Untergang besorgen ließ, so konnte sich Adrian gleich anfänglich überzeugen, wie der Norden und der Süden, der Osten und der Westen auf ihn als den Retter hinblickten, Alle Alles von ihm begehrten, am meisten dasjenige, was er nicht leisten konnte und die Begehrenden selbst nicht leisten wollten.

Die Instruction an die drei Legaten[3]), deren Haupt Colonna war und die den Papst von der einstimmig erfolgten Wahl benachrichtigen und seine schleunige Abreise betreiben sollten, war fertig geworden. Sie war mit großer Umsicht verfaßt. Es sollte namentlich verhindert werden, daß der Papst vor seiner Ankunft in Rom Regierungsmaßregeln ergreife, Cardinäle ernenne, die Anordnungen Leo's bekräftige[4]); nur die den

---

[1]) Brewer, n. 2025. Vergl. auch Lettres, II, s. n. 707. Der Papst bewilligte, kaum noch in Rom angekommen, dem Kloster der Predigermönche Elgin in Schottland besondere Vergünstigungen. Bremond.

[2]) Horvath, I, S. 459. Mailath gibt nicht einmal den Tag an.

[3]) Vom 19. Januar 1522. Gachard, n. VI. Colonna, Cesarini, Orsini.

[4]) Confirmationem gestorum per Leonem X.

Cardinälen, welche ihn gewählt, auf Lebenszeit verliehenen Schlösser und Ländereien möge er bekräftigen, sowie die Anordnungen des Cardinals-collegiums[1]). Zwei der Abgesandten sollten bei dem Papste bleiben und ihn nach Rom geleiten, einer mit den betreffenden Urkunden rasch zurückkehren. Sie selbst aber sollten sich mit keiner Privatbitte an den Papst wenden, ehe nicht die allgemeinen Geschäfte in Ordnung gebracht wären. Sie sollten endlich den Papst bewegen, auch eine Summe Geldes nach Rom zu senden zur Vertheidigung des Kirchenstaates, ferner den Schweizern wie früher die Garde zu überlassen und bei dem päpstlichen Nuntius in Spanien eine von den Kircheneinkünften herrührende größere Summe Geldes erheben. Die Eidesformel, welche die Ausrottung der Ketzereien in Deutschland in sich schloß, sowie daß der Papst ohne Zustimmung der Cardinäle nicht seinen Sitz von Rom verlegen wolle, was man sehr besorgt zu haben scheint, lag vor.

Am 20. Januar schrieb der kaiserliche Gesandte[2]) an seinen Herrn, er möge Jemanden nach Spanien zu dem Papste schicken, damit er sich nicht in der Wahl der Personen zu Aemtern täusche und dieselben ja im Interesse des kaiserlichen Dienstes ausgewählt würden. Don Juan Manuel bot sich an, deshalb selbst zum Papste zu gehen. Der neue Papst solle einen Nuntius nach England und einen nach der Schweiz schicken, welche sich über das Vorgehen der Franzosen beklagen und um Hilfe bitten sollten. Der Kaiser möge diese Nuntien bezeichnen. Das Geld, dessen der Papst bedürfe, möge der König von Portugal geben, er aber den Seeweg einschlagen, wozu die Schiffe bereit seien. Es wäre zu wünschen, daß diese gute spanische Capitäne, Unterthanen Kaiser Karl's, erhielten und sich mit den spanischen Galeeren zum Schutze der römischen, neapolitanischen und sicilischen Küste verbänden. Kein spanischer Prälat solle den Papst nach Italien begleiten (um dort nicht ohne den Kaiser ein Bisthum zu erlangen). Was mit Papst Leo in Unterhandlung begriffen, möge der Kaiser mit dem Papste abmachen, so lange er in Spanien sei. Die Nachricht von der Wahl Adrian's sei übrigens den Franzosen sehr ungelegen. Sie würden sicher Gesandte zu dem Papste nach Spanien schicken; der Kaiser möge sie aber nicht in das Land lassen.

Vor den Legaten des Cardinalscollegiums, die mit stattlichem Gefolge ihre Reise antreten wollten, aber nicht aus Rom fortkamen, hatten sich die Boten an die Fürsten, sowie die der Privatpersonen auf den Weg

[1]) Gesta per sacrum collegium approbare.
[2]) Gachard, n. VII.

gemacht. Von diesen war ein Bote des Bischofs von Gerunna[1]) nach Logronno gekommen, hatte dort heimlich die Nachricht mitgetheilt, worauf Blasio Ortiz, Provisor des Bischofs von Calahorra, selbst nach Vitoria eilte, der Erste zu sein, welcher dem Neugewählten die Nachricht über= brächte. Mit der größten Lebensgefahr bahnte er sich einen Weg über die dichtbeschneiten unwegsamen Berge und überbrachte am 25. Januar Adrian die Botschaft. Er empfing sie mit der ihm eigenthümlichen Ruhe, ohne eine innere Bewegung zu verrathen. Er blieb sich gleich, auch als die Bestätigung lange ausblieb und seine Umgebung sich in Angst und Sorge verzehrte. Denn erst am 9. Februar erlangte der Papst die sichere Nachricht, als Don Antonio de Studillo[2]) Kämmerer des Cardinals Carvajal, endlich die wegen des ungewöhnlichen Schneefalles so hoch gestiegenen Beschwerden des Weges besiegte und das Wahldecret überbrachte. Adrian las es und hieß, ohne Weiteres zu reden, die Ermüdeten sich zur Ruhe zu begeben, und kaum verrieth ein leises Nicken des Kopfes, daß er mit dem Inhalte der Botschaft zufrieden sei. Man glaubte eher, er werde das Pontificat ablehnen, da er die Nachricht mit so geringer Heiterkeit aufnahm.

Kaum war die Nachricht bekannt geworden, so strömte auch schon von allen Seiten die Masse nach Vitoria, theils den Segen des neuen Papstes zu erlangen, theils irgend einer Gnade theilhaftig zu werden. Adrian aber nahm nun seinen Aufenthalt im Kloster des heiligen Fran= ciscus, oblag wie vorher den Staatsgeschäften, hielt sich aber von der herbeiströmenden Masse zurück und verschob selbst, dem Abgesandten eine entschiedene Antwort zu geben. Es kann sein, daß er fortwährend die Abgesandten des heiligen Collegiums erwartete, aber die Legaten blieben noch immer aus. Erst am 16. Februar berief er, nachdem er Messe gelesen, seinen Leibarzt, den Doctor de Agreda, den Blasio Ortiz, welchen er zu seinem Caplan erhoben, und den Secretär der General=Inquisition von Aragonien, Don Juan Garcia, zu sich, befahl, Niemanden in das Gemach zu lassen und eröffnete nun diesen, nachdem er so lange Zeit mit sich die wichtige Angelegenheit berathen, seine Willensmeinung. Ob= wohl er wisse, daß in diesem Leben und zu dieser Zeit den Menschen nichts leichter und angenehmer erscheine als die Würden eines Bischofs und Papstes, so gebe es doch für denjenigen, welcher an die Rechenschaft denke, die darüber abzulegen sei, sobald man nicht in der Weise kämpfe, wie unser Heerführer Christus gethan, kaum eine größere Gefahr. Weise

---

[1]) Gerundensis episcopi. Blasii Ortizii itinerarium Hadriani VI. p. 157.
[2]) Astudillo.

er die ihm nun durch Don Antonio als sicher mitgetheilte Wahl zurück, so besorge er, daß der allgemeinen Kirche noch größere Verlegenheiten entständen. Er sei durch den unerforschlichen Rathschluß Gottes zu der neuen Würde berufen; er habe beschlossen, sie in der Hoffnung auf den göttlichen Beistand anzunehmen und hoffe mit diesem ein tauglicher Diener der göttlichen Gnade zu werden. De Agreda solle das Notariats= instrument aufnehmen, die übrigen als Zeugen im größten Geheimnisse es unterschreiben[1]).

Doch hatte Adrian schon am 2. Februar[2]) dem Könige von England und dem Cardinal Wolsey geschrieben.

Er erwähnte, daß Briefe aus Rom und das allgemein verbreitete Gerücht von seiner Wahl sprächen, die er weder begehrt, noch gewünscht habe. Seine Kräfte reichten nicht aus und er hätte die Würde abgelehnt, fürchtete er nicht, Gott und die Kirche zu beleidigen. Er habe das Schreiben des Cardinalscollegiums noch nicht erhalten, da das Wetter die Abgesandten in Genua zurückhalte. Er schreibe an den König, be= wogen von dessen Eifer für Erhaltung des Friedens in der Christenheit, und bitte ihn, sich dazu mit dem gewählten Kaiser (Karl V.) zu ver= einigen. Ausführlich werde er dem Bischof von Badajoz schreiben[3]).

Wenn irgend etwas die wahre Gesinnung des Neugewählten offen= barte, so waren es diese Schreiben. Er bezeichnete Wolsey als eine der Säulen der Kirche und erklärte, wenn die beiden Fürsten mit einander enge verbunden wären, könnte kein Störer des öffentlichen Friedens der verdienten Strafe entgehen. Was er übrigens zur Erhöhung des Hauses von England[4]) thun könne, würde seinerseits gewiß geschehen.

Die Briefe an die übrigen Fürsten sind bisher nicht aufgefunden und so kommt es, daß auch erst vom 11. Februar[5]) ein Schreiben Adrian's an den Kaiser (aus Vitoria) vor uns liegt[6]), welches den Ent= schluß, die Wahl anzunehmen, ziemlich klar zu Tage treten ließ. Die Cardinalsgesandtschaft war angeblich in Genua durch Stürme aufgehalten worden. Adrian hatte aber aus Rom, Genua und Lyon, sowie aus

---

[1]) Itinerar.

[2]) Aus Vitoria. Gachard, p. 254—256.

[3]) Brewer, n. 2018. Adrian unterzeichnete sich A. Card. Dertusensis. Gleich= zeitig erfolgte ein Schreiben an Wolsey. Vergl. Gachard, p. 254, 256.

[4]) Domus Anglicanae.

[5]) Gachard, n. IX.

[6]) Das Schreiben an das Capitel von Toledo vom 10. Februar enthält nichts von seiner Wahl, sondern nur seine Freude, daß sich Toledo unterwarf. Gachard, p. 258. Später bittet er die Kirche von Toledo um ihr Gebet.

anderen Orten Nachrichten über seine Wahl erhalten; er erklärte, daß er sich in Anbetracht seiner schwachen Kräfte darüber nicht freue. Er wünsche und bedürfe Ruhe und nicht eine so unerträgliche Last. Er habe bisher die Wahl nicht angenommen und gedenke es erst (öffentlich) zu thun, wenn die nöthigen Instrumente des Cardinalscollegiums in seinen Händen seien, könne aber denn doch das Amt eines Gobernadors nicht mehr bekleiden. Er fürchte, die Angelegenheiten des Kaisers möchten, wenn er fortgehe, eine nicht gute Wendung nehmen, dem Kaiser selbst seine Wahl nicht lieb sein und er besorge Nachstellungen von Seiten der Franzosen, wenn er nach Rom gehe. Das Uebrige bezog sich auf einen Brief des Kaisers vom 11. December.

Der Papst hatte damals das Schreiben noch nicht in Händen, welches der Kaiser unmittelbar auf die Nachricht von der Wahl Adrian's (25. Januar) dem Lope Hurtado de Mendoza nach Vitoria mitgegeben und in welchem er Adrian seine ungemeine Freude über das Ereigniß ausdrückte. Aus seinen Händen, einer ihm so vertrauten Persönlichkeit, einem Landsmanne, hoffe er die Kaiserkrone zu empfangen. Gemeinsam wollten sie die Vermehrung des katholischen Glaubens, die Zurückführung und Besserung der Irrthümer übernehmen. Er wolle mit ihm das gleiche Schicksal tragen und bot dem Neugewählten seine Person, sein Besitzthum, seine Staaten an. Er beauftragte seine Gouverneure, ihm in Allem zu dienen und sich ihm zur Verfügung zu stellen, wie sein Eigenthum, da er selbst sein gehorsamster und wahrhaftester Schüler und Sohn sei.

Während man am kaiserlichen Hofe sich den größten und freudigsten Hoffnungen hingab, war der Mann, welchem die höchste Würde der Christenheit zugekommen war, nach wie vor unbewegt im Sturme des Lebens geblieben. „Es wird wohl Niemanden geben," schrieb er an seinen theuren Freund, den Herrn Doctor Florentius Oem von Wyngarden, Syndicus von Utrecht, „der nicht sich wundern würde und erstaunt wäre, daß ein armer, Allen beinahe unbekannter Mann, noch dazu so weit entfernt, von den in dem Einen übereinstimmenden Cardinälen zum Nachfolger Christi erwählt wurde. Allein Gott ist es leicht, die Armen rasch zu erheben. Ich bin über diese Ehre nicht von Freude erfüllt und fürchte mich, eine so große Last auf mich zu nehmen. Ich möchte viel lieber statt der päpstlichen, cardinalicischen und bischöflichen Würde in meiner Probstei in Utrecht Gott dienen. Aber dem Rufe Gottes wage ich nicht Widerstand zu leisten und hoffe, daß er ergänzen werde, was mir fehlt und hinlänglich starke Kraft gewähren wird, die Last zu tragen. Ich bitte Euch, betet für mich und erwirkt mir durch Eure frommen Bitten, daß er mich feine Gebote auszuführen wohl unterrichte und mich würdig mache, daß ich dem Wohle seiner Kirche zu dienen vermag[1]."

In ähnlicher Weise drückte sich Adrian auch in einem Schreiben (Vitoria, 14. Februar) an seinen Freund Jean de Vignacourt, Prevost von Mons, aus. Er bittet ihn und seine übrigen Freunde, für ihn zu beten und ersucht ihn zugleich, auf Kaiser Karl einzuwirken, daß er bald nach Spanien komme, damit er selbst ihn vor seiner Abreise zum Frieden und zur Eintracht der Christenheit ermahnen könne[2].

Es ist in hohem Grade bezeichnend, daß Adrian auch in seiner so hohen Stellung sich seiner Freunde nicht schämte, sowie, daß sich keine Gunstbezeugung für seine persönlichen Freunde, geschweige für seine Anverwandten findet. Nicht als wenn er später den Gefühlen für Freundschaft sich unzugänglich erwiesen. Es war kein Geheimniß, wie sehr er mit Wilhelm Enkenvort sympathisire, an welchen Aleandro ein Glückwünschungsschreiben zu richten sich beeilte[3]. Der Briefwechsel Adrian's mit diesem ist leider, wie so Vieles, was sich auf ihn bezieht, zu Grunde gegangen. Aber auch von seinem intimsten Freunde verlangte er vor Allem Selbstverleugnung und aufopfernde Pflichterfüllung. Erst auf dem Todbette erinnerte er sich, daß er auch die treugeleisteten Dienste zu belohnen habe.

Man hat eine Aeußerung Adrian's aufgezeichnet, die er einem Ritter Salomon gegenüber gethan, welcher ihn auf der Reise nach Rom bewirthet: „Der Fürst, welcher über den fürstlichen Ruhm und das Heil der Unterthanen noch Anderes setze, sei kein Fürst, sondern ein Tyrann. Er selbst habe gelernt, mit geringer Speise und wenig Trank sich zu sättigen, den Körper mit wohlfeilem Gewande zu bedecken, alles Andere, wie viel es auch sei, müsse für die gesammte christliche Heerde verwendet werden[4]."

Konnte die Zeit, die aus den Fugen gegangen war, durch den reinsten Willen eines Einzigen, durch persönliche Aufopferung und ein am erhabensten Orte leuchtendes Beispiel, durch Mittel, wie sie die frühere Zeit und ihre Rechtsanschauungen an die Hand gaben, aufgerichtet werden; war sie noch den Mahnungen des Pflichtgefühles zugänglich, so konnte keine bessere Wahl getroffen werden, als die Adrian's.

---

[1] Vitoria, 15. Februar 1522. Burmann, p. 398.
[2] Votre bon ami et eslen pape. Weiß, papiers d'état du Card. Granvelle. I, p. 251.
[3] A. Mai, spicilegium Romanum. II.
[4] Burmann, p. 409.

Der Reichthum und der Uebermuth der Cardinäle, der Fürsten und Päpste hatten sie so tief sinken gemacht; jetzt mußte jedenfalls die Probe bestanden werden, ob Armuth, Rechtlichkeit und Unsträflichkeit wieder einzurichten vermöchten, was Uebermuth und Frevel ausgerenkt hatten. Der Zeit durfte auch dieses Gericht nicht erlassen werden.

Wenn irgend ein äußerer Umstand Adrian ermuthigen mußte, die Wahl anzunehmen, war es die Sendung Don Lope Hurtado de Mendoza's. Am 12. Februar war Mendoza in Vitoria angekommen[1]. Er berichtete von den Festlichkeiten, die in Belgien auf die Nachricht von der Wahl Adrian's stattgefunden, von den freundlichen Absichten des Kaisers, und bewirkte dadurch eine so ergebene Stimmung, daß Adrian erklärte, er werde sich, wenn es nöthig wäre, für die Ehre und die Machtvermehrung des Kaisers martern lassen. Der Gesandte berichtet am 15. Februar, der Papst habe dieselbe Liebe und Ergebenheit gezeigt, wie damals, als er Dechant von Löwen war. Eine Gesandtschaft des Königs von Frank= reich, den Erzbischof von Paris an der Spitze, solle bereits in Bayonne angekommen sein; eine Nachricht, welche sich freilich als ganz unbegründet erwies. An demselben Tage (15. Februar) antwortete Adrian auf das Schreiben des Kaisers vom 25. Januar[2]. Hatte er sich im Briefe vom 11. Februar noch als Cardinal von Tortosa unterzeichnet[3], so erfolgte jetzt schon die Unterzeichnung als erwählter römischer Papst. Er ver= sichert den Kaiser, daß nur die Einstimmigkeit der Wahl ihn zur Annahme derselben bewege, daß er die Angelegenheiten Karl's und seines Bruders mehr als seine eigenen im Auge gehabt habe, er werde sich bis zur Ankunft der Legaten jeder päpstlichen Function enthalten und denke nur daran, der Christenheit den Frieden zu geben und die mahomedanische Secte auszurotten. Er sprach sich für den Cardinal von Medici aus und schlug den Commendador mayor de Castilla als seinen Nachfolger in der Lugartenencia der drei Orden von Santiago, Calatrava und Al=

---

[1] Gachard, n. X. Adrian sagt in einem späteren Briefe (vom 5. Mai), er habe sich in Vitoria aufgehalten, weil er Herrn la Chaux (Mosur de Laxao) erwartete, welcher aber erst in Saragossa ihn traf.

[2] Gachard, n. XI.

[3] 11. Februar: Votre très-humble serviteur. A. Cardinalis Dertusensis. — 15. Februar: Sacrae Majestatis Tuae excepta dignitatis ratione servitor et pater. A. electus Pontifex Romanus. — 20. Februar: Iste qui est vester et suus. A. electus Pontifex Romanus. — 26. Februar: Caesareae Majestatis Vestrae salva dignitatis ratione servitor et pater. A. electus Pontifex Romanus. — 25. März: Sacrae Majestatis Tuae salva dignitatis ratione servitor deditissimus. A. Episcopus sanctae Romanae ecclesiae.

9*

cantara vor, welche Würde er selbst bisher bekleidete. Er bat zugleich
den Kaiser, die Galeeren von Neapel nach Barcelona kommen zu lassen
und einigen Personen zu vergeben, die sich im letzten Aufstande compromittirt hatten. Es handelte sich um Abwicklung der spanischen Geschäfte, weshalb Adrian am 19. und 20. Februar[1]) auf's neue an den
Kaiser schrieb und ihn ersuchte, nachdem er seit dem 9. Februar seine
Stelle als Gobernador niedergelegt, das von ihm bisher bekleidete Amt
eines Großinquisitors von Spanien entweder dem General=Minister
der Predigermönche, dem Erzbischofe von San Jago, oder dem Bischofe
von Cordoba oder dem von Lugo zu übergeben. Wiederholt bringt er
darauf, Kaiser Karl möge so rasch als möglich nach Spanien kommen,
sonst sei Alles verloren[2]). Toledo sei endlich gefallen, namentlich durch
den Erzbischof von Bari, der 20 Stunden lang im Harnische im Straßen-
kampfe verweilte. Ein zweites Schreiben benachrichtigte den Kaiser von
der Gefahr eines neuen Einbruches der Franzosen. Spanien befand sich
in den Händen des Almiranten von Castilien und des Don Jnigo de
Velasco, deren das königliche Interesse oft verletzende Pläne Adrian
zum Verdrusse beider bisher durchkreuzt hatte. Auch nach anderer Seite
schrieb Adrian, wie an den Minister Kaiser Karl's, den Grafen Heinrich
von Nassau, und die 13 Schweizercantone, die er zum Festhalten an
der römischen Kirche ermahnte, an den Marchese von Mantua, welchen
er zum Gonfaloniere der Kirche ernannte[3]), um dem umsichgreifenden
Abfalle zu steuern.

Am interessantesten aber sind die bisher unbekannten Briefe an das
Cardinalscollegium[4]). Der erste — aus Vitoria vom 14. Februar an die
ehrwürdigsten Väter in Christus, Herren und theuersten Mitbrüder —
ist die Antwort auf die Mittheilung der stattgehabten Wahl, die ihm
selbst zum größten Staunen gereichte und er, als der Last nicht gewachsen,
gerne zurückgewiesen hätte. Das Vertrauen auf Gott, daß ihm nie fehlen
werde, da er in Allem nur die Ehre Gottes suche, und dann auch ihre
Anhänglichkeit und Klugheit haben ihn bewogen, die Wahl anzunehmen.
Er werde ohne Zögern, sobald die Legaten angelangt und die Flotte
zur Ueberfahrt bereit sei, nach Italien eilen. In dem Schreiben vom
18. Februar drückt er seine besondere Zufriedenheit über die Einsetzung
des interimistischen Triumvirates aus, da es bei der Kürze seines Auf-

---

[1]) Gachard, n. XII, XIII. Brown, n. 421.
[2]) Todo lo destos reynos sera perdido.
[3]) Reusens Reg.
[4]) Abgedruckt in der 2. Abtheilung: Zur Kritik und Quellenkunde.

enthaltes in Spanien unnöthig gewesen wäre, eine Regierung gleichsam
für mehrjährige Abwesenheit einzusetzen, und versichert, wie sehr das
Benehmen des Cardinalscollegiums seine anfängliche Angst in eine gewisse
Zuversicht verwandle (18. Februar). Dann aber beschließt der Papst,
Don Antonio de Studillo, welchen das Cardinalscollegium an ihn ge-
sendet, als seinen geheimen Kämmerer nach Rom zurückzuschicker, damit
er dem Cardinalscollegium seinen Dank darbringe. Er erwarte die Ankunft der Legaten, und ihre Zögerung sei allein, was ihn von der Abreise
zurückhalte (28. Februar). Schon am 18. Februar ging ein sehr freundliches
Schreiben an den Cardinal Adrian von Corneto ab, der sich beeilt hatte, dem
Nachfolger Leo's seine Ergebenheit zu bezeugen. Am 19. schrieb der Papst an
Senat und Volk von Rom, um ihnen mitzutheilen, wie sehr ihn die
von ihnen empfundene Freude über seine Wahl angenehm berühre und sie
aufzufordern, seine Abwesenheit, die er so sehr als möglich zu verkürzen
gedenke, ruhig zu ertragen. In dem Schreiben vom letzten Februar ver-
weist er sie noch besonders an Antonio de Studillo. Vom gleichen Datum
ist ein Schreiben an den Cardinal Grimani, den er ersuchte, auf seinen
Vater, den Dogen, im Interesse des Friedens einzuwirken[1]). Bereits
erklärte er, er wolle gegen die Friedensstörer des Kirchenstaates auftreten
und erwarte nur die Ankunft der Legaten, um abzureisen. Es ist wohl
kein Zweifel, daß der Papst auch an den Cardinal Medici und dieser an
ihn schrieb, die Correspondenz sich auch auf andere Cardinäle bezog. Sie
ist uns jedoch nicht erhalten. Noch ein Schreiben an das Cardinalscollegium,
welches der Cardinal Angelo Mai aus den Papieren Aleandro's veröffentlichte, ist uns ohne Datum und als Fragment zugekommen[2]). Adrian
bat die Cardinäle, sich des Friedens und der Ruhe im Kirchenstaate anzunehmen, Werbungen in demselben zu hindern, die Völker im Zaume
zu halten und sie zur Eintracht zu ermahnen. Kaum daß bei den vielen
Nachstellungen der Feinde und dem Ausbruche der Häresie das vollste
Zusammenwirken Hilfe gewähre. Er sei jedoch bereit, sein Leben für die
katholische Kirche einzusetzen.

Die Ankunft Studillo's in Vitoria am 9. Februar war, da er glücklich
die Wahldecrete überbrachte, Anlaß geworden, daß Adrian noch an demselben Tage die Gobernadorstelle aufgab. Sie gab noch zu anderen und
sehr wichtigen Dingen Anlaß. Studillo, bisher Secretär des Cardinals
S. Croce, hatte Rom am 10. Januar verlassen, also nach dem Bischof

---

1) Grimani's Antwort ist vom 20. März.
2) Spicilegium Romanum. II, p. XIII.

von Scalla, der unterwegs aufgefangen worden war, weshalb man nun einen Pönitentiar an Adrian zu senden beschloß[1]). Stubillo hatte sich, offenbar im Auftrage Carvajal's, zuerst nach St. Germain zu König Franz begeben, um diesem über die Bedeutung der Wahl eine andere Meinung beizubringen. Der König befand sich über die Vorgänge in Rom in einer nicht geringen Anregung.

Leider fehlen uns aber die fortlaufenden französischen Correspondenzen und die wenigen, worüber wir verfügen, sind mehr Bruchstücke als fort= geführte diplomatische Berichte. Aber auch aus diesen ersieht man, daß sich Kaiser und Papst auf das Schlimmste gefaßt machen konnten. Der königliche Secretär De Abbatis meldete am 7. Februar aus Cambray, wo er sich auf Befehl der Prinzessin Margarethe, an die er französischer= seits geschickt worden war, aufhalten mußte, an den Großschatzmeister Robertet, König Heinrich VIII. habe die Wahl des Cardinals Medici betrieben, ebenso auch Kaiser Karl, Letzterer jedoch den Botschafter Don Juan Manuel beauftragt, alle spanischen Beneficien, welche seit Karl's Abreise aus Spanien erledigt wurden und ein Einkommen von mehr als 300.000 Ducaten repräsentirten, nach der Anweisung des Cardinals von Medici zu vertheilen, um dadurch Stimmen für ihn im Conclave zu werben. Dennoch habe dieser nur 20 Stimmen erhalten und der Cardi= nal Colonna erklärt, er und sein Anhang (Römer und Ghibellinen) würden nie den Medici wählen. Beide Cardinäle seien deshalb in einen Wortwechsel gerathen und hätten sich gegenseitig Bastarde geschimpft, worin beide Recht gehabt hätten[2]). Endlich habe Medici dem Colonna gesagt, er brüste sich so sehr, Anhänger des Kaisers zu sein; ob er thun wolle, was im Sinne Karl's läge, und als Colonna hierauf zum Be= weise seiner Ergebenheit den Meister Adrian vorgeschlagen, habe Medici nicht anders gekonnt, als dem Vorschlage Colonna's beizutreten und so sei Adrian Papst geworden. Medici aber sei in Verzweiflung nicht blos über die Wahl an und für sich, sondern auch daß Don Juan Manuel dem Kaiser geschrieben, Colonna (und nicht Medici) hätte Adrian zum Papste gemacht, und er nun nicht wisse, wie er die seinen Anhängern gemachten Versprechungen erfüllen könne. Dazu komme, daß Colonna und Soderini (von der guelfischen Partei) mit einander verbunden seien. Der königs= liche Secretär, welcher in Betreff der wirklichen Vorgänge im Conclave offenbar nicht genau berichtet war, baute auf diese seine Nachrichten den

---

[1]) Bergenroth, Introduction. p. CCXIII.

[2]) He de questo non saria da darli riprensione perche dicevano la verità. Molini, documenti di storia italiana. Firenze 1836. I, p. 156.

Plan, durch einen Vertrauten Medici für den König von Frankreich zu gewinnen und durch seine Hilfe ein Schisma zu veranlassen, sowie eine Neuwahl in französischem Sinne durchzusetzen [1]).

Es war nicht der einzige Rath, den De Abbatis gab. Er wollte, daß der König den Richard Pace auf dem Wege nach Venedig aufheben lasse. Mit Leichtigkeit könnte man bewirken, daß er in ein Castell untergebracht werde, wo man zehn Jahre lang nicht wisse, wohin er gekommen sei [2]). Aus den ihm abzunehmenden Depeschen aber könne man dann den Stand der englischen Unterhandlungen ersehen. Er benachrichtigte zugleich den Schatzmeister, daß im Rathe des Kaisers beschlossen worden sei, den Propst von Utrecht an König Franz zu schicken, um einen Frieden zu unterhandeln, wobei aber die Bundesgenossen König Franz' ausgeschlossen wären und Letzterer Adrian als Papst anerkennen solle [3]). Durch ersteres hoffe man die Schweizer zu isoliren, denen der Infant Ferdinand besonders zürne. Wir wissen nicht genau anzugeben, bis zu welchem Grade König Franz in den Plan seines Gesandten damals einzugehen gewillt war. Er war durch den Ausgang der Wahl vollkommen überrascht und er bedurfte längerer Zeit, um sich zurecht zu finden. Er machte aber kein Hehl daraus, daß er es, wenn der Cardinal von Medici gewählt worden wäre, auf ein Schisma hätte ankommen lassen. Weder er noch seine Unterthanen würden dann dem römischen Stuhle gehorchen. Ein neues französisches Schisma stand somit in Aussicht, als es die Wahl Adrian's glücklich noch aufhielt. Der König war übrigens durch seinen Botschafter Nicolas Raince von den Vorgängen im Conclave genau unterrichtet worden. Raince berichtete auch seinem Herrn umständlich die Ursache, warum Medici plötzlich seine früheren Candidaten fallen ließ, wie er sich selbst als Candidaten bei Zeiten aufzugeben klug genug war, als er bemerkt hatte, er werde die ihm noch fehlenden Stimmen absolut nicht erhalten. Er fürchtete, nachdem der ganze Kirchenstaat aus den Fugen gegangen war, für Florenz und Siena, und beschleunigte deshalb die Wahl, die er vielleicht zwei Tage später, um die beiden Orte zu retten, ganz hätte aufgeben müssen. Raince, der seine Depesche über Adrian's Wahl am 9. Januar 5 Uhr Nachts schloß,

---

[1]) E per mezo suo se poteria metere una seisma de sorte che non saria da dubitar chel Re non facesse fare uno papa a la voluntà soa. l. c. p. 157.

[2]) Auf dieses Verschwindenmachen von Abgesandten verstand sich namentlich Don Juan Manuel gut und die Felsenkammern von Gaeta waren zu solchen oubliettes ganz besonders geeignet.

[3]) l. c. p. 159.

setzte in der vom 10. Januar hinzu: Medici allein und kein
Anderer hat den Papst gemacht[1]). Es ist aber von Wichtigkeit,
zu erfahren, daß die französische Partei sich jetzt doch für Adrian erklärte.
Der Cardinal Trivulzio schrieb am 14. Januar an König Franz, von all'
denen, welche naheſtanden, Papſt zu werden, ſei Adrian für ihn der beſte[2]).
„Wenn die Wahl auf einen Imperialiſten fallen mußte," ſchrieb Raince
an den König, ſo iſt der Cardinal von Tortoſa vorzuziehen für das Gute
und das mindeſt Schlimme, nicht nur in Betreff deſſen, was man von
ſeinem guten Leben ſagt, ſondern auch weil er vor ſechs bis acht Monaten ſich
nicht an dem Orte befinden kann, wo er oder ſein Schüler (Kaiſer Karl)
Euch Hinderniſſe zu bereiten im Stande wären." Da der Botſchafter wahr-
heitsgetreu hinzufügt, welch' ſchlimmen Eindruck die Wahl des unbeſchol-
tenſten aller Cardinäle in Rom hervorrief und daß Alle der Meinung
waren, der römiſche Hof ſei verloren, ſo konnte König Franz hinlänglich
daraus erkennen, daß für ihn die Zeit gekommen ſei, das Eiſen zu ſchmieden
und durch einen neuen Einfall in Italien daſelbſt die Sachen ſo zu wenden,
daß, wenn der Papſt aus Spanien anlange, er Italien und Rom in den
Händen der Franzoſen erblicke. Daß die Cardinäle dem Neugewählten
es zur Pflicht machten, an dem allgemeinen Frieden der Chriſtenheit zu
arbeiten und wenigſtens für ſich neutral zu bleiben, d. h. nicht wie Papſt
Leo X. und Julius von Medici die Franzoſen zu bekämpfen, ſchrieb
Raince ſeinem Könige ſchon am 10. Januar[3]). Auch dieſes konnte König
Franz nur angenehm ſein.

Wäre in dem franzöſiſchen Könige nur der mindeſte ethiſche Sinn,
nur irgend ein Verſtändniß für die höheren Aufgaben des Lebens geweſen,
wie ganz anders hätte ſich die Zeit geſtaltet. So aber lebte er nur
ſeinen unbegrenzten Leidenſchaften und Lüſten. Für das Wohl Frankreich's, wo alle Stände nach dem Frieden ſeufzten, war in ihm nicht
eine Ader vorhanden. Seine eigene Mutter, Louiſe von Savoyen, regi-
ſtrirte in ihrem Tagebuche, daß Franz in dem Jahre, in welchem er
(20jährig) heiratete, bereits von der Krankheit befallen ward, die vielleicht von dem Könige der Franzoſen ihren nationalen Namen erhielt.

---

[1]) M. de Medicis a fait seul le Pape et non autre. Mignet, Rivalité,
p. 316. — Ognuno lo sa, si come ancora è notissimo, che nessuno
fu più auttore e conduttore di questa creatione che 'l Cardinal
di Medicis. Inſtruction für den Cardinal Farneſe von Clemens VII. Ranke,
III, p. 245.

[2]) Costui cy quest elu soit le meilleur pour vous. l. c. p. 318 u.

[3]) Vergl. Dr. A. Corlieu, la mort des rois de France. Paris 1873.

Wie er selbst den Ruin Frankreich's herbeiführte, führte er auch den seiner Familie herbei, die durch Siechthum und Ausschweifungen ebenso an ihrem Untergange arbeitete, als fremde Hände bemüht waren, den= selben zu vollenden [1]).

Unter solchen Verhältnissen habe nun Studillo, wie Bergenroth die Sache darstellt [2]), den König Franz zu überreden gesucht, daß die neue Papstwahl den französischen Interessen gar nicht so nachtheilig sei. Der Papst sei früher des Cardinals Freund gewesen und Carvajal werde wohl bald soviel Einfluß auf Adrian gewonnen haben, daß der Papst nichts ohne seine Zustimmung thun werde. In der That sei es den Vorstellungen Studillo's gelungen, den König zu bewegen, ihm Instructionen für den Papst zu geben; diese aber hätten in nichts Geringerem bestanden als in der Versicherung, nicht Kaiser Karl, sondern König Franz habe ihn zum Papste gemacht; daß er ferner wisse, daß Adrian ein Heiliger sei. Der ungemessene Zorn Don Juan Manuel's gegen Studillo, den er gerne hätte aufgreifen. und verschwinden machen, rechtfertigt diese Anschauung, der andererseits entgegensteht, daß König Franz noch längere Zeit Adrian den Titel eines Papstes verweigerte. Carvajal aber mag es wohl ähnlich gesehen haben, daß er Adrian für eine Puppe hielt, mit der er sein Spiel treiben könnte. Der Cardinal von S. Croce war nicht der Einzige, welcher sich in dieser Beziehung täuschte. Studillo habe sodann dem Papste in Vitoria ganz andere Nachrichten über seine Wahl gebracht als dieser bisher erfahren. Carvajal sei es gewesen, der gleichsam die Tiara vom eigenen Haupte genommen, um sie auf das Adrian's zu setzen. Letzterer aber habe Alles geglaubt, was ihm Studillo mitgetheilt, einen Brief an König Franz geschrieben und sich vorgenommen, die Reise über Frankreich zu machen, und nur die kaiserlich gesinnte Umgebung habe dann Adrian davon abgebracht und bewirkt, daß der Brief an König Franz unvollendet blieb. Noch Anfang Februar lauteten die Nachrichten aus Rom für König Franz nichts weniger als ungünstig. Don Juan Manuel meinte, daß mit Absicht die Dinge daselbst in eine üble Lage gebracht würden, in der Hoffnung, daß der Papst es dann unterlassen

---

[1]) 1514. Français avait mal en la part de secrette nature.

[2]) Bergenroth stellt aber die Sache so dar, als wäre Studillo — er nennt ihn Astudillo — nur ein Abgesandter St. Croce's gewesen. Er war bisher in des Car= dinals Diensten gestanden, war aber jetzt Nuntius des Cardinalscollegiums. St. Croce konnte ihm wohl Privataufträge an König Franz geben, aber seine Hauptmission lautete dahin, Adrian die officielle Verständigung der stattgehabten Wahl mit den betreffenden Documenten zu überbringen.

werde, nach Rom zu gehen[1]). Der König sammelte, offenbar im Ein=
verständnisse mit der französischen Partei im Cardinalscollegium, ein
Heer in Lyon, um einen neuen Einfall in Italien zu unternehmen und
Herr der dortigen Ereignisse zu werden. Adrian sah sich genöthigt,
während die Communication mit Rom immer schwieriger wurde, er fast
keine Nachrichten direct von da zog, die Briefe an das Cardinals=
collegium und an die Personen, welchen er nach Rom schrieb, in Dupli=
caten abzusenden und sie durch den Nuntius in Brüssel gehen zu lassen,
damit sie nicht in Frankreich aufgefangen würden. Umgekehrt verdoppelte
die kaiserliche Partei ihre Bemühungen, auf den Papst einzuwirken und
wuchsen ihre Sorgen, daß die Franzosen nicht Boden gewännen. Don
Juan Manuel schrieb dem Papste einen Brief nach dem andern, ihn zu
überzeugen, daß er und der Kaiser ihn zum Papste gemacht, offenbar um
den Eindruck zu verwischen, den Studillo möglicherweise auf den Papst
gemacht. Je mehr sich Don Juan Manuel nach dieser Richtung abmühte,
desto ungläubiger wurde der Papst. Er stand aber sehr bald, ohne eine
Ahnung davon zu haben, ohne Arg und ohne Falsch inmitten von In=
triguen, Cabalen und Verrath. Als er etwas später den Eroberer von
Toledo, den Erzbischof von Bari, nach Paris sandte, correspondirte
dieser päpstliche Nuntius mit Lope de Mendoza, welcher den Papst wie
in einem unsichtbaren Netze gefangen hielt, mit Don Juan Manuel
selbst, und die Briefe, welche der König und dessen Mutter dem Nuntius
für den Papst übergaben, gelangten nur durch den Canal Lope's in
Adrian's Hände, fast gleichzeitig in die Kaiser Karl's[2]).

Bereits begann in Spanien die volksthümliche Bewegung, um dem
neuen Papste die Huldigung darzubringen. Das Capitel von Tortosa
schenkte dem Boten, der die Nachricht brachte, sein Bischof sei Papst
geworden, 10 Ducaten und entsandte eine Deputation mit dem Cama=
rero Don Miguel Boteller an der Spitze nach Vitoria (25. Februar),
dem Papste den Glückwunsch darzubringen[3]). Andere Diöcesen folgten
nach. Seinerseits hatte Adrian durch Studillo die Legaten wissen lassen,
daß, falls sie nicht schon bis Genua gekommen seien, sie die Reise nicht
mehr antreten möchten. Er wartete bis zum 8. März, somit fast zwei
Monate nach erfolgter Wahl. Dann aber beschloß er, nicht länger zu
zögern. Er ließ in Vitoria in aller Form Rechtens ein Notariatsinstru=
ment ausfertigen, erklärte, daß er durch den Protonotar Antonio de Stu=

---

[1]) Dejara el Papa de venir. 4. Februar 1522.
[2]) Bergenroth, introduct. p. CCXVIII.
[3]) Daniel Fernandez y Domingo, anales de Tortosa. p. 250.

dillo als Abgesandten des Cardinalscollegiums die officielle Nachricht
seiner Wahl erhalten, sie nicht ohne Widerstreben angenommen, jedoch,
wie er den Cardinälen geschrieben, beabsichtigte, sich von der öffentlichen
Annahme der Wahl bis zur Ankunft der Legaten zu enthalten. Nachdem
er aber durch das jüngst erfolgte Eintreffen vieler Personen aus Rom
in Erfahrung gebracht, daß die Legaten sich noch immer in Rom auf=
hielten und keine Aussicht vorhanden sei, daß sie sobald sich auf die
Reise begäben, er aber, wenn er nicht seine Wahl öffentlich annähme,
weder auf die Fürsten des Friedens wegen einwirken, noch Recht sprechen
könne, namentlich in dringenden Fällen, die Kirche nicht so lange Zeit
ihres Hirten entbehren, noch es den Anschein gewinnen dürfe, daß er die
Wahl zurückweise, so habe er Zeugen und Notare berufen und im Ver=
trauen auf Gott die Wahl angenommen, hoffend, daß dieses den Car=
dinälen genehm sein solle. Unter den Zeugen befanden sich die Bischöfe
von Burgos, Oviedo und Nicopolis und der päpstliche Nuntius in
Spanien, Vienesio de Albergatis[1]).

Damit war der Knoten gelöst. Die Legaten brauchten nicht mehr
abzureisen, Adrian war aus einem electus Papst geworden, und ob es
dem Cardinalscollegium angenehm oder nicht angenehm war, ob er
Cardinäle um sich hatte oder nicht, er hatte die Regierung der Kirche
ohne Capitulation, durch nichts gebunden als sein Gewissen, angetreten.
Den Cardinälen blieb nichts übrig als die vollendete Thatsache anzu=
erkennen. Von allen Seiten kamen jetzt Geschenke, den Papst mit dem
Nöthigsten auszurüsten. In den spanischen Nonnenklöstern wurden Sticke=
reien vollendet, der Clerus sorgte für Paramente, der Hofhalt (famiglia)
wurde eingerichtet, der Archidiakonus von Tortosa, maestro di casa,
der Graf Don Hernandez de Andrada, der unter Gonsalvo in Italien
gedient, Commandant der Truppen, die den Papst nach Rom führen
sollten; denn der Gedanke, auf einer venetianischen Galeere abzufahren,
mußte bald aufgegeben werden, da türkische Schiffe das Meer unsicher
machten. Man mußte an eine Flotte und eine Heeresabtheilung (nach
damaligen Begriffen) denken. Adrian übergab die Acceptationsurkunde
„seinem Freunde Wilhelm", Enkenvort, sie dem Cardinalscollegium zu über=
bringen und wies dasselbe noch an, dem Ueberbringer in Betreff münd=
licher Mittheilungen vollen Glauben zu schenken. Es dauerte aber noch einen
vollen Monat, bis die Publication in Rom erfolgte und nun die Christen=
heit erfuhr, sie besitze einen Nachfolger Leo's, den Deutschen Adrian VI.

---

[1]) Vianues. Siehe Paris, f. 324—326. Zur Kritik, II.

Das Benehmen des Cardinalscollegiums gegen den Papst war immer seltsamer geworden. Es that so ziemlich Jeder was er wollte. Großes Aufsehen machte, daß der Cardinal Armellino als Camerlengo an den Marchese von Mantua im Namen des Cardinalscollegiums ge schrieben und ihm befohlen hatte, die Artillerie in Piacenza dem Prospero Colonna zu übergeben, was nichts Anderes sei, als daß die Kirche gegen den allerchristlichsten König sei. Armellino hatte dieses auf Antrieb Medici's gethan, der dem Herzog von Urbino Montefeltro genommen hatte. Letzterer beschwerte sich darüber bei dem Cardinalscollegium und dieses trug dem Cardinal Medici auf, Montefeltro zurückzugeben. Die Cardinäle hatten eine Bulle Papst Gregor's XII. ausfindig gemacht, durch welche die Papstwahl eines Abwesenden vernichtet wurde, wenn er binnen vier Monaten nicht nach Rom komme. Dieses wurde Don Manuel mitgetheilt und beschlossen, daß die drei Cardinäle nicht nach Spanien reisen sollten[1]). Jedermann trug in Rom Waffen. Am 19. März waren die Briefe des Papstes aus Vitoria eingetroffen. Sie reichten bis zum letzten Februar. Studillo, der 300 Ducaten erhalten und cameriere segreto geworden war, kam zurück. Im Collegium herrschte aber solche Uneinigkeit, daß Cardinal Grimani sagte, es sei genug, daß Papst Leo die Kirche ruinirte; jetzt wollten auch seine Verwandten den Rest zu Grunde richten — was sich namentlich auf das Benehmen Rudolfi's bezog. Studillo brachte auch die ersten Nachrichten über das Aussehen des Papstes selbst nach Rom, und wie unverändert er geblieben, wie er sich auch den Fuß nicht küssen ließe[2]), unbewegt und ruhig wie ein Fels im Meere, als ihm die höchste Ehre zu Theil geworden, er Gegenstand der Bewunderung geworden sei.

In Rom selbst, wo das Triumvirat der Regentschaft mit jedem Monate wechselte, die Cardinäle die Süßigkeit der Macht, kaum daß sie sie erlangt, auch schon wieder verloren, gingen die Streitigkeiten unter diesen stetig fort. Camillo Orsini ließ den Cardinal SS. Quatro wissen, er solle aus der Pönitenziarie ausziehen, was Letzterer, um Scandal zu ver= meiden, auch that; es war ihm angedroht worden, ihn in Stücke zu hauen[3]), wenn er es nicht binnen acht Stunden thue. Nach dem Schreiben des venetianischen Botschafters vom letzten März und 1. April[4]) war in Rom Alles darunter und darüber, man mordete wieder Tag und Nacht.

---

1) M. Samuto, p. 19.
2) p. 63.
3) p. 95, 97.
4) p. 111.

Als Don Manuel in seinem Palaste Soldaten unterbrachte, ließen ihn die Cardinäle auffordern, diese zu entlassen. Er erwiderte, daß sei er immer zu thun gewohnt gewesen. Il Signor Renzo, ein bekannter Bandenführer, war von Rom weggegangen, um im Auftrage König Franz' mit 8000 Lanzen und 400 leichten Reitern den Krieg in Toscana zu beginnen. Der König soll ihm 20.000 Ducaten gegeben haben. Es handle sich darum, in Siena die Regierung umzustürzen. Florenz solle aufgefordert werden, die Medici zu entlassen. Das Cardinalscollegium befahl dem Marchese von Mantua, Piacenza und Parma zu besetzen. In Rom gab es keinen Tag, an welchem nicht 5—6 Menschen[1]) ge= tödtet wurden, es gab daselbst keine Justiz. Ein Theil der Cardinäle hielt es mit Medici, ein anderer mit dem Kaiser[2]). Zweimal verlangte der Papst, die Cardinäle sollten ihm den Fischerring senden. Als es noch immer nicht geschah, befahl er, daß man ihm einen in Barcelona mache; darauf schickten sie ihm denselben[3]). Es hieß, der Papst sei in Barcelona gestorben[4]). Der Cardinal von Sion beschuldigte den Cardinal Pisani, daß er Ursache der Verwirrung in Italien sei und die Herren von Ri= mini dahin zurückgekehrt waren. Colonnesen und Orsinis standen einander bewaffnet gegenüber[5]), so daß die Andern vermitteln mußten. Der Car= dinal Colonna verließ seinen Palast nicht mehr. Bereits rief der Groß= meister der Johanniter, welcher Alles von den türkischen Rüstungen fürchtete, die Hilfe des Cardinalscollegiums auf, das ihm 3000 Mann zu unterhalten versprach[6]). Es geschah aber nichts. Man hatte für solche Dinge weder Geld noch Zeit.

Am 18. März erfolgte ein neues Schreiben der Cardinäle an den Papst. Es kreuzte sich mit dem, welches Adrian am 16. März dem Cameriere segreto, Giovanni Borello, mitgegeben und in welchem er das Collegium beauftragte, genau die Art und Weise ausfindig zu machen, wie der allgemeine Friede unter den christlichen Fürsten hergestellt werden könne. Ihrerseits benachrichtigten die Cardinäle den Papst, daß die Kunde von seinem Tode sich verbreitet habe, berichteten über die Anstalten, welche sie in Betreff der Flotte getroffen und beschworen ihn, seine Ab= reise zu beschleunigen. Er möge die Ankunft der Cardinäle nicht ab=

---

[1]) Bei M. Sanuto heißt es: 4, 6—8
[2]) p. 132.
[3]) p. 240.
[4]) p. 250.
[5]) p. 263.
[6]) p. 315.

warten, sondern nach Rom, seinem wahren Sitze, eilen. Es blickt noch immer die Besorgniß hindurch, der Papst möchte Spanien nicht verlassen. Adrian hatte aber, wie bemerkt, selbst daran gedacht, sich einer venetianischen Galeere zu bedienen und in seiner Antwort auf das Gratulationsschreiben der Venetianer diese darum ersucht, zugleich ihnen mitgetheilt, wie sehr er wünsche, den Frieden herzustellen. Er hatte damit den sehnlichsten Wunsch der Venetianer ausgesprochen. Es war nicht blos ein Compliment, wenn jetzt Cardinal Grimani in seiner Antwort vom 20. März sein Bedauern ausdrückte, daß Rom nicht schon vor Jahren einen solchen Nachfolger des heiligen Petrus erhalten. Er schilderte die Rüstungen Sultan Soliman's, die drohende Türkengefahr, und versprach von Seiten seines Vaters und der Republik Venedig das Beste. Als Fra Vincentio di San Geminiano aus Vitoria an den Cardinal di San Sisto eine Charakteristik des Papstes schrieb, er sei von kleiner Gestalt, eher blaß als roth gefärbt, weder von Zorn bewegt, noch für Scherz gestimmt, Geschenken unzugänglich und im Gewähren mehr als zurückhaltend, strenge gegen sich, gleichmüthig und vom reinsten Leben, wurde der Bericht mit Erlaubniß des Patriarchen und Großinquisitors von Venedig in das Italienische übersetzt und durch den Druck verbreitet. Man wußte bereits, wie unähnlich Adrian seinem Vorgänger sei, als am 9. April an den Thoren des Laterau's, der Cancellaria, der Rota, des päpstlichen Palastes, am Campo di fiore und an der Basilica des heiligen Petrus die Urkunde der Annahme der Wahl von Seiten Adrian's sammt dem Begleitungsschreiben an die Cardinäle vom 8. März 1522 angeschlagen wurde. Damit war den Intriguen in Betreff einer neuen Papstwahl ein Ende gemacht; nicht aber dem Intriguenspiele selbst.

Dritter Abschnitt.

Die Huldigung in Saragossa. Abreise nach Italien.

Bereits am 15. Januar 1522 war der kaiserliche Kämmerer und geheime Rath Messire Charles de Poupez, Herr von la Chaux, zu einer Mission nach England und Portugal bestimmt gewesen, als die unerwartete Nachricht von der Wahl Adrian's in Brüssel eintraf und nun im Cabinete Kaiser Karl's beschlossen wurde, eine der vertrautesten Personen des geheimen Rathes an den neuen Papst zu senden. La Chaux erhielt darauf den Befehl[1]), ehe er nach Portugal gehe, sich zu Adrian zu verfügen. Er sollte zuerst Adrian Karl's ungemeine Freude über seine Wahl ausdrücken und daß der Kaiser persönlich gekommen wäre, ihm seine Ehrerbietung zu bezeugen, wenn die Lage der Dinge es gestatten würde. La Chaux komme daher an Karl's Stelle, als dessen Botschafter. Wie gerne ferner Karl mit dem Papste zusammengekommen wäre, wenn nicht die Gefahr seine Abreise zu verhindern und dadurch eine Neuwahl in Rom zu ermöglichen, Adrian's Abreise so sehr wünschenswerth machte! Er möge sogleich nach Empfang des Wahldecretes mit Vermeidung des Landweges sich in Barcelona einschiffen, weshalb auch der Kaiser bereits an die Vicekönige von Castilien, Neapel und Sicilien habe schreiben lassen. Karl beklagte in den anerkennungswerthesten Ausdrücken den unersetzlichen Verlust Adrian's als Gouverneur, da er allein und immer den öffentlichen Vortheil dem eigenen vorgezogen und die Leidenschaften der Vicekönige zu beruhigen gewußt habe. Er erklärte in Adrian's Vorschlag, die Königin-Witwe von Portugal, die Infantin Leonore, als Regentin nach Spanien zu berufen, gerne eingehen zu wollen, wenn er nicht befürchten würde, es möchte sich dieses ohne Zustimmung des jetzigen Königs von Portugal nicht gut thun lassen. La Chaux war daher angewiesen, den König Johann zu bitten, die Königin-Witwe zu entlassen, und dann selbst bei ihr zu bleiben. Nähme dieses jedoch der König übel, so sollten die Vicekönige bis zu Karl's Ankunft Castilien regieren. Für den Fall aber, daß die Königin nach Castilien käme, müßten der Condestable und der Almirante bei Zeiten davon in Kenntniß gesetzt und dahin gebracht werden, daß sie selbst zu dieser Maßregel riethen, worauf sie womöglich noch ermahnt werden sollten[2]) zuzustimmen, daß die Königin allein als Regentin unterzeichne. Gerade in dieser sehr heiklen Sache war La Chaux an den Rath des Papstes angewiesen, den die spanischen Geschichtschreiber nur als den Niemand darstellen möchten, während er in den wichtigsten Angelegenheiten das ganze Vertrauen des Kaisers besaß. La Chaux war angewiesen, Adrian auch den ganzen Stand der Unterhandlungen mit Frankreich vorzulegen, sowie den Theilungsvertrag mit dem Infanten Don Fernando in Betreff Oesterreichs, ferner, welche Schritte König Franz gethan, den Kaiser von dem Könige von England zu trennen. La Chaux sollte den Papst um seinen Rath fragen, was besser sei, ein Großinquisitor für Castilien und Aragon oder das Amt zu

---

[1]) Höfler, Zur Kritik und Quellenkunde. Abth. II.
[2]) Man darf nicht vergessen, daß alle Ausfertigungen im Namen der Königin-Mutter und Kaiser Karl's erfolgten.

trennen, wie es unter König Ferdinand geschehen. Adrian möge die dazu
tauglichen Personen bezeichnen und die Mittel angeben, daß von der
Inquisition nicht die Gerechten statt der Ungerechten bestraft würden,
noch die Diener der Inquisition sich mehr um die Güter der Verurtheilten
als um deren Seelenheil kümmerten. In dieser Beziehung überlasse
sich Karl ganz dem Rathe des Papstes, nicht zweifelnd, daß, was er
thue, heilig und gerecht sei. Er selbst habe nach dem Rathe des Königs
von England und des Cardinals von York einen Waffenstillstand mit
dem Könige Franz zur Sicherheit seiner Reise und der Niederlande unterhandelt, wisse jedoch nicht, ob König Franz in Folge der Papstwahl noch
Lust habe, sich auf annehmbare Bedingungen hin des Krieges zu entschlagen. La Chaux sollte dem Papst den Vertrag des Kaisers mit Papst
Leo X. vom 8. Mai 1521 vorlegen und ihn fragen, ob er in den Bund
eintreten wolle; im bejahenden Falle aber la Chaux jene Bedingungen zu
ändern sich bemühen, welche zu sehr zum Nutzen des Hauses Medici
gereichten. Nicht minder sollte bestimmt werden, ob die Truppen, die den
Papst nach Italien führten, für Italien verwendet werden sollten, wobei
dann für ihren Unterhalt durch Florenz, Siena, Lucca oder andere
„Reichsstädte" gesorgt werden müßte. Wollte aber der Papst nicht hierauf eingehen, so sollte la Chaux eine Liga zwischen Papst, Kaiser und
dem Könige von England unterhandeln, die den gegenwärtigen Besitzstand
schütze und offensiv gegen Angreifer und die Feinde des Glaubens sei.
In diese aber könnten die Könige von Portugal, Dänemark, Ungarn,
Polen und andere Fürsten einbegriffen werden. Insbesondere aber möge
la Chaux dem Papste die volle Uebereinstimmung und Herzinnigkeit
zwischen dem Kaiser und dem Könige von England zu Gemüthe führen.
Trete nun der Papst ein, so gäbe es eine völlige Trinität, in welcher
Adrian den Vater, Karl den Sohn, König Heinrich den heiligen Geist
repräsentire. Da nun der Cardinal von York diese Liga gegründet, sei es
begreiflich, daß König Karl ihn in Allem unterstütze; Karl bitte daher den
Papst, den Cardinal in seiner Eigenschaft als apostolischen Legaten von
England zu bekräftigen und ihm die anderen Gnaden zu verleihen, um
welche derselbe bitte[1]). Ungeachtet aller dieser Uebereinstimmung Karl's
mit dem englischen Cabinete hatte Messire Charles de Poupez doch eine
Instruction erhalten, welche er demselben nicht mittheilen durfte und als
großes Geheimniß zu behandeln hatte. La Chaux hatte dem Papste aus-

---

[1]) La Chaux erhielt den Auftrag, diese Instructionen dem König Heinrich und
dem Cardinal von York mitzutheilen und die Absendung eines Gesandten zu betreiben,
der die gemeinsamen Angelegenheiten bei dem Papste bespreche.

einanderzusetzen, daß sich der Kaiser in Folge der großen Kriegsausgaben so entblößt von allen Geldmitteln befinde, daß, wenn nicht bald ein Waffenstillstand mit Frankreich abgeschlossen werde, er dem Verderben entgegengehe. Dazu komme die Ungewißheit in Betreff seiner Aufnahme in Spanien, was Alles Ursache wurde, daß sich Karl unter harten Bedingungen an den König von England anschließen und ohne dessen Zustimmung keinen Waffenstillstand oder Vertrag mit dem Könige von Frankreich eingehen durfte. Je länger sich aber der Waffenstillstand mit Frankreich hinausziehe, desto schlimmer werde Karl's Lage und desto mehr müsse er auf einen Ausweg sinnen, der mit seiner Würde verträglich sei. Dieser ergebe sich aber am besten, wenn der Papst die große Türkengefahr, mit welcher Ungarn bedroht werde, zum Vorwand nehme, um die christlichen Fürsten von ihren inneren Kriegen abzuziehen und gegen die Osmanen zu vereinigen, somit einen Waffenstillstand auf ein oder zwei Jahre vermittle, welchen die Fürsten nicht abschlagen könnten. Auch der König von Frankreich würde diesen gerne aus der Hand des Papstes empfangen. König Heinrich aber könne mit dieser Wendung nicht unzufrieden sein, weil das ja kein Separatfriede, sondern ein allgemeiner sei. La Chaux erhielt den Auftrag, dem Papste zu rathen, einen Botschafter-Congreß der christlichen Fürsten zur Berathung eines Krieges gegen die Ungläubigen in Antrag zu bringen, wobei diejenigen, welche nicht beitreten wollten, als Begünstiger des Feindes des christlichen Namens behandelt werden müßten. Wäre es aber dem Papste nicht möglich, so rasch einen Waffenstillstand herbeizuführen, als dieses im Interesse der Reise Karl's nach Spanien wünschenswerth sei, so möge er wenigstens seinen Rath nicht verweigern, in welcher Weise am raschesten Geld aufgetrieben und 20 castilische Schiffe mit 4000 Mann nach Falmouth gebracht werden könnten. Ebenso wünschte Karl die Meinung Adrian's über seine Heirat mit der Prinzessin Marie und der Vermählung einer der zwei Infantinen mit dem Könige von Portugal zu wissen, damit Letzterer nicht etwa auf die französische Seite gezogen werde.

Der erwählte Kaiser war entschlossen, im Frühlinge 1522 die Niederlande zu verlassen und über England nach Spanien zurückzukehren. Er hatte zu diesem Zwecke am 10. März aus Brüssel an König Heinrich geschrieben, ihn um das Schiffsgeleit gebeten und seine Abreise auf den 10. April bestimmt. Der König bat ihn jedoch, sie bis Samstag nach Ostern (26. April) zu verschieben, an welchem Tage man wissen könne, ob König Franz den Waffenstillstand, um welchen es sich jetzt handelte, annehmen würde oder nicht. Die Abreise Karl's verzögerte sich aber, als

im letzten Augenblicke die Antwerpener ihm nicht die verlangte Summe
vorschossen[1]), in unliebsamer Weise. Erst Ende Mai, als Adrian noch in
Saragossa verweilte, erfolgte von Calais aus[2]) die Landung Kaiser Karl's
in Dover (27. Mai) mit einem Gefolge von 2000 Personen und 1000
Pferden und gleichzeitig die Kriegserklärung Heinrich's VIII. an König
Franz durch den Herold von England zu Lyon (29. Mai)[3]). Sodann
wurde der Windsorvertrag zwischen Karl und Heinrich erneuert und bestimmt,
nicht eher Frieden mit Frankreich zu machen, als die von Franz wider-
rechtlich besetzten Länder zurückgegeben seien. Adrian VI. sollte eine
authentische Copie des Vertrages zugesendet und er aufgefordert werden, beizutreten, damit Eine Heerde und Ein Schafstall und ganz Israel
bekehrt werde. Dann erst, wenn Frankreich gedemüthigt sei, solle der
Türkenkrieg unternommen werden[4]). Weitere Bestimmungen betrafen den
Bund des Kaisers und des Königs mit dem Papste, mit dem Könige
von Ungarn, die künftige Vermählung Kaiser Karl's mit der Prinzessin
Maria, Tochter König Heinrich's VIII. Zwischen Mai 1524 und März
1526 sollten beide Fürsten in Person den Angriff auf Frankreich unternehmen, jeder mit 30.000 Mann zu Fuß und 10.000 Pferden. Am
19. Juni um 12 Uhr wurde in der Windsorcapelle der Offensiv- und
Defensivbund gegen Frankreich ratificirt und ein feierliches Te Deum
gesungen, in Anwesenheit Heinrich's, Grafen von Nassau und Viana,
Mercurinus Grafen von Gattinara, Peter's de Mota, Lorenz' von Gor-
revod, Johann's Markgrafen von Brandenburg, Don Fernando's de Toledo,
Herzog's von Alba, Philibert's, Prinzen von Oranien, Philippe's de Croy
und einer Anzahl von Lords. Die Fürsten leisteten den Eid und schlossen
den Papst, die Venetianer und Schweizer (eventuell) und ihre gemeinsamen Freunde in den Bund ein.

Es war dieses, während der Papst sich in Tortosa befand; er war
noch dort als am 24. Juni die Kriegserklärung gegen Frankreich erfolgte.
Es war bestimmt, daß keine päpstliche Vermittlung je den Kaiser von
der Verpflichtung entheben solle, jährlich 133.305 Kronen an König
Heinrich zu entrichten[5]). Seinerseits aber hatte nicht nur König Franz
Truppen, Schiffe und Artillerie nach Schottland gesendet, sondern dachte
er auch den Krieg vor Calais zu verlegen, den Grafen von Suffolk

---

[1]) Brewer, n. 2173.
[2]) Brewer, n. 2306, 2309.
[3]) Brewer, n. 2291.
[4]) 16. Juni. Brewer, n. 2322.
[5]) Brewer, n. 2333.

(Richard de la Pole) mit Truppen nach England zu senden; er unterhandelte auch mit Dietrich von Rend als Herzog von Holstein, um
von den holsteinischen Häfen aus die Invasion von England zu unter-
nehmen [1]). Die durch den Vertrag von Rouen mit Schottland eingeleitete
Verbindung wurde aufrecht erhalten, so daß am 14. August von Seiten
England's auch an Schottland der Krieg erklärt wurde. Der französische
Clerus versprach 12.000 Mann zu Fuß zur Eroberung von Neapel zu
stellen [2]). Wenn es nicht dem Papste im letzten Augenblicke gelang, den
Frieden zu vermitteln, so waren West- und Südeuropa in den schlimmsten
Krieg verwickelt, ehe noch Adrian den Boden von Italien betrat.

Allein wie sollte Adrian zur Friedensvermittlung kommen? Sein
Vorgänger hatte sich entschieden auf die Seite des Kaisers geschlagen.
Niemand zweifelte, daß der Lehrer Karl's dasselbe thun werde, und
vielleicht war Karl allein der Fürst, welchem in dieser Beziehung ein
Bedenken kam, das die spanische Umgebung Adrian's sehr bald eher zu
mehren als zu mindern im Stande war.

Man darf nicht außer Acht lassen, daß, was früher Adrian in
den Niederlanden gewesen, seine Bedeutung als Schulmann, und welchen
Antheil er am Streite Reuchlin's mit den Cölnern genommen, innerhalb
und außerhalb Rom's, längst in den Hintergrund getreten war. Er war
spanischer Bischof von Tortosa; er war Gouverneur von Spanien, er
befand sich in Spanien und die Spanier betrachteten ihn als den Ihrigen.
Seine Correspondenz mit Kaiser Karl geschah in spanischer Sprache.
Was hätte man gesagt, wenn Wolsey, England's größter Staatsmann,
damals Papst geworden wäre? Jedermann hätte ein Ueberwiegen des
englischen Interesses besorgt. Eine englische Flotte hätte wohl den Neugewählten nach dem Mittelmeere begleitet und die englische Sprache wäre
in den Vorzimmern und Gängen des Vaticans die herrschende geworden,
wie das englische Interesse das der Kirche verdrängt haben würde.

Jetzt schien mit einemmale, was die italienischen Päpste gesammelt,
nicht sowohl einem Deutschen, denn diese Eigenschaft trat wenigstens jetzt
bei Adrian in den Hintergrund, sondern den Spaniern zu Gute zu
kommen. Wenn nicht die Italiener sich beeilten, den Papst nach Italien
zu führen, portugiesische Schiffe zur rechten Zeit in den spanischen
Häfen ankamen, ihn zu geleiten, so erschien der Vater der Christenheit
in spanischer Begleitung in Italien; eine spanische Heeresabtheilung be-

---

[1]) Brewer, n. 2340.
[2]) Mar. Sanuto, p. 341.

10*

setzte Rom. Man darf überzeugt sein, daß man sich in Spanien sehr wohl bewußt war, warum jetzt so sehr an der Anfbringung der nöthigen Geldmittel und der Ausrüstung einer bewaffneten Macht (1500 Soldaten) gearbeitet wurde, um den Papst durch den gefährlichsten Theil des mittel= ländischen Meeres, den Golf von Lyon, von der französischen Küste nach Cività Vecchia und Ostia zu bringen. Die Schwierigkeit der Stellung des neuen Papstes zu den einander so feindlichen Höfen machte sich allmälig bemerklich. Adrian hatte, wie anderen Königen und Fürsten, so auch an König Franz von Frankreich, an dessen Mutter Ludovica und die Schwester des Königs geschrieben und ihnen seine Wahl mitgetheilt. Ob der König im Herzen damit einverstanden war oder nicht[1]), die natür= liche Klugheit mußte ihm rathen, den Nachfolger Papst Leo's X., seines Gegners, nicht von Anfang an auf die Seite seiner Feinde zu treiben. Er beschloß endlich, ihm durch eine feierliche Gesandtschaft, an deren Spitze der Erzbischof von Paris stehen sollte, Glück wünschen zu lassen, wie nachher Adrian beschloß, den Erzbischof von Bari an König Franz zu senden. Allein der bloße Gedanke, daß Franzosen das spanische Gebiet betreten würden, war für Kaiser Karl unerträglich. Er schrieb Adrian[2]), Alles aufzubieten, daß er mit diesen Personen nicht zusammen komme. Der Rath, Adrian möge seine Abreise beschleunigen, stimmt hiemit zu= sammen. Kaum hatte Lope Hurtado de Mendoza bemerkt, daß in der Umgebung Adrian's der Gedanke auftauche, der Papst solle eine neu= trale Stellung einnehmen, so rieth er auch schon seinem Herrn, diese Personen, und vor Allen den Mundschenken Franz, welcher im Zimmer Adrian's schlafe und ihn in Allem bediene, zu bestechen[3]). Der Kaiser möge ferner dem Papste oft schreiben und Sorge tragen, daß die spanischen Galeeren zuerst zur Ueberfahrt bereit seien. Der Papst befand sich, ohne eine Vermuthung zu hegen, unter der geheimen Polizei der Spanier.

Die Briefe der Gesandten, welche nicht für die Oeffentlichkeit bestimmt waren, werfen übrigens ein höchst eigenthümliches Licht auf

---

[1]) Aus den vertrauten Aeußerungen der französisch Gesinnten zeigt sich hinlänglich, wie unangenehm ihnen die Wahl war. So z. B. Francesco Vettori an den Bischof von Bayeux: — come sia possibile che tanti Cardinali fossero d'accordo a far questo l'apa, in che io non so trovare ragione. Lettere di principi. I, p. 96. Vergl. damit die Antwort des Bischofs von Bayeux, p. 101: — il tempo non basta per isminuire la novità di tal caso, il quale ogni di appresso di me si fa più nuovo.

[2]) Brüssel, 9. März 1522. Gachard, n. XV.

[3]) Gachard, p. 49, n. XVI.

die unter den vornehmen Spaniern herrschenden Anschauungen. Don Juan Manuel erklärte dem Papste geradezu; er schreibe ihm als Christ, der von ihm nichts verlange und von seinem Vorgänger auch nichts verlangt habe[1]), und die trockenen Ausdrücke, welche er gebraucht, um die Unfähigkeit und Böswilligkeit derjenigen zu bezeichnen, welchen sich jetzt Adrian anvertraue, lassen in der That an Freimuth nichts, an Höflichkeit sehr viel zu wünschen übrig. Er blieb fortwährend auf dem Satze stehen: der Kaiser hat Euch zum Papste gemacht[2]). Wenn die Vicekönige von Castilien dem Papste gegenüber den König vorschoben, dessen Befehlen sie gehorchen würden, arbeitete in Geheim Don Lope de Mendoza ihm sehr entschieden entgegen. Als der Papst auf das Andringen des Herzogs von Najera für die Freigebung des Bischofs von Zamora, welcher im Schlosse von Navarette gefangen gehalten wurde, sich ver= wandte, war Don Lope dagegen. Er war freilich als der grausamste und mächtigste Heerführer (crudelissimo e potentissimo capitano) zu ewiger Haft verurtheilt worden[3]), bald traf ihn noch ein schlimmeres Schicksal, das Adrian vergeblich zu mildern bemüht war.

Die Spanier waren überaus glücklich, daß ihr Gobernador, ihr Großinquisitor, den sie bereits als einen Spanier ansahen, Papst ge= worden war, und sahen darin eine Nationalehre. Alles strömte nach Vitoria, nach Logronno, nach Saragoffa, nach Barcelona; die spanisch= kaiserliche Regierung dachte dieses Ereigniß in ihrem Sinne und Inter= esse weidlich auszubeuten.

Am 12. März verließ Adrian[4]), begleitet von den beiden Vicekönigen, von welchen jedoch der Almirante sich sehr bald empfahl, und mit einem großen Gefolge von Adeligen Vitoria, die Reise nach Rom anzutreten. Die Vicekönige hatten ihm vier Galeeren angeboten, welche Don Juan de Velasco führen sollte. Dieser aber weigerte sich, unter Don Fernando de Andrada zu stehen und schlug das Commando aus. Der Condestable geleitete den Papst nach seiner Stadt la Puebla und von da noch weiter nach Villa de la Reina; von wo der Papst den Ausflug nach San Do= mingo, der Hauptstadt von Rioia und dem Grabe des heiligen Dominicus, des Gründers des Predigerordens, unternahm. Dort fand er die Prediger= mönche in großer Aufregung, da Magister Johann von Oria, von diesen

---

[1]) Como de hombre christiano que no quiere nada de vos ni lo ha querido del papa passado, que pudiera aver assaz.

[2]) Después de Dios solo el rey os ha hecho papa.

[3]) Schreiben aus Brüssel an Lorenzo Aleandri be' Galeazzi.

[4]) Itinerar, c. 3.

angeklagt, seine Sätze öffentlich zu vertheidigen sich bereit erklärt hatte. Auch der Herzog von Najera, Vicekönig von Navarra, kam nach San Domingo, dem Papste zu huldigen und ihn zu bitten, sich statt direct nach Logronno zu verfügen, bei ihm in la Najera zu verweilen und der Stadt den Segen zu spenden. Von San Domingo aus entließ Adrian den zweiten Boten des Cardinalscollegiums, der zu ihm gekommen war, Giovanni Borello, als geheimen Kämmerer nach Rom. Das Schreiben, welches er ihm an die Cardinäle mitgab[1]) (16. März), zeigt bereits, womit sich Adrian am meisten beschäftigte, indem er den Cardinälen auf=trug, Mittel und Wege zu überlegen, wie am besten der allgemeine Friede unter den christlichen Fürsten hergestellt werden könne. Er wollte nicht als Kriegs=, sondern als Friedensfürst in Rom einziehen. Uebrigens sah sich Adrian bereits genöthigt, trotz der Höflichkeiten der Vicekönige über ihre geringe Unterstützung Klage bei Kaiser Karl zu führen[2]). Bo=rello erhielt noch den besonderen Auftrag, sich nach Barcelona zu begeben und in dieser Hafenstadt Vorbereitungen zur baldigen Abreise des Papstes zu treffen[3]). In der That blieb der geheime Kämmerer bis zum 29. März in Barcelona, das, ehe es von der Pest heimgesucht wurde, auch unter einem Mangel an Lebensmitteln litt. Mehrere Getreideschiffe, welche für Barcelona bestimmt waren, gingen zu Grunde, so daß sich von allen Seiten Hindernisse gegen die Fortsetzung der Reise aufthürmten. Dann ging er in sieben Tagen nach Genua, wo er das Anerbieten, drei Schiffe (carrache) nach Barcelona zu schicken, im Namen des Papstes annahm; für das Anerbieten, ihm 25.000 Ducaten zu leihen, dankte er. Am 9. April kam er dann nach Rom, wo man nun mit Begierde den Nachrichten lauschte, die er mitbrachte. Der Papst habe ein Gefolge von 2000 Personen, Prälaten und Hofleuten. Schon seien acht große Prälaten um ihn, unter diesen der Erzbischof von Cosenza, Nuntius Leo's X. und Freund Sadolet's, auf welchen Adrian selbst große Stücke halte; der Erzbischof von Bari und Andere. Es mußte zu großer Beruhigung in Rom dienen, als man erfuhr, der Papst wolle mit Aus=nahme einiger weniger Palafrenieri seine Dienerschaft in Rom selbst sich auswählen. Er berichtete ferner, der Papst lese jeden Tag am frühen Morgen die Messe, sei ein kräftiger Mann, fest in seinen Entschlüssen,

---

[1]) Marino Sanuto, p. 188. Paris, f. 327.

[2]) Gachard, p. 259—262. Doch war Adrian am 10. März noch nicht in Logronno, sondern in Vitoria.

[3]) Giovio, p. 115. Ueber den Aufenthalt in Vitoria und die Reise nach Sara-gossa siehe auch Thomas Hannibal an Wolsey, 27. April. Brewer, n. 2202.

der von den Pfründen urtheile, er wolle diese mit Männern versehen, nicht letztere mit Pfründen, und nur mit Mühe bewogen werden konnte, einem Neffen eine Pfründe von 70 Ducaten mit einer anderen von 100 Ducaten zu vertauschen. Man hoffte, den Papst im Monate Mai in Rom zu sehen[1]). Man kann sich vorstellen, wie diese Schilderungen Furcht und Hoffnung erwecken mußten, je nachdem die Einzelnen Fortsetzung des Unwesens Papst Leo's oder eine Reform erwarteten. Es ward von den Bessergesinnten freudig aufgenommen, daß der Papst sich so günstig für den Humanisten Jacob Sadolet ausgesprochen hatte, den er in seinem Amte als Secretär erhalten zu sehen wünschte[2]).

Von dem Herzoge von Najera bewogen, begab sich Adrian am 17. März nach Najera und von da nach Logronno. Der feierlichste Empfang, zu welchem sich Adel, Geistlichkeit und Volk rüsteten und von allen Seiten herbeiströmten, die Stadt sich mit Triumphbogen schmückte, Declamanten ihre einstudirten Reden bereit hielten und die Geschütze er= tönten, wartete seiner. Allein von Hitze und Ermattung gequält, eilte der Papst, welcher erst seinen 63. Geburtstag gefeiert hatte, in das Haus des Don Rodrigo de Cabrado, mühsam der Menge sich entwindend, die ihm die Füße küßte und sich um ihn drängte. In Logronno blieb er nach dem (1527) abgefaßten Itinerar zwei oder drei Tage; nach Petrus Martyr zwei Tage. Es fehlte an Allem. Es war in der That ein armer Papst, der jetzt Nachfolger des reichen Mediceers wurde, welcher, wie mit der Kirche, so auch mit ihren Geldern fertig geworden war.

Eine der wichtigsten Angelegenheiten, welche den Papst in Spanien berührten, ergab sich hier in Logronno. Sie betraf die Bulle über die sogenannte Cruzada. Papst Leo hatte zum Zwecke des maurischen Krieges den Ertrag einer Kreuzbulle gegen Ablieferung von 20.000 Ducaten an ihn gestattet; 100.000 Ducaten hatten die spanische Regierung getroffen. Kaum daß Adrian erwählt worden war, hatte man, überzeugt, daß Kaiser Karl übervortheilt worden sei, den Commandeur Petro de Acuña an Adrian geschickt und ihm deshalb Vorstellungen gemacht. Allein Adrian wies diese zurück, da im verflossenen Jahre in Barcelona und Burgos ein Vertrag abgeschlossen worden war, demzufolge zwei Drittel der Ein= künfte der Kreuzbulle dem Könige, ein Drittel dem römischen Stuhle für

---

[1]) Vetori, dessen Berichte wir dieses verdanken, setzt hinzu: er hoffe, der Papst werde diese guten Absichten ausführen, zweifle aber, essendo la corte più corrotta che fosse mai, non vi vedo alcuna disposizione atta a ricever cosi tosto queste buone intenzioni.

[2]) Lettere di principi, p. 98 a.

die Kirche des heiligen Petrus zufließen sollten. Er erinnerte die Vice=
könige, wie Papst Leo getäuscht worden sei, deshalb am 14. September
1521 dem Könige den Gewinn entzog und die Ausführung dem Don
Alfonso Gutierez von Madrid, Don Hereado be Spinosa, Don Rodrigo
Ponce (Laien) übergab. Jetzt aber, wo der römische Stuhl eine Million
Schulden habe, sollten dem Könige 200.000 Ducaten zukommen, und
wenn Adrian damit nicht einverstanden sei, würde die Verkündigung der
Bulle in Castilien nicht geduldet werden. Adrian schrieb daher den Vice=
königen [1]), sie möchten den Fall dem Könige und Kaiser vorlegen, er
wolle es gleichfalls thun, was denn nachher auch von Alfaro aus am
25. März geschah [2]), worauf die Angelegenheit weiteren Unterhandlungen
verfiel. Kaiser Karl gewann dadurch mehr als 250.000 Ducaten.

Wo der Schnee in den Pyrenäen die Reise nicht aufhielt, waren
durch Regengüsse die Wege grundlos geworden. Doch unternahm es,
als jetzt die Nachricht von der Wahl sich in Spanien verbreitete, Lope,
ein Diener des kaiserlichen Rathes und früheren Secretärs Adrian's,
des berühmten Petrus Martyr, von Valladolid nach Vitoria zu reiten,
wo er auch mit unterlegten Pferden in 24 Stunden ankam und einen
Brief seines Herrn überbrachte. Adrian antwortete sehr freundlich am
12. Februar, worauf Petrus am 14. Februar von Valladolid aufbrach,
den Papst zu erreichen, dessen Secretär, Dolmetsch und Kanzleidirector
er gewesen war [3]). Er traf, nachdem ihn die Regengüsse gezwungen
hatten, in Burgos zu warten, erst am 11. März in Vitoria ein, küßte
dem Papste das Kreuz auf dem Fuße und erfreute sich dann wiederholt
des freundschaftlichen Gespräches. Adrian war jedoch unschlüssig, über
Martyr's Schicksal zu bestimmen, und erklärte endlich, er werde auf dem
Wege nach Logronno darüber entscheiden. Sobald aber Martyr ersah,
der Papst wolle ihn mit nach Rom nehmen, entfernte er sich, während
der Papst die Menge segnete, ohne von ihm Abschied zu nehmen, und
ging nach Vitoria zurück [4]).

Adrian empfing in Logronno den Bischof von Escalas, welchen
das Cardinalscollegium an ihn gesandt hatte, der aber von den Fran=

---

[1]) Logronno, 10. März. Gachard, p. 259. Appendice. B.

[2]) Gachard, n. XVII.

[3]) Comes et interpres ac negotiorum director. Nesciebat enim praeter
latine proferre quicquam aut alium intelligebat e nostris. Petrus Martyr,
epist. n. 757.

[4]) Nil ultra salutato aut venia petita ipsi soli benedicens ac miserens ab
occipite, l. c.

zosen zurückgehalten worden war. Einige Cardinäle und andere Personen in Rom baten den Papst, er möge den Cardinal von Medici nicht zu seinem Legaten ernennen, und obwohl derselbe sich für ihn ausgesprochen hatte, erklärte jetzt Adrian, daß er, bis er nicht selbst nach Rom käme, keine Ernennungen vornehmen werde. Zugleich hatte der Bischof den Cardinal von S. Croce als Franzosen verdächtigt, und daß er Adrian seine Stimme nicht gegeben, auch Don Juan Manuel nicht sowohl seine Erhebung, als die des Cardinals von Sion anstrebte [1] — Mittheilungen, die das arglose Gemüth des Papstes für wahr annahm, und gegen welche sich nachher Don Manuel sehr entschieden verwahrte [2]. Von Logronno begab sich Adrian nach Calahorra [3], wo er von dem Capitel einige schön geschmückte Maulthiere erhielt, deren er sehr bedurfte. Von da zog er, fortwährend von dem Herzoge van Najera geleitet, nach der castilischen Festung Alfaro, wo er am 25. März dem Kaiser schrieb [1], und von Alfaro nach dem navarresischen Tudela. Der Papst hatte schon, um nach San Domingo zu kommen, den Ebro überschritten, bei Logronno ihn wieder erreicht und hielt sich nun bald auf dem rechten, bald auf dem linken Ufer, bis er Saragossa erreichte. In Tudela begrüßte ihn der Vicekönig von Navarra, welcher von Pampelona herübergekommen war. Dort blieb Adrian zwei Tage und begab sich sodann über Mallem und Villa de Pedrola (28. März) [5], wo er die Tochter des Grafen von Ribagorsa über die Taufe hielt und ihm zu Ehren maurische Tänze aufgeführt wurden, zu längerem Aufenthalte nach Saragossa (29. März bis 11. Juni). Schon 9 Meilen vor der Hauptstadt Aragonien's traf er den Vicekönig von Aragonien, der mit stattlichem Gefolge ihn dort erwartete und in den Palast Abiasema (Aljaseria) vor der Stadt führte. Erst nach einigen Tagen fand der feierliche Einzug in das festlich

[1] Schreiben Mendoza's an den Kaiser aus Pedrola vom 28. März. Gachard, n. XX.

[2] Gachard, n. XVIII und XXII.

[3]
     In quella parte, ove surge ad aprire
     Zeffiro dolce le novelle fronde
     Di che si vede Europa rivestire,
     Non molto lungi al percuoter dell' onde
     Dietro alle quali, per la lunga foga
     Il sol tal volta ad ogni uom si nasconde,
     Siede la fortunata Callaroga.
                       Dante, paradiso. Canto XII.

[4] Gachard, n. XVII.

[5] Von da schrieb er einen kurzen Brief an Kaiser Karl. Gachard, p. 59.

geschmückte Saragossa statt, worauf der Papst im erzbischöflichen Palaste abstieg, den er am Montag in der Charwoche mit der Zurückgezogenheit im Hieronymitenkloster von St. Engrazia vertauschte, wo er bis zum 25. April blieb. Don Manuel verbreitete unterdessen in Rom die Nachricht, der Papst sei von Vitoria nach „Barcelona an den Grenzen Italien's" aufgebrochen[1]). Viele und zum Theile sehr dringende Geschäfte bewogen den Papst zu diesem langen Aufenthalt. Einmal mochte er hoffen, den Kaiser oder doch dessen alter ego la Chaux zu sprechen. Römischerseits eilte der Cardinal Alexander Cesarini nach Saragossa. Die Gesandtschaft der Legaten hatte sich aufgelöst und anstatt das ihnen mitgegebene Reisegeld von 10.000 Ducaten zu dem ursprünglichen Zwecke zu verwenden, theilten nun die drei Cardinäle dieselben unter sich. Gleich auf die Nachricht seiner Wahl hatten die Canonici von San Lambert in Saragossa dem Papste Reliquien dieses Heiligen zum Geschenke gemacht, obwohl sie Leo's X. Bitten um diese und selbst die Verwendung Kaiser Karl's abschlägig beschieden hatten. Adrian hatte daher, als die Briefe aus Rom über seine Wahl ausblieben, scherzend gemeint, das falsche Gerücht habe ihm wenigstens diesen Vortheil gebracht. Er schien sich darüber mehr als über die Wahl zu freuen, die ihm nur Sorge bereitete.

Man konnte sich kaum etwas Glänzenderes vorstellen, als den Einzug Adrian's VI. in Saragossa. Sechszehn Bischöfe, großentheils aus den castilischen Reichen, begleiteten ihn. Die Tragbahre, auf welcher er sitzend den Segen ertheilte, war mit Goldbrocat bedeckt, von spanischen Adeligen getragen. Es war kein gewöhnlicher Moment in der spanischen Geschichte. Der Aufstand der Communen war niedergeworfen, gerade damals Valencia und Toledo zu Paaren getrieben, die Urheber des Aufstandes entweder flüchtig oder gefallen, oder erwarteten in den Kerkern die Blutsentenz, die mit der Ankunft des jugendlichen Königs ihrer harrte. Der Versuch der Handwerker Valencia's, eine allgemeine Gerechtigkeit durch ihre Verbindung herbeizuführen, war gescheitert; der der castilischen Gemeinden, die alten Rechte zu schützen, nicht minder. Die geistliche Schaar des Bischofs von Zamora war zersprengt, eingefangen und in Banden, seine Augustiner= mönche, welche, vielleicht Luther nachahmen wollend, Aufruhr predigten, im Kerker. Der Adel verlangte, daß der König und Kaiser sich gegen den Ursprung des Uebels erkläre, andererseits, daß Klöster und Geistliche nicht mehr weltliche Güter kaufen dürften, daß sie diejenigen verkaufen

---

[1]) In confinibus Italiae. Brewer, n. 2154.

müßten, welche sie als Erbbesitz erlangten[1]) — daß dem Bettel gesteuert werde. Der feste Wille der siegenden Partei war es, Spanien solle ein ausschließlich katholisches Land werden. Juden und Mauren waren ausgetrieben. Man wußte es und empfand es wohl, daß der Nationalreichthum darüber schwand, die königlichen Einkünfte dadurch litten. Wie aber die Einwohner von Medina lieber ihre reiche Stadt den Flammen übergaben, als daß sie die königliche Artillerie auslieferten, die reichste Handelsstadt Spanien's darüber in Asche sank, befreundete man sich mit Inquisition und Verbrennung der Ketzer, wenn nur Spanien an die Spitze des katholischen Erdkreises sich erschwang, der selbst sich zum Niedergange neigte.

Jetzt gab man den Großinquisitor von Castilien, Leon, Aragonien und Navarra dem katholischen Erdkreise zum Papst!

Die Erzbischöfe Alfons de Fonseca von Compostella, nachher Primas von Spanien, Juan de Fonseca von Burgos, der von Montreale aus dem Hause der Herzoge von Cardona, waren nebst vielen Bischöfen, an der Spitze aller Räthe und Beamten der Inquisition der General des Predigerordens, Don Garcia Loaysa, später Erzbischof von Sevilla und Cardinal, nach Saragossa gekommen. Von Adrian berufen, erschien auch Magister Gaspar de Avalos, später Bischof von Cadix, von Granada, dann Erzbischof von Compostella und Cardinal, von Adrian wegen seiner ausgezeichneten Gelehrsamkeit zu seiner Begleitung bestimmt. Nur mit Mühe gelang es Don Gaspar, die ihm zugedachte Ehre von sich zu wälzen. Auch der Licentiat Franz von Herrera, nachher Erzbischof von Granada, Roderich de Mendoza, später Bischof von Salamanca, waren zur Aufwartung nach Saragossa geeilt. Von den Laien der Admiral von Castilien, der Marques von Villena mit großer Verwandtschaft, der Herzog von Luna und sein Sohn, der Graf von Ribagorsa, und sonst noch viele angesehene Personen geistlichen und weltlichen Standes. Am 7. Mai[2]) erfolgte die Auffahrt des englischen Gesandten Thomas Hannibal, in Begleitung vieler Bischöfe. Der Gesandte hielt eine große Anrede, in welcher er die Hingebung seines Königs an den römischen Stuhl und den Papst hervorhob, ebenso Wolsey's erwähnte und Adrian aufforderte, den Türkenkrieg zu betreiben. Ghinucci, welcher hierüber an den Lord-Cardinal berichtet, versichert, Alles habe den Gesandten bewundert, der sich weder

---

[1]) Quia paulatim vel morientium vel fratales cucullas induentium mandatis, quicquid hujusmodi facultatum seculares possident, ad coenobia vel ecclesias devolvuntur. Erklärung der Cortes an Kaiser Karl. Petrus Martyr, epist. n. 781.

[2]) Nach dem Schreiben des Papstes bei Gachard, p. 78.

durch das Gedränge der Menge, noch durch sonst etwas aus seiner mit Würde und großer Bescheidenheit vorgetragenen Rede bringen ließ[1]). Als aber nun der Gesandte von dem Papste die großen Bewilligungen zu Gunsten Wolsey's verlangte, bestätigte zwar Adrian den Cardinal im Besitze der Commende von Saint Albans (16. Mai), in Betreff der übrigen Bitten aber, der Bestätigung der Legatenwürde auf fünf Jahre[2]) erklärte er, ohne Zustimmung der Cardinäle darüber nicht verfügen zu können. Die erste Bitte, welche die einflußreichste Persönlichkeit England's, der Cardinal Wolsey, an ihn richten ließ, welcher selbst dem Papstthum so nahe war, war gegen alle Gewohnheit jener Tage abschlägig beschieden worden[3]). Andererseits wurden Hubert Turstall, Bischof von London, Roger Basin, der mit diesem auf das Innigste zusammenhing, dem Könige und Wolsey empfohlen, und herrschte in den Briefen mit Letzterem der freundlichste Ton vor[4]). Die Botschaft Hannibal's wurde sodann durch Absendung eines Nuntius nach England beantwortet[5]). Der Papst bat den König, Frieden mit den christlichen Mächten zu halten. Trotz des abschlägigen Bescheides meinte Hannibal, der König und Wolsey würden Alles von dem Papste erlangen[6]). König Heinrich VIII. forderte den Papst auf[7]), nach England zu kommen, erklärte sich bereit, die Reise= kosten zu zahlen und rieth Adrian, dann seine Reise durch Deutschland zu machen[8]). Wer konnte sagen, welchen Einfluß auf den Gang der Reformation ein Aufenthalt des Papstes in England oder Deutschland gehabt hätte? Die Zustände Italien's, der französische Krieg ließen den Papst zu keinem anderen Beschlusse kommen, als, nachdem die Vor= bereitungen zur Seereise getroffen waren, diese selbst anzutreten.

Voll Erstaunen und wie in Extase begriffen blickte das Volk den Papst an, da ihn der Adel weniger vorführte, als vortrug[9]), auf seinen Schultern vom Palast Aljaferia in die Stadt brachte. Ein eigenes Ver= hängniß wollte, daß, als Adrian in der Hauptkirche pontificirte, die

---

[1]) Brewer, n. 2242.

[2]) Brewer, n. 2298.

[3]) Brewer, n. 2260.

[4]) Gachard, p. 269.

[5]) Hannibal an Wolsey. 24. Mai 1522. Es war dies der Bischof von Astorga, Bruder des Grafen von Altamira.

[6]) Brewer, n. 2313.

[7]) 5. Mai 1522.

[8]) Giovio.

[9]) Attonitus gestatum populus inspectabat, in extasim prae admiratione raptari videbatur. Petrus Martyr, n. 758.

über dem Altar hängende Oellampe zersprang und ihren Inhalt über die reichen priesterlichen Gewänder Adrian's und seiner Umgebung ergoß. Die Zeitgenossen, ebenso frivol als abergläubisch, brachten nachher dieses Ereigniß mit dem frühen Tode des Papstes in Verbindung [1]). Man hielt es damals für classisch, wie Livius gethan, Mißgeburten aufzuzeichnen, Vorbedeutungen nachzugehen und später folgende Thatsachen mit auffälligen, die vorhergegangen waren, in gesuchten Causalzusammenhang zu bringen.

Die Correspondenz des Papstes mit dem Kaiser hatte in dieser Zeit nicht aufgehört. Adrian, welcher in Saragossa fünf Briefe Karl's (vom 7., 8., 10., 29. März) auf einmal erhielt, schrieb ihm am 25. März von Alfaro, machte ihn mit der Veränderung der Bulle Leo's über die Cruzada bekannt, beschwerte sich aber dabei auch über die wenige Rücksicht, welche die spanischen Vicekönige für seine Person hätten und sprach seinen Willen aus, an einem allgemeinen Frieden unter den christlichen Mächten, an Vereinigung derselben zu einem Türkenkriege zu arbeiten. Karl möge vorderhand zu einem Waffenstillstande von einem oder zwei Jahren sich verpflichten, während welchem dann der Friede abgeschlossen werden könne. Adrian werde zu diesem Zwecke von Saragossa aus einen Gesandten, den Erzbischof von Bari, nach Paris senden. Zugleich verwandte er sich bei Karl für den Herzog von Najera als Vicekönig von Neapel[2]), für die taugliche Besetzung der Schatzmeisterstelle an der Behörde (casa) de la contractacion de las Indias, ohne welche die königlichen Einkünfte aus Indien sehr geschmälert würden, zu Gunsten des Bischofs von Burgos und empfahl die Besetzung der Großinquisitorstelle (25. März). Den Tag darauf schrieb Don Juan Manuel aus Rom[3]) einen weniger diplomatischen als sehr offenen Brief über den schlimmen Eindruck, welchen die päpstlichen Schreiben in Rom hervorgerufen. Der Papst scheine die Cardinäle nicht zu kennen, welche für ihn waren und habe so untauglichen Personen Glauben geschenkt, über die man jetzt spotte. Er habe bekräftigt, was das Cardinalscollegium gethan habe, und dadurch gehe seine Jurisdiction zu Grunde. Die Cardinäle hätten ihn um 300.000 Ducaten an Mobilien gebracht[4]). Papst

---

[1]) Giovio, p. 715.

[2]) Auch der Markgraf Johann von Brandenburg befand sich unter den Bewerbern um diese Stelle. Brewer, n. 2119. Karl ernannte den Charles de Lannoy zum Vicekönige.

[3]) Gachard, n. XVIII.

[4]) Vuestra santidad hallará que esta rubado en mas de trezientos mil ducados de mueblos.

Leo habe auch gesucht, neutral zu sein, aber die Franzosen hätten ihn
und die Kirche so behandelt, daß es unmöglich gewesen sei; ja sie hätten
es nothwendig gemacht, daß er sich mit dem Könige von Spanien verbunden habe. Die Türken bedrohten Ungarn zu Lande, Ancona, Apulien
und Sicilien zu Wasser. Er werde, wenn nicht eine ganz wichtige
Sache es verhindere, die Galeeren schicken. Noch von Pedrola aus
schrieb Adrian an den Kaiser über das lange Ausbleiben La Chaux'[1].
Von da aus sandte auch Lope Hurtado am 28. seinen Bericht an den
Kaiser. Er erwähnte der Mißhelligkeiten der Vicekönige mit dem Papste
wegen der Cruzada und des von ihm verlangten Drittels und der
Schiffe[2]. Mendoza rieth dem Kaiser, die Vicekönige anzuweisen, dem
Papste gefällig zu sein. Karl selbst schrieb an Adrian fortwährend in
wahrhaft kindlichen Ausdrücken, nannte ihn Vater und Lehrer (maestro),
sich seinen gehorsamen Sohn, betrieb aber, so sehr er ihn zu sprechen
wünschte, seine Abreise. Er bat ihn, ihm über die spanischen Verhältnisse oft zu schreiben[3]) und stellte ihm alle seine Reiche zur Verfügung.
Für den Bischof von Valencia erbat sich Kaiser Karl bereits den Cardinalshut.

Die Conferenzen Adrian's mit dem kaiserlichen Bevollmächtigten
müssen gleichfalls Anfang Mai in Saragossa stattgefunden haben. Wie
aus dem ungemein wichtigen Actenstücke der Instruction La Chaux'
hervorgeht, war es denn doch der klugen Politik des englischen Cabinets
gelungen, den Kaiser von sich abhängig zu machen, wie er früher durch
den Vertrag von Noyon von König Franz I. abhängig geworden war.
Der Papst erscheint in dem Schreiben, das er am 5. Mai an Kaiser
Karl richtete, noch ganz als der Gobernador von Spanien, ganz als der
treue Diener, welcher in edler Selbstaufopferung bereit ist, sein Leben
für seinen Herrn hinzugeben. Er bezeichnet ihm die richtigen Männer
für die schwierigen Posten, rathet namentlich die Infantin Katalina, die
noch immer ihre Tage in Tordesillas zubrachte und den Quälereien der
gräflichen Familie, des Hüters der Königin preisgegeben war, mit dem
Könige von Portugal zu vermählen, die Königin Eleonore aber mit
dem Churprinzen von Sachsen, dem eine Infantin versprochen worden
war, zu verheiraten, ein Rath, welcher, wenn der Kaiser ihn befolgt
hätte, die Abneigung des sächsischen Churhauses gegen Karl

---

[1]) 24. März. Gachard, n. XIX.
[2]) Der Papst verlangte 100.000 Ducaten für sich; der Bischof von Burgos
meinte aber, das Drittel betrage nur 80.000. Gachard, p. 6.
[3]) Schreiben vom 29. März. Gachard, n. XXI.

beseitigt und auf die deutschen Verhältnisse möglicherweise einen Einfluß von großer Tragweite ausgeübt haben würde.

Nach den Berichten des englischen Agenten aus Rom[1]) von Ende April hatten die Cardinäle auf's neue in Adrian gedrungen, seine Abreise zu beschleunigen, jedoch die von ihm verlangten Victualien nicht abgeschickt und erst jetzt entschlossen sie sich dieses zu thun. Es gab eben wie es in den Berichten heißt, in Rom genug Personen (Cardinäle), welche seine Ankunft nicht wünschten[2]).

Vorderhand aber war doch erfolgt, was die Cardinäle befürchtet und eben deshalb zu verhindern gesucht hatten. Die päpstliche Hofhaltung war in Saragossa eingerichtet und statt in Rom, empfing Adrian in der Hauptstadt von Aragon die Huldigung der katholischen Welt. Der Herzog von Urbino schrieb an ihn und ließ ihm durch einen Abgesandten Obedienz leisten. Der Botschafter des Königs von Portugal bot dem Papste die portugiesische Flotte an. Die verwitwete Königin Leonore, eben jetzt Gegenstand der Unterhandlungen mit Kaiser Karl, überschickte durch einen eigenen Gesandten Geldgeschenke. Der Papst beantwortete die Huldigung durch Absendung eines eigenen Gesandten, welcher den König ermahnen sollte, am allgemeinen Friedensgeschäfte Antheil zu nehmen. Ein Gesandter des Herzogs von Savoyen war gleichfalls erschienen. Adrian hatte rasch seine Stellung erkannt, und wenn man glaubte, er würde wegen seiner persönlichen Vorliebe für Karl sich zum Schleppträger seiner Politik machen, so irrte man sich sehr. Je mehr er sich mit seiner schweren Aufgabe vertraut machte, desto entschiedener trat seine Friedenspolitik hervor. Er hatte die Wehen des Krieges in nächster Nähe kennen gelernt, Kaiser Karl ihm selbst seine Lage geoffenbart, seine Abhängigkeit von England geschildert. Adrian hatte nicht Lust, die trügerischen und weitblickenden Pläne Wolsey's zu den seinen zu machen, Italien wieder in den Schauplatz verheerender Kriege umzuwandeln und die Tiara mit blutigem Scheine zu umziehen. Sein Apostolat sollte das des Friedens werden, das trat mit jedem Tage klarer hervor. Ehe er Italien betrat, war er bereits der Mittelpunkt der europäischen Politik geworden.

So sehr die Communication mit Rom erschwert war, so erhielt Adrian doch immer das Cardinalscollegium fortwährend in Kenntniß des Nöthigsten. Er schrieb am 19. Mai an die Cardinäle, er sei durch die Pest aufgehalten worden, nach Lerida und Barcelona zu gehen, und

---

1) State papers. VI, p. 89.
2) Brewer, n. 2133.

theilte ihnen am 22. mit, daß die Gesandten von England und Portu=
gal, sowie Herr la Chaur angekommen seien. Bereits am 5. Mai hatte
er dem Senat und Volk Rom's zu wissen gethan, er werde sich in Bar=
celona einschiffen; am 19. mußte er schreiben, er sei durch das Ausbleiben
der Schiffe getäuscht und hingehalten worden. Er könne nicht einmal auf
die spanischen Schiffe rechnen, da diese ihre Verwendung zur Reise Kaiser
Karl's erhalten hätten. Dem Herzoge von Urbino, der klug genug war,
zur Besitzergreifung seines Herzogthums die Unterwerfung unter den
neuen Papst hinzuzufügen, ertheilte er die verlangte Absolution (wegen
Verletzung des Kirchenstaates) [1], ermahnte ihn, was freilich für den
Herzog schwer war, in Verbindung mit dem Cardinal von Medici und
den Florentinern den Kirchenstaat zu beschützen, und belobte ihn selbst
(16. Mai) wegen seiner raschen Huldigung. Auch mit Venedig blieb der
Papst fortwährend in Correspondenz. Er setzte die Signoria in Kennt=
niß, als er dem Kaiser geschrieben, er wolle sich nicht mit ihm gegen
Frankreich verbinden, sandte aber den Bischof von Scardona, D. Tomaso
Negro, aus Dalmatien, mit einem Universal=Credenzbriefe an alle christ=
lichen Fürsten nach Venedig, um dieses zur Theilnahme am Türkenkriege
zu bewegen, da bereits seit dem 14. Juni die Kriegserklärung Sultan
Soliman's an den Großmeister der Johanniter in Rhodus erfolgt war.
Allein die Venetianer wählten wohl (21. August) sechs Botschafter, um
dem neuen Papste glänzend zu huldigen, stellten aber erst ihre Erschöpfung
in Folge der Türkenkriege vor (24. Juli) und meinten dann, es sei nicht
nothwendig, die Ersten im Kampfe mit den Osmanen zu sein. Als
Adrian schon zur See sich befand, fertigte er noch (9. August) drei
Breven, an den Legaten, den Patriarchen, den Dogen von Venedig, aus,
ihnen mitzutheilen, er befinde sich auf dem Wege nach Rom [2].

In Rom selbst erhielt die Pest die Bevölkerung fortwährend in
Schrecken und Aufregung. Die Eigenthümlichkeiten der Südländer, ihre
Wohnungen und socialen Gewohnheiten, ihre geradezu entsetzliche Furcht
vor Ansteckung, die große Hitze und wenn diese nachläßt, der Mangel an
Luft und Reinlichkeit machen regelmäßig Epidemien doppelt schrecklich.
Entsetzen, Hilflosigkeit und Verzweiflung erzeugen Scenen, die man im
Norden, der Heimat größerer Reinlichkeit, nicht kennt. Schon wäre Rom,
erzählt Paolo Giovio [3], entvölkert gewesen, hätte sich nicht ein Grieche,
Demetrios von Sparta, eingefunden, der die Pest zum Stillstande brachte.

---

[1] 16. Mai. Mar. Sanuto, p. 299.
[2] Mar. Sanuto.
[3] Libro XXI, p. 8. Venezia 1564. II.

Er führte einen wilden Stier herbei, dem er ein Horn zur Hälfte ab=
gesägt hatte, flüsterte ihm ein paar Zauberworte in das Ohr, worauf
das Thier sogleich zahm wurde und sich an einem Faden, der um das
Horn geschlungen war, leiten ließ. Er brachte es dann in das Colosseum,
schlachtete das Thier als Sühnopfer und siehe, er täuschte die gläubige
Menge nicht, die Pest hörte auf[1]). Die Erzählung ist jedoch nur ein
Beweis, daß im Zeitalter des Unglaubens auch der Aberglaube eine
Rolle zu spielen erhielt. Giorolamo Negro[2]), damals in Rom befindlich,
weist übrigens nach, daß trotz des Spukes des Griechleins (Graeculus)
die Pest nicht aufhörte[3]). Nach dem genauen Berichte des englischen
Agenten Hannibal an Wolsey vom 13. December 1522 starben in Rom
in vierthalb Monaten 28.000 Menschen[4]). Die Bevölkerung, in Furcht
und Schrecken gesetzt, schwankte von einem Extrem zum andern. Erst
zügellos nach der einen Seite, verfiel das verlassene Volk jetzt der Buße
und Ascese. Da wurde eine Jüdin blind, weil sie von einem Mutter=
gottesbilde, das herumgetragen wurde, die Augen weggewendet; ein
Jude, der Gleiches gethan, konnte seinen Nacken nicht mehr bewegen.
Eine Mutter aber, die ihren kranken Sohn verlobt, erlangte die
Gesundheit für ihn und zeigte ihn nun in Procession. Schaaren von
jungen Leuten, die sich geißelten, Matronen mit brennenden Kerzen durch=
zogen die Straßen der Stadt, aus welcher floh, wer fliehen konnte —
Niemand eiliger, als diejenigen, welche nachher den Papst, als er in
Rom aushielt, mit Beschimpfungen verfolgten, wie Batto aus Parma.
Es war eine sonderbare Zumuthung an Adrian, gerade unter diesen Ver=
hältnissen sich nach Rom zu begeben, das nur als offenes Grab angesehen
werden konnte. Erst in Valencia, das seine Anträge zurückwies, dann
in Valladolid, wo er der Gefangenschaft nur durch heimliche Flucht ent=
rann, hierauf in Medina de Rioseco, das der Bischof von Zamora beschoß,

---

[1]) Interessant ist, daß in der Legende vom heiligen Sylvester eine ähnliche
Geschichte berichtet wird. Da raunte ein Jude einem Stier den Namen seines Gottes
in das Ohr und der Stier fällt todt nieder, um dann durch den heiligen Sylvester
wieder lebend zu werden. So nach Konrad von Würzburg (Ed. W. Grimm. 1844).
[2]) Lettere di principi. 14. August 1522.
[3]) Das Benehmen der Römer, die dem Graeculus Glauben schenkten, findet
ein Gegenstück in dem der Comaschen, welche nach dem Berichte des Inquisitors
(Magn. Bull. Rom. I.) Teufelsanbetung trieben und die Sacramente dem Satan zu
Ehren administrirten, wogegen sich Adrian von Rom aus nachdrücklich erklärte. Wie
weit es in dieser Beziehung in der Umgebung von Como gekommen war, mag man
bei Cantù storia della città e della diocesi di Como, II, p. 106 ersehen.
[4]) Brewer, III. II, n. 2714.

v. Höfler: Adrian VI. 11

dann unter den hadernden Großen zu Tordesillas, wechselte er den Schau=
platz der Revolution mit dem der Pest und der Sorgenfülle, die ihn in
Rom erwartete.

Es handelte sich aber noch um andere Dinge. Als er Borello nach
Rom zurücksandte, lautete das Schreiben noch „an die Mitbrüder und
theuersten Freunde". Als Pfingsten gekommen war (8. Juni), der Car=
dinal Farnese in St. Peter das Hochamt gehalten und dann sich die
Cardinäle in der Capelle Sixtus' IV. versammelten, kam der Protonotar
Adrian's, Johannes Umeler (gewiß Winkler), und kündigte ihnen [1]) und
namentlich den Triumviren für den Monat Juni (Farnese, Siena und
Salviati) im Namen des Papstes an, daß sie in keiner Art vacante
Aemter veräußern, vertheilen, verpfänden dürften, sondern alle diese der
Verfügung des Papstes anheimgestellt bleiben sollten.

Es war der erste Schlag, der gegen die Maßregeln der Cardinäle
geführt wurde. Er zerstörte den künstlichen Bau, welchen sie im Con=
clave aufgeführt und ließ sie bereits ahnen, was ihrer zunächst wartete,
die Aufforderung, die Reform in ihrem eigenen Kreise zu beginnen.
Mehr wie Eine That zeigte sehr bald dem Cardinalscollegium, daß der
Papst auch ohne den Beirath seiner Mitbrüder und theuersten Freunde
den rechten Weg zu finden wisse. Er hatte offenbar genaue Berichte
über den inneren Zustand des sacro collegio und dessen Parteiung
erhalten.

Von der größten Bedeutung war, daß der Papst während seines
Aufenthaltes in Saragossa sich auch mit dem französischen Könige aus=
einandersetzte. Er hatte, nachdem er am 8. März sich feierlich für die
Annahme des Pontificates entschieden, dem Könige Franz, dessen intriguanter
Mutter Louise von Savoyen und der Herzogin von Alençon, Schwester
des Königs, geschrieben, ihnen seine Wahl angezeigt und die drei fürst=
lichen Personen zum Frieden ermahnt, zugleich den König um einen Geleit=
brief für seinen Nuntius, den Erzbischof von Bari, gebeten. Bernard
Berthold, königlicher Aumonier, überbrachte dem Papste die Antwort[2]).

---

[1]) Blasii diarium.

[2]) Offenbar ist es dieser Brief, von welchem der Botschafter Erzherzog Fer=
dinand's, Martin de Salinas, an den Schatzmeister Salamanca (7. Juni 1522) aus
Baden berichtet, wobei man nur die fatale Art Bergenroth's, Brewer's und Brown's
beklagen muß, willkürliche Auszüge in englischer Sprache von den Depeschen zu geben.
The King of France, heißt es bei Ersterem, II, p. 432, has written a letter to
the pope calling him Cardinal of Tortosa and telling him although he has been
elected Pope, his election has been without any reason and is nothing than an
a untoward haphazard.

Sie war in rauhen Worten abgefaßt und bezeichnete selbst die Wahl als einen unerwarteten Zufall ohne inneren Grund [1]). Beging der König wirklich die Ungezogenheit, den rechtmäßig gewählten Papst nur Cardinal von Tortosa zu nennen, so bewies dies, daß der König seinen Hoffnungen, der Papstwahl eine andere Wendung zu geben, noch nicht ganz entsagt hatte und seines Aergers noch immer nicht Herr geworden war. Adrian antwortete schon am 21. April [2]) in seiner ruhigen milden Weise, die geeignet war, zornige Gemüther zu entwaffnen und setzte ihm nun, nachdem des Königs Brief dessen Anschauung über die Wahl sehr nackt ausgesprochen [3]), auseinander, warum er ihm nicht vor dem 8. März geschrieben. Er machte den König aufmerksam, daß er ihm wohl auf sein Verlangen einen Geleitbrief für den Nuntius geschickt, jedoch denselben auf die Dauer eines Monates beschränkt und damit seine eigene Absicht, mit der Absendung des Erzbischofs von Bari die Unterhandlungen wegen eines Friedens unter den drei Fürsten zu beginnen, vereitelt habe. Wenn der König ihm ferner geschrieben habe, er wisse noch nicht, solle er sich über Adrian's Wahl freuen oder trauern, da er sich wohl ganz auf die Seite des Kaisers schlagen werde, auch an Prospero Colonna und den Marchese von Mantua geschrieben habe, so hätten die letzteren Briefe diesen nur aufgetragen, dafür Sorge zu hegen [4]), daß sie die Angelegenheiten der römischen Kirche nicht fallen lassen möchten. Er habe früher niemals bei Kaiser Karl einer Ungerechtigkeit ein Wort gesprochen, noch viel weniger wolle er jetzt als Stellvertreter Christi etwas zum Nachtheile Anderer unternehmen. Gott sei sein Zeuge, daß er die Last des Pontificates nicht gesucht, noch der Reiz der Ehre oder des Reichthums ihn zur Annahme verführt, sondern nur die Furcht vor Gott, es möchte aus seiner Weigerung der Kirche Gottes Nachtheil entstehen. Der König hatte aber in seinem unwürdigen Zorne dem Papst selbst zu seiner Reise das Geleit (zu Wasser und zu Lande) nicht gegeben. Auch dieses legte der sanftmüthige Papst noch möglichst gut aus, als wenn er nur keine Garantie übernehmen wolle. Er machte ihm aber kein Hehl,

---

[1]) Das war überhaupt die am französischen Hofe herrschende Meinung. So schrieb der Bischof von Bayeux aus Paris vom 9. Mai 1522: la creatione del nuovo Papa essendo nata da molta passione e non da ragione alcuna. Lettere di principi (1581), 101.

[2]) Nullo verbosum circuitu vel ambage usa.

[3]) Gachard, p. 262—267.

[4]) Nihil invenimus quo vel infimo homini, nedum Serenitati Tuae praejudicium fieri petierimus.

11 *

er hoffe, er werde nichts gegen den Stellvertreter Chrifti unternehmen, was ihn felbft des erblichen Beinamens des Christianissimus unwürdig machen werde. Wohl werde aber ihm glaubwürdig verfichert, daß die Thrannen, welche fich in den Befitz des Kirchenftaates zu fetzen fuchten, mit französischem Gelde unterftützt würden, was man denn doch von einem fo chriftlichen Könige nicht glauben follte.

Der König von Frankreich hatte alle Urfache, fich über fein Beneh= men recht gründlich zu fchämen, insbefondere als Adrian noch von Sara= goffa aus am 20. Mai dem Kaifer fchrieb ¹), er fende ihm einen Nun= tius, um ihn zu bewegen unter ehrbaren Bedingungen Frieden oder doch einen Waffenftillftand abzuschließen ²).

Begreiflich war aber unter diefen Verhältniffen von Einschlagung eines Landweges (durch Frankreich) keine Rede. Ueber England zu gehen, wie Wolfey und König Heinrich wollten, war ebenfowenig räthlich. Ein= mal da der Papft durch fein Erscheinen auf englischem Boden die kriege= rische Haltung des Königs von England gegen Frankreich fcheinbar fanctionirt hätte, dann weil dem Papfte kaum etwas Anderes übrig geblieben wäre, als in Wolfey's vielfältige und fehr eigennützige Wünsche ein= zugehen. Da aber König Franz eine nahezu feindliche Haltung gegen den neuen Papft bewahrte, fo mußte diefer daran denken, fich von einer Kriegsflotte nach dem Kirchenftaate geleiten zu laffen, nicht blos den osmanifchen Corfaren gegenüber, fondern vor Allem wegen „der französischen Türken", wie man fich in London auszudrücken pflegte. Adrian war fomit auf die Galeeren von Neapel und Sicilien, welche länger ausblieben als zu wünschen war, angewiesen, fowie auf den guten Willen der fpanischen Vicekönige, den er felbft fattfam erprobt hatte; Catalonien konnte die nothwendige Anzahl von Transportschiffen nicht liefern, die Transportschiffe aber ohne das Geleit einer Kriegsflotte nicht in die See ftechen.

Wir wiffen aus einem Schreiben des Bischofs von Bayeur aus Lyon vom letzten April 1523, daß der Brief Adrian's eine Um= ftimmung bei König Franz hervorgerufen hatte. Ging fie auch nicht tief,

---

¹) Regeften, bei Reuffens, p. XL. Nach einem Briefe aus Saragoffa vom 22. Mai 1522 bei Mar. Sanuto hatte damals der Papft von König Franz bereits plenissimum salvum conductum per proprium Sanctitatis suae tabellarinm erhalten. Mar. Sanuto. XXXIII, p. 274.

²) Mar. Sanuto führt p. 338 an, ein Courier habe ein Schreiben überbracht, daß Adrian dem Kaifer und dem Könige von England erklärt, er wolle nicht andar contra la Franza. Das blieb denn doch für die Franzofen kein Geheimniß.

bezog sie sich auch nur auf die Person des Papstes, dessen friedliebende
Gesinnung zu offen ausgesprochen war, als daß der König an ihrer
Echtheit zweifeln durfte, so konnte denn doch der Plan darauf gefußt
werden, den Papst von einer Gemeinsamkeit der Unternehmungen gegen
Frankreich zurückzuhalten, ihn zu einer Neutralität zu bewegen und somit
aus der Stellung zu drängen, welche Papst Leo eingenommen[1]. Während
einerseits ein römischer Courier an der französischen Grenze trotz seines Passes
(salvo conducto) zurückgewiesen wurde, schrieben die Mutter und die
Schwester des Königs sehr ehrerbietig an Adrian, ließen aber durchblicken,
daß, wenn jetzt von Seiten des französischen Cabinets Friedensliebe gezeigt
würde, diese den Gedanken erregen könne, man fürchte sich vor den
Feinden Frankreich's.[2] Die Unhöflichkeit des ersten Schreibens wurde
auf den französischen Kanzler gewälzt. Man sprach von Friedensbedin=
gungen[3] und hatte die Sache bald soweit gebracht, daß Kaiser Karl
unruhig zu werden anfing[4], die spanische Umgebung den Papst noch sorg=
fältiger beobachtete. Allein wenn Adrian auch noch so sehr den Gedanken
eines kriegerischen Auftretens gegen das französische Königreich von sich
wies, er theilte die allgemeine Meinung von der Unzuverlässigkeit der
französischen Politik, die in Osen ebenso herrschte wie in Vallodolid. Der
Gedanke, den Landweg (durch Frankreich) einzuschlagen, wurde daher
definitiv aufgegeben und König Franz sah sich in Folge seines eigenen
Auftretens somit des wirksamsten Hebels beraubt, auf Adrian unmittelbar
einzuwirken.

Unter diesen Verhältnissen entschloß sich König Franz, dem Papste
gegenüber andere Saiten aufzuziehen. Der Erzbischof von Bari war
mit einem neuen Briefe Adrian's zu ihm gekommen, und nun er=
kannte Franz den Papst nicht blos als solchen an, er war überzeugt,
daß durch seine Güte, seinen Lebenswandel, seine Klugheit, Erfahrung
und guten Willen der Friede hergestellt und alle Kräfte der christlichen
Völker gegen die Ungläubigen gekehrt würden. Niemals habe die Kirche
ein größeres Bedürfniß nach einem guten, weisen und wachsamen Hirten
gehabt als jetzt. Er sei überzeugt, daß Adrian sich als allgemeiner Vater
benehmen werde. Obwohl von der Gefahr am entferntesten, wolle er
doch zur Vertheidigung des römischen Stuhles einer der Ersten auf dem
Platze sein. Er wolle den Frieden, wenn er ihm auch nicht unmittelbar

---

[1]) Lettere di principi. Venezia 1581. I, f. 100.
[2]) l. c. f. 102.
[3]) Brown, n. 510.
[4]) Brown, n. 523.

nothwendig sei, werde ihn aber, wenn der Papst ihn vermittle, auf ehr=
bare und vernünftige Bedingungen hin, nicht zurückweisen. Endlich erfolgte
selbst eine formelle Einladung, seine Reise durch Frankreich zu unter=
nehmen, wo er ihm mit allen Ehren, die dem Vicar Jesu Christi zu=
kämen, aufnehmen wolle. Er werde das selbst für eine besondere Gnade
ansehen, wenn der Papst durch seine Provinzen reise[1].

Der Papst konnte bereits den Triumph seiner Sanftmuth feiern,
als er den Brief des Königs mit dem früheren zu vergleichen Gelegen=
heit hatte. Andererseits mochte es sich aber der König selbst zuschreiben,
wenn Adrian in die Echtheit dieser Umwandlung Zweifel setzte und seine
Person und seine Würde dem Manne nicht anvertraute, der ihm selbst
Gelegenheit genug geboten, ihn zu durchschauen. Der Wind schlug am
französischen Hofe um. Madame d'Alençon versicherte am 23. Juni den
Papst, wie ihr Bruder, der König, nur daran denke, ihm gehorsam zu
sein und nicht blos in den Angelegenheiten des Friedens[2]. Madame la
Regente aber, die Mutter des Königs, forderte am 18. Juli den Papst
auf, über ihren Sohn, den König, und Frankreich, zu verfügen[3].

Die Lage des Papstes wurde dadurch eher verwickelter als besser.

Der kriegerisch gesinnte König spielte eine neue Karte aus, indem er
jetzt seine Friedensliebe in den Vordergrund stellte. Er hatte noch mehrere
in der Hand und bot, die mißliche Lage Kaiser Karl's wohl erkennend,
nachdem die französische Politik von Spanien unmittelbar abzulassen
gezwungen war, selbst das Aeußerste auf, eine für ihn günstige Wendung
der Dinge in Italien selbst durchzusetzen. War der französische König
durch den Verlust von Mailand auf das äußerste erzürnt, so kannte
sein Unmuth keine Grenzen, als er auch das zweite italienische Herzog=
thum, Genua, verlor (30. Mai 1522), das die Franzosen seit so langer
Zeit als ihr Eigenthum zu betrachten gewohnt waren. Sicherte der Besitz
von Mailand dem Kaiser den Oberitalien's, so bahnte[4] der von Genua
den Besitz von Mittelitalien an, wo sie ja seit 1494 ihr Spiel mit Pisa
und mit Florenz getrieben hatten. Die Eroberung Genua's durch die
Kaiserlichen machte selbst die Venetianer so besorgt, daß sie beschlossen,

[1] 24. Juni. Gachard, p. 262, Note.
[2] Lettere di principi. 1581 f. 103.
[3] l. c. f. 104.
[4] Il disgraziato successo di Genova aveva partorito agli interessi de' Fran-
cesi in Italia un incredibile discapito e levato ogni speranza al rè di Francia di potere in questa Provincia rimettere la sua fortuna. Storia Venet. Ms.
Ich folge hier und noch später dieser, wie es mir scheint, sehr unterrichteten Chronik.

König Franz zu einem neuen Einfalle in Italien zu bewegen, indem nur dadurch der Uebermacht des Kaisers ein Ziel gesetzt werden könne. Der König war ihnen jedoch auf halbem Wege entgegengekommen, indem er am 10. Juni 1522, also offenbar unmittelbar nach Empfang der Hiobspost von Genua seinen Kammerherrn Clement Lanza nach Venedig sandte und dem Senat eröffnete, er möge, was der Abgesandte sage, aufnehmen, als spreche der König selbst. Auf einem anderen Wege wurde der Graf von Belgiojoso gleichfalls nach Venedig abgesandt. Lanza, in den venetianischen Senat eingeführt, setzte auseinander, daß die Politik seines Herrn nicht darin bestehe, sich mit Anderen gegen Venedig zu verbinden. Er betrachte Mailand als sein rechtmäßiges Eigenthum, das er wieder zu erlangen suchen werde. 12.000 Mann zu Fuß seien bereits unterwegs, 600 Lanzen, die Artillerie, die Gensdarmen folgten, der übrige Theil des Adels und der Admiral von Frankreich; der Herzog von Savoyen stelle 200 uomini d'arme und 3000 Mann zu Fuß. Das mailändische Volk, der Bedrückungen der Kaiserlichen müde, sehne sich nach der französischen Regierung (die von den eigenen Franzosen verabscheut wurde); bis zum 17. Juli sollten 12.000 Schweizer in französischem Solde im Mailändischen einrücken. Leider seien deshalb Schwierigkeiten eingetreten, doch der dreimonatliche Sold sei ihnen für alle Fälle angeboten worden. Venedig möge sich unter diesen Verhältnissen mit dem Könige verbinden. Die Antwort der Venetianer sprach den Wunsch aus[1]), daß der König Mailand wieder gewinne und bedauerte die wegen der Schweizer eingetretene Verzögerung, da ihr Eingreifen einen guten Ausgang verbürgt hätte. Da Lanza angedeutet hatte, Cremona, das vertragsmäßig den Kaiserlichen ausgeliefert werden sollte, solle zurückgehalten werden, so schlug der Senat die Annahme eines Waffenstillstandes auf zwei Jahre vor, welchen der Cardinal von York beantragt hatte. Es war dieses eine höfliche Ablehnung des französischen Bündnisses.

Jetzt konnte man die außerordentliche Bedeutung des Ereignisses vom 30. Mai 1522 erkennen. Der französische Feldzug nach Italien kam für dieses Jahr nicht zu Stande[2]), die Truppen, welche bereits die Alpen überstiegen hatten, die Artillerie, welche bereits nach Villannova im Astigianischen gekommen war, erhielten den Befehl, nach Frankreich zurückzukehren, die französische Besatzung aus Cremona zog gleichfalls ab. Die

---

1) Storia Venet. Cod. Palat. 6479. p. 51.

2) Obwohl nach den Avvisi al doge di Venezia, da Chiari, 6 Giugno (Arch. storico Append. Nr. 9, p. 395) damals noch das Gegentheil geglaubt wurde.

Venetianer aber suchten durch ihre Gesandten auf den König wie auf den Kaiser im friedlichen Sinne einzuwirken, daneben den Oglio und die Abda zu verwahren, da von der Noth, der Theuerung und dem Mangel an Disciplin der kaiserlichen Truppen Schlimmes zu befürchten war. Der Proveditore Gritti wurde nach Venedig zurückgerufen, wo ihm ein triumphirender Einzug bereitet wurde. So freute man sich, daß für dieses Jahr der Friede gesichert schien.

Allein dieses konnte doch nur von Einer Seite gelten. Bereits waren in das Abendland Gerüchte von den ungeheuren Rüstungen gedrungen, welche Soliman im Arsenale von Constantinopel traf, von den Arbeitern, die er von der Insel Coo und anderen Orten hatte kommen lassen, von der Aufspeicherung eines ungeheuren Materiales und der Ausrüstung von Galeeren und anderen Schiffen. Die Nachbaren zagten und schwebten um so mehr in Besorgniß, als das Ziel dieser kolossalen kriegerischen Vorbereitungen unbekannt war. Man besorgte einen Angriff auf Italien, wo ja bereits Otranto den Türken hatte entrissen werden müssen, auf Rhodus, dessen Ritter die Wasserstraße von Alexandrien nach Constantinopel den Osmanen verlegten und deren Angriffe auf das feste Land wie auf die Inseln die Einwohner von „Nesselimo, Negroponte, Morea, Achaia, Cavia und des festen Landes des alten Lycien" zu fortwährenden Klagen veranlaßte. Man wollte wissen, daß Soliman einen besonderen Haß gegen den Johanniterorden hege. Wieder Andere besorgten für Korfu und daß sich der Padischah von den jonischen Inseln aus die Brücke nach Italien bauen wolle. Ein osmanischer Gesandte, Janus Bey, war nach Venedig gekommen, sich im Namen Soliman's zu beklagen, daß Piraten, welche die Schifffahrt im Archipelagus fast vernichteten, sowie diejenigen, welche sich aus dem türkischen Reiche flüchteten, in den venetianischen Inseln Unterkommen fänden. Der Maggior consiglio ernannte deshalb Domenico Trevisano (Cavaliere und proveditore) zum Generalcapitän einer Flotte von 70 Galeeren, die in Venedig, Candia und Dalmatien ausgerüstet werden sollten, um angeblich diesem Unwesen ein Ende zu machen. Janus Bey wurde mit 30 Pfund Silber beschenkt. Da aber die Besorgnisse vor den Rüstungen zunahmen, erhielt Trevisano im Juli 1522 den Auftrag, sich nach Cap Vulio in Candia zu begeben und sich Klarheit über die Absichten der Osmanen zu verschaffen, Famagosta auf Cypern in Vertheidigungsstand zu setzen und einzugreifen, wo er es für nothwendig erachte[1]).

---

[1]) Die großen Vollmachten: Storia Venet. p. 55.

Seinerseits stellte jetzt König Franz seine Friedensliebe in den Vordergrund. Er begehrte nur die Erhaltung der drei Plätze, welche er noch
im Mailändischen inne habe, wenn man von ihm einen Waffenstillstand
verlange. Für den Fall eines Friedens aber heißt es, wolle er selbst das
Herzogthum Mailand abtreten, das er nicht besaß, Fuentarabia herausgeben, dessen sich die Franzosen 1520 bemächtigt. Er bestand aber darauf,
daß Karl seine Tochter heirate und die ihm für Neapel schuldige
Summe bezahle[1]. Die hiebei vorhandene Absicht des Königs war offenbar, Karl zu den Bestimmungen des Vertrages von Noyon zurückzuführen,
seine Heirat mit der englischen Prinzessin zu verhindern, den Windsor-
Vertrag im wesentlichsten Punkte zu durchlöchern, Karl zu isoliren und,
wenn seine Verbindung mit König Heinrich gelöst wäre, von sich abhängig
zu machen. War dieses Alles nur eine Falle, so erreichte sie, wenn sie
gelang, ihr Ziel vollständig. Dem Papste als solchem mußte vor Allem
daran gelegen sein, Frieden herzustellen. Er sandte den Bischof von
Astorga, einen gelehrten Dominikanermönch, zur Conferenz des Kaisers
und des Königs nach England, um, nachdem er selbst zum Beitritte zum
Windsorvertrag eingeladen worden war, durch seinen Nuntius den allgemeinen Frieden zu vermitteln. Der Bischof von Astorga kam Anfangs Juli
zur schlechten Stunde in England an. Der Haß gegen Frankreich hatte
den höchsten Grad erreicht. Selbst an der königlichen Tafel ereiferte der
Cardinal von York sich in zügelloser Heftigkeit über die Treulosigkeit
des französischen Cabinets und daß eine Aussicht auf Frieden nur vorhanden wäre, wenn Frankreich vernichtet worden sei[2]. König Heinrich
aber gerieth über die Mission Astorga's geradezu in Wuth und erklärte,
so sehr er sonst ein treuer Sohn der Kirche sei, jetzt könnte er nur antworten[3], er wolle weder Frieden noch Waffenstillstand mit Frankreich
und werde mit dem Schwerte in der Hand den französischen König wohl
dahin bringen, Mailand ganz aufzugeben und die Unterhandlungen in
die Hände des Papstes zu legen. Das Windsorbündniß raubte vollends
dem Könige die Aussicht, Italien zu erwerben. Als Bernardino Mataroti,
welchen der Papst nach Rom gesandt hatte, auf der Heimkehr von Andrea
Doria gefangen genommen und dem Könige Franz übergeben worden war,
ließ ihn dieser frei nach Spanien ziehen, wohin er nun Briefe und

---

[1] So verstehe ich den Bericht Contarini's an die Signoria vom 5. August
bei R. Brown, n. 510, welcher ihn offenbar mißverstanden hat.

[2] If peace was to exist in Christendom, they must be exterminated.
Contarini am 7. Juni. Brown, n. 467.

[3] 5. Juni. R. Brown, n. 493.

Botschaft von dem Erzbischof von Bari brachte. Es ward Adrian nahe=
gelegt, sich mit dem Könige ohne den Kaiser und König Heinrich zu ver=
binden, was jedoch der Nuntius gleich ablehnte. Durch Bernardino
aber ließ derselbe sagen, der Kaiser möge, wenn er des Königs von England
sicher sei, keinen Frieden mit König Franz abschließen, der so unpopulär
geworden sei und mit so großen Schwierigkeiten zu kämpfen habe, daß
er Gefahr laufe, sein Reich zu verlieren[1]). Durch alles dieses befestigte
sich die Stellung des Papstes, dem jetzt die Brüder Adorni, der Herzog
von Genua und der kaiserliche Gesandte, schrieben und gleichzeitig auch
Andrea Doria, ihr Landsmann und Gegner, seine Dienste anbot. Damals
war es auch, daß Adrian den Bernardino Pimontel, einen Laien, zu
seinem Nuntius am kaiserlichen Hofe ernannte[2]). So sehr hatte sich in
kürzester Zeit die Lage der Dinge verändert, daß bereits ein französischer
Gesandter in Spanien erwartet wurde, dessen Ankunft jedoch Kaiser Karl
aus allen Kräften zu hintertreiben bemüht war. Er warnte zugleich
Adrian vor dem Anerbieten Doria's und drückte ihm seine Freude aus, daß
er ein anderes Anerbieten, auf französischen Galeeren die Ueberfahrt zu
machen, zurückgewiesen habe[3]). Der König war isolirt, wenn spanische,
portugiesische, italienische Schiffe den Papst nach Italien brachten. Es
blieb ihm nur noch der Ausweg übrig, wenn Adrian an der Küste
von Frankreich weiter fuhr, neue Unterhandlungen anzuknüpfen.

Die französische Flotte durfte sich jedoch nicht sehen lassen, „den
Vater der Christenheit" nach Italien zu geleiten. Als Adrian Saragossa
bereits verlassen hatte und nach Tortosa gegangen war, konnte Lope
Hurtado dem Kaiser über eine lange Unterredung mit dem Papste berichten.
Dieser zeigte sich sehr unzufrieden mit dem Benehmen der Gouverneure
von Spanien, sprach sich über die Nothwendigkeit der baldigen Ankunft
Karl's in Spanien aus, wollte aber die Cruzada nur unter der Bedin=
gung bewilligen, daß ihm selbst ein Drittel des Ertrages zukomme.
Adrian sei über das, was die Cardinäle gethan, unterrichtet, stehe mit
S. Croce nicht gut, habe sich von Don Manuel's guten Diensten überzeugt,
weshalb es gut sei, daß dieser in Rom bleibe und die Leitung des Papstes
übernehme. Das Ansinnen, den Bischof von Valencia und den jugendlichen
Charles de Lannoy zu Cardinälen zu erheben, habe Adrian zurückgewiesen,
er danke aber dem Kaiser für die Summe, die dieser dem Marchese von
Mantua zur Vertheidigung des Kirchenstaates zukommen ließ. Bei den

---

[1]) Lope Hurtado an den Kaiser (23. Juli).
[2]) l. c.
[3]) 31. Juli. Calendar, p. 457.

freundschaftlichen Beziehungen Adrian's zu Lope Hurtado verhehlte ihm der Papst nicht, wie wenig er für seine Dienste von dem Kaiser belohnt worden und welche Feinde er unter den Räthen Karl's habe. Er theilte ihm seine besten Absichten in Betreff der Mission des Erzbischofs von Bari nach Frankreich mit, wobei wir erfahren, daß Borello todt (oder im kaiserlichen Sinne unschädlich gemacht worden) war [1]) und Studillo in eine Lage versetzt war, daß von ihm nichts mehr für Kaiser Karl zu besorgen war. Ein altes Mitglied der Löwener Universität sei ange= kommen und benehme sich in dem päpstlichen Hause, als wäre es sein eigenes. Lope bezeichnete ihn als einen französischen Sendling [2]) und rieth dem Kaiser, deshalb an den Beichtvater Adrian's zu schreiben. Der ganze Haushalt des Papstes sei noch so wenig geordnet, daß befürchtet werden mußte, Adrian werde in Rom seinen Rang nicht behaupten können. Lope rieth ferner die Umgebung des Papstes zu gewinnen und konnte bereits melden, daß der Doctor Agreda, der das ganze Vertrauen des Papstes genoß, sich ihm angeboten habe. Der übrige Theil der Depesche bezog sich auf den Empfang des Erzbischofs von Bari durch König Franz, welcher jetzt einen dreijährigen Waffenstillstand vorschlage, sowie auf die üblen Zustände Frankreich's.

Die Depesche, welche in Tortosa begonnen, in Taragona (11. Juli) vollendet wurde [3]), ist auch deshalb von hohem Werthe, weil sie von Randbemerkungen des Großkanzlers Gattinara begleitet uns überliefert wurde.

Lope wurde angewiesen, die Diener des Papstes bis auf Weiteres mit Hoffnungen zu vertrösten, die Cruzada vorderhand fallen zu lassen; der Rath Lope's in Betreff Don Manuel's wurde angenommen und die (freilich eitle) Hoffnung ausgedrückt, der Papst werde an Don Manuel Gefallen finden, wenn er ihn näher kenne. Es sei irrig zu glauben, daß in der Umgebung des Kaisers sich dem Papste feindlich gesinnte Personen befänden. Die Mission des Erzbischofs von Bari nach Frankreich miß= fiel dem Cabinete des Kaisers. Der Papst sollte zur Vorsicht in Betreff

---

[1]) Besides, übersetzt Bergenroth, Borrel is already dead, and Astudillo will not commit any more rogueries. p. 453.

[2]) Er wies sich nachher als einen Utrechter aus. Der Papst erklärte, er müsse in seinem Haushalte (famiglia) Leute aus allen Nationen haben. Calendar, n. 455.

[3]) Bei den Auszügen, die Bergenroth, dem Beispiele Bewer's folgend, gibt, ist Vieles, was für Adrian von Wichtigkeit war, nur angedeutet worden. Guina, wo eine Landung der spanischen Flotte befürchtet wurde, ist gewiß nicht Guienne, sondern Guines bei Calais.

seiner Umgebung ermahnt werden, seine Gesundheit und die Staatsangelegenheiten würden Gefahr laufen, wenn er in Bezug auf die Personen,
welche er empfange, nicht vorsichtiger wäre. Man wünschte aber, daß
der Erzbischof von Bari dem Bischof von Astorga über die französischen
Anerbietungen Mittheilung mache, damit König Heinrich und der Cardinal
von York es erführen und für den Kaiser mehr Rücksicht hätten, da derselbe dann in dem Stande sei, wenn er wolle, Frieden zu schließen[1]). Karl
wünschte den Frieden, konnte aber nicht mehr zurück. So unangenehm
eben dem kaiserlichen Kanzler die diplomatische Verbindung des Papstes
mit König Franz war, so brachte sie dem kaiserlichen Cabinete doch
große Vortheile, da Adrian selbst die in Chiffren geschriebenen Depeschen
seines Nuntius am französischen Hofe Lope Hurtado, mittheilte und
diese namentlich die schlimme Lage enthüllten, in welcher sich König Franz
befand. Es war nur zu sehr im französischen Interesse begründet, daß
ein dreijähriger Waffenstillstand zu Stande kam, selbst gegen die Verpflichtung, Fuentarabia zu räumen, Ravenna und Neapel nicht anzugreifen.
Der Erzbischof berichtete, der König habe seine Unterthanen ganz und
gar zu Grunde gerichtet[2]), man könne dem Ende des Streites entgegensehen. In ruhiger Art, wie es seiner Natur zukam, antwortete der Kaiser,
und zählte die Unbilden auf, die er von König Franz erlitten.

Die Mission des Bischofs von Astorga war gänzlich gescheitert[3]).
Der König von England ließ Truppen nach Calais einschiffen, Frankreich
von dieser Seite aus anzugreifen. Karl sollte den Feldzug gegen Fuenterabia eröffnen. Er schiffte sich schweren Herzens am 7. Juli nach
Spanien ein, am 16.[4]) landete er in Santander.

Auch seine Mission war gescheitert. Der Waffenstillstand, dessen er
so sehr bedurfte, war nicht zu Stande gekommen. Der Ungestüm des
englischen Cabinets riß jetzt auch ihn wider seinen Willen fort. Begreif-
licherweise befand sich der Papst dadurch in einer sehr ungünstigen Lage.
Sollte er, um den Frieden nachdrücklicher zu betreiben, in Spanien etwa

---

[1]) Calendar, n. 445.

[2]) Die Nachricht, daß König Franz alles Gold und Silber aus den französischen Kirchen genommen, beruht auf einem Berichte Francisco de Mendoza's, welcher
aus der französischen Gefangenschaft entkam. Calendar, p. 492.

[3]) Er verließ, nachdem er den Papst längere Zeit ohne Nachrichten gelassen,
gegen Mitte Januar 1523 England. Bergenroth, II, S. CLXIX. Am 31. December
theilte Adrian dem Kaiser sein Erstaunen mit, daß König Heinrich keinen Frieden
wolle. Gachard, p. 139. Am 23. Februar 1523 schreibt er der Königin Katharina,
sie möge ihren Gemahl zum Frieden bewegen. Gachard, p. 272.

[4]) Sanuto bei Brown, n. 495, 498.

bis zum Frühlinge 1523 bleiben und abwarten, bis die in Rom herr=
schende Seuche erloschen sei, mit dem Kaiser·zusammenkommen oder schon
um der Verhältnisse im Kirchenstaate willen nach Italien gehen? Mehr
als Alles lag letzterer und die Türkengefahr ihm schwer auf dem Herzen.
Er wandte sich deshalb an die Venetianer [1]) um diese zu bewegen, den Kampf
mit den Osmanen auf sich zu nehmen, während Wolsey in echt englischer
Verbissenheit den Grundsatz festhielt, erst müßten die französischen Türken
bekriegt werden und da er seiner französischen Pensionen verlustig ging, jetzt
von Kaiser Karl eine jährliche Pension von 22.000 Ducaten aus spanischen
Kirchengütern erlangte [2]).

Damals war es, daß Adrian den spanischen Missionären, Francis=
kanern, die nach dem neuentdeckten Indien gesandt wurden [3]), eine neue
Organisation verlieh, welche inmitten des erbittertsten Kampfes der Spanier
mit den Azteken von Tenochtitlan (Mexico) dem Frieden und der Verkündi=
gung des Christenthums, der Einführung besserer Sitten Vorschub leisten
und dem Vertilgungskriege der Einheimischen, welchen die Spanier betrieben,
ein Ende bereiten sollte. Die nach Indien gesandten Franciskanermönche
sollten sich ihren Vorstand von drei zu drei Jahren selbst wählen, Voll=
machten besitzen wie der Generalminister und selbst bischöfliche Functionen
üben können (10. Mai 1522). Es war zu hoffen, daß auch für die
Völker, welche so lange ihr Dasein in der Nacht eines bluterfüllten
Heidenthums zugebracht, endlich die milde Sonne des Evangeliums
leuchten werde.

Eine andere Angelegenheit, welche den Papst in seinen Briefen
beschäftigte, war durch den kaiserlichen Botschafter Don Juan Manuel
hervorgerufen worden und betraf den Antheil, welchen angeblich dieser ebenso
gewaltsame als intrigante Mann an Adrian's Wahl genommen hatte und
ebenso die Rolle, welche hiebei der Cardinal von S. Croce gespielt.
Adrian blieb nach den ihm zu Theil gewordenen Daten dabei, daß
Don Manuel sich ganz anders benommen als er behauptete, wenn auch
das Cardinalscollegium niemals Jemanden gewählt hätte, der dem Kaiser
Karl oder König Franz unangenehm gewesen wäre. Er versicherte aber
Ersterem, wie erfreut er sei, nicht durch seine Bitten gewählt
worden zu sein, um der Reinheit und Aufrichtigkeit willen, die in
solchen Fällen göttliche und menschliche Rechte verlangten. Er sei aber

---

[1]) Brown, n. 500.
[2]) Brown, n. 507.
[3]) De Solis hist. de la conquista de Mejico. l. VI. Rayn. 1522. u. 101.
Waddingus annales Min. XVI, p. 136. 10. Mai 1522.

dem Kaiſer dafür ebenſo oder noch mehr verbunden, als wenn er das
Papſtthum durch ſeine Vermittlung und ſeine Bitten erlangt hätte [1]). Für
den Cardinal von Medici wurde eine Bulle ausgefertigt, damit er 10.000
Ducaten auf das Erzbisthum Toledo beziehen könne [2]); am 1. Mai aber
wurden in der Kathedrale von Saragoſſa neue Regeln der apoſtoliſchen
Kanzlei verkündet, durch welche alle Reſervationen und Exſpectativen auf
Kirchenpfründen zurückgenommen wurden. Sie ſollten künftig nur sub
annulo, d. h. mit dem Siegel des Papſtes ſelbſt verſehen und ſomit
unter der beſonderen Zuſtimmung desſelben geſchehen. Die Verordnung
war geeignet, ungeheures Aufſehen zu machen. Sie war ein tiefer
Schnitt in das Fleiſch derer, welche bisher durch Geld und ſonſtige un=
erlaubte Mittel ſich Exſpectanzen verſchafft hatten; der Anfang zur
Beſeitigung eines Uebelſtandes, welcher die.beſten und tüchtigſten Männer
von den Kirchenämtern ausſchloß und dieſe der Habſucht, dem Ehrgeize
und der Intrigue eröffnete. Die Maßregel war aber zugleich ein
ſprechender Beweis, daß der Papſt auch vor ſeiner Krönung die Regierung
der Kirche angetreten habe, ungeachtet das Cardinalscollegium ſich gegen
dieſe Anſchauung erklärt hatte. Allein der einen curialiſtiſchen Anſchau=
ung ſtand die andere gegenüber, welche ſich auf eine Entſcheidung
Papſt Clemens' V. vom Jahre 1306 bezog. Und da der Grundſatz
galt, daß dem Papſte kein Geſetz auferlegt werden könne, indem
er Alles von Rechtswegen vermöge [3]), war, wo noch dazu ein Prä=
cedenz vorhanden war, in Betreff der Giltigkeit dieſer Maßnahme
vollends kein Zweifel. Adrian ſetzte ferner bei dem ungeheuren Andrange
von Bittgeſuchen eine eigene Behörde zu ihrer Erledigung nieder, und
zwar beſtand ſie aus Johann von Tavora, ſpäter Erzbiſchof von
Compoſtella, Präſidenten des kaiſerlichen Rathes, Cardinal=Erzbiſchof
von Toledo und Gobernador von Spanien; aus dem Generalvicar
im Bisthum Tortoſa, Dr. Coldeſanca; aus dem Abte Diego ·de
Paternia von Vitoria und dem Dr. Blaſio Ortiz. Zum Magiſter der
Dataria wurde Dietrich Herz, Secretär des Papſtes, ein Mann von
freundlichen Formen und ängſtlichem Gewiſſen, ernannt. Das Geſchäft

---

[1]) Je suis toutesfois bien joyeux non être parvenu à l'élection par vos
prières pour la pureté et sincérité que les droits divins et humains requièrent
en semblables affaires. Je vous en scay néanmoins aussi bien gré ou meilleur
que si par votre moyens et prières vous me l'eussiez impétré. Correspondance
I n. 33. 3. Mai 1522.

[2]) Gachard, p. 75.

[3]) Papae lex imponi non potest, cum omnia jure possit. Itinerar, c. 9.

der Ausfertigungen aber erhielt der Flanderer Peter von Rom, wie ihn Ortiz nennt, ein harter, schwer umgänglicher, ja unerbittlicher Mann. Je leichter in diesen Dingen Leo X. gewesen, desto schwieriger war Adrian, und wenn von ihm schon sehr schwer Gnaden erlangt wurden, so war dieses noch schwieriger bei Peter. Das aber, setzt Ortiz hinzu, wurde von Tag zu Tag ärger und dauerte bis zu Adrian's Tode[1].

Adrian verlangte ferner das Bisthum Tortosa für seinen Proto= notarius, den gelehrten Wilhelm Enkevort, der dem Kaiser so lange umsonst gedient, für sich nach altem Gebrauche die Einkünfte des Erzbisthums Toledo (sede vacante), das Erzbisthum Pampelona für den Bischof von Astorga, die Würde eines Commendador mayor de Calatrava für den hochverdienten Vicekönig von Aragonien, Don Juan de la Nuca[2]. Allein so sehr sich auch der Papst für die Empfohlenen bemühte, die Antworten Karl's fielen zwar nicht kalt, doch meist dilatorisch aus[3]. Am 7. Mai feierte der Papst seinen 64. Geburtstag. Schon am 5. Mai hatte Adrian an das Cardinalscollegium geschrieben und sein Bedauern über die Verwirrung ausgedrückt, in der sich Italien befinde, sowie seine Absicht, innerhalb weniger Tage die Abreise zu bewerkstelligen[4].

Am 19. eröffnete er den Cardinälen, er habe bereits seine Bagage vorausgeschickt, die Flottille sich Barcelona genähert, als daselbst die Pest ausbrach und er, um diese nicht nach Italien zu bringen, die Flotte nach einem andern Hafen habe kommen lassen. Die Absicht, sich eines venetia= nischen Schiffes zu bedienen, sei gescheitert. Genuesische Galeeren seien ihm versprochen worden, im entscheidenden Momente habe es aber geheißen, daß sie ohne besondere Erlaubniß des Königs von Frankreich nicht kommen dürften. Die neapolitanischen und sicilianischen Galeeren seien gleichfalls ausgeblieben (kamen aber nachher)[5] — und da Kaiser Karl Spanien zu besuchen beabsichtigte, seien alle Schiffe zu diesem Zwecke in Beschlag genommen. So hätten sich die Schwierigkeiten gehäuft, weshalb er auf ihre Eintracht baue, daß sie für den Frieden der Stadt und des Kirchenstaates sorgten. Näheres werde ihnen Wilhelm von Enkevort, sein Notar und Protonotar, mittheilen, dem er ausführlich geschrieben

---

[1] Itinerar, p. 169.

[2] Schreiben an Kaiser Karl vom 6. Mai 1522. Gachard, n. 21.

[3] Londres 9. Juni. Gachard, p. 89.

[4] Das ist wohl, wie Vettori es nennt, il breve non escusatorio ma accusa- torio di molti i quali havendo promesso armata gli erano mancata. Lettere di principi, p. 103.

[5] Sie verließen am 20. Mai Livorno. Brewer, n. 2278.

habe[1]). Das lateinische Schreiben, in einem ganz anderen Tone gehalten, als man in Italien gewohnt war, konnte nur einen frostigen Eindruck machen. Es war nach dem, was am 1. Mai stattgefunden, begreiflich, daß man in Rom allmälig erkannte, Stadt und Kirche hätten einen Herrn 'erhalten, welcher die letztere nicht mit dem vorübergehenden Interesse einiger vornehmen Familien und ihrer Anhänger zu identificiren gedenke. Spanischerseits reifte ein anderer Plan heran, die Schweizer durch den Papst von Frankreich zu trennen. Der Herr de la Chaur schrieb deshalb an den Papst, um ihn aufmerksam zu machen, daß jetzt die beste Gelegenheit gekommen sei, gegen die Franzosen aufzutreten, welche ihn zu einem bloßen Messeleser machen wollten. Er möge die Schweizer, wie sie sich von den Franzosen losgemacht, deshalb als gute Söhne der Kirche beloben[2]). Man müsse die Franzosen, welche bisher gewohnt waren, die Christenheit zu verwirren, dahin bringen, daß sie ihre Nach-barn in Frieden ließen.

Bereits war der Juni angebrochen und noch immer war Adrian in Saragoffa, der Kaiser in London[3]). Der Protonotarius apostolicus Juan Borello, welchen der Papst mit dem Instrument seiner Wahl-annahme nach Rom geschickt hatte, war unterdessen zurückgekommen und hatte dem Papste gemeldet, welche Freude alle Cardinäle darüber hatten; sie hätten die Annahme des Namens Adrian in Rom und der ganzen Christenheit verkündet, auch das Galeon des apostolischen Stuhles, zwei Galeeren, zwei Schiffe mit Lebensmitteln abgesandt und Don Juan Manuel die neapolitanisch-sicilianischen gleichfalls aufgeboten. Borello war Ueberbringer eines Schreibens der drei Cardinal-Deputirten vom 28. April, worin sie sich entschuldigten, daß sie aus Mangel an Schiffen nicht abreisen konnten[4]); sie sandten ihm zwei Ringe, einen mit H (Hadrianus), einen ohne H, in einer Büchse mit sieben Siegeln. Der Papst möge nach Gefallen wählen. Aber noch immer war man in Rom nicht sicher, ob der Papst am Leben sei[5]).

---

[1]) Gachard, p. 85. In gleicher Weise und von demselben Datum schrieb Adrian an den Senat und das Volk von Rom.

[2]) Adrian hatte auch sowohl an die Schweizer als an Prospero Colonna ge-schrieben. Diese Schreiben wurden dann Gegenstand der Erörterung in den Briefen mit Franz I.

[3]) Von wo er am 9. Juni an den Papst schrieb und Don Manuel zu recht-fertigen suchte.

[4]) As the vessels are wreked. Brewer, n. 2203.

[5]) Siehe das Schreiben Campeggio's vom 30. April. Brewer, n. 2210.

Dieser schrieb beinahe an demselben Tage, an welchem Kaiser Karl von London aus den Brief vom 5. Mai beantwortete (9. Juni), am 10. von Saragossa aus, ihm bekannt zu geben, daß die päpstliche Galeone, zwei Galeeren und zwei Proviantschiffe nach Barcelona steuerten, die Galeeren Don Juan Manuel's von Livorno aus dieselbe Richtung nähmen. Er selbst wolle sich nach Tortosa begeben und von dort entweder den Weg nach Barcelona oder Valencia einschlagen, wie sich die Sache am besten mache, um die von der Pest befallenen Ortschaften zu vermeiden. Zugleich verwandte sich Adrian nochmals zu Gunsten spanischer Geistlicher, welche an dem Aufstande der Communen sich betheiligt, und empfahl ihm namentlich den Dr. Manso für ein Bisthum [1]).

Krankheit und Hungersnoth schnitten den Papst von der Küste ab [2]). Woche auf Woche verstrich, die Schiffe kamen nicht, wohl aber erfolgte noch die Belagerung von Rhodus, der Krieg König Heinrich's VIII. mit König Franz.

Nach Petrus Martyr erwartete Adrian noch in Saragossa die Ankunft des Cardinals Cesarini, welcher sich auf den Rath des Cardinals von Medici nach Spanien begeben. Er hatte 200 Golddublonen mit dem Bildnisse des Papstes gebracht. Dann aber sei Adrian [3]), ohne die Saragossaner zu begrüßen, im Unmuthe über das Verfahren der städtischen Steuereinnehmer von dannen gezogen, welche einen goldenen Kelch, den ihm der Clerus von Salamanca zum Geschenke bestimmt hatte, weggenommen hatten. Adrian habe die Stadt mit dem Banne belegt, den Kelch zurückgewiesen und sei erzürnt von dannen gezogen. [4])

Allein die Nachricht ist mehr als verdächtig. Nach den Berichten des englischen Gesandten war der Papst am frühen Morgen des 11. Juni, wie er zu thun pflegte, abgereist; um 10 Uhr kam der Cardinal. Von der Geschichte mit dem Kelche, die Hannibal sicher an Wolsey berichtet hätte, erwähnt dieser (nach Brewer's Mittheilung) nichts. Petrus Martyr läßt ferner den Papst am 2. Juni nach Tortosa kommen, während Adrian am 19. Juni (am Tage Frohnleichnam) dort war. Hannibal aber berichtet am 11. Juni, daß Adrian an diesem Tage die Stadt

---

[1]) Weiteres bezog sich auf Gespräche mit dem Herrn La Chaux. Gachard, II. XXIX.

[2]) Hannibal an Lord Mountjoy. 23. Mai.

[3]) Postero ab illius Cardinalis amplexu. Ep. 762.

[4]) Der königliche Rath von Indien ist in Bezug auf Adrian kaum von einer gewissen Mißgunst freizusprechen. Wie Adrian sich gegen ihn benahm, erhellt weiter unten.

verließ, um sich über Prima, Caspe und Favera nach seiner bischöflichen Stadt Tortofa zu begeben, dort die Frohnleichnamsprocession (19. Juni) vorzunehmen[1]).

Vierter Abschnitt.

Von Saragoffa nach Rom.

Das Cardinalscollegium hatte unterdessen auf fünf Briefe geantwortet, welche es von dem Kaiser empfangen, als allmälig bei dem Erscheinen der osmanischen Flotte in den griechischen Gewässern Italien selbst, Rom und die Cardinäle sich auf's Aeußerste bedroht sahen (4. Juli)[2]). Wenige Wochen später wurde die kaiserliche Hilfe noch dringender in Anspruch genommen, als die Nachricht sich verbreitete, die ungeheuren Rüstungen, die in Constantinopel geschehen waren, hätten Rhodus gegolten, bereits sei die Landung erfolgt, habe die Belagerung der Veste begonnen (26. Juli)[3]). Noch aus Tortofa (4. Juli) wurde nach Rom geschrieben, daß die kaiserlichen Galeeren angekommen waren, jedoch die päpstlichen sich in Genua aufhielten. Seinerseits sandte Adrian eine Brigantine nach Genua, mit dem Befehle, nach den spanischen Häfen abzureisen, und entbot er aus Malaga vier Galeeren, welche die Küste von Granada bewachten, eine andere von Majorca, während in Barcelona vier Schiffe auf Kosten des Papstes, zwei von den Barcelonern ausgerüstet wurden. Da sich in Alicante, Malaga und an der Küste von Barcelona wohl 20 Schiffe vorfanden, ergab sich eine Flotte von 50 Segeln, und erwartete man mit Sicherheit den Papst Ende Juli auf dem Seewege nach Rom[4]). Niemand fühlte sich mehr getrieben, den Gefahren der Seereise Trotz zu bieten, als Adrian, den eine jugendliche Ungeduld befiel, Spanien zu verlassen und die Zügel der Regierung zu übernehmen. Er entfernte sich von Tortofa (8. Juli) nach dem Hafen von Ampolla, um sich zu Schiffe zu begeben, und zwar so rasch, daß der größte Theil seines Gefolges erst am Abende und in der Nacht nach dem Hafen gelangte. Allein nun

---

[1]) In Aljaferia wurden auch einem Neffen des Johann Baptist Cugubio Staffileo (Giovanni Staffileo, vescovo di Sebenico und 1517 Nuntius Papst Leo's X. in Frankreich. Manoscritti Torrigiani im Archivio storico ital. III, 26. p. 181) einige Beneficien gewährt.

[2]) Gachard, n. XXX.

[3]) Gachard, n. XXXVI.

[4]) Lettere di principi. Giov. Negro an Marc. Antonio Micheli. I, p. 104.

hielt ihn schlechtes Wetter noch im Hafen auf; erst einen Tag später
konnte er nach Tarragona segeln (10. Juli), wo er auf's neue, und zwar
bis zum 5. August, die Ankunft der Schiffe erwartend, verbleiben mußte.
Bereits war Kaiser Karl in Spanien angekommen; ein Brief des Papstes
vom 23. Juli begrüßte ihn aus Tarragona und benachrichtigte ihn
zugleich, daß er den Erzbischof von Bari an König Franz nach Frankreich abgesandt habe[1]).

Der unfreiwillige Aufenthalt in Tarragona gab dem Papste Anlaß,
auch noch den Kaiser auf den bedrohlichen Zustand von Valencia aufmerksam zu machen[2]) und das Schreiben Kaiser Karl's vom 19. Juli zu
beantworten[3]). Er drückte dem Kaiser darin seine Freude aus, wenn
er ihn noch hätte sehen können, bedauert aber, daß die Rücksicht auf
seine Gesundheit ihn davon abhalte; er dürfe sich keiner Krankheit aus-
setzen. Die Witterung sei so heiß, daß, wenn Karl mit der Post käme,
er krank werde[4]); zögere er aber, so verspäte sich seine eigene Abreise nach
Rom zu sehr. Auf die kaiserliche Bitte, drei Cardinäle zu ernennen,
den Bischof von Palermo, den Neffen des Herrn von Montigny und
den Bruder des Gouverneurs von Brescia (Bressa), antwortete Adrian
ausweichend, was begreiflich Karl nicht angenehm sein konnte. Dafür
verwandte er sich selbst zu Gunsten einiger Geistlicher, welche sich an dem
Aufstande der Communen betheiligt, sowie er ihm Rathschläge ertheilte,
Oran, Algier und Bugia gegen die Ungläubigen zu vertheidigen. Zugleich
erwähnte er, er sei vor Gift gewarnt worden, und warnte er den Kaiser
vor ähnlichen Nachstellungen[5]). Nicht ohne tiefe Bewegung schied
Adrian von dem Lande, das seine zweite Heimat geworden war; nur
sein Körper, versicherte er das Capitel von Toledo, dessen Gebeten er sich
am 26. Juli empfahl, nicht sein Geist ziehe von dannen![6]) Endlich
am 5. August waren, mit Ausnahme der portugiesischen, die spanischen
Schiffe angelangt. Eine Heeresabtheilung von 4000 Mann, geführt
von dem Schüler des großen Capitäns Don Gonsalvo, Don Hernandez

---

[1]) Gachard, n. XXXI. Ein anderes Schreiben ward an den Grafen Heinrich
von Nassau gerichtet und dieser zum Ausharren ermahnt (6. August). Reussens, syntagma, p. XLI.

[2]) Gachard, n. XXXIII.

[3]) Lanz, Correspondenz Kaiser Karl's V. n. 35. 27. Juli.

[4]) Soll es nicht heißen: je désirons plus non avoir cette consolation que
mettre votre (Lanz, I, p. 63: notre) personne en aucun danger de maladie?

[5]) Tarragona, 27. Juli. Lanz, l. c.

[6]) Ex ea corpore quidem non animo decedentem. Gachard, p. 270.

12*

von Andrada, befehligte sie [1]). Der Papst hielt am 5. die Vesper, begab sich
sodann an das Ufer, wo er an die Granden, welche ihn begleitet hatten,
eine Anrede hielt, seinen Dank gegen Gott aussprach und die Hoffnung,
die ihm anvertrauten Schafe in unerschütterlichem Glauben regieren zu
können. Dem Kaiser hatte er bereits geschrieben, er hoffe ihn zur
Krönung in wenigen Jahren in Rom zu sehen. Dann bestieg er um
5 Uhr Abends das Fahrzeug, welches ihn von dem spanischen Königreiche
hinweg nach Italien bringen sollte, von der Verwaltung eines auf das
tiefste zerrütteten Reiches zur Regierung der im Innersten gebrochenen
Kirche.

2000 Personen, unter ihnen 1000 Passagiere, begleiteten den Papst [2]).
Von Spanien die Bischöfe von Burgos und Siguenza, von welchen
der Erstere sich Hoffnung auf den Cardinalspurpur · gemacht hatte und
seinem Unmuth, als er ihn nicht erlangte, unverholen Ausdruck gab.

So rasch und unvermuthet geschah aber der Aufbruch, daß ein
Theil des spanischen Gefolges, vielleicht nicht ohne geheime Absicht des
Papstes, zurückblieb. Mit Adrian segelte auch der Cardinal Cesarini
ab. Die Flotte führte Lope Hurtado de Mendoza, Adrian's Freund
und vielfältiger Vertrauter in den Tagen des castilianischen Aufstandes.
Die Botschafter des Königs von England, der Herzoge von Mailand
und Ferrara, der Bischof von Feltre mit vielen anderen (spanischen)
Bischöfen und Erzbischöfen geleiteten ihn. Noch von Tarragona aus
machte der Papst (27. Juli) den Kaiser aufmerksam [3]), daß durch Karl's
Ankunft in Spanien sich die Gährung der Gemüther nicht gebessert habe.
Die wahrhaft rührende Treue und Anhänglichkeit Adrian's an Karl,
dessen erstem Aufenthalte in Spanien er übrigens die Schuld der nach=
herigen Wirren zumaß, ließen ihn nicht zur Ruhe kommen. Noch an Bord
des Schiffes, das ihn von Spanien wegtrug, fühlte er sich veranlaßt,
den Kaiser auf Dinge aufmerksam zu machen, die ihm nützlich sein konnten.
Sie bezogen sich auf die Möglichkeit, Heinrich d'Albert, Prinzen von
Navarra, den König Franz zurücksetzte und dessen Schwester er mit un=
züchtigen Anträgen bedrängte, und dadurch ganz Navarra auf die spanische
Seite zu ziehen. Er versicherte den Kaiser, wie sehr er ihn zu sprechen
wünsche, allein die Briefe, welche er aus Rom und Genua erhalten, belehrten
ihn, wie nothwendig seine Gegenwart in Italien sei. Wohl wisse er, daß
Karl einem Vertrage mit Frankreich so lange entgegen sei, als nicht

[1]) Giovio, vita Adriani VI. p. 119.
[2]) Schreiben Lope's vom 5. August. Calendar, n. 460.
[3]) Gachard, n. XXXIII. Lanz, n. 35.

„eine hinreichende Anzahl Schwingen herausgerissen seien, daß Frankreich nicht nach Willkür handeln könne". Da aber andererseits eine noch größere Gefahr von den Osmanen drohe, müsse er, der Papst, dieser vorbeugen, und werde er in dieser Hinsicht auch an den König von England und den Cardinal von York schreiben. Er besürchte eine Verbindung des Königs von Dänemark mit dem Könige von Frankreich. Für Kaiser Karl selbst dürfte eine Periode der Ruhe, der Ordnung im Innern, der Gerechtigkeit, einer guten Regierung, der Bestrafung derjenigen, welche den Aufruhr des Jahres 1520 angestiftet, sehr wünschenswerth sein. König Franz habe ihm Pässe geschickt und erbiete sich zu allem Guten; der Herzog von Mailand strebe nach dem Besitze von Parma und Cremona. Schließlich empfahl er dem Kaiser den Cardinal Egidio als sehr arm, aber als bedeutenden Literaten, sowie einige verdiente Spanier, unter ihnen Mateo de Taxis[1]).

Der Rath, den Adrian dem Kaiser gab, war unstreitig der beste und wurde, wie gewöhnlich, wohl eben deshalb nicht befolgt. Die traurige Finanzlage Karl's lähmte alle Operationen, ließ ihn, da er seinen Verpflichtungen nicht nachkommen konnte, als treulos und wortbrüchig erscheinen; aber die Ereignisse und die Begierde, sie zu beherrschen, rissen ihn mit sich fort. Der Aufstand der Communen und namentlich der Brand des reichen Medina del Campo hatten dem Nationalwohlstande die tiefste Wunde geschlagen; die Reichthümer des neuentdeckten Indien fielen in der Nähe der spanischen Küsten französischen Capern in die Hände, und die spanische Flotte, welche das Mittelmeer gegen die Osmanen, gegen die Moslim von Nordafrika, gegen die Franzosen zu schützen hatte, konnte nicht einmal die offene Verbindung des Mutterlandes mit Amerika unterhalten, in welchem bereits der Umsturz des mexicanischen Reiches stattfand. Karl selbst war in Spanien verhaßt und erst von seinem neuen Auftreten hing es ab, ob er sich die Sympathien seiner Unterthanen erwerben werde, nachdem er nur mit äußerster Mühe seine Krone im Jahre 1521 erhalten.

In Barcelona erwartete den Papst der feierlichste Empfang von Seite des Vicekönigs, Erzbischofs von Tarragona, und der Bevölkerung. Adrian verschmähte es, bei dem großen Gedränge über eine künstliche Brücke seinen Einzug zu halten, da er ihren Einbruch befürchtete. Er stieg am gewöhnlichen Landungsplatze aus, begab sich in die Kathedrale zum Grabe der heiligen Eulalia und speiste sodann bei dem Vicekönige, da

---

[1]) Estamos ya para hazer vela. Gachard, II. XXXII. 5. August.

ein gewaltiger Regenguß seine Weiterreise aufhielt. Dann aber eilte er
an Bord. Plötzlich ertönten in der stürmischen Nacht die Kanonen von
den Schiffen zum Zeichen der Abfahrt. Wer konnte, eilte rasch an Bord,
sonst mochte er sehen, wie er Italien erreiche. Die ansehnliche Flottille
vermied aber, sich in die offene See zu wagen und einen Kampf mit
türkischen Seeräubern zu bestehen. Sie segelte an der spanischen Küste
hin. Der Sorge um Spanien durch die Ankunft des Kaisers ledig,
richtete Adrian seine Gedanken nur der raschen Ankunft in Rom zu, nachdem
Karl selbst eine Zusammenkunft ausgeschlagen, da Adrian's beschleunigte
Ankunft in Rom vor Allem wünschenswerth und dienlich sei. Die Furcht,
es möchte ein spanisches Avignon entstehen, schwand dadurch von selbst,
wie die Intrigue, mit Hilfe Frankreich's unterdessen einen französisch
gesinnten Papst in Rom zu erheben, gleichfalls sich als fruchtlos
erwies.

Bereits hatte Adrian die spanische Küste verlassen, als das Straf=
gericht über die Theilnehmer am Aufstande der Communen begann, erst
in Medina del Campo sieben Procuratoren erdrosselt wurden, Don Pedro
Maldonado in Simancas enthauptet ward[1]), und als endlich am
1. November die Amnestie verkündet wurde, waren 270 Personen davon
ausgeschlossen, die Adeligen zur Enthauptung, die Bürgerlichen zum
Galgen verurtheilt worden[2]). Doch traf die Strafe nur wenig Lebende.

An Sant Feliu, San Paplo, la cala de Calella, de Rosas vorüber,
kam endlich die Flottille, als das Vorgebirge de Cruzes umschifft war,
in den Golf von Narbonne und die französischen Gewässer. Ein Theil
des Gefolges schlug jetzt den Landweg durch Frankreich ein. Bei Adrian
aber war der Entschluß vorherrschend, sich lieber den Wogen, als dem
Könige Franz anzuvertrauen. Er segelte in der Richtung nach den An=
tiben an Marseille vorüber, kam nach Nizza und Villafranca (13. August)[3]),
wo er den Secretär des französischen Königs empfing, der ihm ganz
allgemein gehaltene Anerbietungen machte, über die in Santo Stefano
(am 14. August) Adrian an den Kaiser schrieb[4]). Es war an demselben
Tage, an welchem in Valladolid, wo Kaiser Karl Hof hielt, die Nach=
richt sich verbreitete, Sultan Soliman sei mit 200 Segeln vor Rhodus

---

[1]) Schreiben Peter Martyr's von Valladolid. III. cal. Sept. n. 767.

[2]) Ligno triplici. Petrus Martyr, n. 771.

[3]) Nach einem Schreiben des Bannisius an Margaretha von Savoyen vom
23. August.

[4]) Lanz, I, n. 38. Gachard, n. XXXVI. Schreiben Karl's vom 6. und
7. September.

erschienen, habe seine Truppen ausgeschifft, die Belagerung habe begonnen[1]).

In Porto Marino, wo der Papst Mariä Himmelfahrt feierte (15. August), kamen ihm bereits venetianische Galeeren entgegen. Endlich erreichte er das kaiserliche Saona[2]), wo er von dem Erzbischofe auf das glänzendste empfangen und bewirthet wurde. Die Spanier im Gefolge machten sich zum erstenmale mit italienischer Küche bekannt, weshalb auch der Küchenzettel dem Itinerar einverleibt wurde.

Je näher der Papst Italien kam, desto mehr ward er auch mit den Wunden bekannt, die die französische Invasion und der Kampf Papst Leo's, Kaiser Karl's und König Franz' I. mit seinen Bundesgenossen, den Schweizern, den Venetianern und den italienischen Freibeutern, dem unglücklichen Lande geschlagen. Der Tod Papst Leo's X. hatte so wenig wie die Wahl Adrian's den Gang der kriegerischen Ereignisse in Italien aufgehalten. Die Versuche der Franzosen, ihre Stellung zu bessern, mißlangen auf allen Punkten. Man mußte jedoch darauf gefaßt sein, daß König Franz die Schweizer gewinne[3]) und so Oberitalien von zwei Seiten angegriffen werde, weshalb denn auch von kaiserlicher wie von päpstlicher Seite Alles aufgeboten wurde, auf die Schweizer im entgegengesetzten Sinne einzuwirken. Da gelang es, die Franzosen aus Alessandria und Asti zu treiben[4]), so daß es sich bald nur mehr um Cremona und Genua handelte, als den letzten bedeutenden Stützpunkten der Franzosen. Dieser Mißerfolg lähmte nun natürlich die Bereitwilligkeit der Schweizer, zu ihrer Unterstützung nach Italien zu ziehen. Dagegen war die von Leo X. verbannte Partei in Perugia eingezogen, der Herzog von Urbino hatte sein Herzogthum wieder erlangt, aber ein Angriff auf Siena war ihm mißlungen und die rasche Rückkehr des Cardinals von Medici nach Florenz hatte dort etwaigen Anmuthungen, den Zustand der Dinge umzukehren, ein rasches Ende bereitet, der vertriebene Herzog von Camerino war bald wieder eingesetzt[5]).

Der Brand in Italien bereitete sich zu einem allgemeinen Kriege. Schon am 23. Februar 1522 forderte König Franz den König Heinrich

---

[1]) Brown, n. 523. 14. August.

[2]) Cameram Imperii. Itinerar.

[3]) Er hatte 150.000 Kronen hingesandt: Knowing that money present in that land bringeth every matter to the desired end. Brewer, n. 2045. Wie dagegen gearbeitet wurde, erzählt Will. Knight, n. 2027.

[4]) Spinelli to Wolsey. 10. Februar 1522.

[5]) Don Juan Manuel an den Kaiser. Brewer, n. 2045.

von England auf, er möge dem Kaiser den Krieg erklären, nachdem dieser den Londoner Tractat gebrochen, seinen Rebellen in Italien Hilfe geleistet, Mouzon genommen, Mezières belagert, Tournay erobert habe[1]). Der König erzählte an demselben Tage, die Schweizer ständen nur vier Meilen von Mailand, die Venetianer hätten sich mit ihnen verbündet[2]), Lodi und Como seien in den Händen der Franzosen. Fortwährend begünstigten die Venetianer[3]) im Geheimen die mit ihnen verbündeten Franzosen, streckten sie ihnen Geldsummen vor und gaben ihren Befehlshabern guten Rath, während der König den Herzog von Urbino und die Orsini mit Geld unterstützte und die Verwirrung im Kirchenstaate mehrte. Zu der guten Hoffnung, welche König Franz in Betreff der Wiedergewinnung von Mailand hegte, gesellte sich die Eroberung von Novara durch die Franzosen (Ende März). Allein ein wiederholter Angriff auf Pavia wurde abgeschlagen und als nun die Kaiserlichen den Feldzug eröffneten, siegten sie am 27. April bei Bicocca über Schweizer und Franzosen[4]). Nahe an 4000 der Ersteren und 192 Gensdarmes wurden erschlagen[5]). Auf dies zogen sich die Franzosen nach Cremona, die Venetianer nach Crema, Bergamo und Brescia zurück, die Schweizer nach Hause. Das war es, was König Franz willfähriger gemacht hatte.

Während auf dieser Seite siegreich gekämpft wurde, bereitete Prospero Colonna mit den Kaiserlichen am 30. Mai den kühnen Ueberfall Genua's vor. Die Vorbereitungen waren vortrefflich eingeleitet, die Stadt bereits zur Capitulation vermocht, als Peter von Navarra mit einer Flottille in den Hafen einlief. Als nun die Unterhandlungen abgebrochen wurden, stürmten die Spanier durch eine Bresche bei der Laternenseite in die Stadt. Vergeblich boten jetzt die Genuesen Unterhandlungen an, die reiche Stadt fiel in die Hände der Angreifer, die sich mit der Beute bereicherten; es war das Vorspiel des sacco di Roma, fünf Jahre später. Nur die Castelle von Mailand, Cremona und Novara befanden sich noch in den Händen der Franzosen.

Jetzt kam Girolamo Adorno, Bruder des von den Kaiserlichen eingesetzten Herzogs von Genua, nach Saona, den Papst nach der Stadt

---

1) Brewer, n. 2066.
2) Brewer, n. 2075.
3) Nach Wingfield gaben sie 150.000 Ducaten in diesem Kriege den Franzosen und 30.000 den Orsini, um Krieg mit Florenz und Rom anzufangen. Brewer, n. 2185.
4) Brewer, n. 2235.
5) l. c. 2247.

der Paläſte zu geleiten. Am 17. Auguſt erfolgte unter dem Donner der Kanonen der Einzug Adrian's in das geplünderte und gedemüthigte Genua, dieſes Thor Italien's, das aber jetzt den Franzoſen verſperrt worden war.

Am darauffolgenden Tage kamen die Oberbefehlshaber des kaiſerlichen Heeres in Italien, Prospero Colonna, der Marcheſe Pescara, Antonio von Leiva, der Herzog Franz Sforza von Mailand, mit ſtattlichem Gefolge ſpaniſcher und deutſcher Soldaten nach Genua, dem Papſte ihre Huldigung darzubringen. Ortiz ſagt, ſie hätten von dem Papſte Abſolution wegen der Verwüſtung Genua's begehrt, aber nicht erlangt. Giovio berichtet, ſie hätten Adrian über den Zuſtand Italien's belehren wollen. Er ſelbſt ſchrieb an den Kaiſer, er habe die Herren, um keine Zeit zu verlieren, bereits in aller Liebe entlaſſen[1]. Noch aus dem Hafen von Genua empfahl der Papſt den Girolamo Adorno dem Kaiſer zu beſonderer Berückſichtigung. Wir treffen ihn auch ſpäter als außerordentlichen Geſandten Kaiſer Karl's in Venedig, bemüht, die Republik vom Bündniſſe mit König Franz abzuziehen[2]. Nach dem Berichte des Orators von Mantua[3] ſei der Papſt nur eine Stunde in Genua geblieben. Er war der Erſchöpfung nahe, Lope de Mendoza krank geworden, ſo daß er in Genua zurückbleiben mußte. Noch am 19. wurde von Adrian die Abreiſe angetreten, a le Speze, wie Gradenigo nach Venedig ſchrieb. Allein die ſtürmiſche See legte der Ungeduld Adrian's, der nicht raſch genug nach Rom kommen konnte, noch ſchwere Prüfungen auf; ſie zwang ihn, vier Tage in Portufu zu bleiben. Dort war es, daß Adrian, als er ein Weib in Mannskleidern einhergehen ſah, unmuthig und erzürnt über dieſe Verunſtaltung und da ſie, zum Weibe geſchaffen, ein Mann ſein wolle, ihr die Beinkleider kurz abzuſchneiden befahl, damit ihr Aeußeres weder einem Manne noch einem Weibe gleiche[4], eine Verfügung, die auf den Beſtimmungen beruhte, welche aus ſittlichen Gründen die geſchlechtliche Vermummung verboten und namentlich ſpaniſcher Sitte entſprachen, den Italienern aber ſeltſam erſcheinen mochten, obwohl römiſche Sitte in vielen Fällen noch ſtrenger war als ſpaniſche.

---

[1] 19. Auguſt. Los avemos despedido oy con toda congratulacion y amor. Gachard, p. 108. Das ſtimmt denn doch ſchlecht zu der Anecdote, er habe ihnen auf ihr Verlangen, abſolvirt zu werden, geſagt: nec possum, nec debeo, nec volo. Rayn. 1522. n. 16.

[2] Er ſtarb daſelbſt 1523.

[3] Mar. Sanuto, Ms. p. 977.

[4] Rayn. 1522, n. 17.

Endlich am 23. August erreichte die Flotte Livorno und damit das
Gebiet des Cardinals von Medici, welcher felbft mit den Carbinälen
Petrucci, Colonna, Rudolfi und Piccolomini, dem Herzoge Federigo von
Mantua und den Gefandten der italienifchen Fürften dort des Papftes wartete.
Es fehlte nicht viel und der geiftliche Fürft Toscana's, der fchon über
die Tiara zu verfügen fchien, wäre felbft, während Adrian in Spanien
zurückgehalten wurde, als ein Opfer florentinifcher Berfchwörung gefallen [1]).
Julius von Medici hatte fich nach der Papftwahl nach Florenz begeben,
dort, einen Einbruch der Franzofen in Italien befürchtend, den Bene=
detto Buondelmonti in allem Geheim zu König Franz gefchickt, der
bereits das Kirchenfilber angriff, und ihm 40.000 Ducaten gegeben, eine
noch größere Summe in Ausficht ftellend. Es war das gewöhnliche
mediceifche Politik, die nach zwei Seiten hin gleiche Thätigkeit entwickelte,
um fo für alle Fälle gut zu ftehen, während man doch nur Schwäche
verrieth. Selbft von den Intriguen der Soderinifchen Partei Alles
befürchtend, fuchte er die Partei des „Frate" (Girolamo Savonarola)
an fich zu ziehen, ließ deffen Reliquien fammeln und gewann diefe
fchwärmerifchen Leute fo für fich, daß fie in ihm den Mann erblickten,
welcher nach der Prophezeiung Savonarola's Florenz befreien würde.
Während nun Pläne auf Pläne entworfen wurden, die Verfaffung von
Florenz zu ändern, den Staat der Habgier der Vornehmen zu entreißen
und die Volksfreiheit herzuftellen, wandte fich auch der Cardinal Soderini,
unglücklich darüber, daß feine Partei und fein Haus durch die Mediceer
von Florenz ausgefchloffen feien, an König Franz und forderte ihn auf,
ehe Papft Adrian, der ja ganz und gar auf Seite des Kaifers ftehe [2]),
nach Italien käme, fich nach Toscana zu werfen, das er mit Hilfe der
neuerungsfüchtigen Bevölkerung von Florenz und Siena ohne Schwierig=
keit erobern könne. Allein der König, welcher von einer Dame feines
Hofes zur andern taumelte, hatte für größere Unternehmungen weder
Willen noch Sinn; er machte zwar große Verfprechungen, gab jedoch
nur 14.000 Ducaten — vielleicht mediceifche. Der Cardinal Soderini
legte noch von den feinigen bei und fo bildete fich unter Renzo di Ceri
ein kleiner Heerhaufe. Die vertriebenen Sienefen fchloffen fich an den=
felben an, und nun hoffte Soderini, erft die Petrucci in Siena zu
ftürzen und dann auf Florenz einzuwirken und die Mediceer zu verjagen.

---

[1]) Die Darftellung folgt dem Jacopo Pitti, dell' istoria Florentina sino al
1529, libri due.

[2]) Obligatissimo a Cesare. Dell' istoria Florentina di Jacopo Pitti sino
al 1529, libri due. L. II, p. 125.

So war erst das Cardinalscollegium das Echo der florentinischen Parteien geworden; dann wurde es der Hebel, durch welchen Italien aus seinen Fugen gerissen, und das Papstthum selbst in seinen Fundamenten er= schüttert werden sollte. Unter diesen Verhältnissen war die Reform der florentinischen Verfassung durch den Cardinal von Medici erfolgt, für welche am 11. Mai Alessandro di Pazzi in lateinischer Rede dankte. Da aber hiedurch einerseits dem Cardinal Soderini der Weg zum Papstthum, andererseits dem florentinischen Adel der Weg zur Oligarchie verschlossen worden war, wurde durch Luigi Alemanni, Sohn des Pier, eine Ver= schwörung gegen den Cardinal Medici im Style jener angezettelt, welche unter Sixtus IV. von den Pazzi ausgegangen war und die Ermordung Julian's von Medici in der Kathedrale von Florenz veranlaßt hatte (1488). Jetzt sollte an dem Frohnleichnamstage, und gerade während er feierlich das Sanctissimum trug (19. Juni), der Cardinal überfallen und ermordet werden, als einem Courier, der von Rom (und der Sode= rinischen Partei) Depeschen nach Florenz bringen sollte, diese abgenommen wurden. Man bemächtigte sich jetzt so weit wie möglich der Verschworenen; allein die Häupter entflohen und nur die Handlanger konnten ergriffen und bestraft werden. Die Folge des fehlgeschlagenen Unternehmens war, daß die Macht des Cardinals in Florenz höher stieg als zuvor, er aber denn doch stets ein wachsames wo nicht argwöhnisches Auge in Betreff aller Vorgänge in seiner Vaterstadt haben mußte. Zwei Monate später kam Adrian nach Livorno, man kann es wohl sagen, in Mitte dieser florentinischen Parteiumtriebe, des Intriguenkampfes zwischen den Häusern Medici und Soderini. Wie lange dauerte es und der Cardinal Soderini, erfahren, gewandt und ungemein thätig, hatte den neuen Papst völlig umsponnen[1])?!

Adrian erwies sich, als ihn die Cardinäle in Livorno erwarteten, Allen gleich ernst, gelassen und freundlich. Nur war er nicht zu bewegen, wie Medici wollte, über Pisa nach Florenz zu gehen. Er wollte von Niemandem in Italien eingeführt werden. Er speiste allein, und als der Capitän zur schleunigen Abfahrt drängte, begab er sich rasch an Bord, so daß die Cardinäle[2]), bereits unangenehm berührt, daß er sie nicht zur Tafel gezogen, so rasch wie möglich von ihrer Tafel weg gleichfalls nach den Schiffen eilten, die sie am Abende des 26. August nach der Rhede von Cività Vecchia brachten. Es gab für den Papst, kränklich und ermüdet

---

[1]) Pitti behauptet, Medici habe Soderini in Rom völlig freies Feld gelassen. p. 130.

[2]) Nach Vettori: Colonna, Cremona, Vich (Vio).

wie er war, nur Einen Gedanken, Rom zu erreichen, Italien und der Chriſtenheit den Frieden zu bringen. Je näher er Rom kam, deſto höher ſcheint die Begierde geſtiegen zu ſein, die Stadt zu betreten, welche ſeinen Thron und ſein Grab umſchließen ſollte.

Zwanzig Schiffe waren von der Flottille zurückgeblieben, mit 18[1]) Galeeren näherte ſich Adrian um 4 Uhr Nachts der Stadt, nach zweiund= zwanzigtägiger Seefahrt, 169 Tage ſeit er Vitoria verlaſſen, um jetzt den Kirchenſtaat zu betreten (27. Auguſt).

Die Galeere des Papſtes war weitaus kenntlich durch ein Zelt von carmoiſinrothem Sammt mit dem päpſtlichen Wappen, den Schlüſſeln und der Mitra geſchmückt. Auch die anderen Galeeren waren geziert und mit weiß und rothen Tüchern ausgeſchlagen. Von dem Cardinalscollegium dazu delegirt begaben ſich die Cardinäle Colonna und Orſini, Repräſen= tanten auch des römiſchen Adels, mit dem venetianiſchen Botſchafter Aloiſio Gradenigo auf das Schiff des Papſtes, der ſie, umgeben von drei Car= dinälen und mehreren Biſchöfen, empfing. Am Ufer erwartete ihn der Clerus mit dem Baldachin, begrüßte ihn der Jubel des Volkes, hoch= erfreut über die Ankunft des Papſtes, über die würdevolle, Ehrfurcht gebietende Erſcheinung desſelben. Der venetianiſche Botſchafter hielt erſt den Stegreif, dann die eine Quaſte des Baldachins, unter welchem Adrian in die Kathedrale ritt. Dort las der Papſt Meſſe, begab ſich ſodann nach dem Caſtell zu Tiſch und empfing hierauf den venetianiſchen Bot= ſchafter in beſonderer Audienz. Dieſer überreichte im Namen der Republik ein Huldigungsſchreiben, das dem Papſte beſondere Freude machte, ſo daß er ſich über ihr Feſthalten am katholiſchen Glauben lobend ausſprach und erklärte, er wolle in Rom an der Ausſöhnung Venedig's mit dem Kaiſer arbeiten[2]). Nur von einer Betheiligung der deutſchen Nation bei der An= kunft des deutſchen Papſtes auf römiſchem Boden erfuhr man nichts. Sie war durch ihre inneren Wirren jeder Theilnahme an allgemeinen Angelegenheiten entriſſen.

An demſelben Tage, an welchem der letzte deutſche Papſt den römi= ſchen Boden betrat, erhob Franz von Sickingen, der Reichsritter, im Vereine mit Ulrich von Hutten und der lutheriſch geſinnten Faction der Reichsritter den Bürgerkrieg[3]). Er überfiel den Churfürſten von Trier und begann damit die Reihe deutſcher Bürgerkriege, welche ſeitdem unter

---

[1]) Nach Gradenigo mit 15.
[2]) Mar. Sanuto, p. 379.
[3]) Ranke, Deutſche Geſchichte. II, S. 85.

den verschiedensten Phasen und ihren confessionellen Grund nur zu oft schlecht verhehlend, bis in unsere Tage fortdauerten.

Vergeblich sehen wir uns daher um einen Act der Huldigung von Seite der deutschen Nation und ihrer legitimen Vertreter um. Sie kann stattgefunden haben, die Geschichte hat sie aber nicht aufbewahrt. Die Nation, mehr als je in ihren inneren Streitigkeiten befangen, innerlich aufgewühlt und zerrissen, verlor mit jedem Tage mehr den Sinn für allgemeine Interessen und eilte einem neuen Act der Selbstzerfleischung entgegen.

Wir besitzen einen Brief des Don Aloisio Lippomano, auch eines venetianischen Botschafters, der am 26. August nach Civita Vecchia gegangen war, die schöne Anrede Colonna's an den Papst und dessen improvisirte Antwort gehört hatte. Der venetianische Botschafter berichtet über die ihm zu Theil gewordene außerordentlich günstige Aufnahme, bei welcher er italienisch, der Papst Latein gesprochen. Es klang nach den Zeiten, in welchen die Geldgier und der Luxus jede edlere Neigung zu beseitigen gedroht hatten, wie eine Stimme aus der Zeit der Apostel, als der Papst auf dem Wege von Civita Vecchia, vielen Armen begegnend, ausrief: „Ich liebe die Armuth und ihr werdet später sehen, was ich für euch thun werde [1]." Er hat das Aussehen eines Bruders der Barmherzigkeit, hieß es bei denen, die ihn gesehen. Er ist ungemein gerecht und eher geneigt, aus zu großer Strenge zu sündigen als aus zu großer Weichheit [2]. Er machte, nach dem Berichte des Schiffscapitäns der päpstlichen Galeere, kein Hehl daraus, er wolle zuerst den römischen Stuhl von seinen Schulden — Papst Leo's X. Vermächtnisse — befreien und dann erst könne er an andere Dinge denken [3]. — Der Papst besprach sich mit den Cardinälen über seinen Einzug in die Stadt und seine künftige Krönung. Die Cardinäle selbst, Farnese, Bich, Cornelio, Rangoni, waren darüber nicht einig; der Eine meinte, sie solle der Pest wegen in Viterbo gehalten [4], nach den Anderen in S. Paolo vorgenommen werden. Der Papst begab sich auf die Galeere zurück und entschied dadurch die Frage. Trotzdem daß der Wind umgeschlagen und Sturm ausbrach, wurden noch am Abende desselben Tages die Segel gelichtet, nach Ostia, als dem Hafen von Rom, gefahren. Dort angelangt, hinderte aber der heftige Wind eine geordnete Ausschiffung, so daß ein Theil des Gefolges und Gepäckes erst

---

[1] Frate della carità. Mar. Sanuto, p. 386.

[2] Dicesi esser in primis justissimus et pechar più presto in troppo severità che in facilità il che continuamente è costume de' barbari.

[3] Mar. Sanuto, p. 381.

[4] Paris, Episcop. Pisaur. f. 287.

nach 20 Tagen und auf dem Umwege über Gaeta nach Rom gebracht werden konnte. Eine kleine Brigantine brachte den Papst zur Tiber= mündung, nach Ostia [1]).

Mit einem fast jugendlichen Ungestüme drängte der Papst, von Ostia nach Rom zu kommen. Er ließ sich sogleich mit dem Doctor Sagreda an das Land bringen und bald bedeckte sich die Küste mit Cardinälen, Erzbischöfen, Bischöfen, Herzogen und Botschaftern, Gelehrten und Rittern, die sich, da bei der Uneinigkeit der Cardinäle für ihr Fortkommen keine Sorge getroffen worden war, vorderhand damit beschäftigten, Steine in das Wasser zu schleudern oder am Strande auf= und niederzugehen. Dann mochten sie sehen, wie sie nach Rom kommen. Der Cardinal Carvajal, welcher durch ein eigenthümliches Geschick auch der Letzte war, der (1523) den Papst bewirthete, nahm als Befehlshaber des Schlosses von Ostia den Papst und dessen unmittelbares Gefolge als seine Gäste zu sich. Gegen Abend (19 Uhr) bestiegen der Papst und die 8 Cardinäle, welche sich in Ostia gefunden, ihre Pferde, um noch an demselben Tage 28. August — dem Tage, an welchem Sultan Soliman in das Lager vor Rhodus kam [2]) — das Kloster von St. Paul vor den Mauern von Rom zu erreichen und dort die Nacht zuzubringen. Es war das Signal für das Gefolge, gleichfalls nach Rom aufzubrechen; jetzt aber mußten Viele von dem Gefolge statt zu Maulthieren zu Bauernwagen oder Eseln ihre Zuflucht nehmen, um theils an demselben Tage, theils am Morgen des folgenden, in der brennenden Sonne des Augusts und unter dem Pesthauche der Stadt, sich Rom zu nähern.

In Rom war Alles in höchster Verwirrung [3]). Die dort befind= lichen Cardinäle wollten dem Papste nach S. Paolo entgegengehen, allein eine Weisung von seiner Seite hielt wenigstens einen Theil von ihnen zurück. Der Papst, von der Anstrengung der Reise ermüdet, sehnte sich nach Ruhe. Er kam, mit Don Juan Manuel im Gespräche, auf seinem Zelter reitend, in St. Paul an, verabschiedete jedoch sehr bald seine Begleitung und zog sich mit Enkevort und einigen Wenigen in seine Gemächer zurück.

Er war endlich vor Rom angekommen. Die Furcht, in Spanien ein neues Avignon zu erleben, war vergeblich gewesen. Rom hatte seinen Herrn, die katholische Christenheit ihren Papst, Adrian war gekommen!

---

[1]) Paris, l. c.

[2]) Storia Veneta, p. 56.

[3]) Omnia in confuso per dissensiones sive altercationes Cardinalium. Blasius de Cesena.

Der 29. Auguſt brach an. Man kann ſich vorſtellen, mit welcher Spannung alle Nachrichten über das Ausſehen des Papſtes, über den Zug von Oſtia bis nach St. Paul in Rom aufgenommen, verbreitet und mit der den Römern eigenen Schärfe beſprochen, commentirt und übertrieben wurden. Der feierliche Moment des Einzuges, der Beſitz= ergreifung nahte. Erſt gegen neun Uhr verſammelte ſich am Gräbe des Apoſtels der Heiden, welchen Rom mit dem heiligen Petrus als ſeinen geiſtigen Begründer ehrt, das durch die Ernennungen Leo's X. erneute Cardinalscollegium ſammt deſſen älteren Beſtandtheilen, Alles, was Rom von hervorragenden Perſönlichkeiten innerhalb ſeiner Mauern barg, den deutſchen Papſt zu empfangen, ihn in ſeiner doppelten Würde als Ober= haupt der Kirche wie als Oberhaupt des Kirchenſtaates zu begrüßen. Zweihundert Mann der päpſtlichen Wache zu Fuß und die dazu gehö= rigen Reiter hielten die Zugänge zur alten Abtei mit ihrer prächtigen Baſilica, ihren dunkeln Fruchtgärten und dem mit den zierlichſten Säulen prangenden, breiten und ſchattigen Chiostro beſetzt.

Obwohl die Reiſe ſo lange gedauert, hatte die Landung des Papſtes in Oſtia, ſein raſcher Aufbruch von da nach S. Paolo die Cardinäle überraſcht, ſie unvorbereitet getroffen, mitten in ihrem Hader waren ſie von der Thatſache betroffen worden, daß ihr Herr und Meiſter an= gekommen war. Die Ceremonienmeiſter, denen die Anordnung des Ganzen oblag, waren kaum von Cività Vecchia zurückgekehrt, begaben ſich ſogleich nach S. Paolo, und die Cardinäle, welche nicht mit dem Papſte gekommen waren, gingen nun ebendahin, die Einen in violetten, die Andern in rothen Gewändern. Erſt als ſie in S. Paolo angekommen waren, ge= wahrten ſie ihre eigene Unordnung und machten nun ihrem Unmuthe durch Klagen gegen die Ceremonienmeiſter Luft, die ſich durch ihre Reiſe nach Cività Vecchia entſchuldigten[1]).

Der Papſt, hocherfreut, am Ziele ſeiner langen und beſchwerlichen Reiſe angelangt zu ſein, ſchien die Anſtrengungen der letzten Tage nicht mehr zu empfinden. Er war ſchon um 6 Uhr Morgens aufgeſtanden, hatte in der Anticamera Meſſe geleſen, dann wurden ihm von den Concla= viſten die für die Ceremonie der Huldigung geeigneten Gewänder an= gezogen, worauf er ſich in den Granatapfelgarten des Kloſters begab, die Vorſtellung der Cardinäle durch den Ceremonienmeiſter anzunehmen. Es war die lebendige Kirchengeſchichte des letzten ſo denkwürdigen Viertel= jahrhunderts, die da in ſichtbarer Aufregung im zierlichen Garten hin=

---

[1]) Diarium.

und herwogte, die Cardinäle Alexander's VI., Pius' III., die Träger
des Schismas unter Julius II., die mediceischen Epigonen endlich, die
Cardinäle, welche Leo X. massenhaft ernannt, die jüngeren und die
älteren, die ihre Kraft in dem Spiele des Conclave gemessen, die feindlichen Römer Colonna und Orsini, die so lange absichtlich vom Cardinalscollegium ausgeschlossen waren, damit sie nicht die alten Streitigkeiten der Guelfen und Ghibellinen dahin verpflanzten, der streitbare
Cardinal von Sion, welcher seine Landsleute Kaiser Maximilian zu Hilfe
nach Italien geführt, dieselben Männer, welche sich am 9. Januar unvermuthet zur Wahl des ihnen unbekannten „barbaro" vereinigt, als
sie geschehen war und nicht rückgängig gemacht werden konnte, sich gegenseitig anklagten, vom römischen Volke verwünscht und verhöhnt worden
waren. Jetzt küßten sie dem Papste die Hand, gaben und empfingen
den Friedenskuß. Es fehlten nur die französischen Cardinäle, die deutschen
und der Papst Wolsey, wie der geistreiche Italiener den Cardinal von
York bezeichnete.

Aus dem Garten begab sich der Papst mit den anwesenden Cardinälen in die Sacristei von S. Paolo, aus welcher sogleich alle andern
Anwesenden entfernt wurden. Hier erfolgte durch den Cardinalbischof
von Ostia, dem in den Tagen Papst Julius' II. so oft genannten
Bernardino Carvajal, im Namen des Cardinalscollegiums die feierliche
Anrede an den Papst, der sie sitzend anhörte[1]. Der Cardinal drückte in
längerer Rede die Freude aus, neun Monate nach dem Tode Papst
Leo's X. dessen würdigsten Nachfolger begrüßen zu können. Es mußte
ihm selbst zu nicht geringem Behagen dienen, als er jetzt im vollsten
Freimuthe auseinanderzusetzen vermochte, welche Gebrechen die Kirche
unter den jüngsten Päpsten erlitten, um endlich bei dem Satze zu verweilen, das größte Uebel bestände darin, wenn ein Papst seine Erhebung
der Simonie verdanke. Es war eine indirecte Apologie seines eigenen
Benehmens, als er erwähnte, daß zwar Alexander III. nur die Häresie
als Hinderniß der Papstwahl bezeichnet, andere Päpste aber, sowie das
Constanzer und Baseler Concil, wie auch die jüngste lateranische Synode
auch die Simonie als von jeder kirchlichen Würde ausschließend bezeichnet
hätten. Der gegenwärtige apostolische Senat habe alle Simonie ferne
gehalten, den Papst, ohne daß er darum gebeten oder sich in die Wahl
eingemischt, in seiner Abwesenheit gewählt. Der Sprecher konnte von

---

[1] Ueber das Nachfolgende siehe meine Analekten, wo ich die einschlägigen
Documente bekannt machte.

den früheren Conclaven und von den ehrgeizigen Bemühungen der Cardinäle im letzten am besten wissen, was das heißen wollte, welche Ausnahme Adrian's Wahl in dieser Beziehung — was ihn selbst betraf —
bildete.

Es habe, fuhr der Cardinal fort, auch andere Krankheiten in der
Kirche gegeben, da es früheren Päpsten an richtigem Verständnisse (in-
tellectus), an Willen, Wissen und Tugend gefehlt habe. Ja, er sprach
im Angesichte Rom's und vor den Cardinälen in der unzweideutigsten
Weise aus, daß in früheren Zeiten unwissende und faule, mit vielen
Lastern erfüllte, durch keine Tugenden geschmückte Päpste gewählt worden
seien, was glücklicherweise jetzt ganz anders geworden sei. Adrian's
Wissenschaft bewiesen die vielen Bücher, die er geschrieben; berühmt sei
seine Tugend, seine Demuth ausgezeichnet, seine Gerechtigkeit ohne Wanken,
seine Frömmigkeit unausgesetzt. Ein Papst, der täglich Messe las, scheint
dem Redner seit Langem nicht vorgekommen zu sein. Da bedürfe es
keiner besonderen Ermahnungen [1], wohl aber glaubte der Redner, ihm
sieben Punkte an's Herz legen zu dürfen:

1. Möge er die Schmerzen der früheren Zeiten entfernen, die Simonie, die Unwissenheit, die Tyrannei und alle anderen Laster, welche
sonst die Kirche heimsuchten; er möge sich an gute Räthe halten und die
Freiheit in Abstimmung, in den berathenden Behörden und der Ausübung der Regierungsbeamten beschränken.

2. Er möge die Kirche nach den Concilien und Canonen, so viel
die Zeiten gestatten, reformiren, damit sie das Aeußere der heiligen
Kirche und nicht einer sündigen Genossenschaft zeige.

3. Er möge seine Brüder und Söhne, die Cardinäle und Prälaten
und andere Glieder der Kirche, mit echter Liebe, nicht blos mit Worten,
sondern mit Werken und Thaten umfassen, indem er die Guten ehre und
erhöhe, für sie und besonders für die armen Cardinäle sorge, damit
nicht die apostolische Höhe durch Armuth sich beschmutze.

4. Er möge ohne Unterschied gleiche Gerechtigkeit ertheilen, dazu
die Besten als Beamten bestellen, die durch keine Abneigungen oder
Rechtsstreitigkeiten die Gerechtigkeit zu Grunde richteten.

5. Er möge die Gläubigen, insbesondere den Adel und die Klöster,
in ihren Nöthen unterstützen.

6. Er möge die Ungläubigen und insbesondere die Türken, welche
Rhodus und Ungarn bedrohten, bekämpfen und dazu Geld sammeln,

---

[1] Nullae exortationes ad bonam ecclesiae gubernationem videntur necessariae.

die chriftlichen Fürften zum Waffenftillftand und einem Türkenzuge be= wegen, und Rhobus jeßt mit Geld unterftüßen.

7. Er möge die St. Peterskirche, welche zu feinem großen Schmerze zum Theile niedergeriffen fei, fei es auf feine Koften, fei es durch fromme Beiträge der Fürften und Völker, aufbauen.

Thue er das, fo werde fein Name bei Gott und den Menfchen in gleicher Herrlichkeit leuchten [1]).

Es ift fehr eigenthümlich, daß von der in ihren Folgen wahrhaft unermeßlichen Bewegung der Geifter in Deutfchland in diefer Rede gar keine Erwähnung gefchah. War fie für den Decan des Cardinalscolle= giums nicht vorhanden?

Wenn aber irgend etwas den ohnehin fo ängftlichen und gewiffen= haften Papft mit dem Gefühle erfüllen mußte, daß die Pflichten feiner hohen Würde weit über das Maß feiner Kräfte hinausreichten, fo war es der Inhalt diefer Rede, auf welche der Papft einfach antworten konnte, ob denn die Cardinäle glaubten, daß er Wunder wirken könne? Ohne Wunder aber, und zwar ohne das größte von allen, die Um= wandlung der damals lebenden Perfönlichkeiten, laffe fich die ihm geftellte Aufgabe nicht erfüllen. Kaum konnte übrigens die Fehlbarkeit der Päpfte und wie durch fie das fchwere Uebel der Zeit angerichtet worden, ftärker betont werden.

Der Papft dankte in feiner Anfprache den Cardinälen für die erfolgte Wahl, feßte fodann auseinander, warum er nicht früher in Rom habe eintreffen können, ftellte aber an fie das pofitive Verlangen, fie follten auf das Recht, Banditen und anderen Uebelthätern in ihren Paläften Unterkommen zu gewähren, Verzicht leiften und dulden, daß der Bar= gello fich in ihre Häufer begebe, die Miffethäter aufzugreifen. Jeder habe die Waffen niederzulegen.

Der Unfug hatte den höchften Grad erreicht. Nicht lange vorher war ein Herzog von Camerino, welcher von Rom nach Genazzano ritt, ermordet worden. Man glaubte fogar, vom eigenen Oheim und be= fchuldigte deshalb den Cardinal Cibò [2]). Am 15. Juli hatte man zwei Mörder aus Neapel — der eine hieß Paternofter, der andere Ave= maria — aber erft nachdem fie 116 Mordthaten verübt, hingerichtet. Man erwartete einen neuen Ausbruch von Fehden zwifchen den Co= lonna's und Orfini's. Im Walde von Baccano hauften Corfen (der

---

[1]) Höfler, Analekten zur Gefchichte Deutfchland's und Italien's, p. 57—62.
[2]) Bettori, p. 114.

Signor Renzi, welcher die Orsini aufreizte) und mordeten die Vorüber-
ziehenden.

Den Cardinälen blieb nichts Anderes übrig, als in das Verlangen
des Papstes einzugehen und auf ihr unsinniges Anrecht Verzicht zu leisten.
Nach der Darstellung des Caplan Ortiz hörte Adrian auch die
übrigen Reden von Botschaftern, Corporationen 2c. an und erwiederte
erst dann, er empfehle sich ihrem Gebet, damit die Gnade des heiligen
Geistes auf ihm ruhe und ihre guten Urtheile über ihn nicht zu Schanden
würden. Nichts sei mehr zu befürchten, als daß die Arbeit einem
Schwachen, die Erhabenheit einem Niedrigen, die Würde dem zugekommen,
der sie nicht verdiene. Dennoch verzage er nicht, da er auf denjenigen
vertraue, der in ihm Alles bewirke. Die göttliche Gnade, welche ihn,
den Unwürdigen, zu dieser Würde erhoben, werde ihn auch zum tauglichen Diener machen, einer solchen Last sich zu unterziehen.

Die Rede des Cardinals, die kurze Gegenrede des Papstes hatten
rasch die Situation geklärt [1]. Das Wort Reform war ausgesprochen, die
Nothwendigkeit derselben betont worden und die geistlichen Fürsten des
Kirchenstaates, die sich in den Besitz und die Einkünfte desselben getheilt,
konnten sich kein Hehl daraus machen, wo der Papst die Reform zu
beginnen die Absicht habe. Dann unterzeichnete Adrian einige Bittschriften
der Conclavisten [2]; als aber der Bischof von Pesaro (Paris) — nach einer
anderen Leseart der von Poitou — ein Canonicat von St. Peter für sich
erbat, erhielt er die Demüthigung, eine abschlägige Antwort zu empfangen.
Dem Papste wurde hierauf das Pluviale angezogen, eine Mitra aufge-
setzt und nun bewegte sich der Zug zum Altare der Kirche. Alles kniete
nieder [3], der Cardinal von S. Croce stimmte das Te Deum an, die
Sänger respondirten, der Papst aber empfing nun von den Cardinälen
den dreifachen Kuß des Fußes, der Hand und des Mundes.

Als nun der Zug sich ordnete, wagte es Ascanio Colonna, Neffe
des Cardinals, im Vertrauen auf dessen Ansehen die erste Bitte an den
Papst zu richten. Sie betraf Gnade für Zolio della Valle, welcher eine
Mordthat begangen. Alle Augen richteten sich auf den Papst, der nun
auf Latein, wie er zu sprechen gewohnt war, dem Bittwerber antwortete:
„Die Absolution für einen Mord wird nicht ertheilt, ausgenommen aus

---

[1] Das Nachfolgende nach den handschriftlichen Berichten der Ceremonienmeister und Mar. Sanuto's.

[2] Blasins.

[3] Ad altare S. Pauli positus ad sedendum super altare postquam genu-
flexerat et oraverat.

13*

gewichtiger Ursache und nachdem diejenigen vernommen worden, welche sich für verletzt erachten. Deshalb wollen wir beide Theile hören. Denn unsere Absicht ist, daß Gerechtigkeit werde und ginge die Welt zu Grunde."

Als nun auch ein Palefreniere, den er aus Spanien mitgebracht, sich niederkniete und um ein Canonicat bat, sagte Adrian: wir wollen nicht Palefrenieren (die den Papst zu tragen hatten) Canonicate geben, sondern denen, welche Residenz üben, und als nun die ganze große Masse der Palefreniere Papst Leo's X. sich herandrängte und um Bestätigung ihres Dienstes bat, antwortete er vorläufig nichts.

Adrian hatte im ersten Momente mit den Traditionen seines Vorgängers gebrochen, viele Hoffnungen auf Fortdauer der alten fröhlichen Zeit zerstört, manches Herz war schwer geworden. Was wird aus den 5000, nach Anderen 9000 Pfründen werden, die erledigt nun zur Verfügung des Papstes standen, nachdem derselbe am Tage des Empfanges keine Gnade zu erweisen Lust bezeugt hatte, was aus den Curialisten, aus den Aemterkäufern, die schon seine Wahl in Entsetzen gebracht? Es war nur zu wahr, was aus Spanien geschrieben worden, Adrian sei im Geben und Gewähren im höchsten Grade zurückhaltend. Die Römer, an Empfang und Genuß gewöhnt, mochten bereits im Stillen Parallelen mit Papst Leo X. ziehen. Schon der Vergleich mit der fabelhaften Herrlichkeit des Einzuges Leo's X. mit dem nun erfolgenden lud dazu ein. Die rauhe Wirklichkeit lehrte sie, der Ernst des Lebens sei auch über sie gekommen, das Zeitalter Papst Leo's entschwunden. Aber die Kunde seiner Strenge benahm rasch denen Lust, die Veränderungen im Schilde führten[1]. War doch das Leben des Papstes in dem Augenblicke in großer Gefahr, als er sich Rom näherte[2]. Wir kennen die Thatsache, ohne Näheres darüber anführen zu können; sie ist bezeichnend genug.

Darf man dem venetianischen Berichte glauben, so setzte sich erst um 19 Uhr nach italienischer Rechnung bei glühendem Sonnenbrande der Zug in die Stadt in Bewegung[3]. Als der Papst sein Maulthier bestieg, hielt der Marchese von Mantua den Stegreif, den einst der Kaiser gehalten. Die Familie der Cardinäle (ihre Dienerschaft), die verschiedenen Beamten, die Ritter des heiligen Petrus, in schwarzen Damast gekleidet und mit goldenen Ketten geschmückt, die Cubicularen und

---

[1] Alfari, p. 300.

[2] Bericht bei Brewer, n. 2771: at his arrival he was in great danger of his life. Wahrscheinlich war hiemit sein Unwohlsein gemeint.

[3] Fervido sole. Ortiz.

die ganze Dienerschaft Papst Leo's voran, hierauf die Conservatoren Rom's in carmoisinrothen Damast, der Senat der Stadt, reich in Goldstoff gekleidet, die Uditoren des großen Gerichtshofes der Rota, endlich der Commandant der päpstlichen Galeeren, Renzo di Cero, hierauf fünf Maulthiere des Papstes mit schöngestickten Brocatdecken, zwischen dem Governator von Rom und dem Cermonienmeister, Bischof von Pesaro, der Marchese von Mantua; mit jener kunstreichen Vorrichtung, in welcher die Römer Meister sind, auf dem Rücken eines Maulthieres angebracht, das Sanctissimum, und — umgeben von der Schweizergarde — der Papst (in camiso et stola), der es trug, auf dem Haupte einen mit Gold besetzten mit Seide verbrämten Hut von carmoisinrother Farbe, er selbst in weißer Kleidung[1]), dann alle Cardinäle, die anwesenden Bischöfe und Prälaten, die Bogenschützen zu Pferde, im Ganzen nicht weniger als 5000 Berittene.

So wandte sich der Zug an dem bescheidenen Kirchlein vorüber, wo ehrwürdiger Sage nach Petrus und Paulus, jeder zur Hinrichtung geführt, sich begegnend, Abschied nahmen, zur porta di San Paolo, wo der Papst den Segen gab, zur Pyramide des Cestius, zum Aventino, über die Höhen hinweg in die von der Seuche schwer heimgesuchte Stadt. An dem Thore überreichte der Cardinal Farnese dem Papste das Kreuz zum Küssen, der Senator und die Conservatoren die Schlüssel der Stadt; dann ging der Zug gegen die Judenstadt, zum campo di fiore, nach dem Vatican[2]).

Trotz des Unvorhergesehenen des Einzuges, sagt der venetianische Berichterstatter, waren die Häuser mit Teppichen und Altären geschmückt. An der Kreuzung der Straßen hatte sich der Stadtclerus aufgestellt und stimmte, als der Papst nahte, das Te Deum an mit dem Benedictus qui venit in nomine Domini. Ein großer Triumphbogen, welchen die Brüder Porzio mit einem Aufwande von 500 Scudi hatten errichten lassen, war noch nicht fertig geworden. Nach einer anderen Mittheilung erklärte sich Adrian gegen den heidnischen Brauch, da er nicht wie ein römischer Triumphator in die Stadt der Apostel einziehen wolle. Als er sich der Kirche San Celso näherte, wurde ihm das Bild der Madonna del portico entgegengetragen, welche seit 13 Tagen von dem durch die Pest geängstigten Volke in der Stadt herumgetragen worden war; 500 nackte Kinder, die sich selbst schlugen, begleiteten dasselbe. Als der Papst des=

---

[1]) Sie galt als das Zeichen eines Bekenners (confessor).

[2]) Per plateam judaeorum. Paris.

felben anfichtig wurde, nahm er den Hut und das darunter befindliche kleine
Käppchen herab und beugte fich bis zum Halfe des Pferdes, während
die Cardinäle nur den Hut lüfteten, was zu fcharfen Bemerkungen Anlaß
gab[1]). Als der Papft fich dem Caftelle näherte, ertönten die Kanonen. Vor
den Thoren von St. Peter angekommen, ftieg Adrian ab, warf fich bei
dem Eingange auf beide Knie nieder und wurde nun von den Palefre=
nieren zum Altare des heiligen Petrus getragen, wo ihm auf's neue
Obedienz geleiftet wurde[2]). Nochmals wurde das Te Deum angeftimmt,
der Papft hörte am Grabe des Apoftelfürften eine ftille Meffe, entließ die
ermüdeten Cardinäle und ftieg die Treppe zu feinen vaticanifchen Gemächern
hinauf. Das Gefolge zerftreute fich wie es eben Unterkommen fand. Mit
den Cardinälen wurden die Botfchafter und Großen entlaffen. Unter un=
geheurem Jubel war im Gewühle des Staubes und der Gluth der
Auguftfonne der Zug an feinem Ziele angelangt. Das Freudengefchrei
hatte den Donner des Gefchützes übertönt, die Frauen weinten, das Volk
jubelte und rief Adriano, Adriano, als nahe der Befreier. Peft und
Noth waren vergeffen und doch war, wie Negri fchrieb, der entfaltete
Pomp in Vergleich zu dem früheren nicht groß. Der Papft felbft liebte ihn
nicht und die Hofherren Leo's X. waren nicht mehr in der Lage Aufwand
zu machen (esausti et falliti), wie einft, als der Mediceer feinen Einzug
hielt, der an Pracht und Eleganz Alles übertraf, was die chriftliche Welt
bis dahin erblickt hatte.

So groß die Anftrengung des verfloffenen Tages gewefen, Adrian
fchien davon nicht berührt zu fein. Während die Vorbereitungen zur
Krönung getroffen wurden, erfolgte ein äußerft fcharfes Decret an die
Römer, welches ihnen verbot, Waffen zu tragen. Die ftrengften Maß=
regeln zur Aufrechthaltung der Sicherheit wurden getroffen. Die in Rom
anwefenden Botfchafter wurden gleichfalls an diefem Tage zur Audienz
berufen; Adrian wollte nicht einen Tag unbenützt vorübergehen laffen,
ohne das Werk der allgemeinen Pacification in Anregung zu bringen.
Der Sonnabend verftrich mit den Vorbereitungen zur Krönung und den
Befprechungen mit den Cermonienmeiftern. Dann erfolgte Sonntag
(31. Auguft) die feierliche Krönung in St. Peter. Es hatte einen Zwift
unter den Cardinälen gegeben, da mehrere, wo nicht felbft die Majorität
fie in S. Paolo vornehmen wollten; es entfchied aber der alte Gebrauch.
Wie gewöhnlich erhob fich auch an diefem Tage der Papft früh Morgens

---

[1]) Per il che furono molto notati. Mar. Sanuto.

[2]) Quod aliquibus non placuit ut oscula ter repeterentur. Paris.

und ertheilte, von dem Erzbischofe von Cosenza und dem Bischof von Scalu[1]) assistirt, Audienzen. Um 12 Uhr nach italienischem Zeitmaße wurde er feierlich aus dem Vatican in die St. Peterskirche getragen, das Baldachin trugen der Marchese von Mantua und Don Prospero de Cebe, der spanische Capitän der Leibgarde, Ascanio Colonna, Sohn des Prospero, und der Herr von Camerino. Der Papst wurde zuerst in die Capelle des heiligen Andreas, wo die Ruhestätte dreier Pius' war[2]), geführt. Hier fand die Ceremonie statt, die man die Adoration der Cardinäle nannte, dann wurde die Terz gesungen, der Papst las die Oration, wie aufgezeichnet ist, ohne Brillen, während der Cardinal von Ostia ihm das Buch hielt, dann wurde von den Cardinälen Cornaro und Cibò die Vorbereitung zur Messe getroffen, der Papst dazu angezogen, die Cardinäle, Erzbischöfe und Bischöfe setzten ihm die Mitra auf und Adrian zog nun in die Capella grande, wo er die Messe las, bei welcher der Marchese von Mantua das Wasser zur Handwaschung reichte. Dann wurde der Papst in die Loggia von St. Peter getragen, wo die Krönung mit der dreifachen Krone stattfand[3]). Wer aber, setzte Blasius Ortiz als Augenzeuge hinzu, das engelgleiche Antlitz des Papstes erblickte, seine wohlklingende Stimme hörte und die Ceremonien gesehen hatte, mußte glauben, es sei hier mehr etwas Göttliches als etwas Menschliches vorhanden. Als der Papst hierauf von Capelle zu Capelle getragen wurde, wurde unter dem Rufe: heiliger Vater, so vergeht der Ruhm der Welt, Werg angezündet und verbrannt, zuletzt vollkommener Ablaß verkündet. Hierauf wurde das Krönungsmahl gehalten, dem aber sechs Cardinäle, unter ihnen auch Egidio nicht beiwohnten[4]). Es war römische Sitte, wohl seit den schrecklichen Tagen Alexander's VI., daß jeder Cardinal sich von seinem eigenen Mundschenken bedienen ließ und seinen eigenen Wein trank. Es ist nicht mehr, setzte ein Zeitgenosse hinzu, wie in der Zeit der Borgia! Es war aber ganz charakteristisch, daß unmittelbar vor der Krönung in der Sacristei von St. Peter ein heftiger Zank und großer Scandal unter den päpst-

---

[1]) Zur Kirchenprovinz von Amalfi gehörig. Wiltsch, Handbuch der kirchlichen Geographie und Statistik. II, S. 174.

[2]) Und wo nach 13 Monaten seine Beerdigung erfolgte.

[3]) Paris sagt: ante scalas ejusdem basilicae a priore diaconorum (Cardinalium) Cardinale Cornelio de more coronatus est. f. 287 a.

[4]) Ein Archidiakon von Tarragona wurde Cameriere, welche Ernennung der Papst mit den Worten begleitete: ich habe deine Eltern gekannt und deshalb nehme ich dich gerne an, ahme ihre Fußstapfen nach, sonst wirst du nicht eingehen — (die übrigen Worte fehlen).

lichen Dienern ausbrach), die den Baldachin und die Kissen nebst den
Teppichen zu tragen hatten. Der Scandal bei der Krönung war auch der
letzte, den sich päpstliche Diener erlaubten[1]). Nach dem Essen sprach der
Papst auch von dem Ausbau der St. Peterskirche. Bereits trat der Ge=
danke hervor, das oberste Gericht, die Rota, zu reformiren und ihr für
zweifelhafte Fälle Advocaten und Procuratoren beizugeben. Unmittelbar
nach dem Acte der Krönung fand auch auf Befehl Kaiser Karl's die
Huldigung für Neapel durch den spanischen Vicekönig statt. Der Zelter und
1000 Ducaten wurden aber erst am 9. September übergeben. Das Gegen=
geschenk, welches Kaiser Karl dafür in Anspruch nahm, sollte in der Ver=
fügung über die spanischen und burgundischen Bisthümer bestehen. Alle
Cardinäle mit Ausnahme von Medici und Rudolfi nahmen sich die
Bärte ab, welche sie unter Leo X. getragen. Der Anstand bei öffentlichen
Feierlichkeiten ward rasch wieder hergestellt. Der Ernst des Papstes flößte
eine heilsame Furcht ein. Es hieß, alle Kuppler, liederliche Dirnen und
was sonst in Rom nicht berechtigt sei, habe Zeit, sich zu entfernen oder
doch sich zu verbergen. In Venedig wurde beschlossen mit allen Glocken
läuten zu lassen und drei Tage lang die Stadt zu illuminiren, nachdem
der Papst den venetianischen Botschafter so ausgezeichnet, dieser eine so
vortheilhafte Beschreibung von ihm gemacht.

Niemals, schrieb Campeggio an Wolsey, hat es eine größere Freude
gegeben als bei dem Einzuge Adrian's. Jedermann urtheilt nach seinem
Ausdrucke, seinen Worten, seiner Art und Weise, er sei ein ausgezeich=
neter Papst. Man staunte, wie er alle die Strapazen ertrugen, da er
sich bei seiner Ankunft so übel befunden, daß für sein Leben Sorge
getragen wurde[2]). Wir haben, hatte der Sprecher der Deputation von
Faenza dem Papste gesagt[3]), statt der Präfecten in den Städten des Kirchen=
staates Tyrannen, statt der Beamten Volksaussauger, statt der Conser=
vatoren schickt man uns Räuber, die, weit entfernt, für die Ruhe der
Städte zu sorgen, die Parteiungen mehren. Das waren die Folgen der
Austheilung des Kirchenstaates an die Cardinäle gewesen.

Der römische Jurist Mario, welcher bei der Deputation gewesen, die
im Namen der Stadt Rom den Papst in St. Paul begrüßte[4]), erwähnte,
wie freundlich er aufgenommen worden, wie der Papst den von der

---

[1]) Blasius, l. c.

[2]) Hannibal an Wolsey, 13. Januar 1523.

[3]) Burmann, p. 223.

[4]) Er war es doch wohl, welcher am 28. August zu den Auserwählten gehörte,
mit denen sich Adrian zurückzog.

Seuche Bedrängten Trost gespendet und seine Rede mit den Worten geschlossen: Die Römer möchten guten Muthes sein. Er selbst werde sich mit Wenigem begnügen und was von seinen Einkünften erübrigt werden könne, solle zum Besten der Christenheit verwendet werden [1].

Nicht blos die apostolische Armuth, auch Recht und Gerechtigkeit schienen jetzt ihren Einzug in den vaticanischen Palast gehalten zu haben.

Dadurch war der Gegensatz zu Leo's prunkvoller, kriegerischer und andererseits den edlen Künsten der Literatur und dem Wohlleben gewid= meter Regierung deutlich ausgesprochen. Das strenge Pflichtgefühl war seit dem 29. August in den Vatican eingezogen, das Gefühl einer großen Verantwortung, vor der alle anderen Rücksichten schweigen mußten. Es konnte sich Niemand verhehlen, daß eine ungeheure Veränderung ein= getreten war. Es handelte sich nicht mehr darum, ob ein Cibò, ein Rovere, Orsini oder Colonna, Farnese oder Medici die Herrschaft führe. Größere Interessen verdrängten die blos italienische Anschauung. Die kleinlichen Eifersüchteleien römischer oder florentinischer Familien durften nicht länger den traurigen Inhalt des römischen Lebens bilden. Das einzige Mittel, ein in Verfall gekommenes Gemeinwesen wieder aufzurichten, lehrte damals Nicolò Macchiavelli, sei, zu dem Ausgangspunkte zurück= zukehren (ridurre ai principj). Der schwere Versuch ward in stür= mischer Weise in Deutschland gemacht, so daß darüber Haupt und Glieder sich in Feindschaft trennten. Jetzt ward, was in Rom 1517 von dem lateranischen Concil feierlich proclamirt worden war, die Reform nach allen Seiten, von Leo's Nachfolger wieder aufgenommen. Die nächste Zeit mußte lehren, ob sich die beiden Richtungen begegnen, ob sie sich verständigen könnten, ob sie sich ausschließen, ob sie sich abstoßen würden.

Jedenfalls war darüber, daß mit der Zeit, den Neigungen und den Günstlingen Papst Leo's X. gebrochen worden sei, kein Zweifel, konnten sich diejenigen, welche Adrian's ruhige Entschlossenheit, seinen hohen Ernst erblickt, keiner Täuschung hingeben. Ob er es aber verstehen werde, den Uebergang von einem heiteren, dem leichten Spiele des Lebens zugewandten Pontificate zu der von der Zeit so dringend verlangten Strenge minder schroff zu machen als der natürliche Gegensatz es mit sich brachte, mußte sich erst zeigen.

Für Adrian gab es nur Ein Interesse, Einen Gedanken — die Reform der Kirche, welche als das Programm des neuen Pontificates

---

[1] Burmann, p. 350, 351.

ausgesprochen wurde und Alle mit Freude erfüllte, deren religiöser Sinn nicht im Taumel der Zeit untergegangen war.

Man mußte instinctmäßig herausfühlen, daß, wenn irgend Jemand diese große Aufgabe in Rom vollführen sollte, es nur ein Aus= länder sein konnte, wie ja auch so oft in früheren Zeiten italienische Republiken, den inneren Zwiespalt zu heben, Fremde zu Gonfalonieren und Podestäs gemacht. Um so geeigneter war es, daß bei der inneren Zerrissenheit im Cardinalscollegium und den furchtbaren Stürmen, die nach Außen tobten, ein Papst die Zügel der Regierung ergriff, welcher mit dem Getriebe römischer Factionen gar nichts zu thun hatte, von allen Parteien gänzlich gelöst war, nur sein hohes Ziel im Auge hatte und schon einmal im Aufruhre der Völker, obwohl ihnen als Ausländer gegenüberstehend, das erhabene und wahre Lob seiner Rechtschaffenheit, seiner Klugheit und Standhaftigkeit erlangt hatte [1]).

[1]) Petri Bembi epist. ad Adrianum.

Drittes Buch.

Der Reformplan des Papstes.

Erster Abschnitt.

Anfang der Reform Rom's und der römischen Curie.

Genau genommen, mußte den Römern die neue Regierung wie eine fremde Invasion erscheinen. Spanische Truppen hatten den Papst nach Italien gebracht, ein Spanier commandirte die Leibgarde, spanische Geistliche nicht blos, auch junge Leute aus angesehenen spanischen Familien waren mit herüber gekommen, um am Hofe des strengen Papstes ihre

Erziehung zu vollenden. Der Bischof von Feltre, der von Castellamare, drei Uditoren der Rota (Trivulzio, Simoneti, Cassiodoro), der Bischof von Burgos, die Deutschen Peter Winkler und Copis bildeten seine Räthe. Im Vorzimmer befanden sich die den Italienern unverständlichen niederländischen Diener des Papstes; in der Küche waltete eine alte nieder= ländische Dienerin; bei Tische bedienten ihn zwei spanische Pagen. Die Hoffnung der zahlreichen Diener Papst Leo's, ihren geschäftigen Müssig= gang weiter fortführen zu können, war nicht in Erfüllung gegangen, die Zeit der Sparsamkeit gekommen. Einzelne Aeußerungen, wie über die Triumphbogen, die Adrian zu Ehren aufgerichtet worden und die er als heidnische Sache betrachtete, über die alten Kunstwerke, für welche ihm das Verständniß fehlte, dienten nicht dazu, den Glauben zu erregen, er bringe ein Verständniß für das mit, was das Zeitalter Leo's X. bildete, das Zusammenwirken von ausgezeichneten Künstlern und Gelehrten, um den Ideen des Alterthums Eingang in die neue Zeit zu verschaffen. Der Papst selbst besaß keine Biegsamkeit des Charakters; ihm fehlte die Anmuth geselliger Formen. Als ihn am 9. September der Cardinal von Sion drängte, an das Fenster zu gehen, um die Feierlichkeit bei der Uebergabe des neapolitanischen Zelters zu sehen, gab er ihm mit dürren Worten zu verstehen, er möge ihn nicht belästigen. Er wollte keine Familiärität mit den Cardinälen. S. Croce und alle Anderen, welche gehofft hatten, ihn zu beherrschen, sahen sich sehr bald getäuscht. Der Papst besaß eine größere Selbstständigkeit als ihnen lieb war.

Er hatte sie bewiesen. Die Franzosen hatten ausgestreut, er sei ein Gefangener Spanien's. Sie hatten ihren Irrthum erkannt. In Italien war allgemein der Glaube verbreitet, Adrian werde thun, was der Kaiser ihm vorsagen würde. Schon am 31. August hatte Alonso Sanchez, kaiserlicher Botschafter in Venedig, seinem Herrn geschrieben, daß das Benehmen Adrian's auf die Italiener den Eindruck mache, daß der kaiserliche Einfluß auf ihn sich mindere statt mehre[1]. Es war Adrian's fester Entschluß, über den Parteien zu stehen und die Reform in seiner nächsten Nähe, bei dem Cardinalscollegium, zu beginnen, über dessen Treiben er in Spanien hinlängliche Aufschlüsse erhalten hatte.

Bereits am 1. September hatte die eigentliche Regierung begonnen. Sie wurde durch die Rede eingeleitet, mit welcher der Papst sein erstes Consistorium eröffnete. Er führte an, welche Mühen er auf sich genom= men, da er glaubte, daß es Gottes Wille sei, eine Wahl anzunehmen,

---

[1] Calendar, p. 473.

nach welcher er nie getrachtet. Jetzt aber sei es sein Wille, den allgemeinen Feind zu bekämpfen. Brach er dadurch schon mit der großen Partei, welche von seiner Erhebung Fortführung des unter seinem Vorgänger begonnenen französischen Krieges erwartet hatte, so war, was nachfolgte, für die Cardinäle nicht erfreulicher. Er erwähnte, daß man in der ganzen Welt von den römischen Lastern spreche und daß diejenigen, die sie nicht begingen, sie wenigstens nicht für gering erachteten, und wenn diese Laster auch nicht bei den Cardinälen unmittelbar vorhanden seien, so fänden sie sich wohl in ihren Palästen[1]). Es war eine furchtbare Anklage, als der Papst erklärte, man verkaufe die Gerechtigkeit in der Rota. Er forderte die Cardinäle auf, sich zur Reform der Gerechtigkeit und Sitten zu vereinigen, ihm in der Unterstützung des Königs von Ungarn und der Johanniter in Rhodus beizustehen; der römische Stuhl sei durch die Schuldenlast und die Kriege der Fürsten so tief gesunken, daß er selbst weder dem Einen noch den Anderen Hilfe senden könne. Die Cardinäle möchten daher Mittel und Wege angeben, Geld aufzutreiben, um der Noth des Augenblickes abzuhelfen. Er legte ihnen das für sie entsetzliche Ansinnen vor, sich mit 6000 Ducaten Einkünften zu begnügen. Er tadelte den Mangel an gelehrter Bildung, forderte sie auf, ein neues Leben zu führen; er behandelte „seine Brüder und Freunde" in der That wie ein Abt seine Mönche[2]). Damit begann das Pontificat.

Es habe, setzt der venetianische Orator seinem Berichte hinzu, nicht an Gegenreden gefehlt, da unter den Cardinälen zwanzig sich mit den besten Köpfen der Welt vergleichen ließen. Jedenfalls wußten die Cardinäle, als sie das Consistorium am 1. September verließen, sehr genau, wie sie daran waren, und wenn das Umsichgreifen der Pest ihnen einen Vorwand gab, sich aus der Stadt zu entfernen, so mochte mehr als Einem diesmal die Pest gar kein so unerfreuliches Ereigniß sein.

Man sieht, Adrian war nicht unvorbereitet nach Rom gekommen. Er hatte einen festen Plan gefaßt, den er zu verwirklichen trachtete und dessen Grundlagen in dem Promemoria Frà Egidio's wurzelten, das 300 Jahre lang ungekannt und unbenützt die Bibliothek der altbaierischen Universität verwahrte, bis es mir gelang, den Autor ausfindig zu machen und seine eminente geschichtliche Bedeutung zu constatiren.

---

[1]) Siehe hierüber die Berichte bei Mar. Sanuto, p. 386. Lämmer, mantissa, p. 201. Acht bis neun Cardinäle, welche ihren Wohnsitz im päpstlichen Palaste aufgeschlagen, mußten denselben verlassen. Brewer, n. 2611.

[2]) Brown, n. 545.

Der große Aufschwung der mediceischen Periode hatte dahin geführt, daß eben nach Leo mit einemmale Alles neu zu machen, in alle Gebiete Abhilfe zu bringen war. Da war die Erledigung von 9—10.000 Gesuchen, welche mit der Ankunft des Papstes einem Bescheide entgegensahen — nur ein geringer Theil der Aufgabe, welche den Papst erwartete. Die allgemeine Zerrüttung drängte das Begehren des Einzelnen gewaltsam in den Hintergrund.

Auf das Consistorium der Cardinäle folgte der Kriegsrath des Papstes mit den Botschaftern. Der kaiserliche, der englische, der venetianische, französische, polnische, sowie der Johanniter-Prior waren erschienen, die Vertreter feindlicher Mächte, die nun zu einem gemeinsamen Unternehmen vereinigt werden sollten. Jede größere und nachdrückliche Unternehmung mußte fruchtlos erscheinen, so lange sich nicht Venedig am Kampfe gegen die Osmanen betheiligte. Venedig hatte wohl 50 Kriegsschiffe in der See, aber auch erst seinen Frieden mit den Osmanen geschlossen und der Orator that nun, unterstützt von dem polnischen Gesandten, dar, daß Venedig gegen die osmanische Macht nichts ausrichte. Adrian sah sich zuletzt, was Rhodus betraf, auf sich selbst angewiesen und befahl nun, zwei Schiffe, jedes mit 1000 Mann, zur Unterstützung der hartbedrängten Insel auszurüsten, das Weitere dem Cardinal von Medici als Protector des Johanniterordens überlassend. Allein der Cardinal-Protector ging nach Florenz, die spanischen Soldaten, welche den Papst nach Italien gebracht, weigerten sich, der langen Seereise müde, nach Rhodus zu gehen, und so zog sich die so dringend gebotene Hilfe in die Länge. Der Papst wurde angeklagt, Rhodus hilflos gelassen zu haben. Er that, was er konnte; wohin er sich wandte, fand er nur Ausflüchte oder offenen Widerwillen.

Die Conferenzen des 1. September hatten ein sehr eigenthümliches Resultat. Einerseits war klar, daß Adrian keine Lust hatte, sich zum Werkzeuge der Politik Kaiser Karl's und König Heinrich's von England zu machen und den Krieg in Italien, welchen ihm Papst Leo als Erbe hinterlassen, fortzuführen. Seine Gedanken waren auf die allgemeine Lage der Christenheit gerichtet und nicht auf das Schicksal Mailand's und die Siege, welche christliche Fürsten über einander errangen. Dadurch bestärkte er aber factisch die französische Partei, welcher nichts lieber sein konnte, als ein Papst, der nicht unbedingt sich an Kaiser Karl und König Heinrich anschloß. Die letzteren Fürsten aber sahen sich in ihren Erwartungen getäuscht und waren durch das Vorgehen des Papstes unangenehm berührt.

Mit den Cardinälen stand es aber noch schlimmer als mit den Botschaftern. Letztere erkannten doch, daß man es mit einem Papste zu thun habe, welcher die Kirche zu reformiren gedachte[1]), was den Laien ganz recht war. Die Cardinäle hatten auch nichts dagegen, wenn die Reform die niederen Ordnungen betraf. Als aber mit ihnen selbst begonnen werden sollte, mochte schon damals der Gedanke bei mehr als Einem erwachen, welcher später in den Worten seinen Ausdruck fand, Adrian sei nicht aus Spanien berufen worden, um die Cardinäle ihrer Rechte zu berauben.

Unmittelbar nach der Ankunft des Papstes in Rom hatten sich die Verbindungen Wolsey's mit den Cardinälen gemehrt[2]). Medici schrieb an ihn, Campeggio nicht minder, um Wolsey mitzutheilen, in welcher Weise der Papst seinen Rath zusammengesetzt habe. Es mag Wolsey erfreulich gewesen sein, zu vernehmen, wie sehr die Reise den kränklichen . Papst angegriffen habe[3]). Seinerseits sandte der Papst durch Bernardino Bartoletto ein Schreiben an Wolsey, sich bei dem Könige zu entschuldigen, daß er demselben keinen besonderen Nuntius (in Betreff seiner Thronbesteigung) gesandt habe[4]). Allein, da die Seuche so sehr hause, habe er keinen Prälaten gefunden, welcher die Mission hätte übernehmen können. Dann seien Nachrichten eingelaufen, Rhodus sei bereits genommen. Er habe sich entschlossen, Cardinäle an die einzelnen Höfe zu senden, um dieselben zur Hilfe gegen die Ungläubigen aufzufordern; er zögere aber, da Wolsey Legat sei, einen anderen Legaten nach England zu senden, und fürchte wieder, wenn er keinen Cardinal nach England sende, möchte dieses den König ungünstig stimmen. Er möchte ihm rathen, was zu thun sei. In der Instruction für Bartoletto war aber gleichmäßig auf die Hilfe für Rhodus wie für Ungarn hingewiesen, da die Lage des Königreiches so entsetzlich sei, daß er sich im Innersten davon ergriffen fühle[5]). Die Stadt Sign in Croatien habe um Hilfe gebeten, er selbst habe gethan, was er könne, es sei aber unzureichend. 7000 Christen seien von den Türken aus Dalmatien weggeschleppt worden. Bartoletto erhielt den Auftrag, Wolsey bei Allem, was ihm heilig sei, zu beschwören, da er den Kaiser und den König leite, diese für einen Frieden oder doch wenigstens zu einem Waffenstillstande zur Rettung

---

[1]) Riconzar. Aloiso Gradenigo an die Signoria. Brown, n. 545.

[2]) 5. September. Brewer, n. 2504. 7. September. n. 2516.

[3]) 5. und 6. September. Brewer, n. 2507.

[4]) 6. September. Brewer, n. 2508.

[5]) Omniaque nostra viscera commiserari sentimus. Brewer, n. 2509.

von Rhodus, von Ungarn, der ganzen Christenheit zu bewegen[1]). In ähnlicher Weise schrieb Adrian dann auch an König Heinrich selbst[2]). Nach einem Briefe des englischen Gesandten Hannibal, welcher mit nach Rom gegangen war, handelte es sich selbst um ein Anlehen des Papstes bei Wolsey von 40.000 bis 50.000 Ducaten. Hannibal meinte, 25.000 wären genug. Der Papst wäre sehr günstig auf Wolsey zu sprechen, und wenn er das Geld leihe, so könne Seine Gnaden in Rom durchsetzen, was sie wolle[3]). Für den König aber sei es eine große Ehre, daß er allein der Kirche und ihrem Hirten zu Hilfe eile[4]).

Befand sich der Papst durch die eingetretene Verarmung des römischen Stuhles in Verlegenheit, welche bei den sich steigernden Anforderungen eher zu- als abnahm, so bewirkte, je mehr sein eigentlicher Plan hervortrat, die allmälige Kenntnißnahme desselben in den Kreisen, gegen welche er zunächst gerichtet war, eine Abneigung gegen den deutschen Papst, die durch keine der das allgemeine Wohl bezweckenden Maßregeln getilgt oder auch nur besänftigt wurde. Als er alle Verfügungen (Indulte) der interimistischen Regentschaft seit dem 24. Januar cassirte, die Exspectativen zurücknahm[5]), kurze Zeit darauf die in Spanien verfaßten Kanzleiregeln auch in Rom veröffentlichte und so mit kräftiger Hand eingreifend als Organisator und Reformator des Cardinalscollegiums auftrat, das sich bisher für unverletzlich gehalten, verbreitete sich ein heilsamer Schrecken unter dem höheren Clerus Rom's. Niemand wußte, wie weit der Papst gehen werde. Alle, die Aemter gekauft, besorgten den Verlust der darangewendeten Summen, ihrer Einkünfte und Würden; jeder von ihnen verwünschte die Reform der Curie, womit der Papst begann. Das, sagt der Verfasser des Itinerars Adrian's VI., war die eigentliche Pflanzschule des Hasses gegen den Papst[6]), dessen er sich nicht mehr erwehren konnte.

---

[1]) Das Datum vom 6. September erscheint mir sehr verdächtig, viel eher vom 6. October oder November.

[2]) Brewer, n. 2510.

[3]) Order. Brewer, n. 2521. 8. September 1522.

[4]) Wir haben keine Anhaltspunkte dafür, daß das Anlehen zu Stande kam. Wenn aber Adrian mit Schulden begann — abgesehen von den 700.000 Ducaten betragenden Schulden Leo's — war es kein Wunder, wenn sich durch sein ganzes Pontificat die Folgen davon bemerklich machen. Hannibal kommt noch einmal auf das Anlehen zu sprechen (12. September. Brewer, n. 2539). Am 10. September schrieb Adrian an Wolsey zu Gunsten dreier venetianischer Schiffer. Brewer, n. 2529.

[5]) 9. December 1522. Itinerarium, c. 28.

[6]) Quod etiam ut opinor seminarium odii in Pontificem fuit.

Hand in Hand damit ging die Veränderung des päpstlichen Hof=
staates. Die ganze Pracht und Herrlichkeit der Tage Leo's X. hörten
auf, die Musik verstummte, die glänzenden Mahlzeiten Leo's X., belebt
durch Gesang und Instrumentalmusik, verschwanden, die Cardinäle, welche
im vaticanischen Palaste sich häuslich niedergelassen, wanderten fort. Ernst
und Stille, Würde und Pflichtgefühl herrschten in jenen Räumen, in
welchen sich bisher schöne Frauen, ämtersuchende Prälaten, der kunst=
sinnige und lebenslustige Hofstaat des Mediceers bewegt. Als die
Palefreniers, deren Stand das lateranische Concil in seinem Reform=
decrete zu ordnen unternommen hatte [1]), dem neuen Papste sich durch einen
Abgeordneten empfahlen und dieser nun hörte, es seien ihrer nahe an
hundert, bekreuzte sich Adrian und meinte, ihm genügten vier. Da es
sich aber zieme, daß er ihrer mehr habe, als ein Cardinal, wolle er
zehn behalten. Man kann sich den Schrecken der übrigen vorstellen.
Die beiden flamändischen Kammerdiener, die Adrian mitgebracht, ruhige,
langsame und schweigsame Männer, wurden sehr bald Gegenstand bos=
hafter Bemerkungen; noch ärger erging es den beiden spanischen Pagen.
Als die Cardinäle Adrian baten, eine zahlreichere Dienerschaft anzunehmen,
wies dieser auf die leere Casse hin; zuerst müßte die Kirche von ihren
Schulden befreit werden. Klagte man später, der Papst lebe wie in klöster=
licher Einsamkeit, so war gleich Anfangs der Unterschied zu seinem
Vorgänger grell genug. Er selbst aber fühlte sich bald unglücklich,
wünschte statt Papst Rector in Löwen zu sein; nur das Pflichtgefühl
hielt ihn in der neuen und unglücklichen Lage aufrecht. Wie oft mochte
es jetzt Medici bereuen, die Hand zu seiner Erhebung geboten zu haben!
Aber dem zehnten Leo konnte nicht wieder ein Leo X. folgen. Bisher
hatte der Wechsel des Pontificates die Rovere, die Cibd, die Borgia,
die Medici getroffen, der temporäre Sturz der Einen hatte ihre Wieder=
kehr nicht unmöglich gemacht. Mit Adrian war nicht sowohl ein Wechsel
der regierenden Familien, als der Grundsätze eingetreten, in deren An=
wendung alle diese Papsthäuser ihre natürliche Einheit gefunden hatten.
Alle fühlten sich durch den Einen verletzt und bedroht.

Man erkannte seinen Sinn für strenge Gerechtigkeit; aber gerne
hätten ihm die Römer manche Ungerechtigkeit verziehen, hätten er und
seine Umgebung sich mehr ihren Sitten angeschlossen. Meinte man doch,
wie Italien das Paradies der Welt sei, so sei es auch durch die all=
gemeine Gefälligkeit und den Mangel an übertriebener Strenge von

---

[1]) Acta, f. CXXX.

Engeln[1]) bewohnt. Man konnte die Selbsttäuschung nicht höher treiben. Man fühlte vom ersten Augenblicke an einen Mißton zwischen dem strengen Gebieter und dem an frohen Lebensgenuß gewöhnten Volke. Die Römer zumal hatten, seitdem Rom wieder statt Avignon der Sitz der Päpste geworden, von der Kirche zu zehren verstanden. Ein Papst, welcher Anlage hatte zu einem guten Cassier, wie sich Vettori ausdrückt, war ihnen von Haus aus unangenehm. Sie verstanden ihn nicht, er sie nicht. Er hatte das feste Ziel der Kirche im Auge, sie ihre persönlichen Interessen. Leo X. war populär, weil er eine Million in Gold an Schulden hinterlassen; sein Nachfolger ward unpopulär, weil er keine machen konnte, noch machen wollte. Er befand sich, beinahe möchte man sagen, im Verhältnisse wie Galba zu Nero. Die Cardinäle verlangten, er solle Geld sammeln, die Römer, er solle Geld ausgeben, er solle für ihre Interessen sorgen. Er war ein guter Papst, wenn er die Römer fütterte und unterhielt. Ihre Interessen sollten noch mehr gefährdet werden!

Wenn aber auch unter den Cardinälen die heftigsten Feindschaften herrschten und der Sinn für die Würde der Kirche beinahe völlig er= loschen war, so dachten wenigstens nicht Alle in dieser Art. Adrian erhielt von dem Cardinalpriester (von St. Matthäus) Egidio von Viterbo, General des Augustinerordens[2]), eine so umfassende Darstellung des Zu= standes der römischen Kirche und dessen, was zu bessern war und wie es gebessert werden konnte, daß er sie als sein Programm anzunehmen und als Grundlage seines Regierungssystems zu verwenden im Stande war. Es ist dies unbedingt die bedeutendste Schrift, welche im Refor= mationszeitalter über diesen Gegenstand verfaßt wurde, deren Bedeutung noch wesentlich durch die hohen Tugenden und die reformatorische Ge= sinnung ihres Verfassers vermehrt wurde. Sie begann damit, daß aus= einandergesetzt ward, wie es sich jetzt nicht sowohl um eine Schwächung der Kirche, als um ihren totalen Ruin handle, welcher nur durch Adrian abgewendet werden könne, mit dessen unverhoffter und einstimmiger Wahl ein neuer Hoffnungsstrahl aufgegangen sei. Man müsse von vorne an= fangen, und da von dem Mißbrauche des göttlichen Amtes und der Schlüsselgewalt das Uebel herstamme, müsse die absolute Gewalt beschränkt werden. Dieses aber könne dadurch geschehen, daß ausgezeich= nete Männer über die Grenzen derselben sich aussprechen. Denn wenn der Papst auch Alles vermöge[3]), so dürfe er sich doch nicht Alles erlauben. Es

---

[1]) Habitata degli angioli. Vettori.

[2]) Im Jahre 1519 Nuntius in Spanien. R. Brown, Calendar. II, n. 1179.

[3]) Omnia possit. Höfler, Analekten.

müßten feste Normen der Gerechtigkeit beobachtet werden, sowohl in Betreff des verlangten Rechtes als der gewünschten Gnadenbezeugungen. Der schlimmste Mißbrauch geschehe aber mit dem Antritt von Pfründen ohne Zustimmung des Besitzenden und Eigenthümers. Die Vereinigung von Pfründen [1]) müßte gänzlich verboten werden. Es sei ein schwerer Mißbrauch, daß die Mönche so viele Pfarrkirchen besäßen, nicht minder sträflich aber der Geiz der Weltpriester, welche Pfründen, deren Vereinigung absolut incompatibel sei, Capellen, Priorate, Präbenden, Canonicate zusammenscharrten, so daß sie alphabetischer Verzeichnisse ihrer Einkünfte bedürften. Commenden müssen geradezu verboten werden. Nicht minder die unter dem Namen compositio eingerissene Pfründenmäkelei, welche den römischen Stuhl bei den Fürsten so sehr verhaßt machte und den Häretikern Anlaß gab, gegen die Päpste aufzutreten. Nothwendig müßten die Vollmachten der Datarie beschränkt werden. Es sei ein entsetzlicher Uebelstand, daß kaum und auf das mühsamste ein Entscheid erlangt worden, derselbe auch schon durch die Bitte eines Anderen in Frage gestellt werde. Egidio bezeichnet die Datare geradezu als Blutsauger und Ungeheuer. Die Reservation von Beneficien müsse bis auf ganz besondere Ausnahmen aufgehoben, was aber einmal bewilligt worden, auch in Ausführung gebracht werden. Durch diese Maßregel würde eine Unzahl von Processen abgeschnitten werden. Der Verfasser rieth, demjenigen, welcher den Gnadenbezeugungen vorgesetzt werde, Referendare beizugeben, welche über die Zweckmäßigkeit der Bitten Bericht erstatteten. Eine genaue Untersuchung müsse über den Wirkungskreis der verschiedenen Behörden gepflogen werden, namentlich bei denjenigen, welche durch Geld erlangt werden könnten. Man müsse ebenso genau bei Besetzung von Pfründen die Menschen als die eigenthümlichen Verhältnisse der Diöcesen berücksichtigen; Fremde nicht Einheimischen vorziehen, von den niederen ein Vorrücken zu den höheren gestatten. Ueberhaupt sei im Allgemeinen an dem Grundsatze festzuhalten, nur ganz taugliche und tüchtige Personen zu den Aemtern zuzulassen; bereits sei es durch Zugeständnisse, Bewilligungen oder geradezu durch Concordate mit Fürsten dahin gekommen, daß der größere Theil geistlicher Rechte und Angelegenheiten außerhalb der Sphäre des römischen Stuhles liege, so daß jene nach Willkür darüber verfügten; deshalb sei es nothwendig, so viel als möglich diese Bewilligungen zu beschränken und den Mißbrauch zu bessern. Alle Maßregeln in dieser Beziehung müßten aber mit großer Umsicht und Mäßi-

---

[1]) Beneficiorum quae dicuntur uniones.

14 *

gung geschehen, da leider in früheren Zeiten die Habsucht und Blindheit
der Päpste so unheilvoll gewesen, daß sie um eines augenblicklichen Vor=
theiles willen sich nicht scheuten, der Kirche einen bleibenden Schaden
zuzufügen.

Nicht geringer sei aber auch der Nachtheil, welcher durch den ver=
schwenderischen Gebrauch von Ablässen entstanden sei. Alle Indulgenzen,
welche den Minderbrüdern gewährt worden, müßten gänzlich zurück=
genommen werden, da dadurch die ordentliche Jurisdiction der Bischöfe
geradezu und von Grund aus zerstört werde. Die ungemessene Vollmacht
der Vergebung erzeuge maßlose Lust, zu sündigen. Das bevorstehende
Jubiläum gewähre den besten Anlaß, die großen Beichtprivilegien zurück=
zunehmen. Der Verfasser rieth ferner, die Fürsten zu jährlichen Bei=
trägen zur so nothwendigen Vollendung der St. Peterskirche zu ver=
mögen; dasselbe sollten ihrerseits Papst und Cardinäle thun. Nicht
minder legte er dem Papste die Rückkehr Böhmen's an's Herz, welche,
wie er sich in Wien 1515 überzeugt, von vielen Böhmen selbst gewünscht
werde. Da der jugendliche König von Ungarn durch das Testament seines
Vaters unter päpstliche Vormundschaft gestellt worden, müsse doppelte
Sorge für Ungarn verwendet werden, das durch die Eroberung Belgrad's
den Einfällen der Osmanen offen stehe. Ein Legat mit vielen Predigern,
welche auf das Volk einwirken müßten, sollte nach Ungarn gesandt, der
König von Polen und der Deutsch=Ordensmeister zum Frieden oder
Waffenstillstand gebracht und selbst auch auf die Moskowiter eingewirkt
werden, damit diese ihre Waffen mit den anderen Mächten gegen die
Osmanen verbänden. Ebenso sei nothwendig, Legaten zu dem Kaiser,
den Königen von Frankreich und England zu senden und Alles aufzu=
bieten, daß die Lutherische Pest von Grund aus ausgerottet werde.

Das Promemoria wandte sich dann der Verwaltung der Gerechtigkeit
zu und rieth dem Papste, privatim nichts dahin Einschlägiges zu unter=
zeichnen, sondern Alles an den Vorstand der Justizbehörde zu verweisen.
Namentlich aber müßte die Rota als allgemeines Tribunal des christlichen
Erdkreises mit den ausgezeichnetsten Männern besetzt werden. Kein Bischof
dürfe ferner mehr Anwalt bei der Rota sein. Den Auditoren sollten
bestimmte Besoldungen neben den Sporteln zukommen, letztere geregelt
werden; die Notare und Registratoren ihr Amt selbst verwalten, der
Preis der Ausfertigungen festgesetzt und vermindert werden, da, was
früher 500 Ducaten kostete, jetzt über 2000 zu stehen komme. In ähn=
licher Weise verhalte es sich mit dem Tribunal eines Uditore della
camera, wo, was früher 4 Ducaten kostete, jetzt 20 koste. Der Wirkungs=

kreis des Senators und der Richter des Capitols müßte gleichfalls re=
formirt werden. Fortwährend baten die Römer, es möge ihnen die Würde
eines Governatore zurückgegeben werden. Es erfolgten Rathschläge in
Betreff der ordentlichen Legationen (Avignon, des Patrimonium, Perugia,
Mark, Bologna); diese sollten nur auf zwei Jahre Cardinälen übergeben
werden, nicht auf Lebenszeit, und zwar müßten diese sie selbst verwalten.
Letzteres sollte überhaupt von allen Verwaltungsstellen gelten. Der Ver=
fasser rieth, in allen Städten Untersuchungen, die bis auf die letzten
sechs Jahre hinaufreichten, anstellen zu lassen, um den nur zu begrün=
deten Klagen zu begegnen.

Endlich wandte sich die Schrift der Untersuchung der Gründe zu,
warum denn der römische Stuhl gar so mit Schulden belastet und um
seine Einkünfte gekommen sei. Sie bezeichnete als solche die neuen Aemter,
welche Papst Leo X. für Geld schuf und deren Einkünfte auf die Kirche
angewiesen wurden. Dazu gehörten die Kämmerer, Schildträger und die
Ritter des heiligen Petrus und Andere[1]), welche jährlich 120,000 Ducaten
verschlangen. Man könne jedoch diese Aemter nicht geradezu abschaffen,
sollte nicht der Glaube an die Zusagen der Päpste erschüttert werden.
Man müsse eine Finanzcommission von Cardinälen ernennen, welche sorg=
sam die Einkünfte seit Leo zu untersuchen habe, wie und warum Schulden
gemacht wurden, und die so der leichtsinnigen Verschleuderung ent=
gegenträte. Man müßte die oben bezeichneten Aemter allmälig einziehen,
wenn sie erledigt würden, sie mit Pfründen vertauschen. Als ein anderes
Mittel, der Verarmung des römischen Stuhles zu steuern, könne die
Einziehung der ersten Jahresrente aller vacanten Pfründen bezeichnet
werden, wozu ja der Papst die absolute Macht habe. Auch ein subsidium
caritativum, eine Liebessteuer aus allen Theilen der Welt, ward in Vor=
schlag gebracht. Da die Kirche aus vielen Städten, Schlössern ꝛc. gar nichts
beziehe, könnten diese als Lehen statt der Aemter verliehen werden. Man
solle bei Ordensvisitationen Männer eines anderen Ordens verwenden,
wodurch man gleichfalls Geldsummen zustande brächte. — Kurz, die
Noth, welche Leo über den römischen Stuhl gebracht hatte und von der
sich nun sein Nachfolger umgeben sah, war so groß, daß selbst die
eifrigsten Vertheidiger der Reform sich genöthigt sahen, zur Anwendung
von Mitteln zu rathen, welche nur in der absoluten Gewalt der Päpste
ihre Begründung fanden. Aber diese war ja selbst der Grund der größten,
nun Alles erdrückenden Uebelstände gewesen, und man bewegte sich dadurch

---

[1]) Portiones ripae et ejus praesidentiae.

fortwährend in einem falschen Zirkel, indem man einerseits den Folgen des kirchlichen Absolutismus zu entgehen suchte und, um dieses zu können, selbst an den Absolutismus appellirte.

Wohin der Papst blickte, befand er sich einem wogenden Meere gegenüber, hier die Osmanen, dort die gegenseitige Wuth der christlichen Mächte, hier die Nothwendigkeit einer durchgängigen Reform der Mißbräuche, die aber eine Höhe und Macht erlangt hatten, daß sie zu beseitigen dem Umsturze der Kirche gleichgeachtet wurde, dort das offene Bestreben, nicht blos die Mißbräuche, sondern auch den Glauben umzustoßen und eine ganz neue Kirche zu begründen. Wer bei solchem Gedränge nicht etwa in frevlem Leichtsinne den Muth nicht verlor, sondern selbst auch die Hoffnung hegte, mit ruhigem Gottesvertrauen den Uebelständen gewachsen zu sein, war ein Held, in seiner Weise auch ein Ritter ohne Furcht und Tadel.

Je mehr sich aber Adrian mit den Ideen des Egidi'schen Programms vertraut machte, in desto schärferen Gegensatz setzte er sich nothwendiger- weise mit seiner ganzen Umgebung. Er mußte sehen, daß der alte oft gebrauchte Ausdruck der Päpste, sie seien wie auf eine Warte gestellt, für ihn eine Vereinsamung bedeute, die mit der Zeit eher zu- als abnahm. Man begreift, daß der Papst sich von allen Entscheidungen in Gnaden- sachen zurückzog und nur mit einem „wir werden sehen," zu antworten pflegte; daß sein Datar sich in unerbittlichen Ernst einhüllte; daß er selbst an sich sparte, um die Kirche aus dem Nothstande Leo's X. heraus- zureißen; daß aber durch alles dieses die neue Regierung einen herben Charakter annahm, welcher denjenigen, „die lustigere Zeiten gesehen", fast unerträglich ward, und die überlegende, aber eben deshalb auch zögernde Gerechtigkeit des Papstes der Gegenwart keinen Ersatz für die Entbehrun- gen bot, die er vom Standpunkte der Reform verlangte und Jeder vielleicht in Betreff Anderer, aber nur nicht in seinen eigenen Angelegen- heiten zugestand oder passend fand. Wo aber der Papst mit irgend einem Nachdrucke auftreten wollte, fand er sich gehemmt und heftete sich die üble Finanzlage wie eine Bleisohle an seine Füße. Wie konnte er ein subsidium caritativum verlangen, das ihn in moralische Abhängig- keit brachte? Wie Annaten, nachdem er dem Principe derselben entgegen- trat? Welche Rolle war ihm aber selbst beschieden, wenn er zwar an sich sparte und sparte, aber durch Verschuldung und Geldmangel auf Jahre hinaus zu beständiger Unthätigkeit angewiesen war, während man von ihm die größte Thätigkeit verlangte und bereit war, Alles, was von ihm ausging, Thun und Lassen, mit der herbsten, unbilligsten Kritik zu begleiten? Selbst die stärkste Natur mußte unter dieser Last zusammenbrechen. — Es handelte sich zunächst um einen definitiven Beschluß über das, was mit der spanischen Kriegsmacht zu thun sei, welche den Papst nach Italien geleitet hatte. Wenn wir Paolo Giovio glauben dürfen, so gab der Cardinal von Medici den Rath, sie sogleich zur Vertheidigung des schwer bedrängten Rhodus zu verwenden; es sei Hoffnung vorhanden, daß dann auch die Venetianer sich zum Kampfe hinreißen lassen würden. Allein der sehr kluge Gedanke stieß auf einen mehrfachen Widerstand. Einmal verlangte die spanische Regierung, daß, da König Franz mit einem neuen Einfalle drohe, diese Truppen zum Schutze der Lombardei verwendet würden, insbesondere da sich der Kirchenstaat selbst in größter Gefahr befand, Sigismund Malatesta sich Rimini's bemächtigte und somit den Kampf gegen „die Kirche" begann. Dadurch erhielten diejenigen, welche meinten, zuerst müsse Italien sichergestellt werden, einen neuen schwerwiegenden Grund. Der Datar Wilhelm Enkenvoert, Dietrich Heß, der Secretär des Papstes, und Giovanni Rossi, Erzbischof von Cosenza, welchen Adrian als Nuntius bei König Ferdinand schätzen gelernt hatte, vereinigten ihren Einfluß in eben diesem Sinne, und so geschah es, daß die spanische Armada in Italien verwendet wurde. Am 7. September wurde der Herzog von Sessa statt Don Manuel's zum spanischen Botschafter in Rom ernannt[1]), der Cardinal von Medici kehrte nach Florenz zurück, wo seine Anwesenheit dringend nothwendig war; dadurch wurde es seinem Gegner, dem Cardinal Soderini, noch mehr möglich, Einfluß auf Adrian zu gewinnen, und bestand dieser vorläufig auch nur darin, daß der Papst in seiner maßvollen Gerechtigkeitsliebe sich nicht unbedingt zum Träger der spanischen Politik und zum Werkzeuge des spanischen Hasses machte, so war damit sehr viel für die Partei gewonnen, die Soderini vertrat. Karl ward in seinen Plänen aufgehalten, König Franz die Möglichkeit gegeben, durch Anträge und Friedensbedingungen, die er nicht zu halten gedachte, Zeit zu gewinnen, sich den Schein der Friedfertigkeit zu geben und den Papst, der spanischerseits zu Erklärungen gedrängt wurde, allmälig in Zwiespalt mit seinem kaiserlichen Zögling zu versetzen. Schwierigkeiten häuften sich auf Schwierigkeiten.

Adrian war nach Rom in den Tagen gekommen, in welchen Jedermann die im August regelmäßig vom Fieber heimgesuchte Stadt zu fliehen pflegte, in welchen der dritte deutsche Papst Damasus II. ein frühes Opfer des mörderischen Klimas geworden war und die einst Kaiser Friedrich II. den zum Concil reisenden Cardinälen als tobbringend

---

1) Gachard, lettres de Charles-Quint au duc de Sessa. I.

bezeichnet hatte. Er war niemals in Rom gewesen, mit Sprache, Sitten, und Gebräuchen der Einwohner, mit den Gewohnheiten der Kanzlei, mit der Regierung der Kirche, mit dem Hofleben und den Eigenthümlichkeiten des Cardinalscollegiums, mit Allem und Allem in einem Grade unbekannt, daß man sagen konnte, er, der römische Papst, sei eigentlich der einzige Fremde in Rom. Wohin er sein Auge wandte, überall starrte ihm eine Welt entgegen, welche von ihm begriffen, geleitet werden wollte, Tausende von unerfüllbaren Ansprüchen erhob, die ihm ebenso fremd war als er ihr, der päpstliche Palast von den Cardinälen geplündert[1]), der Schatz leer, alle Einkünfte verpfändet, in Rom die Pest, der Kirchenstaat von Aufrührern angefallen, er selbst von der französischen Faction stets bedroht, eine Landung der Osmanen in Italien (Sicilien) in Aussicht, im Norden der Krieg des Kaisers mit den Franzosen, Deutschland im Abfalle von der Kirche begriffen, Alles erschüttert, eine Gährung in den Gemüthern wie sie seit Jahrhunderten nicht vorhanden war, eine Zügellosigkeit der Meinungen und des Handelns, wie sie nur bei dem Einbruche der heftigsten Krisen als Symptom allgemeiner Auflösung einzutreten pflegt, er selbst weniger hochbetagt als durch die vorausgegangenen Mühseligkeiten und Drangsale gebrochen, körperlich leidend und der Ruhe in hohem Grade bedürftig, während Alles von ihm rasches und entschiedenes Eingreifen verlangte. So erschien er wie der einsame Schiffer in gebrechlichem Kahne ohne Compaß, ohne Steuer inmitten der Wogenwüste, rings um ihn ein gähnendes Grab[2]), wenn nicht eigene Kraft und der zu den Sternen gewandte Blick ihm Rettung verliehen. Man sieht deutlich aus Paolo Giovio, er, der Deutsche, der Olandese (la sul mare), zur Unehre Italien's[3]) gewählt, hatte alle Italiener zu Feinden. Jetzt blieb er trotz der Pest in Rom. Man erwartete strenge Gesetze, um das Volk mehr zu vereinzeln und dem Umsichgreifen der Pest zu steuern; die Gedanken Adrian's aber waren auf die Erhaltung von Rhodus, dieses Bollwerkes der Christenheit gerichtet. Schon ehe der Papst nach Rom gekommen war, traf ein Johanniter-Ritter aus Rhodus nach vierzigtägiger Fahrt mit der Meldung in Valencia bei dem Kaiser[4]) ein, Sultan Soliman sei mit 200 Segeln vor Rhodus erschienen, habe Truppen und Kanonen ausgeschifft und belagere die Stadt. Der Kaiser hatte sogleich Maßregeln getroffen, damit

---

[1]) Nach Luigi Gradenigo (Albèri, Serie II, 3, p. 71) an Signora Lucrezia, Gemahlin des Jacopo Salviati, Schwester des Papstes Leo.

[2]) Sicut passer solitarius in tecto.

[3]) Con mirabile e veramente vergognoso favore di Cardinali. Libro XX, p. 7.

[4]) Gasparo Contarini an die Signoria. Rawdon Brown, n. 523.

von Neapel aus den Johannitern Hilfe geschehe; allein sein Augenmerk war mehr der Wiedereroberung von Fuenterabia zugewendet, dessen sich die Franzosen bemächtigt, als der Türkengefahr. Der englische Gesandte unterhandelte in Venedig wegen eines Krieges gegen die Franzosen, Wolsey bestürmte den Kaiser wegen Erlangung einer jährlichen Pension von 20.000 Ducaten [1]).

Adrian war der Einzige, welcher, wie Aloisio Gradenigo an die venetianische Signoria schrieb, damals ein Herz für die leidende Christenheit besaß. Es ist gänzlich irrig, wenn man glaubt, Adrian habe in angeborener und angewöhnter Unschlüssigkeit gezögert, zur That zu schreiten. Sie war bereits am 1. September 1522 soweit erfolgt, als sie überhaupt möglich war. Weiteres war abzuwarten. Erst mußte man sich Organe schaffen, ehe Reformen, die nicht auf dem Papier zu bleiben hatten, in Angriff genommen werden konnten; erst mußte man Geld, Truppen und Schiffe haben, wenn man Rhodus zu Hilfe eilen wollte. Adrian ließ sich in seinem ruhigen Wirken durch nichts irre machen.

Die päpstlichen Ceremonienmeister haben von den Vorgängern Adrian's Scenen berichtet, die an Frechheit Alles überstiegen, was man bisher an christlichen Höfen zu sehen gewohnt war und den Namen Alexander's VI. zum Gegenstande des Abscheues machten. Die Welt erfuhr allmälig, daß mit Adrian eine Strenge der Sitte in den Vatican eingezogen war, die, wenn sie Nachahmung fand, die Rückkehr der besten Zeiten versprach. Dieser Papst, berichtete Luigi Gradenigo an die venetianische Signoria [2]), führt ein exemplarisches und frommes Leben. Jeden Tag hält er die canonischen Stunden. Er steht zur Matutine in der Nacht auf, legt sich dann wieder nieder, steht mit der Morgendämmerung auf, liest Messe und gibt dann Audienzen. Mittag- und Abendessen ist höchst einfach; es heißt, er verwende nur einen Ducaten dafür. Er ist ein Mann von gutem und heiligem Leben — wie er in diesem Rufe auch in Spanien gestanden und seinen politischen Gegnern Achtung abgerungen; nur etwas bedächtig in seiner Handlungsweise. Er geht mit großer Umsicht vor, ist in der heiligen Schrift sehr bewandert, spricht wenig, liebt die Einsamkeit, hat keine Intimität mit den Cardinälen und bedient sich nur der lateinischen Sprache [3]).

Damit stimmten denn im Wesentlichen auch die späteren Berichte Marino Dandolo's, Antonio Giustiniani's, Luigi Mocenigo's und Pietro

---

[1]) R. Brown, n. 507.
[2]) Er trug mit den anderen Botschaftern bei dem Einzuge Adrian's den Baldachin.
[3]) Albèri, relazioni. II, 3, p. 74, 75.

Pesaro's überein. Sie tadeln, daß er in seinen Audienzen keine bestimmten Antworten zu geben pflegte, sondern das: wir wollen sehen (videbimus) regelmäßig wiederkehrte; aber wohl weiß Aloisio Gradenigo zu berichten [1]), daß der Vicekönig von Neapel, welcher Alles aufgeboten hatte, den Papst aus seiner Neutralität herauszubringen und ihn kaiserlich zu machen, unverrichteter Dinge nach Neapel kehren mußte. Auch als Papst setze er seine Studien fort; nicht blos, daß er lese und studire, er wolle auch noch literarisch thätig sein, was ihn von seinen anderen Geschäften ab= ziehe. So geschehe es, daß Messelesen, Gebet, Frühstück, Siesta, Studium, das officium und das Mittagessen ihm wenig Zeit für die Audienzen übrig lassen. Jeden Montag, Mittwoch und Freitag hält er Consistorium, abgesehen von den Cardinalscongregationen. Man berichtete, daß er auch wenn er ausritt, den Pomp seiner Vorgänger vermied, die Cardinäle es kaum erfuhren und so rasch wie möglich ihm dann nachjagten. Er bedurfte ihrer nicht und ließ es sie wohl fühlen. Man klagte, daß sein Secretär Dietrich Hezius und sein Auditor Hieronymus, Bischof von Vigo, wenig Kenntniß von Staatsgeschäften besaßen, der Datar Wilhelm Enkenvoert, Bischof von Tortosa, nicht beliebt sei. Daß der Flandrer Peter, welcher die Gnaden zu bewilligen hatte, mehr als hart sei, hatte schon Ortiz bemerkt. Die Neugierde des Venetianers blieb aber nicht dabei stehen, die Beschäftigung und Umgebung des Papstes zu erforschen und zu kritisiren. Man konnte nicht oft genug erwähnen, daß er jeden Abend seinem Haushofmeister zur Bestreitung der Ausgaben für den morgigen Tag den unvermeidlichen Ducaten gab [2]); die Venetianer beschäftigten sich mit seinem Küchenzettel und wußten, daß er nur Kalbfleisch, Rindfleisch oder Hühner aß, an Fasttagen Fische; daß eine Flamänderin ihm koche, sein Bett mache, seine Wäsche bereite [3]). Adrian konnte während des Aufstandes der Communen in Spanien bemerken, wie wenig eigentlich verloren gehe, wenn sein Hausrath der Plünderung verfiele. Er scheint als Papst ihn nicht verbessert zu haben. Der Fürst war hier in den Priester, in den Diener Gottes aufgegangen und hatte die Welt am sechsten Alexander einen geistlichen Wilddieb erblickt, einen Eber, der in den Weinberg des Herrn gebrochen, so stand jetzt der Christenheit ein Mann vor, der in der Schule des Thomas von Kempen erwachsen, die Nachfolge Christi

---

[1]) Ranke, Römische Päpste. III, S. 238.

[2]) Im Gegensatze zu Papst Leo's herrlichen Gastmahlen spielte dieser Ducaten eine große Rolle.

[3]) Giovio schrieb seinen frühen Tod dem Gebrauche des Bieres statt des für das römische Klima zuträglicheren Weines zu.

zum Studium seines Lebens gemacht hatte, durch seine Gelehrsamkeit nicht minder als durch seine Tugenden leuchtete.

Wenn zur Reform der Kirche es genügte, daß ein Mann von strenger Sitte, ganz seinen Pflichten lebend, ein Heiliger, wie ihn ein Zeitgenosse nennt, der mehr als alle Anderen auch seine menschlichen Schwächen kannte, ein Mann, der nie mit sich selbst abschloß, an der Spitze der katholischen Christenheit stand, so war diese jetzt in vollem Zuge. Alles war bei Adrian geregelt, jede Stunde hatte ihre Aufgabe, jeder Tag wickelte sich in der vollsten Hingabe an das ab, was das Heil der eigenen Seele, was die Noth der Christenheit verlangte; einfacher, ernster, würdiger konnte man nicht leben. Wieder waren Zucht und Ordnung in den vaticanischen Palast eingezogen, und hatte der große kirchliche Aufstand, die Revolution, welche von Professoren, Mönchen und Priestern ausging, ihren Ausgangspunkt, ihren Entschuldigungsgrund von dem Verfalle der Sitte und der Zucht bei den Päpsten genommen und gesucht; dieser Grund ward jetzt gehoben. Der große Abfall in den Jahren 1522 und 1523, die Aufhebung der specifisch katholischen Einrichtungen in Deutschland erfolgten auch nicht unter dem spanischen Alexander VI., sondern unter dem redlichsten Manne seiner Zeit, unter dem deutschen Adrian VI. Diese Thatsache ist wichtig genug, um beherzigt zu werden. Man war aber auch überzeugt, nicht nur, daß, je unverdrossener Adrian sich der Last der Geschäfte und Mühen unterzog, er desto früher untergehen werde, sondern auch, daß er seine größten Gegner in Rom selbst und im Schoße des Cardinalscollegiums finden werde[1]. Sie würden sich entweder seiner wie eines Balles bedienen oder ihn in Unthätigkeit versetzen. Er hatte sie als seine Gegner von dem Tage an gefunden, als er, statt ihre Capitel, ihre Pfründen, Aemter und Städteverfügungen zu bestätigen, von ihnen verlangte, sie sollten mit einer geringeren Rente zufrieden sein und die Reform bei sich selbst beginnen.

Leo X. hatte durch seine Leutseligkeit und Herablassung die Gemüther gewonnen. Man bewegte sich unter ihm am Rande eines Abgrundes, den eine Decke von Rosen dem Auge entzogen, der aber plötzlich wie ein

---

[1] Misereor jam illius oneri, schrieb Petrus Martyr, quia vir bonus est a natura, sed rerum ea experientia nudus qua esse oporteret earum rectorem habenarum; nostra praecipue tempestate, qua ex principum turbatis animis ruunt omnia. A vafris suis Cardinalibus aut agitabitur ut pila vel nihil fiet. Est quippe mos eorum vel odisse Pontificem, quod eos viderunt sibi paulo ante pares vel deridere cum vehementi cruciatu, desiderantes ut ad superos brevi proficiscantur. Epist. n. 758, p. 446.

weites Grab sich aufthat. Man legte es seinem Nachfolger zur Last, daß, als die Rosen verwelkt waren, der Abgrund seine gähnende Tiefe öffnete, es nicht mehr gestattet war, sich über seine Existenz eine Illusion zu machen. Zu der angebornen niederländischen Ruhe war bei Adrian die spanische Würde, die ungemeine Einfachheit der Sitten, der gänzliche Mangel an Leichtlebigkeit gekommen. Der Spott Pasquino's, in welchem die Römer in ihrem Aerger über die ihnen unangenehmen Veränderungen sich Luft zu machen suchten, war ihm neu, unerträglich, gegen seine hohe Würde verstoßend. Er hatte Lust, die Statue in den Tiber werfen, oder zu Kalk verbrennen zu lassen; die richtige Bemerkung, daß dies nichts helfe, brachte ihn dann selbst zu einer heiterern Auffassung. Aber die Zahl seiner Gegner wuchs mit den Reformen, die er unternahm. Jeder, welcher den Gewinn nicht zog, den er für den Kauf von Aemtern unter Leo erwartete, sah bald in ihm den persönlichen Feind, während Adrian den kirchlichen Einrichtungen das Gepräge eines großen Bankierhauses zu nehmen trachtete, das der Mediceer der geistlichen Verwaltungsmaschinerie gegeben hatte. Die Römer wollten, daß er in dem Punkte, wo es ihnen lieb war, einschneidender verfahre[1]); der Papst, auf einem fremden Boden befindlich, das Für und Wider einer Sache gewissenhaft erwägend, zögerte mit seinen Entscheidungen. Er übergab die geistlichen Angelegenheiten dem Protonotar Wilhelm Enkenvoert, dieser consultirte den Uditore di Camera[2]) der sich selbst nie genug that, überaus ängstlich war und die Geschäfte nicht förderte. Da waren denn gewiß die von vielen Seiten erhobenen Klagen über Nichterledigung der vorgebrachten Bitten nicht unbegründet[3]).

Die letzten Päpste hatten den Kirchenstaat um Piacenza, Modena, Reggio, Ravenna, Cervia, Parma vermehrt. Die neuen Erwerbungen hatten die Ansprüche der alten Besitzer nur in den Hintergrund gedrängt. Sie traten auf's neue hervor, der Papst mußte sich auch erst in die verwickelten Territorialfragen hineinarbeiten. Die Cardinäle hatten sich aus dem Staube gemacht. Die Pest wüthete so, daß die angesehensten Häuser davon so wenig verschont waren als die niedrigsten, Alles mit Trauer, Elend und Verzweiflung erfüllt, Leichen auf den Straßen lagen und die von der Seuche Befallenen ohne Rettung ihrem Schicksale preis-

---

[1]) Ardentiorem mallent Romani. Petrus Martyr, n. 774.

[2]) Episcopum Vigorniensem. Albergati, f. 389.

[3]) Wenn auch vielleicht am wenigsten die von Albergati vorgebrachte Bitte der Einwohner von Reggio, da es in Betreff dieser Stadt zu verwickelten Unterhandlungen mit dem Kaiser gekommen war.

gegeben waren. Man beeilte sich die Verstorbenen zu begraben und begrub auch Lebende [1]).

Da Adrian einer städtischen Verwaltung, ihrem complicirten Organis= mus stets ferne gestanden war und die römische zumal für ihn eine ganz neue Welt bildete, er sich auf dem glattesten Boden bewegte, Cardinäle und Prälaten, von einer unüberwindlichen Scheu vor der herrschenden Seuche ergriffen, Rom flohen; daneben die ihm angeborne Aengstlichkeit, hervorgegangen aus jener scrupulösen Gewissenhaftigkeit, welche den Grund= zug seines Wesens bildete; das Ruhige, Unbewegte seiner ganzen Haltung und Erscheinung; die Scheu, in Verhältnisse, die ihm unbekannt waren, rasch einzugreifen, — mochte dieser Verein von eher lobenswerthen als zu tadelnden Eigenschaften, diese Schwere unbequemer Thatsachen auf heiß= blütige Römer weniger imponirend als lästig, selbst unerträglich wirken. Die von Pasquino angehefteten Spottschriften, wie Berni's rimo bur- lesche, geben dieses deutlich zu erkennen [2]). Aber auch der schärfste Kritiker

---

[1]) Urbs ingenti laborabat pestilentia, clarissimae quaeque domus in dies assiduis funeribus foedabantur, omnia squalebant, omnia erant desolata, ubique luctus, ubique triste humanae infelicitatis visebatur spectaculum, cada- vera passim jacebant, semimortui et spirantes a suis relinquebantur, et quod acerbius erat, vivi in terram saepius defodiebantur. Albergati, f. 388.

[2])   Un papato composto di rispetti
    Di considerationi et di discorsi,
    Di più, di poi, di ma, di sì, di forsi,
    Di pur, di assai parole senza effetti.

    Di pensier, di consiglj, di concetti,
    Di conghietture magis per opporsi
    D'intratenerti, purche non si sborsi
    Con audienze, risposte e bei detti.

    Di piè di piombo e di neutralità,
    Di pazienza, di demostrazione,
    Di fede, di speranza e di carità.

    D'innocenzia e di buona intenzione
    Ch'è quasi come dir simplicità
    Per non le dare altra interpretazione
                   Sia con sopportazione.

    Lo dirò pur: vedrete che pian piano
    Farà canonizzare se Papa Adriano.
                   Berni, rime burlesche.

Vir — bonus est et si quem nostra tempora sanctum optaverimus, is erit eo nomine dignus. Petrus Martyr, lib. XXXVI, ep. 774. — Was übrigens das Zaudern Adrian's betrifft, so pflegte Papst Leo X. Jedem, der von ihm etwas ver=

unter den Römern konnte eben nur tadeln, daß Adrian erwog, wo der Tadler ein rasches Handeln wünschte; er mochte die Neutralität beklagen, mußte aber eingestehen, daß das neue Papstthum den Stempel der Geduld, des Glaubens, der Hoffnung und der Liebe, der Unschuld und einer Einfalt an sich trage, die freilich in jenen Tagen abhanden gekommen waren. Sein Auftreten mochte an das Papst Cölestin's V., des Ein= siedlers, erinnern, der in das Gedränge des heftigsten Parteikampfes zwischen Guelfen und Ghibellinen mit der persönlichen Heiligkeit seines Wesens eintrat, von der Zeit aber, die das nicht mehr ertrug, auf die Seite geschoben wurde. Waren aber die Dinge besser geworden, als statt des Mönches voll Einfalt und Unschuld Papst Bonifacius VIII. folgte und nun mit einer Kühnheit, welche Gegenwart und Nachwelt in die Schranken rief, die Bulle unam sanctam publicirte, im Kampf mit den Fürsten aber der Gewalt erlag und unterging?

Gerade die Strenge gegen sich selbst und die gleichmäßige Concen= trirung aller Gedanken auf das, was unmittelbar Noth that, die Be= seitigung alles unnöthigen Aufwandes, brachten aber auch eine Zurück= weisung der Kunst und der humanistischen Richtung, überhaupt jener Gebiete mit sich, welche der Mediceer Leo mit aller Liebe gepflegt, und deren geringere Betonung bereits, geschweige ihre Ignorirung Viele empfindlich verletzte. Der Sinn für die Kunst war dem Schulmanne Adrian nicht aufgegangen. Er scheint für die Schönheiten antiker Ge= staltungen keine Empfindung gehabt zu haben und verschmähte ebenso jene elegante Nachbildung antiker Latinität, welche durch Bembo und Sadolet den höchsten Grad erreicht hatte, der aber zuletzt an der Form Alles gelegen war und auf uns doch vielfach den Eindruck der Affectation, des Gesuchten macht. So rechnete er die Gruppe des Laokoon zu den heidnischen Idolen, mit welchen sich abzugeben ihm ferne lag; die La= tinität Sadolet's erschien ihm mehr die eines Poeten, als im Style apostolischer Breven gehalten [1]. Das war nun freilich ein schwerer Schlag

langte, mit nein, und bei wichtigen Dingen nur mit vedremo, dem videbimus Adrian's, zu antworten (Marco Minio, p. 64). Letzterem wurde daraus ein Vorwurf gemacht, weil er kein Italiener war, bei Leo X. fand man es passend.

[1] So muß wohl die Erzählung bei Negri im Briefe vom 17. März 1523 verstanden werden. Brewer, welcher sie aufnahm (Letters and papers, vol. III, P. I, p. CCCLXXI not.) macht mit Unrecht Sadolet zum Cardinal. Sadolet, welcher nach den Briefen Negri's während der Pest sich nach Grotta ferrata zurückgezogen hatte, entfernte sich nachher (1523) aus Rom und ging in sein Bisthum Carpentras, wo er so lange blieb als Adrian lebte, jedoch mit des Letzteren Urlaub, was sein Biograph nicht hinzusetzt. (Antonii Florebelli de vita Jacobi Sadoleti S. R. E.

gegen die Humanisten, die nun in ihrer Uebertreibung schon meinten, jetzt würde wohl bald aus den antiken Statuen Kalk gebrannt zum Aufbau von St. Peter. Der Papst kenne Niemanden, verleihe Niemandem eine Gunst. Einer Pest sei man entronnen, um einer noch größeren zu verfallen. Alles sei in Verzweiflung, Rom nicht mehr Rom. Man müsse nach Avignon, in die Nähe von Carpentras ziehen. 20.000 Menschen, meinte Negri am 7. Juli 1523, würden Trauerkleider anziehen, wenn Sadolet fortginge. Nicht Einer aber hat es gethan. Allein derselbe Diplomat, welcher in seinem Briefe so oft von dem Geize des Papstes spricht, während doch sicher war, daß dieser nur zur Aufrechthaltung Italien's und Ungarn's sparte, der dann wieder klagt, daß nichts erledigt würde, und nicht begreifen will, daß einem Meere von neuen Verhältnissen gegenüber der Papst Zeit brauchte, sich zu orientiren, gesteht selbst ein, daß, wenn Adrian so wenig „Gnaden" bewillige, dieses hervorgehe aus seiner geringen Erfahrung in römischen Dingen, aus dem Mißtrauen gegen seine Umgebung (ministri), auf deren Corruption systematisch hingearbeitet werde, sowie aus seinem zarten Gewissen, weil er zu sündigen fürchte. Seine Erlässe aber seien, wenn auch selten, im höchsten Grade gerecht und man wisse nichts von einem Drucke (esorbitanzia). Das aber gefalle dem Hofe nicht. Man könne von Adrian sagen, was Cicero von Cato gesagt, er spreche, als lebe er in einer platonischen Republik und nicht unter der Hefe des Romulus.

Der Geschichtschreiber Adrian's darf nie vergessen, daß der bloße Entschluß des Papstes mit den Regierungsmaximen Leo's, seiner Verschwendung und den zur Erhaltung seines Hofes ergriffenen Finanzmaßregeln zu brechen und in Rom selbst gründlich aufzuräumen, auch die edleren Bestrebungen in den Hintergrund schob, die das Zeitalter Leo's mit Glanz und Herrlichkeit erfüllt hatten, daneben Tausende von Vitalinteressen verletzte und die in ihren Hoffnungen Getäuschten, in ihren Interessen, in ihren Lebensansprüchen Verletzten in erbitterte Feinde des Papstes verkehrte, welche alle seine Handlungen in ein gehässiges Licht zu setzen, seine Absichten zu verdächtigen sich bemühten. Ebensowenig

---

presbyt. Card. commentarius.) Wohl aber erwähnt Letzterer, daß Sadolet nach Carpentras ging, um sein Bisthum, welches er bisher durch Andere verwalten ließ, selbst zu verwalten, wozu er auch verpflichtet war. Unstreitig wäre es gut gewesen, wenn Adrian, als er bedeutende Männer um sich zu sammeln suchte, diejenigen, welche in Rom waren, nicht hätte abziehen lassen. Konnte er sie aber halten, wenn sie selbst gehen wollten? Und war es nicht seine bestimmte Absicht, die Besten um sich zu sammeln?

aber darf sich auch der Leser verhehlen, daß die außerordentliche Samm=
lung der päpstlichen Regesten, welche von Innocenz III. an sich in dem
vaticanischen Archive vorfindet und Tag für Tag die päpstlichen Erlässe
mittheilt, mit Adrian unterbrochen ist, seine Regesten, wie es heißt, von
Hezius nach den Niederlanden gebracht wurden und bisher für die
geschichtliche Benützung spurlos verschwanden, die Biographie Adrian's
wurde dadurch zur Mosaik. Sie stützt sich nicht auf eine ununterbrochene
Erzählung zusammenhängender und im Zusammenhange überlieferter That=
sachen, auf wohlgeordnete, ununterbrochene Briefschaften, sondern auf aus
den verschiedensten Quellen stammende, mühsam zusammengetragene Be=
richte von nichts weniger als gleicher Glaubwürdigkeit, die im Gegentheile
oft leidenschaftlich gefärbt sind, von einem besonderen Parteistandpunkte aus=
gehen und denen durchaus nicht immer andere zur Seite stehen, durch
welche sie erläutert, ergänzt und verbessert werden könnten. Nun stellten
sich aber nicht blos den Reformplänen, sondern überhaupt jeder gedeih=
lichen äußeren und inneren Thätigkeit Schwierigkeiten entgegen, die gar
nicht zu überwältigen waren. Der Cardinal von Medici, Haupt der
kaiserlichen Partei, ging, wie bemerkt, nach Florenz zurück, wo seine An=
wesenheit im Interesse seines Hauses dringend nothwendig war. Er ent=
zog sich dadurch dem ihm unangenehmen Schauspiele, den Bruch mit den
Traditionen Leo's ansehen zu müssen und eine Stellung ohne Einfluß zu
haben. Seine Abwesenheit eröffnete dem Intriguenspiele seiner politischen
Gegner, vor Allem des Cardinals Soderini, dessen Bruder nach dem
Sturze der Mediceer die Herrschaft in Florenz erlangt hatte, einen weiten
Spielraum und je mehr der Papst geneigt war, Unparteilichkeit zu
wahren, desto mehr mußte besorgt werden, daß er schon, um nicht den
Schein auf sich zu nehmen, als begünstige er die Mediceer, sich dem
Einflusse der soderinisch=französischen Partei hingab. Das Benehmen
Don Juan Manuel's aber war ganz geeignet, den Papst gegen die kaiser=
liche Partei zu erbittern und der französischen Intrigue einen unerwar=
teten Triumph zu bereiten. Adrian hatte gleich anfänglich sich geweigert, zu
gestatten, daß die päpstliche Flotte gemeinsam mit der genuesischen gegen
die französische operire und erklärt, daß er sich in diese Dinge nicht
mische. Die bloße Ueberzeugung, daß der Papst rein nach dem Maße des
Rechtes vorgehen wolle, hatte ferner eine allgemeine Bestürzung erzeugt [1]).
Als von 10.000 Suppliken nur Eine expedirt wurde [2]), erhöhte dieses

---

[1]) Per tutto si treme. Mar. Sanuto.

[2]) Die des Cardinals von Medici für Toledo.

das Mißbehagen. Der Bruder des Cardinals von Ancona, welcher einen Mord begangen und dann sich geflüchtet hatte, wurde bei Verlust seiner Güter citirt, sich vor Gericht zu stellen. Es war entsetzlich, daß kein Ansehen der Person mehr gelte! Die Rota sollte gleichfalls refor= mirt werden, während man ihre Entscheidungen für unumstößlich hielt. Der Papst gedachte den schreienden Unterschied zwischen den überreichen und den armen Cardinälen etwas auszugleichen und begann damit, dem ausgezeichneten Cardinal Egidio — dem Einzigen, der als Augustiner einen Bart tragen durfte — ein Bisthum mit 600 Ducaten Einkünften zu= zuwenden [1]. Adrian hatte erklärt, er liebe die Armuth), es war keine hohle Phrase, wenn er für diejenigen sorgte, die in seiner nächsten Nähe nicht standesgemäß leben konnten, dagegen suspendirte er die Ernennung von Rittern, mit welcher Papst Leo so freigebig gewesen war und ent= zog ihnen dann, wie aus Paolo Giovio hervorgeht, die Hälfte ihrer Ein= künfte. Er dachte noch im December 1522 daran, die spanischen Soldaten, welche ihn nach Rom gebracht, trotz alles Widerstandes nach Rhodus zu senden. Er hatte endlich Mittel aufgetrieben, ihre Ueberfahrt zu bestreiten [2]. Die ersten 6000 Ducaten, welche er erübrigen konnte, sollten dazu verwendet werden. Da sich aber keine Soldaten dazu fan= den, die weite Seefahrt zu unternehmen, die in der rauhen Jahreszeit noch mißlicher wurde, kam die Sache wieder nicht in Ausführung [3]. Zu den vielfachen Verlegenheiten und den gesteigerten Ansprüchen an den Papst gesellte sich dann noch im September die Erkrankung Adrian's, der zwei Anfälle des verderblichen römischen Fiebers erlitt, und die Ueberhandnahme der Pest, welche im October, dem schönsten Monate Rom's, täglich hundert Menschen wegraffte. Da nun aber die Cardinäle, wie Alles, was fliehen konnte, aus Rom flohen, so war es nicht ein= mal mehr möglich, ein Consistorium zu halten. Als der Papst es im December versuchte, waren nur sechs Cardinäle erschienen [4]. Adrian berief wohl sämmtliche Cardinäle zu der feierlichen Messe auf Weihnachten. Wir wissen aber, daß im Januar 1523 nur 17 zusammenkamen, als ein Fall von besonderer Wichtigkeit für sie verhandelt wurde, nämlich

---

[1] Später erhielt der Cardinal von Ancona das Bisthum Cremona, die Car= dinäle Rangoni und Pisani je 500 Ducaten jährlich. Mar. Sanuto, XXXIV, p. 27. Der reiche Cardinal von Medici mußte aber auf 6000 Ducaten verzichten.

[2] Mar. Sanuto.

[3] Belcarius hat sich die eitle Mühe gemacht, daraus eine Anklage gegen den deutschen Papst zu schmieden.

[4] Bericht des venetianischen Orators vom 21. December 1522. Ms.

die sehr schwerwiegende Anklage gegen den Cardinal Cibò, der beschuldigt worden war, daß er den Herrn von Camerino, Sigismondo, habe vergiften lassen. Erst im Februar 1523 kamen alle Cardinäle, mit Ausnahme von Medici, Salviati, Ridolfi, Cibò, nach Rom und wurde des Letzteren Proceß mit Nachdruck betrieben. Aber die Reform der Rota mußte aufgeschoben werden, weil es an Uditoren fehlte. Hingegen ergriff bereits am 9. December 1522 Adrian eine der stärksten Maßregeln zur Reform der Curie, als er mit einem Schlage alle Exspectanzen auf Beneficien cassirte, die so vielen und gerechten Unwillen erzeugt und die geistliche Stellenjägerei so sehr befördert, der Bestechung, der Simonie, den sträflichen Motiven so großen Vorschub geleistet hatte. Dies genügte aber noch lange nicht. Wir wissen, daß am 10. Februar 1523 die Cardinäle eine Zusammenkunft im Palaste des Cardinals Soderini hielten, da Adrian ihnen den Auftrag ertheilte, die Rechte der apostolischen Kammer und der Officialen zu untersuchen. Es handelte sich um nichts Geringeres, als alle unter Leo X. gekauften Aemter zu cassiren. Auch die weitgehenden Indulten (Privilegien) wollte der Papst den Cardinälen entziehen. Ganz Rom war darüber in Aufregung[1]), daß Adrian ausführte, was unter Leo X. das vaticanische Concil beschlossen hatte; die Verkündigung der neuen Kanzleiregeln noch in Spanien (20. April) hatte der Welt schon damals gezeigt, daß der Papst den faulen Fleck sehr wohl zu treffen gewußt habe. Sie wurde in Rom erneut und auch nach dieser Seite hin Ordnung geschaffen.

Gerade in diesen Beziehungen lassen uns aber die ausführlichen Angaben im Stiche, wenn auch sicher ist, daß Adrian die verkauften Aemter allmälig einzog, den von Leo geschaffenen Rittern ohne ritterliche Thaten die Hälfte ihrer Einkünfte nahm und jene Privilegien, die sich das Cardinalscollegium in der Sedisvacanz angeeignet, nicht anerkannte, ja alle Verfügungen seit dem 24. Januar 1522 aufhob. Hatte doch dasselbe Alles so gut für sich in Ordnung gebracht und mußten die Errungenschaften dadurch vernichtet werden, daß man in unbedachter Stunde einen barbaro gewählt, der die Capitel nicht mit unterschrieben hatte!

Jetzt aber waren die Cardinäle nicht einmal in großer Anzahl zusammenzubringen und wollte der Papst auch nach der Ansicht einer Zweidrittel-Majorität regieren, er konnte es nicht, da diese in Rom nicht zu finden war. Ganz im Gegensatze zu der von Berni und Anderen vertretenen Ansicht von der Thatenlosigkeit Adrian's und daß er sich

---

[1]) Mar. Sanuto, p. 523. Jtinerarium, c. XXIII.

durch sein Zögern verhaßt gemacht habe, was vielleicht nur in Betreff der 9—10.000 Bittschriften begründet war, erregten seine reformatorischen Verfügungen, die zunächst das Cardinalscollegium, dann aber auch die stellensüchtigen Prälaten, endlich die Masse der Stellenkäufer, die abge= dankten Curialisten und Diener betraf, einen geradezu gräulichen Haß, welcher sich selbst in Mordversuchen erging. Wir besitzen keine Nachrichten in Betreff der Maßregeln, welche zur Hebung oder Milderung der Seuche getroffen wurden. Jedermann weiß, wie auch in unseren Tagen das Auf= treten gewisser Epidemien aller Weisheit der Behörden spottete, wie noch später in den Tagen des Erzbischofs Federigo Borromeo Mailand der Schauplatz entsetzlicher Scenen wurde, als die große Pest daselbst aus= brach). Es war als ein Stück von Heldenmuth anzusehen, daß der Papst in Rom und noch dazu im Vaticane aushielt. Allein die auf dem anderen Tiberufer liegende Stadt zu betreten, wurde systematisch vermieden. Es kam nicht zu einer Besitzergreifung der bischöflichen Kirche des Lateran's, wenigstens nicht unmittelbar durch Adrian selbst; wenn der Papst, was mehrmals der Fall war, in der durch die zartesten Werke der Kunst aus= gezeichneten Kirche Santa Maria del popolo celebrirte, verfügte er sich durch die sogenannten Wiesen des Nero auf dem rechten Tiberufer dahin, überschritt dann den ponte molle und kehrte auf diesem Wege wieder in den Vatican zurück. Er begab sich auch nicht auf das Land wie es im Sommer in Rom üblich und geradezu nothwendig ist. Als er im Jahre 1523 die Gefahr für verzogen erachtete und in Santa Maria Maggiore celebrirte, holte er sich den Tod.

Indem aber der Vatican sich von der Stadt völlig abschloß, wohl den Botschaftern und wer sonst mit dem Papste zu verhandeln hatte, der Eintritt frei stand, wenn die Seuche aber recht wüthete, der Austritt gesperrt war, so gewöhnte sich einerseits der Papst an die ihm ohnehin lieb gewordene Einsamkeit, andererseits verdoppelte er aber seine Thätig= keit, so daß er den gehäuften Anstrengungen beinahe erlag und von Monat zu Monat sichtbar abnahm. Endlich wurde er, ohne es zu merken, von seiner Umgebung mehr und mehr abhängig und die Klage laut, daß man nur durch diese zu ihm dringen könne. Der persönliche Verkehr mit Papst Leo war leichter als mit Papst Adrian und es mag dieses, da es ihm ohnehin an Personalkenntniß gebrach, ein großer Uebelstand gewesen sein. Andererseits suchte er mit dem Eifer eines Gelehrten, der vor keiner neuen Welt zurückscheut, sich so viel er konnte in die neuen Verhältnisse hineinzuarbeiten und übergab dann Städte, Burgen, Ortschaften des Kirchenstaates, die das Cardinalscollegium so sorgsam unter sich getheilt,

15*

den von ihm ausgewählten Personen, zu welchen ja auch Francesco Guicciardini, der Geschichtschreiber, gehörte. Besäßen wir die Regesten Adrian's,
so würde sich auch in dieser Beziehung ein ganz anderes Bild entrollen,
als Jene uns gewähren, die an seinem Lieblingsausdrucke: „videbimus"
Anstoß nehmen, ohne zu bedenken, daß er in Spanien unter noch
schwierigeren Verhältnissen mehr als jeder Andere an der Erhaltung des
Königreiches gearbeitet, letztere wirklich durchgesetzt hatte, er somit gar
nicht die zögernde, unentschlossene, thatenlose Natur war, für welche
man ihn auszugeben die Kühnheit hatte. Es handelt sich eben darum,
der Geschichte ein bisher entstelltes Bild in seinen wahren und getreuen
Zügen zu gewinnen, und zwar ist dieses ebensosehr in Bezug auf den
Gobernador Spanien's als auf den Papst nothwendig.

Gar Manches trug bei, das Mißtrauen Adrian's in seine Umgebung zu rechtfertigen. Da ließ ein Bolognese ihm durch Messer Bianesio
wissen, er habe ihm ein großes Geheimniß mitzutheilen, das die ganze
christliche Republik betreffe; er möge ihm Reisegeld schicken. Der Papst
bestimmte dafür 12 Ducaten. Als der Mensch diese hatte, erklärte er, er
bedürfe mehr. Nun wurden ihm 24 Ducaten, aber durch den Unterhändler
gegeben, welchem Adrian die Rückgabe derselben versprach. Auf das kam der
Bolognese nach Rom, Messer Bianesio meldete ihn dem Papste und verlangte den Vorschuß von 24 Ducaten. Adrian erwiederte: hören wir
zuerst den Menschen, und als nun dieser geheime Audienz erhielt und
dem Papste nichts Anderes zu sagen hatte, als: heiliger Vater, wenn ihr
die Türken besiegen wollt, so müßt ihr ein großes Heer zu Wasser und
zu Lande ausrüsten, ärgerte sich Adrian und sagte nachher zu Bianesio,
welcher mit ihm aus Spanien gekommen war und vom Cardinal Medici begünstigt wurde: bei Gott, dieser euer Bolognese ist ein großer Possenreißer,
aber er hat sich auf eure Kosten über uns lustig gemacht, wir nehmen nun
Anstand, auch noch die 24 Ducaten zu zahlen. Der schlechte Witz, welcher
wahrscheinlich unter einem anderen Papste seinem Urheber noch mehr
gekostet hätte, wurde rasch als Gegenstand des Gelächters von Sadolet's
Freunden weiterverbreitet, und man kann sich denken, Adrian deshalb derb
ausgelacht[1], Bianesio aber seitdem der Todfeind des Papstes. Mit Recht
hat bei einer anderen Gelegenheit Brewer aufmerksam gemacht, wie vorsichtig die damaligen Berichte zu benützen seien und wie sehr die Berichterstatter feindlicher Stimmung zugänglich waren[2], nicht jedem Berichte

---

[1] Girolamo Negri an M. Marc Antonio Micheli.
[2] l. c. p. CCCLXX. In Bezug auf die Berichte des Herzogs von Sessa über
den Datar, welchen Bergenroth unbedingten Glauben schenkte.

Glauben geschenkt werden dürfe, sondern vielmehr jeder nach der Stimmung und den Tendenzen des Berichterstatters sorgfältig abgewogen werden muß. Auch Petrus Martyr de Angleria, welcher es dem Dechanten von Löwen nie so ganz verzeihen konnte, daß er in weniger als sechs Jahren von einer Würde zur anderen emporgestiegen war, weiß in Spanien Mannigfaltiges von Adrian zu erzählen; nicht blos seine Zerwürfnisse mit Pasquino, dessen satirische Bemerkungen Adrian lästig fielen, sondern auch mit dem Cardinal von Quatro Santi coronati. Letzterer hatte die kostbare, mit Edelsteinen übersäete Tiara Leo's X. florentinischen Kauf= leuten verpfändet, dann dieselbe auf eigene Faust wieder eingelöst. Er brachte sie nun dem Papste zurück, der zu Gunsten Ungarn's und der Insel Rhodus jede überflüssige Ausgabe verschmähte. Adrian habe sie angenommen, als aber der Cardinal die Ausbezahlung der Pfandsumme verlangte, ihm erklärt, da er gewagt, die Tiara zu veräußern, möge er auch die Gläubiger befriedigen, von ihm werde er keinen Bajocco erhalten. Jedermann gönnte dem Cardinale, der als ebenso streit= wie habsüchtig und geizig galt, diese Abweisung[1].

Unter derartigen Verhältnissen war es denn nur zu begreiflich, daß Adrian sein ganzes Vertrauen dem Manne schenkte, welchen man schon früher als die Hälfte seines Herzens und seiner Seele bezeichnete[2], der schon unter den früheren Päpsten sich mit dem Organismus der Kirchen= verwaltung vertraut gemacht hatte; wenn Wilhelm Enkenvoert, der Da= tarius, das Vertrauen des Papstes ausschließlich genoß. Gewiß ebenso begreiflich war es aber, daß die Cardinäle über das Ansehen Enkenvoert's eifersüchtig wurden, sie sich in ihrer Würde, ihrem Einflusse, ihren Rechten geschmälert fühlten. Das Eine zog das Andere nach sich. Der Papst aber, an und für sich zur Morosität geneigt, mußte es in noch höherem Grade werden, wenn er fortwährend besorgen mußte, von denen verrathen zu werden, die ihrer hohen Stellung nach seine Rathgeber sein sollten.

Unter diesen schweren Verhältnissen sich zurecht zu finden, war eine Aufgabe, der auch bedeutendere Naturen kaum gewachsen waren. Es war ganz in Adrian's Auffassung als Vater der Christenheit begründet, daß er unaufhörlich darauf zurückkam, den allgemeinen Frieden herzustellen und dadurch die Kraft Aller zum gemeinsamen Kampfe gegen die Os= manen zu verwenden. Es war der Gedanke, welcher seit Sylvester II.

---

[1] Cavillosum et avarum ajunt esse ac per fas et nefas litigosum moto-
rem ad eruenda beneficia. Opus epist. n. 786.

[2] Corculi et animae dimidium. Aleander an Wilhelm Henkenvoert. A. Mai,
Spicilegium Romanum. II, p. 235.

mehr oder minder die größten Päpste beseelte, die Kreuzzüge veranlaßte, die Päpste an die Spitze des europäischen Staatensystemes erhoben, von Europa Jahrhunderte lang das Unheil abgehalten hatte, das, seit er aufgegeben worden war, über den Erdtheil hereinbrach. Adrian suchte deshalb namentlich auf den König von England einzuwirken, ihn zu einem ehrbaren Frieden mit König Franz zu bewegen[1]), wie auf diesen selbst. Aus demselben Grunde entsprang seine Vorliebe für Neutralität, wodurch er sich aber die ganze kaiserliche Partei zu Feinden machte, ohne sich neue Freunde zu erwerben[2]). Aber nur so konnte er hoffen, Rhodus zu retten!

Allein während seine Gedanken nur auf innere Reform und allgemeine Pacification gerichtet waren, betrieb Lope Hurtado de Mendoza schon von Genua aus[3]) einen Einfall der Kaiserlichen in die Provence als den verwundbarsten Theil Frankreich's. Er eilte, sobald er hergestellt war, von Genua nach Rom, wo er den Papst krank fand, so daß dieser erst am 30. September dem Kaiser ausführlich über seine Reise, seine An= kunft und Krönung schreiben konnte. Leider ist uns dieser Brief nur im Auszuge erhalten[4]); wir ersehen aber auch aus diesem, daß Adrian in völliger Erschöpfung in Rom angekommen und nun vom Fieber ergriffen war. Auch Alonso Sanchez in Venedig war vom Fieber befallen worden. Richard Pace, daselbst leidend angekommen, erkrankte sehr bald ernstlich. In Rom wie in Venedig stockten unter diesen Verhältnissen die Geschäfte. Don Juan Manuel, welcher seinen Nachfolger erwartete, berichtet am 30. September[5]) nicht blos von der Krankheit des Papstes, der Hoffnungslosigkeit des Zustandes des Cardinals Sion, der Zunahme der Pest in Rom, sondern, daß auch er selbst die größte Lebensgefahr ausgestanden. Er hatte aber nicht im Mindesten Lust, die Zügel der Regierung Italien's, welche er so lange festgehalten, aus den Händen zu lassen, und bereitete vielmehr durch Verfügungen über Parma und Reggio erst noch einen Schlag vor, der den ihm verhaßten Papst auf das Empfindlichste verwunden mußte. Adrian sollte nun einmal nicht über den Parteien stehen und nur das Werkzeug der spanischen Politik werden. Don Juan ließ durch Prospero Colonna und die übrigen kaiserlichen Feld= herren Parma, Piacenza und Reggio besetzen, unbekümmert, ob dadurch nicht

---

[1]) Brewer, III, 2, n. 2607. Daß Adrian sich auch an König Franz wandte, der dann einen Pariser zu ihm sandte, ersieht man bei Brewer, III, 2, n. 2707.

[2]) Pace to (Wolsey). l. c. n. 2670.

[3]) 14. September. Calendar, n. 475.

[4]) Calendar, n. 478. Das Original ist in Madrid.

[5]) Aus Marino im Albanergebirge.

der Anlaß zu den größten Zerwürfnissen zwischen Kaiser Karl und Papst Adrian gegeben werde. Man hatte dem Kaiser eingeredet, daß das Benehmen Adrian's den Abschluß eines Bundes zwischen ihm (Karl), Heinrich VIII. und Venedig verhindere[1]. Der Cardinal di S. Croce, Bernardino Carvajal, welcher selbst nie vergaß, daß er ein Spanier war, hatte in Erfahrung gebracht, daß Manuel dem Kaiser geschrieben, Carvajal habe Adrian zur Neutralität gerathen, sowie daß er sich nicht mit der Politik Karl's identificiren möge. Hatte Carvajal diesen Rath gegeben, so rieth er nur, was sich für Adrian am meisten schickte. Der Cardinal stellte aber (2. October) seinen Rath in Abrede, erklärte, daß er nichts so sehr wünsche, als die Vergrößerung der Macht Karl's und die Demüthigung Frankreich's. Nicht früher sei ein allgemeiner Krieg gegen die Türken und der Frieden in der Christenheit möglich, als bis Frankreich an Karl und König Heinrich Alles herausgegeben, was es Beiden gestohlen habe. Doch gab Carvajal zu, daß einige seiner Diener so gesprochen haben könnten; er habe sie jedoch bereits entlassen. War der Papst, so lange er in Spanien gewesen, ganz Spanier und wenn ich so sagen darf, Karlist, die veränderte Stellung, die Erkenntniß der Pflichten seines Amtes brachten es bald mit sich, daß er einen freien Blick annahm und das specifisch kaiserliche Interesse nicht mit dem der Kirche vermengte. Freilich entstand dadurch eine gewisse Kühlung der Beziehungen Karl's und Adrian's. Der Kaiser war seinerseits klug genug, die Sache nicht zum Bruche zu treiben. Er konnte von der mehr als väterlichen Gesinnung Adrian's überzeugt sein, und auf eine Nachgiebigkeit rechnen, die nur im Pflichtgefühle des Papstes ihre Grenze fand. Er entfernte den dem Papste unlieben Botschafter, welcher jetzt klug genug war, sich dem Kaiser gegenüber so zu stellen, als seien die Differenzen zwischen ihm und dem Papste ausgeglichen. Don Juan benachrichtigte den Kaiser (8. October)[2], troß der in Rom herrschenden Pest habe er oft mit dem Papste über dessen Privatangelegenheiten gesprochen und es scheine ihm, daß Adrian große Stücke auf ihn halte[3]; er habe ihm für seine Rathschläge gedankt, allein der Papst sei so schwach und unentschlossen, daß er das, was man ihm rieth, nicht thun werde. In den italienischen Angelegenheiten sei er vollständig Ignorant, sowie in dem, was sonst in der Welt vorgehe. Seine Schwäche und Habsucht würden nicht zugeben, etwas zu

---

[1] Bergenroth, n. 480.

[2] Bergenroth, n. 483.

[3] Es ist mehr als wahrscheinlich, daß Don Juan Manuel, der an der ersten Lüge nicht erstickt war, den Kaiser hiemit absichtlich täuschte.

Gunsten Kaiser Karl's zu thun [1]). Weder er noch der König von England könnten auf ihn rechnen. Schon in Spanien habe Adrian sich in geheime Unterhandlungen mit dem Könige von Frankreich eingelassen. Er selbst könne es nicht über sich gewinnen, so einem Papst (für Neapel) Obedienz zu leisten, das könne der Vicekönig von Neapel oder der Herzog von Sessa thun. Enkenvoert sei in Betreff seines Wissens wie seines Charakters eine armselige Persönlichkeit; der Papst habe kein Vertrauen auf ihn. Der Botschafter, unendlich übel gelaunt, daß der Papst nicht auf seine Rath-schläge größeren Nachdruck gelegt, führt dann noch an, der Zelter für Neapel sei angekommen und der Papst habe eine kindische Freude darüber gehabt, ihn und den Kaiser sehr gelobt. Auch der Lehenszins sei entrichtet worden. Er habe ihm gesagt, er wolle ohne seinen Rath keine Unter-handlungen mit dem Herzog von Ferrara eingehen. Nichts destoweniger wolle er dem Sohne desselben Modena und Reggio verkaufen, wogegen er protestire, weil dies Reichslehen seien.

Das Schreiben voll Gift und Galle, unwahr und ohne das min-deste Verständniß für die Pflichten, welche Adrian sein hohes Amt auf-erlegte, ist das letzte, welches wir von Don Juan Manuel als Botschafter besitzen. Karl hatte richtig eingesehen, daß er mit diesem ebenso gewalt-samen als intriguanten und leidenschaftlichen Manne nichts ausrichten könne. Der Herzog von Sessa mochte günstiger auf den Papst einwirken [2]).

----

[1]) Lope Hurtado (Calendar of state papers, II, 467) fand das Benehmen des Papstes gegen König Franz, welcher ihm seinen Secretär nach Villafranca geschickt, um ihn auf seine Seite zu ziehen, untadelhaft. Die Habsucht des Papstes bestand darin, daß er nichts geben konnte, weil er nichts besaß.

[2]) Don Juan Manuel schrieb noch am 13. October aus Rom an den Kaiser. Dieser Brief ist jedoch nicht mehr vorhanden, wohl aber der aus Genua, wohin er zur See einen Monat brauchte. Er blieb noch zwei Tage länger in Rom als er anfänglich beabsichtigte, um zu sehen, ob der Papst nicht seine Gesinnungen ändere, und verließ es dann am 15. October. Von Genua aus schrieb er am 29. November an den Kaiser und benachrichtigte ihn, daß die Franzosen einen neuen Einfall in Italien vorbereiteten. Er hatte Zeit, Rom zu verlassen; denn als der Papst erfuhr, daß Hieronymus Adorno von dem Kaiser den Auftrag erhalten hatte, erst das Bündniß Karl's und Heinrich's mit der Signoria, dann mit dem Herzog von Ferrara wegen Modena und Reggio abzuschließen, so schrieb er am 22. November in sehr gereiztem Tone an Kaiser Karl wegen des Unrechtes, welches dieser dadurch der Kirche zufüge, und erklärte, er würde Don Manuel zur Rechenschaft ziehen, wenn er sich noch im Kirchenstaate befände. Don Juan Manuel hatte sich zugleich der Franzosen zu er-wehren, die sich seiner bemächtigen wollten. Er hatte aber eine geheime Polizei ein-gerichtet, durch welche er auch mit dem Treiben der Franzosen bekannt wurde. Wenn der Papst nicht dazu gebracht werden könne, in die Liga gegen Frankreich einzutreten,

Bereits hatte die Seuche ihren Einzug in den päpstlichen Palast gehalten und auch dort ihre Opfer geholt. Der Cardinal von Sion, dieser Vertreter Deutschland's beim römischen Stuhl, der so oft auf Seite Kaiser Maximilian's ausgeharrt, starb am 30. September 1522 [1]). Sein Tod mag in Betreff der Auseinandersetzungen mit den Schweizer Eid= genossen schwer empfunden worden sein; mit dem Papste scheint er nicht den richtigen Ton zu einem intimen Verhalten gefunden zu haben.

Der erste Bericht des neuen Botschafters, als Don Manuel abge= reist war, enthielt das Geständniß, daß es ihm unmöglich gewesen sei, mit dem Papste in Betreff der Liga zu sprechen, da dieser nur die all= gemeine Pacification im Auge habe.

Dann durchgeht er die ganze Umgebung des Papstes, natürlich nach den Angaben, die ihm sein Vorgänger an die Hand gegeben; Enkenvoert, der den Papst beherrsche, Johann Winkler und Peter von Rom, ein Deut= scher, früher Kehrer und nun Kammerdiener, werden besonders hervor= gehoben. Winkler sei nicht kaiserlich gesinnt. Peter wird als ein guter Mann, zu habgierig [2]), dann in derselben Depesche als großer Tyrann, Franzosenfreund und endlich als in Weiber=Intriguen verwickelt dargestellt, durch die er Enkenvoert beherrsche, Angaben, deren Widerspruch der Herzog von Sessa nicht beachtet zu haben scheint [3]). Der Papst verkehre noch mit Zisterer, Jahme Mollete und Fray Alonso de Carmona. Letzterer sei ein guter Mann, ersterer besitze wenig Talent, sei aber ein guter Jm= perialist, wie auch Theodorich (Hezius), der einflußreichste unter den päpstlichen Secretären. Der Erzbischof von Cosenza übe seinen großen Einfluß aus Zaghaftigkeit nicht aus, sei übrigens ein treuer Diener des Kaisers und sehr geachtet; der Bischof von Cuenca, dem Papste sehr ergeben, sei aber nicht völlig zu bemessen [4]). Der neue Botschafter war sehr bald im besten Zuge, sich bei Adrian so unbeliebt zu machen, wie es Don Juan Manuel geworden war.

Aber auch in Spanien fanden Adrian's Friedensvorschläge wenig Anklang. Schon am 18. December erfolgte eine längere Auseinander=

---

meinte er, so müßte eine Liga aller italienischen Staaten begründet werden, dann würde der Papst schon in diese eintreten. Damit hatte er das Richtige getroffen.

[1]) Bergenroth, II, n. 484 (479).

[2]) Covetous.

[3]) Bergenroth gibt die Depesche vom 17. October im englischen Auszuge. Wie Peter a good person und un gran tiranno y drecho frances genannt werden kann, ist mir unverständlich. Calendar, n. 490.

[4]) Not entirely clean water.

setzung des Großkanzlers Gattinara an den Papst. Er gab ihm scheinbar
in seinen Bemühungen Recht[1]), bezeichnete aber die Franzosen als die
eigentlichen Ruhestörer, welche bestraft werden müßten. König Franz habe
die Friedensbedingungen zu Calais zurückgewiesen, da der Kaiser damals
nicht gerüstet war. Jetzt fühle er sich durch die Allianz Karl's und Heinrich's schwächer und suche deshalb durch seine Mutter auf den Papst einzuwirken, damit dieser neutral bleibe. Dadurch gewinne der König Zeit,
täusche den Papst in seinem edlen Bestreben, der Christenheit Frieden zu
geben und bewirke durch die Neutralität des Papstes eine Stockung des
guten Verhältnisses zwischen Papst und Kaiser, Zurückweisung der gerechten
Begehren des Letzteren, Preisgebung der Freiheit Italien's, Herabsetzung
des kaiserlichen Ansehens. Franz werde dadurch ermuthigt, Mailand nicht
herauszugeben; der Sultan werde sich nach den beiden Sicilien wenden
und einen Schlag gegen Rom selbst führen. Der Kaiser und der König
von England wollten den Frieden mit dem Könige von Frankreich; diesem
könne aber kein Glaube geschenkt werden; der Papst müsse sich deshalb
mit beiden Monarchen verbinden, Frankreich müsse gedemüthigt werden,
damit es nicht auch seine Hörner gegen den heiligen Stuhl ausstrecke.
Der Papst möge daher in den König von Frankreich dringen, beiden
Fürsten Genugthuung zu leisten, oder doch einen Waffenstillstand (truce)
auf dem status quo zu bewilligen und ihn warnen, unterdessen ein Heer
nach Italien zu senden. Gehe König Franz nicht darauf ein, so sei es
die Pflicht des Papstes, sich mit Beiden zu verbünden und dem französischen
Könige die dreifache Vereinigung zu zeigen. Er möge Venedig bewegen,
beizutreten, die Schweizer aber, ruhig zu sein. Er möge dem Kaiser die
verlangten apostolischen Gnaden gewähren, damit er, unterstützt von den
Kirchenschätzen Spanien's, eine mächtige Flotte gegen die Ungläubigen ausrüsten könne. Wenn aber der Geist der Bosheit den Papst in anderer
Weise überrede, so würden alle guten Absichten fehlschlagen.

Die Sache war klar und bedurfte keines Commentars. Der Papst
befand sich den beiden Monarchen gegenüber in einer völlig gegebenen
Lage. Es blieb ihm nur übrig, sich zum eigenen Nachtheile zu überzeugen, ob Gattinara's Anschauungen richtig oder irrig seien, und die
Friedensunterhandlungen so lange fortzusetzen, bis er zu seinem Schaden
aus der französischen Taktik die Einsicht erlangte, er habe Alles gethan,
was Geduld und Nachsicht erforderten, er sei getäuscht worden, um dann,
wenn es dann nicht zu spät war, die Hand zu einem Bunde zu bieten,

---

[1]) Brewer, III, 2, n. 2718.

welcher früher abgeschlossen, auch wohl eine frühere Wirksamkeit gehabt hätte. Es lag aber ebenso in dem Charakter der beiden Monarchen, welche sich gegen Frankreich verbunden hatten, rücksichtslos auf die Demüthigung Frankreich's loszusteuern, als es im Charakter Adrian's und der Auffassung seines hohen Amtes lag, Milde zu üben, fortwährend das Beste zu hoffen und erst nach den schwersten Erfahrungen das Gewicht seiner weltlichen und geistlichen Macht in die Wagschale zu legen.

So war eigentlich, als das Jahr 1522 sich zu Ende neigte, nach dieser Seite hin in Betreff der allgemeinen Pacification kein Fuß breit Landes gewonnen worden, selbst nicht einmal die Hoffnung eines Besserwerdens vorhanden und nur mit Gram und Sorge konnte Adrian der weiteren Entwicklung der Dinge entgegensehen. Die Pacification Europa's verzog sich in fernes Dunkel und aus all' den friedlichen Bemühungen schien eher ein ganz entgegengesetztes Resultat hervorzugehen. Nur das Eine war erfolgt, die Reform der Curie war in Angriff genommen, wenn sie auch noch nicht in dem Umfange durchgeführt werden konnte, als Adrian wollte, um auf sie als eine vollendete Thatsache hinzuweisen, wenn er den kühnen Schritt wagte, dem Schisma der deutschen Nation entgegenzutreten und ihrem Bedürfnisse nach Reform zu entsprechen.

Zweiter Abschnitt.

Erörterungen über den Ablaß. Verschiedenheit der Anschauungen in Rom selbst.

Schon im Conclave hatte sich die Ansicht geltend gemacht, daß Papst Leo X. mit Ertheilung der Indulgenzen für den Bau der St. Peterskirche zu weit gegangen sei. In Spanien hatte der große Jimenes der Verkündigung der Indulgenzbulle Schranken gesetzt; in Deutschland das Episkopat des Reformationszeitalters seine geistige Schwäche beurkundet, als es die Sache ruhig geschehen ließ, als ginge sie das Reich nichts an. Die Angelegenheit muß in Rom selbst vielfaches Bedenken hervorgerufen haben, da unter den Artikeln, welche alle Cardinäle für den Fall ihrer Wahl zu beschwören hatten, auch Zurücknahme aller Vollmachten enthalten war, die den Franziskanermönchen zu Theil geworden waren, sowie der Ablaßverkündigung für die St. Peterskirche selbst[1]). War da-

---

[1]) Pallavicini hist. del concilio di Trento. II, c. 4.

durch für Adrian ein Anhaltspunkt zu weiterem Vorgehen gewonnen, so
war die Frage, wie eingelenkt werden sollte, nachdem es schon so weit
gekommen war, nicht minder schwierig, als wen er in dieser so unendlich
heikelen Angelegenheit, in der die größten Theologen nicht überein=
stimmten, zum Vertrauten jener Sorgen machen sollte, die, ehe noch die
spanischen Mühen abgewälzt worden, schon mit Centnerlast auf dem
Papste ruhten. Er beschloß in dieser so außerordentlich schwierigen Sache
seine Rathgeber nicht blos im Cardinalscollegium zu suchen, sondern in
dem Kreise jener Männer, welche sich ebenso durch Geschäftskenntniß als
durch Gelehrsamkeit und Tugend auszeichneten. Er berief deshalb den
Bischof von Chieti, Giampietro Caraffa, welcher von Papst Leo X. als
Nuntius nach Spanien[1] und England gesandt worden war, später als
Mitbegründer des strengen Ordens der Theatiner ein ehrfurchtgebietendes,
als Papst Paul IV. aber ein minder glückliches Andenken hinterließ, in
seine Nähe. Caraffa hatte bereits unter Leo X. den Antrag auf Reform
der Curie gestellt. Sein Name war somit einer Fahne gleichzuachten,
um die sich nur Männer der Reform schaarten. Seine bloße Beiziehung
zu den Berathungen über die Ablaßfrage, sowie über das, was zunächst
in Angriff genommen werden sollte, war bereits ein überzeugender Beweis
für die Thatsache, daß der Papst auszuführen gedenke, was unter Leo X.
kaum als frommer Wunsch eine Stätte gefunden hatte. Neben Caraffa
wurde noch Marcello von Gaeta (eigentlich Tomaso Gazella von Gaeta),
später eine der einflußreichsten Persönlichkeiten in Spanien, berufen[2].

Was wir aber von den Berathungen Näheres wissen, beruht allein
auf den Mittheilungen Sarpi's, der sich auf ein Tagebuch Chieregato's
(Bischofs von Teramo) bezieht, das sich wieder in jenen Schriften nicht
vorfand, über welche die Verwandten Chieregato's verfügten, als sie die=
selben Pallavicini zur Benützung und Widerlegung Sarpi's mittheilten.
Während man nach der Darstellung des Letzteren annehmen mußte, er
werde Wichtiges über die Thätigkeit der beiden obgenannten Theologen
berichten, erzählt er vielmehr, der Papst habe seine eigene Lehrmeinung
zum Decrete zu erheben beabsichtigt, nämlich, daß ein Ablaß, verbunden

---

[1] Petrus Marthr erwähnt seiner.

[2] Schon in dieser Beziehung tritt zwischen Sarpi und Pallavicini eine starke
Controverse ein. Ersterer macht Caraffa zum Erzbischof von Chieti, Letzterer zum
Bischof. Sarpi nennt den Marcello: Cazele Gaetano, während Pallavicini seinen
Hauptnamen als Tomaso Gazella von Gaeta bezeichnet. Dasselbe wiederholt sich
bei der Erwähnung Francesco Chieregato's, den Sarpi zum Bischof von Fabriano
macht, wo es gar keinen Bischof gab.

mit einem frommen Werke, zur Folge haben könne, daß das Werk in solcher Vollkommenheit stattfinde, daß der Ablaß wirklich eintrete. Wenn aber dem Werke diese Vollendung fehle, so käme dem, der es vollbringe, nur so viel von dem Ablasse zu, als das Werk dem Ganzen entspreche[1]), Allein Pallavicini machte bereits aufmerksam, daß Sarpi die Lehrmeinung Adrian's nicht richtig wiedergegeben habe; daß dieselbe auf der Doctrin Papst Bonifacius' VIII. beruhe und daß eben deshalb die Entgegnung des Cardinals Tomaso von Gaeta, welche Sarpi anführt, nicht richtig war, weil Adrian sich nicht so ausgedrückt hatte, wie Sarpi vorgab. Diesem zufolge habe nämlich der Cardinal gerathen, nicht mit An= schauungen hervorzutreten, welche das Geheimniß der Gelehrten bleiben, aber nicht in die Oeffentlichkeit hervortreten sollten, wie auch er selbst in seinen Schriften die Sache behandelt habe. Es sei Gefahr vorhanden, daß selbst gelehrte Männer die Ansicht gewännen, die päpstliche Bewilli= gung helfe zu Nichts. Nach den Erfahrungen, die er an Ort und Stelle und im Gespräche mit Luther gesammelt, helfe nichts, als zu dem Aus= gange der Dinge zurückzukehren und in den Indulgenzen die Befreiung von den Beichtstrafen zu erblicken. Man müßte daher die alten Pöni= tencialcanonen wieder herstellen, womit eine wahre Befreiung von der jetzt drückenden Last herbeigeführt werde, zugleich das goldene Jahr= hundert der Kirche zurückkehre, in welchem die kirchlichen Vorstände absolute Gewalt über die Gläubigen besaßen; die Deutschen aber, durch Pönitenzen im Zaum gehalten, würden nicht mehr an Luther's Freiheits= predigt glauben, sondern sich an den apostolischen Stuhl wenden, der nun seinen Anhängern Gunst zu bezeugen vermöge.

Der Bericht Sarpi's über die Rede des Cardinals Tomaso macht den Eindruck einer sehr oberflächlichen Zusammenstellung vorliegender Daten. Es ist kaum denkbar, daß der Cardinal aus seinen Erlebnissen in Deutschland derartige Folgerungen zog, und da zugleich auch Palla= vicini nachwies, daß Fra Tomaso in den Schriften, auf welche er sich angeblich berief, anders gesprochen habe als Sarpi ihn reden läßt, so kann man des Letzteren Darstellung nur bedingten Glauben schenken, jedoch auch sie nicht geradezu zurückweisen.

Sarpi erwähnt aber ferner, Adrian habe die Meinung des Car= dinals nicht blos gefallen, sondern er habe selbst den Auftrag gegeben, die Pönitenciaria solle dieselbe in die gehörige Form bringen, um sie als allgemein giltiges Decret zu verkündigen. Als aber nun der zur Reform

---

1) Sarpi, hist. del concilio Tridentino. 1660. p. 21.

niedergesetzte Ausschuß[1]) mit der Pönitenciaria seine Berathungen hielt, hätten sich so große Schwierigkeiten ergeben, daß der Cardinal di Santi quatro, der Florentiner Lorenzo Pucci, einst Datario Papst Leo's und nun Vorstand der penitenciaria, nach gemeinsamem Beschlusse dem Papste berichtete, das gewählte Mittel, zu den alten strengen Canonen zurück= zukehren, würde die Sache statt besser, nur schlimmer machen, die christ= liche Welt würde es nicht mehr ertragen. Zuerst müsse man den alten Eifer, die alte christliche Liebe erwecken, ehe man zu den alten und strengen cano= nischen Bestimmungen zurückkehre. Man habe früher alle kirchlichen Bestim= mungen angenommen, jetzt wolle Jeder ihr Richter sein. Der kranke Körper ertrage das Heilmittel nicht mehr. Anstatt Deutschland zu ge= winnen, würde man dadurch auch Italien verlieren und Deutschland sich ganz und gar entfremden. Der Papst möge bedenken, daß vier verschie= dene Lehrmeinungen über den Ablaß vorhanden seien und die Sache eher mit Stillschweigen übergehen als in Erörterung ziehen. Unzweifelhaft war damit das Richtige getroffen.

Stieß Adrian schon in Bezug auf den Ablaß auf Schwierigkeiten, so zeigten sich keine geringeren, als er die so scharf zugespitzten Eheverbote beschränken und die stattgehabten vielfachen Dispensationen gleichfalls re= formiren wollte. Nicht minder traten ihm auch die Rechte derjenigen ent= gegen, welche Alle erworben, die unter Leo X. Aemter gekauft hatten. Sie zurückzukaufen, war kein Geld vorhanden. Wohin der Papst sich wandte, einen Ausweg aus der bösen Hinterlassenschaft Papst Leo's zu gewinnen, fand er alle Pfade verrammelt, sich selbst in einer Sackgasse, ohne Mög= lichkeit eines Entkommens, ja zuletzt entweder an Pucci und seine Theorie des Nichtsthuns, oder an Francesco Soderini, Cardinal von Präneste (Volterrano), sich angewiesen, der durch seine Gewandtheit in weltlichen Dingen sich seit Alexander VI. als eine der fähigsten Personen im Cardinalscollegium erprobt hatte. Dieser aber stellte, wie Sarpi anführt, Adrian vor, wie alle Güte, alle Nachsicht in Bezug auf Häresien nichts helfe, niemals etwas gefruchtet habe. Er wies auf die Beispiele früherer Zeiten und früherer Päpste hin, daß Häresien nur mit Hilfe der Fürsten gewaltsam ausgerottet worden waren. Dasselbe gelte auch jetzt. Man müsse die katholischen Fürsten zum Kriege gewinnen, indem man ihnen den Besitzstand der lutherischen Fürsten preisgebe. Wichtiger aber, als was in Deutschland vorgehe, sei der Zustand Italien's, der unvermeidliche Krieg, welcher selbst nur mittelst der vier verfügbaren

---

[1]) Deputati.

Erträgnisse, der Einkünfte des Kirchenstaates, Indulgenzen, Dispen=
sationen, Verleihung von Beneficien, geführt werden könnte; keines von
diesen könne man entbehren.

Es ist wohl denkbar, daß Soderini, Feind der Mediceer und im
Stillen Anhänger der französischen Politik, dem Papste diesen Rath gegeben
hat. Denn was war für die letztere ersprießlicher als der Ausbruch des
Bürgerkrieges in Deutschland, welcher dem französischen Könige Gelegenheit
gab, sich in den Besitz Italien's zu setzen, Soderini aber, Beherrscher
von Florenz zu werden?

Der Papst mußte erkennen, daß von dieser Seite ihm nur ein Aus=
weg eröffnet werde, welcher zu noch schlimmeren Dingen führte als die=
jenigen waren, die er beseitigen wollte. Gedachte er einen Mißbrauch zu
entfernen, so fehlte es nie an Personen, die ihm vorstellten, welch' innere
Berechtigung diesem zukomme, wie nur noch Schlimmeres entstehe, wenn
er beseitigt werde. Man konnte weder vor= noch rückwärts; das war die
kirchliche Folge des mediceischen Zeitalters.

Das Gefühl der eigenen Ohnmacht, der Wucht der thatsächlichen
Verhältnisse gegenüber, mußte sich Adrian's bemächtigen, die Troftlosig=
keit seiner Lage nicht minder als die Unsicherheit und Rathlosigkeit denen
gegenüber hervortreten, welche unter einer Regierung reich und mächtig,
alt und angesehen geworden waren, deren Consequenzen ihn selbst von allen
Seiten beengten. Es war ihm jedoch bei seiner jüngsten Erfahrung in
Spanien, bei seiner Kenntniß deutscher Zustände klar geworden, daß bei
großen Krisen oft mit stürmischen und gewaltsamen Maßregeln nichts
ausgerichtet werde; daß tiefeingreifende Verbote nur das Entgegengesetzte,
nur zu oft Nichts fruchteten, und daß aber dennoch Etwas, ja Vieles
geschehen müsse, um, ehe der deutsche Reichstag sich versammelte, die Welt
zu überzeugen, daß es ihm mit der Reform der Kirche Ernst sei, diese
nicht blos in Worten, sondern in Thaten zu bestehen habe.

Hatte er schon in Spanien an der Reform der kirchlichen Institute
sich betheiligt, so wurde umsomehr in Rom an dem Systeme festgehalten,
zu welchem Adrian sich immer bekannte, daß der Geistliche von den
Gütern der Kirche nur Lebensunterhalt und Kleidung zu nehmen habe[1].
Gelang dieses durchzusetzen, so war die Rückkehr zu den alten und strengen
Canonen dadurch erfolgt und ein leuchtendes Beispiel an dem höchsten
Orte gegeben. Dem Datar Enkenvoert wie dem Secretär Hezius wurde
befohlen, von Indulgenzen, Dispensen, Regressen, Coadjutorien nur den

---

[1] Joan. Launojus ap. Burmann, p. 360.

spärlichsten Gebrauch zu machen[1]). Nicht die Vermehrung der Einkünfte dürfe mehr das Ziel des kirchlichen Strebens werden, sondern die Herstellung der inneren Ordnung, die Aufrichtung der Kirche selbst und ihre innere Belebung. Adrian hatte damit den einen wunden Fleck getroffen, welcher zur Eiterbeule geworden war und die ganze christliche Welt zu verpesten begonnen hatte. Gerade dieser Punkt hatte am meisten zu begründeten Klagen Anlaß gegeben. Ohne das Cardinalscollegium zu fragen, hatte Adrian wie ein kühner Arzt das Messer geführt. Jeder Schrei des Verletzten war für ihn ein Beweis, daß er den Sitz des Uebels getroffen habe. Mit einem Schlage wurden jetzt die dreißig päpstlichen Referendarien auf acht reducirt.

Dadurch gewinnt die Maßregel vom 9. December 1522, die Cassirung aller Exspectanzen seit Innocenz VIII., erst ihre volle Bedeutung. Es ist in Adrian's Vorgehen ein System. Erst handelte es sich darum, die Herrschaft über die Cardinäle zu gewinnen, und bereits freute man sich in England darüber, daß sie ihren Meister gefunden, aus dem vaticanischen Palaste getrieben waren[2]), daß an der Reducirung ihrer Einkünfte gearbeitet wurde. Dann erst konnte man weiter schreiten.

Der Papst wollte und konnte der deutschen Nation nicht mit leeren Händen gegenübertreten. Die Aufforderungen, energisch zu handeln, mehrten sich[3]). Man konnte jedoch kaum energischer verfahren, als indem jetzt auch sämmtliche Zugeständnisse (indulta), welche Laien gemacht worden waren, zu Metropolitankirchen, Klöstern und kirchlichen Pfründen, selbst zu Hospitälern zu präsentiren und zu ernennen, zurückgenommen wurden, unter der ausdrücklichen Motivirung, damit der römische Stuhl auf dem Wege der Provision für tüchtige Personen sorgen könne[4]). Die sehr allgemein gehaltene Verfügung fand freilich an den Concordaten der einzelnen Länder große Beschränkung, sie war jedoch ein Beweis, daß der Papst auf halbem Wege nicht stehen zu bleiben gedenke und das Schlechte, wo er es fand, durch etwas Besseres zu ersetzen strebe.

Die Frage blieb aber noch immer offen, ob, wenn Adrian in Betreff des Ablaßstreites bis zur äußersten Grenze der Nachgiebigkeit gehe, er in der Reformation Rom's, des Hofes, der Sitten der Geistlichen und der Weltlichen die besten Maßregeln ergreife und das edelste Beispiel gebe, dadurch in Bezug auf die in Deutschland stattfindende Revolution die

---

[1]) Sarpi, p. 25.

[2]) Hannibal an Wolsey, n. 14. December 1522.

[3]) Vergl. Cornelii Aurelii apocalypsis de miserabili statu ecclesiae.

[4]) M. Bull. R. I, p. 626.

gewünschte Wirkung erzielt wurde und nicht daselbst von Anfang an die Dinge eine Wendung genommen hatten, daß es beinahe ganz gleichgiltig war, was in Rom geschah; ob nicht die Partei, welche in Deutschland nach der Herrschaft strebte, entschlossen war, voranzugehen, unbekümmert um die unausbleiblichen Folgen, um Einheit, Macht, Wohlfahrt der Kirche und der deutschen Nation wie der gesammten Christenheit; vollständig unbekümmert und ohne Rücksicht darauf, ob ein Deutscher oder ein Welscher Papst sei, derselbe reformire oder die Dinge im Geiste Papst Leo's behandle. Hatte doch Luther selbst seine ursprüngliche Ansicht vom Ablaß gänzlich geändert und war ihm in dieser, wie in so vielen anderen Beziehungen gar nicht mehr beizukommen.

Unter derartigen Verhältnissen schien nur Eines helfen zu können, so rasch als möglich aus der isolirten Stellung herauszutreten, in welche Adrian sein langer Aufenthalt in Westeuropa versetzt und die Absperrung, die die Seuche in Rom veranlaßt, erhalten hatte. Fanden sich doch in den verschiedensten Theilen der christlichen Welt Männer genug vor, welche theils freiwillig sich mit Rathschlägen zur allgemeinen Besserung an den Papst herandrängten, theils gerne seiner Aufforderung harrten, gemeinsam mit ihm Hand anzulegen, was aus den Fugen gegangen war, wieder in Ordnung zu bringen. Es schien nur auf den Versuch anzukommen, diese um sich zu sammeln und so einen Senat von Vertretern der ganzen respublica Christiana zu bilden, Rom nicht blos zum Mittelpunkte der Kunst und der profanen Wissenschaften, sondern vor Allem der religiösen Bewegung zu machen. Gelang dieses, so war die offen zur Glaubensspaltung, zum Schisma sich zuneigende deutsche Revolution eingedämmt, zur Hälfte schon überwunden, und zu der einseitigen Entwicklung, welche der römische Stuhl unter Papst Leo X. nur nach der Seite der Kunst und Wissenschaft genommen, die andere Seite hinzugefügt, trat Rom mit dem vollen Gewichte nicht blos des geistlichen, sondern auch des geistigen Ansehens in die Schranken.

Allein wenn auch der Papst sich dieses großartige Ziel vorsetzte, welches Rom in ein großes geistiges Heerlager, in eine Schule für Tugend und Wissenschaft umwandeln sollte, so konnte er sich nicht verhehlen, daß er bei Durchführung seines Planes nicht blos von der glücklichen Auswahl der Individuen abhing, welche er um sich zu versammeln gedachte, sondern vor Allem von ihrem guten Willen, auf seine Pläne einzugehen und von der sehr wichtigen Frage, ob er ihnen jene Lebensbedingungen zu gewähren im Stande sei, die Jeder für eine gedeihliche Wirksamkeit in Anspruch nahm.

War die Realisirung dieses Planes somit eine Sache, welche Zeit und Geld in hohem Grade verlangte, so drängte eine andere noch viel mehr. Adrian fühlte auf das tiefste, daß er seinen Landsleuten nicht mit leeren Händen nahen dürfte. Unter Alexander VI., Julius II., Leo X. war fort und fort von Reform die Rede gewesen und die Ereignisse der Zeit hatten die Anfänge der romanischen Reformation gleich wieder verschwinden gemacht. Wollte er auf die Deutschen einwirken, seine Lands=leute von ihrem Widerwillen gegen Rom abbringen, so mußte er mit über=zeugenden Thaten kommen, und die einzige That, welche, wie er sich selbst sagte, auf sie bestimmend einzuwirken im Stande war, war eben nur die Vollendung der von ihm mühsam und unter den schwersten Erfahrungen begonnenen Reform Rom's, der Curie, des Cardinalscollegiums, der Prälatur und was damit zusammenhing. Die Zeit drängte, da der Reichstag sich 1522 zum zweitenmale versammelte, aber nicht so rasch Adrian zum Ziele kommen konnte. Die vollendete Thatsache der Reform Rom's, mit welcher er an seine deutsche Nation herantreten wollte, stieß auf Hindernisse, vollzog sich nur sehr langsam und so blieb dem Papste zu seinem unsäglichen Schmerze nichts Anderes übrig, als zu einem anderen Mittel seine Zu=flucht zu nehmen, bis zu einem gewissen Grade an die Großmuth seiner Gegner zu appelliren, die keine besaßen und deren Haß und Zerstörungs=wuth mit dem Gefühle ihrer Unbesiegbarkeit, des unbeanstandeten Mono=pols ihrer Handlungsweise von Tag zu Tag zunahmen, bald keine Gren=zen mehr kannten.

Dritter Abschnitt.

Zustand des deutschen Reiches im Jahre 1522. Allseitige Vorbereitungen zum großen Beschwerde-Reichstage.

Der Wormser Reichstag hatte nach allen Seiten hin große Erfah=rungen gebracht. Die Jurisdiction der päpstlichen Nuntien in Deutschland hatte sich als ohnmächtig erwiesen. Es hatte Luther genützt, daß er nicht, wie Johann von Husinetz, vor ein Concil, sondern vor einen Reichstag gestellt und von demselben gerichtet worden war. Die Sentenz war er=folgt, aber nach deutschem Rechte, der kaiserliche Geleitsbrief war nicht etwa durch den Reichstag vernichtet, Luther auch nicht freigesprochen worden. Das Recht mußte seinen Lauf finden. Als er aber gerichtet worden, der Befehl erfolgte, seine Schriften zu verbrennen und nun der Geächtete auf Befehl eines Churfürsten, der dem Reichstage beigewohnt, heimlich geborgen wurde, so wurde auch die Thatsache klar, daß es im deutschen Reiche nach Oben wie nach Unten hin gleich wenig Gehorsam gebe. Die Macht eines erwählten römischen Kaisers erwies sich geringer als die des Churfürsten von Sachsen, der nicht umsonst auf dem Reichstage so sehr „gebrüllt" hatte. Nach den Erfahrungen, welche sich an den Reichstag anschlossen, mußte man sich sagen, daß die kirchliche Bewegung, welche sich nach allen Seiten verbreitet hatte und damals mindestens ebenso viele heimliche als offene Bekenner zählte, ohne einen heftigen Kampf nicht unterdrückt werden könne, ja es zweifelhaft war, ob es der Aufbietung der verfügbaren Kräfte überhaupt gelingen werde. Zu allen Zeiten wirkt die Furcht vor einem Bürgerkriege, als dem Schrecklichsten, was geschehen kann, lähmend ein. Ehe nicht Vitalinteressen der Churfürsten selbst — wie durch Sickingen — auf das Spiel gesetzt wurden, überwog noch immer die Meinung derer, welche im ruhigen Zuwarten der Ereignisse die Hoffnung hegten, es würde auf einmal aus den Fluthen ein rettendes Eiland, ein zweites Delos emporsteigen und ihrer Rathlosigkeit ein Wunder abhelfen.

Es war unmöglich, sich darüber zu täuschen, daß der römische Stuhl zu Worms eine Niederlage, und zwar eine sehr empfindliche erlitten hatte, als die Minister Kaiser Karl's, um selbst den Schein von sich zu stoßen, als wenn der erwählte Kaiser nur der Vollstrecker päpstlicher Sentenzen sei, ihren Herrn bewogen, Luther das Gehör nicht zu verweigern. Karl hatte jedoch nur Papst Leo X. seine Macht fühlen lassen und bot ihm dann die Hand zum Vertrage vom 8. Mai, der die christliche Welt auf die alte Grundlage der Einheit der beiden Schwerter, des sacerdotium und imperium, neu begründen sollte. Aber auch Luther hatte eine Niederlage erlitten, und zwar selbst eine zweifache. Einmal, wie wir gezeigt, weil er mit seinen Ansichten nicht durchdrang, nicht nur, worauf er wohl nie gehofft, den Kaiser nicht für sich gewonnen, sondern auch die mächtigsten deutschen Fürsten nicht, im Gegentheile sie eher von sich abstieß, als auf seine Seite zog. Der Wormser Reichstag schuf nicht, aber er verewigte den Zwiespalt im deutschen Reiche, im deutschen Volke. Luther erlitt aber eine doppelte Niederlage insofern, als der kirchliche Bann und die kaiserliche Acht jetzt auf ihm lasteten, er dadurch bürgerlich todt wurde, keine rechtliche Existenz mehr im Reiche besaß. Luther empfand dieses wohl und wäre er nicht auf die Wartburg gebracht worden, so blieb ihm kein anderes Asyl, als sich nach Böhmen zu flüchten und sich, sei es mit dem innerlich ganz verfallenen Utraquismus, sei es mit den Picarden

16*

und ihrem wechselnden Lehrbegriffe zu identificiren. Der Aufenthalt auf
der Wartburg, von wo er aber mehr seine leiblichen Beschwerden als seine
Seelenkämpfe seinen Brüdern beschreibt, brachte die völlige Scheidung mit
Allem zu Wege, was die katholische Kirche des Orientes wie des Occiden-
tes lehrte und glaubte. Ihre ganze Entwicklung war nur Satanswerk,
und die deutsche Nation zumal sah sich mit einem Schlage um eine
reiche glänzende Vergangenheit gebracht, ein Jahrhundert nach dem andern ihrer Geschichte hüllte sich in ägyptische Finsterniß ein, aus der
nun plötzlich nach so unendlich vielen zaubervollen Nebelgestalten der
theure Gottesmann Dr. Martin Luther als hell leuchtendes Gestirn
emporstieg.

Es war ein großer Vorschub für die revolutionäre Bewegung in
Deutschland, für Sickingen, Hutten, Georg von Schauenburg und ihre geistlichen wie weltlichen Freunde, daß Kaiser Karl sich im Sommer 1522
in Spanien befand, die in Castilien gesunkene königliche Macht wieder
aufzurichten und die Fortschritte der Franzosen an der Küste von Biscaya
aufzuhalten. Während dieser Zeit war Churfürst Friedrich, gleich Pfalzgraf
Ludwig Reichsvicar, ersterer im Sommer auch in Person bei dem Reichsregimente anwesend. Sei es, daß er dem Kaiser zürnte, weil er die Heirat
des Churprinzen mit einer der Infantinen nicht vollzogen, sei es, daß
er in seiner Trägheit in der Schritt für Schritt sich vollziehenden Ent-
fesselung der Leidenschaften keine Gefahr erblickte oder ihr zu steuern für
unmöglich erachtete, sei es aus angeborenem Phlegma, er ließ von Luther
und seinen Anhängern geschehen, was sie wollten und Deutschland erlebte
zum erstenmale das eigenthümliche Schauspiel, daß trotz goldener Bulle
und allen anderen Reichsgesetzen ein Geächteter und Gebannter unter dem
Schutze eines Churfürsten und ungehindert vom Reichsregimente ein Treiben
fortsetzen konnte, das die Kluft im deutschen Reiche immer weiter und
weiter machte. Unmöglich hätten die Beamten des Churfürsten in der Beseitigung der Messe und Ohrenbeichte, der Einführung des Utraquismus,
der in Böhmen so große Zerwürfnisse hervorgerufen, im Ausreißen von
Mönchen und Nonnen aus ihren Klöstern, in der Heirat abgefallener
Geistlicher, in so vielen anderen Acten der Zertretung des zu Recht Bestehenden keine Mahnung zum Einschreiten erblickt, kannten sie nicht die
Gesinnung ihres Herrn, der ja auch allen Vorstellungen Herzog Georg's
von Sachsen so kühl wie möglich, ja nicht ohne Hohn begegnete. Zwar
hatte das Reichsregiment am 20. Januar ein Mandat an die Fürsten
zur Bestrafung der Entweiher des Sacramentes, der Communion sub
utraque und der verheirateten Priester erlassen. Allein die Mehrzahl der

Räthe im Reichsregiment [1]) waren der Meinung, man müſſe geſchehen laſſen, was geſchehe, indem ſonſt zu befürchten ſei, „daß Andere nicht allein gegen die Satzungen der Kirche, ſondern gegen Chriſtenthum und Gott predigen würden; ein Aufruhr, ja ein vollkommener Mißglauben würde ſich erheben [2])".

Als ob nicht durch eine Paſſivität von Seite derjenigen, die Hüter des öffentlichen Rechtes waren, die Uebelſtände eine Höhe erreichen mußten, daß zuletzt nur mehr das Schwert entſcheiden konnte? Die Lutheraner ſelbſt ſchienen es nicht für möglich erachtet zu haben, daß das Reich jeder äußeren Vertretung der Geſetze entſagen werde, und daher wohl das Gerücht, welches ſich unter ihnen verbreitete, Papſt und Kaiſer würden im Sommer 1522 in Nürnberg zuſammentreffen [3]), die deutſchen Angelegen= heiten gemeinſam zu ordnen, der Anarchie zu ſteuern. Statt deſſen erfolgte der erſte deutſche Bürgerkrieg, den die Reformation geboren, der Krieg Sickingen's und des verbündeten Reichsadels zur Vernichtung des geiſt= lichen Churfürſtenthums von Trier, wodurch der Anfang zu einer allge= meinen Säculariſation gemacht werden ſollte. Erſt einen Monat nachdem Sickingen das Churfürſtenthum auf das Aergſte auszuplündern begonnen, erhob ſich das Reichsregiment, um über Franz von Sickingen am 8. Oc= tober 1522 die Acht auszuſprechen, die ihn aber ſo wenig daran hinderte, in= und ausländiſche Verbündete zu werben — namentlich hoffte er auf fränkiſchen und böhmiſchen Zuzug — als Luther Acht und Aberacht ab= hielten, Alles anzugreifen, Alles zu tadeln, Alles zu verwirren, was er ja ſelbſt als ſeinen Beruf bezeichnete.

Gerade als die Sorgen des Papſtthums über Adrian heranzuſtürmen anfingen, verſammelte ſich am 1. März 1522 [4]) der Reichstag zu Nürn= berg [5]). Bereits hatte Mechmet Bey die Walachei beſetzt; man beſorgte in Ungarn einen großen Angriff Soliman's durch Siebenbürgen, die Weg= nahme der Moldau, einen osmaniſchen Einbruch in Slavonien. Eine Ge=

---

[1]) Buchholtz, I, S. 387 n. Damals präſidirte der wittelsbachiſche Pfalzgraf= Churfürſt.

[2]) So der Sachſe Planitz bei Ranke, II, S. 41.

[3]) Luther an Joh. Lange. 26. Juni 1522.

[4]) Der Reichstag war vom Pfalzgrafen Friedrich als locum tenens und von dem Churfürſten Ludwig am 12. Februar auf Sonntag oculi (23. Februar) aus= geſchrieben worden. Wiener geh. Staatsarchiv.

[5]) Schreiben König Ludwig's von Ungarn an König Sigmund von Polen. Acta Tomiciana, VI, p. 28. Am 20. April fand das Verzeichnuß ſtatt, aus was Urſachen der künftig Reichstag auf Egidi nechſt fürnemblich ausgeſchrieben. Wiener Staatsarchiv.

fandtschaft des Königs von Polen benachrichtigte den Reichstag, daß auch ein Tatareneinbruch drohe und bat deshalb die deutsche Nation um Hilfe für Polen wie für Ungarn [1]). Der Großfürst von Moskau habe sich mit den Ungläubigen verbunden, um Lithauen zu erobern, auch habe der Tatarenkhan der Krimm dem Könige heimlich ein Bündniß gegen die Osmanen angeboten. Während der polnische Gesandte von Wilna aus sich erst spät nach Nürnberg aufmachen konnte [2]), waren die ungarischen bereits mit großen Versprechungen und der Bestimmung entlassen worden, daß der Reichstag Bevollmächtigte nach Wien senden werde, die am 20. Mai dort die Verhandlungen mit dem Könige wegen des Beginnes des Türkenkrieges führen sollten [3]). In der That fand auch dieser Convent statt, König Ludwig erklärte sich in seinem Ausschreiben an die Ungarn sehr dankbar für die freundlichen Gesinnungen der Deutschen und befahl, daß Alle zum Kriege bereit sein sollten [4]). Allein nun befand sich König Ludwig dem böhmischen Landtage und seinen Tendenzen, alle Macht an sich zu reißen, gegenüber so in Verwicklungen verstrickt, daß diese allein schon hinreichten, seine Thätigkeit zu lähmen. Die Deputirten des Reichstages aber trafen in Wien den Erzherzog-Infanten bemüht, die Opposition der österreichischen Stände niederzuwerfen und als statt des Türkeneinbruches in Ungarn der Zug nach Rhodus erfolgte, legte sich sehr bald der gegenseitige Eifer, für die Vertheidigung Ungarn's zu sorgen. Laut wurde über den Undank der Ungarn gegen die Deutschen, über die Theilnahmslosigkeit der Böhmen geklagt [5]), während gleichzeitig die Cardinäle den Ungarnkönig aufforderten, die Abwesenheit Soliman's zur Wiedereroberung von Belgrad zu benützen [6]). Zwischen dem Churfürsten Joachim von Brandenburg und König Ludwig als König von Böhmen waren Streitigkeiten ausgebrochen [7]), welche gleichfalls lähmend auf den Fortgang der Dinge einwirkten. Der Wiener Convent sollte auch die Streitigkeiten zwischen dem Könige von Polen und dem Hochmeister des Deutschen Ordens, Markgrafen Albrecht

---

[1]) Legatio a Sigismundo, R. P. data Petro Kmite de Visnicze, marscalco curiae regiae ad conventum Norimbergensem missa. l. c. p. 35.

[2]) Er kam erst in Prag bei König Ludwig an, als die ungarischen schon dahin von Nürnberg zurückgekehrt waren (soluto conventu, schreibt König Ludwig aus Prag am 20. April 1522). l. c. p. 56.

[3]) Siehe die Instruction für den Reichstagsgesandten in Wien. In den Mainzer Reichstags-Acten (Wiener Staatsarchiv). f. 136.

[4]) l. c. p. 57.

[5]) Ueber die Wiener Verhandlungen: Acta Tomiciana, VI, n. LXIII.

[6]) Schreiben vom 4. Juli 1522. Acta Tom. VI, p. 97.

[7]) Acta Tom. VI, n. LXXXIV.

von Brandenburg, schlichten; aber auch diese wollten zu keinem Ende kommen [1]). Der Erzherzog, als Statthalter des Kaisers, bestimmte nun den ersten September [2]) als den Anfang eines neuen Reichstages zu Nürnberg, um daselbst einen allgemeinen Feldzug gegen die Türken zu Stande zu bringen, und Adrian selbst erließ, kaum daß er in Rom angekommen war, bereits am 9. September eine Aufforderung an den König von Polen (und zweifellos auch an den von Böhmen und Ungarn und den Hochmeister) in Bezug auf den polnisch-preußischen Streit Frieden zu schließen und sich zum Kampfe gegen die Osmanen zu vereinigen [3]).

In der Instruction der Gesandten des Reichstages an den Kaiser wurde beantragt, „daß die Annaten herfürder bei deutscher Nation bleiben und zum Widerstand gegen die Türken verwendet werden sollten, ebenso die Pensionen von geistlichen Lehen, die nach Rom gingen und von allen hohen und niederen Stifften vier Jahr lang der zehnte Pfennig zur Unterhaltung des Friedens erhoben werde und das die geistlichen dagegen von unpilligen Beschwerungen von Rhome gesichert und beschirmt, auch bei Fried und Recht gehandhabt würden [4])". In ähnlicher Weise sollten auch die Klöster veranschlagt werden.

Die Wünsche der Reichsstände standen mit den Ansichten des Kaisers nicht in Widerspruch.

Statt selbst nach Deutschland zu kommen, schrieb Kaiser Karl V. am 31. October 1522 an Papst Adrian, das Reich sei so verarmt, daß es den Türken nicht Widerstand zu leisten vermöge. Auch er verlangte daher, daß die Annaten auf vier Jahre für den Türkenkrieg verwendet werden sollten und bezeichnete bei dieser Gelegenheit die lutherische Häresie als das tödtliche Gift, das in die Nation gedrungen sei. Er sprach hiebei die Besorgniß offen aus, es möchte ein Brand entstehen, welcher die ganze christliche Republik ergreife [5]).

Diese regelmäßig wiederkehrenden Klagen über die Verarmung Deutschland's hatte freilich schon 1457 einer der größten Kenner deutscher Verhältnisse, Aeneas Sylvius Piccolomini, energisch zurückgewiesen [6]) und aus-

---

1) l. c. p. 110.
2) l. c. p. 113.
3) Acta Tom. n. CX. Ihm folgte dann am 29. September ein zweites (siehe unten). l. c. n. CLIV.
4) Ueber den Reichstag im Frühling 1522 besitzt das Wiener Staatsarchiv einen großen Act Mainzer Protokolle. — Mainzer Erzb. Archiv. Reichstags-Acten fasc. 4ᵃ. f. 131, 132.
5) Rayn. 1522. n. 55.
6) Im Schreiben an Martin Maier. Opera ed. Baseleae. f. 386, ep. 369,

geführt, daß niemals Deutſchland reicher, blühender und mächtiger geweſen als jetzt, wolle es Einem Herrn gehorchen. Einen ähnlichen Gedanken ſprach jetzt der Florentiner Niccolò Macchiavelli aus [1]): „nur der Mangel an Gehorſam erhalte Deutſchland ſchwach und mache es vom Auslande ab= hängig". Wir wiſſen, daß ſich damals der Großvezier nach den Unruhen in Deutſchland und Dr. Marthin Luther erkundigte. Achmed Paſcha wußte ſehr wohl, warum er es that. Im Jahre 1519 hatten der Hohen= zoller'ſche Churfürſt von Brandenburg und der Wittelsbachiſche von der Pfalz Alles aufgeboten, Deutſchland einen Franzoſen zum Kaiſer zu geben. Im Sommer 1521 wußte man in Wien, „daß der König von Frankreich in Beheim practiciren laſſe, omb ein merklich Anzahl Kriegs= volk, der Meinung damit auf Oeſterreich und durch das Baierland zu dem König von Frankreich zu ziehen [2])". Es war ein lautes Geheimniß, daß während des Nürnberger Reichstages der Herzog von Baiern mit dem Plane umging [3]), dem Hauſe Habsburg die Königskrone zu entreißen oder mindeſtens ſich den Churhut zuzuwenden. Billigkeit und Recht, Stand= haftigkeit und vor Allem echte Glaubenstreue, hatte im Jahre 1501 Heinrich Bebel aus Tübingen von den Deutſchen gerühmt, war von jeher unſer Erbtheil. Seit 20 Jahren ſchien es aufgezehrt zu ſein [4]). Tiefer blickende Naturen, wie Johann, Biſchof von Chiemſee, in ſeinem ſo ernſten Werke onus ecclesiae, erkannten nur zu ſehr die Unabwend= barkeit eines auf großer Schuld beruhenden Verhängniſſes.

In= und außerhalb Deutſchlands waren die größten Hoffnungen rege geworden. Wie bei der Eröffnung des lateraniſchen Concils ausge= ſprochen worden war, nur ein Concil könne helfen, alle anderen Mittel hätten ſich als unwirkſam erwieſen, blickte man jetzt auf den Reichstag des Jahres 1522. König Ludwig von Ungarn hoffte auf eine ausgiebige Hilfe zur Erhaltung ſeiner Krone, die durch die Magyaren nicht minder gefährdet war, als durch die Osmanen. Der Papſt war zu dem einzig richtigen Entſchluſſe gekommen, von allen Unterhandlungen mit Luther abzuſtehen, einen unmittelbaren Appell an die Ehrenhaftigkeit der deutſchen Fürſten und der deutſchen Nation ſelbſt zu richten und zugleich das An= ſinnen zuſtellen, Ungarn auf das Nachdrücklichſte zu unterſtützen. Er be= traute mit dieſer ſchweren Miſſion den Nuntius Francesco Chieregato aus

---

[1]) Discorso sopra l' Allemagna.
[2]) Buchholtz, I., S. 184.
[3]) Aretin, Baiern's answ. Verhältniſſe, übergeht die Berathungen, die daſelbſt ſtattfanden.
[4]) Janſſen, Geſchichte des deutſchen Volkes. I, 1, S. 258.

Vicenza, der ihm von Spanien her bekannt war¹), und übergab ihm sowohl an den Reichstag als namentlich an den Churfürsten von Sachsen Voll= machten, die ganz das Gepräge seiner eigenen Auffassung der damaligen Verhältnisse tragen. Chieregato befand sich bereits Anfang November in Nürnberg, wo er mit dem Herzog von Baiern Unterhandlungen pflog, die diesen mit der Hoffnung erfüllten, das Visitationsrecht der baierischen Klöster, die Ernennung und Absetzung der Aebte unabhängig von den Bischöfen (ordinarii) nnd selbst noch größere Vorrechte zu erlangen²).

Auch die strenggläubigen Fürsten verlangten eine Aenderung ihrer Stellung zu dem Clerus.

Was das Reich selbst betraf, so befand sich dasselbe nach den authen= tischen Darstellungen jener Tage im Zustande gelinder Anarchie. In den niederen Schichten, welche Luther beständig bearbeitete, gährte es furchtbar, die von ihm losgelassene Bewegung fing an, ihn zu überflügeln. Man zog die Consequenzen seiner Lehre, Priester, Mönche, Nonnen wollten heiraten, Karlstadt wie Andere dem abgöttischen Gräuel ein Ende machen, die Gemeinden säcularisiren, die thatkräftigen Bekenner des neuen Evan= geliums die Kirchen stürmen. Wie Luther selbst sagte, regte sich der Karsthans an allen Enden. Der Herzog von Württemberg war geächtet und aus seinem Lande vertrieben³). Die rheinischen und fränkischen Reichs= ritter rüsteten sich zum Fürstenkriege. Der Bauer überlegte, wie er sich seiner geistlichen und weltlichen Dränger enthebe und prüfte im Stillen seine Waffen. Gerade jene Institutionen, durch welche im Anfange des

---

¹) Wahrscheinlich auf der Reise nach England, wohin sich Francesco Chieregato, Sebastian Giustiniani's verläßlicher Freund (R. Brown, II, n. 891), als Nuntius Leo's X. begeben. Vergl. auch Chieregato's Briefe vom 28. Mai 1517 an den Mar= chese von Mantua, vom 10. Juli an die Marchesa Isabella d'Este, vom 10. Juli an den Marchese. Chieregato wurde dann (Juli 1517) weil er zu Gunsten des Car= dinals Adrian (von Corneto) gehandelt, bei einer Strafe von 3000 Ducaten nach Rom zurückgerufen. (R. Brown, II, n. 934.) Nach einem Briefe Chieregato's von London, 1. August (l. c. n. 942).

²) Jörg, S. 523. Der Herzog trachtete nach dem Erwerb von Eichstädt und eines Theiles des Salzburger Gebietes.

³) Die kaiserlichen Statthalter berichteten aus Nürnberg (heil. Palmtag 1522) an den Kaiser, „es sei ihnen glaublich angelangt, daß die Stadt Rotweil sich habe in ewige Bündniß zu der Eydgenossenschaft verpflicht und derselben ein ort worden, das sie auch die iren wider C. K. M. zu Hielff dem König von Frankreich mit andern Aidtgenossen geschickt." (Or. im Wiener Staatsarchiv.) Kaiser Karl schrieb deshalb aus Brügkch in Flandern (18. Mai 1522) an das Reichsregiment und an seinen Bruder, den Erzherzog=Infanten, Herzogen zu Württemberg, Grafen zu Tirol, damit diese Verbindung abgethan werde. Or.

sechszehnten und theilweise am Ende des fünfzehnten Jahrhunderts dem
Verfalle des Reiches gesteuert werden sollte, hatten sich, als die Gährung
der Gemüther, wie man 1518 klagte, immer mehr den Bauern ergriff, als
unwirksam, wo nicht als schädlich erwiesen. Das Reichskammergericht
war entweder nicht hinreichend besetzt oder hielt Jahre lang Ferien, hatte
den unordentlichsten Geschäftsgang oder diente eigentlich nur dem Mäch=
tigen gegen den Schwächeren[1]), zu dessen Schutze es eigentlich bestimmt
war. Noch schlimmer stand es mit dem Reichsregimente. Hatte es die
Aufgabe, die kaiserliche Macht lahm zu legen, so erfüllte es diese wohl.
Es erließ zwar am 10. Februar 1522 eine Landfriedensordnung, aber
seine Hauptleute machten sich selbst des Friedensbruches schuldig und
blieben doch im Amte[2]). Bei seiner eigenthümlichen Zusammensetzung und
dem wechselnden Personale leistete es dem Geächteten und seiner Partei
wesentlichen Vorschub[3]). Der Parteigeist hatte sich seiner bemächtigt;
anstatt das öffentliche Recht zu vertreten, gab es in seinem Schoße
heftige Debatten und ward es der Ausdruck der im Reiche mit einander
habernden Parteien. Wer sich entfernen konnte, eilte von dannen[4]).
Schon ehe die Reichsritter in Westdeutschland losschlugen, war es in
Ostdeutschland zu schwierigen Zerwürfnissen zwischen den Ständen der
österreichischen Herzogthümer und dem Landesherrn gekommen. In kurzer
Frist wechselten Jene dreimal ihren Herrn, da auf Maximilian Kaiser
Karl nachfolgte; dann übergab dieser zu Worms, wie schon Jimenes ge=
rathen, die österreichischen Erblande seinem jüngeren Bruder, dem Infanten
Ferdinand, versäumte aber, was bei dem Drange der fünf niederöster=
reichischen Länder[5]) nach einer stärkeren Gesammtregierung so wünschens=
werth war, sie, wie sein Plan war, in Einem Königreiche zu vereinigen.
Der neue Landesherr, gewitzigt durch den Aufstand der spanischen Com=
munen, griff, als die Stände sich in sehr ungeeigneter Weise der Attribute
der landesherrlichen Gewalt bemächtigt, mit Strenge ein und ließ am
9. und 15. August 1522 erst zwei Bauern, dann noch sechs Andere,
unter ihnen vier Wiener Bürger, enthaupten[6]). Schon am 15. März 1521

---

[1]) Jörg, S. 23.
[2]) l. c. S. 26.
[3]) Ranke, II, S. 41.
[4]) Jörg, S. 19, Note.
[5]) Victor v. Kraus, Zur Geschichte Oesterreich's unter Kaiser Ferdinand I.
Vergl. auch die relatio dissidiarum provincialium Austriae ap. Balbum. Opera II,
p. 575, und die Quellen bei Karajan.
[6]) Kraus, S. 81.

war in Innsbruck Ulrich Gebhard von Bruneken enthauptet worden[1]), „weil er einen Aufruhr unter den Bauern gegen den Adel zu machen vermaint", zwei Jahre früher es in Tirol wegen Wildschaden und Fisch= fang zum Aufstande gekommen; 1516 hatten die slavischen Bauern in der Steiermark mit Gewalt ihre altslavischen Rechte zu erlangen gestrebt. Die Zahl der Ueberschuldeten und Verarmten hatte sich bei dem großen Hange nach Wohlleben überall bedenklich vermehrt, und es galt nicht blos von Württemberg, was Reuchlin seinem Freunde Willibald Pirk= heimer in Nürnberg geschrieben, das einzige Dichten und Trachten der niederen Stände in Deutschland gehe blos dahin, die Reichen auszu= plündern.

Unter solchen Verhältnissen sollte nun ein neuer Reichstag, wieder zu Nürnberg, Hilfe bringen[2]). Einmal dem Königreiche Ungarn gegen die Türken, welche Belgrad erobert[3]), dann gegen Franz von Sickingen, der im Bunde mit Reichsgrafen und Reichsrittern den Churfürsten von Trier überfallen und den Krieg mit schändlicher Grausamkeit führte. Es sollten weiters die großen und äußerst grausamen Straßenräubereien, sowie die Masse fürstlicher Fehden beseitigt werden[4]). Es handelte sich ferner um Erhaltung des kaiserlichen Regimentes und Kammergerichtes, da die Beiträge zu den Besoldungen der Reichsrichter ausblieben, so daß, wie es im Ausschreiben heißt[5]): „wo nit stattliche Vergewiesung der Besoldung gefunden (werde), zu besorgen sei, daß Stillstand und Zertrennung des Regimentes und Kammergerichtes und daraus Empörung, Ungehorsam, Zerstörung Friedens und Rechtes entstehen müßte". Es war eigentlich ein ganz entsetzliches Gemälde der inneren Zustände des Reiches, welches das Ausschreiben enthält, und nur als das Geringere zu bezeichnen, daß 26 Reichsstädte, 38 Prälaten, 92 Grafen und Herren, 7 deutsche, 11 welsche Fürsten zur Erhaltung des Reichskammergerichtes und Regi= mentes nichts mehr beisteuerten. Der Infant=Erzherzog sollte den Vor= sitz als Statthalter seines Bruders führen, Pfalzgraf Friedrich, einst der Geliebte der Infantin Leonore (bereits Königin=Witwe von Portugal), sich mit ihm in die Geschäfte theilen. Die Eröffnung des Reichstages

---

[1]) Kirchmaier, S. 453.
[2]) Ausschreiben auf Egidi in den Mainzer Acten, f. 324.
[3]) Das Schreiben König Ludwig's um Hilfe an das Reichsregiment aus Holysch, 3. März 1522. Wiener Staatsarchiv. Or.
[4]) Dabei der Krieg des Königs von Dänemark gegen Lübeck.
[5]) Reichstags=Acten.

selbst verschob sich von Monat zu Monat und das Jahr 1522 drohte bereits ohne ihn zu Ende zu gehen[1]).

Unwillkürlich erinnert die Bewegung der Geister am Vorabende des Reichstages an das, was in Frankreich 1788 geschah. Von allen Seiten thaten sich Beschwerden kund, nach allen Seiten sollte Abhilfe stattfinden; man verlangte das Unmögliche und schien selbst sich dessen bewußt zu sein. Wir werden später sehen, mit welchem Rüstzeuge Luther's vertraute Freunde, die Reichsritter, kamen. Den ganzen Sommer 1522 fanden Berathungen von Seite der Reichsstädte Oberdeutschland's statt. Alles sollte mit einemmale gebessert, Alles neu werden. Jeder Stand fühlte sich beengt und hoffte auf Kosten des anderen eine freiere Bewegung zu erhalten.

Seit dem Jahre 1508 waren die Städtetage in Oberdeutschland unterblieben, die Städte selbst allmälig durch die Fürsten aus ihrer politischen Stellung gedrängt worden. Dann war eine Steuer auf das Betriebscapital in Vorschlag gebracht worden, abgesehen von einer gleichmäßigen Entrichtung von 2 fl. für jeden Fürsten, Grafen, Herrn, Bürger und Handwerksmann. Am 25. Juli 1522 fand der Städtetag in Eßlingen statt und damit der Anfang zu den Beschwerden, die nun ohne Zahl an den Reichstag heranrückten[2]). Die Abgeordneten waren rasch fertig in dem Antrage, herauszufinden, daß die Bürger denn doch fünfzehn- bis sechszehnmal stärker besteuert würden, als die anderen Stände. Sie machten den Gegenvorschlag einer allgemeinen Einkommensteuer, bei welcher aber die Städte ihre Quote selbst erheben und ihre Contingente bezahlen würden und ließen dann ein weitläufiges Promemoria ausarbeiten, welches ihre Gravamina enthalten sollte. Sie verlangten die Reichsstandrechte wieder für sich, da sie im Rathe der Reichsversammlung vor wenigen Zeiten gleich den Fürsten und anderen Ständen ihre Stimmen gehabt und alle vorfallenden Handlungen beschließen halfen. Sie erklärten sich ferner gegen den Artikel des Wormser Landfriedens, demzufolge nur der als wirklicher Friedensbrecher gehalten werden dürfe, der rechtlich citirt, verhört, mit Urtheil in die Acht erklärt worden sei. Dadurch sei aber bei dem langsamen Rechtsgange und der Schwierigkeit einer Execution erst ein unmäßiger Landfriedensbruch entstanden. Die Stände und ihre Zugehörigen erlangten nur äußerst langsam ihr Recht, die Geleitspflicht würde

---

[1]) Wenn Buchholtz seine Eröffnung auf den 13. December 1522 verlegt, so ist dies um einen Monat zu spät.

[2]) Höfler, Betrachtungen über das deutsche Städtewesen im fünfzehnten und sechszehnten Jahrhundert (auf Grund der Städtetags-Acten).

äußerst schlecht gehandhabt, die Uebelthäter in Schutz genommen, Handel und Wandel dem Verderben preisgegeben, sie selbst, namentlich zu Worms, im Reichsanschlage übermäßig beantragt, so daß man auf andere Mittel zur Unterhaltung des königlichen Regimentes und des Kammergerichtes denken möge. Neue Zölle und Zollstätten würden aufgerichtet. Nun wüßten die Churfürsten wohl, „wie aufrührisch sich die Läufte allenthalben im heiligen Reich dieser Zeit vermögen, darum wohl Noth wäre, den gemeinen Mann nicht mit noch mehr unerträglichen Bürden zu belästigen". Es möge Jeder bedenken, wohin es führe, neben den übermäßigen Steuern und anderen nothdürftigen Dienstbarkeiten, dem hohen Anschlag, tägliche Fehden und Angriffe und neue Zollstätten zu ertragen. Geistliche Gerichte, sowie das Rotweiler Hofgericht zögen nicht gehörige Dinge vor ihr Gericht. Dazu kam noch die Stelle: „Achten wir, es werde unverborgen sein, wie hoch und übermäßig alle Stände des heiligen Reiches bisher vom Stuhle zu Rom, dazu sonst allenthalben im heiligen Reich von der Geistlichkeit nit allein mit unordentlichem Gerichtszwang, Pönbriefen zc., sondern auch sonst in mannigfaltiger und unerträglicher Weise beschwert."

Die übrigen Gravamina bezogen sich auf die Verschlechterung der Münze, Wegschleppung der guten Münze durch Juden und Christen, Verschwinden des Geldes, sowie auf die Entfremdung von Reichsstädten und Reichsflecken, die dem Reiche entzogen würden, worauf Maßnahmen ergriffen wurden, um gegen die Empörungen im Reiche einen Wehrstand zu organisiren[1]).

Was dann in Eßlingen berathen worden, wurde auf einem neuen Städtetage zu Nürnberg[2]) vollständig in Ordnung gebracht, um dem Reichstage übergeben zu werden. Auch die Reichsritterschaft hielt ihre Versammlungen ab und überraschte dadurch den Reichstag mit ihren Beschwerden.

Der Reichstag mußte so den Charakter eines allgemeinen Beschwerdetages annehmen, alle Wunden des Reiches fingen auf einmal zu bluten an, von allen Seiten ertönten Vorwürfe, ein Stand klagte den anderen an, Ursache der allgemeinen Verwirrung zu sein, während von Wittenberg aus das Gehetze unablässig vor sich ging und Sickingen die von da in Umlauf gesetzten Doctrinen mit dem Schwerte in die deutsche Reichspraxis einzuführen sich bemühte. Seine fränkischen Gesinnungsgenossen hatten sich

---

1) Das Weitere bei Höfler, l. c. S. 26.
2) 1. September 1522.

in Schweinfurt versammelt und redigirten dort ein weitläufiges Prome-
moria an den Reichstag. Wenn auch, heißt es in diesem, ein großer
Theil der Ritterschaft dermaßen öffentlich zu reden Scheu trug — viel-
leicht weil etliche Diener der Fürsten waren — so waren sie wohl, nun
die Beschwerden ziemlich eingebracht wurden, damit einverstanden, daß die
Gravamina der Ritterschaft vorgelegt würden. Die Bamberger Reichstags-
Acten enthielten selbst noch eine besondere Zuschrift an die Churfürsten als
Antwort auf ein Schreiben in Betreff Sickingen's, das jene an die in
Schweinfurt versammelte (fränkische) Reichsritterschaft gerichtet hatten[1]). Die
Antwort betonte, daß die Beschwerden eylend aufgeschrieben worden; man
zweifle jedoch nicht, daß sie zu leidiger Besserung führen würden, einen
merklichen Frieden, Einigkeit und Gehorsam im deutschen Lande zu machen.

Wie letzterer hergestellt werden könne, zeigte der im Frühjahre 1523
nach Franken unternommene Zug, der die Ritterburgen brach. Die Beschwerden, welche nicht die der deutschen Nation, sondern eben nur die
der Reichsritterschaft enthielten, wurden übrigens erst am Ende des Reichstages übergeben; so lange hatte es gedauert, bis man mit ihrer Redaction
fertig wurde. Sie stehen im innigen Zusammenhange mit dem Unternehmen
Sickingen's, wenn auch die Abhaltung des Reichstages auf fränkischem
Boden wesentlich dazu beitrug, daß der Reichskrieg sich nicht so rasch
nach Franken verbreitete, die Flamme, welche die Reformation angefacht
hatte, nicht schon jetzt sich nach dorthin wandte.

Uebrigens bieten die Beschwerden ein drastisches Bild der inneren
Zustände Deutschland's dar und man muß sich nur darüber wundern,
wie der Gedanke sich verbreiten konnte, sie seien vor Allem gegen Rom
gerichtet. Ihre Spitze kehrte sich gleichmäßig gegen Oben wie gegen Unten,
gegen die Fürsten, wie gegen die Städte. Gegen jene, weil sie dem Adel
nicht erlauben wollten, Zusammenkünfte zu halten, während die Chur-
und Fürsten oft eigene heimliche und öffentliche Bündnisse unter einander
aufrichteten, die ohne Zweifel, wenn sie gleich die kaiserliche Majestät mit
Worten je zu Zeiten ausnahmen, mehr zur Spaltung und Widerwärtig-
keiten (führten) als Gehorsam gegen den Kaiser gebären.

Es war daher ganz im Sinne der goldenen Bulle, des Reichsgrund-
gesetzes und des Kaiserrechtes, wenn die Reichsritter verlangten[2]), es sollten

---

[1]) Montag nach U. L. Fr. praesentat. 1522 (24. November).

[2]) Stets drangen alle Patrioten darauf, daß Ein Bündniß im Reiche sei.
Foedus per omnem Germaniam et quam late imperium patet, unicum esse debebat, totius reipublicae spectans incolumitatem. (Sleidanus.) Vergl. meine Abhandlung über die politische Reformbewegung. S. 21.

alle Bündnisse im Reiche abgestellt und den Fürsten solches nicht
mehr gestattet werden. Andere Beschwerden bezogen sich auf die sogenannte
Urfehde, die Belastung bei Kauf und Verkauf adeliger Güter, der
Beschwerung des Burgfriedens „etlicher gemeiner Ganerbenhäuser", auf
das System der Fürsten, Mannlehen in ihre Hand zu bringen, so daß
in 80 bis 100 Jahren die Fürsten den größeren Theil aller ihrer Unter=
thanen Mannlehen in ihre Hände bringen werden. Sie behielten alle
heimgestorbenen Lehen für sich. Ohne Zweifel, heißt es dabei, wo der
Adel bei den Stifften an dem unteren Rheinstrome, in Franken, West=
phalen und an der Weser so fest und getreulich nit gehalten, hätten die
Fürsten ihre weltlichen anstoßenden Nachbarn vorlängst ihnen unter=
thänig gemacht, wie den Bischöfen von Thüringen, Meißen, der Mark,
Pommern, Mecklenburg und anderen geschehen ist. Die Fürsten schlügen
ferner so wenig Silbermünze, daß Adelsverwandten gezwungen würden,
fremde Münz von niederem Schrott zu nehmen. Kurz vor dem Tode
Maximilian's seien neue Zölle angelegt worden; die armen Unterthanen in
Thüringen, Meißen und Koburg müßten der Kirche und dann noch dem
Landesherrn den Weinzehent geben. Die Verträge der geistlichen Fürsten
mit ihren Prälaten, Ritterschaften und Städten würden nicht gehalten,
die Vasallen gezwungen, außerhalb des Fürstenthumes ohne Besoldung
zu dienen, Ritter würden von fürstlichen Hauptleuten auf dem Felde
überfallen und erstochen. Nicht weniger als sieben Beschwerden bezogen
sich auf die Fürsten=, Land=, Hof=, Sal= und andere Gerichte und auf
die fürstlichen Cent= und Halsgerichte, andere waren gegen das kaiser=
liche Kammergericht, gegen die Handhabung der Landfriedens=Ordnung,
zwölf Punkte waren gegen die kaiserlichen Regimentshandlungen gerichtet.
Seit zwanzig Jahren könnten Kammergerichtsurtheile nicht zur Vollziehung
kommen. Es sei nicht recht, daß Pfalzgraf Friedrich, seit Erzherzog Fer=
dinand im Regimentsrathe sitze, auch noch dort sitze in seiner und seines
Bruders Sache gegen Franz von Sickingen. Nicht minder war das Ver=
fahren des schwäbischen Bundes, welcher den elenden Herzog Ulrich von
Württemberg aus seinem Lande gejagt, den Rittern ein Dorn im Auge.
Insbesondere aber wandte sich ihr Zorn gegen die großen Kaufmanns=
gesellschaften, die alles Silber, Gold und Kupfer aus dem Lande führten,
mit 100 fl. Capital 40, 50, 60, 80 fl. jährlich gewännen. Sie raubten der
deutschen Nation unter dem Dach in Einem Jahre mehr ab, denn alle die
andern Feldräuber in zehn Jahren und wollten doch nicht Mißhändler, son=
dern ehrbar genannt sein. Alles Verbot der Monopolien sei bis jetzt frucht=
los gewesen, da die Ausführung durch Bestechung vereitelt worden sei.

Zuletzt kam noch die Beschwerung von den Geistlichen im römischen Reich.

„Es seien auch nicht geringe Mängel jüngst zu Worms Kaiserlicher Majestät schriftlich angezeigt worden, wie päpstliche Heiligkeit auch der= selben Prälaten und Anhänger in und außerhalb teutscher Nation das römische Reich und desselben Unterthanen vielfältig wider Billigkeit und ihr Vermögen beschweren, darauf auch bisher nichts Verfängliches gehandelt (worden), es sei daher auch der Grafen, Herren und Ritter= schaft Bitte, als diejenen die auch gemeinen Nutzen teutscher Nation zu fördern schuldig, daß man jtzo hie dieselben berathschlage und zum Theile abstelle oder in leidliche Besserung bringe[1]."

Es war deutlich genug, daß sich ein ganz gewaltiger Sturm wider die Fürsten, die das Reich zu Grunde gerichtet hatten, kehrte und die= selben sehen konnten, wie sie ihn abschlügen. „Man wird nicht, verkündete jetzt Luther[2], man kann nicht, man will nicht Euer (der Fürsten) Tyran= nei und Muthwillen die Länge leiden, da wisset Euch nach zu richten. Gott will es nicht länger haben. Es ist jetzt nicht mehr eine Welt, wie vor Zeiten, da ihr die Leute wie das Wild jaget und treibet. Was aber begegne (den geistlichen Fürsten, die nicht hören wollen Gottes Wort) billiger, denn ein starker Aufruhr, der sie von der Welt ausrotte. Und dessen wäre nur zu lachen, wo es geschehe[3]." Ein Landsknecht, der Sickingen's Hellebarde trug, konnte sich in seinem Sinne nicht deutlicher und angemessener aussprechen.

Freilich, wenn man nur auf die Artikel sieht, „damit bebstlich Heilig= keit Deutschland beschweren", sollte man meinen, der Reichstag habe seine Spitze gegen den Papst gekehrt, und wenn die Nation in Nichts einig, so seien die hundert Gravamina der wahre Ausdruck ihrer Meinung. Aber auch diese Artikel künden sich nur an „als von etlich in der eyl aufgeschriebene, nachdem Kaiserlich Königliche Majestät unter andern ihrer Handlungen von Churfürsten, Fürsten und gemeinen Ständen des Reiches begehrt hat, ob und was Beschwerung durch bebstlich Heiligkeit und andern Geistlichen teutscher Nation aufgelegt sein sollen und der Stände Rath und Gutbedünken Ihrer Majestät unterthäniglich anzuzeigen sei."

Nun wurden 28 Punkte als Gravamina gegen die „bebstliche Heilig= keit" hervorgehoben, welche namentlich von Schmälerung des Patronats= rechtes, Eingriffen in die weltlichen Gerechtsame, Verleihung von Pfründen

---

[1] Etlich von Grafen, Herren und Ritterschaft.

[2] Von weltlicher Obrigkeit (Neujahr 1523. Geschrieben 1522).

[3] Adversus falso nominatum ordinem episcoporum.

an ungeschickte Personen handelten. Alte Privilegien solle man in
Kraft erhalten, täglich wüchsen die Annaten, entstünden in Rom neue
Aemter, durch Commenden und Incorporationen der Prälaturen nähmen
kaiserliche und fürstliche Stifter ab. Durch die Regeln der päpstlichen
Kanzley, Reservationen, Pectorationen, Mentationen, Regressen, In=
corporation, Uniones und Concordat werde die deutsche Nation aus=
geschöpft. Teutsche Pfründen sollen den Teutschen allein zu leihen sein,
diese aber residiren[1]). Von dem, was Papst Adrian zur Reform der
Kanzleiregeln und des kirchlichen Lebens gethan, war keine Rede; was
einst Aeneas Sylvius gesagt, wie gut es oft sei, daß der römische Stuhl
tüchtigen Leuten in Deutschland die Möglichkeit verschaffe, geistliche Würden
zu erlangen, war vergessen. Die Beschwerden gingen so weiter, von Verkauf
der Pfründen auch auf zukünftige Belehnung; von Stifften, so auf den
Adel allein gesetzt[2]), während jetzt in Rom Curtisanen ohne Unter=
schied der Geburt Pensionen, Reservationen ꝛc. darauf erlangten; von
des Papstes Verhinderung in Election und Wahl der Prälaten, was
der Papst sich unterstehe; von Dispensation oder Absolution des Papstes,
wobei es hieß, es werden auch etlich viele um Geld und Geldeswerth
Indultbriefe von bebstlicher Heiligkeit geben, ob sie auf zukünftig Zeit
einen falschlichen Eid schwören oder dergleichen Mißhandel thäten, daß
ein jeder schlechter (schlichter) Priester sie dann absolviren mag, dadurch
man um Geiz und Geld willens sich zu großen Lastern und Sünden
giebt. Von Anfechtung der Curtisanen, die rechtmäßige Ansprüche auf
Pfründen zu Nichte machten, Processe veranlaßten ꝛc. Wie unter dem
Scheine familiarium viele Pfründen angetastet werden. Von Indulgenzen
und Aples (Ablässen), wodurch ein Geldhandel mit den Ablaßboten, den
Bischöfen und Weltlichen entstehe, so die Sach fördern können, „welches
alles volgend von den armen einfältigen mit Lustigkeit wieder abgeschatzt
würdet". Die Stationirer müßten abgeschafft werden. Von Dispen=

[1]) Auf einen großen Theil dieser Beschwerde hatte schon Aeneas Sylvius vor
60 Jahren geantwortet. De moribus Germaniae. Unter Anderm: et si unum Romanus Pontifex minus dignum presbyterio donavit, supra mille invenias rudes,
ignaros, hebetes et prorsus ineptos ab ordinariis esse promotos. Opera, p.
1048, 1049.
[2]) Wenn das wahr gewesen wäre, wie Luther es annahm, so traf die Schuld
der Verweltlichung der Kirche in Deutschland auch vor Allem den Adel. Ganz recht
sagte etwas später der Ordensbruder Luther's, Johannes Hoffmeister, die Fürsten
und Herzoge, Grafen und Edelleute möge man fortan bei Hofe erhalten und die
Klöster den Studirenden öffnen, damit wird ein guter Schritt auf dem Wege der
Frömmigkeit geschehen sein.

sation der Incompatibilien und andern — alles besonders denen von
der Ritterschaft und sonst gelehrten Personen, die den Christenleuten
predigen und sonst in der Geistlichkeit weit bessere Vorsehung thun könnten,
zu großer Beschwerung. Wie den Deutschen Herren ihre Balch und
Häuser in Apulien und Sicilien genommen seien; wie dem Deutschen
Orden etliche Häuser in welschen Landen entwent (entäußert) und strittig
gemacht werden, darunter das St. Benedictenkloster Subiaco, das auf
sie gestiftet. (?) Wie man etliche Prälaten aus der Bischöfe Gerichtszwang
zeucht; wie Noth wäre, eine Reformation zu machen, weiterm Un-
rath und Verderben unser Nation zu verkennen (zuvorzukommen), darum
wir alle mit höchstem Fleiß Ew. kaiserliche Majestät auf das unter-
thänigste bitten, deshalb also zu fördern und gnädiglich helfen vorzunehmen.

Es ist wohl keine Frage, daß diese 28 in Eile zusammengetragenen
Beschwerden[1] vollständig das Gepräge des Kreises an sich trugen, von
welchem sie ausgegangen sind, des Reichsadels, der seine Standesinter-
essen mit denen der deutschen Nation zu identificiren für gut fand, was
aber den Forscher nicht hindern kann, die deutsche Nation und deren
Bedürfnisse, welche auf einen gesicherten Rechtszustand hinausgingen,
von denen des Adels zu trennen, dessen Oberhaupt, Sickingen, sich eben
jetzt zum Churfürsten zu erheben suchte und dessen einflußreichste Mitglieder die begonnene Reformation in ihrem Interesse auszubeuten entschlossen waren.

Einundvierzig Beschwerdepunkte betrafen die Erzbischöfe, Bischöfe und
Prälaten allein. Hiebei ging die Hauptrichtung dahin, zu verhindern, daß
nicht der weltliche Stand mit der Zeit von dem geistlichen ausgekauft
werde, „der weltlich stand des hl. R. Reiches under die Geistlichen gar
oder den meren tayl gebracht werde." Große Beschwerden waren dagegen
gerichtet, daß die Juden bei den geistlichen Gerichten Schutz fänden; wie
die Geistlichen ihre geistliche Reformation der Gerichte nicht hielten, Pfründen
Ungeschickten verliehen würden; welche Beschwerde die große Absenz der
Pfarrer erzeuge, der Mißbrauch des geistlichen Bannes, der selbst bei
Schulden stattfinde, die nicht etwa zwei oder vier Weißpfennig betragen,
das unbillige Interdict, die großen Opfer bei Wallfahrten. Bei Investitur
der Lehen verlange man ein Jahreseinkommen, etliche reiche Klöster
weigerten dem Adel Nachts Futter. Es kamen daneben viele und gerechte
Beschwerden über tief eingewurzelte Mißbräuche zu Tage. Am Schlusse

---

[1] Ansbacher Reichstags-Acten, Bd. I.

aber hieß es: wo die Bischöffe ihre synodos und Rathschlag mit der Versammlung ihrer Prälaten und anderer geistlicher Unterthanen selbst persönlich besuchen und halten, wie geistlich Recht ihnen solches auferlegen, so würden ohne Zweifel die oben berichten Mängel viel in Besserung gezogen.

Der deutsche Bischof war eben Landesherr geworden, die bischöfliche Würde war Nebensache geworden und der Verfall an Zucht und Ordnung dadurch allgemein. Dadurch war es denn auch möglich, daß der Urheber der deutschen Revolution selbst, Alles in das Extreme verkehrend, auch das bischöfliche Amt selbst angreifen konnte und zu vernichten suchte. Wie schmerzlich aber hat Luther gerade diesen Act seines gewaltsamen Auftretens in späteren Zeiten bedauert!

Vierzehn andere Artikel betrafen die Dom- und Chorherren, Pfarrherren, auch andere geistliche Personen im Allgemeinen. Sie besprachen die unbilligen Capitulationen der Bischöfe, welche die Straflosigkeit der Domherren sicherten, die Beschwerung des Volkes mit Seelegeräth, daraus erscheint, daß man alle Sacramente um Geld verkaufe; wie sich etliche Geistliche ganz layisch verhalten, Zank und Streit in den Tabernen anfangen, mit leichtfertigen Frauenspersonen und Kindern haushalten, Würfel-, Kugel-, Kartenspiel annehmen, die reichen Klöster die Layengüter an sich kaufen, aber die daran haftenden weltlichen Bürden nicht tragen wollten. Wie sie die Kranken bewegen, ihren gerechten Erben die Güter zu entziehen. Wie die Bettelorden viel Goldes nach Rom bringen, auch die Jungfrauenklöster beschweren, letzteren bei ewigem Gefängniß verbieten, ihre Anliegen keinem Andern als einem der Ihrigen zu offenbaren; deshalb ward vorgeschlagen, jedem solchen Jungfrauenkloster zwei Pfleger von der Obrigkeit zu geben[1]).

---

[1]) Es findet sich noch ein vielfach durchstrichenes Concept vor, wobei es heißt, daß auf die Werbung des päpstlichen Orators hin demselben ein kurzer Begriff der Beschwerden übergeben worden sei, mit der Bitte, der Papst möge sie abstellen. Dieser kurze Begriff enthält: „1. Beschwerung des Stuls von Rom und erstlich von dem Recht dispensiren um Geld, 2. von den verpotten Zeiten, 3. von großer Beschwerung des päpstlichen Ablasses; 4. daß weltliche Sachen in erster Instanz und sonst unbillig zur Rechtfertigung gen Rom gezogen werden; 5. die Stationirer betreffend; 6. von den Conservatoren und päpstlichen Richtern. — Damit geht dann das zweite Concept in das erstere über. — Berathungen sind aber noch keine Beschlüsse und Concepte keine Ausfertigungen. Die Gravamina wurden übrigens dem Legaten gar nicht übergeben, sondern in Deutschland gedruckt und nach Rom geschickt. Buchholtz, II, S. 58. — Die Adelsbeschwerung wurde eingebracht „von Firmian von Hutten, Veit von Coutterskeim, Sebastian von Rottenhau, Eukarius von Auffeß, Ludwig von Hutten, all Ritter."

17*

Es ist nur Schade, daß nicht auch die Gravamina der Bauern und
Bürger, der Geistlichen und der Fürsten gegen den Reichsadel zusam-
mengestellt wurden. Wir besäßen dadurch den vollsten Einblick in den
heillosen Zustand des deutschen Reiches.

Vierter Abschnitt.

Luther gegen die Fürsten.

Noch während sich Adrian auf der Reise nach Rom befand, hatte
Luther „die Antwort deutsch auf König Heinrich's von Engelland Buch" [1]
herausgegeben. Er stellte den mächtigsten Fürsten, der im gegenwärtigen
Augenblicke Leiter der europäischen Politik war, als giftigen, boshaften,
unverschämten Lügner dar, erklärte Bapstthumb, Bisthumb, Stifft, Klöster,
Hohenschulen, mit aller Pfafferei, Möncherei, Nonnerei, Messen,
Gottesdiensten eitel verdampte Secten des Teufels [2]. König Heinrich habe
seinen Dreck an die Krone des Königs der Ehren (Christi) geschmiert;
Luther nannte ihn einen Narren und unbiedern Mann, ein wahnsinniges
Gehirn [3], meister Heintz, Hans Tölpel, theurer Eselskopf, grober Esels-
kopf. Der König hatte den wundesten Fleck Luther's, die Behauptung,
„daß der Glaube allein ohne alle werk alle Sünd vertilgt und keine Sünd
verdampt, denn nur der Unglaube," in seinem Buche getroffen, letzteres war
in Meißen in deutscher Uebersetzung erschienen und die Argumentation
Luther's war nun darauf gerichtet, die Kreise, in welchen König Heinrich's
Buch gelesen wurde, von der Gehaltlosigkeit desselben zu überzeugen.
Kaum hatte er in irgend einer Schrift sein Wesen so vollständig enthüllt,
als in dieser, die Leidenschaftlichkeit und Unbändigkeit seines Charakters
stärker gezeigt, offener die ganze Entwicklung der Dinge seit 1500 Jahren
als Werk des Satans bezeichnet, und war er, als er zu den Massen in
den ihnen geläufigen Ausdrücken sprach, selbst tiefer gesunken. Es krönt
aber die ganze Schrift der Schluß, in welchem es, nachdem er erklärt,
„es liege ihm die Bibel zu verdeutschen auf dem Hals neben andern

---

[1] Werke. Wittenberg 1553. T. IV, p. 435.

[2] l. c. p. 436.

[3] Es möcht einer die stranguria bestehen ober den groben narrenköpfen. f. 440.
Das Buch muß entweder ein ertz Narr oder der sich selbst klug heist, geschrieben
haben. f. 441. Unverschempte Hurenstirn.

Geschefften, das ich jetzt nicht lenger in Heintzen Dreck meren (rühren) kann," heißt: „Ich acht aber, er hat dieses Buch aus solcher Andacht für sich genomen, das jm sein Gewissen zappelt. Denn er weiß wol, mit was Gewissen er das Königreich von Engelland besitzt, nachdem der königliche Stamm ermordet und das königliche Blut vertilget ist. Er fürcht seiner Haut, das Blut möcht an jm gerochen werden. Darumb gedenkt er sich an den Bapst zu hengen ond jm heucheln, auf das er festsitzen möge. Sie sind recht zusamen, Bapst und Heintz von Engelland. Jener hat sein Bapst= thumb wol mit so gutem Gewissen, als dieser sein Königreich ererbet; darum juckt einer den andern, wie die Maulesel sich unter einander jucken." — Es soll, so schließt die Schrift, diesem Evangelio, das ich, Martinus Luther, predigt habe, weichen und unterliegen Bapst, Bischoff, Pfaffen, Mönch, Könige, Fürsten, Teufel, Tod, Sünd und alles was nicht Christus und in Christo ist, dafür sol sie nichts helfen[1].

Luther hat den Eindruck seiner Schriften selbst mit den Worten bezeichnet, man habe geglaubt, der Teufel habe sie geschrieben[2]. Der

---

[1] s. 448. Der ekelhaften Rohheit dieser Schrift, die auf den im ruhigen Gange der Forschung Begriffenen den Eindruck macht, als sei sein Fuß in eine Pfütze ge= treten, steht nur der widrige Cynismus gegenüber, der in der Abbitte hervortritt, die derselbe Luther am 1. September 1525 dem Könige, welchen er auf das pöbel= hafteste beschimpft, leistete, als er, obwohl damals fälschlich, vernommen, Heinrich erweise sich dem Evangelium günstig. De Wette, III, S. 23. Lieber die Rohheit als das kriechende Wegwerfen seiner selbst, wie dieses in dem erwähnten Actenstücke hervortritt, dessen Eindruck nichts mehr vertilgen kann. Und dazu wieder zwei Jahre später die neue Schmähschrift Luther's: „Auff des Königs zu Engelland lester Schrifft Titel" mit einer ebenso widrigen Selbstüberhebung, als die Schrift des Jahres 1525 Servilismus zeigt.

[2] Nur Luther konnte, nachdem er auch den Herzog Georg auf das gröbste angefallen, von sich schreiben (5. Februar 1523): Ich hab Herzog Georgen noch nir= gend so angetastet als den Papst, Bischöfe und den König von Engelland, dazu gar tief mich ihm unterworfen und erboten, daß mich dunkt, ich hab fast sein zu viel verschonet, denn ich einen solchen tobenden Tyrannen längst hätte sollen baß in die Wolken greifen. Ich weiß auch wohl, daß meine Schriften allesampt der Art gewest sind, daß sie, zuerst angesehen, gewest, als seien sie aus dem Teufel und man besorgte, der Himmel werde bald fallen; aber hernach ist es bald anders worden. Es ist itzt ein ander Zeit, daß man die großen Häupter, vorhin un= gewohnt, antastet, und was Gott im Sinn hat (d. h. Luther), wird man sehen zu seiner Zeit. — De Wette, II, S. 306. Der so lange der Welt vorbehaltene Brief Melanchthon's über Luther's Heirat, der erst jetzt (1877) veröffentlicht wurde, zeigt hinlänglich, wie seine Umgebung unter seiner Unbändigkeit seufzte. Melanchthon hofft, wenn Luther verheiratet wäre, wozu ihn seine Natur zwänge, dann würde er wohl besser werden. Ἐλπίζω ὅτι ὁ βίος οὑτοσὶ σεμνότερον αὐτὸν ποιήσει. W. Meyer,

bessere Theil seiner Anhänger scheint auf das peinlichste von der Schrift berührt worden zu sein. Allein auf die Vorstellungen, welche man ihm machte, erklärte er, er habe es gar aus wohlbedachtem Muth gethan und wolle auch hinfürder den Lästerern und Lugenmäulern mit keiner Sänfte mehr handeln, „denn mein Predigen und Schreiben ist auf's höheft und an's Ende kommen"[1]). Der Unmuth über seine Schrift ließ sich aber damit nicht beschwichtigen. Er war im Steigen begriffen[2]), als der Reichstag sich versammelte und man darf überzeugt sein, daß im Reichsregimente, wo es der Debatten genug gab, diese maßlosen Ausfälle, für welche der Apostel Paulus herhalten mußte, nicht unbesprochen blieben. Coban Heffus sprach gewiß nur die Meinung der Humanisten auf Luther's Seite aus, wenn er der Befürchtung Raum gab, daß durch Luther's Theologie der Verfall der Wissenschaften stattfinden müsse, und die Deutschen bar=barischer als je würden[3]). Die Besorgniß erwies sich als nur zu begründet, da im theologischen Hasse die Blüthe des humanistischen Zeitalters, Kunst wie Wissenschaft, rasch untergingen und die confessionelle Klopffechterei mit der unerschöpflichen Fülle ihrer Schmähungen allein das Feld behauptete.

Schon 1521, zur Zeit als Luther's Freundschaft mit den Reichsrittern, den geschwornen Feinden der Geistlichen und der Fürsten, in vollster Blüthe war, hatte er in vertrauten Kreisen seinem Widerwillen gegen die Fürsten Luft gemacht. Man müsse die Macht der Fürsten zu Grunde richten[4]). An jedem Fürsten klebe etwas von einem Räuber, und zwar je größer Jener, desto ärger auch Dieser. Es war nicht ohne Grund daß er 1522 (7. März) eine große Empörung im deutschen Lande besorgte, „damit

---

Melanchthon's Brief über Luther's Heirat. Die so häufigen Beziehungen auf den Apostel Paulus, um dadurch seine eigenen Schimpfreden zu entschuldigen, gehören denn doch zu den widerwärtigsten Dingen, welche die Geschichte kennt.

[1]) 28. August 1522.

[2]) An Johann Lange. Libellus meus adversus Henricum Angliae offendit plurimos, id quod volui. Nam deinceps modestia posita, qua frustra sum hactenus usus — welche Selbsttäuschung! — increpationibus utar in deploratam duritiam eorum. De Wette, II, p. 255.

[3]) Wir kennen den Brief nur aus Luther's Antwort: caeterum timores isti vestri te nihil moveant, ubi timetis fore ut barbariores fiamus Germani quam unquam fuerimus, casu literarum per theologiam nostram. De Wette, II, p. 313.

[4]) Von der Wartburg, wo er nicht durch den Fürsten (den Churfürsten von Sachsen) erhalten werden wollte, schrieb er am 15. August 1521 an Spalatin: scis enim quod si cujuspiam opes perdendae sunt principum perdendae sunt; quod principem esse et non aliqua parte latronem esse, aut non, aut vix possibile est eoque majorem quo major princeps fuerit. De Wette (II, p. 43) hat sich gehütet, dieses etwas illoyale Geständniß in die deutsche Inhaltsanzeige (S. 41) aufzunehmen.

Gott deutsche Nation strafen wird". Diese Besorgniß wurde von ihm nicht gleich der Coban's mit der Phrase beseitigt, man habe oft Besorguisse, wo keine vorhanden seien [1]). Gerade als der Krieg der Ritterpartei mit den Fürsten ausgebrochen war, durch die öffentliche Auspeitschung König Heinrich's das fürstliche Ansehen bei der Masse bereits möglichst gelitten hatte, ließ am 1. Januar 1523 Luther seine Schrift: „von weltlicher Oberkeit, wie weit man ihr Gehorsam schuldig sei" [2]), als eine Art Fortsetzung des „Büchleins an den deutschen Adel" erscheinen. „Gott der allmechtige hat, wie er in der Einleitung sagte, unsere (die deutschen) Fürsten toll gemacht, daß sie nicht anders meinen, sie mögen thun und gebieten ihren Unterthanen was sie nur wollen, und die Unterthanen auch irren und glauben sie seien schuldig dem allen zu folgen so gar und ganz, daß sie nun angefangen haben, den Leuten zu gebieten, Bücher von sich zu thun, glauben und festhalten was sie vorgeben, damit (womit) sie sich vermessen, auch in Gottes Stuhl zu sitzen und die Gewissen und Glauben zu meistern und nach ihrem tollen Gehirn den heiligen Geist zur Schule führen. — Sie schreiben und lassen Zettel ausgehen, der Kaiser hab's geboten und wollen christliche gehorsame Fürsten sein, gerade als wäre es ihr Ernst und merke man den Schalk hinter ihren Ohren nicht. Denn wir sollten wohl sehen, wenn ihnen der Kaiser ein Schloß oder eine Stadt nehme oder sonst etwas Unrechtes geböte, wie fein sie finden sollten, daß sie dem Kaiser widerständen und nicht gehorsam sein müßten. Wenn es aber gilt, den armen Mann schinden und ihren Muthwillen an Gottes Wort büßen, muß es kaiserlichem Gebot Gehorsam heißen. Solche Leute hieß man vorzeiten Buben, jetzt muß man sie christliche gehorsame Fürsten heißen, wollen dennoch Niemanden lassen zu Verhör und zur Verantwortung kommen, wie hoch man sich auch erbietet, was ihnen doch ein ganz unerträgliches Ding wäre, wenn der Kaiser oder Jemand Anders mit ihnen so verführe. Das sind jetzt die Fürsten, die das Kaiserthum in deutschen Landen regieren, deshalb muß es auch so sein zugehen in allen Landen wie wir denn sehen".

„Weil denn solcher Narren Wüthen langet (beabsichtigt) zur Vertilgung des christlichen Glaubens, Verläugnung von Gottes Worts und zur Lästerung göttlicher Majestät, will und kann ich meinen ungnädigen Herrn und zornigen Junkern (Prinzen) nicht länger zusehen, muß ich ihnen wenigstens mit Worten widerstehen, und hab ich ihren Götzen, den

---

[1]) Habent quidam suos timores saepius ubi nullus est timor. l. c. p. 313.

[2]) Wittenberg, VI, f. 593.

Papst, nicht gefürchtet, der mir die Seele und den Himmel droht zu nehmen,
muß ich mich auch sehen lassen, daß ich seine Schuppen und Wasserblasen
nicht fürchte, die mir den Leib und die Erde drohen zu nehmen. Gott
gebe, daß sie zürnen müssen, bis die grauen Rotte vergehen und helf
uns, daß wir vor ihrem Drohen ja nicht sterben." Die Schmähschrift
gegen die Fürsten und indirect gegen den Kaiser lief aber unter der Dedication an den Herzog Johann von Sachsen von Stapel. Sie bezeichnete
die Herzoge von Baiern, den hohenzoller'schen Churfürsten von Brandenburg, den Herzog Georg von Sachsen als Tyrannen, Christmörder,
Hans Narren, hochgeborene reiche Henker und Büttel[1]) und wandte auf
Deutschland an, was die Schrift gegen König Heinrich auf England
angewandt hatte, nur mit dem Unterschiede, daß letzterer gegen Luther
geschrieben, jene aber das kaiserliche Mandat in Ausführung gebracht
hatten, der König von England ein fremder Fürst war, jene deutsche Fürsten,
die ein deutscher Churfürst ruhig beschimpfen ließ.

Es kann wohl kaum ein Zweifel darüber obwalten, was Luther's
Schicksal im neunzehnten Jahrhunderte gewesen wäre, wenn er eine ähnliche Sprache gegen seinen kaiserlichen Herrn, dessen Räthe oder Bundesgenossen geführt haben würde. Der Umschlag der kirchlichen Revolution
in die politische war niemals näher gerückt als im Jahre 1522. Es kam
nur mehr auf den Sieg Sickingen's an. Es fehlte aber auch im sechszehnten
Jahrhunderte nicht an Männern, welche der Ansicht huldigten, die
Reichsgesetze seien nicht vorhanden, um straflos übertreten zu werden,
noch den Fürsten deshalb das Scepter gegeben, um ruhig zuzusehen,
wie Kaiser und Papst der Menge zum Spotte überlassen würden. Es
gehört mit zu den Eigenthümlichkeiten der Zeit, daß die Correspondenz
Herzog Georg's von Sachsen mit dem Reichsregiment so lange unbekannt
geblieben ist. Nach den aus dem Archive des Churerzkanzlers stammen-
den Materialien wandte sich der sächsische Fürst schon am 30. April 1522
an die Churfürsten, Fürsten und Vertreter der übrigen Reichsstände bei
dem Reichsregimente, übersandte denselben die jüngste Schrift Luther's,
der fortfahre die löblichen Uebungen der christlichen Kirche zu nichte zu
machen und wies auf den nicht geringen Nachtheil hin, welcher der Kirche
daraus erwachse. Er gab ihnen zu verstehen, daß, da man jetzt wisse wo
Luther sei und sein Enthalt (Aufenthalt) habe, so würden die Mitglieder

---

[1]) f. 601. Und da bildet man sich ein, das habe Alles auf den gemeinen Mann
keinen Eindruck gemacht und stehe Luther den politischen und socialen Bewegungen
jener Tage ferne, weil er die Schmähungen und Aufreizungen in das Goldpapier
evangelischer Phrasen eingewickelt.

des Reichsregimentes wohl auch wissen, was ihnen zukomme, namentlich, da der verwegene Mann auch das Reichsregiment „ganz schmählich läster= lich und unchristlich aufrufe".

Es ist wohl kein Zweifel, daß das Ansinnen des Herzogs, das Reichsregiment solle einschreiten, dieses selbst in große Verlegenheit setzte und, abgesehen von dem damaligen Schlusse des Reichstages, das Regiment eben deshalb es für das Klügste erachten mochte, gar nichts zu thun, selbst nicht einmal zu antworten.

Nicht sowohl Luther, als der deutsche Reichsfürst war geächtet, den Jener „als noch weit ungleich einen einigen Teufel" bezeichnete und zwar in einem Schreiben an den Churfürsten von Sachsen[1]). Ihm galt der Ausdruck der Verachtung in dem Briefe an Wenzel Link[2]). Er war das dumme Gehirn, welches, wenn die deutschen Fürsten darauf hörten, sicher einen großen Tumult erzeugen würde, stark genug, um alle Fürsten, Obrig= keiten und den ganzen Clerus zu verderben, und Niemand konnte mit größerem Rechte sagen, als Luther, das Volk sei auf das Aeußerste aufge= regt worden. Bald werde Deutschland, wie er sagte, durch Schuld der Fürsten im Blute schwimmen[3]). Im Briefe an Hartmuth von Kron= berg werden alle seine Feinde zu Teufeln gestempelt, wobei der Herzog indirect seinen Antheil erhält, wenn er nicht unter der Wasserblase zu verstehen ist, die „im Sinn hat, Christum zu fressen, wie der Wolf die Mucken[4])." „Die Sünde zu Worms sei eine Sünde gemeiner deutscher Nation", und den Fürsten, welche in diese eingewilligt, droht als unab= wendbares Verhängniß das Schicksal Pharao's. Die Katholiken sind nur mehr" eine unschlachtige und halsstarrige Secte und die deutsche Nation, welche ihre Propheten tödtet (namentlich Hus, der ja so sehr ein Freund der Deutschen war), mag sehen, ob es ihr nicht ergehe wie den Juden, da sie vor allen andern des Endchristes Stockmeister und Henker über Gottes Heilige und Propheten sein will." Sein deutscher Sinn ging damals soweit, sich mit den Böhmen in vertrautes Verhältniß zu setzen, von denen Deutschland ein Kriegszug drohte.

Da erschien erst noch Luther's Schmähschrift gegen König Heinrich VIII., die, was Rohheit der Denkungsart, Gemeinheit des Ausdruckes betrifft, bis dahin von keiner anderen in der gesammten deutschen Literatur übertroffen wurde. Der Herzog von Sachsen befand sich in vollem Rechte, als er nach

[1]) 3. März 1522. De Wette, II, S. 139.
[2]) 19. März. l. c. p. 157.
[3]) Ut videar mihi videre Germaniam in sanguine natare. l. c.
[4]) l. c. S. 164.

ihrem Erscheinen am 6. August dem Reichsregiment erklärte, seinem Eide
und Pflichten gegen den Kaiser nach könne er solche Schmähungen und
Lästerungen von einer so unverschämten Person als Dr. Martin Luther
nicht mit Geduld ertragen. Er machte das Reichsregiment aufmerksam,
welcher Schaden durch Luther's Auftreten gegen Kaiser Karl's V. mächtigen Bundesgenossen Ersterem erwachsen könne und erzwang dadurch endlich
die — nichtssagende Antwort des Reichsregimentes vom 16. August, daß
dasselbe kaiserliche Majestät Schmach und Schaden, „wo wir die erfüren
oder sehen," nit gerne gedulden wollen. Der Herzog antwortete am
9. September, indem er das Reichsregiment darauf hinwies, es möge
„sich dagegen mit der That wohl zeigen und zu beweisen" suchen; er
verstand aber sehr wohl, daß das Regiment es für unnöthig erachte, daß
er sich darum kümmere. Als aber der Erzherzog-Infant Ferdinand
oberster Statthalter des Reichsregiments geworden und unterdessen der
lateinische Text des Büchleins gegen König Heinrich VIII. erschienen war,
Luther aber, wie der Fürst schrieb, unverschämt und vermeslich behauptete,
es sei ihm das Wormser Geleit gebrochen worden, so wandte sich der
Herzog am 3. November 1522 aus Dresden nochmal an das Reichsregiment und beschwerte sich bitter, wie Luther dieses behaupten könne.

Am 4. Februar 1523 erfolgte aus Anlaß von Luther's Schrift an
Hartman (Hartmuth) von Kronberg, welche De Wette irrig in den März
1522 setzt, ein neues Schreiben an das Reichsregiment, in welchem sich
der Herzog vor Allem darüber beschwert, daß Luther unter anderen In-
jurien, Lästerungen und Leichtfertigungen, die er ihm auferlegte, auch ihn
einen Lügner gescholten und daß er dem Evangelium entsagt habe. Da er
nun selbst für seine Person mit Luther nichts zu thun haben wolle,
fordert der Herzog das Reichsregiment auf, zur Erhaltung seiner Ehre
Luther zurechtzubringen und seine fürstliche Ehre klar an den Tag zu
bringen. Es ist keine Antwort des Reichsregimentes auf das fürstliche
Schreiben erhalten.

Ganz abgesehen von diesen Zerwürfnissen war die Stimmung der
Fürsten gegen den Kaiser eine nichts weniger als freundliche. Auch waren
von Seite Karl's, der ja selbst erst 22 Jahre zählte, Fehler gemacht
worden, die sich rächen mußten. Er schrieb viel zu selten an die deutschen
Fürsten und schien sie so absichtlich zu vernachlässigen; die Pensionen,
welche bei Gelegenheit seiner Königswahl versprochen worden, wurden bei
dem steten Geldmangel nicht ausbezahlt. Was noch schlimmer war, es
fanden die Heiraten der Schwestern des Kaisers mit den Churprinzen
von Sachsen oder Brandenburg, denen sie versprochen worden waren,

nicht statt und als dann eine derselben dem Herzoge Carl von Bourbon, dem Herzoge von Mailand, endlich dem Könige von Portugal versprochen wurde, dessen Haus ohnehin mit dem spanischen durch nahe Verwandtschaft ganz verwachsen war[1]), so wuchs darüber das Mißvergnügen unter den deutschen Churfürsten in gefährlicher Weise. Pfalzgraf Friedrich bei Rhein, der Geliebte der Infantin Leonore, die mit so großem Widerwillen den König Manuel von Portugal geheiratet hatte und, Witwe geworden, nun auf's neue im Interesse ihres Bruders vermählt werden sollte, fühlte sich für seine treuen und aufopfernden Dienste zurückgesetzt, gekränkt, und es war zu fürchten, daß er, der präsumtive pfälzische Churfürst, sich zuletzt auf die Gegenseite schlagen werde, wie er es denn zuletzt auch wirklich that. Seinem Bruder hatte Kaiser Karl in Brüssel versprochen, ihn zum (römischen) Könige zu machen, was zur Erhaltung des Ansehens im Reiche dringend nothwendig war. Aber auch in dieser Beziehung geschah kein entscheidender Schritt und es ist wirklich rührend, zu lesen, wie Erzherzog Ferdinand nachher seinen Bruder beschwor, die Schritte nicht zu unterlassen, welche zur Aufrechthaltung des Kaiserthums nothwendig waren. Der aufrührerische Same der Glaubensspaltung, die alles Alte zu zerstören gedachte, ging auch in Betreff des Kaiserthums auf. Karl V. war in Spanien gar nicht so sicher, daß er nicht eines Tages als deutscher Kaiser entsetzt würde, wozu König Franz jeden Augenblick sehr gerne die Hände bot[2]). Man mußte einer Veränderung im Churfürstencollegium, der Beseitigung der geistlichen Churfürsten entgegensehen, und vielleicht wäre es sehr gerathen gewesen, durch eine neue goldene Bulle dem unnatürlichen Uebergewichte der geistlichen Fürsten im Reiche zu begegnen und der willkürlichen und gewaltsamen Säcularisation zuvorzukommen. Allein wie konnte dieses Kaiser Karl thun, der auf die goldene Bulle vereidigt, den status quo zu erhalten geschworen hatte und an seiner Seite, jetzt selbst zu seiner besonderen Stütze, den Markgrafen Albrecht, Erzbischof von Mainz, hatte, der schon aus Standes- und persönlichen Gründen jeder Veränderung im Churfürstencollegium entgegentreten mußte? Man durfte sich keiner Täuschung hingeben, daß die große Umwälzung in Glaubenssachen, welche

---

[1]) Ut si matrimonium hoc fieret majestatis divinae in nos lentam vindictam citius procurare quam quod boni quid sperare inde possemus, ließ Erzherzog Ferdinand dem Kaiser im Juni 1521 durch den Herrn von Bredaw deshalb sagen. Chmel, Instruction. Archiv für Kunde österr. Geschichtsquellen. 1848. I, S. 115.

[2]) Ich entnehme dieses der höchst lehrreichen Instruction an den Herrn von Bredaw, welche eine tiefe Einsicht in die deutschen Verhältnisse gewährt.

sich gegen den Papst, die Bischöfe, den Clerus so gut wie gegen die
Sacramente richtete und, wie der Erzherzog Ferdinand dem Kaiser schrieb,
vor der Person Christi nicht stehen blieb[1]), eine große politische Um=
wälzung schon aus dem Grunde mit sich führen werde, weil in keinem
Reiche die Verquickung von Geistlich und Weltlich so stark war als im
deutschen.　So glimmte das Feuer unter der Asche und war mit vollem
Rechte zu besorgen, daß der Brand, wenn er einmal ausbrach, die Ein=
richtungen des Reiches nicht minder als die der Kirche ergreifen werde.

Zum Reichstage kamen, abgesehen von Pfalzgraf Friedrich und Erz=
herzog Ferdinand als Statthalter, der Churerzkanzler Albrecht, sein
Bruder Joachim von Brandenburg persönlich, die übrigen Churfürsten
ließen sich vertreten, Friedrich von Sachsen durch den eifrigen Lutheraner
Hans von der Plewitz (Planitz), Dietrich von Techwitz, Joachim von
Pappenheim; der Churfürst von der Pfalz durch seinen Bruder, den
Pfalzgrafen.　Ferner die Erz= und Bischöfe Matthäus von Salzburg,
Wiegand von Bamberg, Conrad zu Würzburg, Christof zu Augsburg,
Wilhelm von Straßburg, Gabriel zu Eichstätt, Pfalzgraf Philipp von
Freising, Herzog Ernst (von Baiern) zu Passau; Leonhard zu Trient.
Auch der Hochmeister Albrecht von Preußen kam persönlich und vertrat
nachher für 1000 Gulden den Erzbischof von Mainz im Reichsregimente,
begann aber auch in Nürnberg das falsche Spiel, das mit seiner Apo=
stasie von der Kirche und dem Verrathe Preußen's an Polen endete; die
übrigen Bischöfe waren durch Bevollmächtigte vertreten.

Von weltlichen Fürsten erschienen persönlich der nichts weniger als
dem Hause Habsburg freundlich gesinnte Herzog Ludwig von Baiern,
bis zum Wormser Reichstage kein unbedingter Gegner Luther's, Heinrich,
Herzog zu Mecklenburg, Casimir Markgraf zu Brandenburg, Johann
Landgraf zu Leuchtenberg, Hermann Graf zu Henneberg, Erich und
Heinrich, Herzoge von Braunschweig, die Uebrigen waren gleich den
Aebten durch Botschafter vertreten.　Auch die Städte hatten ihre Ver=
treter gesandt[2]).

Der Reichstag selbst (am 1. August ausgeschrieben) wurde nach den
Acten am 18. November eröffnet, doch heißt es, es sei Montag vor
Martini die Heilige Geist=Messe gesungen, Mittwoch der päpstliche Orator,
Nachmittags der ungarische gehört worden, so daß also der Reichstag
vom 5. November 1523 an im Gange war.　Die Hilfe für Ungarn war

---

1) Instruction, S. 110.
2) Nach den Aufzeichnungen im Mainzer Archiv.

als unabweisbar und dringlich in den Vordergrund getreten; es scheint jedoch sich für's Erste nur um Ueberreichung der Creditive gehandelt zu haben.

Fünfter Abschnitt.

Die Mission Chieregato's und der Beschwerde-Reichstag in Nürnberg. Erklärung des Papstes vom 25. November 1522. Antwort der Stände.

Am 19. November 1522 hielt der päpstliche Nuntius seine Rede in Bezug auf Ungarn. Nach einer längeren Einleitung, durch welche er, Chieregato, die Mangelhaftigkeit seiner Rednergabe zu entschuldigen bemüht war, hob er die Friedensliebe Adrian's hervor, und daß er den Stand „der hinfallenden Kirche zu bessern fürgenommen". Er habe gleich anfänglich den Erzbischof von Bari zum Könige von Frankreich, den Bischof von Astorga zu dem Kaiser und dem König von England gesandt und dieselben zum Frieden zu bewegen gesucht. Wenn aber dieser nicht zu Stande komme, so sollte ein mehrjähriger Waffenstillstand geschlossen und während dessen die Türken bekriegt und womöglich vertilgt werden. Der Nuntius mußte jedoch bekennen, daß bisher in dieser Beziehung nichts ausgerichtet worden. Der Papst habe aber nichtsdestoweniger als getreuer Hirt mit höchstem Fleiße gehandelt, um zu Frieden und Einigkeit zu kommen; er habe nicht verzweifelt und eben deshalb ihn, den Nuntius, nach Nürnberg geschickt, um mit Hilfe der Stände die gemeine Kirche zu erneuern und gemeinen Frieden aufzurichten, ja, wenn nothwendig, wolle er dafür sein eigenes Blut vergießen. Er verzage nicht und „obwohl er selbst arm und kümerlich habe, darvon er lebe, habe er dennoch zwei Carakas von den Genuesen gekauft und, mit Proviant beladen, nach Rhodus geschickt, auch die Stadt Senia, in den enden Dalmatien's gelegen, unterstützt". Er wende sich an die christlichen Fürsten, damit sie Hilfe brächten, vor Allem an die Deutschen, damit sie die Ungarn, ihre alten Freunde beschirmten, um dadurch selbst türkischer Dienstbarkeit zu entgehen.

Die Rede wurde auf besonderen Wunsch der Fürsten in Nürnberg Latein und in's Deutsche[1]) übersetzt gedruckt und von ihrem Verfasser König

---

[1]) Die verteutschte Oration und Werbung, so bäpstlich Heiligkeit hat thun lassen. Wiener Staatsarchiv.

Ludwig gewidmet. Der ungarische Gesandte hielt seine Rede am 29. November. Auch diese wurde gedruckt und dem Woiwoden Johann Zapolya gewidmet, welcher an der Katastrophe Ungarn's im Jahre 1525 so großen Antheil genommen. Der Nuntius erhielt am 19. December auf sein Anbringen in lateinischer und deutscher Sprache die Antwort der Stände[1]).

Der Reichstag trennte, wie billig, die ungarische Angelegenheit von der Luther's, wie es ja auch der Nuntius gethan. Letzterer erhielt eine ausführliche Antwort, die den Bemühungen des Papstes, den Frieden unter den christlichen Mächten aufzurichten und die Wiederherstellung der sinkenden Kirche vorzunehmen, alle Gerechtigkeit widerfahren ließ. Die deutschen Fürsten seien bereitwilligst, die christliche und katholische Religion zu vertheidigen. Sie hätten gehofft, böhmische und polnische Bevollmächtigte am Reichstage zu sehen, um mit diesen in Betreff der Ungarnhilfe abzuschließen. Sie seien ausgeblieben. Dagegen hätte sich das gar nicht zu verachtende Gerücht verbreitet, die Böhmen wollten einige angrenzende deutsche Fürsten überfallen und hätten zu diesem Zwecke Rüstungen vorgenommen. Es müsse denn doch als ganz schmählich erachtet werden, von denen angefallen zu werden, deren König die Deutschen gegen die Türken zu vertheidigen bereit sei. Die ungarischen Gesandten müßten daher vor Allem auf ihren König einwirken, daß diese Gefahr für Deutschland entfernt werde. Ein weiteres Hinderniß des Türkenkrieges sei die Zwietracht zwischen dem Kaiser und dem Könige von Frankreich. Nichts destoweniger seien Erzherzog Ferdinand und die Stände bereit, zum Schutze Ungarn's und Croatien's im nächsten Sommer Truppen abzusenden, und es möge nun der Papst alle Hilfe aufbieten, den Frieden unter den christlichen Mächten zu Stande zu bringen und namentlich einen Fürstencongreß zu veranstalten. Sollten noch mehrere deutsche Fürsten zum Reichstage kommen, so könnte noch Vieles beschlossen werden. Der Papst möge auf die ungarischen Gesandten wirken, damit auch ungarischerseits Alles geschehe, um den Krieg wirksam führen zu können[2]).

Es charakterisirt aber vollkommen die deutschen Zustände daß, als der Abgesandte des deutschen Papstes die Rede vom 19. November in Druck gegeben, sie auch deutsch mit höhnenden Anmerkungen erschien, welche an Styl und Haltung den Urheber nur zu leicht erkennen lassen.

---

[1]) Bamberger Reichstags-Acten.

[2]) Ad reliqua autem, quae Vestra dominatio proxime de Luterano negotio exposuit accommodatiore tempore post opportunam deliberationem respondebunt, ubi vestra dominatio articulos illos nuper verbo propositos in scriptis mandaverit illustrissimisque principibus tradi (derit). S. d. Alte Reichshändel, f. 260—263.

Die Vorrede (das exordium, wo auf Athen hingewiesen worden war) wurde als gottlos und heidnisch bezeichnet. Wo vom römischen Reich die Rede ist, bemerkt: ja, wenn es der Endechrist nicht zu nicht gemacht hätte. Wo die Friedensliebe des Papstes erwähnt wird: von Früchten wird man erkennen, von wannen es erhebt ist. O ir blinden verfürer, meinent ir, das man in Tutsch landt noch nit sehe eweren trug so offt erfaren. Von den drei Fürsten heißt es: groß narren, welche gewachsen sind durch unfrieden und behalten müssen werden, suchen frid. Die Bemühungen des Papstes um Frieden werden mit den Worten beleuchtet: Doch vil gelt gen Rom darumb kome. Gots will geschehe, nicht des Bapsts Begirden. Wo von der Autorität des römischen Stuhles gesprochen wird, heißt es: erbarmtlich mit den iren verfürt. Wo von der Erneuerung der Kirche: Gott wirts recht erneuwern wider euch verfügen; wo von der Erwägung, was zum Heile führe: Römisch gifft ligt darvnder vil vil. Wo von gemeinsamer Berathung: gelt der Tutschen, nit radt suchen sie. Mit dem gelt das ir mit huren und eseln in aller Wollust verzert habt, wer man vor allen gewest. Wo von dem drohenden Schiffbruch der gemeinen Christenheit: wan ir nichts über-handt lassen denn den Namen. Ja, Bapstlicher, das ist der aller gott-losischen bößen zeit. Wo es heißt: der römisch stull sei stetigs mit lang-wierigem Kriege wider die Tyrannen der Kirche (unter Leo X.) beladen gewesen — ja beladen mit Buben, hüpschen huren, großen Eseln. O wie gleist der teufel, in ein Engel verwandelt, so hüpsch, heißt es, wo der Nuntius der Sorge Adrian's um Rhodus Erwähnung that. Wo von der Armuth des römischen Stuhles die Rede ist, wird bemerkt: und die lutherische oder göttliche warheit hat auch vil geschadt. Merkt wie der Fuchs sein Düke erzeigt. Endlich folgt das Bekenntniß: wir wolten dennoch lieber den Türken denn euch den letsten grösten gots Find und greuwel dienen, o ir ungleubigen die alle Ding in die menschen, nichts in Got setzen. Und zum Schlusse: Gott git (gib) dir ere du gottloser Curtisan [1]).

Erst nach der ungarischen Rede und zweifelsohne als der Nuntius das berühmte Breve Adrian's VI. vom 25. November bereits in Händen hatte, hielt derselbe seine zweite Rede gegen die verderbliche Häresie Luther's und deren Begünstigung durch die Deutschen, „welche bis dahin als die in Betreff des Cultus eifrigste Nation gehalten worden war." Adrian verlangte die völlige Ausrottung der Häresie und daß man sie mit

---

[1]) Ohne Druckort. Wiener Staatsarchiv.

nicht minderem Eifer bekämpfen müsse als die Türken die ja auch nur die Vernichtung des orthodoxen Glaubens beabsichtigten. Noch niemals habe es etwas Häßlicheres gegeben als die Luther'sche Häresie, welche die päpstliche Majestät beeinträchtige, die Religion zerstöre, die Buße ver= achte, die Beichte beseitige, die Genugthuung vernichte, den Ablaß aus= rotte, den geistlichen Stand vertilge, die Ehe in den Koth ziehe, die letzte Oelung verlache, die Firmung entkräftige, die Taufe beflecke, die heiligen Gesetze verbrenne, die Lehren der Väter zu Grunde richte, das Evangelium in Spott bringe, alles Göttliche und Menschliche profanire zur Schmach und Schande der deutschen Nation, die, hievon sich zu befreien, das Wormser Decret in Ausführung bringen solle. Er beschwor die Stände bei diesem Schiffbruche einzutreten und Alles aufzubieten, daß die Seuche nicht weiter um sich greife und Diejenigen zu bestrafen, welche weder Religion, noch Sitten, noch Gesetze in ihrer Pflicht zu er= halten vermögen [1]).

Leider fehlt uns das Datum der Rede, welche klar genug aussprach, daß Adrian die Meinung, als könnten noch Vorstellungen auf Luther ein= wirken, wenn er sie je hegte, gänzlich aufgegeben hatte; nur mehr ein Entweder — Oder schien möglich.

Unter diesen Verhältnissen war es, daß der Nuntius jenes Schreiben vom 25. November 1522 [2]) an die deutschen Churfürsten, Fürsten, Gesandten bei dem Nürnberger Reichstage übergab, das weniger wegen seiner staatsmännischen als rhetorischen Haltung und der Offenheit der Darlegung persönlicher Gefühle sich von ähnlichen Erlässen der Päpste unterschied. Adrian erwähnte zuerst, wie er von seiner Thronbesteigung an nur der Erlangung des Friedens und der Vereinigung der christlichen Fürsten gegen die Türken sich zugewendet habe, dann aber, von den auswärtigen Verhältnissen zu den inneren sich wendend, habe die Luther= sche Häresie vor Allem seine Aufmerksamkeit auf sich gezogen.

Er erwähnte, wie durch Vernachlässigung des Wormser Edictes es bereits zum Bürgerkriege in Deutschland gekommen sei, so, daß während von außen die Türken drängten, im Innern Alles voll Unruhe und Auf= ruhr sei. Die deutschen Fürsten möchten doch erwägen, ob sie sich durch ein Mönchlein, das von dem abfiel, was es so lange gelehrt, von dem Wege der Wahrheit abbringen lassen wollten; wie lächerlich es sei, daß

---

[1]) Mainzer Reichstags=Acten. S. d.

[2]) Rayn. 1522. n. 60. Das so berühmte Schreiben wurde dem Datum nach nicht Chieregato mitgegeben, sondern ihm nachgesandt, war somit vollständig ein motu proprio Adrian's; doch hatte Aleandro dazu gerathen. (Friedrich, S. 35.)

Luther thue, als wenn der heilige Geist ihm allein inuewohne, vor ihm Alles in Nacht und Finsterniß gelebt habe. Sie möchten die Freiheit untersuchen, die jetzt gelehrt werde und die, nachdem alle kirchliche Autorität mit Füßen getreten worden, nicht vor den weltlichen Gesetzen stehen bleiben werde. Eine allgemeine Umwälzung werde eintreten, wenn die Fürsten sich nicht entschlössen, Martin Luther und die übrigen Anstifter der Unruhen zurechtweisen zu wollen[1]). Gott sei sein Zeuge, daß er selbst viel eher zum Verzeihen als zum Bestrafen geneigt sei; wenn aber der Krebs so um sich fresse, bleibe nichts Anderes übrig, als zu harten Mitteln[2]) seine Zuflucht zu nehmen und das faulende Glied vom Körper zu trennen. Adrian führte den Fürsten Beispiele aus der Geschichte vor, wies sie an das Benehmen der deutschen Fürsten in Constanz gegen Hus und Hieronymus; er selbst sei bereit, sein Leben für die ihm anvertraute Heerde zu geben. Er forderte sie schließlich auf, seinem Nuntius Glauben zu schenken.

An dieses Schreiben schloß sich die nicht minder denkwürdige In-struction an[3]), welche die offenen Bekenntnisse enthielt, durch die Adrian „seine berühmte Nation" zu gewinnen hoffte, daß sie bei der nun ein-getretenen Krise einen andern Pfad einschlagen würde.

Sie bestand aus mehreren Theilen. Zuerst solle durch den Nuntius dem Reichstage der Schmerz über die Verbreitung der lutherischen Secte ausgedrückt werden, nachdem die deutsche Nation, der er selbst entsprossen[4]), sich bis dahin immer als die gläubigste und gehorsamste erwiesen habe. Er möge, bevor Deutschland das Schicksal Böhmen's treffe, Adrian's Bereitwilligkeit aussprechen, zu thun, was nur immer geschehen könne; die Nation selbst möge eingedenk sein, was die Ehre Gottes, ihr eigener Ruf, ihre Ehre verlangen[5]), nachdem der Wormser Reichstag sich bereits erklärt; sie möge der Unbilden gedenken, welche Luther ihren Vorfahren anthue, die im alten Glauben starben; der Gefahr, der ihr selbst aus der sogenannten evangelischen Freiheit entspringe, der Verwirrungen und Unruhen, welche bereits entstanden, der Unsitte, welche durch Lösung der Gelübde, die Heirath der Mönche und Nonnen einreiße.

---

[1]) Ad rectam sentiendi et vivendi viam quod nobis gratissimum et jucun-dissimum esset, omnibus sanctis modis reducere enitamini.

[2]) Aspera ernnt et ignita canteria adhibenda.

[3]) Rayn. 1522. n. 65. Mainzer Reichstags-Acten 1522.

[4]) Idque in natione in qua nobis secundum carnem origo est.

[5]) Secundo movere eos debet infamia nationis suae.

v. Höfler: Adrian VI. 18

Der Nuntius solle Ausführung des Beschlusses des Wormser Reichstages verlangen; den Reumüthigen möge die Rückkehr erleichtert werden,
die Hartnäckigen die Strafe treffen. Man solle nicht sagen, Luther sei
ungehört verurtheilt. Es handle sich darum, ob er das gesagt oder geschrieben
habe, was von ihm behauptet wurde. Materien des Glaubens seien zu
glauben und nicht zu beweisen. Niemals würde dem Streite ein Ende
gemacht werden können, wenn das zu Recht Entschiedene immer auf's neue
in Zweifel gezogen werden dürfe. Verlange man von jedem Staate, daß
seine Gesetze unverletzt beobachtet werden, so soll vor Allem in der Kirche,
die Gott in Glaubenssachen nicht irren lasse[1]), das beobachtet werden, was
durch so viele Jahrhunderte und die Zustimmung der gesammten katholischen Kirche festgesetzt sei.

Offen aber möge der Nuntius eingestehen, daß Gott diese Verfolgung
wegen der Sünden der Menschen und namentlich der Prälaten verhängt
habe. Schon die Schrift habe gesagt, daß die Sünden des Volkes von
den Sünden der Priester herkämen. „Wir wissen, daß auf diesem heiligen
Stuhl vor etlichen Jahren viel Abscheuliches stattgefunden habe[2]), Mißbräuche von Geistlichen vorfielen, Ueberschreitungen in den Geboten, zuletzt
Alle sich dem Schlechten zugewandt haben. Und es ist kein Wunder,
wenn die Krankheit sich von dem Haupt in die Glieder, von den Päpsten
zu den Prälaten zog. Wir Alle haben gesündigt und es ist nicht
Einer, der Gutes that. Alle müssen sich erniedrigen, Alle Gott die
Ehre geben." Eben deshalb wolle er auch die römische Curie, von welcher
all' dies Uebel ausgegangen, reformiren[3]) und während es ihm selbst
weit lieber gewesen wäre, im Privatleben Gott zu dienen, gedenke er,
zur päpstlichen Würde erhoben, nicht seine Verwandten zu erheben, sondern
die Kirche zu reformiren, den Unterdrückten zu Hilfe zu eilen, gelehrte
und tugendhafte Männer, die zurückgesetzt worden seien, zu belohnen.
Er könne nicht Alles zugleich reformiren, sonst möchte Alles in Verwirrung
kommen, aber er wolle Alles thun, was einem Nachfolger Petri zieme. Er
wolle strenge die Concordate halten, die Klagen wegen der Processe, sobald
die Uditoren, die wegen der Pest aus Rom geflohen, zurückgekehrt, untersuchen; die Fürsten möchten ihm selbst die Mittel angeben, wie der verderblichen Secte am besten entgegengetreten werden könne und auch der
Nuntius sich darüber genau unterrichten und ihm schreiben, endlich ihm

---

[1]) Quam deus in his quae fidei sunt nunquam errare permittit.

[2]) Scimus in hac sancta sede aliquot jam annis multa abhominanda fuisse, ab-
usus in spiritualibus, excessus in mandatis et omnia denique in perversum mutata.

[3]) Ut primum curia haec unde forte omne hoc malum processit reformetur.

die Namen ausgezeichneter armer Gelehrten mittheilen, damit er sie mit Pfründen verfehe und unterftütze[1]).

Man fann mit vollem Rechte fragen, ob ein derartiges Geftändniß am Platze war, feinen Endzweck erreichte; man fann fich lebhaft vorftellen, welche ftille Wuth es unter den Cardinälen hervorrief, die aus dem Pontificate Alexander's VI., Julius' II. hervorgegangen waren, nicht minder den Hohn, der fich der lutherifch Gefinnten bemächtigte, als der Papft von feiner Höhe der Univerfalherrfchaft herabftieg, um durch feinen Nuntius eine Scene aufführen zu laffen, die Canoffa weit hinter fich zurück ließ; man fann aber nicht leugnen, daß, wenn der in Deutfchland entftandene Riß fich überhaupt noch heilen ließ, die Heilung nur durch diefe unerhörte Selbftdemüthigung eingeleitet werden konnte. Der Papft hatte mehr gethan als man von ihm erwarten konnte; die größten An= fläger des römifchen Stuhles konnten nicht weiter gehen, als er gegangen war. Er hatte in dem vollften deutfchen Gemüthe und eben deshalb den Romanen unbegreiflich, fich an feine edle Nation gewendet; an ihr war es, mit gleichem Edelfinne zu antworten. Fand fich jetzt nicht der rechte Ton, fo war es unwiederbringlich mit der Ausficht einer Verföh= nung vorüber, die Kluft wurde immer größer und keine Macht der Erde war mehr im Stande, fie wieder auszufüllen. Jetzt war der Moment gefommen, in welchem die Wahl getroffen werden mußte zwifchen Auf= rechthaltung der alten Reichs= und Kirchenordnung und einer Neuerung, die alles Beftehende in Frage ftellte; zwifchen einer Entwicklung, die auf der Vergangenheit beruhte und dem vollften Bruche mit derfelben, und der Geftaltung einer Zufunft, welche jedenfalls das vollendete Gegen= bild zur ganzen reichen Vergangenheit des Chriftenthums, zu der ganzen deutfchen Gefchichte bildete. Wie der Reichstag in Nürnberg ent= fchied, entfchied fich die deutfche Gefchichte für Jahrhunderte.

Gerade in Betreff der deutfchen Angelegenheiten haben wir den Ver= luft der päpftlichen Regeften doppelt zu beklagen, da wir dadurch um die nähere Kenntniß jener Sorgen kommen, die Adrian auf fich nahm, die Deutfchen zur Kenntniß des Standes der Dinge zu bringen. Wir wiffen, daß er am letzten November 1522 ein Schreiben an Bürgermeifter und Rath der Stadt Bamberg[2]) richtete, das fein Staunen ausdrückte, wie es möglich fei, daß Luther gerade unter der frommen deutfchen Nation zahl=

---

[1]) Praeclara ingenia quae ex dignitate apostolicarum provisionum histri-onibus et stabulariis potius quam a viris doctis fieri solitarum a sedis hujus devotione aversa.

[2]) Burmann, p. 483.

loje Anhänger gefunden habe. Er stellte ihnen auf das Eindringlichste vor, welchen Zwistigkeiten und Gefahren sie durch Luther's neue Dogmen entgegengingen und forderte sie auf, seine Schriften den Flammen zu überliefern und namentlich auch dem Unfuge zu steuern, daß die Buchhändler in Bamberg keine katholischen Bücher drucken wollten. In einem Schreiben an die Cölner, das uns nur im Auszuge bei Cochläus[1]) erhalten ist, bezeichnete Adrian entweder Bosheit oder Begierde einer unmäßigen Habsucht als den inneren Grund, weshalb Luther Anhänger gefunden. Und an einer anderen Stelle bezeichnet er selbst die Widerlegung der lutherischen Anschauungen als leicht[2]), wobei freilich mehr der Standpunkt des früheren Professors sich bemerklich machte, als der eines tieferen Kenners des Umschwunges, der in Deutschland stattgefunden hatte.

Allein es war nach dem unverwerflichen Zeugnisse des Cochläus[3]) eine ganz ungemeine Veränderung in den Gemüthern vorgegangen, seit Luther den freilich ganz unrichtigen Satz ausgesprochen, daß nur das christlich und anzunehmen sei, was aus der heiligen Schrift sich beweisen lasse, aus der er selbst nach Willkür strich, was ihm nicht behagte, und nun die Lutherische Bibelübersetzung nicht blos die verborgene Quelle der Wahrheit zu eröffnen schien, sondern auch den Einzelnen zum Schiedsrichter in Glaubenssachen machte. Namentlich das jüngere Geschlecht warf sich mit ungeheurem Eifer auf die Lectüre der heiligen Schrift, und bald konnte man das bisher ungekannte Schauspiel sehen, daß Laien eine größere Bewandtniß in der heiligen Schrift bewiesen als Mönche und Geistliche, die 30 Jahre die scolastische Theologie studirt hatten. Dazu kam die moralische Versunkenheit eines großen Theiles des deutschen Clerus, der im Angesichte der größten Katastrophe von seinen üblen Gewohnheiten nicht abstehen wollte[4]) und so den Eindruck von Personen machte, die Gott in

---

[1]) Adversus cucullatum Minotaurum.

[2]) Erit vero hoc tanto facilius quanto haereses ipsae crassiores minusque defensabiles esse probantur. Nos certe hucusque nihil tam subtile ex hujus sectae assertionibus legere vel audire potuimus, quod non quivis in sacris literis vel mediocriter exercitatus facile coarguerit. Imo vero quod non saepius ab ecclesia et a priscis catholicis luculentissime reprobatum diligens lector invenerit.

[3]) Comentaria, p. 55.

[4]) Das erste Heft des II. Jahrganges der Württembergischen Vierteljahrsschrift für Landesgeschichte hat hiefür in Wagner's „Gmünd vor dem Bauernkriege" neue Belege gewährt, die sich oft genug wiederholen ließen. Der Barfüßermönch, der 1524 auf dem Perlach in Augsburg das Evangelium verkündete, ging wie ein Landsknecht, „hat zu Gmünd Aufruhr gemacht, Unkeuschheit trieben und täglich voll Wein ist gewesen". S. 28.

ihrer Verblendung dem Verderben geweiht. Im Gegensatze dazu auf der anderen Seite die Wirksamkeit des ersten Enthusiasmus, welcher bald zum fanatischen Angriffe auf alle Gebräuche der katholischen Kirche führte. Die katholischen Prediger wurden in ihren Vorträgen unterbrochen, Frauen verlangten unter Berufung auf ihre Kenntniß der Bibel das Lehramt für sich und wurden in ihrem Begehren von den „Paulinern" unterstützt. Das Zauberwort evangelischer Freiheit wirkte Wunder. Wer davon nicht ergriffen wurde, nicht Luther als Propheten, als den wahren Gottesmann, als den von Christus selbst Gesandten, von ihm zur Bringung des Heiles Auserwählten anerkannte, hatte kein Recht, seine Meinung auszusprechen. Er gehörte als Papist der Rotte Korah, dem Teufel an. Wandernde Buchhändler, die nur Luther's und der Seinigen Schriften priesen und diese auf den Märkten verkauften, durchzogen Ober- und Niederdeutschland. Die lutherischen Schriften füllten und beherrschten den Büchermarkt in Frankfurt am Main, und schon weil es immer und immer wiederholt wurde, daß die Welt bis jetzt in Finsterniß gewesen, wurde es geglaubt. Für eine andere Meinung war kein Platz, und kaiserliches und päpstliches Verbot erwies sich hiebei gleich hinfällig.

Adrian hatte sich jedoch nicht blos an Städte und Bürger gewendet. Er richtete gleichmäßig an einzelne Churfürsten, Fürsten und Corporationen besondere Schreiben, um sie zum Auftreten gegen Luther zu bewegen; wohl das eindringlichste an den Churfürsten Friedrich von Sachsen, das der päpstliche Annalist, welcher das vaticanische Archiv benützte, als echt mittheilt. Er erinnerte ihn an Karl den Großen, an den Sachsen Gregor V., an den Zustand der Kirche, an das Verderbniß der Seelen und schilderte endlich in ebenso wahren als entsetzlichen Zügen die ganze heillose Verwirrung der Geister, die Auflösung aller Ordnung der Dinge, welche durch Ueberhandnahme der lutherischen Bewegung zur vollendeten Thatsache geworden war. Es war nicht mehr ein Brief, sondern eine theologische Abhandlung der beweglichsten Art, die der Papst an den Churfürsten richtete, und worin er die zahlreichen Willkürlichkeiten, die sich Luther gegen die Lehre der Kirche erlaubte, weitläufig auseinandersetzte. Die wüthende Sprache Luther's, welche so viele treffliche Männer von ihm zurückstieß, wurde hervorgehoben und ihr die des Apostels Paulus entgegengestellt, Luther als Apostel des Antichristes bezeichnet. Adrian erinnerte den Churfürsten an die Schmähreden, welche Luther gegen die Päpste geführt, wie er, der neue Apostel und Evangelist, die Weltlichen aufgefordert, ihre Hände im Blute der Geistlichen zu waschen; wie Mönche und Nonnen aus den Klöstern sprängen, Alles profanirt,

die Kirchen geplündert würden, und kam endlich zu dem Schlusse, der
Churfürst möge sich der Kirche, er möge sich seiner selbst erbarmen, des
göttlichen Gerichtes eingedenk sein und Luther's unverschämtes Maul
zum Schweigen bringen[1]).

Es war das Verhängniß der deutschen Nation, gerade damals
Bischöfe zu haben, die schwiegen, wo sie reden sollten, und, während der
erste weltliche Churfürst des Reiches, König Ludwig von Ungarn und
Böhmen, wie die lehrreichen Acta Tomiciana zeigen, sich durch schlechte
Umgebung zu Grunde richtete, war der Pfalzgraf bei Rhein, Churfürst
Ludwig, ganz unbedeutend, der Churfürst von Sachsen aber glich eher
einer Wand, einem Holzblocke, als einem Manne, auf welchen Gründe
einen Eindruck machten und der wie geschaffen war, alle Schleußen
zu öffnen, bis die allgemeine Fluth das Reich bedeckte. Wie lange dauerte
es und die Churfürsten suchten sich zwischen den Kaiser und König Franz
hineinzudrängen, um auch gegen den ersteren eine Stellung zu gewinnen!
(1524.) Nach Ranke's Darstellung wurde das Anbringen des Nuntius
erst am 4. Januar den Ständen mitgetheilt, die sodann Abschriften des
Breve und der Instruction verlangten und erhielten, die Angelegenheit
einem Ausschusse zur Berathung übergeben, in welchem die entschiedensten
Anhänger Luther's, der Sachse Planitz und der bambergische Hofmeister
Johann von Schwarzenberg sich befanden. Endlich sei am 13. Januar 1523
„das auf ewig denkwürdige Gutachten" der Stände zur weiteren Berathung
übergeben worden und die Antwort ganz im Sinne der lutherischen
Majorität ausgefallen. Die katholischen Mitglieder hätten sich von der
Berathung ferne gehalten.

Wir können jedoch dieser Anschauung nicht unbedingt beipflichten.
Nach den bamberger Reichstags-Acten wurde des Gutachten des Ausschusses, welches wegen der lutherischen Lehre verordnet ward, Freitag
Abends den 17. Januar verfaßt. Nach den Mainzer Acten aber zeigt
sich denn doch wohl, daß das Concept nicht so unbedingt angenommen
wurde, und daß die katholischen Stände sich von den Berathungen ferne
gehalten, erscheint uns nach der Einsicht, welche wir in den Stand der
Acten genommen, nichts weniger denn richtig.

Die Antwort[2]) lautete selbst in einem Tone, der zu den besten Hoffnungen berechtigte, voll Anerkennung der Tugenden des Papstes und dessen, was

---

[1]) Gegen die Echtheit des Schreibens Janssen, Geschichte des deutschen Volkes,
Bd. II. 1879. S. 269, n. 1.

[2]) Fürter als bebstl. Heiligkeit durch Jr Bottschaft neben der Werbung vund
fürbitt, so sie vonn wegen der Cron zu Hungern vmb hielsse gegen den Türken ge-

er bereits gethan, die frohe Aussicht theilend, es werde ihm gelingen,
die Fürsten unter sich und zum allgemeinen Kriege gegen die Türken
zu vereinen. Dann, in die Instruction näher eingehend, bemerkten die
Stände, daß auch sie die Gefahr der Secten und die Unannehmlichkeiten
bedauerten, die aus der Secte Luther's und Anderer hervorgingen. Sie
erkannten, daß Kaiser und Papst dazu verpflichtet seien, zu thun, was nur

---

than anfengklich mundlich vnnd nachvolgends durch ein bepstl. Breve vnnd Instruction
Martini Luthers vnnd desselben Anhenger vilseltigen schreibens vnnd lere halber
ermanung vnnd erinnderung thun lassen mit zeittigem Rate, damit sollich aufrürige
schreiben vnnd lere fürkomen, versehens zu thun mit angehengter bitt Jrer Heiligkeit
inn schrieften vnnser gutbedunken vnnd Rate durch was Mittel und Wege sollicher
der lutherischen Sect zu begegnen sein mocht zu eroffnen vnnd mitzutheilen, wolt Jr
Heiligkeit was Jr in sollichem zu thun gebüre, kein mangel erscheinen lassen, das
demnach vnnser Stathalter, auch Churfürsten, Fürsten, Prelaten, Graven vnnd andere Stende des hl. R. Reiches, auch derselbigen geschickten Botschafter vf wichtigem
gehabten Rate dieser Zeit nach gestalt vnnd legenheit aller sachen kein treflicher hielf-
licher mittel haben erdenken können oder megen, denn das die bebstl. Heiligkeit mit
vnnserer Verwilligung ein frei cristlich concilium an bequemer Malstat teutscher
Nacion als gein Straßburg, Maintz, Coln, Metz oder an andern ort sich bebstl.
Heiligkeit vnnd wir vnns vereinigen mochten außgeschrieben vnnd vfs lengst in Jares
frist angefangen werde, wie denn bemelter vnnser Stathalter auch Churfürsten, Fürsten
vnnd Stende Jr. Heiligkeit sollichen Ratschlag vnnd notturftige gutbedunken widerumb
schrieftlich in Antwortsweyß haben stellen vnnd zuschicken lassen zu sambt etlichen
Artikeln vnnd Beschwerungen des Stuls zu Rome, wie die auf nechstgehaltem Reichstage zu Worms vom den weltl. Churfürsten, Fürsten vnnd Stenden in teutsch vnd
ytzo alhier in latein gestelt sein mit angehengter bitt, dem allem gebürlich enderung
vnd vnsehens zu thun, sich auch daneben erpotten, mitler Zeit biß zu sollichem Concilio allen vleis fürzuwenden vnnd zu haben, vnnd sunderlich mit Hertz. Friderich
von Sachsen Churfürsten, in des Fürstenthumb sich gemelter Luther vnnd etlich sein Anhenger enthalten, vleissig handeln zu lassen, verhoffen sollichs bei Jme zu erlangen, zu verfügen, damit gemelter Lutter oder sein Anhenger hinfürter nichts neuß schreiben
oder trucken laß. Jnn Zuversicht, er würde zu dem als ein erlicher Churfürst nach
aller Zimlichkeit behülflich sein, das auch ein yeder Churfürst, Fürst vnnd andere
Stennde des Reichs in seiner Obrigkeit verfügen solle, damit mitler Zeit nichts anders
denn das hl. Evangelium nach Außlegung der schrieften, von der cristenlichen Kirchen
approbirt vnnd angenomen gepredigt, das auch weytter nichts neuß getruckt oder
feill gehabt werde. Es sey dann zuvor durch gelerte person, so darzu sunderlich verwendet werden sollen, besichtigt vnd zugelassen, wie denn sollichs die schrifft Jrer
Heiligkeit gethan, weytter innhelt. Damit nun sollichem zuschreiben volziehung geschehe,
so haben sich vnnser Stathalter zc. vereinigt vnd entschlossen, dem Churfürsten von
Sachsen inn des Fürstenthumb Martinus Lutter vnnd etlich sein Anhenger sich wie
gemelt enthalten, zu schreiben vnd allen Bleis fürzuwenden zuverkomen, damit bemelter Lutter vnnd sein Anhenger weytter nichts neuß, auf das künftig Concilium
schreiben oder trucken lassen. — Jn dem soll ein yeder Churfürst, Fürst, geistlich

immer zur Vertilgung der Irrthümer und der Gefahren der Seelen[1]) geschehen könne; sie entschuldigten, daß aus genügenden Ursachen die päpstliche Sentenz und die Wormser Acht gegen Luther nicht in Vollzug gesetzt worden seien. Die Mehrheit der deutschen Nation sei nämlich über= zeugt, daß ihr von dem römischen Hofe große Beschwerden zugefügt worden seien, und wenn daher jene Sentenzen in Ausführung gebracht würden, so möchte das Volk glauben, man wolle die evangelische Wahrheit um= stürzen und müßte man dann Aufruhr und Blutvergießen befürchten. Hiebei lautet das ursprüngliche Concept: Nachdem was Ursachen got der Allmechtige solche Verfolgung seiner Kirchen verhängt, ist durch pepstlicher Heiligkeit oratoris Werbung vnd vberantwortete Instruction gar loblich clerlich vnd wol angezeigt, daß solchs von wegen der sündt beschehn vnd das die sündt des Volkes von den sünden der Prister vnd Prä= laten herfließe vnd das darumb dieselben zuvorderst vnd von ersten als die endlich vrsach solcher krankheit von der Wurzel geheilt, gestraft vnd

vnnd weltlich, Prelaten, Graven vnnd andere sovil im Reich mit allem moglichen Vleis inn seiner Obrigkeit bestellen vnnd verfügen, das mit allen Predigern fuglich vnd zimlicher weiß gerett vnnd gehandelt werde, inn iren predigen zu vermeyden was zu Bewegung des gemeinen Mannes wider die Obrigkeit oder aber die Cristen= menschen in irrung zu füren, vrsach geben moge, Sunder das sie allein das hl. Evan= gelium nach Außlegung der schrieften von der hl. cristenlichen Kirchen approbirt vnd angenomen zu predigen vnd zu leren vnd was disputirlich sachen so dem ge= meinen Man vnverstendig auch vnnott zu wissen sein, sich dieselbigen zu predigen vnd zu leren zu enthalten, Sunder obgemelts cristlichen Concilii entscheid zu gewer= tigen vnnd sollen die Erzbischoff vnnd Bischoff etliche verstendige der hl. Schrift ver= ordnen, die auf sollig predig vnnd lere vleissig anmerkung haben vnd woe sie darinn irrung befunden, sollen sie alßdann dieselbigen prediger oder lerer gutlich, bescheidentlich vnnd dermaß davon weyßen, das daraus mit nichts verstanden werden mocht, als wolt man die evangelisch warheit verhindern, vnnd vertrucken, welliche prediger sich aber davon nit weißen lassen, megen die Ordinarien mit gebürlicher straff gegen die= selbigen trachten vnnd gedenken wie sie dann wol zu thun wissen. — Es sollen vnd wollen auch vnsere Stathalter ꝛc. mitler Zeit des Concili in allen Truckereyen vnd bey allen Buchfuren eins yeden Obrigkeit mit allem moglichen vleiß versehung thun, das weyter nichts neuß getruckt vnnd besunder schmehschrift weder offenlich noch heymlich zu feylen kauff getragen oder außgelegt werden, Sunder was derhalb weyters ge= truckt oder feil gehabt wirdet, das solle zuvor durch yede Obrigkeit verordnete vnnd verstendig person, wie in nechstem Artikel bemelt, besichtigen vnd wer darinn mangel befunden, sol dasselbig zu trucken oder feil zu haben bey grosser straff nit zugelassen, Sunder also strengklich verpotten sein vnd gehalten werden. — Am Montag nach Unf. Fr. T. praesent. 1523 erließ sodann das Reichsregiment einen Drohbrief an den Adel, zu Schweinfurth versammelt. Alte Reichshandt. (Wiener Staatsarchiv.)

[1]) Man vermied consequent den Ausdruck haeresis, aber der gebrauchte error oder secta schloß so ziemlich denselben Begriff in sich, nur war er milder.

abgewendet werden solle. Dieser im Concept durchstrichene Passus sprach eigentlich nur den Grundgedanken Papst Adrian's aus, der ja nichts so sehr bedauerte, als daß er nicht mit der vollendeten Reformation der römischen Curie an den deutschen Reichstag herantreten könne.

Die Stände setzten wohl ihre Hoffnung auf eine Reformation der Curie, auf Festhaltung an den Concordaten und erwarteten davon viel Gutes; es sei aber auch nothwendig, daß gewisse Beschwerden der Laien= fürsten gehoben würden, ohne welche wahrer Frieden und Eintracht zwischen Geistlichen und Laien nicht bestehen könne. Deutschland sei so verarmt, daß es selbst seine Ausgaben für Erhaltung des Friedens und der Gerechtigkeit nicht zu bestreiten vermöge, geschweige Ungarn und Croatien unterstützen könne. Da nun die Annaten dem römischen Stuhle einst zum Zwecke der Türkenkriege gewährt, aber von diesem ihrem Endzwecke entfremdet worden seien, so könnten die Prälaten die dazu nöthigen Steuern von ihren Unterthanen nicht erheben und müßte deshalb ver= langt werden, daß künftig die Annaten im Lande blieben und für deutsche Interessen verwendet würden.

Damit war auf einmal das volkswirthschaftliche Element in die römisch=deutsche Auseinandersetzung hineingezogen worden. Man konnte aber sehr wohl damit übereinstimmen, daß die Annaten im Lande blieben, und daneben den deutschen Ständen in Erinnerung bringen, daß eine größere Ordnung im Reiche auch dem gesunkenen Wohlstande wieder auf= helfen werde.

Wenn es sich aber darum handle, dem lutherischen Irrthum wirk= sam entgegenzutreten, so sei hiezu nichts geeigneter, als mit Zustimmung des Kaisers ein freies christliches Concil auf deutschem Boden zu halten, entweder in Straßburg, oder in Mainz, Cöln oder Metz und zwar inner= halb Jahresfrist, dem dann Geistliche wie Laien beiwohnen könnten und wo Jeder ohne Beschränkung frei seine Meinung sagen möge[1]).

Wie dieses christliche Concil, wo Jeder frei reden konnte, was er wollte, gehalten werden könne, war wohl kaum Einem jener Männer

---

[1]) Quod Beatitudo accedente ad haec S. Caes. Majestatis consensu li= berum christianum concilium ad locum convenientem in natione Germaniae — darin bestand der Nachdruck — indicare nec ultra unius anni spatium si possi= bile foret haec concilii convocatio et designatio differantur et quod in tali con= cilio cujusquis interesse deberet ecclesiastici vel lasci ordinis non obstantibus quibuscunque juramentis et obligationibus libere liceret loqui et consulere pro gloria summi dei.

klar, die es begehrten. Noch weniger, welche Autorität ihm zukomme, wenn es Beschlüsse faßte, die Dr. Martin Luther nicht genehm waren und die er als unevangelisch zu betrachten für gut fand. Ob dann das Concil sich vor ihm zu beugen habe? Denn daß er sich auch vor dem freien christlichen Concil nicht beugen werde, mußte doch als selbstver= ständlich angenommen werden. So lange daher nicht ausgemacht war, welche zwingende Gewalt dem Concil auf deutschem Boden zukomme, das als ein freies christliches doch auch von allen christlichen Völkern beschickt werden mußte und nicht ein bloßes deutsches Nationalconcil sein konnte, war nur ein Schlagwort der Zeit ausgesprochen, das aber, wenn man seine praktische Bedeutung erwog, in Dunst aufging.

Einen der wichtigsten Punkte bildete das Benehmen des Churfürsten Friedrich von Sachsen, das vom Standpunkte des Reichsfürstenrechtes ganz unverantwortlich war und von keinem Kaiser der alten Zeit geduldet worden wäre.

Zwar ließ der Churfürst dem Nuntius durch den intriguanten Hans von der Planitz erklären, er sei bereit, jeden Augenblick sich gegen alle ungerechten Beschuldigungen vor Kaiser und Reich zu verthei= digen. Es sollte dieses wohl die Antwort auf das Schreiben Adrian's an ihn sein. Es wäre jedoch interessant gewesen, zu wissen, wie wirklich seine Vertheidigung gelautet hätte, nachdem er am 5. Januar 1523 dem Kaiser geschrieben, man möge doch, wie er so oft gebeten, mit ihm von dieser Sache nicht handeln, da er vor Alter und Krankheit schwach und der Sachen unverständig sei. Er wisse demnach wenig oder gar nichts darin zu thun! Nicht blos daß das Episkopat damals so schwach war, war ein Verhängniß; es war in nicht geringerem Grade, daß aus dem weisen Churfürsten im Augenblicke der größten Krisis des Reiches ein Thor geworden war. Andererseits hatte der Nuntius, wie er selbst am 10. Januar 1523 schrieb, mit Drohungen, Schmähschriften, Grobheiten und allen möglichen Niederträchtigkeiten zu kämpfen, die ihm während des Reichstages zu Theil wurden und denen er Besonnenheit und Ruhe entgegenstellte. Der Reichstag erbot sich endlich, was die Be= ruhigung der Gemüther betraf, zu mehreren Mitteln. Man solle sich an den Churfürsten Friedrich wenden und bei ihm zu bewirken suchen, daß Luther und seine Anhänger nichts mehr schreiben und drucken ließen, in der Zuversicht, „daß er zu dem als ein ehrlicher Churfürst nach aller Ziem= lichkeit behülflich sein werde". Es sollte ferner auf alle Prediger in ganz Deutschland eingewirkt werden, damit sie sich aller Aufreizung enthielten und nur das wahre, reine, lautere und heilige Evangelium und die appro=

birte Schrift fromm, sanft und christlich nach der Doctrin und Auslegung der approbirten Väter lehrten[1].

Die Erzbischöfe und Bischöfe sollten in ihren Diöcesen gelehrte Männer aufstellen, welche die Predigten überwachten[2], Fehler sanft verbesserten, hartnäckige Prediger sollten durch ihre Ordinarien bestraft werden. Neuen Drucken, namentlich dem Verkaufe von Schmähschriften, solle gesteuert und eine Censurbehörde eingesetzt werden. Es hieß ferner: „Der Geistlichen halber so Weiber nemen, auch der Ordensperson halber so aus einem Closter austreten, sol es dieweil in gemeinen Rechten der weltlichen Obrigkeit dazu kein straf geordnet ist bei der straf der geistlichen Recht beleiben, also daß sie ihre Freiheit privilegirten Pfründen und anders verwirkt haben sollen und daß die Ordinarien von der weltlichen Obrigkeit in solcher Strafe mit nicht verhindert werden sollen, sondern daß sie zu Beschirmung geistlicher Obrigkeit ihnen Hilfe und Beistand beweisen, wie denn deßhalb öffentlich mandata und edicta ausgehen sollten. Würden sich aber dieselben geistlichen Personen über das ungebürlich oder sträflich halten, so sollen sie nach Ordnung gesetzter Rechte auch gestraft werden."

Es ist, wenn man den authentischen Bericht durchgeht, kaum ein Grund vorhanden, den 13. Januar 1523, an welchem das Gutachten des Ausschusses den Ständen übergeben wurde, besonders zu feiern oder letzteren als ewig denkwürdig[3] zu bezeichnen. Es handelte sich darum, ob Luther's Schriften als zu Aufruhr und Aergerniß des Christenvolkes Ursache und Bewegung gebend bezeichnet werden sollten, und wenn dieser Passus im Mainzer Concepte gestrichen wurde[4], so liegt der Grund sehr nahe. Bezeichnete der Reichstag Luther's Schriften direct als Ursache des Aufruhrs, so war nicht blos er Aufrührer, sondern der Churfürst Heger und Förderer desselben und so straffällig als sein Unterthan. Daher wurde die mildere Form gewählt, daß die Stände die Hoffnung aussprachen, der Churfürst werde dafür Sorge tragen, daß Luther und die Seinen nichts weiter schreiben oder drucken ließen. Der Reichstag verurtheilte damit

---

[1] Im Concepte der Mainzer Acten hieß es: juxta doctrinam et expositionem IV doctorum ecclesiae ex libris Hieronymi Gregorii Augustini et Ambrosii usque ad determinationem proximi indicandi concilii. Das ward aber ausgestrichen.

[2] Ranke hat es (II, S. 47) nicht für gut gefunden, die sehr wichtigen Punkte mitzutheilen und gibt dadurch nur ein getrübtes Bild dieser Beschlüsse.

[3] Wie Ranke (II, S. 47) sich ausdrückt.

[4] Mainzer Reichstags-Acten.

Luther und seine Schriften und begehrte, daß im Interesse des Friedens und des Reiches er angehalten werde, zu schweigen. Darin einen Sieg der Sache Luther's erblicken zu wollen, wird mit der gewöhnlichen Logik sich kaum vertragen. Keine Partei konnte sich des Sieges rühmen, wohl aber war ein Compromiß entstanden.

Der Reichstag war der Meinung, daß, wenn die von ihm gefaßten Beschlüsse in Ausführung kämen und der Papst seinerzeit reformire, die Hoffnung vorhanden sei, daß den Unruhen gesteuert werde oder doch sie niedergeworfen werden könnten.

Der Nuntius erklärte sich jedoch mit dem Abschiede nicht einverstanden. Er verlangte, daß namentlich in Betreff des Concils die wörtliche Abfassung geändert werden möge[1]. Er dankte für die im Anfange ausgesprochene gute Gesinnung, erklärte aber, wenn Luther vor dem Wormser Edicte in vielen Dingen geirrt habe, so sei dies ungleich ärger geworden als früher. Gegen das Concil selbst remonstrirte er nicht!

Die Erklärung, durch welche der kaiserliche Befehl suspendirt werde, sei ebenso beleidigend gegen Gott als auch gegen den Kaiser und Papst. Jetzt aber, wo ein deutscher Papst begonnen habe, die Kirche zu reformiren und Deutschland zu seinem alten Glanze zurückzubringen, sollten die Stände vor Allem die kaiserliche Sentenz in Ausführung bringen[2]. Seinerseits werde Adrian Alles, was in seinen Kräften liege, thun, die inneren Unruhen zu beseitigen. In Betreff der Annaten möge die Zustimmung des Papstes erwartet werden, in Betreff des Concils und dessen Berufung ihm nicht im Voraus die Hände gebunden werden. Zu Predigern sollten nur die von den Ordinarien Bestimmten zugelassen und die Anderen entfernt werden. Er verlangte Verbrennung der gedruckten lutherischen Bücher, Bestrafung der Drucker und Verkäufer, Aufrechthaltung des Befehles des lateranischen Concils, demzufolge kein Buch gedruckt werden dürfe, ehe nicht der Bischof oder der Official desselben es geprüft und gut befunden habe. Die abgefallenen Priester und Mönche müßten von ihren geistlichen Obern, nicht von den weltlichen bestraft werden, damit die geistliche Jurisdiction gewahrt werde.

---

[1] Tollantur ea verba quae possent aliquam umbram facere S. Sanctitati prout est quod SS. debeat convocare concilium de consensu Caesareae majestatis quod sit liberum et quod relaxentur juramenta; item quod ponatur magis in una civitate quam in alia et similia. Quia nisi tollerentur ista, videatur S. Sanctitati ligari manus per illustrissimas dominationes vestras.

[2] Sine aliqua diminutione cum ex his magna pars imo tota Germaniae salus dependeat.

Der Nuntius hatte vom Standpunkte des canonischen Rechtes aus die volle Befugniß, dieses Verlangen zu stellen. Es war aber auch ein anderer Standpunkt berechtigt und von diesem aus ist, wie es in den Mainzer Reichstags-Acten heißt, „päpstlicher Heiligkeit Oratoren Antwort geben, daß man es bei voriger Antwort belassen wolle". Es stand jedem Fürsten frei, wenn er wollte, die Beschlüsse in scharfem oder minder scharfem Sinne aufzufassen und auszuführen. Hatten doch der Statthalter, die Fürsten und Stände den Nuntius ihrer besten christlichen Gesinnung versichert.

Die Antwort beruhte auf einem Compromisse der Parteien und enthielt somit nicht den Ausdruck des Sieges einer einzigen. Als dann noch der Erzherzog-Statthalter im Namen der Fürsten und Stände den Papst und den Nuntius eifrig bat, sie möchten, was da ausgesprochen worden, nur so verstehen, wie es von einem guten, frommen, aufrichtigen und christlichen Gemüthe erdacht und gesprochen war, als er die Versicherung hinzufügte, daß die Stände nichts so sehr wünschten, als die Unversehrtheit und das Heil der römisch-katholischen Kirche und des Papstes selbst, so war erreicht, was unter so schwierigen Verhältnissen nur immer möglich war (6. März 1523). Dem Papste aber war durch das Verlangen eines Concils auf deutschem Boden gar kein Mißbehagen geschehen. Nicht er hatte sich gegen das Constanzer Concil ausgesprochen; nicht er dachte sich einem neuen Concil zu entziehen. Wir wissen positiv, daß er den Gegner im eigenen Lager aufzusuchen entschlossen war und nur der frühe Tod ihn verhinderte, das Concil auf deutschem Boden selbst zu besuchen, dem zweifelsohne dann auch der Kaiser und mehr als ein König beigewohnt hätten. Der in Deutschland begonnene Streit sollte und konnte nicht durch einen deutschen Reichstag ausgetragen werden, sondern, da er allgemeine Interessen berührte, die gesammte Lehre und Disciplin, Cultus und Dogma betraf, von einem allgemeinen Concil entschieden werden, dem der Papst, wie so viele seiner Vorfahren, präsidirt hätte. Im Reichstagsbeschlusse heißt es noch, daß wegen der dem Gesandten des Königs von Ungarn und dem Grafen von Croatien versprochenen Hilfe (4000 Knechte) hiezu Niemand eine neue Auflage zu zahlen gehalten sei, es sei denn zuvor der Anschlag nach eines jeden Standes Gelegenheit geringert oder gemäßigt. Auch sollte, was für Reichsregiment und Kammergericht treffe, vorbehalten werden, die Annaten und was von Pensionen an Erzbisthümern, Bisthümern und anderen Beneficien bisher nach Rom gegangen sei, sowie Steuer und Hilfe aus reichen Klöstern sollten zu beständiger Unterhaltung des Reichsregimentes und Kammergerichtes verwendet werden.

Es erfolgte ferner am 6. März „ein Mandat wider die luterische Sect und derselben Schrifft ausgangen [1])," in welchem es wörtlich hieß, es solle verfügt werden, „das derselb Luther oder seine Anhenger hinfürder nichts neus schreiben oder drucken lassen, das auch ein jeder Churfürst, Fürst vnd ander Stende des Reiches in seiner Obrigkeit verfügen solle, auf das mittler Zeit nichts anders denn das heil. Evangelium nach Auslegung der schrifften **von der christl.** Kirchen **approbirt vnd angenommen** gepredigt, das auch weiter nichts neues gedruckt vnd seil gehabt werde, es sey denn zuvor durch gelerte Personen so dazu sonderlich verordnet werden sollen, besichtigt vnd zugelassen, wie denn solcher die Schrift Jrer Heiligkeit zugesannt weiter imhelte."

Die Prediger sollten sich des unnützen Disputirens enthalten, die Erzbischöfe und Bischöfe auf solche Prediger fleißig aufmerksam sein, und wenn sich Prediger im Jrrthum befänden, diese „bescheidenlich und so unterwiesen werden, daß man daraus nicht spüre, daß man die evangelische Wahrheit unterdrucken wolle; würden sie sich aber **nicht** fügen, sollten die ordinarii mit **gebürlicher Strafe** gegen sie einschreiten."

Es hieß ferner in dem Ausschreiben vom Mittwoch nach St. Sebastianstage (21. Januar 1523) „in Betreff der gefährlichen Irrungen, Mißverständnisse unseres hl. Glaubens so jetzo durch allerlei unbedächtliche Ausschreiben, Druck und Lehre allenthalben bei dem gemeinen Manne entstehen, die ohne Zweifel wo solchen mit stattlichem Rathe nicht Fürsehung geschehe, kürzlich in noch weitere Irrung [2]) dermaßen anwachsen, daraus merklicher Widerwillen, Aufruhr vnd Empörung fließen mochten. Da nun viel Ursache hievon darin ruhe, daß jeder nach seinem Willen und Gefallen drucken lasse, so sei beschlossen worden, daß künftig nichts mehr zu drucken sei, ehe es nicht von einer dazu verordneten Commission zugelassen worden sei."

So war die Einführung einer obrigkeitlichen Censur eine der ersten Folgen der deutschen Reformation. Man rief nach evangelischer Freiheit, während das neue Evangelium sich zu dem Hauptsatze von der Unfreiheit des Willens bekannte, und um der Empörung vorzubeugen, mußte bereits die Freiheit der Aeußerung der Willensmeinung beschränkt werden. Aber auf dem Concil sollte Jeder frei seine Meinung sagen können! Es wäre das Gegenstück zur Räubersynode geworden. Noch wurde dem Kaiser im Berichte über den Reichstag [3]) wegen seines Schreibens über die

---

[1]) Alte Reichshandt. f. 230. (Wiener geh. Staatsarchiv.)
[2]) Im Concepte hieß es: „vnd Entbörung".
[3]) Sonntag nach Dorothea 1523.

Annaten und Pensionen besonders gedankt, von den Verhandlungen mit Papst Adrian dabei aber nur oberflächlich Erwähnung gethan; auf Margarethe 1523 (13. Juli) ein neuer Reichstag ausgeschrieben, später (5. September 1523) derselbe auf Martini (10. November) vertagt. Etwas später erließ Pfalzgraf Friedrich noch ein besonderes ausführliches Mandat[1], das in Form eines Buß- und Hirtenbriefes gehalten, unter der allgemein herrschenden Furcht ungeheurer Elementarereignisse, die man besorgte, gegeben war. Es war vorzugsweise „wider das groß unaufhörliche und unchristenliche Fluchen, Schelten und Gotteslästern, auch das verderblich schandlos und verheblich Zutrinken gerichtet und dabei auf das vorkommende Sterben, Erdbeben und besorglich Versammlung der Wassergüsse als mergklich und hochzubesorgen und zu fürchten ist," hingewiesen.

Sechster Abschnitt.

Die Folgen des Beschwerde-Reichstages. Canonisation zweier Bischöfe.

Im Ganzen genommen, war der Ausgang des Nürnberger Reichstages nicht geeignet, die hochgespannten Erwartungen zu befriedigen, welche ihm entgegengetragen worden waren. Er besaß nicht einmal das Ansehen, dem Bürgerkriege zu steuern; das Schwert mußte entscheiden und entschied denn auch gegen Sickingen, nachdem dieser neun Monate lang in Westdeutschland den Herrn gespielt, wie gegen seine Anhänger in Franken. Die Bestimmungen über die Ordnung der inneren Verhältnisse Deutschland's waren vage und unklar. Wohl Niemand hatte eine rechte Vorstellung von dem freien christlichen Concil, das am Rheine, im Herde der reichsritterlichen Bewegung, die noch nicht unterdrückt war, oder an der Mosel gehalten, und wo diejenigen wohl ebenso vernommen werden sollten, die stückweise den alten Glauben und die Sacramente zerschlugen, ohne sich selbst klar zu werden, wo sie denn eigentlich bleiben und was sie als ihr symbolum behalten würden, wie jene, welche an den 1500jährigen Traditionen festhielten, in denen sich, Deutschland ausgenommen, der christliche Orient und Occident vereinigten.

Wie ferner die Bestimmungen des Reichstages in Betreff der ungeeigneten Predigten und vor Allem der maßlosen Schriften Luther's in Ausführung gebracht werden sollten, wenn in Bezug auf Letzteren der Grund-

---

[1] Amberg, Sonntag nach St. Barbaratag 1523 gedruckt. Reichstags-Acten 1523.

satz galt, daß ihm das Privilegium, zu schelten und zu schmähen, nieder=
zureißen und zu zerstören gelassen werden sollte, war schwer einzusehen.
Der Reichstag hatte wie gewöhnlich mit einem Compromisse, mit einer
politischen Concordienformel geendet, die jede Partei in ihrem Sinne
deutete, keinen Uebelstand wirklich hob und nur für den Augenblick hin=
derte, daß die vorhandenen Gegensätze nicht in ihrer ganzen Schärfe auf=
einander stießen. Wenn aber eine neuauftretende Partei, welche tabula
rasa machen will, im entscheidenden Augenblicke nicht durchdringt, im
Gegentheile veranlaßt, daß die andere erst zum Bewußtsein der Trag=
weite der gegnerischen Pläne und zur Orientirung ihrer eigenen Stellung
und verfügbaren Kräfte kommt, in diesem Gefühle stärker und schärfer
auftritt als bisher, so kann man sich bei unparteiischer Würdigung der
Verhältnisse nicht mit dem Gedanken befreunden, daß die Partei des
Angriffes und Umsturzes mit ungetheilter Befriedigung auf ein derartiges
Ergebniß blicken konnte, namentlich wenn sich, wie jetzt bei den ernstesten
und tüchtigsten Patrioten, ein Umschlag der früher so enthusiastischen
Stimmung in das Entgegengesetzte bemerklich machte. Es war sehr
bemerkenswerth, wenn der Reichstag denn doch von Schreiben und
Lehren, die zum Aufruhr dienen, in seinen Erlässen sprach, wobei denn
doch vor Allem der Urheber der ganzen Bewegung gemeint war und
auf Luther als Anstifter der zum Aufruhr führenden Lehre wie mit
Fingern gezeigt worden war. Wer hatte denn diese Schreiben verfaßt,
und von wem waren diese Lehren ausgegangen? Die Frage beantwortet
sich wohl unschwer selbst. Ein Triumph für Luther war der Ausgang
des Reichstages nur insoferne, als er nicht persönlich zur Strafe gezogen
wurde, und in dieser Beziehung konnte Luther freilich sein Wohlgefallen
über die Decrete des Nürnberger Reichstages aussprechen[1]). Das
Wormser Edict war wieder nicht in Ausführung gebracht worden, des
Kaisers Acht und Aberacht, wie des Papstes Bann für ihn wirkungslos.

Das deutsche Reich glich einem vielverschlungenen gothischen Baue
mit alterthümlichem hölzernem Getäfel, Dielen und Wänden, in dessen
Innern die Einwohner sich das Vergnügen machten, mit Fackeln auf= und
niederzugehen und, wo es ihnen beliebte, das Holzwerk anzuzünden. Alles
lärmte über die drohende Feuersgefahr, die privilegirten Wächter am meisten,
ließen aber ruhig geschehen, was die Einen nicht hindern konnten, die
Andern nicht hindern wollten. Endlich als sich zeigte, daß das Geschrei

---

[1]) 5. März 1523. Decreta Nurenbergae per imperii proceres edita ad le-
gationes Papae mire libera et placentia. Ihm waren also die am 6. März heraus=
gegebenen Erlässe schon früher bekannt.

gegen Rom zum großen Theile nur Vorwand gewesen, im Hintergrunde aber etwas ganz Anderes lauere, wie denn Luther wohl wußte, warum er so sehr gegen die Fürsten donnere, zogen die Churfürsten von der Pfalz und Trier im Vereine mit dem Landgrafen von Hessen gegen Sickingen's Hauptfeste, die Ebernburg, und belagerten dann den Landstuhl, wo sich der Ritter gegen die Fürsten zu halten suchte. Damals war es, daß der pfälzische Kanzler und Beisitzer des Reichsregiments, Johann Fuchssteiner, Ritter, den Pfalzgrafen Friedrich, welcher zur Beobachtung der fränkischen Reichsritterschaft in der oberen Pfalz zurückgeblieben war und dadurch ihr Losschlagen hinderte, für die Sache Sickingen's und seiner Verbündeten zu gewinnen, den abenteuerlichen Versuch anstellte. Allein der Pfalzgraf widerstand nicht blos dem verrätherischen Ansinnen, sondern ließ auch den Kanzler in einen Thurm in Amberg werfen[1]). Vier Tage darauf kam die Nachricht von der Eroberung des Landstuhls, dem Tode Sickingen's, der Zersprengung seiner Partei. Als man nun Fuchssteiner's Papiere untersuchte, fand man ein eigenhändiges Schreiben des gefangenen Kanzlers an Franz von Sickingen, das die Versicherung enthielt, das Reichsregiment stehe auf seiner Seite, sei ihm ganz zugethan und sehne sich darnach, daß der Uebermuth der Fürsten gestraft und der deutsche Adel von der unerträglichen Tyrannei der Fürsten befreit werde. Rom trat in den Hintergrund, der Kampf gegen die Fürsten in den Vordergrund. Es mögen sehr gewichtige Gründe vorgewaltet haben, wenn nun die Fürsten die Correspondenz Sickingen's den Flammen übergaben, aber im Sommer 1523 den Zug nach Franken unternahmen und die Schlösser der Reichsritter brachen.

Die Revolution war in ein neues Stadium getreten. Hätte Sickingen gesiegt oder auch nur den Sommer 1523 sich erhalten, die Umwälzung Deutschland's wäre im vollsten Maße eingetreten und die deutschen Fürsten, „die Henker", hätten eine schlimme Lehre erhalten, daß auch sie nicht mit dem Feuer spielen dürften.

Die Sache klärte sich. Die mannigfaltigen Gründe der deutschen Revolution wurden allmälig den Zeitgenossen klarer. Man reichte nicht damit aus, wie es Pirkheimer gethan, den Streit Reuchlin's mit Hochstraten und die Gefahr, welche daraus den Wissenschaften erwachse, als den Grund eines Zerwürfnisses zu erkennen, das sich bereits nach den Slavenländern so gut wie nach den romanischen Staaten einem fressenden Feuer gleich ausbreitete, aus einer nationalen Bewegung international, welthistorisch zu werden anfing.

---

[1]) Huberti Thomae Leodii Annales, p. 89, und Jörg.

Gerade die offene Erklärung Adrian's, Rom trage einen großen
Theil der Schuld jener Tage, mußte bei edleren und wahrhaft patrioti=
schen Männern selbst zur Einkehr führen, ob denn nicht auch Deutschland
in gleichem, vielleicht selbst noch in höherem Grade die Schuld an seinen
Wirren trage. Und in dieser Beziehung tritt uns ein äußerst lehrreiches
Promemoria entgegen, welches, wenn auch etwas später verfaßt, offenbar
mit der Anregung zusammenhängt, welche Adrian auf dem Reichstage
zu Nürnberg gegeben. Beständig, meinte Herzog Georg von Sachsen,
werde da von (römischen) Mißbräuchen geredet, allein die vornehmsten
und wodurch alle Welt am meisten geärgert und von den größten und
geringsten Ständen geschehen, davon werde nicht gesprochen [1]). Es sei
am Tage, daß aller Ursprung dieses Irrsals, das Gott über Deutschland
verhängte, seine Ursache habe „von dem bösen Eingange der Prälaten,"
wie sich der Herzog ausdrückt, von der unrechten Art und Weise, wie die
deutschen Bischöfe zu ihren Aemtern und Würden gelangten. „Nun ist
es leyder itzt nicht der wenigste Mißbrauch in der Christenheit, daß wir
Layen hohen und niederen Standes das nicht achten, denn wo wir unsere
Kinder, Brüder und Freunde zu bischöflichen Aemtern und Würden bringen
mögen, so sehen wir nicht vor die Thüre (nach dem rechten Eingang),
sondern wie wir sonst die unseren hineinbringen können, es sei unter der
Schwelle oder oben zum Dache hinein, so achten wir es nicht. Solches
ist bei uns Fürsten in einem Berauch, als hätten wir Macht und Gewalt,
zur Hölle zu fahren. Es sind auch diese Herren, so dermaß eingehen (so
verfahren) des Gemüthes, als hätten sie es für ihr Erbe gekauft und hätten sie
es mit Recht. Daraus folgt, daß die Schafe den Hütern nachfolgen und ver=
dienen damit die Strafe Gottes, wie leider täglich gesehen werde." Als zweite
Ursache der Verwirrung gab aber der Herzog die Begierde der Layen
und der Fürsten zumal an, sich der Klöster= und Stiftsgüter zu bemäch=
tigen, daß man „zum uftermals mehr tracht nach den guthern so zu solchen
gestifften gehören in unsere Gewalt zu bringen, vnnsren stand zu er=
halten, denn wye ein ordentlich christlich Leben darynnen geführt und
gebraucht werden." Er macht kein Hehl daraus, daß die Begierde nach
den langen Dörfern der Geistlichen ein Hauptgrund des Verfahrens der
deutschen Fürsten war [2]).

Die fürstlichen Häuser Brandenburg, Wittelsbach (Pfalz) und Hessen
hatten sich bereits in die deutschen Bisthümer getheilt. Wie lange dauerte es,

---

[1]) „Der ist aller geschwigen." Höfler, Denkwürdigkeiten, S. LVIII.
[2]) l. c. S. LVII.

und von 36 waren 18 durch die deutschen Fürsten eingezogen worden und
als nur mehr die Hälfte übrig war, wurde gerade daraus der Schluß
gezogen, die 18 übrigen müßten denselben Weg gehen?! Man scheute
sich nicht, sich mit dem Auslande zum Umsturze der Reichsverfassung zu
verbinden. Alle Hebel wurden endlich daran gesetzt, auch das Kaiserthum
protestantisch zu machen. Es begann die Zeit der Selbstzerfleischung der
deutschen Nation, die Epoche confessioneller Kämpfe und der Aufrichtung
fürstlicher Landeshoheit über den Trümmern des alten Reiches, des alten
Kaiserthums, der alten Kirche, eingeweiht (1525) durch das Blut von
mehr als 100.000 erschlagenen deutschen Bauern.

Wenn es sich um einen greifbaren Vortheil handelte, was uns
nützt, wie Churfürst Albrecht Achilles (gest. 1486) sich ausdrückte, hat
die Legitimität sich immer mit dem Auslande und der Revolution zu
verständigen gewußt.

Ihr Sieg war eingeleitet und der Umsturz des Reiches in
Gang gebracht, wenn auch jetzt die Reichsritter die Zeche bezahlen mußten.

Dem Churfürsten von Sachsen, welcher bisher den Treubruch
gegen den Kaiser und das Reich geschützt, allen Wirren Vorschub geleistet,
vom Standpunkte des öffentlichen Rechtes eine höchst elende Rolle gespielt
hatte, wurde es endlich selbst bange. Er fing an, um seinen Churhut
besorgt zu werden. Der Landgraf Philipp von Hessen, welcher zur
Unterdrückung des Sickingischen Aufstandes das Seinige gethan, hatte
Lust, sich zum Executor einer Sentenz zu machen, wenn sie über ihn verhängt worden wäre [1]. Die Warnungen Herzog Georg's, der gar nicht des
Köders [2] des Churhutes bedurfte, um zu thun und zu verlangen, was Recht
und Gesetz, goldene Bulle und Reichssatzung geboten, waren innerlich nur zu
begründet. Wohin sollte es mit dem Reiche kommen, wenn alle gesetz-
lichen Autoritäten an dem Nichtwollen eines Churfürsten scheiterten, der
die Verpflichtung hatte, sie zu schützen? Oder war es nur Empörung,
wenn ein Reichsritter die Gesetze brach; wenn aber ein Churfürst sich über
sie hinwegsetzte, war es eine lobenswerthe That? [3] Jetzt war es aber
denn doch dem Churfürsten etwas unheimlich zu Muthe geworden. Der
Pfalzgraf bei Rhein half die Verschwörung der Reichsritterschaft zer-

---

[1] Droysen, S. 159.

[2] Droysen, S. 152.

[3] Droysen beschuldigt gar den schwäbischen Bund der Empörung und des
Rechtsbruches, weil dieser die Execution des Wormser Edictes in Ausführung bringen
wollte. S. 159. Dahin kommt man mit der krankhaften Sucht, Alles zu beschönigen,
was der Reformation Vortheil brachte.

19*

sprengen. Der hohenzoller'sche Churfürst von Brandenburg, Markgraf
Joachim, erklärte 1522, er habe sich stets als ein christlicher Churfürst
gehalten und werde die Neuerungen in seinem Lande nicht dulden. Nicht
einmal den Verkauf der lutherischen Bibelübersetzung ließ der branden-
burgische Churfürst in seinem Lande zu[1]. Die Stimmung der Fürsten, geistlicher wie weltlicher, war bei dem Reichstage 1522/23 gegen Luther;
aber die meisten ihrer Räthe waren gut lutherisch[2]. Ihre Treue, die
moderne Geschichtschreiber rühmen, bestand darin, ihre Herren in Gefahr zu
bringen. Ja, wenn sich damals der Churfürst von Brandenburg so schnöde
benommen hätte, wie es der doppelgängige Hoch- und Deutschmeister gethan,
die Dinge wären anders geworden. Der entschiedene Widerstand des
Hohenzollers hielt den Sieg der Glaubensspaltung wesentlich auf, jetzt,
wie im Jahre 1530, als er sich der confessio Augustana entgegenstellte.
Der Abfall wurde dadurch localisirt und die conservative Partei gewann
Zeit, sich zu sammeln. Es ist dies unstreitig eines der größten Verdienste des
Churfürsten, durch welche er seine französischen Tendenzen des Jahres 1519
wieder sühnte.

Die hochtönenden Beschwerden der Reichsritter fanden aber wenige
Jahre später noch ein eigenes Echo. Aus ihrer Mitte wurden doch vor Allem
jene Domcapitel des Rheines und Maines besetzt, gegen welche der Reichstag zu Augsburg 1530 die Aufforderung erließ, kein so unordentliches
und leichtsinniges Leben zu führen, keine Bärte zu tragen, in ihren
Zusammenkünften und Trinkstuben nicht zu spielen oder einander zum
Trinken herauszufordern, keine Jagdhunde mit sich laufen zu lassen, keine
Vögel mit in die Kirche zu nehmen, sich vom Gotteslästern und Schwören
enthalten, Räubereien und dem Unterschleif von Räubern entsagen, Ton-
sur zu tragen, den Gottesdienst abzuwarten, während desselben nicht in
der Kirche herumlaufen oder Capitel halten, nicht nach der Epistel oder
dem Evangelium aus der Kirche gehen. Die Bischöfe aber sollten, wie
das Concil von Basel es verlange, alle Jahre ihre Synoden halten[3].

Weder weltliche noch geistliche Gesetze hinderten des Kaisers freie
Knechte, die Reichsritterschaft, die Reform bei sich selbst anzufangen.
Hätte ein so mächtiger und weitverzweigter Stand damit begonnen, statt
zu verlangen, die Anderen sollen es thun, er hätte die anderen Stände mit
sich fortgezogen und Vieles wäre nicht nur anders, sondern besser
geworden.

[1] Droysen, Preuß. Politik. II, 2, S. 152.
[2] Planitz bei Droysen, S. 157.
[3] J. Schmidt, Geschichte der Deutschen. V, S. 250.

Aber auch in Betreff der Reichsstädte knüpften sich noch schwere Folgen an den Nürnberger Reichstag an. Die Reichsstädte hatten die Türkenhilfe verweigert und ebenso den Reichszoll. Der Reichstag hatte in voller Spannung zu ihnen geendet. Ihre Vorschläge in Betreff einer Einkommensteuer fanden kein Gehör; die Fürsten verlangten, daß sie sich den Beschlüssen der Majorität unterwürfen, obwohl sie selbst, als es nachher sie traf, dagegen protestirten. Die Städte mußten sich von dem Pfalzgrafen Friedrich die härtesten Dinge sagen lassen; ihre Behauptung, eine Stimme im Ausschusse gleich den Fürsten zu haben, wurde zurückgewiesen und erst der scharfe Ton der städtischen Replik brachte ein gewisses Einlenken hervor, das aber ihrerseits dahin führte, zu erklären, wenn die Fürsten auf ihren Beschlüssen beharrten, sie in keinen Reichstagsbeschluß einwilligen könnten. Auch als der Erzherzog sich mit ihnen persönlich benahm, führte das nur dazu, ihren Beschwerden noch mehr Nachdruck zu geben. Unterdessen war aber auch die Nachricht vom Falle von Rhodus angelangt, worauf der Erzherzog ihnen vorstellen ließ, das Reichsregiment könne, wenn sie ihre Quote nicht zahlten, weder Friede noch Recht, noch Einigkeit halten, es werde sich aus diesem nicht allein ein ausländischer Krieg im heiligen Reich, sondern auch ein inwendiger erheben, dem dann noch viel weniger zu begegnen sei. Der Erzherzog versprach jedoch, „auf ihre Beschwerden ein gnädiges Einsehen zu haben und sie bei dem Kaiser zu fördern".

Dennoch mußte der Reichstagsabschied ohne die Städte verfaßt werden, die auf ihrer Supplik verharrten, und als der Reichstagsabschied dem Kaiser zugeschickt wurde, ging mit derselben Post ein Schreiben der Städte an Kaiser Karl ab, welches ihm auseinandersetzte, welchen Nachtheil für ihn selbst die Unterdrückung der Städte durch die Fürsten herbeiführe. Dann wurde noch die Absendung einer eigenen Städtegesandtschaft nach Spanien beschlossen, während zu gleicher Zeit Franz von Sickingen in einigen Schreiben den Städten auseinandersetzte, daß seine Sache namentlich allen Städten zum Guten und zur Abwendung allerhand ungebührlicher Beschwerden diene, die jetzt sonderlich bei etlichen den Städten widerwärtigen Fürsten als mit neuen Zöllen und Anderem gesucht werde. Diese Schreiben halfen so viel, daß die Reichsstädte, welche sich vorzugsweise im Besitze einer guten Artillerie befanden, den Fürsten die verlangte Unterstützung nicht gewährten[1]). Erst am 6. August

---

[1]) Speierer Urk. über die Städtetage. Höfler, Betrachtungen über das deutsche Städtewesen. Erster Artikel. S. 34.

1523 kamen die Städtegesandten in Valladolid an, am 9. erhielten sie eine Audienz bei dem Kaiser, dem sie eine Denkschrift überreichten, in welcher ihre Beschwerden in sechs Hauptpunkte zusammengefaßt worden waren. Sie stellte dem Kaiser vor, daß eine ganze Zerrüttung alles gemeinen großen, mittelmäßigen und geringen Kaufmannhandels und Wandels, auch eine Vertreibung der hantirenden Leute aus deutscher Nation in fremde Nation durch die Maßregeln der Fürsten in Aussicht stehe. Die Gesandten wurden sehr freundlich aufgenommen und ihnen selbst bedeutet, daß der Kaiser sein vornemstes Trauen vor anderen Reichsständen auf die Frei- und Reichsstädte setze. Hätten die Gesandten die nöthigen Vollmachten mitgebracht, so ließe sich die Sache vereinigen. „Denn wahr- lich außerhalb dieser Kriegsläufft würden Ihre Majestät gegen den Reichs- städten deßfalls gar einen anderen richtigen und königlichen Weg wandern." Am 19. August erhielten sie den definitiven Bescheid mit der vertraulichen Mittheilung, Papst Hadrian habe sich bei dem Kaiser über Nürnberg, Augsburg und Straßburg[1]) höchlich beschwert, daß sie, den päpstlichen und kaiserlichen Geboten entgegen, die lutherischen Werke drucken ließen. Der Kaiser habe sich deshalb entschuldigt, sehe sich aber vor, daß sie diesem Gebote nachkämen, „so daß einigs Klagen unnot wäre". Nach dem städtischen Berichte antworteten die Gesandten, „es sei schon seit etlichen Jahren der wenigste Buchstab lutherischer Lehren bei ihnen gedruckt worden. Der päpstliche Nuntius habe etliche Städte (vor Allem Nürnberg) bei dem Reichsregiment verklagt; der Kaiser werde aber auch die Antwort auf fleißige Erkundigung hin wissen. Dann gleichwohl wäre nicht ohne, dem gemeinen Manne Durste nach dem Evangelium und der Bibel, bäte, ihm auch dieselb zu predigen und halte Menschenlehre für Menschenlehre, nit als hoch als vor Jahren." Der kaiserliche Bevollmächtigte forderte sie auf dies auf, den kaiserlichen und päpstlichen Geboten in Betreff Luther's, aus dessen Lehre Empörung erwachse, ohne alle Weigerung gehor- samlich folgen zu wollen, worauf die Gesandten am 24. August 1523 die Rückreise antraten.

Fand dann der Umsturz des Reiches und der Reichsverfassung dennoch statt, so erfolgte er weder so rasch als Sickingen, Hutten und ihre Freunde gedacht; auch nicht in der Weise, wie nachher die durch das neue Evangelium getäuschten Bauern glaubten, sondern durch die Fürsten, welchen die deutsche Reformation ein willkommener Anlaß ward, die Reichsverfassung zu ihrem Profite umzustürzen, auf Kosten des Kaiser-

----

[1]) Es ist uns nur ein Breve Adrian's an Bamberg erhalten. Oefele, diplom.

thums wie der niederen Stände ihre Souveränität anzurichten, durch Säcu=
larisation ihr Gebiet zu vermehren, und, wo ihre Macht zum Umsturze
der deutschen Reichsverfassung nicht hinreichte, das Ausland dazu zu
Gevatter zu bitten, bis endlich mit dem Umsturze der Reichsverfassung
und der alten Kirche unter den Fittigen des Evangeliums ein neuer
Cultus — der Dynastien und der weltlichen Päpste Germanien's — sich
erhob. Mit dem Nürnberger Reichstage war klar geworden, daß wohl der
Papst die kirchliche Reform aufrichtig wolle, der turbulente Zustand der
deutschen Nation ihr aber nicht gestatte, einen festen, klaren, bestimmten
Entschluß zu fassen; daß sie zu dem, was vor Allem noth that, zur Um=
bildung der Reichsverfassung, den Willen nicht, oder die Einsicht nicht habe,
oder beides fehle, jeder Stand den andern anklage und auf dessen Ver=
derben conspirire. Die Scheidung, welche allmälig bis zum Sitze der
Seele des deutschen Volkes drang, war eingetreten. Keine politische, keine
sociale, bald auch keine wissenschaftliche Frage ließ sich seitdem ungetrübt
von confessionellen Nebengedanken erörtern, geschweige lösen. In den
vorausgegangenen Jahrhunderten hatte das deutsche Volk sich glücklich von
den Wehen Italien's, das in der unausgesetzten Reibung von Guelfen
und Ghibellinen politisch zu Grunde ging, freigehalten. Als der Zwie=
spalt in confessioneller Form an die Deutschen herantrat, hatte die Nation
nicht die Kraft, denselben abzuweisen und verfiel ihm in noch viel ärgerer
Weise als Italien in seinen unseligen Kämpfen, bis auf den heutigen Tag.
Während in den romanischen Ländern die Continuität der Sprache und
der Literatur, der Kunst wie der Wissenschaft blieb, erfolgte in Deutsch=
land „die gänzliche Umwandlung der Sprache," welche die Blüthe der
deutschen Literatur in Vergessenheit brachte [1]), die Poesie des dreizehnten Jahr=
hunderts, der machtvollen Jahrhunderte Deutschland's in ein unverschul=
detes Dunkel stellte. Die Kunst fand ein Asyl nur mehr in katholischen Län=
dern. Es ist nur zu wahr, was einer der besten Kenner deutscher Literatur aus=
sprach, daß aus der Glaubensspaltung und den erschöpfenden Kriegen, die von
der Religion Anlaß und Vorwand entliehen, der deutsche Geist eine Trübung
und Lähmung davontrug, die er Jahrhunderte lang nicht überwinden
konnte [2]). ·

---

[1]) Ohne zu große Mühe versteht heutigen Tages jeder gebildete Spanier das
große Gesetzbuch der siete partidas, welches Don Alfonso el sabio, König von Casti=
lien, zwischen 1250 und 1269 verfaßte; jeder Italiener die divina comedia. Der Deutsche
muß sich mühsam in die Sprache hineinarbeiten, deren sich seine Dichter bedienten. Ein
großer Theil von uns kennt sie nur durch Uebersetzungen — aus dem Deutschen.

[2]) Simrock, Parzival und Titurel. Erläuterungen. Einleitung.

Ich lasse es dahingestellt, mit welchem Rechte man behaupten kann, daß der Verlauf des Nürnberger Reichstages als ein Sieg der lutherischen Sache aufzufassen sei. Das moralische Uebergewicht ruhte unbedingt auf der entgegengesetzten Seite. Vom Reichstage weg schrieb Planitz an den Churfürsten von Sachsen[1]) und bat ihn, auf die heftigen Schreiben Luther's Acht zu haben, da wenig gefehlt habe, daß nicht vom Reichs= regiment deshalb ein Befehl an den Churfürsten ergangen wäre, Luther zu strafen. Planitz natürlich hatte Alles aufgeboten, diesen zu verhindern und damit im Namen des Evangeliums die Anarchie zu fördern. Er war überzeugt, daß Gott wegen der Geistlichen Hartnäckigkeit wider das Evangelium schwere Strafe senden werde[2]). Was für einen Lärm sie in diesem Vierteljahr in dem Reichsregiment, so oft Luther's Sache vorgekom= men, gemacht hätten und wie sie entbrannt wären, sei nicht zu beschreiben. Allein wer war denn, wenn man sich auf den Standpunkt stellt, daß der Zweck nicht die Mittel heiligen dürfe und Gesetz und Verfassung vor= handen seien, um gehalten und nicht, um umgangen zu werden, Churfürst Friedrich der Weise, welcher von dem, was um ihn vorging, den wichtig= sten Ereignissen der deutschen Geschichte, nichts hören wollte und dem Strauße ähnlich seinen Kopf unter die Flügel steckte? Er hatte Luther der Reichsacht entzogen; als dieser trotz Acht und Bann sein Asyl ver= ließ, gegen den Willen des Churfürsten nach Wittenberg ging und dort nun erst recht den Krieg gegen die katholische Kirche führte, hatte er ihn gewähren lassen und sich mit einem Entschuldigungsschreiben Luther's begnügt, der nun meinte, es sei die Zeit gekommen, gegen die Fürsten aufzutreten. Als Luther in der unanständigsten Weise gegen Herzog Georg von Sachsen auftrat, den er in vertrauten Kreisen nur das „Dres= dener Schwein" zu nennen pflegte[3]), ließ der armselige Fürst auch dieses hingehen und seine Getreuen sorgten dafür, daß, wenn abgefallene Geist= liche in Wittenberg Hochzeit hielten — und es ging nach Luther's Briefen im Sommer 1523 zu Wittenberg recht lustig zu — es nicht an gutem Tische und namentlich nicht an Wildpret fehle. Es wimmelte allmälig von entsprungenen Mönchen und Nonnen[4]), die unter=

---

[1]) Februar 1523. Buchholtz, II, S. 26 u.

[2]) Wie Luther nicht anders glaubte, als daß den Kaiser wegen seines Ver= fahrens in Worms das Unglück heimsuchen müsse.

[3]) Höfler, Zur Kritik und Quellenkunde Kaiser Karl's, 2. Abth.

[4]) Moniales et monachi egressi mihi multas horas furantur, ut omnium necessitati serviam. Luther am 20. Juni 1523. Als diesen nun sechszehn andere folgten, wird es ihm doch zu viel: mihi tam molestissimum est huc tanto numero

gebracht und vor Allem verheiratet werden wollten, und man muß sich in der That wundern, daß, nachdem Luther, freilich in stark sophistischer Weise, sich seines monastischen Gelübdes für entbunden erklärte, er seine eigene Ehe mit Katharina von Bora noch zwei Jahre verschob, nachdem er sie als „seliger Räuber", wie er sich ausdrückte, aus dem Kloster Nimpschen hatte entführen lassen und sie sich mit acht anderen, gleichfalls Entsprungenen, seit dem 7. April bei ihm aufhielt. Luther war eigentlich Dictator im Churfürstenthum Sachsen geworden und hatte, wenn er dem Churfürsten nicht gehorchen wollte, regelmäßig ein Sprüchlein bereit, dem schwachsinnigen Fürsten durch das Evangelium den Mund zu stopfen. Allein jetzt mußte denn doch dem Reichstage gegenüber etwas geschehen, da von diesem ein Schreiben an den Churfürsten ergangen war, „daß die Nothdurft (in Betreff Luther's und seiner Anhänger vielfältigen Schreibens und Lehre) erfordern wollte, mit wohl zeitigen Bedenken Einsehens zu thun, damit solche Schreiben und Lehre, so zur Aufruhr diene, für= kommen werde, mit angehängter Bitt daß bemeldte Reichsstände ihr Gutbedünken und Rath durch was Mittel und Wege solchem Fürnehmen Luther's zu begegnen sein mocht, dem Papst zu eröffnen und mitzutheilen[1])." Luther möge also auch bis zu dem binnen Jahresfrist auf deutschem Boden abzuhaltenden freien christlichen Concilium nichts mehr schreiben.

Als Adrian am 30. November 1522 an die Bamberger schrieb, ihnen den drohenden Aufstand vor Augen führte, welcher nothwendig aus Luther's Schriften hervorgehen müsse und sie zur Befolgung der kaiserlichen Gebote ermahnte[2]), nahm Luther das päpstliche Schreiben zum Anlasse, die Welt anzurufen, zwischen ihm und dem Papste zu entschei= den, wer etwas Anderes als das bloße Wort Gottes lehre, ob Luther oder die Päpste, die, dem Fleische nachfolgend, in den Begierden der Be= sleckung wandelten. Er danke Gott, daß es ihm gegeben sei, die Dumm= heit und Unwissenheit des Papstes[3]) und der Papisten nachzuweisen. Adrian's Klagen über ihn seien weibisch und knabenhaft, das Papstthum mit seinen Lastern verächtlich geworden; ihn selbst aber ekle es an, seine

---

volaro defectores (desertores) monachos et quod magis movet, statim uxores ducere, cum sit genus hominum ad res gerendas ineptissimum. 11. Juli 1523. Als aber der Würzburger Geistliche Apel eine Nonne heiratete, vertheidigte ihn Luther (Juli 1523). Ἡ πολλὴ συνήθεια ἡ σὺν ταῖς μοναχαῖς — κατεμάλθαξε ἢ καὶ προεξέκαυσε (τὸν Λούθερον) schrieb später Melanchthon.

[1]) Luther an den Churfürsten Friedrich. 29. Mai 1523.

[2]) Burmann, p. 483.

[3]) Stultitia et inscitia.

guten Stunden dazu zu verwenden, auf die ungelehrten und wahrhaft „päpstlichen" Schreiben eine Antwort zu geben. Gott greife den Antichrist mit Wundern an, daß er ihm keinen Fortschritt gewähre, er in allen Dingen ein Kind und ein Thor geworden sei. Mit so ungeschickten Dingen dürfe man den Deutschen nicht kommen [1]).

In der Antwort auf das Mahnschreiben seines Landesherrn versicherte jedoch Luther, „es sei sein Gemüth und Meinung nie gewesen, auch jetzt nicht, Jemanden von hohen und niederen Ständen zu schmähen oder etwas zu schreiben oder zu lehren oder zu predigen, das zur Bewegung, Ungehorsam, Uneinigkeit und Aufruhr im heiligen Reiche oder die Christenmenschen in Irrung zu führen Ursach geben möge [2]), und wenn er bisher wider etliche mancherlei Stände Leut so hart und ernstlich geschrieben, so sei das nicht ohne Ursach doch ohne Haß und unchristlichen Herzen geschrieben. Er wäre auch vom Herzen geneigt, sich des ferneren Schreibens zu enthalten, zuvor des harten Schreibens."

Da aber Johannes Faber, Vicarius des Bischofs von Constanz, ein groß lateinisches Buch gegen ihn geschrieben und der Emser ein deutsches Buch nach dem andern gegen ihn erscheinen lasse, so müsse ihm auch erlaubt sein, gegen allermänniglich zu schreiben, wie er sagte, in schriftliche Verantwortung mehr der göttlichen evangelischen Wahrheit, denn seiner Unschuld halber.

Churfürst und Reichsregiment konnten ersehen, daß, was sie auch beschließen mochten, stets die Formel vorhanden war, mit welcher in „unterthänigem Gehorsam [3])" ihre Beschlüsse illusorisch gemacht würden.

Zwanzig Tage später, am 18. Juni 1523, ergab sich eine Gelegenheit, zu zeigen, wie er vom Herzen wohl geneigt wäre, sich „ferner Schreibens" und zuvor des harten Schreibens" zu enthalten. Nicolaus von Amsdorf hatte Luther berichtet, daß der Bischof von Meißen eine Ehe wegen des Hindernisses geistlicher Verwandtschaft zwischen den Contrahenten nicht ohne päpstliche Erlaubniß gestatten wolle. Es war schlimm, daß so unbedeutende Ehehindernisse noch in deutschen Landen und überhaupt galten und nicht längst beseitigt waren, und jeder Einzelne, den es traf, hatte Recht, wenn er sich darüber beschwerte. Der Bischof von

---

[1]) Die Encyclika Luther's endete mit den Worten: turpissimum est ejusmodi latine scripta ad Germanos mitti et tam insulsas interpretationes scripturae hominibus prudentibus proponi. Omnia sunt vere et belle papistica monachalia et Lovanensia. Anno 1523.

[2]) De Wette, II, S. 337.

[3]) l. c. p. 338.

Meißen war nach Rom gereist, hatte wegen der Ehehindernisse mit dem Papste gesprochen und dieser ihm zugesagt, daß er die Sache den Cardinälen vorlegen wolle[1]). Das aber genügte Luther nicht. Gleich als wenn das Ehehinderniß von Adrian herstamme, der doch selbst gewillt war, nach allen Seiten zu reformiren, entschied jetzt Luther in dem Briefe an Jhan von Schleinitz zu Jhanshausen: „Bei mir ist solche päpstliche und bischöfliche Redlichkeit nichts sonderlichs. Denn der Papst ist ein magister noster von Löwen, in derselben hohen Schul krönet man solche Esel. Da ist Meister Adrian (der Papst) auch gekrönt und weiß auf heutigen Tags noch nichts anderes denn daß Menschengebot Gottes Geboten sollen gleich oder mehr gelten. Vielleicht gedenkt er mit seinen Cardinälen, weil der Ablaß abgeht und vielmehr Abbruchs geschieht dem allerheiligsten Stuhl zu Rom, wolle er Frauenlieb desto theurer verkaufen. Wer ist hier so ein grob Bloch der nicht greife, was für ein Geist den allerheiligsten Vater regiert? Hie redet der Satan aus Meister Adrian. Aber ich hab sonst so viel vom päpstlichen Regiment und geistlichen Stand geschrieben, daß ich ihn hierfürt nicht mehr würdig erachte wider ihn zu schreiben. Ich lasse diejenigen diese zarte Adrianische Päpsterei vertheidigen, die den Papst zu schützen sich unterstanden haben; sie werden wohl Federn und Zungen bedürfen, daß sie dieß Stücklein wohl verantworten[2])." Der deutsche Papst war so gut der Antichrist wie sein welscher Vorgänger und Nachfolger; der katholische Herzog Georg nicht blos ein Schwein, sondern auch ein „Teufel", und der hohenzoller'sche Churfürst von Brandenburg der neutestamentliche Benhadad von Syrien!

Dann aber folgte noch in einer Antwort an die kaiserlichen Statthalter und Stände des kaiserlichen Regiments zu Nürnberg eine Erklärung des Edictes vom 6. März 1523. Er stellt wie gewöhnlich die Sache auf den Kopf, deducirt, daß seine Gegner angewiesen seien, ihr Schulgezänke und heidnische Kunst zu unterlassen und (sein) Evangelium

---

[1]) Es hatte sich dann das Gerücht verbreitet, daß bei den Dispensationen nach einer gewissen Scala Bezahlung stattfinden solle. De Wette, II, S. 349.

[2]) l. c. S. 351. Er kommt aber doch wieder auf Adrian zurück. An Spalatin 11. Juli 1523: Mitto bullam Adriani contra principem Fridericum. Putatur esse ipsius Adriani stylus et sapientia, sed propter minas Cardinalium cohibita et interim clanculum emissa. Letzteres war eine müßige Erfindung Luther's. De Wette, II, p. 351. Am 2. September heißt es: Fabulam istam de Italica vel Romana monacha expecto nihil metuens. Figmentum ita crassum est ut nisi Magistro Adriano (dem Papste) conveniat nulli mortalium quantumvis inepto convenire possit. De bulla Adriani (an Churfürst Friedrich) nihil dum constitui. De Wette, II, p. 399, 400.

zu verkünden. Den zweiten Artikel des Decretes werde Niemand halten, der dritte werde ihn nicht hindern, die heilige Schrift zu verdeutschen, als wenn dieses nicht vor ihm schon so oftmals geschehen wäre. Gegen den vierten, die Bestrafung verheiratheter Geistlicher, eiferte er mit allen Kräften: „wer seinen Mist oder Harn halten müßte, so er's doch nicht kann, was wollte aus dem werden, und so sei es auch mit der Keuschheit[1]). Ueber das acht ich, daß laut dieß Mandats ich, Martinus Luther, solle billig aus päpstlichen und kaiserlichen Acht und Bann sein bis aufs künftige Concilium," obwohl ihm das gleich sei.

Er selbst gab gerade jetzt, wo von ihm Schweigen verlangt wurde, das Breve Adrian's an die Bamberger mit Anmerkungen heraus, billigte das Vorgehen der Gemeinde zu Leißnig, die die geistlichen Güter säcula= risirte, wieder in einer öffentlichen Schrift, die eine förmliche Anleitung enthielt, wie man mit den Bisthümern, Stiften und Capiteln, welche die Reichsverfassung garantirte, umgehen solle, wie mit den Klöstern, und meinte, daß, wenn nur einmal säcularisirt sei, so höre der Bettel, der Bann und der leidige Zinskauf, der größte Wucher auf Erden, auf[2]), bekanntlich einer der vielen Irrthümer, in denen er sich bewegte[3]). Am 19. August verlangte er von den Domherren zu Wittenberg die Abschaffung der Messe, am 26. August versicherte er den Stadtrath von Regensburg, daß in ihrer Stadt der Teufel unter dem Namen Mariens „Zeichen" thue. Am 7. September ermunterte er den Herzog Karl von Savoyen und forderte ihn auf, zu machen, daß ein Feuer von dem Hause Sophoy ausgehe und sei ihm ganz Frankreich gleich als Stoppeln. Zehn Tage später wird Theobald Billican, ein verheiratheter Priester, empfohlen. Es war dieses drei Tage nach Adrian's Tod, den Luther Anfangs October erfuhr[4]).

Ihrerseits tadelten die Römer den Papst, daß er die Gebrechen des römischen Stuhles so offen aufgedeckt, so schonungslos das Aergerniß bezeichnet, das von da ausgegangen war. Er habe dadurch der Würde des römischen Stuhles vergeben und Zugeständnisse gemacht, die Andere nur in ihren Behauptungen bestärkten. Allein es war nichts mehr zu verbergen und eher konnte man annehmen, daß ein offenes Bekenntniß

---

[1]) De Wette, II, p. 372.

[2]) l. c. p. 386.

[3]) Gleichwie er im Stranden eines Wallfisches, im Erdbeben und ähnlichen Dingen sichtbare Zeichen des Zornes Gottes erblickte, weil die Welt noch immer sein Evangelium nicht angenommen.

[4]) An Spalatin, 4. October. Adriani mortem Deo commendo.

redliche Ankläger entwaffne, besorgte Gemüther beruhige, als daß ein Beharren auf der Impeccabilität des römischen Stuhles, die man im vierzehnten Jahrhundert aufzustellen Lust hatte, zu irgend etwas Gutem führen werde. Auch der Nuntius wurde wegen der von ihm ertheilten Antworten getadelt. Im Ganzen aber mußte man sagen, daß in der Handlungsweise des Papstes zwar vielleicht weniger ein Act großer Menschenkenntniß, aber wohl eine nicht gewöhnliche Großherzigkeit liege, deren Wirkung freilich auf ähnliche und nicht auf kleinliche, verbissene und selbstsüchtige Naturen berechnet war. Und darin lag denn auch ihr Fehler, man könnte ihn, mit einem kirchlichen Ausdrucke, eine glückliche Schuld, eine felix culpa nennen. Es war die Anschauung so ziemlich Aller, welche mit Deutschland in Berührung getreten waren, Aleander's so gut wie des Augustiners Frà Egidio. Es gab nichts mehr zu verheimlichen, nachdem das lateranische Concil so viele Gebrechen offen aufgedeckt hatte. Viele, welche dem römischen Stuhle bisher grollten, waren dadurch entwaffnet worden. Der Reichstag zu Nürnberg konnte die Scheidung, welche in der Seele der deutschen Nation vorging, nicht mehr gut machen; allein er bezeichnet den Anfang einer Reorganisation der Katholiken in Deutschland, welche, anfänglich von dem schroffen Gegen=satze des Evangeliums zu der Praxis des sechszehnten Jahrhunderts ergriffen, Luther's Worten begierig gelauscht hatten, nun aber mit sichtbarem Ekel von dem Manne sich wegwandten, der am Vorabende einer allge=meinen Revolution nicht aufhörte, Zündstoff in die Massen zu schleudern, und dessen Absicht es zu sein schien, ehe die katholische Kirche einstürzte, das deutsche Reich in den Wehen eines Bürgerkrieges zu begraben, dessen Flamme, auf der einen Seite gestillt, auf der anderen rasch emporloderte. Die unausbleiblichen Folgen der dogmatischen Umwälzung traten ein, die Freiheit der Bewegung wurde beschränkt, die Censur der Bücher erschien als Nothwendigkeit, um der Impunität des Lästerns und Schmähens und der unglaublichen Rohheit des Ausdruckes, der Unerschöpflichkeit von Gemeinheit, die nun aus dem Wirthshausleben, den Trinkstuben[1]), in die literarische Polemik eingeführt wurde und dort religiöses Bürgerrecht verlangte, zu steuern. Die Verrohung Deutschland's machte in wenigen Jahren unglaubliche Fortschritte und das Gift des theologischen Hasses drang aus den Stuben abgefallener Mönche als das traurigste Vermächtniß in die oberen wie in die unteren Schichten der Nation, Alles zersetzend,

---

[1]) Prohibemus, heißt es 1524, tum clericis quam laicis de sacrosancta fide temere, praecipue inter pocula atque convivia disceptare. Sugenheim, S. 19.

Alles mit wahrem Pesthauche erfüllend und die große geistige Bewegung des humanistischen Zeitalters in einen dogmatischen Streit umwandelnd, als sei Deutschland nur berufen, die traurige Erbschaft von Byzanz anzutreten. Nachdem aber in dem nun ausgebrochenen Streite der deutsche Episcopat, vorzugsweise fürstlich oder adelig und freigewählt, eine so unbedeutende Rolle spielte, daß man sich bei der größten Bewegung der deutschen Nation fast immerwährend fragen mußte, wo bleiben denn die deutschen Bischöfe? war es von der äußersten Wichtigkeit, daß ein deutscher Papst nicht blos dem Episcopate leuchtende Vorbilder aus der Vergangenheit vorzuführen sich berufen fühlte, sondern auch selbst der aus den Fugen gegangenen Zeit Muster und Vorbild zu werden suchte.

Der Nürnberger Reichstag war mit allen seinen Beschwerden an einem der wichtigsten Punkte des öffentlichen Lebens vorübergegangen, dem Verfalle des deutschen Episcopates, seit er in die Hände der Fürsten und des Reichsadels gekommen war, die ihn als Mittel zur Versorgung der Nachgebornen ansahen und anwandten. Noch zwanzig Jahre später klagte der Augustiner-Provincial Hoffmeister, daß manche Bischöfe nicht wissen, was das Wort Sacrament bedeutet, daß sie sich schämen, selbst die Sacramente zu spenden, daß bei ihnen Alles käuflich sei [1]; daß man nicht einmal von der Kanzel herab den Leuten den Empfang des Sacramentes der Firmung empfehlen könne, weil manche Bischöfe weder Firmung noch Priesterweihe spendeten [2]. Da dürstete der gemeine Mann nach dem Evangelium! Was hatte man Alles aufgeboten, den Päpsten wie den Kaisern jeden Einfluß auf die Bischofswahl zu entziehen, und wohin war es nach so großen Kämpfen mit den Päpsten im wichtigsten Momente der deutschen Geschichte gekommen? Es war freilich unendlich schwer, nachdem das Uebel so hoch gestiegen war, Abhilfe zu treffen, und von einem directen Eingreifen von Seiten des Papstes vollends keine Rede, das wäre ja gegen die Freiheiten der deutschen Nation gewesen und hätte allgemeine Entrüstung hervorgerufen. Adrian that, was möglich war, und versagten ihm die Lebenden die Unterstützung, so wandte er sich an die Todten, durch ihr Beispiel auf die Lebenden einzuwirken. Von diesem Standpunkte aus müssen denn auch die Canonisationen beurtheilt werden, die vor Allem Bischöfe trafen.

Zuerst handelte es sich hiebei um die Canonisation eines deutschen Bischofs, Benno von Meißen, von welchem es hieß, daß Leo IX., diese

---

[1] B. Teuffel, der Elsasser Augustinermönch Joh. Hoffmeister, S. 142.
[2] l. c. S. 153.

Zierde deutscher Päpste, Kaiser Heinrich III. die Zustimmung ertheilte, ihn aus dem Kloster herauszunehmen und zum Propste von Goslar zu erheben[1]). Am 31. Mai 1523 gesellte ihn Adrian nicht blos wegen seiner Verdienste um die Slavenbekehrung (der Vandalen, Wenden), sondern namentlich wegen seines muthigen Bekenntnisses in den bösen Tagen Kaiser Heinrich's IV., endlich wegen Wunderthaten, die die Canonisationsbulle in großer Anzahl anführte, dem Verzeichniß der Heiligen bei. Bereits unter Alexander VI. war die Sache in Rom aufgegriffen, unter Julius II. erneuert worden. Leo X. hatte eine Commission, bestehend aus den Cardinälen Bernard von Ostia, Anton von San Vitale, Johann von St. Cosmas und Damian, zur genauen Untersuchung, zur Vornahme von Zeugen, Prüfung der Wahrheit niedergesetzt und diese sich die betreffenden Zeugnisse aus Deutschland kommen lassen. Kaiser Karl V. selbst, der Cardinalpriester Albert (Erzbischof von Mainz, der Hohenzoller), Mathias, Cardinaldiakon von S. Angelus (Erzbischof von Salzburg), die Churfürsten Rochus von Trier und Hermann von Köln, der Erzherzog Ferdinand von Oesterreich, die Herzoge Georg und Heinrich von Sachsen (Landgrafen von Thüringen und Markgrafen von Meißen) hatten durch einen eigenen Gesandten, den Bischof Johann von Meißen, und den Datar Wilhelm Enkenvoert, erwählten Bischof von Tortosa, die Bitte um Canonisation Benno's gestellt, Adrian auf den Vortrag des Doctors der Rechte, Johann Baptist de Senis, im öffentlichen Consistorium an alle anwesenden Cardinäle, Patriarchen, Erzbischöfe und Bischöfe die Rundfrage gehalten, und als diese einstimmig sich dafür ausgesprochen, war in der Basilica des heiligen Petrus am 31. Mai zur feierlichen Canonisation geschritten worden. Der 16. Mai, der Tag seiner Grablegung, ward als Festtag bestimmt und die Kirchengebete dazu angeordnet. Ganz abgesehen von der damit verbundenen Absicht in Bezug auf die Hebung und Förderung des Cultus, war die Sache auch insoferne wichtig, als sie eine Demonstration der obenerwähnten geistlichen und weltlichen Fürsten Deutschland's in sich schloß; sie hatten sich trotz aller Schmähungen Luther's zu einem offenen Bekenntnisse vereinigt. Die Canonisation des deutschen Bischofs wurde mit der des florentinischen Erzbischofs Antonin vorgenommen. Sie war bereits von Leo X. eingeleitet und Alles für sie zur Spruchreife fertig geworden, als Leo X. starb und, obwohl nun die Cardinäle von Medici, Thomas von San Sisto und

---

[1]) Praepositurae ecclesiae Bossariensis (!). Canonisationsbulle. Bullar. Magn. Luxemburgi 1727. f. 1, p. 620. Ueber das Verfahren siehe Blasius, zum 29. Mai.

Nicolaus de Fisco, der Protector des Dominikanerordens, bei Adrian die Verkündigung betrieben, so hinderte erst die Pest die weitere Vornahme, dann aber führte Adrian die Sache mit voller Energie durch, hielt selbst in St. Peter die in solchen Fällen übliche Rede, bestimmte den 2. Mai als Festtag des Heiligen und nur die Ausfertigung der betreffenden Bulle verzog sich, so daß diese erst unter seinem Nachfolger Clemens VII. erlassen wurde[1]). Es war kein geringer Triumph für den Predigerorden, dessen Ruf durch den Tod Savonarola's bei anderen Orden gelitten hatte, daß aus seiner Mitte der neue Heilige hervorging, aus San Marco, wo Savonarola gelebt und wo nun die Erhebung des Körpers nach einem anderen Orte der Kirche stattfand. Dem Prior und zwölf Brüdern zu San Marco wurden besondere Beichtvorrechte für den festlichen Tag der Deposition gewährt. Jeder Makel der Rechtgläubigkeit war von San Marco genommen, die frateschi konnten triumphiren.

Noch stand die Canonisation Lorenzo Giustiniani's von Venedig in Aussicht. Warum sollte auch Venedig hinter Florenz zurückstehen? Doch gingen wie in politischer, so in religiöser Beziehung die Hoffnungen der Venetianer diesmal nicht in Erfüllung. Der deutsche Papst war wegen der Kürze seines Pontificates nicht im Stande, auch dieses Werk zu voll= führen und sein florentinischer Nachfolger fühlte sich dazu nicht berufen. Die Absicht Adrian's bei diesen Vorgängen war klar. Er freute sich, daß, wie er in der Canonisationsbulle Benno's schrieb, durch ein göttliches Ge= heimniß seinem Pontificate dieses vorbehalten war. Schon Nicolaus V., der Begründer der wissenschaftlichen Richtung unter den Päpsten, habe an die Canonisation Antonin's gedacht, der ja mit der größten Frömmig= keit eine für seine Zeit ausgezeichnete Gelehrsamkeit verbunden habe. Man darf sich nicht wundern, wenn Adrian's verwandte Natur sich ganz besonders zu Antonin hingezogen fühlte, wenn er dem deutschen Epis= copate an Benno ein Vorbild geben, wenn er auch Giustiniani dieser Reihe zuwenden wollte[2]). Es handelte sich um Hebung des Episcopates, und wenn in dieser Beziehung Etwas seltsam war, so lag es doch wohl nur darin, daß Adrian, was Italien betraf, in die jüngst verflossene Zeit zu greifen vermochte, in Betreff Deutschland's aber bis in das eilfte Jahrhundert hinaufsteigen mußte, das doch der wissenschaftlichen Erörterung,

---

[1]) 6. cal. Dec. 1523. Magn. Bullar. p. 633, 638.

[2]) Lettere di principi, n. 17. Juni. Am 29. Juni ward bereits der Befehl erlassen, den Proceß zur Canonisation Giustiniani's vorzunehmen. Ueber Antonin und Giustiniani siehe auch Höfler, die romanische Welt und ihr Verhältniß zu den Reform=Ideen des Mittelalters, S. 222, und H. Hettner, ital. Studien, S. 139.

der Feststellung sicherer Thatsachen, damals einen sehr schwankenden Boden bot. Die Gegensätze der Zeit und ihre Parteistellung zu charakterisiren, erübrigt noch, die Art und Weise mitzutheilen, wie eine lutherische Chronik von Nürnberg das wichtige Ereigniß der Absendung Chieregato's einleitete [1]): „Anno 1522 führet der Teufel abermals einen römischen Legaten gen Nürnberg, welchen der verfluchte Bapst Hadrianns senden that. Allda ward des Luthers Lehr hell gehandelt, er richtet aber nichts aus, denn die Bauern waren auch Leut und merkten seine Schelmerei."

Im Gegensatze hiezu erwähnt Cochläus, daß im Winter ein Puppenspiel verbreitet wurde [2]), in welchem der Satan sich beklagte, daß ihm eine Constitution Papst Adrian's mehr schade als alle Werke Luther's.

Der Reichstag, von welchem mit Recht der daselbst anwesende Bischof Bernhard von Trient an die Regierung zu Innsbruck schrieb, „es sei seit Menschengedenken kein schwererer Reichstag nie gewesen [3])", brachte die schon in Worms entstandene Scheidung noch mehr zum Bewußtsein. Die wittelsbachischen Herzoge von Baiern, der Markgraf von Brandenburg, Erzherzog Ferdinand, welcher bereits die deutsch-österreichischen Länder durch die zweite Theilung erlangt hatte und, ohne Churfürst zu sein oder wie Kaiser Karl 1520 gewünscht hatte, König zu werden, seinem ausgedehnten Territorialbesitze nach der mächtigste deutsche Fürst war, hatten sich für die Reform, aber nicht für das Schisma, für die katholische Kirche, aber nicht für das neue Evangelium erklärt, dessen eigentlicher Inbegriff erst festgestellt werden mußte. Von allen Seiten häuften sich die Nachrichten von drohenden Unruhen, von Bundschuh und Bauernempörungen, von gefährlichen Umtrieben des Adels wie der niederen Stände. Die fürstlichen Mandate sprachen es auf das Entschiedenste aus, daß aus Luther's Lehre nur Empörung hervorgehe, die staatliche Ordnung der Dinge dadurch nicht minder gefährdet sei als die kirchliche, die weltliche wie die geistliche Obrigkeit verpflichtet sei, dagegen aufzutreten, dem Aufruhrpredigen ein Ende zu machen und der Verbreitung lutherischer Lehren schon vom Standpunkte der Nothwehr Widerstand zu leisten. Was in dieser Beziehung von dem Erzherzoge Statthalter, geschweige von dem Kaiser geschah, mußte für Viele maßgebend werden. Auf dieser Seite war man jedoch ebensowenig gewillt, römischem Unfuge freien Spielraum zu gönnen. Die Regierung von Innsbruck erhielt von Nürnberg aus den Befehl, die Artikel (gravamina) zusammenzustellen, welche die Beschwerden über den Bruch der deutschen

---

[1]) Handschrift, in meinem Besitze. Saec. XVI.

[2]) Mimicus libellus (Cucullatus monachus).

[3]) 9. Februar 1523. Höfler, Zur Kritik, II.

Compactaten enthielten. In Tirol verband ſich, um dem Umſichgreifen „der Courtiſanen" ein Ziel zu ſetzen, mit der reformatoriſchen Tendenz auch die nationale; man wollte den deutſchen Charakter der Stifte Trient und Brixen gewahrt wiſſen und ſah in den Courtiſanen die Pioniere welſcher Suprematie. Von Nürnberg aus ergingen die Mandate gegen Druck und Verkauf der lutheriſchen Schriften, gegen Abhaltung lutheriſcher Predigten; von da aus wurde dem Erzbiſchofe von Salzburg, den Biſchöfen von Trient, Brixen, Chur, Coſtnitz, Freiſing, Augsburg, Velters und Chiemſee der weltliche Arm angeboten, wenn der geiſtliche nicht ausreiche.

Da ferner der kaiſerliche Botſchafter in Rom, obwohl angewieſen, alle kaiſerlichen Anforderungen zu unterſtützen, auf die ihm deutſcherſeits übergebenen Beſchwerden keine Antwort ertheilte, ſo drang die fürſtliche Regierung darauf, in der Perſon des Jorg Sauermann, Propſtes von Breslau, dem Botſchafter einen eigenen Sollicitator zur Seite zu geben. Der Erzherzog aber beſtimmte, daß ſeine Räthe Don Pedro de Cordova, Graf von Capre, Ritter von Santiago, und der berühmte Propſt von Preßburg, Hieronymus Balbus, ſich über Tirol nach Rom verfügen ſollten, Papſt Adrian ſein und ſeiner Länder Anliegen vorzubringen, (17. November 1522)[1]. Der Aufſtand der Comunidades, an welchem die marranos, die bekehrten Juden, ſich betheiligt, die Verbreitung lutheriſcher Lehren von Antwerpen aus in Spanien durch eben dieſe entſchloſſenen Gegner der kaiſerlichen Regierung, die Verbreitung falſcher Münze durch welſche Juden im deutſchen Reiche, das Benehmen Luther's gegen König Heinrich von England, die Verbindung König Franz' I. mit den Eidgenoſſen, unter welchen Zwingli's Lehre Eingang gefunden, die Beſorgniß, daß auch die burgundiſchen Erblande in die deutſche Revolution hineingezogen würden und die offene Gefahr, welche der zu Recht beſtehenden Ordnung der Dinge durch die Empörungen drohte, beſtimmten endlich die habsburgiſchen Fürſten, rückſichtslos vorzugehen, und wie in Rademberg (Rattenberg) die Gefangennehmung eines lutheriſchen Prädicanten erfolgte, erfolgte in Antwerpen die Hinrichtung zweier Auguſtinermönche (1. Juli 1523). die den Tod in den Flammen mit großer Standhaftigkeit erduldeten. Eine unſelige Wendung der Dinge, als dem Landesherrn das Privilegium zugeſtanden wurde, von ſeinen Unterthanen den Glauben zu verlangen, zu dem er ſich bekannte. Es war der Apfel von Sodoma, der in Deutſchland gezeitigt wurde.

---

[1] Balbus erhielt dabei den Auftrag, die Schwazer Bergwerke zu beſichtigen.

Viertes Buch.

Adrian's Bestrebungen, Rom zum Mittelpunkte der geistigen Bewegung zu machen.

Erster Abschnitt.

Johann Reuchlin.

Man hat sich so sehr daran gewöhnt, weil Hutten für gut fand, sich, so weit er konnte, mit Luther zu identificiren, die Reichsritterschaft Sickingen's auf ihn als Freund und Genossen rechnete, Luther's Sache auch als die der Humanisten zu betrachten, daß dem Historiker die unangenehme Aufgabe zufällt, auch in dieser Beziehung der herrschenden

20*

Meinung entgegenzutreten. Hatten die Humanisten zuerst Luther's keckes
Auftreten als den Anfang einer besseren Zeit, und auch damals nicht allgemein, begrüßt, so brachten schon die nächsten Jahre die große Veränderung
hervor, daß, während sich ihm die ungebildeten und rohen Massen zu-
wandten, die bedeutendsten Männer, die hervorragendsten Gelehrten sich
von ihm immer mehr zurückgestoßen fühlten, ein Absagebrief nach dem
anderen erfolgte.

Auch bei dieser Wendung der Dinge war das Auftreten Adrian's,
sein Pontificat in den verhängnißvollen Jahren 1522/23 von entscheidender
Wichtigkeit. Doch schon ehe Papst Leo starb, hatte sich unter den Gelehrten,
welche, sei es bewußt, sei es unbewußt, die Schleußen der Glaubensspaltung zu öffnen geholfen, die schlimme Ahnung bemerklich gemacht,
daß alle Zucht und Sitte, die Grundlage jeder wahrhaften Reformation,
der eingebrochenen Fluth zuerst zum Opfer fallen würden. Von bangen
Ahnungen gedrückt, sah der große Lehrer Deutschland's, Johann Reuchlin,
in die Zukunft, da er die Raubsucht der Massen erwog und von der Rückkehr
des Räuberfürsten, Herzog Ulrich's von Württemberg, den der schwäbische
Bund gebührendermaßen aus seinem Lande vertrieben, das Schlimmste
befürchtete[1]). Dann wäre es um alle rechtschaffenen Leute geschehen. Er
kannte Papst Leo von jüngeren Jahren her, als dieser Deutschland bereiste;
28 Jahre lang hatte er selbst dem Prediger-Orden treue Dienste geleistet;
er rühmte sich mit Recht[2]), wie er sich durch seine wissenschaftlichen
Leistungen um die Kirche verdient gemacht habe, und wenn Luther seine
eigene Sache mit der Reuchlin's identificirte[3]), so war das mehr als
poetische Licenz. Beider Wege mochten sich einmal kreuzen, um nie mehr ·
wieder zusammenzuführen. Instinctmäßig warnte Reuchlin seinen Vetter
Melanchthon, den er an die Universität Wittenberg empfohlen, seine Ziele
nicht mit denen Luther's zu vereinigen. Als er selbst den Ruf nach Ingolstadt
angenommen, wo Johannes Eck das entscheidende Wort führte[4]), suchte
er auch Melanchthon zu vermögen, den Aufenthalt in Wittenberg mit dem
in Ingolstadt zu vertauschen. Reuchlin trat mit Kilian Leib, Prior von

---

[1]) Apud nos regnat pestis, regnat victoriosorum vindicta, regnat invidia,
regnat bonorum oppressio, regnat concussio etc. Brief an Willibald Pirkheimer
vom 8. November 1519.

[2]) Ep. 274, n. 13. November 1518.

[3]) Brief vom 14. December 1518.

[4]) Anglopolim elogi ut inter doctos versaror. Schreiben vom 3. Januar 1520.
Horawitz, n. XXXIV. Er wohnte, was hinlänglich seine Gesinnung beweist, im Hause
Johann Eck's.

Rebdorf, in persönlichen Verkehr. Erasmus schrieb ihm, wie sehr er sich bemühte, seine (Reuchlin's) Sache von der Luther's zu trennen. Er selbst konnte sich aber der Männer nicht erwehren, welche im Streite mit Hochstraten seine Partei genommen und denen er, als er Frieden wollte und namentlich jedes Zerwürfniß mit Papst Leo X. zu beseitigen suchte, als Schwächling erschien. Es gehört zu den räthselhaften Eigenthümlichkeiten jener Zeit, daß manche Documente, die ein der Reformation nicht günstiges Urtheil bedeutender Zeitgenossen enthielten, theils ganz verschwanden, theils nur verstümmelt auf uns kamen. So der Brief, den Reuchlin zu seiner Rechtfertigung an die baierischen Herzoge schrieb. Wir kennen denselben nur aus der Invective Ulrich's von Hutten, der nicht minder als Franz von Sickingen unglücklich darüber war, daß sich Reuchlin von Luther feierlich lossagte. Reuchlin erklärte selbst, er habe immer Luther's Auftreten getadelt[1]) und wie unangenehm der Mißbrauch ihm sei, den Luther von seinem Namen mache. Es charakterisirt Hutten völlig, daß er den ausgezeichneten Gelehrten deshalb nicht blos beschimpfte, sondern ihm auch die Wohlthaten vorwarf, die er von ihm und Sickingen empfangen, da sie ihn vertheidigt, gleich als wenn sie nicht, als sie Reuchlin vertheidigten, ihre eigene Sache vertreten und Ziele verfolgt hätten, die nie und nimmermehr die Reuchlin's waren. Ihn selbst vertrieb die Pest wieder aus Ingolstadt; er kehrte in sein Vaterland zurück, als dieses Kaiser Karl V. geschworen und die Gefahr einer Rückkehr Herzog Ulrich's sich verzogen hatte. Greise, schrieb er wenige Tage nach Adrian's Wahl[2]), müßten in ihrem Vaterlande sterben. Dort erreichte ihn auch der Tod (30. Januar 1522), ehe er noch Zeuge des Umschwunges der Dinge werden konnte, der sich in Rom vorbereitete, wohin der Neugewählte eilte, ohne jedoch, durch die Pest gehindert, so rasch wie er wollte, an sein Ziel zu gelangen. Reuchlin mochte sich glücklich preisen endlich Frieden gefunden zu haben; die stürmische Entwicklung der Dinge, welche jetzt stattfand und das Grab der Wissenschaft wurde, hätte ihn nicht blos mit Bitterkeit und Ekel erfüllt, sondern sicher ihm auch das Leben zur Last und zur Qual gemacht. „Kein sterblicher Mensch," meinte Johann Alexander Brassican[3]), „sei Reuchlin gewesen, sondern von Gott auf die Erde niedergesandt, um hier die Kenntniß der Sprachen zu begründen und zu verbreiten. Als er seine Aufgabe erfüllt, rief ihn Gott in das

---

[1]) (Se) Causam ejus (Lutheri) impugnasso semper.

[2]) 13. Januar 1522.

[3]) Geiger, Johann Reuchlin, sein Leben und seine Werke. S. 474.

ewige Vaterland zurück¹)". Hoffte er dadurch ein größeres Verständniß
der Heilswahrheiten herbeizuführen, so war dies einer späteren Zeit vorbehalten; zunächst schien aus der Kenntniß der Sprachen nur eine gesteigerte
Verwirrung der Begriffe hervorzugehen. Die schönste Grabschrift setzte er
sich jedoch selbst, als er bekannte, er habe nie Jemanden mit Absicht verletzt, nie einen Streit angefangen. Keine Art zu schreiben war ihm ver-
haßter als die, bei welcher Einer den Andern mit Heftigkeit und Bitterkeit angreift²). Dieses Geständniß allein beweist, wie sehr er sich von
Luther's liebloser Weise zurückgestoßen fühlen mußte. Die Kluft, welche
zwischen Beiden sich aufthat, konnte mit jedem Jahre nur weiter werden,
zu überbrücken war sie nicht.

„Jeder in seiner Weise," schrieb er, als er aus Ingolstadt nach Tübingen zurückgekehrt war und nun zum Zwecke seiner hebräischen und
griechischen Vorlesungen hundert Exemplare der hebräischen Bibel, 150
des Xenophon aus Venedig bestellt worden waren, „legen wir für ein
neues Geschlecht die Grundlagen. Die Wahrheit wird von der Erde ausgehen und nach Vertreibung der Finsterniß das Licht leuchten, welches
seit 400 Jahren das Verderben der Sophismen verdunkelte²)." Nichts
Angelegentlicheres wirst du mir erweisen können, hatte er aber am
3. Januar 1520 demselben Freunde Dr. Michael Hummelberg von
Ravensburg geschrieben, als wenn du als Priester in deinem Gebete
für mich als Priester eintrittst. Melanchthon's Anschluß an Luther war
ihm widerwärtig³).

Man kann sich keinen größeren Gegensatz denken, als den Kaiser
der Wissenschaft, wie Hummelberg Reuchlin nannte, und den stürmischen
Professor zu Wittenberg, der seinen Haß der deutschen Nation zum traurigen
Erbe hinterließ, sich selbst als Pest und Tod des Papstthums bezeichnete.

Als Adrian, noch ehe er den Boden Italien's betrat, sich des einen
Lichtes der Gelehrten beraubt sah — einer so gewichtigen Stütze in
Betreff der deutschen Verhältnisse — mochte er mehr wie jeder Andere
den unersetzlichen Verlust eines Mannes beseufzen, dessen hoher Werth
eben jetzt, als er nicht mehr war, auf das Glänzendste hervortrat.

Sehr bezeichnend für die großen psychologischen Erschütterungen, die
die Zeit hervorbrachte, war die Umkehr des Johann von Staupitz,

---

¹) l. c. S. 477.
²) Horawitz, Brief vom 20. Februar 1523.
³) Melanchthoni adversor qui suo Luthero tam fidum agit Achatem ne pa-
riter male audiat. Sed non est in juvenibus prudentia. l. c. n. XXXIV.

früherer Ordensprovincial der Eremiten von St. Augustin in Meißen
und Thüringen, Gönner, Gewissensrath und Freund Luther's[1]), der selbst
in Wittenberg seine Stelle vertrat, als Staupitz von dem Churfürsten
von Sachsen, um Reliquien für die Allerheiligen=Kirche zu sammeln,
nach Niederdeutschland gesandt wurde; er hatte in der ersten Periode den
überwiegendsten Einfluß auf Luther's Beginnen, inwieferne überhaupt
dessen Charakter Anderen Einfluß gestattete. Er begleitete ihn zu dem
Gespräche mit dem Cardinal von Gaeta nach Augsburg. Er hatte ihm
die Professur in Wittenberg verschafft, er verschaffte ihm in Augsburg
die Mittel zur heimlichen Flucht. So lange Johann von Staupitz die
Hoffnung nährte, aus der lutherischen Bewegung werde eine wahre
Reformation der katholischen Kirche herauswachsen, verharrte er auf Seite
seines Ordensbruders. Als aber dieser durch die Schriften an den christlichen Adel deutscher Nation und von der babylonischen Gefangenschaft sich
als den Zerstörer der ganzen bisherigen Ordnung der Dinge darthat, suchte
er noch freundlich auf ihn einzuwirken, aber die traurige Erfahrung, daß
diejenigen, welche schlechte Häuser besuchten[2]), sich am meisten als Anhänger der neuen Richtung gebärdeten, entfremdete ihn Luther immer mehr.
Dieser verachtete seine Briefe, welche Vorstellungen enthielten, als leer[3]);
Staupitz aber wollte jetzt schon gar nichts mehr von dem Augustinerorden wissen, dem sie Beide in glücklichen Jahren angehört. Er trat
offenbar mit Bewilligung Papst Adrian's, nachdem der Abt von
St. Peter zu Salzburg, Simon, 1522 seine Würde niedergelegt hatte, in den
Orden des heiligen Benedict, wurde Abt von St. Peter, als welcher er
auch, nachdem er sein Amt zwei Jahre und fünf Monate bekleidete,
starb[4]). Leider hat der unvernünftige Eifer eines seiner Nachfolger[5]),
der die von Staupitz in das Kloster gebrachten Schriften und Briefe
Luther's verbrennen ließ, uns um die Kunde interessanter Beziehungen
der beiden Männer, des Lehrers wie des Schülers, gebracht.

[1]) Ulenberg, vita M. Lutheri. c. 1.
[2]) Lupanaria colunt.
[3]) Spiritu inanissimas.
[4]) 28. December 1524. Er war somit im August 1522 Abt geworden.
[5]) Abt Martin, gest. 1615.

Zweiter Abschnitt.

Johann Eck und Willibald Pirkheimer, Christoph Fürer der Aeltere.

Zu den Persönlichkeiten, welche gleich bei dem Anfange der Glau-
bensspaltung eine hervorragende Rolle spielten, dem Hasse der Einen
in ungewöhnlicher Weise verfielen, die Verehrung der Anderen in gleichem
Grade sich erwarben, gehörte der berühmte Theologe und Professor zu
Ingolstadt, Johannes Eck (eigentlich Maier aus Eck in Schwaben).
Von so außerordentlichen Geistesgaben, daß er, am 13. November 1486
geboren, schon mit 12 Jahren die Universität Heidelberg bezog, mit 14
Jahren Magister der Artistenfacultät zu Tübingen, 1508 Licentiat der
Theologie zu Freiburg wurde, schien er das gesammte theologische Wissen
seiner Zeit in sich aufgenommen zu haben. Um drei Jahre jünger als
Luther, wie dieser im November geboren, stand der Allgäuer Bauernsohn
dem niederdeutschen Knappensohne weder an Derbheit der äußeren Erscheinung noch an Fleiß oder dialektischer Gewandtheit nach, und wandte
sich der Ordensgeistliche mehr der Mystik zu, so hatte der Weltgeistliche
mehr die scholastische Theologie sich eigen gemacht. Der Eine wurde
zur neugegründeten Wittenberger Universität, Eck 1510 nach Ingolstadt,
der damals in voller Blüthe stehenden Schöpfung Herzog Ludwig's von
Baiern-Landshut, berufen, wo er denn auch in der ihm eigenthümlichen
Thätigkeit wirkte, als Luther seine Thesen anschlug und sie der Prüfung
anderer Professoren unterbreitete. Gewohnt, an Disputationen Antheil zu
nehmen, ja recht eigentlich dazu gemacht, betheiligte sich Eck mehr als
jeder Andere unmittelbar an dem Streite mit Luther und wurde er
gerade in der Periode des ersten Lenzes seines Auftretens und der ihm
von so vielen Seiten entgegengetragenen Bewunderung, Liebe und Verehrung der Gegenstand glühenden Hasses, die Zielscheibe der unwürdigsten
Verleumdungen und Verdächtigungen. Eck, bereits von Kaiser Maximilian neben dem Cardinal Lang und dem berühmten Augsburger Rathsherrn Conrad Peutinger zu Berathungen über religiöse Angelegenheiten
beigezogen, wurde auch von dem Nürnberger Rathsherrn Willibald
Pirkheimer als einer der bedeutendsten Theologen gefeiert[1]. Eck war
somit nichts weniger als ein verächtlicher Gegner Luther's und man
kann mit Sicherheit annehmen, daß, wenn er sich auf die Seite des
Eremitenbruders von St. Augustin geschlagen hätte, seine Gelehrsam-

---

[1] Wiedemann, Dr Johann Eck. S. 35.

keit, sein Scharfsinn, seine Unerschrockenheit ebenso bewundert und gepriesen worden wären, als er, nachdem er den Reihen gegen ihn und seine Anhänger eröffnet, den Kampf gegen sie bis zu seinem Lebensende beharrlich führte, von ihnen geschmäht und mit Verläumdungen übergossen wurde. Nachdem Eck zu Leipzig mit Luther disputirt hatte und wesentlich dazu beigetragen, Luther zur Erkenntniß zu bringen, daß er mit seiner Lehre auf dem katholischen Boden nicht verharren könne, ging er nach Rom, wo er den Berathungen beiwohnte, die im Auftrage Papst Leo's X. über die in Deutschland entstandenen Wirren gehalten wurden. Ihr Resultat war die am 17. Juli 1520 erlassene Bannbulle, welche in dem Momente von Eck nach Deutschland gebracht wurde, als die Popularität Luther's auf den höchsten Punkt gestiegen war. So oft dieselbe als übereilt und unzeitig dargestellt worden ist, so sehr sie in Deutschland auf Opposition stieß, so hatte sie doch erst nach der reiflichsten Berathung stattgefunden.[1]). Ihr Resultat war, daß der römische Stuhl sich nicht länger in ein Stillschweigen einhüllen dürfe, das dem Schuldbewußtsein gleichkam. Als Eck, nunmehr päpstlicher Protonotar, mit der Verkündigung der Bulle beauftragt, nach Deutschland kam, stieß er beinahe bei sämmtlichen Universitäten auf Widerspruch und selbst Herzog Wilhelm (IV.) von Baiern meinte, er solle die Bulle nicht veröffentlichen. Eine große und sehr achtbare Partei war damals der Ansicht, daß der Glaubensstreit, in Deutschland entstanden, auch in Deutschland zu Ende geführt werden solle und namentlich meinte Eck's baierischer Landesherr, daß die Bischöfe des baierischen Herzogthums und der Primas von Deutschland sich des Einschreitens gegen die Schriften Luther's enthalten möchten, bis die Angelegenheit auf dem Wormser Reichstage entschieden wäre[2]). Eck hatte sehr bald, als er, unbekümmert um weitere Folgen und namentlich um seine Person, sich seines Auftrages entledigte, die Humanisten gegen sich und unter ihnen den Kreis der Nürnberger Freunde Luther's, die durch Talent, Kenntnisse, Rechtschaffenheit und äußere Stellung zu den Angesehensten Deutschland's gehörten, unter ihnen namentlich Lazarus Spengler, der schon 1519[3]) eine Apologie Luther's geschrieben, und insbesondere Willibald Pirkheimer, der im Februar 1520 den gelehrten Theologen öffentlich „abzuhobeln" sich vermaß, als er ihn in seinen Eccius dedolatus dem Gelächter der Menge preisgab. Allein Eck

---

[1]) Roscoe, Leben Papst Leo's X. III, S. 210.

[2]) Diesen so wichtigen Beisatz (Wiedemann, S. 167, auch bei Sugenheim) hat Prantl in seiner Geschichte der Münchener Universität, S. 147, ausgelassen.

[3]) Thausing, Dürer. S. 457.

war weder der Mann, der einen Angriff auf sich ruhig sitzen ließ, noch Willibald Pirkheimer bei all' seiner staatsmännischen und humanistischen Befähigung Theologe genug, um einem so schlagfertigen und nun von ihm herausgeforderten Gegner gewachsen zu sein[1]). Er fühlte sich ungemein gekränkt, als Eck, von seinem Rechte Gebrauch machend, ihn und Spengler in die Bannbulle setzte. Die Erklärung, welche beide am 1. December 1520 an Papst Leo X. abgaben, befreite sie zwar wieder aus dieser unangenehmen Lage, lehrte sie aber dann doch den ernsten Streit mit ernsten Mitteln auszufechten, wenn sie überhaupt dazu berufen waren. Eck begab sich im October 1521 nach Rom, wo er sich noch befand, als Papst Leo X. starb, Adrian gewählt wurde. Er hatte Leo's X. Vertrauen in hohem Grade besessen; seinen Nachfolger in Rom zu erwarten hatte er keinen Beruf und so kehrte er im Februar 1522 zu einem nicht ganz einjährigen Aufenthalte nach Deutschland zurück.

Man konnte sich kaum verschiedenere Naturen denken als ihn und Willibald Pirkheimer. Eck, eine durch und durch plebejische aber hochbegabte Natur, scharf und schneidig, gewohnt, seinen Gegnern auf den Leib zu rücken und zu zwingen, Farbe zu bekennen und sich ihres Zieles und ihrer Grenzen bewußt zu werden; Willibald, durch und durch aristokratisch, nach dem Porträt, das wir seinem Freunde Albrecht Dürer verdanken, behäbig, leicht erregbar, gewohnt, in ruhigen Zeiten an der Spitze eines Gemeinwesens zu stehen, in den Tagen der Gefahr, wie er es im Schweizerkriege unter Maximilian I. gezeigt, tüchtig, jeder Gemeinheit von Herzen gram, aber, wo seine eigene Person in einen seiner Natur nicht angemessenen Streit verwickelt war, eher der Umsicht entbehrend als sie besitzend, jetzt innerlich verstimmt, das Beste anstrebend und dadurch einem Idealismus zugethan, der leicht in das Entgegengesetzte umschlug, wenn die bis in das Maßlose gesteigerten Erwartungen sich nicht erfüllten.

Kilian Leib, der gelehrte Prior von Rebdorf an der Altmühl[2]), erzählt, daß er zur Zeit des Wormser Reichstages in Nürnberg gewesen und von dem Patricier Hieronymus Ebner, Bürgermeister der freien Reichsstadt, zu Tische geladen wurde. Mit ihm kamen als Gäste des Hausherrn des Letzteren Bruder, Johann Ebner, Gabriel Nuzel, Willibald Pirkheimer, „dieser ausgezeichnet durch seine Kenntniß der lateinischen und griechischen Sprache, des öffentlichen Rechtes, in Philosophie und Bered-

---

[1]) Vergl. die Thesen Eck's bei Wiedemann, denen zufolge sich Pirkheimer tüchtig in Irrthümer verstrickt haben muß.

[2]) In der Nähe von Eichstätt.

samkeit, in jeder Wissenschaft bewandert, wie durch seinen Reichthum angesehen". Gerade waren Briefe aus Worms angelangt, welche meldeten, mit welch' ungemeinem Jubel und Zulauf des Volkes Martin Luther in Worms angekommen war und wie er bis jetzt unbewegt auf Allem beharre, was er gelehrt und geschrieben. Nachdem der Bürgermeister die Briefe vorgelesen, befrug er seinen geistlichen Gast, was er von der Nachricht halte? Der Prior erklärte, die Sache gehe über seine Sphäre hinaus und er wünsche selbst die Meinung erfahrener Staatsmänner darüber zu hören. Ebner, welcher diese Worte für eine Ausflucht ansehen mochte, bestand jedoch darauf, daß Leib zuerst seine Meinung ausspreche, die Anderen würden folgen. Auf dies betonte der Prior die Nothwendigkeit, daß Papst und Cardinäle so eifrig als möglich die Angelegenheit in ihre Hände nehmen und freiwillig die Unordnungen des geistlichen Standes in das rechte Geleise bringen möchten. Die Geistlichen sollten sich selbst ein Maß in Betreff ihrer Lebensart setzen, damit sie nicht wider ihren Willen gezwungen würden, es zu thun.

Es war dies die Meinung, welche bei dem Baseler Concil Cardinal Julian unumwunden ausgesprochen hatte. Es war die Ansicht Aller, die nicht einen Umsturz der Dinge, nicht einen neuen Glauben, nicht einen Bruch mit der gesammten christlichen Vergangenheit wünschten, sondern eine Reformation im wahren Sinne des Wortes begehrten und diese damals noch (1521) von Luther erwarteten, der freilich, von einem ganz anderen Geiste getrieben, auch andere Ziele verfolgte. Kilian Leib aber schwebte namentlich das Verfahren Kaiser Maximilian's vor Augen, welcher auf Rath des Papstes die Zerwürfnisse zwischen Laien und Geistlichen durch gerechte Gesetze zu ordnen bemüht war. Die Eintracht zwischen Papst und Kaiser, dem sacerdotium und imperium, woran das ganze deutsche Mittelalter gearbeitet, erschien auch ihm als das zu erstrebende, als das zu erreichende Ideal. Auch Ebner stimmte dem gelehrten Prior bei. „Nein," rief jetzt Willibald Pirkheimer aus, „die Unordnung so unter uns sein, die werden mit keiner Ordnung, sondern mit Unordnung müssen gebessert werden[1]."

Ich kenne keine Aeußerung, welche die Rathlosigkeit der intelligentesten und wohlwollendsten Leute jener Tage genauer wiedergibt, als diese Erzählung von dem Nürnberger Symposion. Willibald's Ansicht war die Theorie des Gehenlassens, unbekümmert darum, daß die Ereignisse, denen zu steuern die dazu Berufenen verabsäumen, zuletzt mit elementarer Ge-

---

[1] Aretin, Beiträge. VII, p. 662,

walt einbrechen und die Revolution zeitigen, statt einer Reformation tabula rasa machen würden.

Vieles hatte dazu beigetragen, in Deutschland den Eindruck zu schwächen, welchen das sonst so wichtige Ereigniß, daß nach beinahe fünfthalbhundert Jahren ein Deutscher Papst wurde, sonst hervorgerufen hätte. An und für sich war die öffentliche Meinung gegen Rom und alles Römische aufgeregt und wurde noch täglich in ihrem Hasse von denen bestärkt, welche, wie Ulrich von Hutten, einen wahren Cultus deutscher Vortrefflichkeit zu begründen suchten. Adrian galt von Spanien her als Gegner Luther's, und hatte somit mehr oder minder alle Bewegungs= männer gegen sich, die mäßig genug zu sein glaubten, wenn sie für's Erste eine zuwartende Stellung behaupteten. Dann hatte die lange Zögerung der Besitzergreifung die Gemüther herabgespannt; man erfuhr in den kritischen Monaten vom Anfange des Jahres 1522 bis in den Herbst dieses Jahres nichts von der Wirksamkeit des neuen Papstes, während die Erbitterung über die allgemeine Lage der Dinge und der Streit der Parteien selbst die besten Gemüther mehr und mehr aus dem ruhigen Geleise brachten. Mit vollem Rechte aber konnte der mit den Humanisten so eng verbundene Kilian Leib sagen, daß Alle, welchen die christliche Religion am Herzen lag, die größte Hoffnung auf Adrian setzten. Man fürchtete nur, er möchte sein Vertrauen Männern schenken, welche mit den deutschen Verhältnissen unbekannt, auch mit der deutschen Sprache nicht vertraut seien, Welschen, Italienern, wie diese wieder vor einem überwiegenden spanischen Einflusse Sorge getragen hatten! Es kann daher keineswegs auffallen, wenn Willibald Pirkheimer sich berufen fühlte, gleichsam im Sinne der deutschen Nation zu sprechen und sich entschloß, ohne von Adrian dazu aufgefordert worden zu sein, den Papst mit den Ursachen der Bewegung bekannt zu machen[1]). Der gelehrte kaiserliche Rath, welchem es beschieden war, nach wenigen Jahren über das Treiben der „evangelischen Buben" sich mit demselben Grimme auszusprechen, den er jetzt über die Römlinge ergoß, sah in dem Sykophantenwesen der Domini= canermönche und ihrem tollen Hasse gegen die Männer der Wissenschaft den eigentlichen Grund der jetzigen Wirren. Ihr Angriff auf Reuchlin habe nicht blos dessen Untergang, sondern auch den aller anderen wissenschaft= lichen Männer beabsichtigt, habe diese in das Lager Luther's getrieben. Pirkheimer wiederholt, ohne Tetzel zu nennen, wie selbst die jungfräuliche

---

[1]) Billibaldi Pirkheimeri epistola ad Adrianum P. VI. Goldasti, Politica, p. 1100. Opera, p. 372. Hagen, I, S. 122. Ehrhardt, III, S. 39. Sollte diesem Briefe nicht ein Schreiben Adrian's vorangegangen sein?

Mutter Gottes bei den Vergehen nicht verschont geblieben sei, für welche Ablaß erholt werden konnte. Das habe Luther bewogen, sich in der bescheidensten Weise (vel modestissime) dagegen zu erklären. Dann habe der Cardinal von Gaeta und die Unwissenheit des Pierias Alles verdorben. Endlich hätten die Mönche auch Eck's Reise[1] nach Rom ver= anlaßt, wo dieser jene Bulle erlangt, mit welcher er auch die Gelehrtesten und Besten belästigt habe.

Letzteres bezog sich auf die Streitigkeiten, in welche Willibald selbst mit Eck gerathen war und die begründete Besorgniß, die Pirkheimer hegte, von den Sentenzen der Bulle persönlich getroffen zu werden. Die eigene Leidenschaft, welche sich in den ungemäßigten Ausdrücken über seinen Gegner in einer nichts weniger als vortheilhaften Weise aussprach, ließ nicht zu, daß Pirkheimer den mehr zufälligen Grund der Entstehung der großen Revolution von den inneren und treibenden Ursachen zu unter= scheiden vermochte, es war der Maßstab einer Coterie, den Pirkheimer dem Weltereigniß anlegte. Auch blickte noch Willibald damals viel zu sehr durch die Brille Hutten's die Ereignisse an, welche sich so rasch überstürzten und deren Entwicklung in seiner eigenen Vaterstadt ihm bald so großen Kummer bereitete. Es gehörte mit zu dem Ganzen, daß selbst die be= deutendsten Zeitgenossen über den Ursprung der Bewegung, welche rasch über ihre Häupter wegging, so wenig im Klaren waren, so sehr von ihren eigenen Hoffnungen, Sympathien und Antipathien beherrscht waren, daß man sich vergeblich an sie wendet, wenn man eine objective Anschauung des größten Ereignisses nicht blos des sechzehnten Jahrhunderts zu erlangen sucht. Sie selbst befanden sich zu sehr im Strome der Bewegung, der sie rathlos mit sich fortriß, als daß von ihnen eine ruhige Beurtheilung der deutschen Verhältnisse erwartet werden konnte.

Ja, wenn die Begünstiger der Wissenschaften in Deutschland einig gewesen wären, meinte der Fürst der Gelehrten[2], wäre es wohl nicht zu einem Aufruhr gekommen. Allein Erasmus vergaß, daß die Gelehrten immer an dem Grundsatze festgehalten, der Krieg sei der Vater von Allem. Wo aber gebaut oder wo niedergerissen wird, haben die Kärrner doppelte Arbeit und machen sie das größte Getöse.

Man hat nun oftmals behauptet und David Strauß hat es in seinem Leben Ulrich's von Hutten wiederholt[3], der Brief Willibald's sei

---

[1] Quem scirent omni fumorum genere pollere ac jam Lipsica disputatione experti fuerant temeritate et impudentia nil eis inferiorem esse.

[2] Erasmus, Brief vom 8. November 1520.

[3] S. 558.

durch den Tod Adrian's abgebrochen worden. Das ist eine willkür= liche Behauptung. Nicht der Tod Adrian's verurtheilte das Schreiben, ein Fragment zu bleiben, sondern der Fortgang der Bewegung und ihre sich selbst überstürzende Gewalt, welche Willibald überzeugen mußte, daß sie sich durch die von ihm aufgestellte Erklärungsweise nicht erklären lasse, sie einen·viel tieferen Ursprung habe. Die ruhige Beobachtung der Dinge im Jahre 1522, geschweige im Jahre 1523, mußte ihn wie so Viele belehren, daß es sich bereits um eine Revolution handle, die den Nahmen einer katholischen Opposition längst durchbrochen habe, mit ihrem ersten Auftreten in Zwiespalt gekommen sei, somit auch die von ihm in dem Schreiben an Adrian versuchte Erklärungsweise nicht mehr ausreiche. Zur Heftigkeit geneigt, leicht aufbrausend[1]), schrieb er nieder, was bei reif= licher Ueberlegung ihm selbst als ungenügend erscheinen mußte. Dazu kam noch vieles Andere, das ihn hinderte, soweit zu gehen wie Andere. Vor Allem seine aristokratische Natur, dann Tausende von unsichtbaren Banden, die ihn festhielten. Da übte die edle Bekennerin katholischer Wahrheit im Reformationszeitalter, seine Schwester Charitas Pirkheimer, Aebtissin von St. Clara in Nürnberg[2]), auch in der Zeit großer Ent= fremdung noch immer einen Einfluß auf ihn aus, dessen er nie Herr werden konnte. Auch die zweite Schwester, Clara, die bis zu ihrem Tode 1532 unter den schwierigsten Verhältnissen treu an ihrem Glauben hing, gewann den Einfluß, den Unerschrockenheit, Standhaftigkeit und Würde stets über aufgeregte Naturen, die das Beste wollen, aber nicht immer erkennen, ausüben werden. Von Willibald's Töchtern hatte 1513 Katharina mit ihrer Schwester Crescentia (gest. 1529) den Schleier genommen und als Nonne wie als letzte Aebtissin von St. Clara in treuer Standhaftigkeit, in Muth und schwergeprüfter Ausdauer sich ihrer Muhme und Lehrerin würdig gezeigt. Gerade im Anfange der Glaubens= spaltung und als Eck und Pirkheimer in Streit lagen, war ein Zer= würfniß zwischen der hochherzigen Schwester und dem leicht aufbrausenden Bruder entstanden, der Grund scheint in den Mahnungen gewesen zu sein, an welchen es Schwester Charitas nicht fehlen ließ[3]). Fast ein Jahr lang besuchte Willibald seine Schwester nicht mehr, und erst als Clara

---

[1]) Fuit enim iracundus admodum, heißt es in einer Erzählung Melanch= thon's. (Döllinger, I, S. 197 n.) Auch sein Bildniß bei Thausing (Dürer, S. 244) zeigt dies.

[2]) Höfler, Denkwürdigkeiten der hochberühmten Charitas Pirkheimer. 1852. Einleitung.

[3]) Loose, S. 68.

sich verbürgt, die würdige Mutter (Charitas) werde ihn nicht mehr „capiteln", wenn er komme, ward das alte Verhältniß wieder hergestellt. — Es war auch Anderen in ähnlicher Art ergangen. Mit welcher Freude hatte der berühmte Ulrich Zasius[1] in Freiburg, eine der größten juristischen Zierden Deutschland's, das Auftreten Luther's begrüßt, ihm selbst davon Mittheilung gemacht. Aber schon die Leipziger Disputation hatte in Zasius eine Verstimmung hervorgerufen, da er die Ausfälle Luther's gegen die päpstliche Gewalt nicht billigen konnte[2]. Bald nachher sprach er von wahnsinnigen Lehren Luther's, der die Quelle und der Grund der schändlichen Schriften seiner tollen Nachtraber sei[3]. Die Verwerfung der guten Werke[4], die gewaltsame Pressung (Verdrehung) der heiligen Schrift, um den Sinn Luther's herauszubringen[5], die Vernichtung des canonischen Rechtes und die Besorgniß, „es möchte der zügellose Pöbel unter dem Vorwande des Evangeliums in jede Nichtswürdigkeit ausschweifen," brachten dann die völlige Entfremdung des Juristen gegen Luther hervor und ebenso eine sich steigernde Verehrung der Wirksamkeit des Erasmus und einen engen Anschluß an Pirkheimer. Auch dieser hat aus den Gründen seiner inneren Umwandlung kein Hehl gemacht. Sie war bereits im Anfange des Jahres 1523 erfolgt. Am 8. April dieses Jahres schied er aus dem Rathe seiner Vaterstadt[6]. Ein Jahr später bezeichnete

---

[1] Geb. in Constanz 1461, gest. in Freiburg 24. November 1535. Fünf Jahre früher hatte er geschrieben: Bilibald ist gestorben (22. December 1530), ich wandle jetzt nur noch wie ein Schatten unter der Mitwelt umher.

[2] Stintzig, Ulrich Zasius. S. 225, 226.

[3] l. c. S. 327. Mit Recht machte Döllinger aufmerksam, daß Zasius, einer der Väter der deutschen Jurisprudenz, ein besonders lehrreiches Bild der damaligen Stimmung in Deutschland, der ersten Begeisterung für Luther und der allmälig eingetretenen Enttäuschung gewähre. Reformation, 2. Auflage, I, S. 183.

[4] Namentlich stieß ihn auch das Wittenberger Treiben ab. „Die Wittenberger," schrieb er an Thomas Blarer 1521, „communiciren beinahe täglich und dann betrinken sie sich dermaßen in Bier, daß sie einander nicht mehr erkennen". Siehe die ganze Stelle bei Stintzig, S. 230. Döllinger, Reformation, 2. Auflage, I, S. 188.

[5] „Was soll ich darüber sagen, daß Luther mit frecher Schamlosigkeit die ganze heilige Schrift — zu lauter Drohungen und Verwünschungen gegen die Päpste, Bischöfe und Priester umdeutet, als ob durch alle Jahrtausende Gott kein anderes Geschäft gehabt hätte, als gegen die Geistlichen zu donnern!" l. c.

[6] Thaussing, A. Dürer. 1876. S. 466. Da die Umwandlung Pirkheimer's wahrscheinlich zur Zeit des Reichstages 1522/23 stattfand, sicher 1523 schon eingetreten war, ist kein Grund vorhanden, den Tod Adrian's als Ursache anzunehmen, wenn der Brief unvollendet blieb. Sehr eigenthümlich bleibt es, daß stets dieses Briefes, respective Conceptes gedacht wird und nicht, was Pirkheimer nach seiner nächsten Erfahrung über den Gang der Reformation kummervoll niederschrieb.

er Lazarus Spengler als einen stolzen Schreiber ohne alle Ehrbarkeit[1]).

„Ich leugne nicht, schrieb er in Bezug auf die Aenderung, welche in ihm vorgegangen, daß mir im Anfange Luther's Unternehmen nicht ganz verwerflich erschien, wie denn keinem wohlgesinnten Manne die vielen Irrthümer und die vielen Betrügereien, die allmälig in die christliche Religion eingeschlichen, gefallen konnten. Ich hoffte daher, daß nun ein= mal diesen vielen Uebeln abgeholfen werde; aber ich fand mich sehr getäuscht. Denn bevor die früheren Irrthümer ausgerottet wurden, drangen noch weit unerträglichere ein, gegen welche die früheren nur Spielereien waren. Ich fing daher an, mich allmälig zurückzuziehen, und je aufmerksamer ich Alles betrachtete, um so klarer bemerkte ich die List der alten Schlange, weswegen ich auch von sehr Vielen öfter Anfechtun= gen zu erleiden hatte. Von den Meisten ward ich als Verräther an der evangelischen Wahrheit geschmäht, weil ich an der nicht evangelischen, sondern teuflischen Freiheit so vieler Apostel, Männer wie Weiber, keinen Gefallen finde, um von den anderen unzähligen Lastern, die fast alle Liebe und Frömmigkeit vertilgt haben, gar nicht zu reden. Luther aber mit seiner frechen muthwilligen Zunge verhehlet keineswegs, was ihm im Sinne liegt, so daß er völlig in Wahnsinn verfallen und vom bösen Geiste geleitet zu sein scheint[2]).“

Es war nicht blos die schmähliche Unduldsamkeit der lutherisch gewordenen Rathsherren gegen seine Schwestern, nicht die persönlichen Er= fahrungen allein, die auf Willibald hereinstürmten und sein Gemüth um= kehrten. Er zieh, wie aus einem Briefe Michael Hummelberg's an ihn hervorgeht, Luther einer sträflichen Veränderung in seinen Ansichten von der Eucharistie, und Hummelberg, der Luther's Vertheidigung übernahm, muß zugestehen, daß in Straßburg, in Ulm, in Augsburg die Verehrung des Sacramentes bereits aufgehört habe oder doch auf dem Punkte stehe, aufzuhören[3]). Nicht minder waren ihm die Heiraten der Geistlichen

---

[1]) Seine Lieblingstochter Felicitas, Witwe des Hans Imhoff, wurde von Hans Kleberger, der sie in zweiter Ehe heiratete, nach wenigen Tagen verlassen, was ihr das Herz brach. Thausing, Dürer. S. 477.

[2]) Adeo ut plane insanire vel a malo daemonio agitari videatur. An Kilian Leib. Döllinger, Reformation, I, p. 587. Einen ähnlichen Ausspruch that schon 1523 der polnische Gesandte, Johannes Dantiscus, nachdem er einige Tage mit Luther in Wittenberg zugebracht, affirmans eum esse daemoniacum, simillimum regi Danico (Christiern II.) in moribus et aspectu. Acta Tomiciana, VI, p. 299, n. 265.

[3]) Quum Argentorati eucharistia tota conciderit ut fama refert et Augustae Ulmaeque atque multis locis aliis ruinam minetur, timendum ne etiam istic peri= clitetur. Horawitz, Analekten, n. 71.

verhaßt. Er klagte die Lutheraner als Ursache der Aufstände wie des Ruins der Wissenschaften und aller Zucht an und ehrte um so mehr Erasmus, der diese Wendung der Dinge vorhergesehen hatte. Er wies mit Hohn und Verachtung auf die Früchte des neuen Evangeliums hin[1]), dem er auf das entschiedenste sociale Tendenzen unterbreitete[2]). Er beschuldigte die lutherischen Prädicanten der Habsucht, der Ausbreitung des Evangeliums zu bloßen Familienzwecken, — acht silberne Becher habe unlängst ein Prädicant gekauft und als er sie seiner Frau brachte, ausgerufen, ach was werden wir reich, liebe Frau, wenn der Glaube anhält. Er mied zuletzt selbst den Umgang seiner Freunde und beschäftigte sich nur mehr mit theologischen und mathematischen Fragen[3]).

Als am 15. April 1528 Albrecht Dürer, der sich und seinen Freund Willibald im schönen Rosenkranzbild dargestellt, selbst aber früh der Reformation sich zugewendet hatte, starb, schrieb Willibald an Heller die charakteristischen Worte: „Ich war auch wie unser Albrecht anfänglich gut lutherisch, denn wir meinten, daß der römischen Büberei ein Ende gemacht werden solle und der Pfaffen Schalkheit. Aber die evangelischen Buben treiben es noch viel ärger.“

Wie viele von den besseren Zeitgenossen, welche, wie Hans Sachs und der große Nürnberger Maler, anfänglich in Luther's Worten Nachtigallenschlag zu vernehmen geglaubt, befanden sich jetzt wie in einem Sumpfe versunken, aus welchem sie sich, so gut es ging, herauszuwinden suchten. Sie mußten sich überzeugen und sprachen es auch offen aus, daß aus „den Unordnungen“, welchen man die Zügel hatte schießen lassen, wohl Anarchie und Revolution, aber keine wirkliche Besserung der Dinge hervorgehe, dem Schlechten Thür und Thor geöffnet worden sei. Es ist klar, daß, als so große Erfahrungen an Willibald Pirkheimer heranstürmten, sein Brief an Papst Adrian, welcher die Genesis der Bewegung darthun sollte, ein Fragment bleiben mußte. Er zeigt die in seinem Autor beginnende Krise, die den feinfühlenden Mann auf die entgegengesetzte Seite trieb. Willibald stand übrigens im Kreise seiner hochgebildeten Landsleute mit seinem tiefen Kummer nicht allein da. „Wiewol ich mich die Tag, so ich gelebt[4]),“ schrieb bald nachher der Nürnberger Rathsherr, Christoph Fürer der

[1]) Schreiben an Hummelberg. l. c. n. 72. Hic est evangelicus ille fructus quem quidam non satis laudare possunt.

[2]) Moderni omnem spem in seditionibus habent, quoniam de communi dividendo sperant.

[3]) Horawitz, Analekten, S. 184.

[4]) G. W. K. Lochner, Geschichts-Studien, S. 86.

v. Höfler: Adrian VI. 21

Aeltere, „der Billigkeit und ordentlich Obrigkeit gütlich und gern unter=
worfen hab, ſo hat doch der Geiſt, den der allmächtig Gott in's Menſchen=
herz geſchrieben, mir nie wollen eingeben, daß alles fürhaben ſo der
römiſch Stuhl ſamt ſeinen Anhängern gelehrt und gepflogen, göttlich
und chriſtlich hab ſein ſollen, ſondern ich hab auch alle Zeit bedünken
laſſen, die Sachen ſeien zu viel auf eigene Gewalt, Pracht und Geldgier
gericht geweſt, deshalb ich nie lieber gehört als da Martin Luther
erſtlich wieder ſolchen ungeſchickten Gewalt und Ablaßkaufen begunde zu
predigen. Als er aber nit beim ſelbigen allein bliebe, ſunder weiter ging
und lehrte, der Menſch hat keinen freien Willen, ſunder Alles was er
thut, es wär gut oder bös, das müßt alſo (ſein), könnt aus Noth nit
anders geſchehen, machet die Werk der Menſchen mehr ſündhaft denn
nöthig, ſchreibet die Seligkeit allein dem Glauben an Chriſto zu, beruhet
auf dem, daß Gott ohne Mittel und Zuthun der Menſchen denſelbigen
wollt ſelig oder unſelig haben, welche Artikel dann meinem Geiſt, daß
die chriſtlich ſein ſollen, aus viel Beweggründen nit wollten eingehen,
ſundern ich mußt bei mir urtheilen, daß dieſe letzlicher einiger Artikeln vom
Luther dargethan weit und vielmehr denn alle römiſchen Mißbräuche
uns Schaden und Nachtheil zufügen würde, abgeſehen daß er alle Gottes
Furcht und Gewiſſen der Menſchen würde wegnehmen, wie dann geſchehen
alſo und dermaſſen, daß der Chriſtenheit viel träglicher geweſen den
römiſchen Geiz neben Gehorſam und Einigkeit, ſo damals war zu
behalten, denn die jetzige lutheriſche Lehre bei Verlierung
und Aufhebung aller Tugend, Gewiſſen und Gottesfurcht
wie jetzt vor Augen iſt anzunehmen[1]."

Man mag nach der von Goethe bereits verurtheilten Sucht der
Deutſchen, das, was ihnen unbequem iſt, einfach zu ignoriren, über dieſe
Aeußerungen hinweggehen, aber Niemand wird Pirkheimer oder Fürer
Einſicht, Tugend, Patriotismus, unſträfliches Wirken abſprechen können.
Um ſo ſchärfer klingen des letzteren Worte, wenn er, inmitten des Treibens
der neuen Apoſtel ſtehend, ausrief: „wie wir zuvor von unſeren Vorgehern
umbs Geld betrogen worden, alſo betrügen uns die jetzigen Prediger
um alle Tugend, Zucht, Gewiſſen und alle guten Sitten alſo daß ſie
uns aus einem menſchlichen Leben in ein teuflich viehiſch
Leben führen, welches allein daraus kommt daß ſie nunmal mit keinen
Werken, ſondern allein mit einem zernichten erdichteten Glauben das Him=
melreich erwerben wollen, darin die Geſetz und Werke, darauf uns doch

---

[1] Denkwürdigkeiten der Charitas Pirkheimer, S. XXXVI—XXXVIII.

Christus weist, ganz umgestossen werden, derohalber das Volk jetzt von keinem sauren Verdienst, sondern allein mit süßen Verdienst als der mit Glauben zugeht, selig wollt werden, daraus dann erfolgt, daß es zugeht daß ein Christenmensch billig sollt erbarmen[1]."

Es ist meines Wissens kein Zeugniß vorhanden, aus dem sich entnehmen ließe, daß Willibald Pirkheimer und Johann Eck sich später befreundet. Es gab jedoch, als es sich um Erhaltung einer beiden gleich theuren Sache handelte, Anderes zu thun, als des alten Streites zu gedenken. Eck zumal hatte bei Gelegenheit des Nürnberger BeschwerdeReichstages eine Mission erhalten, die seine ganze Aufmerksamkeit für die Zeit Adrian's in Anspruch nahm. Die beiden herzoglichen Brüder Wilhelm und Ludwig von Baiern hatten ihn Ende 1522 nach Rom gesandt. Es handelte sich darum, sehr wichtige Angelegenheiten, die schon unter Papst Leo X. in Ordnung gebracht worden waren, zu bekräftigen, namentlich, daß den Aebten von Tegernsee, Niederaltaich, Fürstenfeld, Alderspach, dem Propst in Polling und dem Kanzler von Ingolstadt (Theologiae ordinario) das Recht der Visitation der baierischen Klöster von Adrian VI. zuerkannt werden solle[2]). Nicht minder daß Domcapitularpfründen zu Salzburg, Passau, Freising, Augsburg und Regensburg den theologischen Professoren der Universität Ingolstadt zugewendet würden. Andere Anliegen betrafen das Bisthum Eichstädt[3]), von welchem die baierische Politik das Haus Brandenburg auszuschließen suchte, gleichwie man ungerne einen Habsburger im Besitze von Passau erblickte, ferner Kirchen zu Reichenhall und München, endlich eine große Anzahl von Einzelnheiten, bei welchen die Herzoge eine Besserung wünschten.

Da Johannes Eck bei Papst Leo wohl gelitten war, die römischen Zustände ebenso genau kannte, als er selbst durch seine Schriften und sein persönliches Auftreten in Achtung bei Adrian VI. stehen mußte, konnte für einen ständigen Agenten Baiern's keine bessere Wahl getroffen werden. Schon am 13. November 1522 hatte Eck dem Papste eine Schrift über die Buße und den beständigen Gebrauch der Ohrenbeichte gewidmet. Sie enthielt gegen Luther den Nachweis der uralten und von den Kirchenvätern gebilligten Observanz. Er überreichte sie persönlich am 17. März 1523

---

[1]) Lochner, S. 76. Vergl. auch den Brief Pirkheimer's über die Enthauptung eines Priesters zu Nürnberg, der sich am Bauernkriege betheiligt und einen neuen Aufstand anzustiften gedachte. Horawitz, S. 183.

[2]) Die Bulle Leo's bei Wiedemann, Anhang, VII.

[3]) Abvertigung .gen Rom. l. c. S. 676.

21*

und ließ sie dann noch einmal in Rom drucken, wo sie am 23. Mai 1523 erschien[1]). Im gleichen Monate erschien in Rom auch ein Wiederabdruck seiner Vertheidigung der Schrift König Heinrich's VIII. (de sacramentis) gegen Luther's zügellose Ausfälle[2]). Im darauffolgenden Monate erschien in derselben römischen Buchhandlung Eck's Schrift über das Fegfeuer, welche er bereits am 26. September 1521 in Polling, ein Werk von zehntägiger Arbeit, vollendet hatte. Es wurde jetzt dem päpstlichen Proto= notar Dietrich Hezius gewidmet[3]).

Da uns nur Briefe zugekommen sind, welche sich auf die Besorgung der Aufträge der Herzoge beziehen, die er denn nun auch bei dem Papste selbst betrieb und nach dem Wunsche seiner Herren erledigte, ist es nicht möglich, Näheres über seine nicht officielle Thätigkeit zu berichten. Er fand den Papst weniger zugänglich als dieses Leo X. gewesen, blieb übrigens das ganze Jahr in Rom und stand mit Hieronymus Balbus, mit dem Secretär des Königs von Polen, Jodok Ludwig Decius, und dem Bischof Paul von Fossembrone in freundlichen Beziehungen. Persön= licher Zuneigung verdankte er auch die Kenntnißnahme zweier päpstlicher Bullen in Betreff einer Kirchensteuer von den baierischen Diöcesen zu Gunsten des Erzherzogs Ferdinand[4]), über welche Eck bereits am 28. März und dann wieder am 18. April berichtete. Seine Bemühungen hatten auch die Wirkung, daß die baierischen Herzoge selbst die Bitte um einen Kirchenzehent stellten und dieselbe von Adrian als sehr ehrbar und gerecht erkannt wurde.

Man kann, wenn auch darüber positive Nachrichten fehlen, über= zeugt sein, daß der gelehrte Theologe von Ingolstadt zu den Berathungen beigezogen wurde, die fortwährend über Luther's Schriften gehalten wurden. Eck ging von der wissenschaftlichen Ansicht aus, daß, je mehr Luther mit den Seinigen das Evangelium allein als Quelle des Christenthums ansah, sich aber die Auslegung vorbehielt, inwieferne er nicht etwa die Gemeinde dazu als berechtigt erkannte, desto mehr es der theologischen Wissenschaft obliege, nachzuweisen, daß das Evangelium einer authentischen Auslegung bedürfe, die Tradition der Kirche, die Aussprüche der Väter erst den wahren Sinn der vieldeutigen Evangelien erschlössen und die Fundamental= einrichtungen der Kirche nicht im Widerspruch mit den Evangelien stünden,

---

[1]) Wiedemann, S. 522.
[2]) Eccius ab inferis reversus, schrieb darüber Luther an Johann Brisman, duos libris effudit vel potius accacavit Romae excussos.
[3]) III. id. Mart. 13. März.
[4]) Jörg, S. 327.

letztere aber der Kirche bedürften, durch die sie erst ihre canonische Be=
deutung erlangten. Luther hatte jedoch die Frage auf den Kopf gestellt,
indem nichts als christlich gelten sollte, als was sich aus den Evangelien
erweisen lasse, die, zu verschiedenen Zeiten, von verschiedenen Männern, an
verschiedenen Orten und zu verschiedenen Zwecken geschrieben, nur so viel
von der Lehre und den göttlichen Thaten des Christenthums enthielten, als die
Evangelisten selbst wußten oder niederzuschreiben für gut fanden. Der Kern
des Streites, der die Welt bewegte, ließ sich somit in die Worte fassen, daß
jetzt der Gegensatz zwischen Kirche und Evangelium in vollster Schärfe
hervortrat, und statt der Päpste, der Bischöfe, der Priester, der Theo=
logen die Gemeinde, die Bürgermeister und Rathsherren, zuletzt die
Fürsten, die weltliche Obrigkeit die Entscheidung, was evangelisch, was
christlich, was Gottes Wort sei, in ihre Hände nahmen. Jetzt erst fand die
Verweltlichung des christlichen Elementes im vollsten Sinne des Wortes
statt. Da aber war, was Eck und die Seinigen schrieben, in den Wind
geredet. In Deutschland mußten sie selbst die Druckkosten für ihre Bücher
bezahlen und so gründlich sie auch schreiben wollten, das Verdammungs=
untheil Luther's war im Voraus ausgesprochen. „Eck ist unwürdig einer
Antwort[1])." Jeder Tag schärfte den Gegensatz, und, könnten Worte tödten,
so wäre Deutschland bereits eine Blutlache geworden.

Noch fünf Tage vor Adrian's Tode konnte Eck von dem günstigen
Erfolge seiner Bemühungen aus Rom an die Herzoge berichten[2]), so daß
kein Fürst im Baierlande je eine ähnliche Bulle über seine Klöster von
Rom hatte. Adrian errang den großen Sieg, daß sich die Laienfürsten
vor den großen Riß stellten, und, während die deutschen Bischöfe zögerten,
mehr als einer der lutherischen Bewegung Vorschub leistete, erklärten sich
das wittelsbachische, das habsburgische, das hohenzoller'sche Haus für die
katholische Kirche.

Es war ein eigenthümlicher Vorgang, als die Aebte von Tegernsee,
Wessobrunn, Reitenhaslach, Weihenstephan, Prüfening und Niederaltaich,
die Decane von der heiligen Maria in München und Oettingen, von
St. Castulus in Moosburg durch den Papst erfuhren[3]), daß ihre Ordi=

---

[1]) Eccius omnibus (?) non modo mihi indignus videtur cui respondeatur. —
Accacavit. — De Wette, II, 461, 589. Letzteres Wort erlangte bekanntlich durch Luther
literarisches Bürgerrecht. Vergl. den Brief vom 3. November 1543 bei De Wette,
V, S. 598, der das Unglaubliche leistete.

[2]) 9. September 1523. Wiedemann.

[3]) Specimen diplomatarii Bajoarii apud Oefele. II, 275. Nur sind die Adrian
betreffenden Urkunden nicht aus seinem ersten Jahre, sondern aus dem zweiten (1523).

narien, d. h. der Erzbischof von Salzburg, die Bischöfe von Freising, Augsburg, Regensburg und Paffau, ihre Schuldigkeit in Betreff des Umsichgreifens der lutherischen Häresie nicht erfüllt hätten, immer größeres Aergerniß gegeben werde, so daß auf Bitten der weltlichen Landesherren der apostolische Stuhl einzuschreiten genöthigt sei. Adrian bevollmächtigte daher die erwähnten Aebte und Decane, wenn die Ordinarien trotz ihrer Mittheilung saumselig wären, gegen alle Geistlichen, welchen Grades sie auch seien, einzuschreiten und sie nach dem Rechte, das den Ordinarien zukomme, zu bestrafen, selbst zur Degradation zu schreiten, und sie dem weltlichen Arme zu überliefern, ungehindert durch welche Synodal= beschlüsse, Constitutionen oder Anordnungen.

Die außerordentliche Zeit bedurfte außerordentlicher Mittel und der deutsche Papst suspendirte damit factisch die schlafende bischöfliche Voll= macht, welche er Aebten und Decanen in Uebereinstimmung mit den Landesherren übergab[1]). Der Papst konnte jedoch sagen, daß er auch hiebei nur schrittweise vorangegangen war. Bereits am 15. November 1521 hatte Papst Leo X. den Aebten von Niederaltaich, Aldersbach, Tegernsee und Fürstenfeld, dem Propst von Polling und dem Prokanzler der Universität Ingolstadt den Auftrag gegeben, unter Zuziehung von zwei oder drei Ordensmännern, die in sittlicher Beziehung so tief ge= sunkenen baierischen Klöster, so oft sie es - nöthig fänden, zu visitiren, zu reformiren, die Schuldigen, ob Aebte oder Andere, abzusetzen und zu entfernen, andere Vorstände einzusetzen, die außerhalb des klösterlichen Verbandes Lebenden zurückzurufen und Alles zu thun, was zur Hebung des Cultus nöthig sei, dazu aber Censuren ohne Appellation an den römischen Stuhl zu verhängen. Adrian bestimmte nun, daß diese päpst= liche Verfügung vom Tage ihres Datums Kraft habe und die Visitatio= nen vorgenommen werden sollten[2]). Erst als selbst auf diese Verfügung zweier Päpste die Bischöfe noch nicht dazu gebracht werden konnten, ihre Pflicht zu thun, entschloß sich der Papst zu dem schärferen Mittel, betrieb aber dann auch die Sache mit so großem Eifer, daß er wenige Tage vor seinem Tode noch das Breve zu Gunsten der Professoren der Theo= logie zu Ingolstadt erließ[3]). Es beginnt mit den denkwürdigen Worten, daß Häresien aus Unkenntniß der theologischen Wissenschaft und einer ver= kehrten Auffassung der heiligen Schrift hervorzugehen pflegten, das beste Mittel, Häresien zu entfernen, in der Beförderung der theologischen

1) Romae pridie idus Junii (12. Juni 1523).
2) 31. August 1522. Specimen.
3) 30. August 1523. Specimen, 271.

Studien liege. Eben deshalb hätten auch seine Vorgänger das Studium durch große Privilegien begünstigt und bestimmt, daß Kathedralkirchen ihre eigenen Theologen hätten, daß die Capitel junge Leute zu den Universitäten schickten, und wenn diese Einrichtungen befolgt worden wären, fänden sich jetzt nicht so wenige vor, welche sich der Häresie mannhaft entgegen stellten. Um nun diesem Uebelstande zu begegnen, gewähre er die Bitte, welche die baierischen Herzoge ihm durch ihren Gesandten vortragen ließen, es möge bei jeder Kathedralkirche ein Professor der Theologie für ein Canonicat präsentirt werden und ermahnte namentlich den Erzbischof von Salzburg, auf diese Bitte einzugehen. Selbst den fünften Theil aller geistlichen Einkünfte Baiern's gewährte der Papst den beiden Herzogen[1]), als sie ihm vorstellen ließen, daß das Einkommen der Laien zum Türkenkriege nicht ausreiche, sie aber mit dem ganzen Adel und den Weltlichen bereit seien, diese Last auf ihre Schultern zu nehmen. Adrian ernannte den Abt von Wessobrunn zum Einsammler, wobei er sich, was die Modalität betraf, auf einen Canon des Concils von Vienne stützte.

Die Verfügungen veranlaßten manchen Widerspruch. Herzog Ernst, Bischof von Passau und Bruder der beiden Herzoge von Baiern, beschwerte sich bei diesen nicht wenig über die Vorwürfe, welche dem deutschen Episcopate gemacht worden waren, daß er „in dem, was das Seelenheil betreffe, faul und die Laster der Geistlichen, daraus viel Aergerniß erfolge, zu strafen nachläßig seien, also daß ohne Zweifel aus ihrer, der Ordinarien, Zuthun solche Ketzerei vielleicht mehr gefördert denn gehindert würde." Die Beschuldigung bei dem römischen Stuhle gereiche ihnen zu großer Unehre und sei wohl ohne Wissen der Herzoge durch ihren Orator „also erdicht worden[2])". Die Antwort Herzog Wilhelm's nahm aber nichts zurück, sondern erklärte sehr offen, „da die geistliche Obrigkeit die Verbreitung der lutherischen Lehre leicht hätte abwenden können, aber es unterlassen habe, so habe er als christlicher Fürst wie er die Zweiung in unserem heiligen Glauben bemerkt, die Hilfe des Papstes angerufen zur Erhaltung der göttlichen Ehre und unseres heiligen Glaubens, auch zur Niederdrückung der lutherischen Ketzereien in unserem Fürstenthum sich höchlich verursacht und gedrungen gefühlt und achten, Ew. Liebden sollen deß mehr Gefallens denn Beschwerde tragen". Daß

---

[1]) 1. Juni 1523. Specimen, p. 278. Jörg hat bereits S. 326 dargethan, wie irrig Winter unter Anderem den betreffenden Passus der Bulle auffaßte.

[2]) Specimen, p. 276.

aber der Bischof=Herzog bei dem Papste besonders beschuldigt worden sei, glaube Herzog Wilhelm nicht [1]).

„Das aber," schrieb Kilian Leib, „ist uns, die wir der katholischen und römischen Kirche folgten und sie verehrten, besonders schwer gefallen, daß weder der Papst[2]), noch irgend einer der Bischöfe die ganze Zeit über weder durch Predigt, noch durch Schriften sich der Bewegung ent= gegenstellten, wie es einst die heiligen Väter und die Bischöfe gethan[3])."

Man kann als sicher annehmen, daß, so viel auch die eigene Er= fahrung und persönliche Ueberzeugung die Herzoge von Baiern an= trieben, sich nicht auf die Seite Luther's und des neuen Evangeliums zu stellen, doch die Stellung, welche die Herzoge von Baiern damals der „Zweiung" gegenüber einnahmen und fort und fort behaupteten, ihr festes Ausharren in dem apostolischen Glauben und der Lehre, welche Orient und Occident bekannten und dem sechszehnten Jahrhunderte über= lieferten, im innigsten Zusammenhange mit dem deutschen Papste steht, dessen kurzes Pontificat hinreichte, die zerstreuten Elemente zu sammeln, den Entmuthigten Muth zu verleihen und sie anzuspornen der hoch angeschwollenen Fluth der Revolution einen Damm entgegenzusetzen. So wie die Dinge damals lagen, war nichts nothwendiger, als daß der jähen wilden Leidenschaft, die das Reich und die Kirche mit gleichzeitigem Untergange bedrohte, Einhalt geschehe und verhindert würde, daß der Sturm, der im ersten Anlaufe Alles mit sich fortzureißen drohte, nicht Deutschland vollständig verwüste.

Adrian zog, nachdem Luther zu Worms so viele seiner Anhänger sich entfremdet, seinem wilden Treiben die ersten und unübersteiglichen Schranken.

Dritter Abschnitt.

Erasmus von Rotterdam und sein Verhältniß zu Adrian. Er erklärt sich gegen Ulrich von Hutten, wie gegen Luther.

Von dem Gedanken erfüllt, Rom zum Mittelpunkte einer reformato= rischen Bewegung zu machen und die ganze geistige Entfaltung jener Tage zur Erhaltung der kirchlichen Einheit an den Sitz der Päpste zu

---

[1]) Der Briefwechsel zog sich übrigens, wie die Ausfertigung der Concessionen Adrian's, in das Jahr 1524 hinüber.

[2]) Er schrieb dies unter Clemens VII.

[3]) Aretin, Beiträge, IX, p. 1024.

knüpfen, konnte Adrian gar nicht anders als vor Allem an denjenigen
Mann denken, der seinem Jahrhunderte als die verkörperte Wissen=
schaft erschien, der selbst mehr als irgend ein Anderer sich rühmen
konnte, was an der Bewegung der Zeit Anticlericales war, stamme von
ihm her, und dem sich Luther noch 1519 in einer selbst demüthigenden
Weise genähert und um seine Anerkennung gebuhlt hatte. Man konnte
aber denn doch gewahren, daß seitdem Erasmus etwas zurückhaltender
wurde, wenn er auch fortwährend sich günstig über Luther aussprach und
nur größere Mäßigung von ihm wünschte. Als die Sache ernster wurde,
der päpstliche Nuntius Aleander nach Deutschland kam, Kaiser Karl
Luther nach Worms berief, kam Erasmus in Verlegenheit. Er hatte
behauptet, die Bulle Leo's X. sei falsch, seinen früheren Stubengenossen
Aleander vermieden, erst in Cöln ihn besucht, als er fürchtete, man
möchte auch gegen seine theologischen Schriften einschreiten [1]). Man hatte
unter Leo X. die Ueberzeugung gefaßt, Erasmus sei Hauptgrund der
jetzigen Häresie [2]), und da er in einem seiner Briefe, die wie eine Offen=
barung angesehen, wie ein Kleinod verehrt wurden, die dermalige Herr=
schaft des Papstes als eine Pest für die Christenheit erklärte [3]), die aus=
gerottet werden müsse, so erscheint diese Annahme nichts weniger als
ungerechtfertigt. Allein es war denn doch ein großer Unterschied zwischen
dem Verlangen, die Sache ohne Spaltung und mit Hilfe der Fürsten,
also auf möglichst legalem Wege, ohne Tumult, ohne Blutvergießen, auf
dem Boden gesetzlicher Reformation durchzuführen und „einem Aufreißen
der Wunde", das dem ganzen Körper tödtlich werden konnte. Dazu zu
rathen, geschweige die Hand zu bieten und zu bewirken, daß die wilden
Gewässer die Oberhand erhielten, war gegen den Sinn des Mannes,
dem die Beihilfe der rohen und unverständigen Masse, die Aufrufung
unberechtigter Schreier und Lärmer zu gemeinsamer Arbeit mit Verstän=
digen und Gelehrten ein Gräuel war.

Er selbst schmeichelte sich, eigentlich der Urheber der Bewegung zu
sein, und nur als die Sturmfluth des Eleutherius (Luther) ihm mehr
und mehr über den Kopf gewachsen war, als er fühlte, daß etwas ganz
Anderes daraus geworden sei, als er wünschte, kamen Entschuldigungen,
welche Niemanden befriedigten, da er den Einen zu weit, den Anderen

---

[1]) Friedrich, S. 61.

[2]) Il gran fundamento di questa heresia. p. 62.

[3]) Krause theilt in dem ersten Bande seines Helius Eobanus Hessus leider nur ganz
kurze Auszüge aus drei Briefen des Erasmus vom 17. October 1518, 30. Mai 1519,
2. August 1520 aus einem Gothaer Codex mit.

lange nicht weit genug gegangen war. Namentlich scheint ihm der Wormser Reichstag große persönliche Besorgnisse eingeflößt zu haben[1]). Als er für ihn glücklich verlief, änderte auch Erasmus seine Sprache. Er empfing ein Schreiben Papst Leo's, welchem er seine Ankunft in Rom in Aussicht gestellt hatte[2]), und die Gefahr, die ihm von dieser Seite vermeintlich gedroht hatte, war somit glücklich beseitigt. Man fand es in Rom nicht für nothwendig, die Zahl der Feinde zu vermehren. Man kannte dort so gut wie anderswo die eigenthümliche Mischung von Dreistig= keit und Furcht, von hohem Sinne und Eitelkeit, wie sie im „Fürsten der Gelehrten" zum Vorschein kam; ihn fallen zu lassen, wäre unedel gewesen. Erasmus vertrat nicht eine Person, er vertrat einen internatio= nalen Kreis von Gelehrten, von welchen mehr als Einer für den Glauben der katholischen Kirche sein Leben als Märtyrer beschloß[3]).

Aber dem Einflusse des Erasmus war es doch zuzuschreiben, daß der Churfürst von Sachsen, wo nicht bewogen wurde, die Reichsgesetze gegen Luther nicht in Anwendung zu bringen, doch wenigstens darin bestärkt wurde, keine Zwangsmaßregeln gegen ihn zu gebrauchen, somit, was für Luther der höchste Dienst war, ihn gewähren zu lassen. Mochte es nachher Erasmus noch so unangenehm sein, er hatte an den Chur= fürsten Friedrich geschrieben, er möge nicht gestatten, daß unter seiner gerechten Regierung die Unschuld der Heuchelei und Bosheit unterliegen möge. Wie man in Rom über Luther denke, wisse er nicht, aber das wisse er, daß hier Jeder, dem die Religion am Herzen liege, Luther's Schriften mit größtem Beifalle und Vergnügen lese. Er bewegte sich anfänglich in der Anschauung, daß, wie die wahre Ursache des gewaltigen Sturmes, der über Deutschland hereinbrach, in dem gottlosen Leben einiger Geistlichen, in dem Dünkel einiger Theologen, in der unerträglichen Tyrannei einiger Mönche liege, so auch die besten und frömmsten Menschen nicht durch Luther's Sätze, wohl aber durch die harte, der Milde eines Statthalters Christi nicht geziemende päpstliche Bulle verletzt worden seien; Luther sei zwar durch zwei Universitäten verdammt, aber nicht widerlegt worden, dem Papste sei mehr an seinem, als Christi Ruhm gelegen. Was bisher gegen Luther geschrieben worden, werde auch von denen mißbilligt, die ihm nicht gewogen seien. Die Welt sei von einer natürlichen Begierde nach der evangelischen Wahrheit ergriffen und dieser müsse weder überhaupt mit Gewalt widerstrebt werden, noch sei es gut,

---

[1]) Friedrich, S. 45.
[2]) ddto. 15. Januar 1521. Lämmer, monumenta Vaticana.
[3]) Thomas Morus und der Bischof Fischer.

daß der Kaiser den Antritt seiner Regierung mit harten Maßregeln beflecke[1]).

Es ist höchst bezeichnend für ihn, daß er noch im Jahre 1524, also nach Adrian's Tode, in einem Briefe an Melanchthon sich dahin ausdrückte[2]), weil er der Sache der Erneuerung der kirchlichen Freiheit zugethan war, und hoffte, daß Luther auf Ermahnung hin gelindere Mittel gebrauchen werde, habe er möglichst das Geschrei der Theologen gestillt, die wilde Gewaltthätigkeit der Fürsten im Zaum gehalten, wie er es auch heute noch thue, die Sache der schönen Wissenschaft von der Luther's getrennt und so eine Gelegenheit geschaffen, der Sache des Evangeliums ohne Tumult oder wenigstens ohne großen Tumult zu nützen.

Allein die Bewegung war ihm rasch über den Kopf gewachsen. Er erfreute sich an dem Gedanken, daß er ihr moralischer Urheber sei und mußte bald einsehen, daß Luther ihn überflügle, sich seiner bediene, so lange er seines Ansehens bedurfte, bald aber die Welt in einer Weise mit sich fortriß, daß in der allgemeinen Auflösung, in der Anarchie der Geister und der Zustände für die schönen Wissenschaften und ihn selbst kein Platz mehr übrig war. Jetzt traf es ihn, sich gegen die Vorwürfe zu vertheidigen, daß er die Schleußen geöffnet, daß er die Gemüther für eine Bewegung möglichst empfänglich gemacht habe, die nun ihn selbst an das Ufer warf!

Erasmus liebte es doch recht sehr, mit seinen vornehmen, reichen und angesehenen Gönnern und Freunden, namentlich in England, gut zu stehen, befand sich aber sehr bald in der Lage, sich vor ihnen verantworten zu müssen. Wenige Wochen nach der Wahl Adrian's schrieb er zu diesem Zwecke an den Cardinal-Legaten[3]) von England und rechtfertigte sich, so gut es eben ging. Er habe Luther vergeblich abzuhalten gesucht, seine Assertionen und die Schrift von der babylonischen Gefangenschaft herauszugeben. Er selbst stehe in keiner Verbindung mit einem Lutheraner. Statt Luther zu halten, habe er vielmehr Freunden und Feinden (Luther's) offen erklärt, dieser habe in vielen Dingen Unrecht, und die Briefe, welche er an Luther schrieb, würden, wenn sie publicirt würden, dieses darthun. Es circulirten von ihm viele Briefe, namentlich einer von Bruges an den Bischof von Rochester, von dem es ihm leid thue, daß er publicirt worden sei, aber gerade dieser beweise, daß er Luther nicht Recht gebe. Er habe

---

[1]) Döllinger, Reformation, I, p. 7.
[2]) Ep. lib. XIX, p. 691.
[3]) Wolsey, 7. März 1522. State papers, II, p. 897.

dasselbe dem Herzoge (Churfürsten) Friedrich, dem Könige von Dänemark (Schwager Kaiser Karl's) und dem Hauptmanne der Böhmen gesagt, der ihm die größten Versprechungen gemacht habe. Jetzt bedrohten ihn die Lutheraner mit den giftigsten Pamphleten. Woher komme nun das Geschrei? Zwei Theologen von Löwen, welche ihn und die Literatur haßten, in Verbindung mit einigen Mönchen, thäten Alles, ihn zu Grunde zu richten. So lange das Uebel noch heilbar war, habe er für Nach= giebigkeit gestimmt [1]). Jetzt müßte das Uebel ausgerottet werden, da die Verbreitung so weit gediehen. Wenn er sich mit drei Worten für einen Lutheraner erklärt hätte, hätten sich die Dinge anders gestaltet [2]). Wes= halb er kein Buch gegen Luther schreibe? Dazu habe er keine Zeit, er schreibe nur Briefe; er glaube, er könne der Christenheit in anderer Weise dienen.

Erasmus hatte es bereits mit Luther gründlich verdorben. Schon am 17. Januar 1522, also wenige Tage nach Adrian's Wahl, hatte Luther in dem ausführlichen Schreiben an Wolfgang Fabricius Capito, der ihn zur Mäßigung ermahnte, diese zurückgewiesen und sich das Recht angeeignet, nichts zu schonen, nicht nachzugeben, nichts zu entschuldigen, sondern Alles zu tadeln, anzuklagen und zu verwirren [3]). Er konnte sich kein Hehl daraus machen, daß Erasmus seiner ganzen Natur nach einem derartigen Benehmen zürne, ja einen inneren Abscheu nähre. Da aber andererseits Erasmus nicht für angemessen erachtete, unmittelbar gegen ihn aufzutreten, wie es Eck gethan, so bezeichnete ihn Luther schon im Mai 1522 als einen Heimtücker, den er verabscheue als Freund wie als Feind [4]).

---

[1]) Hier ist eine Lücke im Manuscript Brewer's.

[2]) We should see a very different game among us and the germans.

[3]) Igitur nos sic sapimus omnia prorsus esse reprehendenda, arguenda confundenda, nihil pascendum (irrig, soll heißen parcendum), nihil connivendum, nihil excusandum. De Wette, II, p. 130. Vergl. auch p. 212, wo er sich recht= fertigen will, daß er die Prälaten Narren und Esel schimpfe.

[4]) An Spalatin, 15. Mai 1522. Erasmus in sua epistolarum farragine prodit tandem hostis Lutheri (Luther schreibt selbst) et doctrinae ejus ex animo; sed fucis et astu verborum mentitur sese amicum. In qua re autoritatem et nomen suum egregie pessundabit. Melior est Eccius eo qui aperta fronte hostem profitetur, hunc autem tergiversantem et subdolum, tum amicum tum hostem detestor. De Wette, II, p. 196. Auch später kann er es nicht lassen, sich an Erasmus zu reiben. Vergl. den Brief an Borner, vor Allem aber an Oecolampad vom 20. Juni 1523: etsi aculeos ejus alicubi sentio, tamen quia simulat se non esse hostem palam, simulo et ego quamquam penitus intelligatur quam ipse credat. II, p. 352.

Die Anklagen eifriger Katholiken, welche Erasmus wegen seiner Zurückhaltung zürnten, waren auch Adrian zugekommen. Ehe aber Adrian Muße fand, ihm zu schreiben, hatte es Erasmus selbst gethan. Am 1. August 1522 richtete Erasmus ein Schreiben in höchst gewählten Ausdrücken an den neuen Papst, ihm zu der hohen Würde Glück zu wünschen, über die er vielleicht seufze und stöhne, zu der aber dem ganzen christlichen Erdkreise Glück gewünscht werden müsse. Der allgemeine Sturm bedürfe eines derartigen Steuermannes. Er hege die Hoffnung, daß Adrian das ihm von Gott übertragene Amt nicht anders führen werde, als für Christus und dessen Heerde. Er gedenke ihm seine Ausgabe des Arnobius zu senden, die er denn auch mit einer weitläufigen Epistel als eine der zahlreichen Glückwünsche zu seiner Ankunft in Rom und als eine kleine Erinnerung an ihn selbst unter demselben Datum (1. August 1522) absandte[1]. Erasmus hatte eine hohe Achtung vor den Kenntnissen Adrian's wie vor seinen Tugenden, eine geringere vor seiner wissenschaftlichen Methode[2], die der Genialität wie des Humors des großen Gelehrten entbehrte und dem Classicismus ferne stand, desto mehr aber auf die Besserung des Einzelnen als der Frucht wahrer Wissenschaft, hinarbeitete. — Die Ausdrücke der Pietät, welcher sich Erasmus bediente, sowie die Hoffnung, ihn auf die Seite der Kirche hinüberzuziehen, veranlaßten den Papst, ihm schon am 1. December weitläufig zu schreiben[3]. Dachte doch Adrian sich mit einem Kreise ausgezeichneter Männer zu umgeben. Wie konnte da Erasmus fehlen? Daß aber dieser den größten Ereignissen der Zeit gegenüber nicht theilnahmslos bleiben, nicht die Hände in den Schoß legen sollte, war wohl selbstverständig. Der Papst fühlte sich veranlaßt geradezu ihn aufzufordern, gegen Luther zu schreiben und von seinen großen Talenten und Kenntnissen im Sinne eines Augustinus und Hieronymus Gebrauch zu machen. Adrian verhehlte ihm nicht, daß Gottes Gericht wegen unbändiger Laster, besonders geistlicher Personen[4], es zugelassen habe, daß das Schiff der Kirche jetzt leide, Gott werde aber die Kirche nicht verlassen. Erasmus werde von früheren Jahren — von Löwen her — wissen, wie sehr er immer gewünscht habe, daß Irrende zurecht gewiesen würden und selbst zur Einsicht kämen, statt von Kaiser und Kirche wegen bestraft zu werden. Erasmus möge sich jetzt, wo die Pest beinahe ganz aufgehört habe, nach Rom begeben,

---

[1] Opera omnia, III, p. 722. ep. 632, 633.
[2] Brief des Erasmus an Bischof Fisher. Brewer, II, n. 2731.
[3] Epist. n. 639.
[4] Propter gravissima hominum scelera, maxime ecclesiasticorum.

wo dann er selbst dafür sorgen werde, daß ihn die Reise dahin nicht reue[1]).

Das erste Schreiben des Gelehrten verspätete sich, so daß Erasmus, in der Ueberzeugung, es sei nicht angekommen, am 22. December ihm ein zweites nachsandte, das sich nun mit der Einladung Adrian's vom 1. December kreuzte. In diesem bot Erasmus dem Papste seinen Rath an, wie seiner Ansicht nach der Friede wieder hergestellt werden könne, den die Welt von ihm (Adrian) erwarte[2]). Er habe Manches erfahren, was den höchstgestellten Männern unbekannt geblieben sei. Früher habe er allerdings selbst sich Manches erlaubt[3]), in ruhigen Zeiten und ohne Ahnung dessen, was kommen werde. Jetzt müsse man vor Allem Sorge tragen, daß nichts aus persönlicher Leidenschaft geschehe; er wolle nichts Uebles vorhersagen, aber es drohe eine größere Gefahr als Viele sich einbilden, wo Gott nur einen guten Ausgang geben möge.

Erasmus konnte sicher sein, daß, wenn er nach Rom ginge, was er noch am 23. September 1521 beabsichtigte[4]), das Cardinalat ihm über kurz oder lang zu Theil werden würde[5]).

Allein ebenso sicher war auch, daß er dann der Aufforderung, die römisch-katholische Kirche gegen das neue Evangelium zu vertreten, den Kampf mit Luther auf sich zu nehmen, nicht sich entziehen konnte und dann auch alle Schmähungen, Schimpfreden und Libellen Luther's und der Seinigen, die wie eine Wasserfluth sich über ihn ergießen würden, auf sich nehmen mußte. Zu diesem Marterthume war aber Erasmus gar nicht geschaffen. Er war bereits entschlossen, nicht nach Rom zu gehen, und seine Kränklichkeit, wie die Beschwerden der weiten Reise boten ihm dazu hinlängliche Ausflucht. Er hatte vorderhand erreicht, daß alle üble Nachrede, als halte er es nicht aufrichtig mit dem Stuhle des heiligen

---

[1]) Eine Einladung nach Rom durch den Cardinal von Sion mit 500 Ducaten (Rente) enthält auch, als an ihn gerichtet, der Brief des Erasmus an den Bischof von Rochester ddto. cal. 1522. Opera omnia, T. III, p. 719. Insbesondere aber spricht sich Erasmus über den Plan, seinen Aufenthalt von Basel nach Rom zu verlegen, in dem Briefe an Marcus Laurinus aus.

[2]) Ep. 641. — consilium meum si non prudens certe fidele, quo malum hoc sic extingui possit ut non facile repullulet.

[3]) Et possim turbare mundum si velim, schrieb er am 14. Juli 1522 an Jodoc, Vorstand des Senates zu Mecheln, verum citius moriar quam sim futurus autor novi tumultus.

[4]) Opera omnia, T. III, p. 666, n. 594.

[5]) Noch Paul III. wollte dieses 1534 thun. Buchholtz über die Stellung des Erasmus. Geschichte der Regierung Kaiser Ferdinand's I. I, Beilage IV.

Petrus, nach seinem letzten Briefe schwand. Selbst die Uebersiedlung nach Rom verlangte Adrian in einem neuen Schreiben[1]) vom 23. Januar 1523 nicht mehr, wenn er glaube, in Basel und Deutschland mehr wirken zu können als in Rom, obgleich ihm selbst nichts Angenehmeres widerfahren könne, als Erasmus neben sich zu haben. Jedenfalls möge er aber so rasch wie möglich ihm seinen Rath zukommen lassen, in welcher Weise das große Uebel aus der Mitte der deutschen (unserer) Nation beseitigt werden könnte.

Hierauf erfolgte nun in weitläufiger Antwort der Rath des in kirchlichen wie in wissenschaftlichen Dingen erfahrensten Mannes, der mehr als jeder Andere Gelegenheit hatte, das Uebel der Zeit entstehen, groß werden und jene Höhe erreichen zu sehen, daß eben gar nichts mehr verfing, alle und jede Mittel unzureichend erschienen. Das Schreiben selbst ist in der dritten Person gehalten, geht gleichsam von einem Unbekannten aus und unter dem Verlangen, daß außer dem Papste Niemand in dasselbe Einsicht erhalte. Zuerst erklärt er, warum es ihm unmöglich sei, eine Reise nach Italien anzutreten, dann, daß man sich irre, wenn man glaube, daß bei Luther und Luther's Genossen[2]) noch er, oder überhaupt Jemand Ansehen genieße, nachdem weder Universitäten, noch Fürsten, noch der Papst selbst bei ihnen eines habe. Seine früheren Titel seien vergangen, selbst der Tod ihm geschworen, wenn er sich rühre. Und da nenne man ihn einen Lutheraner! Aber nicht blos in Deutschland finde Luther Gefallen und herrsche der Haß gegen den Papst; er wolle gar nicht sagen, wie vielen Ländern sich dieser mitgetheilt habe, welche Hartnäckigkeit, die man Beständigkeit nennt, vorhanden sei. Selbst ein guter Theil derer, welche die edleren Wissenschaften trieben[3]), halte zu ihnen. Er erwähnte, wie viel ihm immer an der Freundschaft der Gelehrten gelegen gewesen. Er habe sich immer von Verbindung mit Lutheranern ferne gehalten, Luther's Bösartigkeit verabscheut und werde dafür öffentlich als Häretiker gescholten. Er habe sehr Vieles übereilt[4]), das sei sein Fehler; wohl aber habe er sich immer dem Urtheile der Kirche unterworfen. Diejenigen, welche er selbst aufgefordert habe, ihm anzugeben, was in seinen Schriften zu verbessern sei, hätten jetzt, seit Luther aufgetreten, nichts Anderes zu thun, als das zu verdammen, was sie gebilligt. Ihn werde keine Gewalt vom rechten Wege abbringen, wenn auch auf solche Weise

---

1) Ep. n. 648.
2) Totus Erasmus nihil est praeter pellem et ossa. Opera, III, p. 742.
3) Politiores literas.
4) Praecipitavi fateor pleraque omnia.

Arius und Tertullianus auf ihre Pfade getrieben worden. Er werde von zwei Seiten angegriffen. Gehe er jetzt nach Rom, was er schon aus Gesundheitsrücksichten nicht könne, welches Gewicht werde man dann seinen Schriften zuerkennen? — Schreibe er mäßig, so scheine er mit ihnen zu spielen; schreibe er heftig, reize er die Lutheraner, reize er Hornissen. Die Gefahr sei, daß die Bewegung in das Blutvergießen überschlage. Nicht könne mehr Abschneiden oder Brennen helfen. Man habe in Eng-land den Wicleffismus mit Gewalt unterdrücken, aber nicht ausrotten können; was aber in England unter einem einheitlichen Königthum nicht möglich gewesen, sei in Deutschland, bei seiner Getheiltheit ganz unmög-lich. Wenn es sich um das Todtschlagen handle, bedürfe man seines Rathes nicht; aber auch der Papst wolle das nicht. Wenn die Theologen nur auf ihrer Meinung verharrten, die Mönche nur an ihren Vortheil dächten, die Fürsten nur an ihrem Rechte festhielten, könne für die Gemeinsamkeit kaum ein Rath gegeben werden. Man müsse auf den Ursprung der Sache zurückgehen; denen, die nur durch Andere zum Irrthum verleitet wurden, Amnestie gewähren, durch die Magistrate Verordnungen, die nur zum Aufruhr führten, verhindern, die Freiheit der Presse beschränken und daran arbeiten, daß die Gewissensfreiheit möglichst bewahrt[1]), aber auch die Würde der Fürsten und Bischöfe erhalten werde. Endlich solle aus den verschiedenen Ländern eine Anzahl unbestech-licher, würdiger, milder, leidenschaftsloser Männer versammelt werden, deren Urtheil —

Hier bricht auf einmal mitten im Satze der Rathschlag ab, ohne daß es bisher möglich war, das Fehlende zu ersetzen und damit die Gedanken-reihe zu vervollständigen[2]).

Gerade dasjenige Mittel, auf welches Erasmus wie es scheint, den meisten Werth legte, die Vereinigung milder leidenschaftsloser Männer, deren Anzahl in convulsivisch aufgeregten Zeiten unendlich gering zu sein pflegt, war von dem Papste selbst versucht worden und — war miß-

---

[1]) Quemadmodum aestimanda est et populi libertas.

[2]) Cetera desunt et pereunt. Burmann, p. 504. Der Brief des Erasmus vom 9. Januar 1523 — ein offenbar falsches Datum — sagt: Romae quid sit futurum, satis divino, sunt enim illic qui gladiatorio animo mihi certum exitium moliuntur ac jam pene peregerant ante mortem Adriani, cui cum scripsissem concilii mei partem ab ipso rogatus literis secretis, mox sensi mutatos duos. Ep. 646. Er kommt in dem ausführlichen Schreiben vom 1. Februar 1523 (1524?) darauf zurück, erwähnt certe a tali pontifice vel pro-bari vel amari non molesto foro, sowie, daß das Gerücht verbreitet war, der Papst werde gegen ihn schreiben. p. 761.

lungen. Petrus Martyr von Angleria hatte ihn schon in Spanien ver=
lassen, der Franzose Sadolet ging nach Carpentras, der Niederländer
Erasmus blieb in Deutschland, Bembo hatte sich nach Leo's X. Tode aus
Rom entfernt[1]), und der Papst vereinsamte auch nach dieser Seite hin.
War er geneigt, nach dem Beispiele seines deutschen Vorgängers, Papst
Leo's IX. die ausgezeichnetsten Männer der gesammten Christenheit in
einem Senate um sich zu versammeln und das Cardinalscollegium geistig
zu erneuern, so versagten ihm ja gerade diese ausgezeichneten Persönlich=
keiten ihre Mitwirkung, und der Rath, welchen der intelligenteste Führer
der Humanisten gab[2]), erwies sich somit als unausführbar, wenn es
nicht Adrian gelang, andere Persönlichkeiten um sich zu schaaren. Nur
eine große persönliche Aufopferung, wie die Ueberzeugung, daß bei der
unendlichen Wichtigkeit der Sache alle kleinlichen Bedenken aufhören,
alle persönlichen Interessen schwinden, alle namentlich den Gelehrten
eigenthümlichen Eifersüchteleien und Eitelkeiten abgethan werden müßten,
konnte zu dem heroischen Entschlusse führen, sich vor die Bresche zu
stellen. Allein gerade dieses war am wenigsten von einem Manne zu
erwarten, der im Weihrauchdunste von Gelehrten, die sich um sein Wort,
seine Anerkennung bewarben, alt geworden, seinen Ruf nicht beein=
trächtigen, seine Ehre nicht geschmälert wissen wollte, und vom Wurm
der Eitelkeit benagt, den Gedanken nicht ertragen konnte, von dem Nim=
bus, der ihn umgab, irgend einen Nebelstreifen verlieren zu müssen. In der
That enthielt aber auch die Zumuthung, welche von allen Seiten an
Erasmus gerichtet wurde, gegen Luther zu schreiben, für ihn eine Art
moralischer Unmöglichkeit. Er war der Ueberzeugung, wie er sich in dem
Briefe an Herzog Georg von Sachsen ausdrückte[3]), Luther habe die fast
ganz abhandengekommene Sache Christi unter der Zustimmung des christ=
lichen Erdkreises wieder aufgenommen; daß die daraus entstandene Tra=
gödie, einer seiner Lieblingsausdrücke, am besten durch Stillschweigen
beseitigt werden könne. Er tadelte die päpstliche Bulle[4]), das noch

---

[1]) Ja, er hielt Adrian's Pontificat für noch schlimmer als die Vacanz des
römischen Stuhles durch den Tod Leo's X. (10. Juni 1524).

[2]) Interessant ist eine Stelle aus dem Briefe des Erasmus an W. Pirkheimer
(Böcking, II, p. 252): Scripseram Pontifici consilium meum — ein Beweis,
daß der verstümmelte Brief vollständig war — sed Eckius scribit, meum consilium maxime placuisse seque apud Pontificem valere plurimum.
Ego me ab his contentionibus abduco et ad tranquilliora. In paraphra-
sibus tractandis videor mihi fieri melior et nemo laeditur. 19. Juli 1523.

[3]) 3. September 1522.

[4]) Saevissima bulla.

v. Höfler: Adrian VI. 22

strengere kaiserliche Edict, wenn auch in sehr reservirter Weise, und eben=
so die Schrift König Heinrich's, erwartete Hilfe von Seite Adrian's[1]),
dessen Bemühungen als Cardinal, das dreisprachige Collegium in Löwen
zu retten, er in früheren Briefen pries; er erklärte, er werde nie, wo es sich
um die Sache des Glaubens und die Eintracht der Fürsten handle,
fehlen, verweigerte aber sein unmittelbares Eingreifen in „die Tragödie!"
Er hatte die Schleußen geöffnet, freute sich am sichern Ufer, wie
die Wasser vorüberrauschten, ohne eine Ahnung zu haben, daß sie eines
Tages sich mit dem Blute des edlen Thomas Morus, den er so sehr
pries, und des Bischofs Fischer von Rochester, seines Freundes, röthen
würden, die den Muth hatten, das zu thun, was er nicht that, gegen
Luther zu schreiben und ihr ganzes Ansehen, das Ansehen unbefleckter
Persönlichkeiten, in die Wagschale des Kampfes zu legen.

Es ist wohl kein Zweifel, wenn auch die Briefe Adrian's davon
nichts enthalten, daß dieser Erasmus den weitläufigen Reformvorschlag über=
sandte, welchen ihm der Cardinal Egidio übergeben und der nachher
aus der Bibliothek des Erasmus in die Glarean's und endlich der Ingol=
städter=Münchener Universität überging[2]). Erasmus konnte daraus ersehen,
wie ernst es in Rom jener Partei, welche in Adrian ihren natürlichen
Mittelpunkt erblickte, mit der Reform war und wie man daselbst nichts
weniger als gewillt war, die Beschlüsse des lateranischen Concils als
bloße Worte anzusehen. Daß Adrian, als ihm die moralische Unter=
stützung des Fürsten der Gelehrten entzogen wurde, sich an Eck wandte,
mochte freilich Jenem empfindlich fallen. Leider kennen wir die Corre=
spondenz des Papstes mit dem Ingolstädter Theologen nicht, der unter
Allen am frühesten erkannte, wohin Luther ziele. Daß aber einer Notabeln=
Versammlung, wie sie Erasmus wollte, auch keine Autorität innewohne,
sah Eck gewiß so gut ein als wir. Der Papst selbst aber war darauf
angewiesen, seine eigenen Wege zu gehen und that dieses auch, indem er
schon am 9. December alle Patronatsconcessionen, alle Vergünstigungen,
zu Kirchenpfründen zu präsentiren, welche vom römischen Stuhle, und
dessen Officialen seit dem Pontificate Innocenz VIII. ertheilt worden
waren, cassirte[3]) und auf diesem Wege voranschreitend, den Schutt der
letzten fünfzig Jahre aufzuräumen sich bemühte. Er hoffte damals noch,

---

[1]) Opera, III, p. 734.

[2]) Das Begleitungsschreiben fehlt freilich und insoferne läßt es sich, strenge ge=
nommen, nicht beweisen, daß gerade Adrian diese Schrift an Erasmus sandte. Es
hätte es sonst nur noch der Cardinal selbst thun können.

[3]) Bullarium Rom. IV, p. 1.

wie wir sahen, auf die deutschen Fürsten einzuwirken, da es ihm unglaublich scheinen mußte, daß diese dem Umsichgreifen der Revolution Thür und Thor öffnen würden. Er fand aber Rath in sich selbst und was wir noch von seiner Thätigkeit zur Hebung der Verwirrung in Deutschland wissen, trägt Alles den Stempel eines klaren, entschiedenen Willens, der sich seines Zieles wohl bewußt ist, wie wir andererseits wohl anzunehmen berechtigt sind, daß seine, Baiern insbesondere betreffenden Verordnungen auf den Beziehungen zu Johann Eck beruhten.

Was Erasmus betraf, so mag ihm ein Stein vom Herzen gefallen sein, als er in Basel vernahm, die Burgen Franz von Sickingen's seien gebrochen, er selbst verwundet, seine Partei zerstört, der erste Versuch der Freunde Luther's, das Reich umzustürzen, gescheitert.

Es war jedoch Erasmus vorbehalten, die Moralität der Partei, welche ihn so lange gehätschelt und gehoben, ihm geschmeichelt hatte und vor ihm gekrochen war, so lange sie sich seiner als Werkzeug zu bedienen hoffte, in nächster Nähe noch im Jahre 1523 kennen zu lernen.

Der Reichsritter Ulrich von Hutten, die Seele der deutschen Revolutions=partei und der Catilina der Reformationsbewegung, hatte sich bei dem Sturze der Sickingischen Partei in Sicherheit zu bringen gewußt. Aber mit Schulden belastet, von der ekelhaften Krankheit, die er sich bei Lust=dirnen geholt, zerfressen, heimatlos und von dem Fluche verfolgt, Führer einer geächteten Partei zu sein, fristete er sein Dasein durch Brand=schatzung seiner nächsten Bekannten und durch Straßenplünderung, die er von seinen Leuten begehen ließ. Es charakterisirt den moralischen Werth dieses Mannes, der Documente gefälscht hatte, daß er sich auf das bitterste über den Pfalzgrafen bei Rhein beschwerte, welcher einen unschuldigen Diener hinrichten ließ, der ja nichts gethan hatte, als daß er am hellen Tage drei Aebte ausgeraubt hatte — nach Hutten's und seiner Anhänger Begriff kein Diebstahl, sondern eine edle, ritterliche That! — Hutten war endlich nach Basel gekommen, wollte Erasmus besuchen, dieser mußte aber unter mannigfaltigen Vorwänden einer Begegnung mit dem ihm ekel=haft gewordenen Manne auszuweichen. Er fand sich jedoch veranlaßt, in einem weitläufigen Schreiben an Marcus Laurinus, Dechanten zu Bruges[1]), seine Stellung zu dem Kaiser, den kirchlich Gesinnten, sowie den Lutheranern auseinanderzusetzen und seinen unüberwindlichen Abscheu gegen

---

[1]) Bei Böcking, II, n. CCCVII. 1. Februar 1523. Erasmus war längst bei dem kaiserlichen Hofe verdächtigt worden, auf Seite Luther's zu stehen. Die gewöhn=lichste Vorsicht mußte ihn lehren, mit einem so indiscreten Menschen, einem An=hänger Sickingen's, jetzt keine Gemeinschaft zu pflegen.

22*

alle Streitigkeiten, geschweige gegen Tumult und Aufruhr zu bethätigen. Er stellte jedes Bündniß mit den Lutheranen vollständig in Abrede. Während diese, um ihn gegen den Papst aufzubringen, die Lüge in Umlauf setzten, seine Bücher seien in Rom verbrannt worden, der Papst habe sich gegen sie öffentlich erklärt, hatte er das in den schmeichelhaftesten Ausdrücken gehaltene Breve des Papstes empfangen, und zwar hatte ihm Jemand aus der Umgebung Adrian's mitgetheilt, daß dieser selbst das Breve dictirte, derselbe aber bereit sei, zu Gunsten des Erasmus auf eine hohe Würde zu verzichten. Nichtsdestoweniger habe man aus- gesprengt, Adrian wolle selbst gegen ihn schreiben. Es hieß, die Lutheraner strömten zu ihm nach Basel, und heimlich sei Luther selbst gekommen. Er wünsche, daß sie sich bei ihm Raths erholten, die Dinge würden sich, wie er glaube, besser verhalten. Er weise Niemanden zurück und hätte auch Hutten empfangen, wenn er zu ihm gekommen wäre[1]); nur ist sicher, daß er ihm anfänglich sagen ließ, Hutten möge ihn durch seinen Besuch nicht compromittiren, sowie, daß Erasmus einen Ekel vor ihm hatte und seine Zudringlichkeit fürchtete. Er würde ja auch mit Luther, wenn er käme, sich besprechen. Wohl aber würde er die Lutheraner, die zu ihm kämen, fragen, ob das evangelisch sei, mit Hinterlist und Gewalt Andere zu ihrer Partei zu ziehen? Wie auch immer das Bekenntniß Luther's sei (confessio Lutheranae factionis), es sei ohne seinen Willen entstanden und Luther gegen seinen Rath[2]) vorangeschritten, und zwar bis zu dem Punkte, dem jetzt die Welt zustimme. Ihn habe vom ersten Augenblicke der Uebermuth und die böse Nachrede[3]) in Luther's Schriften stutzig gemacht. Seine Ausfälle gegen König Heinrich VIII. hätten gar Viele seiner Lehre entfremdet. Luther erlaube sich, mit den Kirchenvätern und den Concilien im Widerspruche zu sein, ereifere sich aber, wenn Jemand seiner Meinung nicht zustimme. Man habe ihn zum Autor der Schrift König Heinrich's wider Luther gemacht, was veran- laßt hätte, daß Alles, was von Schmähungen Jenen getroffen, ihm zu Theil geworden wäre. Der König habe seiner nicht bedurft. Endlich werde es ihm zum Vorwurfe gemacht, daß er nicht den Papst für den Anti- christ halte, nicht die Bischöfe als Verführer bezeichne und nicht den römischen Stuhl als Gräuel vor Gott. Er habe seine Ansicht über den freien Willen 1517 vor Luther's Auftreten in Uebereinstimmung mit den Vätern ausgesprochen, niemals aber (wie Luther) die Freiheit des

---

¹) Fuit hic Huttenus paucorum dierum hospes — beinahe zwei Monate!

²) Me dehortante.

³) Arrogantiae speciem et maledicentiam immodicam.

Willens aufgehoben. Man möge wenigstens ihm gewähren, daß er ruhig der Meinung derjenigen folge, deren Autorität so viele Jahrhunderte hindurch der christliche Erdkreis folgte. Wolle aber Jemand Alles in Verwirrung bringen, so werde er, Erasmus, weder dessen Führer noch Begleiter sein. Es war der Brief nicht blos eine Abgrenzung der eigenen Stellung. Es war ein sehr klarer, wenn auch höchst mäßig gehaltener Absagebrief gegen die Lutheraner und Luther selbst, die er als die Urheber der Verwirrung, als kirchliche Revolutionäre sehr unzweideutig bezeichnete. Die Antwort konnte nicht ausbleiben. Allein jedenfalls war sie schwer zu geben. Der Brief, meisterhaft abgefaßt, in der einfachen Form einer Erzählung der Ursachen gehalten, welche Erasmus bewogen, seinen Aufenthalt in Belgien mit dem in Basel zu vertauschen, umgab ihn selbst mit einem Kreise der angesehensten Personen, welche dem Fürsten der Gelehrten in dieser oder jener Form ihre Huldigung dargebracht, ihre Anerkennung ausgesprochen, sich in seiner Nähe glücklich fühlten, Kaiser und Papst, der König von England, der Cardinal von York, päpstliche Nuntien, Bischöfe, ausgezeichnete Gelehrte. Es war die bedeutendste geistige Aristokratie, welche er dem Leser vorführte und dessen Mittelpunkt, dessen Sonne Erasmus selbst war. Es hing nur von ihm ab, sich Deutschland zu entziehen und nach Rom zu gehen, wo ihm schon in den Tagen Leo's glänzende Anerbietungen gemacht worden waren, wie jetzt wieder. Er, den man mit Lügen erdrücken, durch Lügen zu unüberlegten Schritten drängen wollte, ist sich inmitten des allgemeinen Aufruhrs gleich geblieben, unbewegt als Alles erschüttert wurde, die Wenigsten sich zu fassen wußten, die Klügsten Compaß und Steuer verloren hatten. Man ist glücklich, ihm Aufmerksamkeiten erweisen zu können; er freut sich ihrer, ohne viel Aufhebens zu machen, besitzt aber sehr wohl das Gefühl, im Genusse einer europäischen Popularität sich zu befinden, in der Macht, sich gegen das Gemeine abgrenzen zu können, in dem Bestreben, die wohlerrungene Stellung nach Außen zu bewahren. Da kam Hutten nach Basel, in der festen Absicht, den Mann, den nach seiner Ansicht nur Zaghaftigkeit, nicht Grundsätze abhielten, sich für die extreme Partei zu erklären, welche doch gerade jetzt die empfindlichste Niederlage erlitten, zum Anschluß an die Bewegungspartei zu bestimmen, und da Hutten ihm früher schon gerathen, sich seiner clericalen Umgebung in Belgien zu entziehen und Basel zum Aufenthaltsorte zu nehmen, Erasmus aus individuellen Gründen sich nach der freien Stadt wandte, ohne jedoch seine früheren persönlichen Beziehungen abzubrechen, so glaubte Hutten um so sicherer auf Erasmus einwirken zu können, der ihm nun zwar nicht seine Thüre verschloß, aber doch unzweifelhaft merken ließ, wie lieb es ihm sei, wenn ihn Hutten mit seinem Besuche verschone. Der Vorkämpfer der humanistischen Richtung, der Mann, welcher sich so gerne mit Deutsch= land und deutschem Geist identificirte, hatte eine beschämende Nieder= lage erlitten, als er 50 Tage lang in Basel sich aufhielt, stundenlang auf der Straße verweilte und auch vor Erasmus' Wohnung vorüber= ging, aber von dem persönlichen Verkehre mit ihm ausgeschlossen war. Hutten hätte nicht Hutten sein müssen, nicht der humanistische Krakehler und Raufbold, wenn er diese Demüthigung ruhig annehmen, wenn er die zahlreichen Nadelstiche, mit welchen der Brief an Laurin — achtzehn enggedruckte Seiten — versehen war, nicht empfunden hätte. Vom Stand= punkte Hutten's aus gelesen, war der Brief in seiner impertinenten Gelassenheit und Mäßigung, in seiner ärgerlichen Ruhe und Classicität eine ununterbrochene Insulte, weil er in Allem und Allem eine Empfin= dung zur Schau trug, die ganz das Gegentheil von der war, die den verunglückten Ritter beseelte. Mochte er vor innerer Wuth bersten, ein Angriff auf Erasmus konnte jetzt nur ihn selbst vernichten. Letzterer hatte auch ganz Recht, wenn er auf die Nachricht, Hutten bereite eine Schmähschrift gegen ihn vor, ihm am 25. März eine freundliche Warnung zukommen ließ[1]), er möge bedenken, wie er sich selbst dadurch schade und denen Vorschub leiste, welche meinten, daß es ihm, dem Flüchtling, dem Ueberschuldeten, von ekelhafter Krankheit Verzehrten, den bis auf das Aeußerste Herabgekommenen nur darum zu thun sei, überall ein Stück Beute sich zu holen. Er möge doch eingedenk sein, warum der Pfalz= graf, der seine Diener hinrichten ließ, ihm drohe und welche Gerüchte über ihn in Schwung seien. Hutten war es aber nicht unbekannt, daß Erasmus seine jüngste Heldenthat unumwunden mit den Worten bezeich= nete, die sie von allen ehrlichen Leuten verdiente[2]).

Das große Duell der Humanistenführer fand wirklich statt. Bereits den Tod im Herzen und fühlend, wie unter seinen Füßen der Boden wanke, suchte Ulrich von Hutten alle seine Kraft zu einem Streiche zusammenzuraffen, der seinen Gegner vernichten sollte. Schon der deutsche Titel zeigt, daß er wie gewöhnlich seine Privatangelegenheit zur all= gemeinen zu machen suchte: „Er Ulrichs von Hutten mit Erasmo von

---

[1]) Böcking, II, p. 179.

[2]) Strauß hat im Leben Hutten's aus der fließenden Classicität des Erasmus eine sehr hölzerne Ueberseßung gemacht. Von dem Schlusse: ich erwarte deine Aufforderung" ist in dem citirten Schreiben (Hutten, II, S. 178) vollends keine Spur vorhanden.

Rotterdam Priester und Theologo Handlung allermeist die Lutherische Sach betreffend[1])." Wie es so oft zu geschehen pflegt, wenn zwei Männer, die das Leben und verwandte Richtungen zusammengeführt, dann aber eine ihnen selbst erst allmälig zum Bewußtsein kommende Verschiedenheit des Charakters trennt, endlich zur Ueberzeugung gelangen, daß alle Betheuerung von Freundschaft nur Selbsttäuschung gewesen sei und der innere Gegensatz nun nachträglich sein Recht verlangt gegen die langversuchte künstliche Bemäntelung, so kannte nun auch die in bitteren Haß verkehrte Freundschaft nicht Rücksicht noch Schonung und endete der kühne Vertreter des Evangeliums seine literarische Thätigkeit mit einem Acte von Lieblosigkeit ohne Gleichen; jedes Wort ist ein Pfeil, der aber weniger das Ziel als den Schützen trifft. Als Ausgangspunkt war, was Hutten am tiefsten schmerzte, die verweigerte Zusammenkunft zu Basel und die erkünstelte Oberflächlichkeit, mit welcher sie Erasmus im Briefe an Laurin behandelt, genommen. Hutten fällt ihn dafür mit einem Strome von Schmähungen an, die ihren Gegenhalt in der Darlegung der Opferwilligkeit erhalten, mit welcher Hutten sich immer seiner Freunde, namentlich Reuchlin's (auch wider dessen Willen), angenommen. Natürlich übergeht Hutten, wie er selbst gegen Reuchlin sich zuletzt benommen; ihm ist es nur darum zu thun, Erasmus als einen schlechten Freund darzustellen, welcher ja auch Dr. Reuchlin „auf's allerschändlichst angegriffen und versprochen, sich vor dem Papste fürchte und zu Hause Pfeile schnitze gegen der Wahrheit und christlicher Freiheit schutzen" — nämlich Ulrich von Hutten, „der jetzt von armut bezwungen der leut steuer und hilff muß begeren". Dann wird er der Heuchelei und des Widerspruches mit sich selbst geziehen, woran nur sein unersättlicher Ruhm= und Ehrgeiz Schuld sei, sowie seines Gemüthes Schwachheit, die Hutten immer mißfallen habe. Am meisten war aber Hutten ein Gräuel, was Erasmus von seinen römischen Beziehungen angedeutet. Er behandelt ihn als einen Abtrünnigen, welcher seine Freunde verlassen und sich an Rom verkauft habe; er möge an das Sterben denken, ein Rath, der jedenfalls unendlich gut für den Rathgeber selbst paßte. Hutten versichert jedoch, „er hab sein Lebtag kein Laster serer geflogen (geflohen) denn verlogenheit," wie durch die ganze lange Schrift sich consequent der Gegensatz hindurchzieht von der erhabenen Tugend Hutten's und der Charakterlosigkeit und Erbärmlichkeit des Erasmus. So grundsatzlos habe er sich auch gegen Hochstraten benommen; es sei

---

[1]) Ulrichi ab Hutten cum Erasmo Rotterdamo presbytero theologo expostulatio.

fein und der Holländer Brauch, daß fie Hinterlift Einfalt nennen, „teut=
fches Land trage folche mores nicht". Hutten durchgeht den ganzen Brief=
wechfel des Erasmus, um ihm ein unfreundfchaftliches Benehmen gegen
Reuchlin vorzuwerfen und ihn maßlofer Eitelkeit und Lieblofigkeit zu
zeihen, während gerade Hutten die letzten Tage Reuchlin's trübte. Dann
hält er ihm vor, was er gegen Rom und Aleander gefagt, „der am meiften
wegen feiner herausgekommen fei." Und es hatten das die Lutherifchen
nicht erdichtet, daß Papft Adrianus ihm entgegen fei und aus Spanien
nach Rom gefchrieben habe, man folle vor Allem ihn angreifen, der der
Born und rechte Grund aller Widerfpänftigkeit fei [1]). Adrian habe auch
ein eigenes Büchlein wider ihn gefchrieben. Seit er Papft geworden,
habe man bald bemerkt, ob Böfes oder Gutes von ihm zu hoffen fei.
Ehe er Papft geworden, habe er aber wenig von ihm gehalten [2]). Er
fchmeichle auch unverfchämt dem Kaifer; wenn dem alfo wäre, ftünden
ohne Zweifel viele Dinge beffer in deutfchen Landen und wir hätten auch
einen viel befferen und gnädigeren Kaifer. Daneben werden Glapion, Syl=
vefter Pierias, Caracciolo, Dr. Eck, der Dominikaner Hanns Schmidt,
der gleichnamige Domherr von Conftanz und eine Reihe anderer Perfonen
von Hutten angefallen, gefchimpft und gefchmäht, fo daß das Werk den
Eindruck macht, Hutten habe noch vor feinem Tode feine fämmtlichen
Gegner öffentlich auspeitfchen wollen, ehe er fich von ihnen für immer
empfahl. Je länger die Schrift wird, defto mehr häufen fich die An=
züglichkeiten, bis die volle Ausleerung des Zornes ftattgefunden und da der
Ritter für feine Schmähfchrift gegen den wittelsbachifchen Pfalzgrafen
bei Rhein keinen Verleger gefunden, er auch diefes lang angefammelte Gift
im ekeln Guffe erbrochen hat. Endlich heißt es, Erasmus werde als
Ueberläufer der zweite Camillus werden; wenn er aber ein redlicher
Mann fein wolle, müffe er lutherifch werden, d. h. feine eigene Ueber=
zeugung aufgeben. Alle, die Erasmus aufreizten, gegen Luther zu
fchreiben, feien entweder „gruntbuben oder fehr gewaltig oder zu Haufen
buben und gewaltig". Erasmus aber habe bisher auf beiden Achfeln getragen.
Er folle fich zu den weibifchen Walen (Welfchen) und zu feinen Cardi=
nälen nach Rom begeben oder zu den Franzofen. Es fei eine große
Gnade, daß Einer Buberei treibe und doch nicht roth darüber werde, wie
er, der die heilige römifche Kirche vertheidige und des Papftes Hof, „den

---

[1]) Du wesyest gantz Deutschland dahin das fie nur dem Bapst nicht gehorsam
weren. p. 209.

[2]) Minime bonum judicaveris.

wir schier erschafft (erschöpft) und wüst gemacht haben"[1]), wiederum mit
Narren besetzen, das geistliche Recht und die Canones, „die wir beinahe
erwürgt", wiederum in Schwung bringen wolle.

Die Thatsache, daß die Fürstenpartei die evangelische Ritterpartei
besiegt, ja vernichtet hatte, erst Sickingen mit den Seinigen und dann
auch die fränkische Ritterschaft, hatte den Zorn Hutten's und seiner Freunde
bis zur Raserei gesteigert. Sie mußte sich einen Ausweg bahnen. Der Mißbrauch des Genius durch eine gemeine Schmähschrift war aber zu schreiend,
der Angriff gegen einen Mann, welcher sagen konnte, er habe Hutten
mit Wohlthaten überhäuft, zu maßlos, als daß die Schrift nicht mit
einem Wurfgeschosse zu vergleichen war, das die Hand verwundete, welche
es abgeschleudert. Die Reformatoren waren compromittirt, als sie sich
als Aushängschilder auf dem Titelblatte sahen, hinter welchem sich der
geächtete Ritter barg, der, indem er seine eigene Sache ungeschickt führte,
that, als vertheidige er die ihrige. An eine verlorene Partei sich anzuschließen, kam dem Generalstabe der Reformation nicht in den Sinn[2]).
Der Ritter war fertig geworden als sein Beginnen als Sykophantenthum,
als Raserei bezeichnet wurde. Unserer Zeit freilich und ihrem beklagens-
werthen Mangel an Rechtsgefühl war es vorbehalten, auch diese Nichtswürdigkeit zu beschönigen, während die in die Verhältnisse Eingeweihten in dem
künstlichen Aufputze, der dabei Reuchlin von Hutten zu Theil wurde, selbst
eine Lächerlichkeit erblickten. Für Hutten aber war, nachdem er sich moralisch
fertig gemacht, selbst in den Augen der Evangelischen zu Grunde gerichtet
hatte, kein Verbleiben mehr. Offen erklärte Erasmus, es habe sich hiebei nur
gehandelt, ihm 200 Gulden zu erpressen. Er schrieb an Bürgermeister
und Rath der Stadt Zürich, in deren Gebiet sich Hutten begeben, sie

---

[1]) Exhaustam, p. 244.

[2]) Böcking, II, S. 249, 3. Melanchthon tadelte Hutten's Auftreten gegen
Erasmus und bezeichnete es als indignum facinus. Quid enim attinebat in senem
optime de literis meritum temere saevire? In einem anderen Briefe vom 23. August
sagt er vom Hutteni libellus: nihil nisi mera συκοφαντία, was Strauß übergeht,
da es Hutten zu sehr schaden konnte. Fünf Tage vor dem Tode des fahrenden Ritters,
am 24. August, schrieb Melanchthon an Oswald Ulian in Ravensburg: Huttenus
nos magna invidia onerat quod in Erasmum ejusmodi γραφήν edidit, quae merito bonis viris displicet. Nam quod Capnionem tuetur, video quam sit ridi-
culus et Lutheri causam suscipit, quasi vero huic unquam patrocinio alieno
opus fuerit. Utinam melius consuluisset Huttenus et suo honori et nostrae
causae. Jam hoc accedit quo magis nos invisos faciat, quod et Lutheri et
meum nomen in fronte libelli depinxit quasi vero Hutteni μανίαν probemus
nos. Vide quid sapiant οἱ ψευδοθεόλογοι et haud scio an ineptiores sint qui
impulerunt Huttenum. Ἄκαιρος εὔνοια οὐδὲν ἔχθρας. Böcking, II, p. 259.

möchten der Muthwilligkeit des Ritters, „dessen Schreiben dem evan=
gelischen Handel anderen guten Künsten auch gemeinen Sitten" nur schaden
könne, ein Ziel setzen (10. August).

Es war begreiflich, daß sich Erasmus über diesen Beweis deutscher
Treue beklagte, sowie über die eigenthümliche Humanität der Schweizer,
welche einem so Undankbaren eine Zuflucht gewährten[1]. Er war aber
gar nicht gewillt, eine Anklage, die sein ganzes Leben besudelte, ruhig
anzunehmen.

Beinahe an demselben Tage[2], an welchem das unstete Leben des
Römerhassers, der an blinder Wuth mit Hannibal verglichen werden
kann, seinen elenden Abschluß fand, wurde auch der Druck jener langen
Antwort des Erasmus beendigt, welche dieser der Schmähschrift Hutten's
unter dem Titel „Schwämme auf dessen Besprechungen" widmete. Für
unseren Zweck hat begreiflich die Schrift, abgesehen von dem allge=
meinen Interesse, nur eine untergeordnete Bedeutung. Erasmus schilderte,
wie Hutten seine Jugend mit Huren und Wirthshausgelagen zugebracht,
wie ihm Würfelspiel und Verschwendung als Zeichen des Adels galten,
wie die Schulden wuchsen, der Ruf litt, die fürstliche Gunst abnahm,
der Mangel zum Raube drängte, der Straßenraub mit Krieg bemäntelt
wurde, und als das Danaidenfaß nicht mehr gefüllt werden konnte, kein
Unterschied mehr zwischen Freund und Feind gemacht wurde. Fand auch
Hutten auf Ufenau kein Grabmal, so übernahm es der Fürst der Ge=
lehrten, der erste und gefeiertste Literat der Welt, ihm eine wohlver=
diente Grabschrift zu setzen[3]. Wir heben aus der Schrift nur das hervor,
was sich auf Erasmus' Verhältniß zu Adrian VI. bezieht. Niemals habe

---

[1] Eigentlich Schlupfwinkel, latebras, quo tutius sit interim ab his qui ve-
nantur illum ad supplicium. Brief an Zwingli, Anfang Septembers 1523.

[2] Genau am 3. September 1523.

[3] Es war ein bemerkenswerther Kunstgriff David Strauß', um die sittliche
Vernichtung seines Helden abzuwehren, künstlich Hutten's Schrift und des geläserten
Erasmus' Gegenschrift in Eins zu verschmelzen. So wahrt man sich vor Nicht=
historikern den Schein der Unbefangenheit. Die spongia Erasmi reichen bei Böcking, 11,
von Seite 265 bis 324. Erasmus antwortete ausführlich auf das Gelehrtengeklatsch,
zu dessen Träger sich Hutten gemacht hatte, und das im Einzelnen zu durchgehen,
die Lust gebräche, wenn es auch der Gegenstand erlauben würde. Wer lange unter
Professoren lebt, weiß, welcher Werth oft auf die kleinlichsten Dinge gelegt wird
und aus welch' geringfügigen und unbedeutenden Anlässen die bittersten Feindschaften
zu entstehen pflegen. Es war aber für Erasmus charakteristisch, daß er auf Hutten's
bösartige Nachrede so großen Werth legte. Freilich war er es damals seiner eigenen
Stellung schuldig.

er mit Hutten über Aleander gesprochen, dieser aber, mit welchem er in
Venedig den vertrautesten Umgang gepflogen, habe sich in Deutschland
von ihm zurückgezogen, sein Verhältniß zu ihm habe aber mit Luther
gar nichts zu thun. Auf Adrian zu sprechen kommend, erwähnte er
des Gerüchtes, daß dieser gegen ihn schrieb, der früheren Freundschaft in
Löwen, der Gemeinsamkeit der Studien. Niemals habe er an ihm einen
unfreundlichen Sinn erkannt, jetzt aber spreche er sich nur über die frohe
Hoffnung aus, die Adrian's Alter, seine ununterbrochene Rechtschaffen=
heit, seine Gelehrsamkeit ihm gewährten[1]). Er selbst wisse durch seine
Freunde in Spanien und am kaiserlichen Hofe besser als der fernstehende
Hutten, ob er je als Ketzer hätte bezeichnet werden sollen. Er habe in
zahlreichen Schriften seine Neutralität im jetzigen Streite ausgesprochen,
er wolle weder Urheber des Aufstandes sein, noch eine Sache unterstützen,
die er nicht billige, noch die evangelische Wahrheit verrathen[2]). Er sei
kein Lutheraner und liebe die Freiheit. Er vermisse in Luther Beschei=
denheit und evangelische Milde, table seine Hartnäckigkeit im Behaupten,
von Tag zu Tag würden seine Schriften (libelli) wüthender, auch gegen die
Fürsten. Er habe in Freundeskreisen geäußert, er trage Bedenken mit
seinem Geiste[3]). Wenn er Luther im Anfange gelobt, folge daraus, daß
ihm Alles gefalle, was Luther schreibe? Werde Luther vom Geiste Gottes
getrieben, so bete er, daß Christus sein Thun begünstige, wenn nicht, beklage
er das öffentliche Elend. Wenn bei ihm persönliche Nachtheile Geltung
fänden, müßte er Luther zürnen, der ihn um so viele Freunde gebracht
und den schönen Wissenschaften nicht wenig Schaden bereite. Hutten
selbst sei in Betreff Rom's und der römischen Kirche voll Widersprüche;
was er denn eigentlich mit seinem Kriege gegen den Papst wolle? Mit
all' seinen Schmähungen habe er keine römische Fliege getödtet. Alle,
welche wirklich eine Besserung wünschten, wollten nichts von Hutten
wissen, nicht einmal Luther. Er gibt sehr deutlich zu verstehen, daß
dem schmähsüchtigen Ritter eigentlich nichts behage, als Wein, Würfel,
Huren und Straßenraub[4]). Er selbst werde niemals aus Gunst oder
Furcht wissentlich der evangelischen Wahrheit oder dem Ruhme Christi
entgegentreten, und wenn ein Papst seine Hilfe verlangen würde, das
Evangelium zu vernichten, werde er sie nicht leisten; er glaube aber
auch nicht, daß ein Papst, geschweige Adrian, dies von ihm verlangen

---

[1]) Böcking, II, S. 286.
[2]) Böcking, II, S. 291.
[3]) Dolens aliquoties dixi me dubitare de spiritu illius.
[4]) S. 299.

werde¹). Ob es heiliger sei, der Autorität Hutten's als des Papstes zu folgen? Mit bitterer Ironie setzt er hinzu, man müsse ihm schon vergeben, wenn er als wenig gelehrt in Controversen der Autorität des Papstes eher folge als der eines Anderen, er gibt zu verstehen, dem αὐτὸς ἔφα Luther's. Selbst wenn die päpstliche Autorität nicht von Christus wäre, so wäre es doch gut, daß Einer an Ansehen die Anderen übertreffe. Klar ist, daß er in Luther vor Allem den Aufruhrstifter erkannte²) und nicht einen Apostel. Da könne der Geist Christi nicht wohnen, wo so viele Hartnäckigkeit und Bitterkeit im Herzen wären. Im Beweisführen sei er sehr karg, in Schmähungen und Hohn kenne er nicht Maß noch Ziel. Er verderbe Alles durch seine Bissigkeit. In nicht minder entschiedener Weise trat Erasmus der Aufforderung Hutten's entgegen, Deutschland zu verlassen. Ob er, der in einem Winkel des Schweizerlandes für sich Zuflucht fand, ihm den Aufenthalt in Deutschland aufkünden dürfe? Hutten selbst sei vor Hochstraten aus Brüssel geflohen. Auch er sei bereit, für die evangelische Wahrheit zu sterben, aber nicht für Luther und seine paradoxen Sätze. Ein Märtyrer Luther's (über seine Sätze vom freien Willen, der Beichte ꝛc.) wolle er nicht werden. Er wolle aber auch nicht in Brabant bleiben, noch nach Rom gehen, weil er sonst gegen Luther auftreten müsse. Er sei nicht überzeugt, daß die evangelische Wahrheit bei Luther sei. Er erwähnt den schlechten Streich Hutten's, dem Erasmus einen vertrauten Brief an den Cardinal von Mainz übergab, welchen aber dieser nicht bestellte noch an Erasmus zurückgab, sondern zum großen Verdrusse des Cardinals und des Erasmus auf eigene Faust drucken und verbreiten ließ. Statt sich rühmen zu wollen, hebe er nur hervor, daß jetzt Könige und Königinen, die früher nur Romane lasen, das Evangelium studirten und sich freuten, etwas von den Mysterien der christlichen Philosophie zu hören. Den Schluß bildet eine Philippica gegen Hutten's Polemik, die wie die ganze Apologetik nach Form und Inhalt ebenso meisterhaft in Betreff der Latinität, wie vornehm gedacht und edel gehalten ist.

Die Invective Hutten's, welche geradezu vernichtend zurückgewiesen worden war³), hatte das Gute, daß sie Klärung in die Stellung des Erasmus brachte. Er gestand, das erste Auftreten Luther's begünstigt⁴),

---

¹) p. 301.

²) Si Lutherus ab initio candide mansueteque docuisset abstinens ab his quae prima specie ferri non poterant nihil fuisset, tumultus.

³) S. 309.

⁴) Spongia, p. 318.

der Gegenpartei, wie er selbst sagte, sich nicht zu freundlich erwiesen zu haben. Je mehr Luther zeigte, was eigentlich an ihm sei, desto mehr stieß er Erasmus von sich ab. Jener griff die Fundamente der christlichen Religion an, die Glaubensartikel, die Frage, ob die päpstliche Macht von Christus stamme, ob der Stand der Cardinäle ein nothwendiges Glied der Kirche, die Beichte von Christus eingesetzt sei, ob Bischöfe durch ihre Verordnungen zu einer Todsünde verpflichten können, ob der freie Willen zum Heile sei oder der Glaube allein, ob man von einem guten Werke des Menschen reden könne, ob die Messe ein Opfer zu nennen sei[1]). Erasmus wollte, statt eines weltlichen Fürsten sei der Papst ein evangelischer Lehrer, statt eines Despoten ein Vater. Die Tische der Wechsler im Hause des Herrn sollten umgestürzt, die Unverschämtheit der Indulgenzen, Dispensationen und Bullen beschränkt, wahre Frömmigkeit statt der Ceremonien begünstigt werden, Dogmen und die Meinungen der Menschen der heiligen Schrift weichen, menschliche Satzungen den göttlichen Geboten nicht vorgezogen werden, Schulsätze nicht für Orakel gelten, das Gewissen nicht beschwert werden mit Fastenmandaten, zahlreichen Festtagen, reservirten Fällen, Schärfung verwandtschaftlicher Grade. Die Predigten sollten frei und heilig sein, die Bischöfe nicht weltliche Fürsten, sondern wahre Bischöfe, die Mönche, jetzt ganz verweltlicht, wahre Mönche sein[2]), überhaupt das Evangelium in das Leben dringen. Als er aber gewahrte, wie wenig evangelisch die Sprache und Denkweise Luther's, wie wenig evangelisch die Handlungsweise seiner Anhänger, Hutten's vor Allen waren, so erkannte er als echter Mann der Wissenschaft früher als Andere, denen zu spät die Augen aufgingen, daß durch dieses Treiben wohl die Wissenschaft, deren Hebung sein Leben bildete, gefährdet und, wie sich sehr bald zeigte, die ganze große reiche humanistische Blüthe zu Grunde gerichtet werde, aber was Luther als Ersatz biete, sein Evangelium, auch seine Erfindung sei, welche vor strenger wissenschaftlicher Beweisführung nicht zu bestehen vermöge. Wenn vollends der deutschen Jugend nichts Besseres gereicht werde, als der Unflath Hutten's, dieses Verräthers der Freundschaft und Zerstörers aller edlen Sitte, so konnte das leuchtende Gestirn der humanistischen Periode nur mit Bedauern auf die unheilvolle Wendung blicken, welche sich im Leben des deutschen Volkes vorbereitete. Erasmus wandte sich daher an die studirende Jugend, beklagte, daß in den Schulen derselbe Krieg sei

---

[1]) p. 309.
[2]) p. 288.

wie in den Kirchen und dadurch der Untergang der Wissenschaft eintreten müsse. Jetzt habe man nur den Frieden der Welt, nämlich Krieg an allen Ecken und Enden. Die Gelehrten sollen sich vereinen, die Zwietracht zu entfernen. Wenn aber immer nur gestritten werde, ob der bloße Glaube ohne Werke zum Heile diene, werde man weder die Frucht des Glaubens noch den Lohn der guten Werke haben. Was helfen Paradoxe, wie, daß jeder Christ Priester sei, Sünden vergeben und con= secriren könne, dem Volke? Nicht blos Päpste und Fürsten, auch die Lutheraner seien dem Bösen unterworfen, und während Alles von Haß, Leidenschaft, Zorn, Krieg, Laster und Unheil erfüllt sei, streite man nun darum, ob die päpstliche Autorität von Christus sei. Die Bischöfe sollen sich nicht scheuen, der christlichen Liebe zu huldigen, die Gelehrten nicht, den Bischöfen Ehre zu erweisen. Er für seine Person habe nur das jüngste Gericht und die Verantwortung vor demselben vor Augen und halte die sechs Tage, die ihm seine Antwort gekostet, für verloren [1]).

Sie war eines seiner bedeutendsten Werke und bezeichnete den völligen Bruch des Führers der Humanistenpartei mit Luther, der im darauf= folgenden Jahre ihm sein Bedauern ausdrückte, daß Hutten gegen ihn geschrieben, Erasmus die spongia verfaßt. Auch hierauf ist Erasmus die Antwort nicht schuldig geblieben. Die Polemik mit Hutten gab ihm

---

[1]) Wie die Besseren unter den Humanisten von Hutten urtheilten, mag man aus der Grabschrift ersehen, welche sich bei Kilian Leib vorfindet: Ulrichus Huttenus, germanus eques hic jacet morbo ut dignus erat prostratus gallico qui in omni vita hoc sibi negotii desumpsit maxime, ne cui viro bono bene honis verbis diceret. Ad omne maleficium proclivis, lingua procax, ore impu- dicus, felle madens tetro, veneno scatens praesentaneo mortiferum aconitum fundebat eloquio, dente ferus, morsu dirus, obvios quoque proscindens et di- lacerans. Nam saevus et indomitus nullis unquam pepercit mortalibus. Ad haec natus ut male diceret, adultus prorsus ut faceret mala. Pacis osor, bellorum sator, fraternam ciens discordiam, sacrorum effractor violentus, divini con- temptor nominis — — dum ingentia meditatur scelera divinitus gravi ulcere percussus est sicque per dolores saevissimos cruciatusque acerbissimos com- muni omnium laetitia tristissimum exhalavit spiritum. Tantum est. Tu jam vale atque tuos in pedes te protinus proripe, ne morsu te mordiens insectetur mortuus. Aretin, Beiträge, VIII, p. 1050. Uebrigens enthalten die Spongia selbst das reichste Verzeichniß der Schandthaten Hutten's — de amputatis anriculis duo- bus praedicatoribus. Böcking, der ganz offen und in unangenehmster Weise für Hutten Partei nimmt, weiß hierauf nichts zu sagen (II, p. 409). Auch Drummond übergeht dies (II, S. 205), was freilich das Leichteste ist. — Ebenso Strauß (II, S. 543).

den Muth, offen auszusprechen, was Luther sei und wohin sein Treiben führe und führen müsse.

Zwei Jahre später als Luther, der dem Papste und den Papisten vorgeworfen, daß sie dem Fleische nachfolgend in der Begierde der Besteckung wandelten, die am Charfreitage 1523 entsprungene Nonne, mitten im Getümmel des entsetzlichen Bauernkrieges und der wilden Zerstörung von Burgen, Kirchen und Klöstern heiratete, mochte denn doch auch der Blödeste sehen, wohin die neue Lehre des kirchlichen Umsturzes führe und welche Früchte sie bringe. Jetzt aber beherrschte er noch als Prophet die deutsche Welt, Christus hatte ihn berufen, sein Wort war Gottes Wort und wer ihm widerstrebte, ein Kind des Teufels. Die Presse war beinahe ausschließlich in seinen und seiner Anhänger Händen, und selbst Erasmus, der mit richtigem Blicke die Umwälzung erkannte, die Deutschland bevorstand[1]), wagte es nicht, ehe er nicht Deutschland den Rücken gekehrt, gegen den Dictator direct aufzutreten[2]). Die Dinge waren so weit gekommen, daß er am 25. September 1523, als er offenbar von Adrian's Tode noch nichts wußte, schrieb, wären die Schreiben aus Rom früher eingetroffen, er würde nach Rom gegangen sein. Bereits habe in Deutschland Niemand den Muth, etwas gegen Luther drucken zu lassen, wohl aber, gegen den Papst aufzutreten[3]). „Alles werde ich eher erdulden, als zum Aufruhr die Hand reichen. Mich wird nur der Tod von Rom losreißen[4])."

Noch immer frühe genug hatte auch er bemerkt, wohin die Bewegung führe, die er zu entfesseln geholfen. Von Deutschland aus sei das Verderben über die Welt gekommen, seit man predige, der Papst sei der Antichrist, Bischöfe und Priester bloße Larven, alle Menschensatzung häretisch, die Beichte verderblich, gute Werke, Verdienste und edles Streben ketzerische Worte, seit man sage, es gebe keinen freien Willen, Alles geschehe aus Nothwendigkeit, es liege nichts daran, wie die Werke der Menschen beschaffen seien. Einst habe das Evangelium den Menschen sanft, die Räuberischen wohlthätig gemacht, die Händelsüchtigen friedfertig, die Fluchenden in Segnende umgewandelt. Die Anhänger des Evangeliums aber, meinte Erasmus im Jahre 1524, seien wie Besessene. Sie stehlen fremdes Gut, fangen allenthalben Aufruhr an, reden auch Wohlverdien-

---

[1]) Schreiben an den Caplan des Papstes, Peter Barbucius, vom 17. April 1523. Epl. 653.

[2]) Schreiben an König Heinrich vom 4. September 1523.

[3]) Epl. 660.

[4]) Epl. 670. Ad Clementem VII.

ten Böses nach; ich sehe, schloß der einsichtsvollste Gelehrte des sechszehnten Jahrhunderts sein Verdict über Luther's Werk, nur Heuchler,
nur Tyrannen, nicht einen Funken evangelischen Geistes.

Wie lange dauerte es und auch Melanchthon klagte, die Elbe habe
nicht Wasser genug für seine Thränen, den Jammer zu beweinen. Es
war der Socialismus, der im sechszehnten Jahrhunderte in die Kirche
drang, wie er im neunzehnten Jahrhunderte in den Staat dringt.

In hohem Grade aber war es zu bedauern, daß Erasmus verschmäht
hatte, Rom zum Mittelpunkte seiner Wirksamkeit zu machen. Er wäre
dort unstreitig Seele und Haupt eines Körpers geworden, der zu seiner
Entfaltung nur des Organisators bedurfte. Vorderhand freilich wie aus
dem Briefe des Ludwig Vives an Erasmus vom 20. Mai 1523 hervorgeht, war in Folge der Eroberung von Rhodus und bei der Besorgniß einer türkischen Landung in Sicilien und Italien Alles in Aufregung,
Furcht und Schrecken. Nur der Papst bewahrte seine Ruhe. Wenn
ihn aber in seinem Plane der Wiederaufrichtung der christlichen Welt die
Germanen verließen, durfte man sich nicht wundern, wenn er sich an die
Romanen wandte. Schon in Spanien hatte er gesucht, den Lombarden
Petrus Martyr von Angleria zu gewinnen. Dieser aber wollte die ihm
liebgewordene Stellung in Spanien nicht verlassen. Nun bewog Adrian
die Spanier Don Agredo, Don Alvarado, Coldesanza und Ortiz —
damals in Paris — nach Rom zu kommen[1]. Des Erasmus' Anwesen-
heit hätte wohl Bembo, Sadolet und die Freunde Leo's X. für eine
erneute Thätigkeit bestimmt. Adrian reservirte zum großen Verdruße der
„Courtisanen" erledigte Pfründen, um sie gelehrten und ausgezeichneten
Männern zuzuwenden. Er ließ sich in seinem Bestreben nicht irre machen,
als Deutschland nach kurzer Blüthe das Grab der Wissenschaft, der
Humanität, jeder edleren Gesinnung zu werden drohte, in Rom einen
Areopag der christlichen Welt zu schaffen, und war Rom unter dem Spanier
Alexander der Sitz des Frevels geworden, unter Julius der Mittelpunkt
kriegerischer, unter Leo X. künstlerischer Bestrebungen[2], so sollte jetzt, was
bisher zum Schmucke gedient oder zur Erhaltung des Kirchenstaates verwendet worden war, zur Reform und inneren Aufrichtung der Kirche
selbst dienen, Wissenschaft und Leben sich dazu vereinigen.

---

[1] Itinerar, c. 11.
[2] Vergl. Höfler, die romanische Welt und ihr Verhältniß zu den Reform-
Ideen des Mittelalters.

Vierter Abschnitt.

Der Humanist Ludwig Vives.

So sehr in Belgien die gelehrte Welt auf Seite des Erasmus stand und demselben auch in den Angriffen zustimmte, die er in petulanter Weise gegen bestehende Einrichtungen unternahm, so lag es doch im Geiste der Schule wie im Allgemeinen der Einwohner, die Bewegung der Geister nüchtern aufzufassen. Viel mag dazu Adrian's Verhalten selbst, sowie der Einfluß Aleander's beigetragen haben. Die Universität Löwen nahm gleich Anfangs entschieden Stellung gegen Luther und wenn es auch nicht an Personen fehlte, die in jeder Concession, welche den geistigen Bedürfnissen gemacht wurde, eine sträfliche Nachgiebigkeit, und Heil nur in extremen Mitteln erblickten, so gab es andererseits der Männer genug, die den Ernst der Zeit und um was es sich handelte, gewissenhaft und richtig ermaßen. Man war der persönlichen Berührung mit den Wort=führern des Tages entrückt, durch die Wahl des belgischen Papstes in doppelt gehobener Stimmung und erwartete von seiner großen Tugend, seiner hervorragenden Gelehrsamkeit, seiner Ruhe und Umsicht, der Unab=hängigkeit seiner Anschauungen sichere und wirksame Hilfe. Die Theorie der Verzweiflung, wozu die eigenthümlichen Verhältnisse Frankens vielen Anlaß geben mochten, fand hier keine Stätte. Daß aber den großen Uebeln der Zeit abgeholfen werden müsse, schwebte den belgischen Humanisten ebenso vor Augen, als daß ihnen, und zwar durch Adrian abgeholfen werden könne. Auch hier konnte es nicht an Personen fehlen, welche ihrem zur höchsten Würde der Christenheit erhobenen Landsmanne nach ihrem besten Wissen und Gewissen Rath zu ertheilen sich berufen fühlten. Belgien war nicht blos der Rialto der habsburgischen Monarchie, die goldene Brücke, welche den spanischen Theil derselben mit dem öster=reichischen verband, sondern auch der Mittelpunkt eines sehr ernsten Lebens, das deshalb, weil es die Glaubensspaltung von sich stieß, keines=wegs mißachtet werden darf. Gerade von hier aus erfolgten an Adrian die stärksten Aufforderungen[1]), sich der Reform zu unterziehen und nament=lich dem unwürdigen Treiben der Cardinäle ein Ende zu machen, mit

---

[1]) Vergl. Apocalypsis et visio mirabilis super miserabili statu matris ec=clesiae et de summa spe ejus reparandae ex inopinata promotione reverendis=simi Dn. Hadriani, in summum Romanorum pontificem et ecclesiae sponsum Christique vicarium dialogus. Ap. Burm. p. 314.

der Reform des römischen Stuhles zu beginnen, die Rota zu reformiren, apostolische Zeiten, die freilich auch apostolische Männer verlangten, wieder= zubringen und insbesondere in dieser Beziehung Hand in Hand mit dem Kaiser zu gehen, tüchtige Gehilfen um sich zu schaaren.

Viel ernster, ruhiger und objectiver als der Nürnberger Rathsherr und Feldherr faßte namentlich einer der tüchtigsten Humanisten Bel= gien's, Ludwig Vives, von Geburt ein Valencianer, seinem Aufenthalte und seiner Wirksamkeit nach ein Niederländer [1]), die Lage der Dinge auf. Wohl nur wenigen Personen war es gegeben, sich durch die harte Schale der Scholastik zu größerer Freiheit des Geistes hindurchzuarbeiten, und die ungewöhnlichen Ereignisse, die er erlebte, ruhiger und klarer zu über= schauen als dieser seltene Mann, welcher seine Zeit mit einer Fülle von Ideen befruchtete und schon als Laie den theologischen Streit, der die Welt bewegte, viel richtiger zu bemessen vermochte als Jene, welche durch ihren geistlichen Charakter genöthigt waren, eine Stellung auf der einen oder anderen Seite zu nehmen [2]). Sein ganzes Streben richtete sich auf Zurückführung des Menschen in sein Inneres. Religion und Studium begegneten sich in dieser Beziehung in ihrer erfreulichsten Uebereinstimmung. Der Kreis seiner Studien wie seiner Lebenserfahrungen, der Aufenthalt in Frankreich, in Belgien, in England wie in Spanien und seine leb= hafte Auffassung der Uebelstände und Parteiungen der eigenen Zeit, die reine, lautere, wahrhaft christliche Gesinnung, welche ihn beseelte, ver= liehen seiner Denkweise eine Universalität, welche, je seltener man sie in den Tagen großer Parteikämpfe findet, desto wohlthuender wirkt. Er war ein Feind der so Vielen seiner Zeit eigenen trockenen Gelehrsam= keit. Das Studium des Griechischen sollte ihm nur als Mittel zum Zwecke

---

[1]) Lang, Ludwig Vives in Schmid's Encyklopädie des gesammten Erziehungs= und Unterrichtswesens, Bd. IX. Vives, geb. 1492, gest. 6. Mai 1540, wie der Herausgeber seines Werkes de veritate christiana sagt: Calculi, podagrae febri- busque doloribus abreptus est et ergastulo corporis exolutus quum vixdum per- venisset ad annum aetatis 48, exhaustus ut conjicio perpetuis laboribus studiorum quibus ei nihil fuerat in vita jucundius. Basileae.

[2]) Cura literarum ac religionis priora (puriora) omnia et certiora reddet, non religionis quae exterioribus signis ac caeremoniis tota collocetur, quum inter haec animus sit impurus ac impius, nec literarum quae ad pugnam et conten- tiones compositae pertinaces reddunt homines non prudentes, caeterum stu- diorum quibus mores componuntur, instituitur vita et religionis quae animos ad coelestia sublatos cunctos ad curam honestatis convertit et ad coelestium bonorum amorem inflammat, religioni nemo eximitur. Ad Henricum VIII. epistola. Jo. Lodovici Vivis opera, II, p. 943.

dienen, der selbst im Aufschlusse des hellenischen Geistes bestand. Selbst
ein Mann des Friedens, bedauerte er nichts so sehr, als die tödtliche Feind=
schaft, welche sich zwischen Kaiser Karl und König Franz gebildet hatte
und die mit jedem Kriege an Erbitterung zunahm. In Spanien geboren,
war er ferne von jenem Localpatriotismus, welcher Alles beschönigt,
das auf der Scholle vorgeht, die man Vaterland nennt. Er beklagte den
Streit der Velascos und Manrique's[1]), der für Spanien Dimensionen
annahm, wie der der Guelfen und Ghibellinen für Italien. Er verhehlt
sich nicht, daß den Aufstand der Comunidades von Castilien der Adel
geschürt habe und allein genau wußte, um was es sich hiebei handle[2]).
Er kennt die maßlosen Streitigkeiten unter den christlichen Staaten und
Völkern, in allen Ständen und Ordnungen, unter den Mönchen, unter
den theologischen Schulen, die sich gegenseitig als Häretiker bezeichnen.
Es sei kein Wunder, daß Alles mit Häresie erfüllt sei[3]). Er verfolgt
den Fortgang des Lutherthums und findet unter Lutheranern und Anti=
lutheranern den gleichen Haß. Man wolle nicht Besserung der Wider=
partner, sondern deren Vernichtung. Wie zum Abgrunde des Hasses, der
Alles erfülle, als neuer Brennpunkt der Streit um Neapel gekommen sei,
das Castilien Nichts trage, im Gegentheile von diesem erhalten werden
müßte, der nur die burgundische Erbschaft, wie um Navarra. Nur der
Osmane allein verstehe es, Eintracht zu halten, so daß viele Christen,
der inneren Streitigkeiten müde, sich darnach sehnten, unter türkische
Herrschaft zu kommen.

Hatte der ausgezeichnete Gelehrte, welcher mit einem Bienenfleiße
aus dem Schatze der antiken Welt zusammentrug, was zur Belebung der
christlichen Aera diente, die Bemerkung gemacht, daß, je mehr sich Theo=
logen der Philologie zuwendeten, desto mehr sie aufhörten, Theologen zu
sein, so machte er es sich zur besonderen Aufgabe, eine Gelehrsamkeit, welche
sich nicht auf die Kenntniß des Alterthums beschränkte, zur Befestigung
der christlichen Wahrheit zu verwenden, wie denn sein letztes Werk über
die Wahrheit des christlichen Glaubens den Inbegriff seines vielseitigen

---

[1]) Vergl. Ortiz, Itinerar, c. 3, wo vom Streite der Ognezinen und Gam=
boinen die Rede ist.

[2]) Consecuti sunt motus Hispaniae plebis adversus nobilitatem, urbium
adversus urbes. Rabies non dissensio. Neque enim sciebat multitudo quid pe=
teret, cur arma corripuisset, pro quo pugnaret. Optimates quod esset belli sui
premium, non ignorabant. De bello Turcico, p. 249.

[3]) Non miror tam frequens jam haereseos crimen jactari quum omnia
sint haeresibus plena. De bello Turcico, p. 243.

23*·

Wissens und einer Thätigkeit bildet, die unabläffig auf Förderung des Unterrichtes, auf Veredlung der Schulen, des Privat= und öffentlichen Lebens gerichtet war. Sein ganzes Leben gestaltete sich so zu einem un= unterbrochenen Proteste gegen jene liederliche und verlotterte Sorte des Humanismus, wie er in Italien um sich griff und in Deutschland durch Ulrich von Hutten und seine Gesellen zur Alleinherrschaft sich zu er= schwingen suchte. Es lag ganz in der Natur eines so klaren und be= sonnenen Geistes, daß Ludwig Vives der unsinnigen und den Menschen schändenden Theorie von der Knechtschaft des freien Willens und dem Nichtgebrauche der Vernunft widerstrebte und die Vernunft als den gött= lichen Strahl bezeichnete, der, von Gott ausgehend, sich des Menschen bemächtigt, die Sünde aber nicht als eine Sache natürlicher Nothwen= digkeit, sondern des freien Willens auffaßte[1]). Die Quelle der Wahr= heit und des Lebens ist ihm Christus, der Sohn Gottes, allein, und alle menschlichen Thaten dahin zu richten, diese Wahrheit zu erfassen und zur Ruhe in Gott zurückzukehren.

Es war eine der edelsten und in ihrer Wirksamkeit nachhaltigsten Naturen, die sich jetzt an den ehemaligen Dechanten von Löwen, an Adrian wandte, dessen treffliche Disputationsmethode Ludwig Vives aus eigener Erfahrung kannte und rühmte[2]), mit welchem den viel jüngeren Mann auch die Aehnlichkeit der Lebensschicksale verband; denn wie Adrian Erzieher Kaiser Karl's gewesen, so war Vives der Erzieher des Car= dinals von Croy, Erzbischofs von Toledo, dessen Erhebung zum Primas von Spanien in Castilien so böses Blut gemacht hatte. Der Freimuth, mit welchem sich Vives hiebei aussprach, ehrte den Papst nicht minder als den Humanisten, der, fern von aller Servilität, nur die Besserung der Dinge im Auge hatte[3]) und mit seiner Ironie den kriegerischen Julius als zweiten dieses Namens bezeichnete, inwieferne ihm in Rom Cajus Julius Cäsar vorangegangen war. Schon am 1. April 1522 hatte Vives in einem Schreiben an seinen Lehrer Erasmus die große Hoffnung ausgedrückt, welche Alle auf Adrian setzten. Der lange und unfreiwillige Aufenthalt Adrian's in Spanien hatte dann die Hoffnungen wieder etwas abgekühlt[4]); man war aber der Meinung, daß seine Begegnung mit

---

[1]) Vicio peccamus non naturae sed voluntatis. De verit. fidei christ. I, p. 4.

[2]) L. Vives de causis corruptionis artium. Coloniae 1532, p. 393.

[3]) Roma Leone Pontifice omnia perstrepebant cantibus, Julio armis. De causis corruptionis artium, I, p. 329.

[4]) Nunc ad Hispaniam cucurrit (Aleander) ad novum Pontificem de quo omnes optima et maxima sperant atque ominantur. Faxit Christus ut is creatus sit in remedium tantorum malorum ecclesiae snae. Opera, II, p. 963.

Kaiser Karl ihn zu größerer Thätigkeit spornen werde[1]). Uebrigens kannte Vives den neuen Papst von der Zeit, als er Dechant von Löwen war, und erwähnte noch später der hervorragenden Art seiner akademischen Wirksamkeit[2]). Schon ehe der Brief an Adrian abgesendet wurde (12. October 1522), hatte sich Vives, als er dem Könige Heinrich VIII. die von ihm besorgte Ausgabe des großartigen Werkes Augustin's de civitate Dei widmete, entschieden auf die Seite des königlichen Gegners Martin Luther's gestellt. Gerade als Adrian nach Rom gekommen war, 31. August war das Werk und der gelehrte Commentar fertig geworden. Die Dedication feiert Heinrich's Schrift gegen Luther und bezeichnet sie als ein Muster von Eleganz und christlichem Sinne[3]). Die Einleitung aber feiert den Desiderius Erasmus als denjenigen, der die Nacht ver= scheuchte, die die Theologie bedeckte, und die Quelle zu derselben eröffne, Anderen die Hand reiche, emporzusteigen und keinen anderen Ehrgeiz besitze, als daß die Wissenschaften blühten[4]), ihm selbst aber den Auftrag gab, die Herausgabe des Werkes de civitate Dei zu besorgen[5]). Er nannte den nachher so berühmten Thomas Morus, Dunstal[6]) und andere Freunde des Erasmus als die seinen[7]); erwähnt, daß durch den Tod des Cardinals Wilhelm Croy in Worms und seine Krankheit die Sache in's Stocken gekommen war, enthält sich aber, selbst theologische Meinungen auszu= sprechen, die er vielleicht in reiferen Jahren zurücknehmen müßte. Schwer= wiegend für die Art und Weise der lutherischen Kämpfe und des Ver=

---

[1]) Multum de pontifice novo speratur. Hactenus perfrixit. Putant fore ut incalescat hoc Caesaris congressu qui ad litus Cantabricum appulit XVI die Julii. Vereor ne ille non tam se esse pontificem Romanum meminerit, quam veteris hujus juris in se ut pristinae autoritatis pondere in sententiam hujus trahat. Quod si illi qui sit et non qui fuerit, in mentem veniat, spes est magna pacis. Brief vom 15. August 1522.

[2]) De tradendis disciplinis, V, p. 524. Ego Adrianum Florentium illum qui postea factus est summus pontifex, quum adhuc esset decanus Lovaniensis in publicis saepe disputationibus quaecunque autorum dicta a disputantibus ci- tarentur, interpretantem pro se audivi, nunquam aspernantem etiam si ex iis essent, qui adhuc vivant, nempe Jacobi Fabri aut Erasmi Roterdamensis.

[3]) Lovanii nonis Juliis 1522.

[4]) Ubi vero tua sacramentorum assertio prodiit, qua nihil vel elegantius fieri potest, vel purius vel sanctius et uno uti verbo dicam, christianius.

[5]) Ut reflorescant literae, ut reviviscant veteres docti, ut eruditio ab ho- minibus sincerior hauriatur et purior.

[6]) Tonstallum.

[7]) Der Brief des Morus an Vives erwähnt die Letzteren. 14. Juli 1522.

fahrens der Gelehrten bleibt hiebei die Bitte, man möge ihn wohl bei abweichender Meinung belehren, aber nicht schmähen[1]). Man glaubt sich in das neunzehnte Jahrhundert versetzt.

Vives hatte bereits 1521 die nachhaltigen Beziehungen zu England eingeleitet, die ihn von selbst jedem Versuche, ihn für den Süden zu gewinnen, entzogen hätten. Er gedachte, ehe er an Adrian schrieb, im September 1522 nach England zu gehen[2]). Er ist aber noch am 10. Mai 1523 in Brügge, ging dann nach England, das er im April 1524 verließ, um zu heiraten und dann im September wieder zurückzukehren. Nur mehr scherzend erwähnt er Deutschland's, wo der Streit für oder gegen Luther in den Gemüthern der Studirenden alles Andere entferne. Um so größer sei die Süßigkeit, diesem Kampfe zuzusehen[3]).

Vives machte in seinem Schreiben an Adrian[4]) kein Hehl daraus, wie wenig die früheren Päpste ihrer Aufgabe entsprochen, die sich Stellvertreter Christi genannt, während Niemand ihnen die eigene Stellvertretung überlassen hätte. Er selbst sei über die Unermeßlichkeit der Aufgabe, welche Adrian zu Theil geworden, auf das tiefste erschüttert und beklommen. Man verlange von ihm Herstellung des Friedens unter den Fürsten und unter Privaten.

Alle Hoffnung sei auf Adrian gerichtet, der so lange als Privatmann lebte und so am besten wisse, was man von Fürsten verlange. Jetzt sei Krieg die einzige Angelegenheit der Fürsten und eine neue Art erfunden, nämlich Alles anzuzünden und niederzubrennen. So geschehe es in Frankreich, so trieben es wieder die Franzosen. Das sei ärger als die Heiden es gethan. Das Schlimmste hiebei seien die gelehrten Rathgeber der Fürsten, die immer herausbrächten, daß ihr Fürst gerechte Ursache zum Kriegführen habe. Da möge der Papst eintreten und zeigen, daß Christus den Frieden wolle. Was aber nun die kirchliche Lage der Dinge betreffe, so habe in allen ähnlichen Zuständen immer nur Eines geholfen, ein allgemeines Concil[5]). Wenn auch andere Päpste ein

---

[1]) En incipiamus morem hunc tollere quem invidae omnibus furiae in praestantia studia ingesserunt impetendi ac lacerandi eum, quem conjunctissimis nobis charissimisque debebat communio studiorum ac earundem musarum cultura.

[2]) Brief vom 15. August 1522.

[3]) Londini, 14. November 1524.

[4]) De Europae statu ac tumultibus Hadriano VI. P. M. Brief vom 12. October 1522 bei Burmann, p. 456—465. (Basileae 1538, 4.)

[5]) Eo loci ad quem si quis non venerit accersitus, non loco videatur diffisus sed conscientiae.

Concil wie Gift gemieden, so habe Adrian es nicht zu scheuen. Es wäre nothwendig, wenn auch der gegenwärtige Sturm nicht ausgebrochen wäre. Es möge aber auf die Reform der Sitten beschränkt bleiben [1]; die anderen Dinge, den religiösen Streit, möge man den Schulen überlassen, und nicht dem Gezänke unverständiger, wenn auch wohlwollender, oder gar frivoler Personen Thür und Thor öffnen. Bedeutende Persönlichkeiten ließen bereits wegen des Unwillens über das, was sie erfahren, die Sachen gehen wie sie gingen, Andere schwiegen aus Verzweiflung. Das Concil solle über die Schriften urtheilen und die schlechten zurückweisen. Der Rath, welchen Vives in Betreff des allgemeinen Concils gab, war freilich der beste. Er stimmte mit dem überein, was einst bei der Eröffnung des lateranischen Concils Frà Egidio ausgesprochen [2]. Allein gerade die Erfahrungen, welche mit diesem Concil sich verbanden, waren nicht geeignet, so bald zu der Wiedererneuerung dieses letzten Versuches, die Einheit der abendländischen Kirche zu bewahren, zurückzukehren. Vollends war aber an ein allgemeines Concil nicht eher zu denken, ehe nicht den Streitigkeiten der mächtigsten Fürsten ein Ende gemacht und die Pacification Europa's durchgesetzt, d. h. die Riesenaufgabe erfüllt war, die sich Adrian gestellt hatte. Aber selbst wenn sich wieder ein allgemeines Tribunal aufthat, so blieb noch die Frage, ob sich die Leiter der Bewegung demselben unterwerfen würden? Geschah letzteres, voraussichtlich, nicht, galt vor demselben der Einwurf, man müsse erst aus der heiligen Schrift widerlegt werden, womit alle Autorität illudirt wurde, so fiel aller Grund, ein Concil zu berufen, hinweg, da es eben in der Hauptsache nichts nützte. Man war wieder auf den Standpunkt des Constanzer Concils gebracht, welches den Proceß mit Hus instruirte und zu Ende führte, oder es schwebte das Concil in der Luft und scheiterte einfach an dem Widerspruche des Einzelnen, der sich eben nicht unterwerfen wollte. Das scheint Vives auch dunkel vorgeschwebt zu haben und deshalb gab er den Rath, das Concil solle sich mit den Dingen

---

[1] Necessaria res est concilium, etiamsi haec tempestas non incidisset. — In eo — magna cum placiditate animi ac commoditate, quemadmodum faciendum esse probe uosti, de iis solis et inquiratur et statuatur rebus, quae ad summam pietatis spectant, ad sanctos mores. War das aber noch möglich, nachdem von Tag zu Tag schärfer hervortrat, daß es sich in Deutschland um einen neuen Glauben handle?

[2] Nisi vel hoc concilio vel alia ratione nostris moribus modum imponamus, nisi nostram humanarum verum cupiditatem, malorum fontem eodem divinarum amore compellamus, actum de republica esse christiana.

beschäftigen, welche zur Frömmigkeit gehörten und das Andere der Schule überlassen. Allein der Streit war absichtlich von Luther aus der Schule auf die Kanzel, dann auf die Gasse getragen worden und alle Macht des Papstes wie des Kaisers reichte jetzt nicht mehr hin, ihn zu localisiren und wieder auf die Schule zu beschränken. Daß dies nicht geschehe, dafür sorgten schon die anonymen Verfasser zahlreicher Flugschriften, die nach allen Seiten colportirt wurden, sorgten die Künstler mit zahllosen Holzschnitten, die der Menge um so mehr gefielen, je unfläthiger die Bilder waren, sorgte, während Luther in der Wartburg war, Karlstein, dann jener selbst. Der Strom war übergetreten, der Abfall der Geistlichen erfolgt, der Reichskrieg an der Mosel ausgebrochen, in Franken konnte er stündlich erwartet werden, die lange beobachtete Gährung erhielt beständig neue Nahrung und soviel war bereits sicher, daß ohne ein großes Blutbad die Bewegung nicht zu einem Stillstande gebracht werden könne. Man kann höchstens darüber staunen, daß dasselbe erst 1525 stattfand, in welchem Jahre 100,000 bis 150.000 der rüstigsten deutschen Männer endlich der systematisch betriebenen Aufhetzung zum Opfer fielen.

Es fehlen uns weitere Behelfe, um das Verhältniß Adrian's zu Vives, seine Antwort auf den an ihn gerichteten Brief mittheilen zu können. Wie es scheint auf einer Reise nach Spanien begriffen, kam Vives blos nach England, wo er nun nach dem Wunsche des Cardinals von York[1]) eine Professur in Oxford annahm. Er erhielt von der Königin Katharina von England den ehrenvollen Auftrag, die Erziehung ihrer Tochter, der Prinzessin Maria, zu übernehmen[2]), die, in früher Jugend mit Kaiser Karl V. verlobt, nach den härtesten Erfahrungen im Schoße

---

[1]) Epistola dedicatoria an den Cardinal von York vom 15. December.

[2]) Für die Prinzessin arbeitete er die ratio studii puerilis aus. Für Don Philipp die exercitatio linguae latinae. Opera, I, p. 12 (1538). Das ausgezeichnete Werk de corruptis artibus mit seiner Fortsetzung de tradendis disciplinis ist dem König Johann von Portugal gewidmet (1531). Uebrigens befand sich Vives noch im Frühling 1523 in Brügge, wo er eines seiner Hauptwerke vollendete (nonis Aprilis, de institutione foeminae christianae), das nachher in deutscher Uebersetzung und mit höchst interessanten Holzschnitten versehen, ein deutsches Lehr- und Volksbuch wurde. (Ad Catharinam Angliae Reginam.) Vives, welcher dieses Buch der Prinzessin Maria empfahl und vielleicht dadurch seine Berufung nach England veranlaßte, hoffte zugleich der schlechten Lectüre, woran sich die Frauen ergötzten, wie der schlechten Erziehung des weiblichen Geschlechtes überhaupt ein Ende zu machen. Uebrigens weisen einige Stellen der christiana foemina, z. B. p. 686 der Baseler Ausgabe hin, daß die Schrift, so wie sie vorliegt, vor 1526 nicht entstanden sein kann.

ihrer eigenen, der königlichen Familie, zuletzt den Sohn Karl's V., König
Philipp II. heiratete und sterbend den Thron ihrer ärgsten Feindin,
der Tochter Anna Boleyn's (Elisabeth), überlassen mußte, um derenwillen
ihr Vater, König Heinrich VIII., ihre Mutter, Katharina von Aragon, ver=
stieß. Vives hatte den kühnen Gedanken gefaßt, die Reformation nicht
sowohl in das Gebiet des Glaubens und des Dogmas als des Lebens,
der Schule und Familie, der Ehe und des Hauses überzutragen und in
dieser Beziehung so Großartiges geleistet, daß die humanistische Richtung,
moralisch durch Hutten und die Seinigen zu Grunde gerichtet, von Luther
zur Spaltung des kirchlichen Lebens benützt, durch seine Schriften ihre
sittliche Verklärung erlangte, er selbst aber als eine der ausgezeichnetsten
Persönlichkeiten seiner an großen Geistern so reichen Zeit dasteht. Weiter
blickend als Erasmus von Rotterdam, ernster und jeder Frivolität ab=
geneigt, hat in gleichem Maße wohl kein Zeitgenosse den Sitz des Uebels
schärfer erkannt, keiner die Mittel zur Abhilfe gehaltvoller bezeichnet,
als Derjenige, welcher jetzt Adrian als den Bringer einer besseren Aera
begrüßte und den die neue Zeit beinahe vollständig vergaß[1]).

Fünfter Abschnitt.
Johann Faber und Johann Cochläus.

Zu den ausgezeichnetsten Männern jener Tage, die der allgemeinen
Frivolität den sittlichen Ernst entgegensetzten und dadurch die Träger
und Ordner einer besseren Zeit wurden, gehörte Johann Heigerlin von

---

[1]) Seine Schriften enthalten eine Fülle von Notizen, welche man sonst nicht
findet, und die von dem Scharfsinne seiner Beobachtungen und dem Umfange seiner
Kenntnisse zeugen. Er nahm die romanische Reform, welche durch die französische
Politik in's Stocken gerathen war, wieder auf und führte sie unabhängig von dem
deutschen Schisma in jener Weise durch, welche er in dem Briefe an Adrian ange=
deutet hatte. Er zog auch das Armen= und Krankenwesen in den Bereich der Re=
formation; er stand mit Ignatius von Loyola, als derselbe in Paris studirte, in
intimen Beziehungen, wie er mit Erasmus in Briefwechsel stand. Nur ungern kommt
er auf die lutherische Reformation zu sprechen und erwähnt, wie man zwar dort
stets Evangelium, Glaube und Liebe im Munde führe, aber das Gegentheil der
schönen Worte zu finden sei. Es ist ihm unangenehm, zu polemisiren, da er das
Christenthum in seiner Totalität, in seiner welthistorischen Bedeutung aufzufassen und
darzustellen sucht, irgend ein Dogma aber herauszunehmen, an dieses sich zu halten
und nun zu verlangen, die ganze Welt solle sich darnach richten, erschien seinem uni=
versellen Geiste unpassend, undenkbar und unfaßlich. Es ist ein wahres Verdienst,
daß man jetzt wenigstens vom Standpunkt der Pädagogik auf Vives aufmerksam wurde.

Leutkirch. Sohn eines Schmiedes, daher Faber genannt[1]), und unter dieser Benennung der deutschen Geschichte eingebürgert, Zögling der Breisgauer Universität, eröffnete er seine Wirksamkeit auf allemannischem Boden in Lindau und Constanz, und erst in späteren Jahren, als Erzherzog und König Ferdinand ihn in seine Nähe berief, entwickelte er dann in Oesterreich, Mähren und Böhmen jene Thätigkeit, die ihm unter den Restauratoren der katholischen Kirche in Deutschland einen hervorragenden Platz einräumte. Er nahm als Doctor der Rechte, wie ihn Florian Rom-perch in seinem Briefe an Hermann von Weda (Wied), Erzbischof von Cöln, bezeichnet[2]), als Official und Generalvicar des Bischofs von Basel, Christoph von Usenheim, als Freund Emser's, so recht Antheil — um mich seiner Worte zu bedienen — an dem Hunger und Durst, den seine Zeit nach der evangelischen Wahrheit hatte. Seit der Leipziger Disputation, die auch ihm über Luther's Ziele die Augen geöffnet, widmete er sich auf Rath des Erasmus mit besonderem Fleiße dem Studium der Kirchenväter[3]) und als er 1522 sein großes Werk gegen Luther unter dem Namen „der Hammer" (malleus) schrieb, war es der Cardinal von S. Pu-dentiana, Mathias Schinner, welcher ihm mit Rath und That beistand[4]). Was in der bewegten Zeit Bedeutendes vorging, ward von ihm lebhaft empfunden. Der Tod Maximilian's veranlaßte ihn zu einer Trauer-rede, das unrechtmäßige Benehmen des Franziskanerbruders Bernhard Samson zum offenen Widerspruche gegen diesen. Aber auch das Beneh-men der Pauliner, wie sich Luther und seine Genossen so gerne nennen hörten, behagte ihm wenig als er sah, wie schwer sie die Liebe verletzten, wie wenig sie die Milde übten, die ihr Vorbild, der heilige Paulus, gelehrt und geübt. Er war von Haus aus kein Freund der Polemik und nur die Verhältnisse waren es, die ihn dazu zwangen, wie er auch an Religionsgesprächen Antheil nehmen mußte, während er ihre Unfrucht-barkeit erkannte. Allein das Werk Luther's über die Macht des Papstes trieb ihn an, die Irrthümer dieser Schrift nachzuweisen[5]) und während Luther, der davon hörte, daß Johann sich mit einer Schrift gegen ihn

---

[1]) Eigentlich Joannes Fabri seil. filius. So nennt er sich in dem Schreiben an Papst Adrian s. d. (1522).

[2]) Malleus Joh. Fabri.

[3]) Wenn Stintzing (U. Zasius, S. 221) sagt, Faber ließ sich bald nachher durch äußere Vortheile, wegen der er nach Rom reiste, ganz und gar von seinem Freimuthe bekehren, so vergaß er, für diese Verdächtigung einen Beweis anzuführen.

[4]) Malleus ed. 1524, p. CLXXV.

[5]) Joannes Fabri episcopi Constantinus in spiritualibus vicarius Martino Luthero Theologo εὖ φρονεῖν εὖ πράττειν.

beschäftige, ihn dadurch im Voraus todt zu machen suchte, daß er erklärte, er sei irrsinnig, wandte er sich in einem Schreiben voll freien und versöhnlichen Sinnes an den Pauliner, um ihn und die Seinigen zur Mäßigung zu bewegen. Es war in Rom, wohin sich Faber 1521 begeben, daß „der Hammer" gegen Luther entstand; der Zorn Hutten's und die wiederholten Auflagen des Buches bewiesen, daß Johannes mehr als Einen wunden Fleck getroffen. Es trug wesentlich dazu bei, die Reformpartei in Deutschland von der Umsturzpartei zu scheiden. Auch Faber hatte wie jeder Gutdenkende in jenen Tagen seine innige Freude an der unvermutheten Wahl Adrian's. Er benutzte die Herausgabe des Malleus, um ihm zu schreiben, seinem freudigen Gefühle Ausdruck zu geben, ihn aufzufordern, sich die Mühen der weiten Reise nicht reuen zu lassen und sich mit ausgezeichneten Männern zu umgeben, die er sicher finden und mit deren Hilfe er die· Feinde des Glaubens niederwerfen könne. Er schreibt ihm, was ihn antrieb, gegen Luther aufzutreten, durch den das Volk vom wahren Glauben abwendig gemacht, Alles, worauf das Heil und das Leben beruhen, in Zweifel gezogen worden. Der Brief, welcher ohne Datum auf uns kam, wird wohl im Frühjahre 1522 geschrieben worden sein. Welche Antwort er fand, ist nicht näher bekannt, wohl aber, daß Faber nach seiner Rückkehr von Rom nur da zu treffen war, wo es sich um die Vertheidigung der Kirche, die Aufrechthaltung und Förderung des Glaubens handelte, bis er als Bischof von Wien am 21. Mai 1541 mit dem Lobe starb, er habe Niemandem zu gefallen gestrebt, Niemandem zu mißfallen gesucht, durch Gelehrsamkeit und Weisheit nicht weniger als durch Unbescholtenheit geglänzt, und nachdem es dem schwäbischen Stamme durch eigenthümliche Geschicke nicht vergönnt war, im politischen Leben sich auszuzeichnen, auf einheimischem wie auf fremdem Boden die Universalität des schwäbischen Charakters bethätigt.

Namentlich das Werk über die babylonische Gefangenschaft und die darin enthaltenen heftigen Angriffe Luther's auf die Sacramente hatten Johann Dobenek von Wendelstein in Franken, Dechanten von St. Maria in Frankfurt am Main, genannt Cochläus, bewogen, Luther Vorstellungen zu machen [1]), dann ihn in Worms aufzusuchen und mit ihm sich über seine

---

[1]) Ego vero — schreibt er dem (in vigilia D. Nicolai 1522) erschienenen Werke de gratia sacramentorum — ad reddendam studiis religionique ac reipublicae tranquillitatem Lutherum pro studio admonui primum literis ex Nurenberga, dein precibus et lacrimis Vormaciae cumque nihil proficerem lenitudine, audacia hominem (Lutherum) aggressus sum provocans eum ad singulare sub judicibus certamen, primum quidem ad aequale periculum (in Betreff des Unter-

Schriften zu besprechen. Er gedachte ihn auch zu einem Colloquium in
Frankfurt zu vermögen, allein Luther, auf die sichere Hilfe des Adels
bauend, konnte, wie er die fürstliche Vermittlung zurückwies, um so leichter
auch eine theologische Disputation ablehnen[1]), und sein Begleiter Jonas
drohte bereits dem Dechanten, daß, wenn er die Feder ergreife, 40 Personen
über ihn herfallen würden[2]). Spottgedichte, die in Nürnberg und Wittenberg verbreitet wurden, verfolgten den eifrigen Theologen, der aber die
ihm so von seinen Gegnern angewiesene Stellung zur Aufnahme und
Vollführung eines Kampfes gebrauchte, den er muthig und entschlossen
bis zu seinem Ende führte. Es ist hier nicht der Ort, auszuführen,
welche Verdienste sich Cochläus um die historische Wissenschaft erwarb.
Da Luther sich in Worms der Lehre des Johannes Hus über die Kirche
bemächtigte und mit den böhmischen Husiten in Beziehungen trat, unternahm es Cochläus, seinen Zeitgenossen die Geschichte des Husitismus
vorzuführen, wie er in seinen Commentarien über die Thaten und Schriften
Luther's die beispiellose Thätigkeit des Reformators vorführt und die
Erlebnisse und Erfahrungen des eigenen Lebens einflicht. Am 12. April
1523 erschien als Antwort auf Luther's Schrift gegen Cochläus des
letzteren Schrift gegen den in der Cuculla lebenden Minotaurus; in
dieser bezieht sich Cochläus wiederholt auf Adrian VI. Nachdem ferner
das von Johannes Faber in Rom erschienene Werk gegen Luther[3])
innerhalb weniger Tage vergriffen war, befahl Herzog Georg dessen
Wiederabdruck[4]), aber auch dieser wurde rasch aufgekauft, so daß Cochläus
hievon einen Auszug machte[5]) und diesen seinem Lehrer, „dem durch Gelehrsamkeit wie durch Unbeflecktheit des Lebens gleich angesehenen" Andreas
Hierlo von Bardwich zusandte, zugleich mit der Eröffnung, daß eine Reihe
von anderen Werken gegen Luther und die modernen Husiten vorbereitet
sei[6]). Der Kampf entbrannte, wenn auch mit ungleichen Waffen, da die

liegenden), quo mox recusato ab omni prorsus periculo immunem obtuli ei
congressum, et homo — congredi recusavit in suorum conspectu.

[1]) Joannis Cochlaei commentaria de actis et scriptis M. Lutheri. Mog. 1540.

[2]) Der Dialog adversus cucullatum Minotaurum gibt Aufschluß über die Beziehungen des (viel jüngeren) Cochläus zu Luther, der ihm gesagt zu haben scheint:
„Du arme Schneke was sollistu disputiren?"

[3]) Es hieß: adversus nova quaedam.

[4]) Als responsiones 126.

[5]) Er erschien in Köln, August 1523. Der Brief des Cochläus ist aus Frankfurt VI id Jul. 1523.

[6]) Vorwort zu Joannes Fabri responsiones duae (55 et 126) ex grandi ejus
volumine excerptae et selectae.

ausgedehnten und gelehrten Werke der Katholiken mehr geeignet waren, auf die eigene Partei stärkend und ermunternd einzuwirken, als die Gegenpartei zu vernichten. Man darf jedoch nicht vergessen, daß Luther nicht blos am Untergange der katholischen Kirche rastlos arbeitete, sondern diesen auch als bereits eingetreten, als unausbleibliches Factum verkündete, somit die Aufrichtung und Erhaltung derselben bereits als ein Sieg galt, der mit der Wirksamkeit Adrian's im innigsten Zusammenhange steht. Cochläus kann daher in seinen interessanten Commentarien nur mit großer Ehrerbietung Adrian's gedenken.

Sechster Abschnitt.

Der Kanzler von England, Thomas Morus, erklärt sich gegen Luther. Ebenso Bischof Fisher von Rochester, Kanzler der Universität Cambridge.

Der Bruch mit den Vertretern der Wissenschaft war erfolgt. Von jener Kette von Männern, die ihr Leben dem Dienste der Wahrheit gewidmet, löste sich ein Glied nach dem anderen, um das offene Bekenntniß abzulegen, die Wege, welche Luther eingeschlagen, seien nicht die Pfade der Wissenschaft, nicht die der Wahrheit; der ruhige und besonnene Forscher mochte nichts von jenem Wege wissen, auf welchem Luther die deutsche Nation mit sich fortzureißen bemüht war.

Wenn irgend ein Name in den wissenschaftlichen Kreisen Europa's einen guten Klang hatte, irgend ein Mann wegen der Tugenden seines Privatlebens, seiner Rechtlichkeit als Staatsmann und Richter, seiner hervorragenden Gelehrsamkeit in der eigenen Heimat wie außerhalb Englands geehrt und gefeiert wurde, so war es Thomas Morus, dessen Erhebung zur Würde eines Kanzlers von England allgemein als ein Triumph des Rechtes angesehen[1]), wie seine spätere Resignation als eine Calamität betrachtet wurde. Das Zeugniß eines Mannes, welcher nicht blos sein Lebensglück, sondern auch Alles, was er besaß, zuletzt sein Leben selbst, der Wahrheit opferte, für die er muthig und ungebeugt in den Tod ging, ist aber für alle Zeiten und alle Personen, für welche Tugend, Recht und Wahrheit nicht ein leerer Schall sind, von ganz besonderem

---

[1]) Angliae deliciae sicut revera erat, ab omnibus appellabatur. Regin. Polus, pro ecclesiasticae unitatis defensione, III, f. 64.

Nachdrucke. Seine Stellung in England, sein Amt wie seine ganze Persönlichkeit erhoben ihn und seinen Ausspruch über das Niveau des gewöhnlichen literarischen Streites; es war das Verdict eines unparteiischen Richters. Gerade als das literarische Schwert des Erasmus den Raubritter bis auf die Insel des Züricher See's jagte, vollendete Thomas Morus unter dem Namen Wilhelm Rossens seine berühmte Schrift gegen Martin Luther, nicht weil er befürchtete durch die unfläthige Polemik Luther's beschmutzt zu werden, sondern aus Rücksicht gegen den König [1]), welcher Luther als einen Narren und keiner wissenschaftlichen Widerlegung würdigen Mann bezeichnete. Bei dieser Gelegenheit ersehen wir, daß „ein sehr kluger Cardinal dem gegenwärtigen Papste, den Morus als den wahrhaft heiligsten unter allen Päpsten begrüßte, den überaus heilsamen Rath gab, das Verdammungsurtheil Leo's X. über Luther's Bücher insoferne zu mäßigen, daß zwar die Lectüre derjenigen gänzlich verboten sei, welche die Häresie mit dem Scheine der Bescheidenheit und Heiligkeit umgeben und sie dadurch guten und einfachen Leuten mundgerecht machen; hingegen diejenigen freigegeben werden sollten, welche wie von der babylonischen Gefangenschaft, Streit, Possen und Häresie in sich schließen, die allen Guten ein Gräuel seien [2])."

Die Schrift des englischen Humanisten war nicht bloß eine Vertheidigung der Schrift König Heinrich's, sondern ein wissenschaftlicher und sittlicher Protest gegen das Verfahren Luther's und seine zahllosen Widersprüche. Erst habe er die dogmatischen Entscheidungen dem Papste entzogen und Miene gemacht sie den Concilien zuzuwenden, dann habe er sie den Concilien genommen und der Gesammtheit des Clerus übertragen, von diesem an das Volk, vom Volke an den Einzelnen [3]). In ähnlicher

---

[1]) Supervenerat exemplum epistolae quam rex ad Saxoniae duces scripserat ex qua subvereri coepi ut laturus esset princeps si quis ex Anglis amplius cum isto nebulone (Luther) contenderet. Hier scheint nach dem, was auf der darauffolgenden Seite steht, nach laturus ein non weggeblieben zu sein Ad convitia M. Lutheri praef. p. 57.

[2]) Mihi mire placet prudentissimi cardinalis illius sanissimum consilium qui Pontifici huic vere omnium sanctissimo suasit ut Leonis decessoris sui sententiam de supprimendis Lutheri libris ita moderaretur, ut eorum lectionem librorum qui sanctitatis et modestiae fuco latenter insertas haereses bonis ac simplicibus viris commendant ecclesiae penitus interdiceret; Babylonicam vero et qui sunt ejusdem furfuris, qui nihil habent aliud quam vere scurilia jurgia et bonorum omnium auribus abminandas haereses prostare passim legique permitteret. Latina opera, f. 57.

[3]) Thomas Morus in Lutherum, c. 22. Homo, nunquam sibi contrarius et simul damnat et fatetur optimum! Quilibet Christianus est spiritualis ergo qui-

Weise sei er mit der Ablaßlehre umgegangen, wobei er erst Miene machte; an den Papst zu appelliren, dann vollständig appellirte und zwar an ein Concil, jedoch wie gewöhnlich mit einer Hinterthüre für sich an das nächste, das im heiligen Geist zu versammeln sei, wobei ihm die Ausflucht blieb, daß das Concil, welches ihn verurtheilte, eben nicht im heiligen Geiste versammelt sei. Jetzt aber sei er so weit gekommen, auch schon das Concil von Nicäa zu verwerfen, an das Volk und endlich an jeden Einzelnen zu appelliren, wo es sich nicht um subjective Meinungen handle. Der Einzelne werde Richter nicht blos des Papstes, sondern der Apostel Petrus und Paulus. Die ganze Kirche erkläre Ehe, Priesterweihe ꝛc. für ein Sacrament. Luther möge auch nur Eine Kirche nennen, die mit ihm übereinstimme; er möge wollen oder nicht, er müsse bekennen, jene Kirche sei katholisch und das Haus Gottes, in welcher so viele Jahrhunderte hindurch Alle einstimmig sich gegen seine thörichte Ansicht erklärten. Stimme er doch nicht mit sich selbst überein.

Nachdem Luther eine Sprache angenommen, welche an Cynismus Alles übertraf, was bisher gehört wurde und im schreiendsten Contraste zu der Erhabenheit der Gegenstände sich befand, um die es sich handelte, war es begreiflich, daß der einmal angeschlagene Ton nicht blos auf seiner Seite fortklang, sondern auch ihm nichts geschenkt, seine Behauptungen als freche Lügen dargestellt, er selbst aber — frater pater potator — nicht blos als Trunkenbold, sondern geradezu als unsinnig und besessen bezeichnet wurde. Man mußte bei der Polemik fühlen, daß hier von einer wissenschaftlichen Erörterung überhaupt keine Rede mehr sein konnte. Da er für sich nicht blos übernatürliche Erleuchtung, sondern unmittelbare Eingebung behauptete, der zufolge nur er allein das Recht hatte, zu entscheiden, was christlich und was nicht christlich sei, Anderen aber dieses nicht zugestand, sondern die Papisten Satans- und Götzendiener waren, so hörte von selbst jede wissenschaftliche Erörterung auf. Er hatte sich auf einen Standpunkt gestellt, welcher von der Wissenschaft perhorrescirt werden mußte und stand ihr nicht minder feindlich als der Kunst oder der katholischen Kirche gegenüber. War der Streit anfänglich ein Universitätsstreit gewesen, er hatte längst diesen Charakter verloren und das Gefühl der tiefsten Verachtung „gegen die Wittenberger Bande, die liederliche Mädchen heirate, Alles profanire, die Heiligenbilder in der gemeinsten Weise verunstalte, zeche, schimpfe, lärme und dabei sich die höchste Autorität in

---

libet Christianus habet jus judicandi hoc est sentiendi quidquid viderit sibi de doctrina — et Apostolorum et Christianorum omnium. f. 110.

geistigen und geistlichen Dingen anmaße," war an die Stelle früherer hochgespannter Erwartungen getreten. Die Tyrannei, welche Luther und seine Anhänger in Deutschland ausübten, wurde offen beklagt, der Umsturz der Dinge durch die Fürsten, welche auf die Theilung des Reiches speculirten, und dann der fürstlichen Macht durch Diejenigen, welche das fürstliche Joch abschütteln würden, in Aussicht gestellt, Luther's Sprache mit der eines Abtrittsräumers[1]) verglichen und endlich ihm bewiesen, daß, wenn er Andere zwinge, in den Koth hinabzusteigen, welche Specialwaffe er alle Tage zu gebrauchen pflegte, der Wittenberger Gottesmann auch seinen redlichen Antheil erhalten könne. Es war im höchsten Grade traurig, daß die beispiellose Gemeinheit, die alle Blüthen des humanistischen Zeitalters mit einem übelriechenden Thau bedeckte, auch edle Naturen zwang, dem Knappensohne zu zeigen, daß, wenn er sich mit einer Cloake umzog, ihm diese Domäne gewiß Niemand streitig mache. Der Führer der englischen Humanisten[2]) erkannte dem Bringer des neuen Evangeliums nur Kothgedanken zu[3]) und konnte die von einem „Possenreißer" gebotene Freiheit — die Freiheit von Kerkyra — nur zurückweisen.

Es handelte sich hier nicht blos um einen wissenschaftlichen Protest, wie er von den Humanisten überhaupt gegen die Tolldreistigkeit des Wittenberger Mönches, der das Signal zum allgemeinen Umsturze gegeben, erfolgte. Es war ein sittliches Gericht, das von Männern ausging, die das Bekenntniß der Wahrheit mit ihrem Märtyrertode besiegelten. Bereits hatte sich an den gelehrten Kanzler England's auch der nicht minder durch seine Tugenden als seine Wissenschaft ausgezeichnete Bischof Fisher von Rochester angeschlossen, derselbe, welcher am 22. Juni 1535 auf Befehl König Heinrich's VIII. den Tod eines Märtyrer erlitt. Er war bereits im Jahre 1521 insoferne in die Arena getreten, als er sich an dem Werke König Heinrich's VIII., Vertheidigung der sieben Sacra-

---

[1]) Latrinarius nebulo.

[2]) Am 6. Juli 1535 starb Thomas Morus, groß wie er lebte, den Tod eines Bekenners: of all men nearly perfect, Sir Thomas Moore had perhaps the clearest marks of individual charakter. Mackintosh's life of Sir Thomas Moore. Vergl. Polus, III, f. 66.

[3]) Schluß des letzten Capitels: Nihil in capite concipit, praeter stultitias furores amentias; qui nihil habet in ore praeter latrinas, merdas, stercora — nec aliud in ore gestare quam sentinas, cloacas, latrinas, merdas, stercora. Faciant quod volent alii, nos ex tempore capiemus consilium, velimusne sic bacchantem ex ejus tractare virtutibus et coloribus suis depingere, an furiosum fraterculum et latrinarium nebulonem cum suis furiis et furoribus cum suis merdis et stercoribus cacantem cacatumque relinquere. Opera. Francof. p. 144.

mente [1]), gegen Martin Luther's Schrift über die babylonische Gefangenschaft betheiligt hatte. Damals war es, daß auch der Cardinal von York von Luther als Monstrum und die Pest England's bezeichnet wurde. Im Jahre 1525 widerrief sodann Luther seine Schrift als das Werk eines Thoren und Unbesonnenen [2]), bezeichnete aber doch den Cardinal von York mit dem erwähnten Beinamen. · Die Revocation diente aber Luther ebensowenig zur Ehre als die vorausgegangene Schmähschrift; er mußte sich sagen lassen, daß dem Könige Wolsey in dem Grabe angenehm werde, in welchem er Luther verhaßt [3]) sei, Luther's Glaube aber sei geradezu teuflisch [4]). Fisher zögerte nun auch nicht, ihm in verdienter Weise die volle Ver= achtung zu erkennen zu geben [5]), die sein Auftreten hervorrufe, und die christliche Welt auf die Gefahr aufmerksam zu machen, die ihr drohe, nachdem Volk gegen Volk, Reich gegen Reich aufgewiegelt würden [6]). Allmälig sammelte sich die Schaar, welche sich berufen fühlte, dem Um= sturze entgegenzutreten, und Bischof Fisher konnte bereits auf Erasmus, Johann Cochläus, Hieronymus Emser, Johann Eck [7]), Johannes Faber, Caspar Satzger, Johann Dittenberger unter den Deutschen, auf König Heinrich, Thomas Morus [8]), Johann Povel, Wilhelm Melton, Kanzler der Kirche von York, dann auf die Franzosen Jodoc Clichtevay [9]), Etienne Longol, den Flanderer Jakob Latomus, den Italiener Ambrosio Cattarino [10]) verweisen. Als Luther die Abschaffung der Messe ver= langte, war es wieder der Bischof von Rochester, der sich ihm entgegen= stellte und das priesterliche Amt vertheidigte [11]). Bereits im Kerker verfaßte er einen Tractat über die beste Art, zur christlichen Vollkommenheit zu

---

[1]) Assertio VII sacramentorum adversus Martinum Lutherum edita (Joannis Fischeri Roffensi in Anglia episcopi opera). Wirceburgi 1557.

[2]) 1. September. Stultus et praeceps edidi.

[3]) Regis Angliae responsio ad M. Lutheri epistolam. f. 84.

[4]) f. 90.

[5]) Assertionum defensio. Opera, p. 101.

[6]) In assertionis Lutheranae confutationem praefatio.

[7]) Quem in Anglia vidisse pergratum fuit. (De veritate corporis et san-guinis Christi.) Opera, f. 748.

[8]) Eques auratus, moribus et ingenio candidissimus.

[9]) Jodocum Clichtovaeum, Stephanum Longolum.

[10]) Ambrosium Catharinum. Vir plane doctissimus nennt ihn Cochlaeus, Commentaria ad 1520.

[11]) Sacri sacerdotii defensio. Opera, p. 1232. Nullum unquam pestilen-tiorem insaniorem impudentiorem vidi quam illum cui de abroganda missa ti-tulum adhibuit. Es ist von literar=historischem Interesse, zu erfahren, daß, als 1521 Luther's Schriften in London verbrannt wurden und Fisher damals in der Adels=

gelangen. Als er durch blutigen Tod sein Leben besiegelt, flehte sein
Freund Thomas Morus zu Gott, daß, wenn er auch solchen Ruhmes
nicht würdig sei, ihm doch vergönnt sein möge, Theil zu nehmen an dem
Kelche des Herrn[1]). Es war etwas schwieriger, seinen Glauben vor
Heinrich VIII. im Kerker und auf dem Schaffotte zu bekennen als, unter
kaiserlichem Geleitsbrief und von Sickingen's Schaar gedeckt, in Worms zu
erscheinen und nachher zu sagen, es sei ihm das Geleit nicht gehalten
worden.

Siebenter Abschnitt.

Hieronymus Balbus (Balbi) erklärt sich gegen Luther.

Eine viel beweglichere Natur als Sir Thomas Morus, den zwar
selbst im Angesichte des Todes die Heiterkeit des Gemüthes nicht verließ,
in dessen Seele aber der furchtbare Ernst der Zeit tiefe Furchen zog,
war jener Hieronymus Balbus, welcher als Gesandter Erzherzog Ferdinand's 1522 nach Rom geschickt wurde, bereits aber als Romanist und
Philosoph, als Humanist, als Professor an den Universitäten zu Wien
und Prag sich eines nicht minderen Rufes erfreute als dadurch, daß er
einer Gelegenheit zu literarischer Auseinandersetzung, einem Gelehrtenstreite
nicht auszuweichen pflegte. Hatte er in früheren Jahren durch die Unge-
bundenheit seiner Sitten bei ernsten Männern vielfach Anstoß erregt, so
schien er in reiferen Jahren als Geistlicher, als Prälat von Waizen,
als Geheimschreiber zweier Könige, als Erzieher des unglücklichen Königs
Ludwig[2]), Gemahls der Infantin Maria, durch eine ausgebreitete Gelehrsamkeit, eine auch im Zeitalter der Humanisten angestaunte Beredsamkeit, sowie durch den Glanz seiner Tugenden das Andenken an die
Verirrungen seiner Jugend in Vergessenheit bringen zu wollen.
Niemandem glaubte man mit gegründeterer Aussicht auf Erfolg diplomatische Missionen anvertrauen zu können, da seine Geschäftsgewandt-
heit nicht minder groß war als seine positiven Kenntnisse. König Ludwig,
Erzherzog Ferdinand, Kaiser Karl pflegten sich seiner zu bedienen. Er
wurde Gerichtsbeisitzer, als es sich um Bestrafung der Niederösterreicher

---

versammlung eine Rede hielt (Opera, p. 1372), Richard Pace, Heinrich's VIII. Secretär, dieselbe in's Lateinische übersetzte.

[1]) Opera J. Fischeri, p. 5.

[2]) Aschbach, Die Wiener Universität und ihre Humanisten. S. 154.

handelte, die nach dem Tode Kaiser Maximilan's die landesherrlichen Attribute sich aneigneten und einen Aufstand der Comunidades auf österreichischem Boden versuchten. Von dem Erzherzog-Infanten zum Gesandten bestimmt, um Papst Adrian Obdienz zu leisten, und bereits zum Bischofe von Gurk designirt, hielt er am 4. Februar 1523 seinen feierlichen Einzug in Rom, begleitet von Don Pedro von Cordova, seinem Collegen in der Mission[1]). Es war nicht blos ein diplomatisches, sondern auch ein literarisches Ereigniß, als Hieronymus in der feierlichen Audienz am 9. Februar 1523 die Rede hielt, welche dann am 4. April in Rom in Druck erschien[2]) und als eine Art von Wunder der Bered= samkeit angestaunt wurde. Er gab darin zuerst der Freude, daß die Welt einen so gelehrten und frommen Papst besitze, einen für unsere Begriffe ungemessenen Ausdruck[3]), und wenn man bisher über das schlechte Beispiel geklagt, das von Rom und dem päpstlichen Throne aus gegeben worden war, so konnte man die durch den deutschen Papst eingetretene Umwandlung gar nicht mit stärkeren und rühmenderen Aus= drücken bezeichnen. Von Adrian hoffe die christliche Welt Trost und Be= freiung von ihren Leiden. Der Redner führte aus, wie Adrian alle Zeit und seine ganze Thätigkeit nur auf seine erhabene Pflicht verwende, keine Vergnügungen kenne, nicht einen Augenblick müßig, sich immer gleich geblieben sei[4]). Erst bei den Herrschern gewahre man die wirkliche Tugend. Adrian sei dreifach glücklich zu preisen, da er seine verdorbene Zeit durch sein Beispiel zum Bessern führe[5]). Balbus bezeichnete auch den Erzherzog als Zögling Adrian's und erwähnte, daß das erhabene österreichische Haus immer die katholische Kirche als seine Mutter verehrte. Er erinnert au die Verdienste seiner Großeltern, Maximilian's, Ferdinand's und Jsabellens, des Königs Philipp, sowie an die Bereitwilligkeit des Erzher= zogs, Adrian zur Beseitigung des jetzigen allgemeinen Brandes hilfreiche Hand zu leihen. Er gedachte der Werke Adrian's[6]), durch welche er selbst

---

[1]) Ad praestandam obedientiam ad sedem Apostolicam. Acta consistorialia.

[2]) Non April. Retzer, Hieron. Balbi Opera, I, p. 561.

[3]) Es tu cum perfectus homo tum Deo quam simillimus in omni divina humanaque sapientia instructissimus. p. 560. Fuisti hactenus homo divinus sed jam factus es Deus humanus. p. 567.

[4]) Aequalis in cultu et victu parsimonia, aequalis in omnes mansuetudo. p. 565.

[5]) O felix terque felix Adrianus VI. sive tu solus in hoc coinquinatis- simo saeculo numeros omnes exactae absolutaeque virtutis noscaris implevisse sive tuo exemplo alios quoque ad pie religioseque vivendum traduxisse. p. 566

[6]) Ut jam tua sanctitas plenissime confutavit opere illo eruditissimo in- primisque salutari nuper a te in lucem edito p. 571. Das letztere war irrig, da

24*

die Irrthümer der Zeit widerlegt, und ging dann auf die Türkengefahr
über, welche nur durch die Streitigkeiten der christlichen Fürsten so groß
geworden war. Nur der Erzherzog leiste ihnen Widerstand und habe sie
gezwungen von der Belagerung kroatischer Festen abzustehen. Vor zwei
Jahren hätten sie Belgrad genommen; jetzt hätten sie schon die Ufer der
Drau, Save und Donau besetzt und bedrohten von da Italien und
Deutschland. Wie Ungarn, werde auch Rhodus, von den christlichen
Fürsten preisgegeben, seit sieben Monaten von den Osmanen belagert[1].
Falle es in türkische Hände, so sei Italien mit dem Schicksale Ilion's
bedroht. Nur ein allgemeiner Frieden könne helfen, Ungarn retten, die
Vertreibung der Türken aus Europa bewerkstelligen. Die Rede schloß mit
der Aufforderung an den Papst, Gesandte nach Spanien, Frankreich
Deutschland und England zu schicken, um den allgemeinen Frieden zu
bewerkstelligen.

Es war nicht nothwendig, deshalb an den Papst eine besondere
Ermahnung zu richten. Adrian's Gedanke war von Anfang gewesen,
eine allgemeine Pacification zu Stande zu bringen. Niemand hatte ein
größeres Interesse an der Erhaltung Ungarn's an den Tag gelegt. Wenn
dann Paolo Giovio behauptete, Balbus habe im offenen Consistorium dem
Papste seines Zauderns wegen Vorwürfe gemacht, da dieses Rom und
ganz Europa in das Verderben stürze[2], so mochte ein derartiges Benehmen
manchen Cardinälen angenehm sein; es ist aber mehr als unwahrscheinlich,
daß Balbus hiebei — wenn die Sache an und für sich wahr ist — verletzende Ausdrücke gebraucht habe, während die ganze Rede unverhohlen den
Eindruck machte, aus der Seele des Papstes gesprochen worden zu sein[3].

Balbus, der sich in seiner Rede auch sehr bestimmt gegen Luther aus-
gesprochen hatte, blieb wohl nach dem übereinstimmenden Wunsche des
Papstes, des Erzherzogs und des Königs von Ungarn noch 1523 in
Rom. Seine Rede galt als Muster politischer Beredsamkeit[4]. Peter

---

das Werk Adrian's (über das vierte Buch sententiarnm) ohne seine Ermächtigung
in Druck erschien.

[1] Das bezieht sich auf die Zeit der Ausarbeitung der Rede, nicht auf die
des Druckes.

[2] Vita Adriani, c. XV. Moring. c. 24.

[3] Ortiz führt im Itinerar zwei Stellen aus der Rede des Legaten des Königs
von Ungarn an, welche sich S. 571 und 572 der Rede Balbi's entnommen zeigen.
Es heißt jedoch darin nicht: Lutherus iste draco unde hoc venenum effluxit,
sondern infernus iste draco.

[4] Retzer, Nachrichten von dem Leben und den Schriften des ehemaligen Bischofs
von Gurk, Hier. Balbus. Epistolae (Opera), I, 35, 36, enthalten die Lobes-

Salamanca Hoyos, Doctor der Theologie, schrieb darüber voll Bewunderung an seinen Bruder Gabriel Hoyos, Schatzmeister und ersten Minister des Erzherzogs, nannte sie ein göttliches Werk und verglich Balbus mit Cicero und Demosthenes. Daß er den Papst unmittelbar apostrophirt habe, wird von ihm nicht berührt. Wohl aber wird mit dem Aufenthalte des gelehrten Venetianers in Rom das Project einer Wiedervereinigung der orientalischen Kirche mit der römischen in Verbindung gesetzt. Daß bei den Berathungen hierüber Balbus, als in den Angelegenheiten Polen's so wohl bewandert, einen vielleicht selbst hervorragenden Antheil nahm, ist sehr wahrscheinlich. Allein diese waren, trotz der Anwesenheit des Genuesen Paolo de' Centurioni, der von Moskau zurückgekehrt, mit Aufträgen des Großfürsten nach Rom gekommen war, nicht über das erste Stadium hinausgekommen. Was wir aber von letzteren[1] wissen, läßt auch die Angabe, der Großfürst habe die Vereinigung der Kirchen angeboten, als sehr abenteuerlich erscheinen. — Ciampi hat mit Recht aufmerksam gemacht, daß die sehr zurückhaltenden Schreiben Wassilij's davon nichts enthalten und sein Benehmen bewies selbst die volle Wahrheit des Herbersteinischen Satzes, daß die Russen die Päpste mehr hassen, als selbst die Mahomedaner, leichter sich mit diesen als mit jenen verbänden[2].

Am 25. März 1523 erfolgte sodann die Consecration des neuen Bischofs von Gurk durch den Cardinal Lorenz von SS. quatro coronati und mit Beiziehung der Bischöfe Johann von Caserta und Anton von Pistoja[3]. Eine päpstliche Bulle gewährte Balbi das Recht, seine Propstei behalten zu dürfen und ernannte den Antonio von Salamanca zum Coadjutor. Balbus selbst sehnte sich nach einem so vielfach bewegten Leben nach Ruhe, die er in Rom zu gewinnen hoffte. Dichter und Staatsmann, Philosoph und Redner, Professor, Diplomat und Bischof, in Paris, in Prag und Wien wie in Ofen, am polnischen Hofe und

---

erhebungen des Georgius Sauromanus an den Rath des Erzherzogs, den ausgezeichneten Bischof von Trient. Balbi's Werk de Moscovia, Venetiis 1543, ist mir nicht zu Hand gekommen. Ciampi Bibl. critica, p. 18, fertigt Balbi sehr kurz ab. Daß seine Rede nicht 1522 gedruckt erschien, wie unlängst in der Geschichte der Wiener Universität behauptet wurde, ist klar, da sie erst 1523 gehalten wurde.

[1] Quaerebat Paulus insano vastoque animo novum et incredibile iter petendis ab India aromatibus. De legatione, p. 119.

[2] Moscovitae Romanos Pontifices majori odio prosequuntur quam ipsos Mahometanos. Rer. Moscov. commentarii. Basileae, p. 30.

[3] Praesentibus D. Marcello Clodio et D. Mario de Putio. Acta. Er resignirte bereits 1526 auf das Bisthum.

in Rom thätig und überall den Ruf eines hervorragenden Mannes genießend, mit dem eigenen Vaterlande (Venedig) verfeindet, gehörte er zu jener eigenthümlichen Sorte von Italienern, die sich durch ungemeine Gewandtheit und Vielseitigkeit des Geistes ein neues Vaterland zu schaffen verstanden, durch gleiche Energie wie Elasticität sich Anderen unentbehrlich machten. Allein wenn er glaubte, in Rom Ruhe zu finden, so irrte er sich. Er bildete wohl selbst durch seine ungewöhnlichen Kenntnisse einen Mittelpunkt der römischen Akademie[1]), hatte namentlich die Achtung des Erzbischofs von Cosenza gewonnen, wie er selbst mit dem Bischof Georg von Fünfkirchen, dem Bischof Bernard von Trient und so vielen anderen bedeutenden Männern auf dem freundlichsten Fuße stand. Er war in Polen, war in Ungarn, in Rom und am Hofe des Erzherzogs, dem er eine große Zukunft verkündete[2]), gleich gerne gesehen. Als es sich dann um den Abschluß der großen Liga handelte, welche Adrian betrieb, einen allgemeinen Türkenkrieg zu Stande zu bringen und die Zerwürfnisse des Erzherzoges mit der Republik Venedig diesem entgegenstanden, schrieben im Auftrage des Papstes sowohl Balbi als Don Pedro de Cordova an den Erzherzog, welcher ihnen jedoch schärfer als sie es gewohnt waren, antwortete. Adrian aber beauftragte den Bischof von Gurk, als der Erzherzog nach Innsbruck gekommen war, sich zu diesem zu verfügen und brachte auch wirklich (Sommer 1523) den Beitritt Erzherzog Ferdinand's zur großen Liga zu Stande[3]). Balbi blieb sodann

---

[1]) Balbi Opp. I, p. 85.

[2]) Retulit mihi et quidem bis Pontifex Adrianus contigisse aliquando ut quidam mathematici praedicerent catholico regi futurum ut ipse sectam mahometanam exstirparet et de gente Turcica celeberimum triumphum ageret, regem autem ipsum digito Majestatem vestram (Balbus schreibt dies dem König Ferdinand) tum impuberem porrecto dixisse: hic puer, hic puer est ille Ferdinandus cui tanta victoria ab astris et sideribus portenditur. Quod quidem praesagium, setzt Balbus hinzu, I, p. 23, brevi impleturum iri et credimus et exspectamus.

[3]) Cum apud Hadrianum — oratorem agerem et Hadrianus ut fuit vir integerrimus et sincerissimus ab ipsis Venetis seductus et circumventus composuisset (besser: componere vellet) quoddam foedus cum Caesare etc., sed ea lege ut majestas vestra (König Ferdinand) foedus illud approbaret et corroboraret quod ego et collega meus (Don Pedro de Cordova) a Pontifice sc. inducti Majestati vestrae persuadere conati sumus, quae quidem vates futura praevidens nos litteris suis gravissimis et aliquantulum asperius quam sit mos ejus objurgavit quod tale aliquid scripsissemus, ostendens nihil minus convenire rationibus suis quam illi foederi se astringere. Deinde Hadrianus ut fuit simplicis ingenii perfidiam Venetorum non deprehendens, jussit nos propere redire ad Majestatem Vestram, quae tunc se continebat in Inspruk, et eidem de foedere Veneto

in Rom, wohnte im päpstlichen Palaste[1]) und wurde auch von Adrian's Nachfolger zu den wichtigsten Berathungen in Bezug auf die Angelegenheiten Karl's V. beigezogen. Der Freund des Bohuslaus von Hassenstein und so vieler anderen Humanisten, widmete dann auch Adrian VI. zwei Gedichte, von welchen das eine ihn mit Herakles vergleicht, da er mit zwei Feinden zugleich zu kämpfen hatte[2]). Sie sprachen nicht blos die in Rom herrschende Stimmung aus, sondern bewiesen, daß die Humanisten, welche anfänglich mit wehenden Fahnen in das Lager der deutschen Reformatoren gezogen waren, sich in Bezug auf den Charakter der deutschen Bewegung orientirt und Stellung genommen hatten. Man kann nicht sagen, daß die Verse Balbi's eine besondere Bewunderung erregen, und Erasmus, über ihren Werth befragt, hat sich auch sehr kühl dagegen verhalten[3]). Er gehörte aber nichtsdestoweniger zu den bedeutendsten literarischen Celebritäten jener Zeit; er galt als einer der glänzendsten Redner, besaß eine Vielseitigkeit, die an Aeneas Piccolomini erinnert, und eine ganz ungemeine Gewandtheit, sich in den verschiedensten Lagen des Lebens zurecht zu finden und denjenigen, an die er sich anschloß, bedeutende Dienste zu leisten. — Der Angriff Luther's auf die Lehre von den Sacramenten hatte die literarische Welt auf die quaetiones in

---

coram agere, tunc quoque sensi Majestatem vestram divinitus fuisse locutam et licet omnia quae evenerunt, praesagierit, tamen ut satisfaceret voluntati Caesaris et Hadriani, foedus quidem illud approbavit, sed ita ut profiteretur, in eo se se judicium sequi aliorum non suum; quae quam provide ac sapienter a Majestate vestra fuerunt praevisa et denuntiata, eventus docuit. Folgt nun eine Aufzählung der venetianischen Niederträchtigkeiten und wie ihn die Venetianer unter den glänzendsten Vorspiegelungen nach Pavia locken wollten, um ihn — zu vergiften. Hier. Balbi epistolae. Opera, I, p. 19.

[1]) In eodem palatio per aliquot annos cum Pontifice habitavi, I, p. 15. Seine Darstellung der Regierung Clemens' VII. ist auch sehr beachtenswerth.

[2]) Carmina, n. 169 und 191.

[3])   Hostis adest duplex gemini nova causa triumphi
    Et figenda tuo bona trophaea tholo.
In te schismaticus funestas excitat artes,
    In te Turca ferox bella cruenta movet.
Ambo ardent fidei lumen delere; sed alter
    Clam ruit in facinus (!); alter in arma palam.
Hic gladios vibrat, tetrum vomit ille venenum.
    Viribus hic major, fraudibus ille prior.
Dignus uterque premi; sed longe invisior ille est,
    Qui sub ovis specie pectora vulpis habet.

Epist. 42 (Opera Balbi, I, p. 93). Erasmus Rot. Cornelio Gaudano viro doctissimo S.

quartum sententiarum (Petri Lombardi) librum aufmerksam gemacht[1]), welche Adrian als Kanzler von Löwen um 1509 verfaßt hatte und die vielleicht in Folge seiner Pariser Reise — er war als Gesandter zu König Ferdinad 1515 in Paris gewesen[2]) — ohne sein Wissen (1516) herausgekommen waren. Sie hatten nach Adrian's Meinung noch nicht den Grad der Vollendung erlangt, den er ihnen geben wollte, als seine Freunde fürchteten, er möchte sie gar nicht veröffentlichen und nun heim= lich ihre Publication unternahmen[3]). Jacob Daffonville, ein Karmelit, besorgte die Pariser Ausgabe, welche während Adrian's Aufenthalt in Spanien erschienen war[4]). Adrian mußte sich gefallen lassen, daß selbst ein sehr ungenaues Collegienheft der Ausgabe unterbreitet wurde, so daß das Werk ganz anders aussah als der Verfasser es concipirt hatte[5]). Rasch erschienen daher zwei neue Ausgaben 1517 und 1518, dann im Jahre 1522 eine zu Benedig (sumptibus Jordani de Dinslaken). Wilhelm von Enkenvoert, Adrian's Vertrauter und Franz Chieregato, der päpstliche Nuntius in Deutschland, betrieben auf dieses eine neue, correcte Ausgabe, der sich Minitius Calvus[6]) unterzog und die der Buchdrucker Marcellus in Rom (1522) besorgte. Der Heraus= geber verbesserte die Fehler der Pariser und Venetianer Ausgabe und wid= mete das Werk dem Erzbischofe von Cojenza, Giovanni Roffi (Rufus). Balbi aber ergriff diese Gelegenheit, das Werk, welches zur Zurückweisung der neuen Häresie so vortrefflich sei, in einem eigenen an den Erzbischof von Cojenza gerichteten Gedichte zu besingen[7]) und, nachdem er die sieben

---

[1]) Reusens, Anecdota, p. XXVI.

[2]) Sanderi elogia cardinalium, p. CXIII. Ap. Burm. p. 335.

[3]) Moringus, vita Hadriani VI. c. 5.

[4]) Badius, der sie edirte, setzt hinzu: non dubito fore quam plurimos qui auctorem ipsum in summa admiratione et veneratione hactenus merito suo maximo habitum, multo ob hoc opus observantius suspiciant et tibi tanti boni inventori omnia bona comprecentur mihique — successum feliciorem optabunt. Unius tamen offensionem et tuae autoritati et meae credulitati subvereor, auctoris videlicet ipsius, cujus opus non emissum nec penitus absolutum eo in-consulto quia absente et apud Hispaniarum regem legationem agente, emisimus. Reusens, syntagma, p. 130.

[5]) Reusens, syntagma, l. c. Anecdota, p. XXVII.

[6]) Novocomensis.

[7]) Carmina, n. 192.

        Pontifici ut sumo sit credita clavis Olympo
         Qua patulas claudit qua reseratque fores
      Thesaurosque aperit sacrata sede reclusos,
       Hinc venia est miseris indubitata reis.

Sacramente durchgangen, die geistliche Macht des Papstes in ihrer vollen Ausdehnung zu begrüßen. Auch die quaestiones quodlibeticae Adrian's[1]), sowie zwei kleinere Schriften, die er in Spanien verfaßt, erschienen damals in Italien[2]). Es machte sich allmälig auf dem wissenschaftlichen Gebiete ein größerer sittlicher Ernst geltend, der die Frivolität der früheren Jahre nicht mehr aufkommen ließ. War nur erst die ethische Basis wieder gewonnen, so konnte man auch hoffen, daß die richtige Anschauung des Alterthums und seiner ganzen reichen Pracht sich gleichfalls allmälig einstellen werde, wenn auch für jetzt, wo der dogmatische Kampf alle übrigen Regungen in den Hintergrund drängte, noch wenig Aussicht dafür vorhanden zu sein schien. Aber wurzelte die Wiederaufnahme der Concilienbewegung durch Paul III. (Farnese) und die Entfaltung eines so reichen religiösen Lebens in Rom selbst, wie es sich etwas später gestaltete, nicht in dem vereinsamten Versuch Adrian's, die römische Welt zu ihrer Pflicht zurückzuführen und sie zur Erkenntniß ihrer großen und gewaltigen Aufgabe zu bringen? Es that noth, daß die christliche Welt sich sammle und die großen geistigen Errungenschaften in Ordnung bringe; denn die Zeit war nahe, in welcher unter dem Zujauchzen der protestantischen Welt Luther seine Deutschen aufforderte, die tolle blinde Närrin Vernunft zu würgen, und damit Gott „das allerangenehmste Opfer und Gottesdienst zu bringen[3])." Es handelte sich darum, die Freiheit des menschlichen Geistes, die edelsten Güter, Kunst und Wissenschaft vor theologischer Raserei und Köhlerglauben zu bergen, für edle Gedanken den edlen Ausdruck zu retten. Noch verzweifelte ja Adrian in Bezug auf Deutschland nicht und schwebte ihm der Gedanke vor, die geistigen Elemente, die er in Rom sammelte, selbst zur Aufnahme des geistigen Kampfes nach Deutschland zu führen.

---

[1]) Die quaestiones quodlibeticae erschienen zuerst 1515, dann 1518, 1522 in Venedig, später 1527, 1531, 1546.

[2]) Sermo paraeneticus in computum hominis agonizantis. Sermo de pertuso saeculo, sive de superbia. Erst in Antwerpen 1520, dann 1522 in Rom ad calcem quaestionum de sacramentis in quartum sententiarum. Reusens, Anecdota, p. XXIX.

[3]) Erklärung des Galaterbriefes. Dazu aus der letzten Predigt, die er zu Wittenberg hielt: „Die menschliche Vernunft, des Teufels Braut, ratio die schöne Metze, eine verfluchte Hure, eine schäbige aussätzige Hure, die höchste Hure des Teufels, die man mit ihrer Weisheit mit Füßen treten, die man todtschlagen, der man, auf daß sie häßlich werde, einen Dreck in's Angesicht werfen solle, auf das heimliche Gemach solle sie sich trollen, die verfluchte Hure mit ihrem Dünkel ꝛc." — Leipz. Ausgabe XII, 373. Döllinger, I. S. 480. — Das war die Schule, in welcher jetzt die deutsche Welt aufgezogen wurde.

Achter Abschnitt.

Hieronymus Aleander. Petrus Martyr de Angleria. Paolo Giovio. (Vianesio Albergato). Seripando.

Eine der bedeutendsten Persönlichkeiten Rom's und Italien's überhaupt war Hieronymus Aleander, welcher in Padua und Paris studirt hatte, an der letzteren Universität die Würde eines Rectors bekleidete und, von König Ludwig XII. aufgefordert, ihm über das Concil von Pisa seine An= sichten mitzutheilen, wesentlichen Antheil an der Auflösung desselben genom= men hatte [1]). Er war ein vertrauter Freund des Erasmus, der selbst den griechischen Vorlesungen Aleander's beiwohnte und sechs Monate mit ihm dieselbe Stube bewohnte [2]). Die Hinneigung des Erasmus zu den luthe= rischen Anschauungen brachte dann eine Entfremdung zwischen beiden Ge= lehrten hervor. Aleander sah in seinem früheren Freunde den Zunder der dermaligen Uebel [3]) und Erasmus mied jetzt Aleander, als dieser (seit 1519 Bibliothekar des römischen Stuhles) [4]) nach Antwerpen und Löwen gekommen war. Erst in Köln fand dann eine Auseinandersetzung zwischen beiden statt und überzeugte sich Erasmus, daß die Bannbulle, welche er bisher für falsch erachtet, wirklich echt sei. Aleander stand dann in Worms offene Lebensgefahr aus, setzte aber, wie er selbst berichtet, die kaiserliche Erklärung gegen Luther durch. Als Adrian gewählt wurde, befand sich Aleander krank in Lüttich und schrieb von da aus einen Brief voll Freude an Wilhelm Enkenvoert, dem er die bibliotheca Palatina empfahl [5]). Er hatte in Betreff seiner Abneigung gegen Luther's Lehre nie ein Hehl gemacht und hoffte, daß der neue Papst das ganze Treiben mit der Wurzel zerstören werde. Nachdem er die wichtige Nun= tiatur in Flandern bekleidet, begab er sich nach Spanien zu Adrian [6]) und mit diesem treffen wir ihn in Rom, wo er als Bibliothekar die Uebersetzung des griechischen Briefes besorgte, mit welchem der Patriarch Theophilus von Alexandria dem Papste seine Unterwerfung unter den

---

[1]) Vergl. den Brief Aleander's an Papst Paul III. Spicileg. Rom. II, S. 240.
[2]) Friedrich, Der Reichstag zu Worms, p. 61.
[3]) Fomes malorum.
[4]) Epistolae, p. 233.
[5]) Herausgegeben s. d. von A. Mai, p. 235.
[6]) Vives erwähnt im Briefe vom 6. April 1522 seine bereits erfolgte Abreise. Niemand konnte den Papst von deutschen Zuständen genauer unterrichten als Aleander.

römischen Stuhl anzeigte[1]). Aleander gehörte sodann jenem Vereine gelehrter und tugendhafter Männer an, die sich, als die Zeiten ruhiger
geworden waren, in Rom um Papst Paul III. sammelten, und aus deren
Mitte der ehemalige Cardinal Farnese die Lücken im Cardinalscollegium
ausfüllte. Leider hat Angelo Mai nur sehr wenige von den inhaltreichen
Briefen Aleander's mitgetheilt. Professor Friedrich's Mittheilungen beweisen,
wie richtig Aleander den eigentlichen Sitz des Uebels seiner Zeit und auch
das einzige Heilmittel beurtheilte. Es ist ganz natürlich, daß Luther
auch ihn mit Schmähungen überhäufte[2]) und als einen Inbegriff aller
Laster darstellte. Schon der Grimm seiner Gegner bewies, daß er eine
bedeutende Persönlichkeit war. Er ist es auch gewesen, welcher Erasmus
zu bewegen suchte nach Rom zu ziehen, wo er außerhalb der Tragweite
der Invectiven Hutten's und seiner Genossen sich befunden hätte; den Papst
aber bewog er an die Stände nach Nürnberg zu schreiben[3]). — Interessant
aber bleibt hiebei in hohem Grade, daß, wo es sich um Aufrichtung der
Kirche, um die Förderung von Gesammtinteressen handelte, von Beziehungen des deutschen Papstes zu hervorragenden Personen in Frankreich
keine Rede ist. Möglich, daß, wenn uns die Regesten Adrian's erhalten
worden wären, sie uns auch darüber Aufschlüsse gewährt hätten? Das
Concordat Papst Leo's X. hatte den König zum Herrn des französischen
Clerus gemacht und da diesem der deutsche Papst, der so wenig Lust hatte
sich zum Träger des französischen Interesses zu machen als des kaiserlichen, eine verhaßte Persönlichkeit war und blieb, steht auch die französische
Nation zwar nicht außerhalb der Besorgnisse des Papstes — diese wurden
ihm in nur zu reichlichem Maße bereitet — aber doch außerhalb des
unmittelbaren Eingreifens in ihre Geschicke.

Umsomehr wandte sich Adrian dem Manne wieder zu, der schon
in Spanien der Theilnehmer seiner schweren Sorgen gewesen war, dem
zum Spanier gewordenen Petrus Martyr[4]) von Angleria.

Petrus Martyr stand dem Kreise der deutschen Humanisten ferne.
Seine Thätigkeit gehört seinem zweiten Vaterlande, Spanien, an, das
er auch dann nicht verlassen wollte, als ihm Adrian die Rückkehr in sein
Geburtsland, Italien, in seiner Begleitung ermöglichte. Er hatte sich in

---

[1]) Moringus, c. 24.

[2]) Ad insaniam iracundus, quavis occasione furens, nennt er ihn. Man
glaubt, Luther rede von sich, wenn er diese Ausdrücke niederschreibt. Burmann, p. 75 u.

[3]) Friedrich, S. 35.

[4]) Petrus martyr, so genannt im Gegensatze zu Petrus apostolus, nach dem
durch die patarinische Vehme 1252 ermordeten Dominikanermönche.

so hohem Grade mit den Angelegenheiten Indien's verschwistert, daß er sich von der Sammlung und Bearbeitung der Nachrichten über die spanischen Entdeckungen, die er der europäischen Welt darlegte, nicht zu trennen vermochte. Er entfernte sich in Victoria von Adrian, blieb in Spanien zurück und setzte daselbst seine Correspondenzen mit dem Großkanzler und anderen bedeutenden Männern fort, die für uns eine Quelle vielfacher Belehrung geworden sind. Sein reger Sinn nahm an allen Begeben= heiten seiner convulsivisch aufgeregten Zeit den größten Antheil. Er= achtete er es für seine Lebensaufgabe, der christlichen Welt Indien in dem Maße aufzuschließen, in welcher durch die kühnen spanischen Helden mächtige Königreiche erobert und Millionen von Menschen, von deren Existenz man bisher nichts gewußt, in Unterthanen der spanischen Krone umgewandelt wurden, so übte er durch seine Briefe selbst auf hervor= ragende Männer einen nicht unbedeutenden Einfluß aus und nahm er eine Stellung ein, die nicht blos verschiedene Länder, sondern auch Erd= theile vermittelte. Eine neue Welt, voll von Keimen großer und gewaltiger Dinge, hatte sich vor ihm aufgethan, während die alte, in politischen Kämpfen zerfallend, von religiösen Streitigkeiten, in denen er eine Pest gewahrte, zerrissen, von den Osmanen bedroht, am eigenen Untergange arbeitete. Wir wissen von ihm, daß bereits im Mai 1522 in Spanien die Nachricht verbreitet war, Luther habe eine entsprungene Aebtissin ge= heiratet und seinen Augustinern Weiber gegeben [1]). Martyr erzählt, daß hundert Deutsche, welche gegen ihren Kaiser Kriegsdienste unter den Fran= zosen genommen hatten und bei der Belagerung von Fuentarabia gefangen worden waren, auf die Schiffe gebracht wurden, die den deutschen Papst nach Italien führten. Die Verräther ihrer Nation mußten Adrian als Ruderknechte dienen [2]). Er beklagt wiederholt das Schicksal des Papstes, der mit seiner natürlichen Herzensgüte entweder von den Cardinälen wie ein Ball hin= und hergeschleudert oder machtlos sein werde [3]). Er erwähnt, daß die Römer einen feurigen Papst wünschten, nennt ihn aber einen heiligen Mann und wenn die Zeiten einen solchen begehrten, sei er dieses Namens würdig [4]).

Während Petrus über die Vorgänge in Rom aufzeichnete, was ihm aus Italien an Nachrichten zukam, vergaß auch Adrian des gelehrten Mannes nicht. Unerwartet erhielt der königliche Rath zwei päpstliche

---

[1]) Epl. 760.
[2]) Epl. 763.
[3]) Nihili fiet. Epl. 768.
[4]) Epl. 774.

Breven. Das eine war an Kaiser Karl gerichtet und erwähnte der treuen Dienste, die Petrus König Philipp und den Großeltern Kaiser Karl's geleistet, namentlich aber hob er hervor, daß zu der Zeit als Tordesillas[1]) von den Granden genommen worden war, die daselbst befindlichen 18 Granden sammt der Mutter Kaiser Karl's von den Aufrührern förmlich eingeschlossen waren, die Berichte Petrus' an den Kaiser von großem Nutzen gewesen seien. Karl möge ihm eben deßhalb sein größtes Wohlwollen schenken. Das andere Breve war an Petrus selbst gerichtet, dem der Papst bereits das Archipresbyterat von Occania in der Erzbiöcese Toledo verliehen[2]), und forderte ihn auf, sein Werk über Indien fortzusetzen und aufzuzeichnen, was seit des Papstes Abreise an wichtigen Ereignissen stattgefunden. Hocherfreut über diese Aufmerksamkeit erwiderte Petrus, drei neue Decaden seines Werkes über Indien würden dem Drucke übergeben und mit dem Namen des Papstes geziert werden. Die Spanier hätten die Welt umsegelt, die eigentlichen Gewürzinseln aufgefunden, die große Lagunenstadt Tenochtitlan dem Kaiser wieder unterworfen. Der Brief, am 15. August 1523 geschrieben, traf wohl nicht mehr bei Lebzeiten Adrian's in Rom ein[3]). Der nächstfolgende sechste Brief des opus epistolarum bringt bereits die Nachricht vom Tode Adrian's, den Petrus mit einer Weide vergleicht, die rasch wächst, schnell endet[4]), ein Vergleich, welcher sich auf die hohen Ehren und Würden bezog, die Adrian seit seiner Mission zu König Ferdinand in rascher Folge zu Theil geworden. Man kann den Gedanken nicht ganz unterdrücken, daß der königliche Rath von Indien im Stillen die Meinung hegte, ein Theil von diesen Ehren hätte eigentlich und besser — ihm selbst zukommen sollen.

Eine andere Persönlichkeit, welche sich mit dem Papste vielfach beschäftigte, war der Geschichtschreiber Paolo Giovio, Bischof von Como. Wir verdanken ihm eine Schilderung des Conclaves, in welchem Adrian gewählt wurde, die aber mit den authentischen Berichten wenig übereinstimmt, über welche wir selbst verfügen. Es kann sein, daß der französischen Faction im Cardinalscollegium bekannt wurde, Farnese habe Don Juan Manuel gegenüber Verpflichtungen eingegangen; man sieht aber deutlich, daß Giovio's Darstellung des Conclaves eine Apologie Clemens VII. in

---

[1]) Quod ibi moretur aeternumque sit moratura catholica regina (Juana), ein Ausdruck, der mehrmals von dem königl. Rathe gebraucht wird. Epl. 782.

[2]) Epl. 781.

[3]) Vom 30. Octob:r 1523. n. 788.

[4]) Vir bonus, ad perferendos labores Pontificatus non tam aptus, quam ad sanctos mores exercendos promptus.

sich schloß. Die Behauptung, die Cardinäle Monte und Gaeta seien von den älteren Candidaten zu Medici geschickt worden, um ihm Vorstellungen zu machen und ihn aufzufordern, zu dulden, daß ein Tüchtiger gewählt werde, wenn er auch kein Jüngerer sei, kann richtig sein; daß aber auf dieses hin Medici am anderen Tage den Cardinal von St. Johann und Paul in Vorschlag gebracht habe, selbst verzweifelnd, seine eigene Partei länger zusammenhalten zu können und insgeheim benachrichtigt, welche Gefahr der mediceischen Herrschaft von Seiten des Francesco Maria, des Malatesta, Baglioni und Anderer drohe, beruht auf Giovio allein. Er läßt Adrian die erste Nachricht von seiner Wahl durch den römischen Boten erhalten, eben als er von einem Besuche des erkrankten Almirante von Castilien heimkehrte.

Er schildert wie unbewegt er geblieben, sowohl bei dem Empfange der Nachricht wie als die Boten mit der sichereren Nachricht noch 13 Tage ausgeblieben, wie er den Empfang von Reliquien in Saragossa für höher erachtet als die neue Würde, von welcher er erst in Saragossa die sichere Nachricht bei dem Abendessen erlangte, Angaben, in Betreff deren man sich hüten wird, Giovio unbedingt zu folgen. Seine Erzählung wird glaubwür= diger, wo sie berichtet, Adrian habe die Cardinäle gleich anfänglich auf das tiefste verletzt, als er die Verfügungen der Triumviren, welche die Regent= schaft geübt, nicht bestätigte[1], die von Leo gekauften Aemter einzog und die Pensionen, die sein Vorgänger Literaten gewährt, gleichfalls zurücknahm. Er habe jedoch letztere Verfügung durch die freundlichsten Worte und das Versprechen gemildert, er werde sie durch kirchliche Einkünfte ersetzen. Es sei gewiß, daß er Niemanden lieber und reichlicher Pfründen gewährte als denjenigen, die sich durch ihr Studium ausgezeichnet hatten. Ihm selbst habe er die Hälfte seiner Einnahme als Ritter, welche ihm Leo gegeben, entzogen, diese aber dann nicht blos reichlich ersetzt, sondern auch dem Cardinal Trivulzio, welcher sich für einen Anderen bemüht, er= widert, die Pfründe gebühre dem gelehrten Manne und eleganten Schrift= steller. Nur den Poeten sei er gram gewesen, er habe ihre Vorliebe für heidnische Ausdrücke getadelt und ihnen wenig christlichen Sinn zu= getraut. Für die Schmähungen Pasquino's sei er zu empfindlich gewesen, bis ihn der Herzog von Sessa besänftigt, worauf der Aerger einer heiteren Stimmung Platz gemacht. Als er aber nun den Rittern des heiligen Petrus, den Getreide=Aufsehern und Anderen, welche diese Aemter in der Hoffnung, dadurch großen Gewinn zu machen, um schweres Geld

---

[1] Was schon am 8. Juni 1522 durch die Sendung J. Umler's geschehen war.

gekauft, die Hälfte ihrer Einkünfte entzog, habe er den Vorwurf des Geizes und der Habsucht auf sich gezogen, seine ursprüngliche Popularität eingebüßt und sei endlich der Haß gegen den Papst so hoch gestiegen, daß Marco von Piacenza ihn bei dem Heraustreten aus dem Gemache ermorden wollte, statt dessen aber Hand an sich selbst legte. [1] Damals habe Adrian den Ausspruch gethan, wie sehr es darauf ankomme, in welche Zeiten die Tugend eines Mannes falle, wie er schon früher geklagt, daß er, um Allen Genüge zu leisten, gezwungen sei, Allen etwas abzunehmen; wie an die Stelle der goldenen Zeiten Leo's und seiner ruhigen (?) Regierung ihn Krieg, Hunger und Pestilenz getroffen. Für alle Uebel aber, die damals eingetreten, habe man den daran unschuldigen Papst verantwortlich gemacht und sein Pontificat mit Verwünschungen überhäuft. Während Giovio die Heiligkeit des Wandels Adrian's hervorhebt, verschweigt er nicht, daß Andere seinen Mangel an Freigebigkeit tadelten, seine Strenge haßten, da Jedweder nur daran dachte, zu thun, was ihm gefällig war, und Niemand einen Censor seiner Sitten dulden wollte. Er macht kein Hehl daraus, daß, da in Rom alle christliche Medicin verschmäht worden, endlich das entsetzliche Strafgericht des Jahres 1527 (il sacco di Roma) verdientermaßen eintrat. Man habe die Weisungen des barbarischen Papstes verschmäht, und verfiel dann der entsetzlichen Zuchtruthe wirklich barbarischer Soldaten. Das beste Denkmal aber setzte Giovio dem Papste, als er nachwies, welche Sorge er der Erziehung der römischen Jugend und der Befreiung Rom's von dem Wucher der Getreidehändler widmete; das seien seine letzten Gedanken gewesen, an deren Ausführung ihn nur der Tod gehindert. Er tadelte seine zu große Strenge gegen die nächsten Verwandten, von welchen er einen Neffen, der in Siena studirte und nach Rom gegangen war, sogleich zurücksandte, ihn auffordernd, er möge von ihm Bescheidenheit und Selbstbeherrschung lernen; daß er Andere, die, in der Hoffnung, ihr Glück in Rom zu machen, dahin zu Fuß gegangen waren, äußerst mäßig beschenkt nach Hause entließ. Nachdem die früheren Päpste ihren Verwandten die größten Reichthümer, fürstliche Würden, Einfluß und Macht zuzuwenden gepflegt, nicht Maß noch Ziel dabei kannten, ward die Strenge gegen die eigenen Verwandten als der Ausbund von Härte angesehen. Das Zeitalter ertrug strenge Tugend nicht mehr. Adrian's Mangel an Nepotismus war ein Vorwurf gegen das Benehmen der Verstorbenen, ein Tadel gegen die Lebenden, ein Beispiel, das man nicht

---

[1] 25. Februar 1523.

verstand und noch viel weniger würdigte; eine That, die man nicht begriff. Sie charakterisirt den Papst, der sie für nothwendig erachtete, wie Jene, welche sich daran entsetzten.

Zu den Letzteren, welche Adrian mit dem grimmigsten Hasse verfolgten, gehörte jener Bianesio Albergato, welcher von Papst Leo X. nach Spanien gesandt worden war, die Erbschaften verstorbener Geistlicher einzuziehen, eine Berechtigung, zu welcher mir weitere Daten fehlen. Wir finden ihn als Zeuge bei der Acceptations-Urkunde Adrian's zu Vitoria vom 8. März 1522, wobei er sich als apostolischer Nuntius in den spanischen Königreichen bezeichnete. Als Adrian auf die bestimmte Nachricht seiner Wahl, von der schweren Last der Verantwortung erdrückt, kein Zeichen der Freude gab, sich in Stillschweigen einhüllte, das den Kampf seines Innern zu erkennen gab, hatte der Nuntius, welchem derartige Bedenken unbegreiflich erschienen, ausgerufen: „Jetzt soll gar das Papstthum ausgeschlagen werden, da es mit so geringer Heiterkeit angenommen wird [1]." Der Aerger über Adrian, welchen Albergato schon damals nicht verbergen konnte, scheint sich fortwährend gesteigert zu haben, als er gewahrte, wie wenig der ihm unbegreifliche Papst Lust habe, in die Pfade seines freigebigen Vorgängers einzulenken. Ein Bianesio, war es, welcher als Gesandter der Bolognesen den Papst auf die herrliche Laokoongruppe aufmerksam machte, die Julius in den Gärten des Vaticans aufgestellt hatte, von Adrian aber, dem der Sinn für diese Seite die Entwicklung der classischen Welt ganz fehlte, keines Blickes gewürdigt wurde [2]. Es war dieser Bolognese Bianesio Albergato zweifelsohne dieselbe Person mit dem Nuntius, der in seinen Commentaren Adrian als den Inbegriff aller Laster darstellt. Er habe sich das Pontificat erschlichen, seine Frömmigkeit sei geheuchelt und verlogen, er selbst geizig, grausam und ungerecht gewesen, der nur daran dachte, die Güter und das Geld Aller an sich zu reißen, nach seiner Meinung einer der schlechtesten Päpste, die es gegeben. Er nennt ihn einen Tyrannen [3]. Er schmäht, daß Adrian, als er erfahren, die Exequien Leo's hätten 25.000 Ducaten gekostet, dies für zu

---

[1] Renuatur ergo hic summus pontificatus postquam tam lenta hilaritate suscipitur. P. Jov.

[2] P. Giovio.

[3] Mortuo tyranno, f. 383 a. Fuit supra quam dici credive possit stupidus, vecors ac durus et inexorabilis, nunc si consilium ab eo aut curam aliquam requireres quae ad salutem et commodum reipublicae conferenda esset, pecudem non hominem invenires sin cujusquam perniciem Phalarim non principem experire. f. 389.

viel gefunden, und gemeint habe, für ihn reichten 25 hin. Er habe nach dem Blute der Italiener gedürstet, sei mehr ein Thier als ein Mensch gewesen. An der Leichenrede, die der Deutsche Conrad gehalten, sei eigentlich nichts gut gewesen, als daß Adrian es für ein Unglück erachtet zu herrschen, da er zu Allem, nur nicht dazu geboren gewesen sei. Er trage mit seinem Geize und seiner Thorheit die Schuld des Verlustes von Rhodus [1]); endlich kann er nicht Worte genug finden, um Adrian zu tadeln, daß er die berühmten Capitel des Conclave den Cardinälen zu bestätigen verweigert [2]), die sie in dem Conclave nach ihm erneuten. Wäre von Adrian nichts bekannt als dieses, so würde es hinreichen zu erhärten, daß er das größte Unheil von der Kirche abzuwenden gewußt habe, das von den Cardinälen ausgegangen war. Das Uebrige verdient keine Widerlegung.

Man kann daher Albergato seine Bewunderung des heillosen Nachfolgers Adrian's, des Cardinals von Medici, Clemens VII., und sein Wortspiel mit „clemens" im Gegensatze zu Adrian ruhig überlassen. Der Augustiner-General Seripando, dem wir eine gedrängte Darstellung der Päpste seiner Zeit seit Leo X. verdanken, gebraucht dasselbe in einem anderen Sinne. Ihm zufolge hatte Rom nichts unmilderes gesehen als diesen Clemens [3]). Als aber 1534 der greise Cardinal Farnese, ungebeugt durch seine 70 Jahre, aber überreich an Erfahrungen im kirchlichen und politischen Leben, Papst geworden war, vertraute er demselben Ordensgeneral, Seripando, welcher mit ihm nach Leo's X. Lieblingsvilla Magliana fuhr, an, drei Dinge beabsichtige er durchzuführen: die Pacification der christlichen Fürsten, ein ökumenisches Concil, den Krieg gegen den allgemeinen Feind, die Osmanen [4]). Es war das Programm Adrian's, das der geniale Farnese adoptirte, Clemens aber in schlimmer Stunde aufgegeben hatte. Adrian selbst ließ Seripando alle Gerechtigkeit wiederfahren und bedauerte nur die Kürze seines Pontificates und die Calamitäten, welche dasselbe unterbrachen [5]).

---

[1]) Avaritia atque amentia caecus — inexpiabili scelere. f. 392.

[2]) Durissime, f. 393 a.

[3]) Nullum Roma vidit inclementius. Cod. Palat. Vien. n. 6017, und Döllinger, Sammlung von Urkunden zur Geschichte des Concils von Trient. I, 1, p. 2.

[4]) l. c.

[5]) Offenbar stammen aus Albergato's Feder die nachfolgenden Zeilen: Obiit Adrianus VI. XVIII cal. Oct. 1523 qui quamvis simulatione ingenii et errore hominum ad Pontificatum obrepserit, tamen si ejus privatam vitam doctrinam et ementitam quam quotidie sacris fundendis ostentabat religionem spectes

Neunter Abſchnitt.

Ignatius von Loyola.

Der Kreis der Sorgen Adrian's umfaßte ſehr bald die geſammte chriſtliche Welt. Es gehörte zur Reform des Cardinalscollegiums, daß ſich die ausgezeichnetſten Männer aus allen Nationen um den Papſt ſchaarten, damit dasſelbe aus ihnen ſeine Ergänzung erlange und der Geiſt des Ernſtes und der Strenge die Frivolität beſeitige. Mit der Berufung des größten Schulmannes jener Tage verband ſich der Plan einer gründ= lichen Reform der römiſchen Schulen; eine ernſtere Generation ſollte herangezogen werden, während zugleich der Arme den Händen der Wucherer entriſſen werden, wohlfeilere Zeiten in Rom wieder einkehren ſollten. Legaten, nach Deutſchland wie nach Ungarn geſendet, ſollten den Boden für die Paci= fication der Fürſten und Völker bereiten, während der Papſt ſelbſt ſich mit dem Plane trug, den deutſchen Boden zu betreten und, ſtatt das Con= cil zu verweigern oder hinauszuſchieben, es zu eröffnen und abzuhalten.

Bereits hatte die den Romanen eigenthümliche Energie des Willens und der That angefangen, in den unteren Schichten den päpſtlichen Re= formplänen vorzuarbeiten. Die Berufung auf das Evangelium als des einzigen Heiles, in denkwürdiger Stunde auf dem lateraniſchen Concil am 17. Auguſt 1517 erfolgt[1]), war nicht umſonſt geſchehen. Die Brüder der göttlichen Liebe hatten den Impuls aufgenommen, und kaum war

---

inter optimos antistites haberi poterat. Contra si post adeptum Pontificatum ipsius avaritiam, crudelitatem ac principatus administrandi inscitiam conside-rabimus, barbarorum quoque quos secum adduxerat asperam feramque naturam, qui sine virtute sine ingenio et sine humanitate erant, intuebimur, merito inter pessimos autistites referendum videbitur, adeo ut de eo verissime dictum

fuerit   Est qui Te Cymbris est qui Te Adriane Batavis
         Eductum silvis asserat, et genitum
       Tu quia cuncta rapis precibus nec flecteris illis (ullis)
        Cymber eris, manibus, jure Batavus eris.

Ades illius obitu populus Romanus laetatus est ut nullum imprecationis genus omiserit, quod pertinere videretur ad memoriam pessimi tyranni detestandum. De ejus namque nomine quod scrupulo inscriptum fuit litera D ita saepe abrasa est, ut illius familiares toties reponendum non sufficerent, quod dempta in sepulcro inscriptione pro Adriano: Arianus plerisque approbantibus lege-batur. — Commentaria conclavis Clementis VII. f. 65. Hausarchiv, Ms. 546.

[1]) Höfler, Die romaniſche Welt und ihr Verhältniß zu den Reform=Ideen des Mittelalters. S. 274.

einer dieser Genossen eines freien Vereines zur Pflege der Kranken, zur
Hilfe der Armen und Verlassenen, Gaetano von Thiene, aus dem Venetianischen 1521 nach Rom zurückgekehrt, als er auch schon den Plan
faßte, einen aus Clerikern bestehenden, aber den Mönchsorden ähnlichen
Orden zu begründen, der mit dem Principe der strengsten Armuth die
aufopferndste Thätigkeit für das Wohl Anderer verbinden, das Evangelium
von seiner strengsten Seite aus erfüllen, die apostolische Einfachheit wieder-
bringen sollte. Man konnte diese evangelische Bewegung als romanische
Antwort auf den deutschen Streit über das Evangelium bezeichnen. Wie
schon angedeutet, schlossen sich der Bischof Caraffa, mit diesem Bonifacio di
Colle, der Rath Paolo an den Priester an, und so wurden im Stillen
jene Vorbereitungen getroffen, die in die Tage Adrian's fallen und
bereits 1524 so weit gediehen waren, daß Papst Clemens VII. den
neuen Orden bestätigte [1]. Man konnte mit Recht fragen, ob eine Rückkehr zu den alten Orden die Welt wieder aufzurichten vermöge, ob dazu
die Verbindung des monastischen Elementes mit dem der Weltgeistlichen
diene? ob die außerordentliche Strenge und Entsagung geeignet sei, dem
neuen Orden eine große Ausbreitung, eine weitausgreifende Thätigkeit
zu sichern? Es erfolgte daraus auch keine weltbewegende Veränderung,
am wenigsten eine Umwälzung der Staaten oder ein Aufstand der Völker,
wohl aber machte sich eine Fülle christlicher Tugenden geltend, durchdrang
der Geist höherer Lebensanschauungen, eine Selbstaufopferung, die alles
Lob und alle Anerkennung floh und nur in geräuschloser Thätigkeit, in
Demuth und Gottvertrauen zu wirken · bemüht war, die verschiedensten
Schichten der christlichen Gesellschaft. Niemand ist im Stande, die Tragweite eines hervorragenden Beispieles wahrhaft frommer und edler Thaten
zu bemessen. Sie sind wie das Licht, das mit einemmale die höchsten
Spitzen wie die dunkeln Thäler beleuchtet, erwärmt, beseelt und weil es
eben Licht ist, Tausende von Meilen durchschreitend, überall Leben schafft.

Es war am 29. März 1523, dem Sonntage der Palmen, daß sich
unter den Pilgern, welche sich herzudrängten, bei dem Fußkusse den päpstlichen Segen zu empfangen, auch ein Spanier, bleich, abgemagert, in
ärmlicher Kleidung, unscheinbar und in der Menge verloren, näherte. Es
war ein ehemaliger Hauptmann, der bei dem Einbruche der Franzosen
in Navarra, als er Pampeluna gegen sie vertheidigen half, verwundet, in
langem Leiden Trost und Heil in der Betrachtung des armen Lebens

---

[1] Caracioli vita S. Caetani Thienaei confessoris. c. II, 19. c. III, 24.
Vier Jahre darauf entstand der Orden der Kapuziner, der namentlich auf die niederen Stände so großen Einfluß ausübte, 1530 der der Barnabiten.

25*

Christi und seines Leidens und Sterbens gefunden hatte. Er war von Fasten und Ascese beinahe erschöpft, seine Gedanken auf eine Pilgerschaft nach Jerusalem gerichtet, zu der Stätte, wo der Heiland gelebt und gelitten, wo er gestorben, den Tod überwunden, die Apostel zur Ver= kündigung des Evangeliums ausgesendet hatte, das den Armen zu spen= den einst den größten Wundern beigezählt worden war.

Es war Ignatius von Loyola, der im Jahre 1491 geboren, somit um acht Jahre jünger als Luther, diesen um 10 Jahre überlebte[1].

Eine Welt von Gegensätzen birgt sich in diesen beiden Namen, unter denen zu wählen und sich für Einen von beiden zu entscheiden, das sechszehnte Jahrhundert berufen zu sein schien. Mönch, Doctor, Pro= fessor, Gelehrter, Prediger, Schriftsteller, Gatte und Vater der Eine[2], nichts von dem Allen der Andere, aber ein organisatorisches Talent, wie die Welt seit Jahrhunderten keines gesehen; stürmisch und in allen Farben schillernd der Eine, voll Lebenslust und Lebenskraft; strenge gegen sich, consequent und ruhig der Andere, schlossen sie sich gegenseitig aus.

Nicht im Kloster herangezogen, sondern in der rauhesten Schule des Lebens, in militärischem Gehorsam, gewohnt, dem Tode in das Angesicht zu blicken, für König und Vaterland das Leben einzusetzen, ernst, schweig= sam und vorsichtig in seinem Urtheile, nur um das Heil der Seelen be= sorgt, kannte Ignaz de Loyola nur Ein Ziel, die Förderung der Ehre Gottes. Bald versuchte auch er es, verwandte Geister an sich zu ziehen, die zu gleicher Aufopferung bereit, in die Sitze des menschlichen Elends hinabstiegen, das Laster aufsuchten, es zu bekämpfen und auszurotten, Friede und Gottvertrauen in wildaufgeregte Gemüther zu verpflanzen. Da zeigte

---

[1] Er starb in Rom 31. Juli 1556. Maffei, vita S. Ignatii. AS. 4. 31. Juli. Professor v. Druffel's akademische Rede: Ignatius von Loyola an der römischen Curie, München 1879, beschäftigt sich nicht mit diesen frühen Zeiten des Stifters der Gesellschaft Jesu. Die Anfänge des Ordens schilderte in eingehender Weise Freiherr Alexander v. Hübner in seinem gelehrten und anziehenden Werke über Sixtus V., das diesen merkwürdigen Papst zum erstenmale in seiner wahren Gestalt darstellt.

[2] Als 1617 das Reformationsjubiläum gefeiert ward, wurde Luther auf Münzen dargestellt mit dem Namen Jehovah's als Elias der letzten Zeit, mit einem Engel, wie er überhaupt als dritter Elias, als der Engel galt, „der mitten durch den Himmel mit dem ewigen Evangelio geflohen sei". (Th. Juncker, Das güldene und silberne Ehren= gedächtniß des theuren Gotteslehrers Dr. M. Lutheri 1706, S. 393.) Eine andere Schaumünze zeigt auf der einen Seite das Bild Christi, auf der anderen Luther, Christus als „das Licht der Welt", Luther als „das Salz der Erde". Münzen, die, je nachdem man sie wendet, den Papst oder den Teufel zeigten, führt Juncker S. 330 in großer Anzahl an. Vergötterung da, Verteufelung dort.

sich dann in ihm die seltenste Mischung von durchdringendem Verstande und
einer Selbstlosigkeit, die man als Schwärmerei bezeichnen konnte, aber
einen unerschöpflichen Born von Geduld gegen Andere in sich schloß, die
werkthätigste Liebe zu Armen, Verlassenen, Dürftigen, Kranken und Un=
wissenden. Feind seiner selbst und unabläſſig bemüht, jede Falte seines
Herzens zu erforschen, sein Leben dem Dienste Christi zu widmen,
damals noch jeder Schulgelehrsamkeit baar, reifte er in Ascese und
Gottvertrauen zum Gesetzgeber seiner Zeit heran, ohne selbst hievon
schon jetzt eine Ahnung zu haben, noch, daß die Disciplin, der er sich
demüthig unterwarf, das beste Mittel sein werde, die aus den Fugen
gegangene Welt wieder in Ordnung zu bringen. Nur das Eine war
ihm damals klar, daß man sich „zwischen den beiden Panieren" entscheiden
müsse, ganz entweder dem einen oder dem andern anzugehören habe;
als Sohn Spanien's aber, das im Kampfe mit dem Islam groß geworden,
erschien ihm damals letzterer noch als das würdigste Ziel der Be=
kämpfung — womöglich der Bekehrung.

Am 4. September 1523 betrat der spanische Pilger das Ziel seiner
Reise, Jerusalem, zehn Tage vor Adrian's Tode. Damals war es dem
Spanier nicht klar, daß seine Mission zunächst dem Occidente angehöre, er
berufen sei, den Faden der romanischen Reform aufzunehmen, sie von
Paris, von Rom aus mit einem Erfolge fortzuführen, der Alles über=
stieg, was die christliche Welt bisher auf diesem Gebiete gesehen. Wäh=
rend in Deutschland die Mönche sich ihrer Gelübde entschlugen, Nonnen
und Mönche heiratheten, der Streit über das, was evangelisch, was sata=
nisch sei, auf allen Kanzeln geführt wurde, in Hütten und Palästen Un=
frieden gebar und das Reich in zwei feindliche Heerlager spaltete, bildete
sich unter der Leitung des guipuscoanischen Hauptmannes ein neuer Orden
mit militärischer Disciplin zur Erfüllung des Evangeliums in Armuth,
Keuschheit und Gehorsam, zur Aufrechthaltung der evangelischen Lehre wie
zur Uebung evangelischer That, schaarten sich um Ignatius de Loyola
die Heidenbekehrer wie die Reformatoren des Unterrichtes und begann
eine welthistorische Bewegung, die rasch von den romanischen Ländern zu
den deutschen, zu den slavischen, von Europa nach Asien, nach Amerika
vordrang und die von Luther ausgehende zum Stillstande brachte, sie
zur Sammlung ihrer Kräfte, zum Abschlusse ihres Glaubensbekenntnisses
zwang.

Eigenthümliche Gegensätze! Während Adrian, bereit, sich vor die Bresche
zu stellen, sehnsuchtsvoll seine Blicke auf die Gelehrten richtete, aus deren
Mitte er Genossen zur Fortführung des großen geistigen Kampfes sich

auszuwählen gedachte; während er vor Allem die Schulen Rom's ver=
derblichen Händen zu entreißen bemüht war, stand ihm der ungelehrte Mann
so nahe, welcher gerade auf dem Gebiete der Schule die größte und nach=
haltigste Veränderung hervorrief, durch die Schule die Leitung der Geister
gewann.

So nahe und doch so fern. Während der Papst sich mit dem
künftigen Concil beschäftigte, spendete er dem Unbekannten den Segen,
aus dessen Orden, als wirklich ein allgemeines Concil auf deutschem
Boden — im kaiserlichen Trient — gehalten wurde, schon die bedeutendsten
Theologen hervorgegangen waren. Weder der Papst noch der unscheinbare
Pilger mit dem Eichenherzen konnten damals ahnen, daß nur 17 Jahre
später der Cardinal Farnese, in Adrian's reformatorische Bestrebungen
als Papst einlenkend, dem Stifter der societas Jesu, Ignaz von Loyola,
am 27. September 1540 die Statuten des neuen Ordens bestätigen
werde, der das Werk der deutschen Reformation zur Hälfte zertrümmerte,
für sie der Stein des Anstoßes war und blieb.

Fünftes Buch.

Adrian's Bestrebungen, eine allgemeine Pacification herbeizuführen.

Erster Abschnitt.

Adrian's Beziehungen zu der schweizerischen Eidgenossenschaft.

Es war ein Ereigniß von außerordentlicher Tragweite, als der Bund der drei Waldstätte, Schwyz, Uri und Unterwalden, von dem deutschen Könige bestätigt, am 9. December 1315 zum ewigen Bunde der schweizerischen Eidgenossenschaft erhoben, und nun im Laufe des vierzehnten Jahrhunderts durch den Beitritt von Luzern, Zürich, von Glarus, Zug und Bern, St. Gallen und Appenzell, Freiburg und Solothurn, Basel und Schaffhausen in der Art erweitert wurde, daß er zwischen Deutschland, Frankreich und Italien zur Mittelmacht emporwuchs. Die Schlachten bei Morgarten 1315, bei Sempach 1386, bei Näffels 1388 und die Erwerbung des österreichischen Aargaues 1418 brachen nicht nur die Rechte, welche das Haus Habsburg bisher vom Hochlande Tirol bis zur Rheinbiegung bei Basel besaß, sondern vernichteten auch den Zusammenhang der habsburgischen Besitzungen von der Steiermark über Kärnten und Tirol nach dem Elsaß. Die drei Schlachten bei Grandson 1476, bei Murten 1476, bei Nancy, wo Herzog Karl der Kühne von Burgund 1477 fiel, wie 1386 Herzog Leopold von Oesterreich bei Sempach, vernichteten nicht blos das im Keime begriffene Burgundische Königreich, sondern erhoben auch die Schweizer zur internationalen Macht, die in den darauffolgenden Kriegen der französischen Könige mehr wie einmal entscheidend eingriff. Mit Mühe wurden die Eidgenossen abgehalten, sich auf deutscher Seite bis an die Donau auszudehnen, sie bemühten sich aber fortwährend, rhätischen wie savoyischen Besitz zu erlangen, und wenn es ging, ihr Territorium bis zu den Thoren Mailand's auszudehnen. Der Bund gestaltete sich an der Schwelle Italien's, Frankreich's und des deutschen Reiches zum internationalen, der durch seine Lage und durch seine kriegerische Bevölkerung die Schlüssel zu drei Ländern in seinen Händen hatte. Schweizer lieferten den Herzog Ludovico Moro in die Hände der Franzosen und setzten dann dessen Sohn wieder ein, verloren aber die zweitägige Schlacht von Marignano gegen König Franz und schlossen dann mit ihm 1516 den ewigen Frieden, besiegelt durch den Abgesandten des französischen Königs, der in Freiburg die französischen Sonnenthaler auf dem Pflaster mit der Schaufel aufthürmte und sie zur Bestechung verwandte. Da befürchtete Kaiser Maximilian, verrathen zu werden, wie es dem Herzoge Ludovico ergangen, und wandte sich plötzlich auf seiner Siegeslaufbahn um. Ein neuer Bund der Schweizer mit Frankreich (5. Mai 1521) veranlaßte aber nur ihre Niederlage bei Bicocca (27. April 1522), der vier Jahre später die von Pavia folgte.

So hatte die Schweiz seit dem verhängnißvollen Umsturze des burgundischen Reiches, der auf die Geschicke von Mitteleuropa einen so großen Einfluß ausübte, eine Stellung erlangt, von welcher das Schicksal Mailand's und Oberitalien's abhing. Die Träume der Visconti's, die italienische Halbinsel unter ihrem Scepter zu vereinigen, waren ebenso

verflogen, als die Karl's von Burgund, das alte lothringische König=
thum wieder aufzurichten. Die Päpste, der Kaiser, der König von
Frankreich, alle Staaten, welche auf Italien, dieses Herz von Europa,
angewiesen waren, mußten zu den Pförtnern der Halbinsel, die die Zu=
gänge mit ihrem auserlesenen Fußvolke bewachten, Stellung nehmen.
Ja, wäre die Schweiz selbst unter der Herrschaft Eines Mannes, Eines
Geschlechtes gestanden, hätte sie eine sich gleichbleibende Politik mit festen
Zielen verfolgt, sie hätte Europa den Frieden, Italien Gesetze dictiren
können. So aber nur durch eine lose Bundesverfassung zusammenge=
halten, welche den einzelnen Cantonen eine freie Bewegung nach Außen,
eine mannigfaltige Entwicklung nach Innen gewährte, von dem deutschen
Reiche getrennt, mit Frankreich durch das Geldinteresse verknüpft, erntete
die Schweiz alle Vortheile und alle Nachtheile, welche aus einem nicht
einheitlichen Staatswesen hervorgehen können. Die vielen Kriege ge=
wöhnten die Schweizer an Gewaltthat und Rohheit. Die edelsten Ge=
schlechter zogen Pensionen, um fremdes Interesse in der Heimat zu ver=
treten[1]). Das Land wurde entvölkert, die Felder lagen brach, das
Handwerk kam in Abgang, die Gewerkthätigkeit minderte sich, wie die
regelmäßigen Einkünfte[2]). Bosheit und Gewalt verdrängten den Rechtssinn,
die Schweiz wurde reif für eine Umwälzung, das feilste Land Europa's,
das aus dem Auslande die fortwährende Quelle aller Laster, fremdes
Geld für einen Handel zog, in welchem schweizerisches Blut und
schweizerischer Körper die Waare bildeten. Die schweizerische Freiheit hin=
derte den Bürgerkrieg nicht, wie denn erst 1513 die Bauern gegen die
französisch gesinnte Bürgerschaft in Bern die Waffen ergriffen und sich
neue Rechte erzwangen. Vier Jahre später baten die Berner den König,
der sie bei Marignano geschlagen, er möge die geheimen Pensionen ver=
mehren, und stellten dafür die Verjagung des kaiserlich gesinnten Cardinals
von Sion, Matthäus Schinner, in Aussicht[3]). Sie konnten 1523 die Bitte
wagen, der König möge doch ja die Pensionen der verstorbenen Rathsherren
den lebenden zuwenden. Das jugurthische Rom schien in der Schweiz

---

[1]) Auf ihre Parteiung galten die Spottverse:
  Wir Guelfen
  Wend (wollen) uns die Ducaten und Kronen behelfen,
  So jr Gibel (Ghibellinen)
  Koth und Dreck essent aus dem Kübel.
Cardauns, p. 29.
[2]) L. Bulliemin, Geschichte der schweizerischen Eidgenossenschaft, deutsch von
Keller. Aarau 1878. S. 217.
[3]) Die höchst interessanten manoscritti Torrigiani enthalten ein Verzeichniß

wieder aufzuleben. Zu dem Gegensatz von Stadt und Land, von Hirten und Kaufleuten gesellte sich, einem fressenden Feuer gleich, der zwischen Arm und Reich. Die Reichen bezahlten ihre Schulden mit fremdem Gelde, den Armen blieb der fremde Dienst. Die Gegensätze standen sich schroff gegenüber und die sociale Parteiung drohte überhand zu nehmen, als der Ablaßstreit auf einmal die Bewegung auf ein ganz anderes Gebiet warf.

Angeblich schon auf Faftnacht 1522 war in Bern ein „öffentlich Spyl" von Bürgerssöhnen gemacht worden[1], „darinn die warheyt in schimpffs wyß (Weise), vom Babst und siner priesterschafft gemeldet wird". Es ist schwer, sich durch des Dichters Niclas Manuel übelriechende Poesie hindurch= zuwinden. Er schöpft nicht minder aus der Cloake[2] wie der Wittenberger Mönch, der Zeitgenosse Rafael's und Michel Angelo's es gethan und zeigt, indem er die moralischen Schäden der einen Seite aufdeckt, bei der an= deren, die die Reinheit der evangelischen Lehre dem kirchlichen Verderbniß entgegenstellt, einen Abgrund von Gemeinheit, den das Verlangen nach Reform künstlich zu bedecken sucht. Es liegt im Interesse des Dichters, vom Papste an bis zum Kirchendiener Alles, was mit der Kirche zusam= menhängt, als dem schnödesten Geize, der gemeinsten Wolluft verfallen, darzustellen. Seine Taktik ist die Bauern in die Bewegung hineinzuziehen und deshalb stellt er sie dar, als wenn sie bereits anfingen, eine dem Clerus sehr abholde Parallele zwischen dem Evangelium und den Priestern zu ziehen. Die Buchdruckergesellen bleiben in dieser Beziehung auch nicht zurück. Der Caplan ergeht sich in dem Lob der Unzucht, die er treibt, die Pfarrersköchin erzählt schamlos, wie oft sie schon dem Bischofe fünf Gulden Strafe, weil sie Mutter geworden, entrichtet. Der Schaffner klagt

---

der Pensionen, welche die Schweizer von Papst Leo X. und dem Herzoge Lorenzo von Medici (durch Antonio Pucci) bezogen (1517):

Pensioni publiche . . . . rhein. Gulden 23.487½
Pensioni private . . . . „ „ 13.000
Straordinarie . . . . . . „ „ 910
                                            rhein. Gulden 37.397½

[1] Bibliothek älterer Schriftwerke der deutschen Schweiz und ihres Grenzgebietes. Niclas Manuel. Herausgegeben von Dr. Jakob Bächtold. Frauenfeld 1878.

[2] Sein höchster Aufschwung ergeht sich regelmäßig in denselben Worten:
Du min lieblindichter zart
ich schiß dir ein Dreck auf b' nasen
Und du in Knebelbart.

Bächtold, S. 28. Vergl. S. 47. Unbegreiflich ist mir, wie man im neunzehnten Jahrhundert solche Dinge als erhabene Poesie, als Beweis von Charakter ansehen und preisen kann.

über den Abgang der Klostereinnahmen, die Franziskaner-Ordensbrüder nicht minder. Der junge Mönch kann die Zeit nicht erwarten, in welcher er von seinen Gelübden frei wird; der Arme klagt, daß man über die Klöster seiner vergesse und hofft, daß die Reichen bald in die Hölle kommen. Der Edelmann, der zehn Kinder hat, nennt die Pfaffen des Teufels Mastschweine und will wieder haben, was seine Ahnen der Kirche vermacht[1]. Ihrerseits freuen sich die Leibwächter des Papstes und ihre Huren seiner Macht und Herrlichkeit; ihnen, den Soldaten und Schreibern, ist der Papst „ein kriegsmann, ein pfaff, ein Gott[2]." Mitten in diesen Bekenntnissen nicht sehr edler Seelen kommt ein Bote mit der Nachricht von der Belagerung von Rhodus durch Soliman, der nach dem Falle von Rhodus auch Apulien bedroht. Allein der Papst kümmert sich nicht um Rhodus noch um die Christenheit und denkt nur daran, dem Könige von Frankreich und den Venedigern ihr Land abzugewinnen![3] Der Ritter, der die Nachricht gebracht, geräth in Verzweiflung über den Papst, den er als einen Wolf, als den wahren Antichrist bezeichnet, der nur Lust zum Metzgen habe und der Strafe Gottes verfallen werde[4]. Sultan Soliman selbst ärgert sich[5] über den „besonderen Gott, den die Christen in Rom haben," der Prädicant hetzt deshalb die frommen Land-leute gegen den Papst auf, der nicht würdig, der allerniederste Sauhüter

---

[1]   Also beschissend ir land und lut,
        Wir edlen mögends nit mer erliden,
        Wir müssen euch an kabis beschniden.   (S. 60.)

[2] S. 63.

[3] Adrian VI.

[4] S. 70, 71.

[5] Der Herausgeber Niclas Manuel's, Dr. Jakob Bächtold, hat es sich etwas leicht gemacht. Wenn Soliman im Sommer 1522 Rhodus belagerte, kann das Fast-nachtsspiel nicht im Frühling 1522 verfaßt sein. Die Anklage gegen Adrian VI., daß er nur daran dachte, den Venedigern und König Franz I. ihre Lande abzunehmen, ist ebenso lügenhaft als blödsinnig. Da aber Soliman v. 1073 sagt: Rodis hand wir jetz ouch gewonnen, was im Abendlande erst im Februar 1523 bekannt wurde, so kann über die Zeit der Abfassung des Gedichtes doch kein Zweifel sein. Daraus, daß es v. 1073 heißt:

Von Ungarland ist üch dick entboten
Do wir das Land gewonnen hand,

könnte selbst gefolgert werden, daß das Gedicht noch später als 1523 (1526) verfaßt sei. Adrian VI. aus dem Unglücke von Rhodus einen Vorwurf zu machen und ihn deshalb dem Gespötte der Anhänger des Evangeliums zu übergeben, war mindestens eine sehr elende That, die dadurch nicht besser wird, daß Dr. Bächtold in seinem Helden unerbittliche Wahrheit, sittlichen Pathos und kernhafte Beredsamkeit findet (S. CCXXIII).

in der Welt zu sein. Rasch wird der Unfug mit dem Ablaßkram damit
in Verbindung gesetzt und den Bauern die Worte in den Mund gelegt,
„lond (laß) Pfaffen reden was und wie sie wend (wollen)", und alle
Lehre und aller Glauben als falsch dargestellt, wobei die Fabel von der
Päpstin Johanna gehörig ausgebeutet wird. Auf ihr beruht ja die
christliche Kirche, statt auf Christus. Als weitere Folge erscheint, daß
man weltliche Herrschaft haben müsse. Den armen Hirten sei Christus
zuerst verkündet worden und nicht den Bischöfen, Priestern, Pharisäern,
„besunder uns puren und schlechten leien[1])". Der Schluß ist, daß man
die Ablaßkrämer alle ertränken soll. Der Papst aber sammelt jetzt ein
Heer, als erst Petrus und Paulus, die dem Treiben lange zugesehen, in
den Vordergrund treten und Aufschluß über das verlangen, was sie ver=
nommen und geschaut. Der Gegensatz zwischen dem armen Fischer und
dem mächtigen Papste, der über Kronen verfügt[2]), wurde nun so drastisch
als möglich hervorgehoben und dadurch der Streit zwischen Arm und
Reich mit großer Gewandtheit in den Gegensatz von Weltlich und Geist=
lich hinübergetragen. Der drückende Unterschied des weltlichen Armen zu
dem weltlichen Reichen tritt in den Hintergrund und die ganze sociale
Frage spitzt sich in den Gegensatz zwischen den armen Laien und dem
reichen Clerus, den seines Reichthums, seiner Macht, seines Amtes zu
entkleiden die Aufgabe der wahren Bekenner des Evangeliums ist. Petrus,
der bekennt, die Schlüssel zum Himmel habe er nicht allein, Christus
gab sie allen Christen gemein (gemeinsam), ruft nun den heiligen
Paulus gegen den Papst zu Hilfe, worauf endlich ein Doctor eine Art
Endurtheil fällt, das in dem Wunsche gipfelt, die päpstlichen Rechte mit
einer Axt auf Einen Streich zu zerschneiden; „das hieße, recht wider den
Türken streiten[3])."

---

[1]) Insbesondere uns Bauern und schlichten Laien. v. 1343.

[2]) Benesee, das v. 1484 erwähnt wird, ist nicht, wie Bächtold S. 87 u. meint,
Benesse, sondern die Grafschaft Benessain; aus der Massa Trebaria wurden Masca
und Trebarie, und nicht Trevi, so wenig als Bivarium das Land am See Bivieri
in Sicilien ist; Andcol ist wohl Ancona, Castell aber nicht Castella mare, sondern
Città di Castello. v. 1808 heißt es fünfhundert gleuen statt gleven.

[3])   Und die subtilen schülerleren
            Alle im schisshus umbher keren,
oder wie es im „Gedicht von Papsts und Christi Gegensatz" heißt (S. 111):
            Ich schiss in ablas und wuste (wüschte) den ars an bau.
Der deutsche Parnaß im sechszehnten Jahrhunderte hat wohl etwas anders aus=
gesehen als sich Rafael den griechischen vorstellte. Während der Italiener die herrliche
Urania malte, fühlten sich die Verkündiger des deutschen Evangeliums nur heimisch,
wo es Excremente gab.

Die Appellation an Rohheit und Gewalt, an die Bauern und die Gemeinde, die über das Evangelium entscheiden solle, war auch hier erfolgt.

Wenn große Gegensätze die Gestalt annehmen, daß der Gegenseite nur Schlechtes und Verworfenes zugeschrieben und ihr der sittliche Bestand, damit das Recht des Daseins abgesprochen wird, ist von einem Ausgleich, einer Versöhnung keine Rede. Der eine kann nicht neben dem andern bestehen, und alle Bemühungen gutgesinnter Persönlichkeiten, zu vermitteln, wo sich nichts mehr vermitteln läßt, durch Vernunftgründe zu wirken, wo man absolut nichts hören will, ist dann vergeblich. Wie heutigentages die Staatsgewalt im Kampfe mit dem Socialismus, den sie selbst großgezogen, mit ihren Mitteln nicht ausreicht, den unsichtbaren Feind zu bewältigen, war der Absolutismus der Kirche außer Stand, die kirchlich=sociale Bewegung zu meistern. Da Alles in Frage gestellt war, Alles negirt wurde, was zu Recht bestand, Alles schlecht war, was von dem Papste kam, hätte selbst, wenn es Adrian gelungen wäre, die von ihm erstrebte Reform durchzuführen und mit der vollendeten Thatsache an die christliche Welt heranzutreten, nichts gefruchtet. Man wollte die Spaltung und man hatte sie. Wie lange dauerte es und die Ansicht machte sich geltend, man dürfe nicht auf halbem Wege stehen bleiben, nicht das Joch des Papstes mit dem der Prädicanten vertauschen? Ehe jedoch diese Ansicht Wurzeln schlug, war auch in der Schweiz der Anstoß zu einer Bewegung erfolgt, die mit der deutschen parallel sich entwickelte und wie in Deutschland durch einen Mönch, so hier durch einen Geistlichen — Ulrich Zwingli aus dem wilden Huß in der Grafschaft Toggenburg — hervorgerufen worden war. Er wirkte zuerst in Glarus und Einsiedeln, bis er in Zürich festen Fuß faßte und nun ganz besonders auf die Rathsherren Einfluß erlangte. Auch hier handelte es sich um eine evangelische Ordnung der Dinge, die freilich erst erfunden werden mußte und wobei zunächst die Frage entstand, was eben als christlich und evangelisch anzusehen sei und wer zu bestimmen habe[1]) wie viel als unevangelisch abgethan werden sollte. Das in Zürich gegebene Beispiel fand aber raschen Anklang in Turgau, Toggenburg, Gastern, Bern, Basel, Schaffhausen und Bündten. Andere Geistliche, Mönche und Nonnen arbeiteten Zwingli in die Hände. Die so wichtige Frauenmünsterabtei in Zürich war ohne Capitel, die Aebtissin lebte für sich, bis sie endlich dem Rathe von Zürich ihr uraltes Stift

---

[1]) Es charakterisirt diese Zustände, daß in Neuenburg 1529 die katholische Kirche durch eine Mehrzahl von 18 Stimmen abgeschafft wurde. Bulliemin, II, S. 41. So siegte „die Reformation".

übergab[1]) und einen Herrn von Reischach heiratete. Das Kloster der Predigerinnen zu Ortenbach entleerte sich selbst. Als die Reformation mit Heirat der Geistlichen und Nonnen eingeführt wurde und nun die Sitten=losigkeit des neuen evangelischen Clerus ein Einschreiten der weltlichen Obrigkeit erforderte[2]), einerseits sich die Meinung kundgab, die Pfaffen seien stets eine Ursache der Verführung gewesen, man bedürfe weder der Pfarrer noch der Bischöfe, die Prädicanten aber sollten doch ihren Pre=digten nach leben, andererseits liederliches Leben, Spiel und Völlerei zu=nahmen, sogenannte geistliche Ehen und das Verlangen nach Gütergemein=schaft, fand sich, daß von einer Anzahl von Gemeinden „alle Laster über ihre Prädicanten eingeklagt wurden[3])". Meinte doch damals der evan=gelische Pfarrer zu Bärentsmeil, er habe auf Befehl der weltlichen Obrig=keit ein Weib genommen, und hieße ihm letztere noch eines nehmen, „so wöllt er's tuon". Für das neue Geschlecht lautete der berühmte Satz der Apostelgeschichte nur: man muß den Menschen mehr gehorchen als Gott. Es ist der Glaubenssatz des Cäsaropapismus geworden und geblieben.

　　Adrian befand sich gleich anfänglich den Schweizern gegenüber in einer harten Lage, da Papst Leo X. ihnen 36.000 Ducaten schuldete, die nun von ihm verlangt wurden, und zwar sandten zuletzt die Züricher, welche nach Leo's X. Tod ihre Leute abberufen und bei Todesstrafe alle Pensionen und fremden Söldnerdienst verboten hatten[4]), eine eigene Ge=sandtschaft an ihn ab, die unter Drohungen die Bezahlung begehrte. Adrian erklärte sich endlich bereit, 12.000 Ducaten zu bezahlen, wenn der Herzog von Mailand 6000, das Uebrige des Kaisers Generale, der König von England und der Cardinal von Medici entrichten wollten[5]). Dazu aber verstand sich wieder der Cardinal nicht, und der Papst besaß kein Geld, auch nur eine Quote zu bezahlen[6]).

　　Abgesehen von diesen Dingen, die an Wichtigkeit zunahmen, je mehr sich die äußere Lage der Dinge verwickelte und Alles aufgeboten werden mußte, um einen Einbruch der Franzosen zu verhindern, beschäftigte der religiöse Zustand und die Gefahr, es möchten die schweizerischen Wirren den deutschen gleichkommen, das Gemüth des Papstes, der wenige Wochen

---

[1]) 30. November 1524. Meyer von Kronau: Aus mittleren und neueren Jahr=hunderten. S. 136.

[2]) Egli, die Züricher Wiedertäufer. S. 79, 85.

[3]) Egli, S. 75.

[4]) Bulliemin, II, S. 4.

[5]) Der Herzog von Sessa an den Kaiser. Cal. n. 502, 510.

[6]) Brewer, n. 2941.

nach seiner Ankunft in Rom den Cardinal von Sion durch den Tod verlor und somit sich dessen treuer Stütze beraubt sah. Als jetzt die Schweizer den Philipp von Platea zum Bischofe von Sitten wählten und dessen Bestätigung verlangten, verweigerte es Adrian, da nach dem bestehenden Rechte die Verleihung des Bisthums dem römischen Stuhle zukomme und dem Cardinal Paulo von St. Eustachio dasselbe bereits zugewiesen sei [1].

Zwingli hatte bereits 1522 begonnen gegen das Fastengebot, natür= lich unter großem Beifalle, zu predigen. Ein uns nicht näher bekanntes Schreiben des Papstes forderte den Rath auf, dieses nicht zu dulden, und der Rath gebot Zwingli, diese Predigten einzustellen. Adrian schrieb, als er seinen Nuntius Ennius, Bischof von Veroli [2], den Eidgenossen empfahl, an Zwingli und wies ihn in Allem, was seine Ehre und seinen Vortheil betreffe, an diesen und den apostolischen Stuhl [3]. In ähnlicher Weise wurde auch an M. Franz Zingg von Einsiedeln geschrieben, „welcher hievor ainem Stul zu Rom gar wol gewesen war, jetzund aber anhub zu dem Evangelium zu trätten [4]." Diese Schreiben vom 23. Januar 1523, also noch während des Nürnberger Reichstages, stehen wohl mit der Absicht des Bischofs von Constanz, zu dessen Sprengel Zürich gehörte, ein Provincialconcil zu halten und dadurch der unkirchlichen Bewegung zu steuern, in Zusammenhang. Als aber der Bischof seinen Vorsatz Zwingli mittheilte, gab dieser der Sache die Wendung, daß unter dem Vorsitze des Bürgermeisters von Zürich, seines Freundes, ein Religionsgespräch gehalten wurde (29. Januar 1523), wobei sich auch eine Botschaft des Bischofs befand [5]. Zwingli erbot sich, in Betreff des Vorwurfes der Ketzerei, welcher ihm gemacht worden war, Rede stehen zu wollen, während die bischöflichen Abgesandten nur den Auftrag hatten, zuzuhören und wo= möglich aus der entstandenen Zwietracht Frieden zu schaffen [6]. Sie ver= hielten sich daher auch nur abwehrend, konnten sich auch sehr bald über= zeugen, daß die 600 Anwesenden aus allen Ständen, die da über theo= logische Materien richten sollten, Anhänger Zwingli's seien und die Sache,

---

[1] Molini documenti, I, p. 154.

[2] Nicht Volaterra, wie Brewer, n. 2771 angibt.

[3] Bullinger, I, S. 84.

[4] Bullinger, S. 82.

[5] Weitläufiger Bericht bei Salat.

[6] Bulliemin meint, der Bischof sei unklug genug gewesen, auf Zwingli's Vor= schlag einzugehen. II, S. 5. Es mag sein, daß er so wenig als Adrian damals klar sah, mit wem sie es zu thun hatten.

um ihm eine Handhabe zu verschaffen, künstlich in Scene gesetzt worden
war. Als Faber als Vicar des Bischofs sich auf die Entscheidung des
Nürnberger Reichstages und ein künftiges freies Concil, sowie die
Universitäten Paris, Cöln oder Löwen berief, betonte Zwingli umso=
mehr, daß der Entscheid über die strittigen Glaubenssachen jetzt, vor den
Anwesenden (deren Zustimmung er sicher war), vor den Versammelten,
vor Zürichern geschehe. Er hatte bereits rasch die Stadien der Entwicklung
Luther's zurückgelegt und war — in Gelehrsamkeit und an natürlichen
Anlagen weit hinter ihm zurückstehend, an Folgerichtigkeit ihm überlegen, zu
den äußersten Consequenzen seiner Lehre gekommen, deren er sich nun als
Ausgangspunkte bediente. Er verlangte, daß die Pfarrer heirateten, ver=
warf das Opfer der Messe, befand sich somit bewußt oder unbewußt ent=
schieden nicht mehr auf kirchlichem Boden. Doctor Bastian, Barfüßer
von Schaffhausen, Lesemeister zu Bern, stand auf seiner Seite, Zank
und Streit erhob sich, bis der Bürgermeister von Zürich den Anwesen=
den erlaubte, in die Herberge zu gehen. Er selbst blieb jedoch zurück und
schrieb nun, als handle es sich um eine bloße Gemeindesache, die Sentenz
nieder: „Da sich auf Ulrich Zwingli's Erbieten Niemand gegen ihn er=
hoben, noch mit der göttlichen Schrift ihn zu überwinden unterstanden,
so solle er hinfür wie bisher das heilige Evangelium und die recht gött=
lich Geschrifft nach dem Geist Gottes seines vermögens verkünden."

„Gott sei Lob und Dank," fiel nun Zwingli ein, „der sein heiliges
Wort in Himmel und Erden will herrschen und euch meinen Herrn von
Zürich wird ohne Zweifel der allmächtige Gott in Anderm auch Kraft
verleihen, daß ihr die Wahrheit Gottes, das heilige Evangelium in Euerer
Landschaft handhabet und zu predigen fördert."

Als es dann noch zu einer Disputation kam und Zwingli, der nur,
„wenn er schrieb oder mit leuten handle, da ihm Niemand Antwort gab,
da hat ers als gewunnen [1])," den Kürzern zog, so beeilten sich Bürger=
meister und Rath, die Sache zu beenden [2]). Wenige Stunden reichten hin,
67 Artikel, welche Zwingli aufgestellt hatte, zu erhärten und einer Lehre,
die keine Prüfung bestanden, nur auf der subjectiven Anschauung eines
Einzelnen beruhte, als evangelisch und urchristlich den Sieg zu verschaffen.
Man nannte dieses die Rückkehr zum wahren Glauben, nachdem „vor

---

[1]) Salat, S. 31. Aehnliches behaupteten auch die Wiedertäufer von ihm.

[2]) Es ist recht interessant, daß über Zwingli's Wirksamkeit jetzt auch den
Schweizern selbst, wie Lüthi's Schrift: Die bernische Politik in den Cappeler=
kriegen, Bern 1878, beweist, endlich ein anderes Licht aufzugehen beginnt. Es hat
lange gedauert, bis es dazu kam.

ettwan das clar gottzwort mit menschlichen vfsetzen und leeren so gar ver=
blendt vnd verblichen war". An die Stelle der allgemeinen Kirche und des
allgemeinen Glaubens trat der Abschluß der Züricher Staatskirche, und als
nun auf den Grund des Evangeliums die Bauern die Kindertaufe ver=
warfen, erklärten, sie ließen sich von keiner weltlichen Gewalt an dem
hindern, was der Geist Gottes ihnen eingebe[1]), Zwingli, Luther, der
Papst und Jhresgleichen seien Diebe und Mörder[2]), da hat, wie es in
den Aufzeichnungen der Wiedertäufer steht[3]), „der Zwingli mit seinen
Prädicanten zu Zürich ein unerhört erschrecklich Vrtel gefällt, daß sie im
finstern thurm hinfür weder sonne noch mond sehen sollten, mit wasser
und brod ihr Leben beschließen und in dem finstern thurme todt und
lebendig bis keins mehr übrig sei, bei einander bleiben, sterben, erstinken
und verfaulen[4])." — Der Begründer der neuen evangelischen Staatskirche
zu Zürich fiel dann selbst, statt mit dem Evangelium mit dem Schwerte
umgürtet, im Bürgerkriege, den er veranlaßt, bei Kappeln. „Der wart also
todt gesierteilt und demnach verbrannt als verglychung der handlung
seines Lebens[5]) (1531)."

Unter solchen Verhältnissen konnte Adrian's Botschaft vom 24. Januar
1523 an die Tagsatzung der dreizehn Cantone zu Luzern, die Eidgenossen
möchten mit allen Kräften an Frieden und Einigkeit arbeiten, schon weil
der Türke Allen drohe[6]), wenig Eingang finden. Die Antwort darauf
hatte schon Niclas Manuel gegeben. Der Nuntius versprach wohl, die
Absendung von Schweizern zur französischen Armee nach Kräften zu
hindern. Aber die Unterhandlungen zogen sich in die Länge. Der englische
Botschafter Richard Pace begab sich im Sommer 1523 nach der Schweiz,
die Cantone zum Eintritte in den großen Bund zu bewegen, der Italien's
Freiheit entscheide. Allein der Abgesandte verhehlte seinem Herrn nicht[7]),
daß keine Hoffnung vorhanden sei, durchzudringen, indem das Volk viel
zu sehr von Parteien zerrissen sei und sein Charakter keine Bürgschaft

---

[1]) Egli, S. 25.

[2]) l. c. S. 33.

[3]) Wolf, geschichtl. Bilder aus Oesterreich. I, S. 81.

[4]) Ersterben und fulen laffen. Egli, S. 55. Fulen ist dann wieder ausgestrichen.
Auch die Frauen und Töchter sollten so zusammengesperrt und behandelt werden. Er=
tränken, lautete das Mandat, verbrennen oder enthaupten, wie es sie (den Herren
von Zürich) dann guot dünk und inen gefalle. Ueber die Hinrichtungen mag man
Weiteres bei Egli lesen.

[5]) Salat.

[6]) Archiv für schweizerische Reformationsgeschichte, Bd. II, S. 7—10.

[7]) Pace an König Heinrich, 29. Juli 1523. Bergenroth, n. 581.

v. Höfler: Adrian VI. 26

für Ausdauer gewähre. Wie konnte da von allgemeinen Intereſſen die
Rede ſein, wo ſchmutzige Habſucht allein entſchied? Freilich, als dieſes
der Allgäuer Johann Eck in Rom einem Schweizer begreiflich machen
wollte, antwortete dieſer mit Schlägen und kam es zu einer Rauferei
mit dem handfeſten Theologen[1]). Der Ausgang ließ jedoch auch hier die
Wahrheit unentſchieden. Adrian bezahlte endlich die Schuld Leo's X. und
erſchöpfte dadurch vollſtändig ſeine Caſſe. Das war das mediceiſche Vermächtniß.

Jn der Schweiz aber ſiegten, namentlich was die Städte betraf,
Reformation und Revolution. Sowohl in Sachen des Gewiſſens als in
Staatsangelegenheiten ſchritt man auf Grundlage der Stimmenmehrheit
vorwärts und zwang die Minderheit, das Geſetz der großen Maſſe anzunehmen[2]).

Jn Deutſchland ſiegte der Cäſaropapismus, in der Schweiz ſiegten die
Maſſen, welche mit allgemeinen Phraſen geködert wurden, da wie dort
die Unfreiheit im Namen des Evangeliums, des Wortes Gottes, das da
wie dort die Theologen der weltlichen Gewalt ſo auslegten, wie es dieſen
gefiel. Es charakteriſirt den Geiſt der ſchweizeriſchen Reformation, daß,
als Heinrich Loriti (Glareanus) Zürich wieder beſuchte und ihm zu
Ehren ein Gaſtmahl gegeben wurde, der Wein in Meßkelchen aufgetragen
wurde[3]). Jm Vergleiche zu dieſer Profanation waren die Taboriten noch
anſtändige Leute.

Zweiter Abſchnitt.

Adrian und die ſkandinaviſchen Reiche. Correſpondenz mit König Guſtav Waſa.

Niemals hatte man in Rom die nördlichen Länder außer Acht
gelaſſen, die während des Mittelalters die ſchwere Aufgabe zu beſtehen
hatten, eine furchtbar kriegeriſche Bevölkerung, welche Jahrhunderte hin-

---

[1]) Brewer, n. 3001.

[2]) Bulliemin, II, S. 10.

[3]) Als ihm während des Eſſens von einem Anweſenden bemerkt wurde, er leſe
ja nicht über theologiſche Dinge (sacra), erwiderte Glarean den Kirchenſchändern:
ego, non lego sacra quemadmodum vos legitis sacra, ergo vos estis sacrilegi,
und berief ſich dabei auf die Kelche, welche von der Tafel entfernt worden waren,
als Glarean erklärte, wenn nicht, ſo gehe er. — Döllinger, Reformation. Zweite
Auflage, I, S. 195 n.

durch der Schrecken und das Entsetzen ihrer Nachbarn gewesen war, für feste Wohnsitze und friedliche ruhige Entwicklung zu gewinnen. Der Höhepunkt des Mittelalters hatte die Vereinigung der drei Reiche der Dänen, Schweden und Normannen erblickt; kaum war sie aber dänischerseits durchgesetzt und somit die Aussicht auf eine große und bedeutende Machtstellung gewonnen, die den Küstenländern am baltischen Meere nicht minder als denen an der Nordsee gefährlich werden konnte, so bot in Schweden der Adel wie der freie Bauernstand das Mögliche auf, die Vereinigung zu sprengen und gegen das dänische Königshaus, welches das Princip der Reichsunion zu seinem Programme machte, die Herrschaft eines der beiden Häuser Sture und Trolle, dieser Orsini und Colonna des Nordens, zur Geltung zu bringen. Aber im Streite dieser beiden Häuser untereinander siegte am Wendepunkte des Jahrhunderts das oldenburgische Königshaus der Dänen. Wie König Johann I. 1497, wurde auch dessen Sohn, der weitgreifende und rücksichtslose Christiern II. in Schweden als Unionskönig anerkannt, und als die Schweden wiederholt die Union wieder zu lösen suchten, setzte König Christiern nicht blos am 7. November 1520 seine Krönung in Stockholm durch, sondern brach auch mit Hilfe des Erzbischofs von Upsala, Gustav Trolle, durch das sogenannte Stockholmer Blutgericht am 8. November die Opposition der Sture und ihrer Anhänger[1]).

Als die Sture das Dilemma aufstellten, Sieg oder Untergang, so zögerte König Christiern nicht, die Herausforderung anzunehmen und die Frage dann in seiner Weise zu beantworten. Schon 1515 hatte König Christiern die liebliche Infantin Isabella, Kaiser Karl's und Ferdinand's unglückliche Schwester, geheiratet, welche als vierzehnjährige Braut den ungastlichen Boden Dänemark's betretend, zu ihrem Schrecken erfuhr, der König, ihr Verlobter, lebe mit der schönen Divele aus Holland in offenem Concubinate, und als diese zwei Jahre später, vergiftet durch Kirschen, die ihr aus der Küche König Christiern's gesendet worden waren, starb (1517), mußte das Ansehen der Königin noch immer vor dem der Mutter Sigbrit weichen. Mit nordischem Ungestüme suchte König Christiern die Macht des Königthums zugleich auf Kosten des reichen Clerus wie des mächtigen Adels zu heben, Dänemark vom Einflusse der Hansa zu befreien, den baltischen Handel an Kopenhagen zu knüpfen, in kirchlicher wie in politischer Beziehung jeden Widerspruch zu beseitigen; er schien

---

[1]) Me vidente atque trepidante, schrieb Olaus Magnus, de statu regentium atque officiorum. Ein weitläufiger Bericht darüber im VI. Band der Acta Tomiciana, p. 181.

26*

nicht zu gewahren, daß er zuletzt alle Parteien gegen sich vereinigte. Man kann mit Recht behaupten, daß jeder thatkräftige König Standinavien's schon um die Uebermacht des Adels zu beschränken, darauf angewiesen war, den reichen bischöflichen Besitz zu beschneiden. König Christiern hätte es wohl auch, ohne durch die Wittenbergische Reformation dazu verleitet zu werden, gethan. Als jetzt aber Dänen, die daselbst studirt hatten, die ersten Keime der anticlericalen Bewegung nach ihrer Heimat brachten, erwachte, wie Pontoppidan berichtet, in König Christiern die Begierde, sie in seinem Interesse auszubeuten. Er hatte noch 1519 verordnet, daß Niemand seine Kinder studiren lassen dürfe, er habe denn das Vermögen, sie zu unterhalten. Zwei Jahre später verbot er der Universität Kopenhagen, die Lehre Luther's zu verdammen und triumphirend schrieb bereits dieser an Spalatin, der König verfolge die Papisten. Er hatte in Stockholm die Bischöfe von Strengnäs und Skara hinrichten lassen, das Bisthum des Ersteren dem Westphalen Meister Dietrich Slaghek, einer der Creaturen Sigbrit's übergeben. Der König verlangte von dem Erzbischofe Georg Skodborg von Lund die wichtige Insel Bornholm und brachte diesen dadurch so in das Gedränge, daß er, um die Insel nicht herauszugeben, auf seine Würde Verzicht leistete. Nun stellte aber der König dasselbe Ansinnen an die Domherren, und als sie es ihm abschlugen, weil sie ohne Haupt seien, ließ er sie in ein scheußliches Gefängniß werfen und machte dann den Meister Slaghek (ursprünglich seinen Barbierer) zum Erzbischofe von Lund[1]) und zum Haupte der dänischen Kirche. Von diesem war kein Widerspruch zu erwarten und Bornholm wurde so königlich. Der hochverdiente Erich Walkendorf, Erzbischof von Drontheim, ward von ihm vertrieben, der päpstliche Legat Arcimbald ausgeplündert. Nur von Kaiser Karl hoffte noch der dänische Episcopat Abhilfe gegen Beraubung, Absetzung, Kerker und Tod. Als aber nun der Aufstand der balekarlischen Bauern in Schweden begann, der zur Erhebung des jugendlichen Gustav Wasa führte, die Lübecker und Hanseaten dem Könige im Sommer 1522 den Krieg erklärten und dadurch die Dalekarlen unerwartet Luft bekamen, der Aufstand des jütländischen Adels (1523) drohte, änderte der König, wenn auch nicht die Gesinnung, doch die Sprache. Er verstand sich auf Andringen des Legaten Papst Adrian's, zu befehlen, daß man sich von den Gebräuchen der römischen

---

[1]) Die veneris 23. Aug. 1521, schreibt der päpstliche Cäremonienmeister Blasius, in consistorii solito fuit petitum pallium pro ecclesia Lundensi per D. Angelum de Casis praesentibus D. Joanni Slaghek, qui dedit copiam mandati mihi. Dieses wurde jedoch für ungenügend erachtet.

Kirche nicht trennen solle; aber Diejenigen, welche es bereits gethan, wußten sehr wohl, daß der König nicht gesonnen war, diesen Befehl zu halten. Er ließ Slaghek, kaum daß er in Lund nach Stobborg's Abgange die erzbischöfliche Consecration empfangen, nach Kopenhagen bringen, wo er im Beisein des Legaten auf dem alten Markte den Lohn für seine bösen Thaten auf dem Holzstoße fand, der unter ihm angezündet wurde[1]. Aber auch der Kammerherr Maximilian, welchen die Königin an ihren Bruder gesendet, durch kaiserlichen Einfluß sich die Freiheit des Gewissens zu verschaffen, wurde auf seinen Befehl hingerichtet[2]. Endlich am 14. April 1523 war er durch den Aufstand der Seinigen dahin gebracht, daß er, nachdem er Schweden verloren, sich mit seiner Gemahlin, seinen Schätzen und Mutter Sigbrit aus Dänemark flüchtete[3]. Herzog Friedrich von Schleswig=Holstein brachte ihn mit Hilfe des Adels um Dänemark=Norwegen. In Schweden wurde Gustav Wasa erst Reichsverweser, hierauf am 6. Juni 1523 von den schwedischen Ständen und unter besonderer Mitwirkung des Legaten Adrian's, Johann des Gothen, zum einheimischen Könige gewählt[4]. So schlimm sich nachher das Haus Wasa zur katholischen Kirche stellte, letztere hat stets das einheimische Königthum gestärkt, da die wohlorganisirte königliche Macht als die beste Stütze zur Veredlung eines Volkes angesehen wurde[5]. Der neue König

---

[1] Pontoppidanus, p. 139.

[2] Altmeyer. Vergl. auch das Schreiben Isabella's an ihre Schwester Leonore bei Thom. Leodius, de vita Friderici, II. Salat, p. 54.

[3] Am 30. Juni 1523 erfolgte dann die Erneuerung des Vertrages zwischen König Christiern und König Heinrich VIII. Aber Wolsey tadelte sehr die Flucht des Dänenkönigs, der dadurch seine Feinde immer kühner gemacht habe und rieth ihm, nach Dänemark zurückzukehren. Brewer, n. 3153. Auf Allerheiligen sollte dann ein Congreß in Hamburg gehalten werden, dem der päpstliche Legat beizuwohnen hatte, um die Rückkehr Christiern's zu ermöglichen. Brewer, n. 3287.

[4] Ausdrücklich sagt dieses Johannes Loccenius, p. 234.

[5] Welch' scheußliche Zustände namentlich in Betreff der Glaubensfreiheit im Norden entstanden, hat Tholuk, Vorgeschichte des Rationalismus, I, 2, weitläufig auseinandergesetzt. Die Verbreitung der lutherischen Concordienformel sollte 1580 ohne alle Gnade mit Verlust von Hab und Gut und am Leben bestraft werden. Todesstrafe wurde auf Verbreitung des Calvinismus gesetzt; der Bischof von Fünen, welcher 1616 seine lutherischen Geistlichen zur Lectüre der Schriften Calvin's mahnte, wurde zum Tode verurtheilt. Im Königsgesetze vom Jahre 1660 hieß es, „daß der König allen Kirchen= und Gottesdienst ordne, alle synodos Versammlungen und Vereinigungen die Religionssachen betreffend, er die höchste Gewalt über die ganze Clerisei habe vom Höchsten bis zum Niedrigsten." — Dann war Dania orthodoxa fidelis et pacifica — die Ruhe eines Kirchhofes war eingetreten. — Wie das Haus Wasa sich kirchlich spaltete, sich auf Leben und Tod befehdete und dadurch Rußland

beschwerte sich bei dem Papste über den Erzbischof von Upsala, welcher
in den schwedischen Händeln auf das tiefste verwickelt und, ein Feind
der Häuser Sture-Wasa, den Kampf mit dem Reichsverweser Sture
geführt, sich auf die Seite des den Schweden so sehr verhaßten Königs
Christiern gestellt hatte, und nun als dessen Anhänger für immer ver-
bannt worden sei. Nichts helfe der schwedischen Kirche, als daß der Papst
sobald als möglich einen besseren Erzbischof ernenne. Da aber durch die
großen Unruhen viele Jrrthümer in die christliche Religion eindrangen —
das Schreiben vermeidet offenbar absichtlich, diese lutherische zu nennen — so
sei es wohl das Beste, zuerst die vacanten Bisthümer zu besetzen und dann
solle der päpstliche Commissär mit Vollmachten zurückkehren und mit des
Königs Beihilfe Alles auf's beste reformiren. Auch Johann Braske.
Bischof von Linköping, schrieb in ähnlichem Sinne an Adrian[1]) und
schlug vor, bei Besetzung der vacanten Bisthümer Johann Magnus zum
Bischof von Abo in Finnland zu ernennen. König Gustav aber versicherte am 10. September den Papst[2]) er habe in Allem dem Legaten
und Commissär beigestimmt, er sehe aber keine Abhilfe, als wenn die
vacanten Bisthümer von Rom aus besetzt würden, der Legat zurückkehre,
und dann werde er selbst Alles aufbieten, um die verderblichen Jrrthümer nach dem Rathe der Bischöfe auszurotten, an der Vereinigung
der Moskowiter, an der Bekehrung der Lappländer zu arbeiten. Er rathe
nur, daß man auch gegen ihn liberal vorgehe; er wolle die durch den
dänischen Tyrannen gekränkte Kirchenfreiheit retten und verlange nur
ruhige und friedfertige Bischöfe[3]), welche der königlichen Krone nicht schaden
wollten. Es falle ihm nicht ein, die bischöfliche Freiheit aufzuheben, im
Gegentheil gedenke er den Legaten bei seiner Rückkehr im Werke der
Reformation und der Vermehrung des Glaubens nachdrücklich zu unterstützen. Die Absichten des Königs schienen nicht blos die besten zu sein.
Am 14. September, dem Todestage Adrian's übersandte der König dem
Papste das Verzeichniß der von den schwedischen Capiteln gewählten
Bischöfe, an ihrer Spitze als Erzbischof von Upsala den päpstlichen
Legaten[4]). Der König versicherte den Papst, die Gewählten seien ihm und

zum Verderben Schweden's und Polen's großgezogen wurde, ist bekannt. Vergl.
auch Tholuk, I, 2, S. 160.

　　¹) 18. Juli 1523. Theiner, Beil. II.
　　²) Beil. IV, S. 8.
　　³) Episcopos qui ita ecclesiae libertatem defendant, quod coronae Regiae
in nullo noceant.
　　⁴) Beil. V, S. 10.

dem schwedischen Volke angenehm, der Papst möge so bald als möglich sie bestätigen und, da die Kirchen arm und ausgeplündert seien, die Geld=frage regeln[1]). Noch am 1. October 1523, ehe der König die Nachricht vom Tode Adrian's empfangen, erklärte König Gustav dem Cardinals=collegium, er sei bereit, sein Blut für die römische Kirche zu vergießen[2]) und verlangte nur, daß die Rückkehr des dänisch gesinnten Erzbischofs Gustav Trolle verhindert werde, der nach einem päpstlichen Breve wieder eingesetzt werden solle. Der Legat habe jedoch erklärt, dasselbe sei unecht und eine Fälschung[3]).

Der Papst konnte in der Ueberzeugung sterben, daß er die Angelegen=heiten Schweden's wie des Nordens überhaupt in einem für die katholische Kirche günstigen Zustande hinterlasse. Wer schien für diese stärker zu empfinden als König Gustav von Schweden und der Vertheidiger des Glaubens, König Heinrich VIII. von England?

Während König Christiern nicht blos aus Schweden, sondern auch aus Dänemark vertrieben wurde, für sich und seine Familie[4]) in

---

[1]) Gratiose de solutione debitorum camerae apostolicae cum eis agere dignetur.

[2]) Nos pro nostra regia dignitate auctoritatem S. R. ecclesiae extollimus et veneramur, parati pro ea sanguinem nostrum effundere. Theiner, II, p. 12. Beil.

[3]) Ich citire hiebei nach den Documenten, welche Theiner seinem Buche beigab und in denen auch der Werth desselben liegt, ohne mich an seinen Text zu halten, der ganz willkürlich ist und von dessen Gebrauch man geradezu abrathen muß, man würde nur irre gehen. Das Werk entstand bekanntlich in der ersten Periode seiner Bekehrung, nachdem er wegen seines Cölibatsturmes eine Unterstützung von der preußischen Regierung erlangt, hierauf sich nach Paris und Orleans begeben und endlich nach Rom gegangen war, die Denkwürdigkeiten eines Satan zu schreiben. Auf einmal bekehrte er sich und wurde der größte Anhänger des Jesuitenordens. Das dauerte einige Jahre. Dann trat er wieder auf die entgegengesetzte Seite und wurde Oratorianer, welcher Orden noch im vorigen Jahrhundert eine den Jesuiten nicht freundliche Stellung eingenommen. Während des Concils seiner Stelle als Präfect des vaticanischen Archives entsetzt, schrieb er jene Briefe, welche von den Altkatholiken zu ihren Zwecken veröffentlicht und ausgebeutet wurden, voll Gift und Galle gegen diejenigen, die er früher nicht genug hatte preisen können und voll In=vectiven gegen das Dogma der Infallibilität. Das aber hinderte den Mann nicht, mit den Professoren des Collegio Romano dem Papst Pius seine Aufwartung zu machen und seine feierliche Zustimmung zu dem neuen Dogma zu geben. Wie oft kam er im Sommer 1835 in das Studirzimmer der Bibl. Vallicelliana und störte uns mit Erzählungen aus der ersten Periode seines Lebens, die für ihn in der Er=innerung noch so viel Angenehmes hatte, als für uns, die wir es hören mußten, Unangenehmes.

[4]) Altmeyer, S. 38.

Belgien eine Zuflucht suchte, in England sich um Unterstützung bewarb, sammelte sich in Folge der Umwälzungen im Norden allmälig in Rom eine Anzahl bedeutender Männer, die mit den skandinavischen Reichen in besonderer Beziehung standen; Magnus der Gothe (Schwede), welcher mit den Aufträgen König Gustav's zurückgekehrt war, dann zwei Erz=bischöfe von Drontheim[1]), von welchen der ältere, Erich Walkendorf von König Christiern vertrieben, in Rom starb, Olav aber nach Rom ging, um die Controverse zu erledigen, ob die Bischofswahl dem Capitel zu=stehe, oder die Ernennung dem Papste. Die nordischen Wirren zu ver=mehren hatte Erzbischof Buger von Lund 1517 seine alten Metropolitenrechte über das Erzbisthum Upsala zu erneuen gesucht, die schwedischen Stände gebannt und dem König Christiern zu den weltlichen Waffen auch die kirchliche an die Hand gegeben; dadurch ward seine eigene Sache mit dem Sturze des Königs identificirt. Da blieb auch dem Papste nichts Anderes übrig, als die vollendeten Thatsachen anzuerkennen und im Schiffbruche des Episcopates zu retten, was gerettet werden konnte. Mitten in diesen Bemühungen, die uns selbst nur fragmentarisch bekannt sind, überraschte ihn sein frühes Ende. Mit jenen Männern befand sich aber auch Jacob Ziegler in Rom, welcher von ihnen Nachrichten über den Norden schöpfte und in Rom selbst Materialien zu seiner Geschichte Papst Clemens' VII. sammelte, die freilich, genau genommen, nur eine Ansammlung des ganzen römischen Klatsches jener Tage ist.

Dritter Abschnitt.

Adrian's Beziehungen zum moskowitischen Reiche.

Eigenthümliche Ereignisse beinahe mehr als die Natur des Landes, das von dem Meere im Norden sich zu dem Pontos im Süden erstreckt und zum einen Theile aus Wäldern und Sümpfen, zum andern aus Steppen besteht, scheiden Rußland von dem übrigen Europa aus, dessen breite Brücke zu Asien es bildet. Slaven und Finnen hatten die ursprüngliche Bevölkerung gebildet, das Eindringen der Waräger den verschiedenen Völkerschaften einen Halt gegeben, aber auch einen Kampf der Nationalitäten hervorgerufen, in welchem zuletzt das slavische Element

---

[1]) Nidrosiensis. Ziegler in praefatione, f. LXXXV. Wiltsch, Handbuch der kirchlichen Geographie und Statistik, II, p. 259.

das skandinavische der Waräger überflügelte. Von Nowgorod ausgehend, hatte die warägische Staatenbildung ihr Centrum in Kiew gefunden, das aber bereits anfing, Wladimir zu weichen, als der entsetzliche Mongolen= Einbruch erfolgte, die untereinander habernden Fürsten überraschte, die Fürstensitze zerstörte, Land und Volk in Knechtschaft brachte und mon= golischer Schmutz, barbarische Willkür und Rücksichtslosigkeit mit slavisch= finnischer Barbarei zu einer entsetzlichen Einheit verband, die alle abend= ländische Cultur in dem Maße verschmähte, in welchem sie zur Hebung des Volkes nothwendig gewesen wäre. Nirgends war der Haß gegen die Lateiner tiefer gewurzelt, nirgends stupider; nirgends paarte sich aviter Aberglaube mehr mit byzantinischem Formelwesen wie da; nirgends herrschte größerer Mangel an wissenschaftlicher Bildung und größerer Stolz in Bezug auf eine geträumte Rechtgläubigkeit, die selbst die Taufe der Lateiner nicht als giltig anerkannte und einen Cäsaropapismus schuf, den das Abendland in seinen großen geistigen Kriegen bisher siegreich abgeschüttelt, dadurch die ihm eigenthümliche Cultur gewahrt hatte. Die ganze ältere Entwicklung Rußland's war durch die Katastrophe der mon= golischen Invasion wie in einem breiten Blutgraben versunken; dann kam die Zeit neuer Knechtschaft, die zu den verschiedenen nationalen Elementen auch noch ein tatarisches hinzufügte, endlich mit Iwan Wasilje= witsch die Lösung aus der brutalen Abhängigkeit der Tataren, welche das Volk an knechtischen Gehorsam gewöhnt, in Völlerei, im Trunke und sinnlichen Ausschweifungen den Reiz des Lebens zu erblicken gelehrt hatten. Als das romäische Reich wesentlich an dem Hasse der griechischen Orthodoxie gegen die lateinische Kirche zu Grunde ging, nur noch ein aufrichtiger Anschluß an letztere die slavisch=romäische Bevölkerung vor dem Untergange durch die Osmanen retten konnte, nahm Rußland, das sich nun von Moskau aus aufrichtete, den Haß gegen die Lateiner als sein Erbe auf und wurde einer der ungemessensten Ansprüche auf eine Herr= schaft laut, die in weltlicher Beziehung so wenig als in geistlicher Schranken kannte. Nur um der bodenlosen Willkür des Czaren aller Reußen, wie sich Iwan nannte, Vorschub zu leisten, schien das mos= kowitische Reich seine Unabhängigkeit erlangt zu haben. Iwan beraubte seine Söhne erster Ehe des Rechtes der Nachfolge zu Gunsten der Descendenz der Sophia Paläologa, die er ehelichte. Als der vom Patriarchen Josef zum Metropoliten von Moskau ernannte Isidor im Interesse des Christenthums die Vereinigung der Kirchen von Rom und Constantinopel aussprach und nach Rußland zurückkehrte, wurde er von dem Czaren vertrieben; doch blieb Kiew der Vereinigung noch lange

treu. Je sinnloser das Schisma wurde, das von Constantinopel ausgegangen war, desto fester hielt der Czar von Moskau daran fest, da
es ihm die Möglichkeit bot, über seine Unterthanen mit orientalischer
Willkür zu verfügen. Man konnte sich keinen größeren Gegensatz denken,
als den christlichen Occident und das Khalifat von Moskau, das des
Abendlandes nur bedurfte, um seine Macht und seinen Reichthum zu
vermehren, sonst aber die großen geistigen Errungenschaften der christlichen Jahrhunderte mit Füßen von sich stieß, damals selbst den Lack der
späteren Zeit verschmähte und nur an Brutalität Gefallen fand.

Während nun im äußersten Westen von Spanien und Portugal aus
die großen maritimen Entdeckungen erfolgten, welche den Tagen Kaiser
Karl's V. und Manuel's von Portugal eine welthistorische Bedeutung
gaben, die Schätze beider Indien aber nach Sevilla und Lissabon
brachten, erforschte ein Landsmann Christof Colon's die Möglichkeit eines
Landweges nach Ostindien, um dem Gewürzhandel neue Bahnen zu
bereiten. Es war ein Plan, der an Kühnheit der Gedanken nicht nur
dem Christof Colon's die Wage hielt, sondern auch, wenn er gelang,
einen großen Theil jener mercantilen Veränderungen wieder aufhob,
die durch die Entdeckungen der Portugiesen und Spanier veranlaßt
worden waren. Paolo, nicht wie Karamsin darstellte, ein genuesischer
Hauptmann, sondern aus dem Hause der Centurioni, aus welchem
Girolamo Adorno den Giovannino 1522 in geheimer Mission nach
Venedig sandte [1]), hatte durch seine Handelsverbindungen, wie durch eigene
Erfahrungen, sich die Ueberzeugung nicht blos von dem unverhältniß-
mäßigen Gewinne verschafft, den die portugiesische Krone durch die
Monopolisirung des Specereihandels in der sogenannten Mina zu
Lissabon, wo das übrige Europa, vor Allem niederländische Schiffe, sich
den Bedarf holten, zog, sondern auch, welche Verschlechterung die lange
Seereise den kostbaren Gewürzen Südasien's bereite, wobei dann der
lange Aufenthalt in den Magazinen Lissabon's die Sache noch ver-
schlimmerte. Der portugiesischen Regierung, die ihren sicheren und unver-
hältnißmäßigen Gewinn bezog, war es freilich gleichgiltig, welche Waare
sie verkaufte. Anders aber mußte die Sache werden, wenn der Landweg eröffnet wurde, die Karavanen erst Indus aufwärts, dann in das
Gebiet des Oxus nach dem Hafen von Strowa, nach Astrachan, nach
Moskau, endlich nach Riga und zum sarmatischen Meere gelangten.
Rußland hätte nicht blos den Transitohandel zwischen Europa und

---

[1]) Brewer, Cal. n. 491.

Indien in dem Augenblicke erlangt, als durch die Ausbreitung der osmanischen Herrschaft über Aegypten die alte Verbindung Südeuropa's mit Indien gesperrt wurde, sondern Moskau, Nowgorod, Riga wären vielleicht an der Stelle von Lissabon Sitze des Welthandels geworden. Der unternehmende Genuese wußte Papst Leo X. für seinen Plan zu interessiren, dem Papste aber schwebte die Möglichkeit einer Union der russischen Kirche vor Augen, weshalb er Paolo mit einem Empfehlungs= schreiben an den Großfürsten versah; der Genuese begab sich nach Moskau und erlangte dort wenigstens so viel, daß der Großfürst eine Commission zur Prüfung des Planes niedersetzte. Allein die Bedenken derselben waren weit schwerer als jene, mit welchen einst Christof Colon zu kämpfen hatte. Noch 1571 gab es in Moskau mit Ausnahme der Kloster= schulen auch nicht Eine Gelegenheit, Unterricht zu empfangen, unter tausend Personen nicht Eine, welche lesen oder schreiben konnte [1]), und das war im Zeitalter der Renaissance. Dann war Paolo ein Lateiner und nahm als solcher Theil an dem Hasse der Russen gegen Alles, was vom Westen kam. Aber auch als Ausländer überhaupt kämpfte er mit der Abneigung der Nativisten, welche es nicht ertragen konnten, daß Rußland Vortheile, und noch dazu so immense, durch einen Fremden erlange. Unwissenheit, Engherzigkeit und Hochmuth reichten sich die Hand, den Plan scheitern zu machen; doch scheint Messer Paolo noch nicht ganz verzweifelt zu haben, der Großfürst mußte doch dem Papste eine Antwort geben [2]) und Paolo übernahm es nun, als Botschafter Wassilij Jwanowitsch's, dem Papste den freilich mehr evasiven Bescheid zu bringen [3]). Wassilij hatte damals die schöne Sclavonie, welche er unter 1500 Bojarentöchtern sich zur Gattin auserwählte, gezwungen, den Schleier zu nehmen und gegen die Gebote seiner Kirche [4]) statt ihrer die jugendliche Helene Glinsky geheiratet. Er bedurfte, wie bald König Heinrich VIII. in ähnlicher Angelegenheit, eines gefügigen Metropoliten und fand ihn leichter, als der König von England, in der Person des Metropoliten Daniel, welcher die Harmonie zwischen Kirche und Staat ganz im Sinne des Großfürsten betrieb [5]). Die

[1]) Pernstein bei Turg. I, p. 258.

[2]) 1505—1533.

[3]) Ciampi, p. 56—58, 232—234. Herberstein, rer. Moscov. commentarii, p. 78.

[4]) Joh. de Lasco, de Ruthenorum nationibus eorumque erroribus. Turg. I, p. 127.

[5]) Karamsin, VII, S. 109. Ueber das Weitere Paulus Jovius de legatione Basilii magni principis Moscoviae.

beabsichtigte Union wäre daher wohl schon an diesem einen Punkte ge=
scheitert.

Wir wissen aus Peter Martyr, daß Karl V. im Februar 1523
eine russische Gesandtschaft in Valladolid [1]) empfing. Es ist nicht nach=
gewiesen, daß Paolo bei dieser war, wohl aber, daß er Adrian VI.
ein Schreiben übergab, welches mit großem Wortschwalle die freundliche
Gesinnung des Großfürsten gegen den Papst aussprach. Die Krankheit
und der frühe Tod Adrian's hinderten dann den Fortgang der neuen
Verhandlungen. Als sie unter Clemens VII. wieder aufgenommen
wurden, erfolgte das Anerbieten einer Königskrone, wenn Wassilij sich
an die Spitze eines Heeres gegen die Türken stellen und der Union
beitreten wolle. Wassilij zog jedoch vor, als Sultan Soliman sich
zum Verderben der Christenheit rüstete, ihn „seinen treuen Freund und
guten Nachbarn zu nennen, mit welchem er in fester Freundschaft und
guter Bruderschaft zu leben wünsche".

Es ist aufgezeichnet worden, daß russische Gesandte, die nach Rom
gingen, wenn sie mit reichen Geschenken die Heimreise antraten, ihren
Dolmetsch zu ermorden pflegten [2]). Es machte nicht geringes Aufsehen,
als sich die Nachricht verbreitete, es bestehe bei den russischen Fürsten
und Herren die Sitte, unbekümmert um die excommunicatio major,
den Patriarchen, die Bischöfe, die Geistlichen zu prügeln oder abzusetzen.

Die Sonne der Humanität war über den Norden noch nicht auf=
gegangen.

Vierter Abschnitt.
Adrian's Sorge für das Königreich Ungarn.

Wiederholt hatten in den letzten Jahrhunderten des Mittelalters,
gerade als die Osmanen durch Vernichtung der südslavischen Staaten
den Umsturz des byzantinischen Reiches (1453) vorbereiteten, Versuche
stattgefunden, eine große Ostmacht nichtdeutscher Völker zu begründen.
Die so ausgedehnten Königreiche Polen und Ungarn waren nach dem
Tode König Casimir's von Polen 1370 vereinigt worden, aber dem
Aussterben der Piasten in Polen war schon zwölf Jahre später der
Mannesstamm des Hauses Anjou in Ungarn nachgefolgt; Ungarn und

[1]) Ep. 777.
[2]) Turg. I, 219.

Polen schieden sich bereits unter König Ludwig's beiden Töchtern. Der Anschluß Litthauen's an Polen erfolgte 1386 durch das Jagellonische Königshaus. Als die Luxemburger Böhmen und Ungarn vereinigten, erlosch auch dieses Königs= und Kaisergeschlecht schon 1437 mit Kaiser Sigmund. Auch der habsburgische Zweig, welcher Erbe der östlichen Macht des Hauses Luxemburg wurde, starb zwanzig Jahre später mit Ladislaus von Oesterreich (1457) aus. Kurze Zeit nachher finden sich erst die Jagellonen auf dem böhmischen Königsthron ein (1471) und wieder zwanzig Jahre später auch auf dem ungarischen, beidemale mit Ausschluß der Dentschen. Die Böhmen erlangten einen König, auf den sie mit Pfeilen schossen[1]) und unter welchem der Adel als Erbe der husitischen Revolution das Volk knechtete, das sich der Fremden erwehrt hatte, um der Tyrannei der Einheimischen zu verfallen, und die Ungarn nahmen sich denselben König, Wladislaus Jagello, weil der magyarische Adel ihn nach Belieben „am Schopfe hin= und herzuzerren hoffte". Als diesem später ein Sohn geboren wurde, betrieb König Maximilian, rastlos bemüht, die alten Rechte des Hauses Habsburg auf Böhmen und Ungarn wieder zur Geltung zu bringen, die Heirat des jugendlichen Ludwig (II.) mit der Infantin Maria, seiner Enkelin, und Marien's Bruder, der Infant Don Fernando, heiratete endlich Ludwig's ältere Schwester, die Prinzessin Maria (1521). Maximilian hatte den König selbst adoptirt und König Ludwig erwartete von dem Tode des Kaisers nichts Geringeres, als dessen Nachfolger zu werden. Da sich König Ludwig noch unter der Vormundschaft seines Oheims, Königs Sigmund, befand, arbeiteten ungarische Patrioten daran, daß der Polenkönig Ungarn im Namen des apostolischen Stuhles in seinen Schutz nehme und die drei Königreiche, Polen, Ungarn, Böhmen, sich wo möglich in einer gemeinsamen Politik einigten[2]). In der That bewies sich eine derartige Uebereinstimmung auch bei der Kaiserwahl Karl's V. Vergeblich suchte König Franz die beiden Könige für sich zu gewinnen. Ludwig und Sigmund entschieden sich für den rè catolico und zwar in Kraft der goldenen Bulle, wenn auch bei der Wahl die polnische und böhmische Gesandtschaft hart an= einander geriethen. Nur die dauernde Vereinigung der drei Königreiche konnte sie noch in ihrer Selbstständigkeit erhalten.

---

[1]) Sie hießen ihn nur den König Dobře (bene), weil er zu allen Dingen „gut, gut" zu sagen pflegte.

[2]) Siehe in Hieron. Balbi epist. das Schreiben an den polnischen Vicekanzler Christof Szidloviec, Castellan von Sandomir.

Während nun aber in der nächsten Zeit die Böhmen, die eigentlich husitische Partei, sich an Luther anschloß[1]) und troß ihres ursprünglich exclusiv slavischen Charakters die Sache des deutschen Mönches zu der ihrigen machte, sah sich Ungarn von Parteien zerrissen, immer mehr dem Einbruche der Osmanen und einem Verderben ohne Gleichen preis= gegeben[2]). Die maßlose Selbstüberschätzung, verbunden mit einer ebenso großen Sorglosigkeit, hatte den Fall von Belgrad (29. August 1521) herbeigeführt, obwohl noch Lebensmittel für einen ganzen Monat vor= handen waren und die Osmanen die Belagerung so lange nicht aus= zudehnen vermocht hätten. Dann aber, als das Unglück geschehen war, trugen die Benetianer, die Böhmen und nicht die Ungarn die Schuld[3]) und wurden erst die Mittel zum Widerstande in einer Saumseligkeit vernachlässigt, von welcher man nicht wußte, solle man sie mehr einer verhängnißvollen Verblendung oder der Verrätherei zuschreiben. Die Hoffnung der Patrioten beruhte jetzt einerseits auf dem Franziskaner= mönch Paul Toromäus, der zum Erzbischof von Colocsa erhoben werden sollte und die Vertheidigung der Grenzen mit seinem neuen Amte zu übernehmen hatte; andererseits auf der Unterstüßung des neu= gewählten Papstes, an welchen sich König Ludwig sogleich wandte und mit dem er auch fortwährend in den intimsten Beziehungen blieb. Fort= während bestürmte der König die verwandten Fürsten, die befreundeten Höfe durch seine Gesandten, wie mit Briefen; er verlangte Hilfe von dem Reichstage zu Nürnberg und stand, während er selbst zur Königs= krönung nach Prag gegangen war, mit dem Nuntius Chieregato in Briefwechsel. Aber die Stimmung der Deutschen war so wenig als die der Böhmen den Magyaren besonders freundlich. Sie hatten es ver= standen, sich überall unbeliebt zu machen. Kilian Leib[4]) erzählt, wie nach dem Falle von Belgrad Reisige aus Baiern und Franken sich auf= gemacht, den Ungarn gegen die Osmanen zu Hilfe zu ziehen. Sie hätten auf eigene Kosten Kriegsvorräthe nach Ungarn geschafft, dort aber nur Spott und Hohn geerntet. Sie waren mit der Ueberzeugung zurück=

---

[1]) Siehe des Bartholomäus von St. Aegidius' Chronik von Prag, heraus= gegeben von C. Höfler. 1859.

[2]) Schon 1518 schreibt Herberstein, welcher den Prunk der Magnaten und un= garischen Bischöfe gesehen: „ir khünig offt nit gehabt sein notdurfft. Wann die Pot= schafften sollten mit khleiner verErung abgefertigt werden, hat man erst mit Wucher soliches mueßen aufbringen und aufschweren. Es hette ein solche gestallt als sollte Es nit lange geweren." S. 135. Alle ruhigen Beobachter fühlten es, nur die Ungarn nicht.

[3]) Pray, annales, p. 61.

[4]) Kilian Leib ad 1521.

gekehrt, man treibe in Ungarn offenen Landesverrath und verrathe Ungarn, mit Ungarn auch Oberdeutschland[1]). Im April 1522 raubten und mordeten die Türken „durch Krabaten" die Herrschaft Adlsperg aus und verderbten den ganzen Karst bis Friaul. „Da ist kain Fürst noch fürer (ihnen Widerstand zu leisten). Ain jeder, setzt Kirchmaier[2]) in seiner derben Weise hinzu, wart, piss jm die Wandt warm wardt." Auch die Italiener kamen allmälig zu der Ueberzeugung, daß den Ungarn, welchen es an Ordnung, an Geld, an Munition, an Eintracht, an allem Kriegs= bedarf fehlte, nicht zu helfen sei[3]). Man meinte zuletzt in Rom selbst, es sei den Ungarn gar nicht zu unlieb, den Großtürken zu ihrem Herr= scher zu erhalten[4]).

Wenn aber auch Alles bereit war, Ungarn aufzugeben und das von Parteien zerrissene Land seinem Schicksale zu überlassen, so war der deutsche Papst der Letzte, welcher sich dazu entschloß, obwohl die Maß= regeln, welche er zur Rettung Ungarn's ergriff — namentlich die Einhebung von zwei Zehenten von jedem Geistlichen im Kirchenstaate, von zwei Ducaten von jedem Herde[5]) nicht wenig beitrug, ihn unpopulär zu machen. Die Römer zürnten ihm und der Papst war seitdem mit Meuchelmord bedroht. Den Ungarn aber war Alles zu wenig, was für sie geschah, wie die ungarischen Historiker es bis zum heutigen Tage für überflüssig erachteten, von Adrian's Aufopferung Erwähnung zu thun. Vor Allem lag ihm auch eine tüchtige Besetzung der bischöf= lichen Stellen am Herzen. Er ernannte den Bischof von Fünfkirchen zum Erzbischof von Gran und übersandte ihm noch am I. Juli das Pallium. Da die bischöfliche Kirche von Agram erst dem Cardinal Ippolito von San Lorenzo in Lucina und nach dessen Tode dem Vicecamerlengo der römischen Kirche, dem Cardinal Giulio von Medici, übergeben worden war, so verfügte der Papst, daß sich der Cardinal ihrer begab[6]) und nun das Bisthum dem Bischofe von Waizen zu Theil wurde. Für die Besserung dalmatinischer Kirchen war schon früher

---

[1]) Proditores et Ungariae et superiorum regionum. Tausende von Lanzen hatten die Ungarn zerbrochen und in die Donau geworfen. Vergl. das Schreiben der Deputation der Reichsregentschaft in Wien, 7. Juni 1522. Acta Tom. VI, p. 83.

[2]) S. 458.

[3]) Lettere di principi, f. 105. Der Brief ist aber nicht vom 18. Juli 1522, sondern 1523, auch darf es nicht mutazione, sondern munizione heißen.

[4]) Der Herzog von Sessa an den Kaiser, 11. Juni 1523. Bergenroth, n. 555.

[5]) Brewer, 2. October 1522.

[6]) 19. Juni 1523. Theiner, monumenta, II, p. 628. An diesen und den Bischof von Waizen wandte sich König Sigmund, damit sie auf König Ludwig einwirkten,

gesorgt worden[1]) (1522). Es ist nicht undenkbar, daß die wahrhaft zärtliche Sorgfalt Adrian's zum Theil in der Ueberzeugung beruhte, er müsse auch hier ein Unrecht seines Vorgängers gut machen. König Ludwig klagte fortwährend, der von Papst Leo X. beabsichtigte Kreuzzug sei Ursache, warum er die vortheilhaften Anerbieten Sultan Soliman's verworfen, der ihm einen Frieden gewähren wollte, und daß er sich deshalb in der übelsten Lage befinde[2]). Doch schien sich dadurch eine Besserung zu zeigen, daß der Schah von Persien ihm ein Bündniß anbot, und nach der Eroberung von Rhodus 70 osmanische Schiffe, schwerbeladen, untergingen. Allein im Februar 1524 stand Soliman schon wieder in Belgrad und erließ von da aus einen Drohbrief, der Ungarn seine Vernichtung ankündigte.

Am 28. Januar 1523 kamen Charles de Lanoy, der Adrian so werthe Vicekönig von Neapel, der Herzog von Sessa, Ascanio Colonna, Großconnetable des Königreiches Neapel, und die Gesandten des Königs von Ungarn in den vaticanischen Palast. Sie wurden am 29. Januar feierlich empfangen. Der Papst empfing das Schreiben des Königs, das Dietrich Hezius vorlas, und beantwortete es sogleich in seiner und eleganter lateinischer Rede. Hatte König Ludwig den traurigen Stand der Christenheit beklagt und von dem Papste, den Cardinälen, allen Fürsten Hilfe begehrt, so erging sich Adrian in nicht minder begründeter Klage. Als aber nun der ungarische Gesandte die discrete Bitte um Geldunterstützung stellte, war keine Möglichkeit, ihr zu entsprechen. Die Cardinäle waren durch die hohen Summen, die sie Papst Leo X. bezahlt, erschöpft[3]), der Papst den von allen Seiten an ihn gestellten Anforderungen gegenüber wenigstens momentan hilflos. Es war unnöthig, Adrian erst noch an das Verderbliche einer Zögerung zu erinnern, da er selbst zum Aeußersten entschlossen war. Moring, welcher dieses, jedoch von der Audienz am 9. Februar berichtet[4]), gibt als Ursache an, daß der Papst, ängstlich in seinen Erwägungen, Niemanden um sich hatte, mit welchem er sich nach seinen Bedürfnissen zu berathen vermocht hätte. Wir wissen aber, daß noch ganz andere Gründe vorwalteten. Der Cardinal Colonna,

---

damit er sich bessere — super omnibus hisce moribus ipsius qui noxii sunt ac indecentes. Acta Tomiciana, VI, p. 269.

[1]) Theiner, monum. Slavor. merid. I, p. 579.

[2]) Ad Clementem VII. bei Theiner, monum. Ung. spect. II, n. 824. Dasselbe berichtete König Sigmund an Kaiser Karl 1522. Acta Tomiciana, VI, p. 47.

[3]) Begyars nennt sie Brewer, n. 2895.

[4]) c. 24. Die Cardinäle hätten darüber gelacht und Adrian sei schamroth geworden.

welcher als Legat nach Ungarn zu gehen bestimmt war, nahm den Umstand als Vorwand, nicht abzureisen, daß die 100.000 Ducaten, welche er mitnehmen wollte, nicht aufgebracht werden konnten. Er scheint keine Lust gehabt zu haben, Rom zu verlassen, wo der Papst die Privilegien des Cardinalscollegiums zu schmälern bemüht war und bei Adrian's Hin= fälligkeit leicht eine Sedisvacanz eintreten konnte. Als nun Adrian den Cardinal von Gaeta, Thomas de Vio, zum Legaten ernannte[1]), so fehlte es nicht an Personen, welche in der Ernennung ein ehrenvolles Exil erblickten, da der Cardinal, seit er für die Reform der Curie gestimmt hatte, Andern unbequem geworden war[2]). Nur langsam ging der für den Türkenkrieg bestimmte Zehent ein; so viel einging, wurde dem Cardinal Fiesco in Verwahrung gegeben, damit auch der Schein vermieden werde, als wolle Adrian das Geld für andere Zwecke verwenden. Es war aber den Ungarn gar nicht so sehr um den Türkenkrieg zu thun; der Graf Christof Frangipani kam selbst nach Rom, wegen Unterhandlungen mit den Osmanen Entschuldigungen anzubringen, wenn der Krieg nicht aus= brechen könne. Es schien, als wolle man den Osmanen absichtlich Zeit lassen, sich von den Verlusten zu erholen, welche ihnen die Belagerung von Rhodus bereitet, und neue Rüstungen anzustellen. Die Abreise des Legaten verzögerte sich auf's neue, da nur 50.000 Ducaten zu= sammengebracht werden konnten[3]) und als dann der Cardinal nach Ungarn kam[4]) und das mitgebrachte Geld nicht den Ungarn zur Verfügung stellte, was er aus guten Gründen unterließ, so war des Verdrußes kein Ende. Seinerseits befahl Adrian, Geld, Getreide und Pulver nach dalmatinischen und croatischen Städten zu schaffen, damit diese in Vertheidigungsstand gesetzt würden. Dahin wanderten die Ein= künfte des Kirchenstaates und die Einnahmen und Ersparnisse des deutschen Papstes. Der Nürnberger Reichstag that dann gleichfalls das Seine, aber was von Auswärts geschah, war immer vergeblich, so lange Ungarn selbst in seiner Zerrissenheit am eigenen Untergange arbeitete. Das Uebel ließ sich kaum aufhalten, von einer Abwendung war vollends keine Rede. Der Untergang des Königreiches drohte aber noch von einer anderen Seite als von den Osmanen. Die Umgebung des Königs, und unter dieser namentlich Markgraf Georg von Brandenburg, übten nämlich auf die

---

[1]) 1. Juni 1523. Bremond, IV, 413.

[2]) Itinerarium, c. 31.

[3]) Negri, 17. Juni. Lettere di principi. 1581. f. 115.

[4]) Am 23. Juni 1523 kam Thomas, der Cardinal Sancti Sixti Cajetanus geheißen (Kirchmayer, S. 463), erst nach Brixen.

Sitten des jugendlichen Fürſten einen ſo verderblichen Einfluß aus, daß
nicht nur König Sigmund ſich berufen fühlte, auf ſeinen Neffen ſehr
nachdrückliche Vorſtellungen zu machen[1]), ſondern in Böhmen geradezu
Conſpirationen ſtattfanden, in Ungarn aber nicht blos Pamphlete ver=
breitet wurden, ſondern unter den angeſehenſten Männern die Beſorgniß
herrſchte, der König werde ſich das Schickſal des Dänenkönigs zuziehen[2]).
Schon dachte man in Ungarn, weil alle Hilfe ausblieb, an ein Separat=
abkommen mit den Osmanen[3]), als nach Bewältigung ſo großer Schwierig=
keiten Adrian noch jene Hilfe leiſtete, die er ſelbſt nur unter den größten
Opfern zu leiſten im Stande war. Adrian hatte dem Legaten den poſitiven
Befehl gegeben, daß das ihm mitgegebene Geld erſt im nächſten Früh=
jahre zur Aufbringung eines ordentlichen Heeres verwendet werden ſollte.
Der König vermochte aber bereits die Grenzſoldaten nicht zu bezahlen
und hatte ſeine Hoffnung auf die päpſtliche Unterſtützung gerichtet. Er
beklagte ſich nun bitter über die ihm zu Theil gewordene Enttäuſchung,
als wenn es nicht zunächſt die Aufgabe der Ungarn ſelbſt geweſen wäre,
die eigenen Grenzen zu ſchützen[4]). Der Brief, welchen deshalb König
Ludwig an den Papſt richtete, dürfte um dieſelbe Zeit von „Byſſegrad"
abgegangen ſein, als Adrian der Sorge um die irdiſchen Angelegenheiten
bereits enthoben war. Von Rom, ſchrieb Nicolaus von Gherendi aus Gran
am 23. September an den polniſchen Kanzler Chriſtof von Sziblowiec,

---

[1]) Acta Tomiciana, VI, n. 325. Auf dem Fürſtencongreſſe zu Wiener-Neuſtadt
(Oct. 1523) wurde nicht blos von den Sitten König Ludwig's gehandelt, ſondern
auch praescripti sunt certi modi et formula juxta quam princeps se gerere deberet.
Erzherzog Ferdinand und der polniſche Kanzler thaten dieſes. l. c. p. 334.

[2]) Nach den geheimen Mittheilungen des ungariſchen Geſandten Andreas
Cricius an Peter Tomicky. Acta Tomiciana, l. c. n. 239.

[3]) Bericht des ungariſchen Geſandten an König Sigmund von Polen vom
10. Juli 1523. Acta Tomiciana, VI, p. 287.

[4]) Im Schreiben an König Sigmund vom 30. Auguſt 1523: venit jam tandem
legatus quem expectabamus, verum expectationi non satis accommode respondit.
Promiserat namque pontifex nobis certum subsidium ad tuendum regnum nostrum
donec cumulatius posset providere et donec expeditio generalis in Turcos susci-
peretur. Legatus vero dicit, commissionem sibi datam, ut pecunias quas secum
attulit ad defensionem regni nostri non eroget, sed reservet ad ver futurum ad
comparandum tunc justum aliquem exercitum ad defendendum. In quibus promissis sumus plane delusi, majorem enim numerum militum spe hujusmodi
subsidii aluimus hucusque in confinibus quam de proventibus ali posset, quos
nunc frustrati hoc subsidio cum aperto regni nostri periculo minuere cogimur.
Legatus adeo durus, ut nullis rationibus ad erogandum pro defensione regni
nostri pecuniam persuaderi sibi patiatur. — Scripsimus super his pontifici, ne-
scimus quid responsi habituri simus. Acta Tomiciana, VI, p. 312.

haben wir nur Worte und zwar bittere[1]). Wir wissen aber, daß der Cardinal-Legat einen unmittelbaren Antheil an den Verhandlungen nahm, welche im October 1523 zu Wienerisch Neustadt zwischen Polen, Ungarn und Oesterreich stattfanden, um für den Frühling 1524 ein Heer von 100.000 Mann mit 100 Kanonen aufzubringen[2]) und den Offensivkampf mit den Osmanen gegen Belgrad zu eröffnen[3]).

Fünfter Abschnitt.

Adrian und das Königreich Polen. Verrath des Hochmeisters des Deutschherrenordens.

Polen wie Ungarn befanden sich bei dem Regierungsantritte Adrian's in gleich ungünstiger Lage. König Sigmund hatte eben den Reichstag von Piotrkow geschlossen, auf welchem der Adel sich nicht wenig aufgebracht zeigte, daß die Aebte in ihre Klöster nur Deutsche und nur Unadelige aufnähmen[4]), als er die Nachricht erhielt, Sultan Soliman habe dem Tataren-Chan 15.000 Ducaten und ebensoviel dem Großfürsten von Moskau versprochen, wenn beide noch vor Ostern 1522 Polen angreifen wollten[5]). Kurze Zeit darauf langte ein Schreiben König Ludwig's an, es drohe ein dreifacher Einfall der Osmanen in Ungarn[6]). Der König von Polen befand sich, wie er am 9. März schrieb, nicht blos ohne Geld, sondern hatte auch Alles, was er verpfänden konnte, verpfändet und die Salzeinkünfte schon im Voraus denen angewiesen, welche ihm Geld vorgestreckt hatten. König Ludwig aber, obwohl zweier

---

[1]) Roma praeter verba et ea acerba nihil dat. l. c. p. 319.

[2]) Sowie den Streit mit dem Hoch- und Deutschmeister zu beenden. Schreiben König Ludwig's an Markgraf Albert l. c. p. 340.

[3]) Zu Adrian's Verfügungen in Bezug auf Ungarn und die Nachbarländer gehört auch noch die Verleihung der durch den Tod Johann Perlot's in Trau erledigten Pfründen an den erwählten Bischof von Swatsch (Sasch, zwischen Scutari und Dulcigno). Theiner, Vet. monum. Slavoniae merid. I, p. 377. Romae IV non Sept. Ich verdanke die Aufschlüsse über den episcopatus Suacinensis, das Theiner so wenig als Wiltsch zu erklären wußten, der Gefälligkeit des Herrn Dr. Constantin Jireček, dieses gründlichen Kenners südslavischer Verhältnisse.

[4]) Constitutiones conventus generalis Piotrkoviensis Art. X.

[5]) Sigismundus primariis consiliariis et capitaneis regni Poloniae d. d. Grodno feria II. post dominicam Invocavit.

[6]) Schreiben vom 4. März.

27*

Reiche König, befand sich in keiner besseren Lage, und hoffte Alles von dem Reichstage des Jahres 1522, von dem neuen Papste, wohl auch von den Böhmen, wo er aber erst das Feuer des Bürgerkrieges ersticken mußte. König Sigmund sandte seinen Marschall Peter Kmita von Visnicze nach Nürnberg, um die dreifache Gefahr vorzustellen, die ihm drohe, und namentlich auch auf den Erzherzog-Infanten einzuwirken. Zu gleicher Zeit rief der König seinen bisherigen Gesandten in Rom, den Erasmus Ciolek, Bischof von Ploczk, zurück, weil dieser seine Stellung dazu benützt hatte, die Exemtion seiner Kirche von dem erzbischöflichen Stuhle von Gnesen zu erlangen, was nur Unruhen erzeugen könne[1]), und sandte dann seinen Secretär Martin Rambiewski nach Rom[2]) und eine eigene Bot= schaft nach Spanien, als Adrian gewählt worden war, sowohl zu diesem als zu Kaiser Karl[3]). Allein obwohl der Erzbischof von Gnesen, Johann Laski (legatus natus et primas regni Poloniae), nun an den König einen Beschwerdebrief gegen den bischöflichen Botschafter richtete, welcher an Anklagen und Persönlichkeiten überreich war[4]), und der König selbst über diese Immunität heftig zürnte, so blieb doch Ciolek polnischer Orator in Rom, empfing als solcher Papst Adrian bei seiner Ankunft in der ewigen Stadt, und nahm an den wichtigen Berathungen Antheil, welche Adrian sogleich nach seiner Ankunft im Vatican eröffnete. Der in Polen wegen des Benehmens des Bischofs von Ploczk ausgebrochene Streit fand jedoch schon am 10. September 1522 durch dessen unvermutheten Tod ein Ende, jedoch nur, um in einer neuen Gestalt wieder zu erstehen. Denn nach= dem einmal die Exemtion von Ploczk ausgesprochen war, was noch Leo X. gethan hatte, so fiel die Besetzung dem Papste anheim und Adrian zögerte denn auch nicht, darüber, und zwar zu Gunsten eines Deutschen zu ver= fügen. Er hatte bereits am 9. September dem Könige von Polen (und zweifelsohne auch dem Hochmeister des Deutschherrenordens, Albert Mark= grafen von Brandenburg) geschrieben und erklärt, daß, nachdem Papst Leo X. Alles aufgeboten, ihre Zwistigkeiten dem Kaiser und dem Könige Ludwig zur Entscheidung zu übergeben, der Kaiser aber seine Vollmachten den ihn vertretenden Churfürsten und dem Reichsregimente übergeben, der König, gleichwie der Markgraf schon gethan, seine Gesandten zum Nürn= berger Reichstage schicken möge, worauf, wie er nicht zweifle, der Friede

---

[1]) Acta Tomiciana, VI, n. XXIII, XXIV.

[2]) l. c. n. XXX. Antwort König Sigmund's an das Notificationsschreiben der Cardinäle über den Tod Papst Leo's X. Grodno, s. d.

[3]) Ut huic communi incendio extinguendo adessent.

[4]) l. c. n. 50, p. 57—69. n. 5. Mai 1522.

zu Stande kommen werde[1]). Der König, welcher bis zum 22. October
noch nicht Nachricht erhalten hatte, ob der Bischof von Ploczk bereits Zeit
gefunden, dem Papste seinen Glückwunsch darzubringen, hatte letzterem am
erwähnten Tage geschrieben, um ihn zu bitten, für die Eintracht der
Fürsten bei der drohenden Osmanengefahr Sorge zu tragen[2]), übertrug
aber nun auf die Nachricht von dem Tode des Bischof-Orators, dessen
Bisthum dem Bischof Rafael von Przemysl und dem Neffen seines Vicekanzlers, Peter Tomicky, dem Andreas Crzizki, das Bisthum Przemysl[3]).
Ein Schreiben des Königs an den Papst vom 27. October benachrichtigte
denselben von der Präsentation des Rafael (Lesczinski), der Ernennung des
Andreas Crzizki und sprach die Bitte aus, daß das Amt eines Sammlers
des St. Peterspfennigs, welcher jährlich im Königreiche, den königlichen
Domänen und dem Herzogthume Schlesien entrichtet werde[4]), und das
Papst Leo X. dem verstorbenen Ciolek übertragen hatte, dem Vicekanzler
und Bischof von Posen zugewendet, dem neuernannten Bischof von
Przemysl aber, welcher von den Einkünften seines Bisthums nicht leben
könne, seine bisherigen Pfründen belassen werden möchten. Ein Schreiben
an die Cardinäle vom gleichen Datum sollte diese ersuchen, den Papst zur
ungesäumten Bestätigung dieser Anträge zu bewegen[5]).

Da auf einmal verbreitete sich das Gerücht, der Papst habe zum
Entsetzen der Betheiligten dem in Rom anwesenden Bruder des, Polen
so feindlich gesinnten Deutschherrenmeisters, Johann Albert, das erledigte polnische Bisthum übergeben. Und in der That war es so. Das
Schreiben des Papstes vom 29. September[6]) kündigte dem Könige an,
Adrian habe den Schwestersohn Sigmund's und Bruder des Deutschherrenmeisters, Johann Albert Markgrafen von Brandenburg, mit Zustimmung der Cardinäle und in der Hoffnung, derselbe möge ein Diener
und Engel des Friedens zwischen seinem Bruder und seinem Oheim werden,
zum Nachfolger des verstorbenen Botschafters im Bisthum Ploczk gemacht.
Der Papst bat zugleich den König, ihn oder dessen Procurator in den
Besitz des Bisthums zu setzen und zweifelte selbst nicht, daß diese Wahl
der Diöcese von Ploczk, dem Könige und der ganzen Christenheit zum

---

[1]) Acta Tomiciana, VI, p. 121.
[2]) 22. October. l. c. p. 130. Gleichzeitig ging auch ein königliches Schreiben
an die Cardinäle ab.
[3]) Die einschlägigen Schreiben sind aus Wilna, aber s. d.
[4]) Qui in regno et dominiis meis ac ducatu Slesiae quotannis camerae apostolicae pendetur. Acta Tom. VI, p. 135.
[5]) l. c. p. 136.
[6]) Acta Tom. VI, p. 154.

Heile gereichen werde. Er selbst werde Alles thun, die christlichen
Fürsten zum Bunde wider den Sultan zu vereinigen, der Belgrad, die
Burg und den Hafen Ungarn's, und Croatien erobert, Rhodus be-
lagere. Allein Adrian täuschte sich nicht wenig, wenn er glaubte, daß
seine Wahl in Polen einen günstigen Eindruck hervorbringen werde.
„Wenn der Papst in Bezug auf Ernennung der Bischöfe, welche die ersten
Sitze in unserem Rathe einnehmen, glaubt, auf Rechte des römischen
Stuhles bestehen zu müssen, welche ohne unsere und unserer Vorfahren
Zustimmung sich gebildet haben," schrieb König Sigmund, als er von
Adrian's Maßnahmen zu Gunsten Johann Albert's erfuhr, an den Palatin von Krakau, Christoph Szidloviec, „so werden auch wir auf unseren
Rechten bestehen und diese nicht beeinträchtigen lassen, wie wir dieses
auch Sr. Heiligkeit schrieben[1]." Noch stärker drückte sich Sigmund über
die ihm angethane Schmach und das erlittene Unrecht in einem Schreiben
an das Capitel von Ploczk aus, das er versichert, er werde die Rechte
des Königreiches vertheidigen, und das er beauftragte, die Einkünfte
des Bisthums für den künftigen Nachfolger zu wahren, Niemanden
aber, und wenn er auch mit apostolischen Briefen käme, zuzulassen[2].
Weitere Maßregeln, den Bischof von Przemysl zu schützen, wurden ergriffen und an den Papst die kategorische Anfrage gestellt, ob er die von
dem König erwählten bestätigen wolle oder nicht[3]. Es wäre nicht
blos äußerst verderblich, einen von Jenen in das Reich und den königlichen Rath aufzunehmen, die stets nur Feindliches gegen Polen beabsichtigten und beabsichtigen, sondern auch das schlimmste Beispiel, wenn ein
Anderer als der König die königlichen Räthe ernennen und noch dazu
Auswärtige nehmen würde. In ähnlicher Weise klagte König Sigmund
auch in dem Schreiben an Mathias von Drzewicza, Bischof von
Wladimir, an die ungarischen Gesandten bei dem römischen Stuhle, an
den Procurator Johann Boner, an Jakob Fugger, an seinen Gesandten
Johann Dantiscus, an den Cardinal de Grassi. Nicht minder eifrig
betrieb Peter Tomicki, Bischof von Posen, die Sache seines Neffen, des
bisherigen königlichen Secretärs Cricius (Erzizki), welcher nachher als
eifriger Vertheidiger der katholischen Kirche sich bewährte[4]. Der König

---

[1] Der Brief existirt nicht mehr, und der an den Palatin ist, wie leider so
viele der ausgezeichneten tomicischen Acten, undatirt. n. 140.

[2] l. c. n. 131.

[3] Sigmund's Schreiben an die Königin Bona. n. 134.

[4] Er gab im Jahre 1523 eine encomia Lutheri heraus und wurde später
Erzbischof von Gnesen. Lukaszewicz, S. 16.

wünschte zugleich), daß das Geschäft des Einsammelns des St. Peters=
pfennigs, welches Papst Leo X. für zehn Jahre dem verstorbenen Bischofe
von Ploczk zugewendet hatte, im größten Geheim den Fuggern insoferne
zugewiesen werde, daß diese die Ausfertigung der Bullen besorgten, die
Sache selbst aber der Vicekanzler erlange[1]). Nicht minder solle das
Jubiläum, welches Papst Leo dem Königreiche Polen und dem Groß=
herzogthum Litthauen bewilligt hatte, für das nächste Jahr durch Adrian
bekräftigt werden[2]). Die Angelegenheit wurde in Polen gleich einer bren=
nenden Frage behandelt[3]), die Absendung eines Boten nach Rom mit
den Briesschaften und Actenstücken des neuernannten Bischofs von Ploczk
so rasch als möglich betrieben[4]). Der König war aufgebracht, weil Adrian
seine Präsentation nicht abgewartet und einen Candidaten ernannt hatte,
den von allen Menschen er und die Polen am wenigsten ertragen könnten[5]).
Auch der Deutschherrenmeister habe anfänglich schöne Worte in Betreff
seiner Treue gegeben, dann aber sich mit Schismatikern und Ungläubigen
in eine Verschwörung eingelassen und Polen alle nur immer denkbaren
Schwierigkeiten bereitet, so daß sich ein ungeheurer Haß gegen ihn bildete.
Was aber werde entstehen, wenn die Markgrafen (von Brandenburg)
mit süßen Worten, auf die er nichts gebe, oder schärfer[6]), was er nicht
fürchte, sich in den Besitz des Bisthums setzen würden? Dadurch werde
der Kampf gegen die Ungläubigen aufgehalten und wenn der Papst nicht
die von Sigmund Präsentirten bestätige, ein Brand entstehen, welchen
er (Adrian), auch wenn er wolle, nicht zu löschen vermöge. Nur in
Polen sei es, daß die Bischöfe auch die Räthe des Königs und nicht
blos Bischöfe seien. Die Maßregel des Papstes bringe somit Verderben
für das Land hervor. — Die Briefe Sigmund's an den Papst waren dem
polnischen Botschafter bei Karl V. nach Spanien nachgeschickt worden,
in der Meinung, daß der Papst noch in Spanien sei. Der Cardinal de

---

[1]) Nam haec res cedere deberet ad usum et fiscum nostrum et reipublicae.
Schreiben König Sigmund's vom 28. October an Johann Boner.

[2]) Quia vero Romae nihil absque pecuniis obtineri et impetrari solet, com-
mittat vestra dominatio dominis Fuggeris ut ad omnia supra dicta impensam
faciant. Tomicki an den Consul und Zupparius Johann Boner. Acta Tomiciana,
VI, p. 141.

[3]) Quod hostis nobis intrusus sit. König Sigmund an Johann Dantiscus,
6. November 1522.

[4]) Schreiben des Vicekanzlers aus Wilna vom 29. October. Acta, VI, p. 144.

[5]) Eum quem mortalium minus nos et regnicolae nostri vellent aut ferre
possent. Sigmund an den Cardinal de Grassi. Acta, VI, p. 153.

[6]) Aporius, p. 153.

Grassi, obwohl Protector Polen's [1]), hatte über die päpstliche Verleihung nichts geschrieben, der König selbst Sorge getragen, daß Bischof Rafael von dem Capitel von Ploczk gewählt und wenn der Papst auf seiner Meinung beharre, die Güter des Bisthums mit Beschlag belegt würden. Man sehe aber nicht ein, was unter solchen Verhältnissen noch ein Gesandter in Rom nütze, wo, weit entfernt, daß man Hilfe erlange, nur Verlegenheiten bereitet würden. Bereits war durch den Markgrafen Georg von Branden= burg in Ungarn ein neuer Ausweg in Bezug auf die preußischen Wirren angegeben worden, wie es scheint, die Abdankung des Ordensmeisters zu Gunsten eines seiner Brüder, wo nicht gar schon Albrecht's Heirat [2]). Auch von Seiten des Neuernannten waren unterdessen Schritte geschehen, den König freundlich zu stimmen. Acursio hatte als Agent Johann Albert's ein Schreiben des Papstes gebracht, der bei der Ernennung des Markgrafen die Absicht gehabt habe, die Gemüther zu versöhnen. Wie es scheint, war aber die Frage angeregt worden, daß die Verleihung des Bis= thums nicht zum Patronatsrechte des Königs gehöre. Letzterer bestand aber darauf, daß die Bischöfe Senatoren seien und bei der feindlichen Gesinnung des Ordensmeisters gegen Polen der König bei seinem Verfahren beharren müsse. Er gab zu verstehen, daß der eine Bruder von Preußen, der andere von Rom aus an der Untergrabung der Rechte des Königreiches arbeiteten [3]).

Es waren zu diesen Zerwürfnissen noch mehrere hinzugekommen. Einer= seits ließ König Franz durch seinen Gesandten Anton Rhinkon mit König Sigmund wegen näheren Anschlusses unterhandeln [4]). Die Vorsorge des französischen Königs betraf auch König Ludwig, damit ja Niemand das ihm gebührende Ansehen sich aneigne. Auch eine französische Heirat [5])

---

[1]) Sigmund an den Erzbischof von Gnesen. Acta, VI, p. 159. 28. November 1522.

[2]) Per D. Marchionem Georgium praetendendo rem prathenicam quae commodius quam per hanc affinitatem componi non posset, cum magister utcumque cordatus et versatilis, totus tamen penderet ex ipso marchione Joachimo, unde fieri posset ut arbitrio ipsius se hoc magisterio abdicaret cederetque illud fratri suo germano, homini ignavo et temulento, qui facile et ad juramentum et ad alia omnia praestanda induci posset. Sigmundus Lucae de Gorka castellano Posoniensi. Acta, VI, p. 161.

[3]) Responsum a Sigismundo, R. P. datum Acursio Joannis Alberti March. Brand. nuncio. Acta, VI, p. 166.

[4]) Responsum a Sigismundo, R. P. Regis Francisci Galliarum oratori Antonio Rhinkonis datum. Acta, VI, p. 167 s. d.

[5]) Mit der Prinzessin Hedwig, Tochter Sigmund's (Acta, VI, p. 158, 173), und einem der Söhne König Franz', sowie einer französischen Prinzessin mit dem Sohne König Sigmund's. S. 209.

war in Aussicht gestellt und endlich sollte der Gesandte sich auch zum
Woiwoden von Siebenbürgen, Johann Zapolya, begeben, dessen Ludwig
feindselige.Pläne seitdem immer deutlicher hervortraten. Die Antwort König
Sigmund's ging ihrem Wesen nach darauf hin, daß er von dem Kriege
des Königs mit Kaiser Karl V. für die gemeinsame Sache, den Krieg
mit den Osmanen, nur das Schlimmste befürchtete, den König zum Frieden
mahnte und die Fortsetzung der Reise des Gesandten nach Siebenbürgen
zu verhindern suchte. Wolle er aber sie dennoch fortsetzen, so würde ihn
ein polnischer Begleiter hinführen. Andererseits berief der Erzbischof von
Riga den Bischof von Kulm, dessen Kirche, von den polnischen Herzogen
gestiftet und eine Suffragane von Gnesen, an die Deutschherren gekommen
war, dann aber wieder dem Königreiche Polen unterworfen, in das alte
Verhältniß zurückgeführt und von König Alexander (Sigmund's Bruder)
reich dotirt worden war, zu einer Synode und maßte sich dabei, wie
König Sigmund in einem Schreiben an Papst Adrian auseinandersetzte,
die Rechte des Erzbischofs von Gnesen an[1]). Sigmund verlangte auch in
dieser Beziehung für seinen Rath Schutz, und zugleich die Wahrung des
weltgeistlichen Charakters des Bisthums gegen den ordensgeistlichen Einfluß des Erzbischofs von Riga. Damals fanden die erwähnten Unterhandlungen zwischen dem Kaiser und dem moskowitischen Großfürsten statt.
Ein Gesandter des Letzteren, Jacubus, war im Sommer 1522 nach Spanien
gegangen, um Kaiser Karl's Vermittlung anzurufen. Antonio, Graf von
Padua, welcher schon unter Maximilian nach Moskau gegangen war,
begab sich im Spätherbste desselben Jahres über Polen dahin, um auch
den Frieden zwischen Polen und Rußland zu vermitteln. Als aber der
kaiserliche Gesandte Abtretung von Smolensk verlangte[2]), wurde dieses
Begehren auf das entschiedenste zurückgewiesen. Der König, welcher endlich einen fünfjährigen Waffenstillstand mit den Moskowitern zugegeben
hatte, in Wilna jedoch auf die Ankunft des moskowitischen Gesandten
nicht länger warten wollte, begab sich am 9. December von Wilna weg
nach Krakau (2. Januar 1523), wo er den nach Piotrkow für den
21. Januar ausgeschriebenen Reichstag hielt. Dort empfing er auch
drei Schreiben des Papstes vom 1. Januar 1523, die uns jedoch nicht
mehr erhalten sind[3]). Durch das eine ward an der Verleihung des
Bisthums Plock an Johann Albert nichts geändert, durch das zweite

---

[1]) s. d. Acta, VI, p. 169.

[2]) l. c. p. 172.

[3]) Sigmund an den Cardinal-Protector (de Grassi). Acta, VI, p. 207.

das Jubiläum nur auf fünf Monate gewährt. Der König fühlte sich dadurch gekränkt; er hatte das Erträgniß des Jubiläums zur Aufbefferung der Grenzfeftungen beftimmt. Da er aber diefe bisher ohne Unterftützung des römifchen Stuhles befchirmt habe, werde er es auch für die Zukunft thun und wiffe daher auch nicht, ob er das gefchmälerte Jubiläum an= nehme[1]). Zugleich wurde Hieronymus Laski an König Franz abgefendet, und da der franzöfifche Gefandte Mailand's erwähnt hatte, dem pol= nifchen aufgetragen, wenn davon die Rede fein follte, die Verwunderung des Königs auszudrücken, daß Kaifer Karl und König Franz um das Herzogthum kämpften, das rechtlich keinem von Beiden, fondern der Königin von Polen, Bona Sforza, gehöre[2]). Die Abficht des franzöfifchen Königs war angeblich, diefe Anrechte feinem Sohne, dem Prinzen Heinrich durch feine Vermählung mit der Prinzeffin Hedwig zuzuwenden und Heinrich felbft zum Herzog von Mailand zu erheben. Dazu überbrachte nun Hieronymus Laski die Vollmacht, fowie die Verheißung von Unter= ftützung des franzöfifchen Königs zur Eroberung Mailand's, wenn diefes zur Zeit der Vermählung noch nicht in franzöfifchen Händen fich befinde[3]). Hieronymus Laski hatte fich aber (zweifelsohne zuerft) nach Rom zu bege= ben, um dem Papfte Vorftellungen in Bezug auf feine Maßregeln in Betreff des Bisthums Ploczk zu machen und demfelben in bitteren Worten dar= zulegen, wie fehr fich der König getäufcht fühle, wenn er auf die Gunft des Papftes rechnete und wie wenig diefes mit den Verdienften überein= ftimme[4]), die fich der König von Polen um die Chriftenheit erworben; der Papft möge daher Sigmund jene Gunft zuwenden, welche er unter früheren Päpften genoffen. Wenn aber Adrian glaube, daß durch feine Verfügung eher der Friede zwifchen Polen und dem Hochmeifter erfolgen werde, fo irre er fich, im Gegentheile werde ein noch viel größerer Brand daraus erfolgen, der König aber fich in Betreff aller Folgen der Ver= antwortung entfchlagen. Die Cardinäle wurden gebeten, den Botfchafter zu unterftützen, aber auch ihnen mitgetheilt, daß der König unter keiner Bedingung der päpftlichen Verfügung in Betreff des Bisthums Ploczt beiftimmen könne oder beiftimmen werde[5]). Ebenfo wurde Profpero

---

[1]) Quandoquidem adeo contemptibiles simus apud S. Sedem.

[2]) l. c. p. 210.

[3]) Auch diefe Urkunde ift undatirt; da es fich aber fortwährend um Unter= handlungen mit Benedig handelt, gehört fie ficher in das Jahr 1523.

[4]) Legatio a Sigismundo R. P. ad Adrianum P. VI. Hieronymo Laski data. Acta Tom. VI, p. 214.

[5]) Acta, VI, n. 193 s. d.

Colonna um seine Unterstützung angegangen[1]) und nicht minder Hiero=nymus Balbus[2]).

Adrian befand sich in einer sehr schwierigen Lage. Es ist kaum eine Uebertreibung, wenn Stefan Broderich, Botschafter des Königs von Ungarn, am 1. Januar 1523 dem Könige von Polen schrieb, er hebe, als er dem Papste die von König Sigmund an ihn bestimmten Briefe[3]) übergab, vernommen, in welchen Ausdrücken der Hochachtung und Be=wunderung sich Adrian über König Sigmund ergangen. In Gegenwart mehrerer Cardinäle habe Adrian den Polenkönig als den Fürsten bezeichnet, auf welchem nach Gott der Schutz der zusammenbrechenden Christenheit[4]) und die Hoffnung beruhe, daß auch das Königreich Ungarn geschirmt und Belgrad wieder erobert werde. Nicht minder erhaben habe er von den großartigen Eigenschaften Sigmund's gesprochen. Es lag Adrian gänzlich ferne, in die inneren Angelegenheiten Polen's einzugreifen oder die Macht=sphäre Sigmund's beschränken zu wollen. Wir sind außer Stande, angeben zu können, welcher Mittel sich Johann Albert bediente, um die Ernennung als Bischof von Ploczk bei dem Papste durchzusetzen, welcher, kaum nach Rom gekommen und des Rathes des polnischen Botschafters durch dessen Tod beraubt, vor Allem den Frieden zwischen dem Hochmeister und dem Könige von Polen herzustellen beabsichtigte, um dadurch Sigmund selbst in den Stand zu setzen, seine schwere Aufgabe gegen die Moskowiter, Tataren und Osmanen zu erfüllen. Dazu schien ihm aber gerade der Bruder des Hochmeisters die geeignetste Persönlichkeit, den er ja selbst als einen Engel des Friedens bezeichnet hatte. Auch der Cardinal de Grassi, Protector von Polen, war zu jener Zeit der Pest wegen in Rom nicht anwesend gewesen und kam nach dem Schreiben Broderich's vom 15. Januar[5]) erst im Anfange 1523 nach Rom zurück. Broderich machte damals aufmerksam, es werde sehr schwer sein, den Papst von seiner Ansicht abzubringen, besonders da die Ansicht herrsche, daß der Papst das Recht habe, über die Pfründen derjenigen zu verfügen, welche aus irgend einem Grunde ihren Aufenthalt in Rom selbst genommen. Wohl mag auch auf Adrian die Rücksicht auf das Haus Brandenburg selbst nicht ohne Einfluß gewesen sein. Churfürst Joachim war eine

---

[1]) n. 194 s. d.

[2]) n. 195.

[3]) Alteras gratulatorias, alteras de indulgentiis et de officio collectorio. l. c. n. 197, p. 219.

[4]) Labentis rei christianae fortuna.

[5]) Acta, n. 202.

Stütze der katholischen Kirche im deutschen Reiche. Noch auf seinem Tod-bette verordnete er, daß seine Söhne und ihre Erben mit ihren Landen und Leuten zu jeglicher Zeit bei dem alten christlichen Glauben unverrückt bleiben und „daß dawider unsere Söhne und ihre Erben in keiner Weise weder heimlich noch öffentlich thun, noch jemals öffentlich thun lassen sollten" — er empfing in der That von den Söhnen für sich und ihre Nachkommen an eines rechten geschworenen Eides statt die Zusage[1]), von welcher freilich die Welt weiß, wie sie gehalten worden ist. Der Churfürst von Mainz, Erzbischof von Magdeburg, war ein Brandenburger, der Vicekönig von Valencia, Mark-graf Johann, Gemahl der Königin-Witwe von Aragon, Germaine von Foix, der selbst zum afrikanischen Könige bestimmt war, nicht minder; der Hoch-meister des Deutschen Ordens ebenso, nicht minder Markgraf Georg, der so großen Einfluß auf König Ludwig ausübte. Das Haus Hohenzollern gehörte zu jenen deutschen Dynastien, auf welche der Papst bei der von Luther ausgehenden Auflösung der Dinge am ehesten auf kräftige Unterstützung rechnen konnte; warum sollte er nicht auch einem Gliede desselben einen Einfluß in Polen gestatten, wo nach dem Ausspruche König Sigmund's selbst das größte Uebel in dem Zwiespalte königlicher Räthe und den Umtrieben für ihren Privatvortheil[2]) bestand. Im November 1522 hatte sich Thomas Negri, Bischof von Skardona, als päpstlicher Nuntius in Prag bei König Ludwig befunden[3]). Er hatte den Auftrag, die Fürsten, zu welchen er kam, zur Vertheidigung der Christenheit zu ermahnen. Ihn sandte jetzt Adrian auch an Sigmund mit dem besonderen Auftrage, den König zu einer Zusammenkunft mit König Ludwig zur Ergreifung gemein-samer Maßregeln gegen die Türken zu bewegen. Adrian trug ihm am 24. Januar 1523 auf, den König in Betreff der Besetzung von Ploczk zu besänftigen[4]). Er bedaure, daß eine in der besten und lautersten Absicht unternommene Sache den entgegengesetzten Erfolg gehabt habe, der König möge jetzt auch Rücksicht auf die Ehre des apostolischen Stuhles nehmen, der Verbreitung der lutherischen Lehre und damit jenen inneren

---

[1]) Droysen, II, 2. S. 233.

[2]) Sigismundus consiliariis regiis: nobis ea res visa est semper perniciosis-sima quod nostri consiliarii suis mutuis simultatibus et rebus privatis prospi-cientes majorem in dies autoritatem communitatis in consilium (?) reipublicae invenerunt. Acta Tom. VI, p. 201.

[3]) Schreiben König Ludwig's an König Sigmund. l. c. p. 152.

[4]) Adrianus Thomae Nigro Episcopo nuncio apostolico. l. c. p. 222. Der Brief des Papstes an König Sigmund, von welchem in diesem Schreiben die Rede ist, ist leider nicht erhalten.

Streitigkeiten entgegen treten, welche man bereits in Deutschland sehe, und Frieden mit dem Hochmeister schließen. Der Nuntius ward beauftragt, über den bevorstehenden Reichstag in Krakau zu bleiben. Er erhielt von dem Könige eine ziemlich weitläufige Antwort[1]), die aber nur auf das Eine hinauslief: der Papst möge den königlichen Bitten und Vorstellungen Gehör schenken und dadurch seine günstigen Gesinnungen bethätigen. Der Fortgang der Sache selbst entzieht sich in Folge der Ermanglung von einschlägigen Urkunden unserer näheren Kenntniß[2]). Dem Könige machte das Benehmen König Ludwig's schwere Sorgen, der nur auf den Rath von Ausländern und Feinden Sigmund's höre[3]). Verweigerten doch damals die Böhmen jede Garantie, daß sie sich, wenn deutsche Truppen den Ungarn zu Hilfe zögen, nicht unterdessen einen Angriff auf Deutschland erlauben würden[4]). Mehrere Vornehme hatten französisches Geld angenommen und Franz von Sickingen (Zykin) aufgefordert, sich zu ihnen zu begeben und seine Güter von der Krone Böhmen zu Lehen zu nehmen[5]). Unterdessen war die Nachricht von dem Falle von Rhodus, das Belgrad so rasch nachgefolgt war, nach Rom gekommen und der Papst, der gehofft hatte, es würde zum vollen Ausgleich zwischen dem Polenkönig und dem Hochmeister kommen, hatte den Kummer, dem Könige die Schmerzensnachricht mitzutheilen, welche für seine Lebenszeit jede Heiterkeit verbannte. Er beschwor daher am 4. März 1523 den König, doch wenigstens auf drei bis vier Jahre mit dem Hochmeister, seinem Neffen, einen Waffenstillstand einzugehen, um dadurch den glänzendsten Triumph zu feiern, den er nur immer erlangen könne, wenn er so an der Einigung der christlichen Fürsten arbeite[6]). Allein der Streit entbrannte mehr als je. Der Hochmeister klagte bei den deutschen Fürsten über das Verfahren der Polen und der König

---

[1]) Responsum eidem Thomae Nigro. l. c. p. 221. Die Antwort des Königs an den Papst, welche uns erhalten ist (l. c. p. 224), enthält nur eine sehr beredte Anerkennung der Verdienste, welche sich der Bischof von Skardona in Polen erworben und fällt daher, so wie das Schreiben Sigmund's an die Cardinäle (l. c. n. 201), in eine spätere Zeit.

[2]) Die Unterhandlungen ruhten jedoch nicht, wie das Schreiben des Andreas Cricius an Peter Tomicky (l. c. n. 220 s. d.) beweist.

[3]) Wahrscheinlich war damit Markgraf Georg von Brandenburg gemeint. l. c. n. 210 s. d.

[4]) Legatio a Ludovico — ad Sigismundum — data Jacobo Pisoni. Acta Tom. p. 243.

[5]) l. c. p. 246.

[6]) l. c. p. 255. In gleicher Weise wurde auch an den Hochmeister geschrieben.

erklärte, Markgraf Albrecht ſchiebe ihm zu, was ſeine eigenen Beamten unternähmen[1]). König Sigmund begann an dem guten Willen des Papſtes, Ungarn zu helfen und ihn ſelbſt zu befriedigen, ſowie an einer wirkſamen Hilfe des Kaiſers und der übrigen chriſtlichen Fürſten zu ver= zweifeln[2]) und rieth deshalb ſeinem Neffen, König Ludwig, ein Abkommen mit Sultan Soliman zu treffen. Bereits hatte er durch den Cardinal de Graſſi die Nachricht erhalten, der Papſt ſei in Bezug auf das Amt eines Collectors des Peterspfennigs zufrieden, daß es der Biſchof von Poſen, oder wen ſonſt der König wolle, erhalte[3]). Aber auch darin erblickte Sigmund nur einen Beweis der Härte des Papſtes, da Leo X. dieſes Amt gleich auf zehn Jahre gewährte und Polen nicht aus Verpflichtung, ſon= dern aus gutem Willen den Pfennig bezahle[4]). Auch der König befand ſich in einer ſchlimmen Lage. Der eine ſeiner Neffen, der Hochmeiſter, war ſein offener Feind, von dem andern, dem Könige von Ungarn, erzählte der Erzbiſchof von Gran Entſetzliches[5]). Er ſelbſt war dem Papſte gegenüber ſo weit gegangen, daß er nicht mehr zurück konnte und drang nun fortwährend auf Bewilligung der verlangten Gunſtbezeugungen[6]). Damals erließ der Papſt (am 30. April 1523) das große Rundſchreiben an alle chriſtlichen Fürſten, welche er für die Fortſchritte der Türken verantwortlich machte[7]) und in dem er geradezu ausſprach, daß der Haß gewiſſer Fürſten alle ſeine Friedensbemühungen vereitle. Er ſage daher unter der Strafe der unmittelbaren Excommunication einen allgemeinen Waffenſtillſtand auf drei Jahre an. Genug des Bruderblutes ſei ver= goſſen und die Fürſten möchten daran arbeiten, daß ſie verdienten, auf ihren Thronen belaſſen zu werden.

Die feurige und der heißen Empfindung entſproſſene Anſprache blieb ohne Wirkung. Von Seite Ungarn's richteten ſich geſteigerte Anforderungen an den Papſt; man klagte, daß er nur Verſprechungen, aber kein Geld

---

[1]) Sigismundo Friderico Palatino Rheni. Acta, p. 257. Vergl. auch n. 223.

[2]) Sigismundus Achilli de Grassis. Acta Tomiciana, VI, n. 229 s. d. Doch rieth König Ludwig ſelbſt ab, dieſe Unterhandlungen zu übereilen. l. c. n. 233. 21. März 1523.

[3]) Dummodo illis de quibus officium hoc S. S. contulit de emolumentis respondeatur. l. c. p. 266.

[4]) Denariusque illis non ex ullo debito sed de bona voluntate sua regnum nostrum pendit. l. c.

[5]) Horrenda de moribus. n. 239.

[6]) Schreiben an den Cardinal von S. Croce. Krakau, 15. Mai 1523. l. c. p. 275.

[7]) Quorum culpa — christiana respublica innumeris cladibus a (et) ruinis vexata atque afflicta fuit. l. c. p. 271.

habe. König Sigmund möge in Verbindung mit den Gesandten Ungarn's und Oesterreich's die seinigen an alle Höfe senden, Frieden oder Waffen= stillstand zu erlangen und wenn dieses nicht, doch Geld, namentlich von den reichen Königen von Portugal und England[1]). Unterdessen erließ der König auf Betreiben des Erzbischofs von Gnesen ein Verbot des Druckes und Verkaufes lutherischer Bücher[2]). Da konnte endlich am 9. Juni der Cardinal von S. Croce in Antwort auf des Königs Schreiben vom 15. Mai demselben berichten, der Papst habe alle an ihn gerichteten Bitten König Sigmund's gewährt, er möge nun nicht zögern, seinem Neffen, dem Könige von Ungarn, Hilfe zu leisten. Der Papst werde Alles aufbieten, unter den christlichen Fürsten Frieden oder doch wenigstens einen Waffenstillstand zu Stande zu bringen, wenn auch der König von Frankreich sich dazu nicht genehm erweise[3]). Die Breven langten zur großen Freude des Vicekanzlers gerade so abgefaßt in Polen an, wie man sie daselbst wünschte[4]). Der König war befriedigt. Der neue Bischof von Plocżk, Bruder des Johann Lesczinski, Palatin von Sucha und Kalisch, saß gerade zwischen Höflingen und galanten Frauen bei Tische[5]), als die Nachricht von seiner Bestätigung kam, wie der Neffe des Vicekanzlers, nunmehr Bischof von Przemyśl, an diesen schrieb[6]). Beinahe zugleich war die Angelegenheit Ungarn's und Polen's in Ordnung gebracht, der Legat nach Ungarn abgereist und die Gefahr, welche von der Ernennung eines Fremden, eines Hohenzollern'schen Bischofs, Polen drohte, abgewendet, der Wunsch des Königs erfüllt. Jetzt aber zeigte sich, daß, was Letzterem am verderblichsten erschienen war, gerade von Polen aus in Rom betrieben worden war. Es fehlte nicht, wie der Vicekanzler, der neue Bischof von Plocżk, Rafael Lesczinski, schrieb, an den Unsern, welche mit dem höchsten Eifer diese Wirren betrieben[7]). Die

---

[1]) Stefan Broderich an König Sigmund. Rom, 10. Juni 1523. Acta Tom. VI, p. 286.

[2]) l. c. p. 289. Vergl. auch p. 292.

[3]) l. c. n. 256.

[4]) l. c. n. 258 s. d.

[5]) Inter aulicos et quasdam clientulas veneris gratulantes et potantes. p. 294.

[6]) Jam paene in toto tussire desiit, heißt es in einem anderen Briefe des= selben an Peter Tomicżli (p. 291), magno et omnibus ridiculo exemplo, docens breve pontificis optimum esse pectoris katapotion. 15. Juli.

[7]) Acta Tom. VI, p. 296 s. d. Jetzt wurde auch Alles aufgeboten, um zu ver= hindern, daß Markgraf Georg nicht die Herzogthümer Oppeln und Ratibor erlange. p. 309. Die nächsten Nachrichten aus Rom in den tomicischen Acten beziehen sich schon auf das Conclave Clemens' VII. p. 326.

Absicht des Papstes, alle Hindernisse aus dem Wege zu räumen, welche dem Hauptwerke, der Einigung der Fürsten, entgegenstanden, hatte auch hier den einzigen möglichen Ausweg gefunden.

Es konnte Adrian nicht zu schwer fallen, sich über den wirklichen Stand der Dinge, namentlich in den deutschen Ordensländern, zu unter=richten. Sein Vorgehen in Bezug auf Verleihung des Bisthums Ploczk an den Markgrafen Johann Albert war nicht ohne Beispiel gewesen. Hatte doch Papst Leo dem Cardinal de Grassi[1]) das Bisthum Pomesanien und noch dazu auf besondere Fürsprache des Königs von Polen verliehen und Ersterer ruhig davon Besitz ergriffen. Es konnte Adrian kein Geheimniß sein, daß das preußische Ordensland sich in schlimmem Zustande befinde. Der Hochmeister=Markgraf verhandelte nur mit weltlichen Räthen, hatte sich ohne den Rath der dazu Berufenen in den polnischen Krieg eingelassen und die Verheerung Preußen's als Lohn seiner Uebereilung davongetragen. Ordensgüter waren in Masse verkauft und verpfändet worden, der Orden selbst mit Schulden belastet. Der Deutschmeister machte kein Hehl daraus[2]), daß unter der Mißwirthschaft des brandenburgischen Hochmeisters der Orden zu Grunde gehen müsse. Die Unzufriedenheit ward allgemein, nirgends lauter und ernster als in Königsberg, da die Maßregeln Markgraf Albrecht's den größten Theil der Bürgerschaft an den Bettelstab und um allen Erwerb bringen mußten. Die Zerwürfnisse mit Polen steigerten sich nur. Der Hochmeister verfolgte, als am 30. Januar 1523 der Bischof Fabian von Ermland gestorben war, den Plan, das erledigte Bisthum dem Orden zu gewinnen und ließ denselben in Rom durch seinen Bruder, den designirten Bischof von Ploczk und Markgrafen Gumprecht bei Adrian betreiben. Allein Adrian hatte höhere Interessen zu bedenken, als den etwas eigennützigen Wunsch des Hochmeisters zu befördern, der sich am 10. April 1522 nach Deutsch=land begeben hatte und im Frühlinge 1523 die Stelle des Churfürsten von Mainz, seines Vetters, im Reichsregiment versah. Der Hochmeister wollte auch Pomesanien für den Orden wiedergewinnen und Ermland dazu. Als aber Johann Albrecht deshalb mit Adrian unterhandelte, wurde der Papst, der schon wegen Ploczk in eine unangenehme Lage gekommen war, unwillig und erklärte, er werde in dieser Sache gar nichts thun und zwar weder für den Hochmeister, noch für den König von Polen, sondern überall darin stille stehen[3]). Uebrigens drang selbst

---

[1]) Voigt, Geschichte Preußen's, IX, S. 647, schreibt: Achilles de Grassis.
[2]) Im Schreiben an den Meister von Livland vom 24. April 1522. Voigt, S. 654.
[3]) Citirt bei Voigt, S. 669, n. 2.

der Deutschmeister, welcher eine vom Hochmeister Preußen's möglichst unabhängige Stellung zu erlangen suchte, darauf, daß dieser den mit König Sigmund eingegangenen Compromiß aufrecht erhalte; der deutsche Theil des Ordens sollte nicht länger von der Willkür des Hochmeisters und dessen kriegerischen und eigennützigen Plänen in seiner Entwicklung aufgehalten werden. Seinerseits suchte der Hochmeister den nun auch von deutscher Seite wider ihn drohenden Sturm so gut wie es ging zu beschwichtigen. Sein Bruder, Markgraf Johann, Gemahl der Königin-Witwe von Aragon, mußte auf den Kaiser, der andere, Markgraf Georg, auf den König von Ungarn, der dritte, Johann Albrecht, auf den Papst einwirken, an den jetzt aber auch die Königin Bona, Gemahlin König Sigmund's, sich wandte[1]). Der Hochmeister ließ sich mit König Christiern in Unterhandlungen ein und wollte dessen Wiedereinsetzung in Dänemark bewirken, rief aber dadurch die Opposition des Deutschmeisters nur noch in erhöhtem Grade hervor. Adrian befahl ihm, die schon von Papst Leo X. aufgetragene Reform des Ordens, der nach jeder Seite hin einer Auffrischung bedürfe, unverwandt vorzunehmen[2]).

„Drei Dinge, heißt es in der Ordensregel, sind die Grundfesten eines jeden geistlichen Lebens. Das Eine ist Keuschheit ewiglich; das Andere ist Verzicht des eigenen Willens, das ist Gehorsam bis in den Tod; das Dritte ist Verfassung der Armuth, daß der ohne Eigenthum lebe, der da angehört diesem Orden. Der Meister aber, der unter den Seinen die Statt hält unseres Herrn Jesu Christi, soll den Untergebenen ein Spiegel sein und eine Lehre[3])."

Markgraf Albrecht, dem schon sein Bruder Georg den Rath gegeben, zu heiraten[4]), begann jetzt das falsche und verdeckte Spiel, welches seine und seiner Rathgeber Moral charakterisirt. In Rom mußte der Agent des Hochmeisters, der Ordensprocurator Busch, die Resignation des Car-dinals de Grassi auf das Bisthum Pomesanien betreiben, ohne jedoch zum gewünschten Ziele zu kommen, da der Bischof von Kulm die Unterhand-lungen des Procurators durchkreuzte[5]). Während aber der Papst sorg-

---

1) 30. Juni 1523. Citirt bei Voigt, S. 677, n. 4.

2) Auch dieses Schreiben hat Voigt, welcher vom engherzigsten protestantischen Standpunkte ausging, nur im kärglichen Auszuge mitgetheilt. Er hatte selbst nur eine Copie s. d. vor sich. l. c. S. 686, n. 2.

3) Voigt, Geschichte Preußen's, VI, S. 412.

4) Dr. Carl Alfred Hase: Herzog Albrecht von Preußen und sein Hofprediger. Leipzig 1879. S. 11.

5) Berichte desselben vom 17. März, 6. und 20. Juli, 9. August 1523 citirt bei Voigt, S. 693 und 695.

fältig in der Ueberzeugung von der Redlichkeit der Absichten des Hoch=
meisters erhalten wurde, letzterer den Kaiser fortwährend zum Einschreiten
in seinem Interesse drängen ließ, übersandte im größten Geheim Mark=
graf Albrecht dem von dem Kaiser geächteten und von dem Papste
gebannten Martin Luther die Ordensstatuten und forderte er diesen
auf, ihm Vorschläge in Betreff der Reformation zu machen, die zwei
Päpste ihm aufgetragen. Der Hochmeister, dessen Recht, im Reichs=
regiment zu sitzen und dafür 1000 fl. zu empfangen, von den Chur=
fürsten von Trier und der Pfalz und dem Landgrafen von Hessen bestritten
worden war [1]), richtete am 14. Juni 1523 ein eigenhändiges Schreiben
an Martin Luther [2]), das sein Vertrauter, Magister Johann Oeden,
diesem überbringen sollte. Oeden hatte den Auftrag [3]), zuerst Luther
zu bewegen, in Betreff des ihm Mitzutheilenden Stillschweigen bis in's
Grab zu halten, sowie das eigenhändige Schreiben des Hochmeisters
verbrennen zu wollen. Wenn Luther beides zugesagt, solle Oeden ihm
eröffnen, der Hochmeister wolle eine Reformation des Ordens vornehmen
und da möge nun Luther das Ordensbuch revidiren, was er darin christlich
finde, aufzeichnen, er selbst werde in der Reformation ganz nach Luther's
Meinung vorangehen, „damit dieselbe zur Ehre Gottes ohne Aergerniß
oder Erzürnung ihren Fortgang erlangen möge". Luther möge ferner
seinen Rath ertheilen in Betreff der Maßregeln, die zu ergreifen seien,
um die Bischöfe, Prälaten und Geistlichen im Ordensgebiete, von denen
einige der Ordensregel unterworfen, andere aber frei wie andere Bischöfe
und Prälaten seien, zu einem wahrhaft christlichen Leben zu bringen.

Die Unterhandlung Oeden's mit Luther führte nicht blos zum er=
wünschten Ziele, sondern bahnte auch eine geheime Zusammenkunft des
Hochmeisters mit Martin Luther in Wittenberg an, wobei letzterer den
Rath gab, die närrische und verkehrte Ordensregel fahren zu lassen, zu
heiraten und das Ordensland in ein weltliches Herzogthum zu ver=
wandeln. Mit lachendem Munde vernahm der Hochmeister diesen Rath,
dem auch Melanchthon beistimmte [4]). Schon am 28. März 1523 hatte
Luther die Herren des Deutschen Ordens aufgefordert, ihre Gelübde zu
brechen und zur Ehe zu schreiten. Er wußte offenbar schon damals,
welche Dinge sich in Nürnberg durch den Einfluß Osiander's auf den

---

[1]) Mittwoch nach Veritat. Maria 1523. Wiener Staatsarchiv.
[2]) Voigt, der es S. 668 anführt, gibt von ihm nur einen dürftigen Auszug.
Es ist datirt Sonntag nach Octava corp. Christi.
[3]) 29. Juni 1523. Voigt, S. 687.
[4]) Hase, S. 14.

Hochmeister vorbereiteten und was er in dieser Beziehung wagen konnte. Nach Nürnberg zurückgekehrt, setzte Markgraf Albrecht seine Correspondenz mit Luther fort, dem er fünf Fragen vorlegte[1]). Während in dem Hochmeister der Entschluß reifte, aus dem Ordenslande, das ihm zur Wahrung übergeben worden war, mit Beseitigung seiner Eide ein weltliches Fürstenthum zu machen, zu heiraten, wie Luther seine Ordensgelübde mit Füßen zu treten, nach dessen Rathe, „die alberne und verkehrte Ordensregel auf die Seite zu werfen", voranzugehen, trug der Hoch= meister noch dem Meister von Livland auf, seine Ordensritter ja zu überwachen und jeden, von dem er erfahre, daß er mit dem Gedanken des Abfalles vom Orden und der Verehelichung umgehe, „auf's Ernst= lichste zu bestrafen ohne Gnade und Schonung. Ihm sei glaublich für= kommen, wie etliche Ordenspersonen sich in den ehlichen Stand von Luther's wegen begeben wollten. Wo nun solches geschehe, mocht's eine endliche Ausreutung unseres Orden's insunderheit der Lande Preußen und Liefland geben, und wo dieselben fällig, alsdann der Orden ganz ausgetilgt werden, nachdem Polen allwegen darauf gehandelt, daß der Orden in weltliche Hände gestellt würde". Das genügte nicht. Gerade sechs Tage bevor der Hochmeister den Brief an Luther schrieb, welchen er seinem „treuen Rathe" Magister Oeden mitgab, schrieb er[2]) (8. Juni 1523) an den Ordensprocurator zu Rom, er möge den Papst von dem verderb= lichen Verfahren im Orden unterrichten, ihn um ein strenges Strafedict gegen die Gesetzwidrigen, welche sich an Luther anschlössen, ersuchen und ihn bitten, die Maßregeln zu bezeichnen, welche er, der Hochmeister, zu ergreifen habe. Er verdächtigte auch noch den König von Polen, der schon vor Jahren dahin gestrebt, den Orden in weltliche Abhängigkeit zu bringen und es gewiß gerne sehen würde, wenn das subtile Gift, die lutherische Lehre, im Orden zu dessen Verderben Eingang fände[3]).

Adrian war es erspart, in den Abgrund von Heuchelei und Nieder= trächtigkeit dieses deutschen Fürsten zu blicken, der den Polenkönig bei ihm Handlungen beschuldigte, die er selbst ehr= und gewissenlos beging.

Auf die Apostasie, welche man die Einführung des Evangeliums nannte[4]), den Bauernaufstand, der sie begleitete, und die Vermählung des Herzogs, zu welcher Luther geladen wurde, folgte am 10. April 1525

---

[1]) Hase, S. 14.

[2]) Montag nach corpus Christi 1523. Voigt, S. 693.

[3]) Voigt, S. 691, theilt auch dieses Schreiben nur im kürzesten Auszuge mit.

[4]) Natürlich hat Voigt dafür nur Entschuldigungen. Der Zweck heiligt ja das Mittel!

28*

die feierliche Belehnung Albrecht's mit dem Herzogthum Preußen als
einem polnischen Kronlehen für ihn und seine Brüder, die Markgrafen
Georg, Casimir und Johann, zu Krakau durch König Sigmund, nachdem der bisherige Hochmeister dem Polenkönige auch die Urkunde des
staufischen Kaisers Friedrich II. ausgeliefert, durch welche Preußen
dem Orden verliehen worden war. Er beeilte sich, das Zeichen des
polnischen Königs am herzoglichen Halse zu tragen¹).

Der Hochmeister überlebte den Vater, Markgrafen Friedrich (gest. 1536),
den sein Sohn Casimir von 1515 bis 1527 eingekerkert hielt, seine
Brüder, die Markgrafen Johann (gest. 5. Juli 1525), Casimir, welcher
gehaßt und verabscheut am 21. September 1527 starb, Gumprecht,
der von Frundsberg's Landsknechten 1527 erschlagen wurde, Georg
(gest. 1543), dessen Nachkommen Baireuth und Ansbach, die beiden fränkischen Markgrafschaften, vereinigten, und auch den schrecklichen Albrecht
(Alcibiades), Casimir's Sohn, der zum Glücke der Deutschen 1557 erschlagen wurde²). Preußen wurde unter ihm der Sitz der heftigsten theologischen Streitigkeiten. Schon 1547 klagte Staphylus, daß die Inquisition in den Niederlanden nicht so arg sei als in Preußen³). Am
28. October 1566 wurden der Hofprediger Funk und zwei Andere enthauptet; am 20. März 1568 starb der ehemalige Hochmeister mit Hinter-
lassung eines unmündigen Prinzen.

Sechster Abschnitt.

Die Niederlande.

Das Bild der Thätigkeit des Papstes wäre viel umfassender und
reichhaltiger, stünden uns seine Regesten zu Gebote und würde sich das
Mißgeschick, das in dieser Beziehung sein Andenken traf, nicht auch auf
die Briefe des Erzherzogs Ferdinand, auf einen Theil der Correspondenzen

---

¹) Bei Meister Arnold Wenk in Nürnberg bestellte er den Schmuck, den er
fortan als Herzog von Preußen tragen sollte, an goldener Kette den Adler mit auf-
gethanen Flügeln, auf des Adlers Brust S — den Anfangsbuchstaben des Namens
Sigmund. Hase, S. 33.

²) Ueber die Zustände im brandenburgischen Hause vergl. auch Höfler's Barbara, Markgräfin von Brandenburg, 1. und 2. Abtheilung. 1867.

³) Hase, S. 76.

Kaiser Karl's und vor Allem auf die mit König Franz von Frankreich erstrecken. Die Sammlungen, welche Ordensmänner von päpstlichen Breven und Bullen veranstalteten, sind beinahe die einzigen, auf welche wir uns stützen können. Sie belehren uns, daß der Papst dem Kloster Elgin Begünstigungen gewährte, den Predigernonnen zu Hirschfeld, Augsburger Diöcese, das Recht, ein Kloster zu begründen [1]), denjenigen, die das Kloster von St. Peter und Paul besuchen würden [2]), einen Ablaß verhieß, den Predigern zu Toledo das Recht gewährte, Statuten für ein Nonnenkloster zu entwerfen, wobei Adrian Conservatoren ernannte, die dafür zu sorgen hatten. Weitere Privilegien erhielten die Prediger zu Vittoria [3]) und St. Maximin, Aachener Diöcese [4]). Dem Provincial-vicar [5]) der Prediger in der Lombardei wurde der Auftrag ertheilt, das Dominicanerkloster in Pesaro zu reformiren; dem Camaldulenser Julian gestattet [6]), in Jerusalem und überhaupt außerhalb Italien's seinen Orden auszubreiten, den Erzbischöfen von Sens und Toulouse die Sorge für die Minoriten in Frankreich übergeben [7]). Als im alten Patarenerlager, in Como, Zauberei getrieben wurde, erhielt der Inquisitor daselbst den Auftrag, einzuschreiten [8]), noch am 31. Juli 1523 wurde die Theilung der Ordensprovinz Etrurien den Minoriten von der strengen Observanz zugestanden. Namentlich erfreuten sich die venetianischen Kirchen der Sorge des Papstes. San Marco erhielt am 6. Mai 1523 eine Bestätigung der Indulgenzen für den Himmelfahrtstag Mariens (15. August). Marino Sanuto führt noch mehrere andere Gratien für venetianische Kirchen an.

In einer ganz besonderen Lage befand sich der Augustinerorden, dem Luther angehörte. Die hervorragendsten Männer desselben hatten sich für das Princip der kirchlichen Reform ausgesprochen und standen auch in dieser Beziehung dem Papste treu zur Seite. Andererseits [9]) war es begreiflich, daß, wie die Lehre des Knappensohnes bei den Bergknappen in Schwaz und anderen Orten Eingang fand, wie die Prediger für Girolamo Savonarola Partei genommen und ihren Ordensbruder nicht

---

[1]) Bremond, 31. August 1422.
[2]) l. c. 31. December 1522.
[3]) l. c. 20. Februar 1523.
[4]) l. c. 1. April 1523.
[5]) l. c. 3. April 1523.
[6]) 7. Juli 1523.
[7]) Mittarelli, VIII, 36. 6. Juli 1523.
[8]) Waddingus. 8. Juli 1523.
[9]) 20. Juli 1523.

fallen ließen, ein Theil der Augustiner sich Luther zuwandte. Zwar nicht wie wir gesehen haben, Staupitz[1]), Provincial des Augustinerordens in Meißen und Thüringen, der nur eine Reformation im Innern der katholischen Kirche wollte und Luther die bittere Bemerkung schrieb, seine Lehre gefalle vor Allem denen, die schlechte Häuser besuchen. In Italien stand der Augustiner=Cardinal an der Spitze der strengreformatorischen Bewegung. Anders war es in Belgien, wo Luther im Augustinerkloster zu Antwerpen Anhänger fand.

Es ist ganz irrig, was Henne sagt[2]), Karl habe sich in den religiösen Angelegenheiten sehr indifferent gezeigt. Die Begegnung mit Luther hatte ihn, wie einst König Sigmund die Begegnung mit Huß, zum Gegner seiner Lehre gemacht, und wenn im deutschen Reiche die kaiserlichen Mandate durch die fürstlichen Räthe vereitelt wurden, war er gar nicht gewillt, in seinen Erblanden die Verachtung der Gesetze zu dulden, welche mit der Reformation als evangelische Tugend emporkam. Mochte das kaiser= liche Edict vom 8. Mai 1521 den Landesprivilegien entgegen sein, der Kaiser beharrte auf dem Standpunkte, daß das Kaiserthum über den Ländern stehe und ernannte nun selbst am 23. April 1522 den Rath des Conseils von Brabant, Franz von der Hülst, und den Karmeliter Nicolaus von Egmont zu Inquisitoren in den Niederlanden mit dem Auftrage, alle Individuen, welche mit dem Gifte der Häresie befleckt waren, zu ergreifen und zu bestrafen, wie es der Kaiser für sich selbst thun könne[3]). Es war offenbar eine Erklärung, die auf den Ketzer= gesetzen Kaiser Friedrich's II. beruhte, zugleich ein vollgiltiger Beweis, daß der Kaiser die Inquisition für eine Staatsanstalt ansah und so behandelte. Wie die spanische Inquisition unter dem obersten königlichen Gerichtshofe stand, stand die neue Inquisition unter dem Präsidenten des großen Rathes von Mecheln; alle Beamten erhielten am 30. April 1522 den Befehl, die Inquisitions=Commission zu unterstützen. Die Regentin (Prinzessin Margaretha) und der geheime Rath beauftragten sodann Nicolaus von Egmont, sich nach Antwerpen zu begeben und die Predigten des Priors der Augustiner, Heinrich von Zütphen, zu untersuchen. Der Karmeliter that es und ließ am 30. September 1522 den Prior während seiner Predigt festnehmen. Er wurde jedoch durch die Menge, namentlich Frauen, befreit, entkam nach Bremen, wo er seine Predigten fortsetzte, bis ihn holsteinische Bauern erschlugen. Gleichzeitig mit dem Prior wurden alle

---

[1]) Döllinger, die Reformation. II. Auflage. 1. S. 162.
[2]) IV, p. 300.
[3]) Henne, l. c. p. 303.

Conventualen festgenommen, in verschiedene Gefängnisse gebracht, ihnen der Proceß gemacht. Jacob von Provost und mehrere Andere unterwarfen sich, die Augustiner Heinrich Voes und Johann von Essche, welche es nicht thaten, wurden degradirt und am 1. Juli 1523 auf dem großen Platze zu Brüssel verbrannt. Lambert Thoren starb im Gefängnisse zu Vilvorde. Die Regierung verlangte von Papst Adrian VI. die Genehmigung zur Zerstörung des Augustinerconventes, zum ewigen Gedächtniß, wie sich Kaiser Karl V. (10. Januar 1523) ausdrückte. Sie wurde ertheilt[1].

Man war nicht gleich anfänglich zum Aeußersten geschritten. Schon 1519 hatte sich der Augustiner Jakob Springer von Antwerpen auf Seite Luther's gestellt, jedoch in Gegenwart Hieronymus Aleander's, des kaiserlichen Beichtvaters Johann Glapion, seine Lehrsätze widerrufen. Corneille de Schryver (Grapheus), der das Buch des Johann Goch von Mecheln über die Freiheit der christlichen Religion in's Flämische über- setzt und mit einer geharnischten Vorrede begleitet hatte, stellte, von der allgemeine Bewegung ergriffen, eine Anzahl von Behauptungen auf, die gegen den Papst und den Kaiser gerichtet waren, ein allgemeines Priesterthum und Lehramt vertheidigten, wie denn gewöhnlich bei großer Gährung der Gemüther das Unreifste sich zuerst in den Vordergrund drängt. Man hat kein Recht, ihm daraus Vorwürfe zu machen, daß er Unaus- gegorenes am 6. Mai 1522 feierlich zurücknahm. Allmälig nahm aber die Parteiung zu, die öffentlichen Erklärungen folgten und riefen das Einschreiten des Kaisers hervor, das dann wieder durch die gewaltsamen Regungen der Massen in den nächsten Jahren ebenso gerechtfertigt schien, als andererseits die Strenge der Strafen die Eifrigen nicht abhielt, ihre Ueberzeugungen auch mit Gefahr des Lebens zu bekennen. Adrian ernannte, dem Verlangen Kaiser Karl's nachgebend, den Magister Franz van der Hülst am 1. Juni 1523 zum allgemeinen Inquisitor für die Niederlande; allein während von seiner Religion, Gelehrsamkeit, Klugheit und vor Allem von seinem Eifer für das Haus Gottes[2] das Beste erwartet wurde, rechtfertigte der Laie nicht die gehegten Erwar- tungen. Er rief wohl einen großen Widerstand in Holland hervor, ohne ihn bewältigen zu können. Er flüchtete sich von da nach Antwerpen, wo seines Bleibens wieder nicht war, und die Regentin sah sich endlich am 6. September 1523 in die Nothwendigkeit versetzt, den Papst bitten zu

---

[1] Henne, p. 308.

[2] Worte des Breve, das Henne nur mit zwei Zeilen erwähnt. p. 311.

müssen, den Inquisitor durch eine tauglichere Person zu ersetzen. Was sie über ihn dem Kaiser berichtete, bewies selbst, daß es dem Inquisitor am gewöhnlichsten Rechtsgefühle gebrach oder ihm dasselbe im Besitze seiner Vollmachten gänzlich abhanden gekommen war.

Es war Papst Adrian nicht mehr vergönnt, die Maßregel zurück= zune men.

Siebenter Abschnitt.

Der Cardinal von York und Papst Adrian VI.

Die englische Regierung hatte eigentlich in wenigen Jahren zwei große Niederlagen erlitten. Die erste im Jahre 1519, als die Bewer= bungen König Heinrich's um die deutsche Kaiserkrone, sehr ernstlich gemeint, mit Nachdruck unterstützt, aber viel zu spät unternommen, gescheitert waren[1]; die zweite drei Jahre später, als es sich um die Papst= wahl handelte und nun statt des Cardinals von York, der Lehrer Kaiser Karl's V. gewählt wurde, welcher statt König Heinrich Kaiser geworden war. „Ich und der König," wie sich Wolsey auf dem Höhepunkte seiner Macht in unbewachten Augenblicken auszudrücken pflegte, hatten das Ziel ihrer Ambition nicht erreicht, wenn man ihnen auch zugestehen mußte, daß der König und sein erster Unterthan, der Papst von Eng= land, wie man Wolsey im Geheimen nannte, nur das Außerordentliche, das Ungemeine erstrebt hatten. Nichts wäre natürlicher gewesen, als daß der König und sein oberster Kanzler Karl V. und Adrian VI. das Mißgeschick, welches sie getroffen, hätten entgelten lassen; nichts natür= licher, als daß König Heinrich gleich Franz I. in die Arena hinabgestiegen wäre, um mit seinem glücklicheren Rivalen einen Gang auf Leben und Tod zu bestehen. Der König von England, obwohl dem Vergnügen nicht weniger zugethan als König Franz, operirte, von Wolsey geleitet, viel ruhiger und besonnener. Er hielt zuerst die durch ihre Pracht und die Entfaltung ungemeinen Aufwandes ungleich mehr als durch ihre politischen Resultate bedeutende Zusammenkunft mit König Franz zu Calais und stand auf einmal als Vermittler zwischen den sich auf Leben und Tod bekämpfenden Königen von Frankreich und Spanien da[2] (1521). Wolsey verhalf seinem Herrn ohne Krieg mit Kaiser Karl zu einer Stellung, die nur zu

---

[1] Höfler, Karl's I. Wahl zum römischen Könige.
[2] Cavendish, T. III.

bald diesen beengte, weil er sich in jeder politischen Aeußerung von König Heinrich abhängig fühlte.

Der Cardinal war mit der Absicht nach Calais gekommen, als Vermittler zwischen Kaiser Karl und König Franz in Betreff ihrer Streitigkeiten einzutreten, das Bündniß mit Frankreich zu erneuern und Kaiser Karl, den Papst, den König von Frankreich zu einem Bunde zu vereinigen, durch diesen sich selbst an die Spitze des christlichen Europas zu erschwingen. König Heinrich und sein Lieutenant, der Cardinal, sollten die Conservatoren der Vertragsartikel zwischen dem Kaiser und König Franz werden [1]).

Der Congreß ging auseinander und Wolsey kehrte, nachdem er in Brüges einen Vertrag mit dem Kaiser unterhandelt, mit der Ueberzeugung nach Hause, die er auch dem französischen Gesandten nicht verhehlte, es sei keine Hoffnung auf einen Ausgleich vorhanden, König Franz die eigentliche Ursache des Krieges. Das geflügelte Wort, welches er aussprach, der wahre Türke sei der Franzose, bezeichnet den Eindruck, welchen der Aufenthalt in Calais auf ihn gemacht hatte, die Politik, welche er verfolgt hätte, wäre er Papst geworden, die Politik, welche er einschlug, als er am 20. November in Dover landete. Damals war sein König in Kraft der wider Luther herausgegebenen Schrift zum defensor fidei erhoben worden, ein Titel, welcher dem Könige ein Ansehen gab [2]), gleich dem geborenen advocatus ecclesiae, dem römischen Kaiser, der den unmittelbaren Kampf mit Luther nicht auf sich genommen. Der neugewählte Papst aber fand in England eine gegebene Parteistellung vor und alles äußere Ansehen desselben reichte nicht aus, eine Veränderung in dieser Beziehung herbeizuführen. Die Mission des Bischofs von Astorga scheiterte vollkommen.

Es gab zwei Seelen in Thomas Wolsey [3]). In dem Bewußtsein des Einflusses, welchen er besaß, der Macht, die ihm zukam, war er hochfahrend und herrisch, verfolgte er rücksichtslos das einmal vorgesetzte Ziel; in England sollte sich Alles der königlichen Macht beugen, nach Außen England an der Spitze der Staaten stehen [4]). Wer England

---

[1]) Cavendish, p. 190, 191.

[2]) 4. November 1521. Rymer, T. XIII. Der Papst bezeichnete ihn auch mit majestas. p. 759.

[3]) Nirgends ist dieses besser dargestellt, noch kann es besser dargestellt werden als in Shakespeare's King Henry VIII. Act IV, Scene 2.

[4]) Sebast. Giustiniani, venetianischer Botschafter, schrieb von ihm 17. März 1519: whose sole aim was to procure incense for his King and himself. No one could please him better than by stiling him the arbitator of the affairs of Christendom. R. Brown, Calendar, II, n. 1178.

leitete, leitete dann die christliche Welt. Wolsey erfüllte die Pflichten seines hohepriesterlichen Amtes mit Eifer. Es gab nichts Würdevolleres als den Gottesdienst, den er, umgeben von zwanzig infulirten Prälaten, celebrirte. Er war von schöner Gestalt, gelehrt, äußerst beredt und von jener erstaunlichen Arbeitskraft, die nur in angestrengter Thätigkeit sich wohl befindet. Er leitete die Kirche England's, er concentrirte alle Staatsgeschäfte in seiner Hand und staunend berichtete Giustiniani, welcher ihn in nächster Nähe zu beobachten Gelegenheit hatte, daß er die Geschäfte, die in Venedig unter Collegien vertheilt seien[1]), allein betreibe. Er nennt ihn einen gerechten Mann, der ein Ansehen besitze, siebenmal größer als wenn er Papst wäre. Man schätzte sein Einkommen als Erzbischof von York auf 14.000 Ducaten, als Bischof von Bath und Wales auf 8000, als Kanzler auf 5000, an Neujahrsgeldern auf 15.000 Ducaten, sein Silbergeschirr hatte einen Werth von 150.000 Ducaten. Es gereicht ihm zur Ehre, Richard Pace zu den geheimsten Verhandlungen gebraucht, Thomas Morus erhoben zu haben. Er liebte, gelehrte Männer in seiner Umgebung zu haben. So lange er regierte, war England der Sitz der Wissenschaften für Einheimische und Fremde, obwohl gegen letztere sich bereits der Grimm der Nativisten kehrte.

Es war keine geringe Sache, mit dem Könige sich zu stellen, der auf seine Macht so eifersüchtig, argwöhnisch, die den Tudors ange= borene Wildheit nicht zu verhehlen Lust hatte. Der Tyrann war da, es fehlte nur Gelegenheit, die Tyrannei zu zeigen, an Personen, die es wagten, sie herauszufordern. Noch übte Katharina von Aragon eine beschwichtigende Macht über ihn aus. In ihrem Zimmer wohnte er täglich dem ganzen Officium bei; er hörte täglich drei bis fünf Messen. Aber genußsüchtig, allen Arten von Spielen, Gesang und Tanz wie der Jagd leidenschaftlich ergeben, war der Moment vorauszusehen, in welchem er sich von der um sechs Jahr älteren Gemahlin emancipiren und einer lieblicheren Gestalt sich zuwenden werde.

Von den zehn Millionen in Gold, die ihm sein Vater als Erbe des blutigen Kampfes der weißen und rothen Rose durch Confiscationen erwoben, war bereits die Hälfte im französischen Kriege verbraucht. Aber er verfügte über 21 Erz= und Bisthümer, über 180 Benedictiner= und Cistercienser=Abteien, von anderen Klöstern nicht zu reden, und bezog er von dem Clerus England's auch nur Einen Zehent, so trug die= ser 70.000 Ducaten. Gegen den Reichthum des Clerus kamen in England

---

[1]) R. Brown, Calendar, II, n. 1287.

die Laien nicht auf; kein Wunder, wenn sie einem Umsturz der Dinge sich geneigt zeigten. Von den drei Herzogen, dem Marquis und den zwölf Earls, welche die Pairskammer bildeten, besaß der Herzog von Buckingham 30.000 Ducaten Rente. Er war der Nächste am Throne; das kostete ihm nach einem Procesfe, der die blutige Aera Heinrich's VIII. einleitet, das Leben. Er fiel, ein Opfer des königlichen Argwohnes. Der Herzog von Norfolk besaß nur 12.000 Ducaten Rente, ebensoviel der Herzog von Suffolk, welcher die Witwe König Ludwig's XII., Maria Tudor, die Schwester König Heinrich's, geheiratet. Noch schien die Zeit ferne, in welcher die Pairs nicht lesen und schreiben konnten[1]), und doch trennten nur wenige Jahre diese Zeit von der Periode Wolsey's, als man eben nur gefügiger Werkzeuge des Papstkönigs bedurfte. Heinrich's Creaturen brauchten nur abzustimmen und zu verurtheilen, Lesen und Schreiben war für sie unnöthig. Wolsey verlangte von seiner Umgebung Würde und die dem Amte angemessenen Fähigkeiten. Er verfolgte immer große Ziele, wie sie einer Stellung, die als europäisch bezeichnet werden konnte, angemessen waren. Bei Adrian verdrängte oft der Gelehrte den Staatsmann, bei Wolsey herrschte der Staatsmann vor.

Kleinliche Eifersucht, welche sich durch das Nebeneinanderwirken bedeutender Männer beeinträchtigt fühlt, war ihm fremd. Er bedurfte schon für seine großen Stiftungen großer Geldmittel und fand in der Cumulation von Würden, Einkünften und Aemtern nichts Unrechtes[2]). Als er 1522 die Convocation des englischen Clerus eröffnete, um von demselben Subsidien für den französischen Krieg zu erhalten, forderte er denselben auf, den Laien kein schlechtes Beispiel zu geben und dem Könige nicht

---

[1]) Frounde, I, p. 28.

[2]) Am 3. Juli 1522 erklärte Kaiser Karl im Schlosse Walthon in England: Nos faciemus sibi (dem Cardinal von York) assignari atque constitui per S. D. N. Adrianum P. VI. modernum supra fructibus et redditibus aliarum ecclesiarum ex illis quae nunc in praesentiarum vacant, in regnis nostris Hispaniae pensionem annuum 2500 ducatorum sibi solvendam durante toto tempore vitae dicti Reverend. Patris. Rymer, XIII, p. 771. Adrian verlieh ihm (motu proprio, non ad tuam vel alterius — instantiam. VI id. Nov. 1522) die Abtei von St. Alban, welche jährlich 1500 Goldgulden eintrug, auf Lebenszeit mit den übrigen Beneficien und Commenden, die er schon besaß, ohne Rücksicht auf die Bestimmungen Papst Bonifacius' VIII. oder des jüngsten lateranischen Concils (Rymer, l. c. p. 775). Am 26. März 1523 verlieh er ihm auch den Episcopatus Dunelmensis und erlaubte ihm, es neben dem Cardinalate, dem Erzbisthum, der Abtei St. Alban zu besitzen (l. c. p. 783, 784). Endlich im Sommer 1523 (pridie Id. Junii) ernente er ihm die Legatenrechte für ein zweites Quinquennium (l. c. p. 795).

undankbar zu ſein für die vielen Gnaden, die dieſer dem Clerus
erwieſen. Es klang anders als die Worte, welche König Heinrich an
den Sprecher der Gemeinen, Edward Montagu, richtete, als dieſe Miene
machten, die Bill von 800.000 Pfund Sterling für den franzöſiſchen
Krieg zu verweigern: „Ho! Wollen die nicht dulden, daß meine Bill
durchgehe! Entweder iſt meine Bill bis morgen durchgeſetzt oder Euer
Haupt bis morgen von den Schultern getrennt[1]." Die Bill ging
durch. Das war, ehe es den König gelüſtete, den kirchlichen Geſetzgeber
zu ſpielen.

Es charakteriſirt den Cardinal, wie er gegen Papſt Adrian verfuhr,
deſſen Wahl ihn ſelbſt aus allen ſeinen Plänen und Entwürfen heraus=
geriſſen hatte, mit welchen er ſich für den Fall der eigenen Papſtwahl
getragen. Wolſey knüpfte durch den Windſorer Vertrag den Kaiſer auf
das engſte an England und deſſen gegen Frankreich gerichteten kriegeri=
ſchen Pläne. Thomas Earl of Surrey, Admiral von England, Wales,
Irland, Normandy, Gascogny und Aquitanien ward auch Admiral der
ſpaniſchen Flotte[2] (8. Juni 1522).

Der Kaiſer durfte ſich nicht etwa von den oneröſen pecuniären Ver=
pflichtungen des Vertrages durch den Papſt heimlich dispenſiren laſſen[3].
Er trug ſchwer an ihnen. Conſequent ſteuerte Wolſey dem Ziele zu,
ſeinen königlichen Herrn zum Schiedsrichter der Chriſtenheit (arbiter of
Christendom) zu machen[4], ob er nun ſelbſt Papſt würde oder nicht,
und als er es nicht geworden war, bezeugte er dem neuen Papſte,
welcher ſeine hohe Stellung wohl erkannte, jede äußere Ehrerbietung,
die dem „Vater der Chriſtenheit" zukam und wir ſind nicht im Stande,
zu ſagen, der Cardinal von York habe offen eine Empfindlichkeit gegen
Papſt Adrian zu Tage gelegt; dieſer vielmehr trägt Bedenken, ihm ſeine
ausgedehnten Legatenrechte zuzuerkennen und erſt im Sommer 1523
läßt ſich Adrian dazu bewegen.

Mit Mißtrauen verfolgte der Cardinal alle Bewegungen der
Franzoſen, alle Schritte des Kaiſers, ſeines Verbündeten, ob derſelbe es

---

[1] Cavendiſh, III, p. 250.

[2] Cavendiſh, p. 231. Damals kam Anna Boleyn nach England.

[3] Ganz abgeſehen von dieſen, bezog Wolſey von Kaiſer Karl jährlich 9000
Goldkronen, die Herzoge von Suffolk und Norfolk, de Boulant, der Grand Cham-
berlan und der Grand Master je 1000; Richard Wingfield, William Compton, der
Biſchof von London je 500, Thomas Hamacher 200 Goldkronen. Bergenroth, n. 600.
Nach Brown, Calendar, III, pref. XXIII. verlangte Wolſey von dem Kaiſer für ſich
und einige andere Perſonen am königlichen Hofe 22.000 Ducaten jährlich.

[4] Schreiben an Kaiſer Karl. Cavendiſh, III, p. 206.

auch ernſtlich meine. Im September 1522 finden wir den Cardinal in
vollſter Aufregung. Die kaiſerlichen Geſandten haben nicht blos berichtet,
daß Karl glücklich in Spanien angekommen ſei, über ſeine rebelliſchen
Unterthanen und die treuloſen deutſchen Landsknechte Gericht gehalten,
ſeine Mutter beſucht habe, ſondern auch König Franz dem päpſtlichen
Nuntius in Paris, Erzbiſchof von Bari, Friedensanerbietungen gemacht
habe. Er bot Rückgabe von Fuentarabia, Verzichtleiſtung auf die
Penſion von Neapel, Preisgebung von Navarra und Geldern, ſelbſt
Aufhebung des ſo läſtigen Tractates von Noyon an, wenn ihm der
Kaiſer nur — das Herzogthum Mailand überlaſſe[1]). Die Anerbietungen
waren deshalb ſo hoch geſtellt, weil es ſich um einen Separatfrieden
zwiſchen König Franz und Kaiſer Karl handelte, der den Windſorer
Vertrag lahm gelegt hätte. Man begreift, daß der ſehr demüthige Kanzler
des Königs von England (must humble chaplain in ſeinem armen
Hauſe bei Weſtminſter), wie ſich Wolſey unterſchreibt, ungeachtet der
loyalen Mittheilung dieſer franzöſiſchen Anerbietungen durch die kaiſerlichen Botſchafter, ſich in größter Beſorgniß befindet, die nur durch
den Gedanken Beruhigung findet, daß über kurz oder lang auch an
England ähnliche Anerbietungen gelangen dürften[2]). Sie waren aber,
wenn man einer Depeſche Gasparo Contarini's an die venetianiſche
Signoria[3]) Glauben ſchenken darf, ſchon Anfang Juni 1522 durch einen
Secretär der Mutter des König's Franz, Louiſe von Savoyen, an
ihn gelangt. Der Cardinal erklärte jedoch damals, dieſe Anerbietungen
kämen zu ſpät. Es ſei nothwendig, die Franzoſen zu vernichten, von denen
ſonſt kein Friede in der Chriſtenheit erwartet werden könne[4]). Der König
von England habe beſſere Rechte auf Frankreich als der König von Frankreich und beabſichtige, ſich in den Beſitz des Reiches zu ſetzen. Waren
in dieſer Beziehung die Abſichten des Cardinals klar, ſo machte er auch
kein Hehl daraus, daß er dem kaiſerlichen Großkanzler in ſeinen

---

[1]) State papers, n. LIX, p. 101.

[2]) Thoug I verily believe that th' Emperour as a loiall and vertuous
prince woll firmely persist in his loviling mynde towards you (den König)
without variance or alteracion; yet to incourage him soo to doo, not oonely
all the waies and meanes of gratitude must be for the time sett furthe and
advaunced, but also all the scruples of ingratitude and suspicions conjectures
removed and putt aparte, till such tyme as by politique practise, as gode offers
may be made unto your Grace by the Frenshe King as be nowe made by
him to th' Emperour. l. c. p. 103.

[3]) Calendar, III, n. 467.

[4]) Necessario era extirparli, p. 237.

Bestrebungen sich entgegenstelle, da der Kaiser den ganzen Erdkreis beherrschen wolle[1]). Er machte ebensowenig Hehl daraus, wie sehr er die Venetianer verachte (er bezeichnete sie als die infimi di tutti i principi)[2]), worauf dann diese den Plan brüteten, die Kaiserlichen von den Engländern zu trennen, wie König Franz den Richard de la Pole, Earl of Suffolk, als Vertreter der weißen Rose, dem König Heinrich entgegenzustellen beabsichtigte, um den Kampf der weißen und rothen Rose zu erneuern[3]). Man war im englischen Cabinete der Ueberzeugung, daß die Franzosen nur auf den Angriff der Osmanen warteten, um dann an ihrer Seite loszubrechen[4]).

Dem Papste gegenüber ist Wolsey's Verhalten mehr als gemessen. Letzterer schreibt ihm, so oft er eine Maßregel bei König Heinrich durch= setzen will, in seinen Aengsten um Rhodus wie um Ungarn, wegen der Waffenstillstandsfrage, wie wegen des Friedens. Er gewährt ihm die Commende von St. Alban, das Bisthum Durham[5]), die Legatenrechte; er erhielt aber aus England Schreiben, als es sich um die Besetzung von Bisthümern handelte, und kam endlich zu der irrigen Meinung, der Einfluß Wolsey's auf den König könne nicht so groß sein, wie der eng= lische Botschafter Hannibal ihn darstellte[6]). Er würde sonst mehr aus= gerichtet haben. Wolsey scheint sich vorgenommen zu haben, das Pontificat Adrian's nur als eine vorübergehende Erscheinung zu betrachten, welche er nicht mehr Aufmerksamkeit würdigte, als es unumgänglich nothwendig war und die ihn selbst in seinen Plänen nicht beirrte. Adrian, welche nicht dafür war, daß dem Cardinal die Legatenrechte auf Lebenszeit

---

[1]) Iste Cancellarius Caesaris nimia petit et ductus his felicibus successi-bus Caesaris in Italia vellet dominari toti orbi, sed rex meus interponet se tanquam bonus et communis amicus. Wolsey zum venetianischen Gesandten, 13. Juni 1522. Der Großkanzler aber bezeichnete Wolsey als poco religioso. Er habe in den Unterhandlungen eine Clausel zu Gunsten Ungarn's verworfen und gesagt: vertreiben wir zuerst die Türken in nächster Hand (die Franzosen). Calendar, III, n. 507.

[2]) Calendar, III, n. 555.

[3]) l. c. n. 639.

[4]) n. 662.

[5]) 26. März 1523, nach großen Debatten im Cardinalscollegium. But the in-fluence of the King and Wolsey prevailed. Campeggio. Brown, n. 2917, 2918.

[6]) The Pope, schreibt bei dieser Gelegenheit Hannibal an Wolsey, 13. De-cember 1522, is loving and magnanimous and considereth his honor as much as any man that ever was in this dignity. Brewer, n. 2714. Am 13. Januar 1523 schrieb Hannibal, der Papst erwarte Briefe von Wolsey.

gewährt würden, wohl aber für eine Reihe von Jahren[1]), wünschte nichts so sehr, als sich mit Wolsey über die gemeinsamen Angelegenheiten persönlich benehmen zu können. Er betrachtete den König nicht blos als Vertheidiger des Glaubens, sondern auch seiner eigenen Person[2]). So sehr sich aber der Papst bemühte, auf Wolsey und den König von England einzuwirken und ihn günstig zu stimmen, der nordische Cardinal blieb kalt und unzugänglich. Er stand mit dem Vicekanzler des römischen Stuhles, dem Cardinal von Medici, mit dem Cardinal Campeggio, in den intimsten Beziehungen. Der Nuntius des Papstes in Frankreich, Erzbischof von Bari, schickte ihm „im Namen des Papstes" Courriers, welche ihm die Anträge des französischen Königs meldeten[3]). Er hatte Gesandte, Agenten, Späher an allen Orten und war namentlich in Betreff der Vorgänge in Rom so gut unterrichtet, wie von denen in Venedig oder Valladolid.

Der Cardinal ist es, welcher Adrian gegenüber die selbstständige Politik der Verbindung der verschiedenen Mächte gegen Frankreich mit allen Hebeln in Bewegung setzt, die Venetianer durch Zurückhaltung ihrer Galeeren in eine Zwangslage zu versetzen sucht, um sie zum Anschlusse an England und den Kaiser zu nöthigen. Der Papst kann dieser anstürmenden und zugleich Alles unterminirenden Politik keinen Widerstand leisten. Er machte den Kaiser aufmerksam, wie er in der Freiheit seiner Action gelähmt werde und sucht um so mehr die allgemeine Pacification zu veranlassen. Aber Wolsey läßt sich nicht irre machen. Der Krieg gegen Frankreich wird angekündigt, und zwar nach englischer Sitte als ein ungemein harter und grausamer, wie er im fünfzehnten Jahrhunderte iu Frankreich zur systematischen Zerstörung des Landes und seiner Bewohner geführt worden war, und der friedfertigste aller Päpste muß sehen, daß alle seine Ermahnungen, Bitten, Vorstellungen nichts fruchten. Der Cardinal läßt auch keine Ausflüchte der Signoria von Venedig gelten[4]); er verweigerte jede Vermittlung zwischen ihr und dem Kaiser[5]). Bei Alledem kann er dem Argwohne Don Juan Manuel's nicht entgehen[6]),

---

[1]) Fünf. 12. Januar 1523. Brewer, n. 2766. Ein Schreiben Wolsey's an Boleyn und Sampson vom 10. Januar (Brewer, n. 2765) beweist, daß er wegen des Waffenstillstandes an den Papst geschrieben hatte.

[2]) Bericht Hannibal's vom 14. März 1523.

[3]) Schreiben des Erzbischofs vom 11. Mai 1523. Brewer, n. 3018.

[4]) Vergl. Alonso Sanchez an den Kaiser vom 31. August 1522. Bergenroth, II, u. 473.

[5]) l. c. n. 488 vom 15. October.

[6]) Schreiben vom 29. November an den Kaiser. l. c. n. 506.

wie andererseits die Bemühungen des Cardinals nicht ausreichen, den Papst
für die englisch-spanische Liga zu gewinnen. Im Februar 1523 läßt vielmehr
Wolsey dem Papste geheime Anerbietungen machen, er möge, gleichsam als
ginge es von ihm selbst aus, dem Kaiser, den Königen von Frankreich und
England einen Waffenstillstand auf ein Jahr, jedoch mit Ausschluß ihrer
Bundesgenossen anbieten[1]). Man weiß in der That nicht, ob dieses
unerwartete Einlenken in friedliche Unterhandlungen, offenbar hinter dem
Rücken des so kriegerisch gesinnten Königs Heinrich, den wahren Gedanken
Wolsey's bildete, er fand aber an dem Kaiser, wie an den beiden Königen
gleich großen Widerstand. Daß Richard Pace von seiner Ankunft in
Venedig bis Ende Februar 1523[2]) ohne alle Weisungen gelassen wurde,
dürfte beweisen, daß man damals in London mit doppeltem Winde zu
segeln bemüht war. Allein so sehr sich auch die politischen Bestrebungen
durchkreuzten, die kühnsten Rechner sahen sich plötzlich durch Ereignisse
in ihren Combinationen aufgehalten, die außerhalb ihrer Berechnung
standen. Während König Heinrich „den Lord of Bath", John Clerk,
ermächtigte, ein Bündniß mit dem Papste, König Karl V., dem Herzoge
von Mailand und den Schweizern abzuschließen, Richard Pace in Venedig
beauftragt wurde, die Vermittlung zwischen dem Kaiser und Venedig zu
übernehmen (12. Mai 1523), zugleich um „der lutherischen Häresie ein Ende
zu machen"[3]), waren die Briefe Adrian's und des Cardinalscollegiums,
welche den christlichen Königen den Verlust von Rhodus verkündeten, schon
unterwegs. Der neuernannte Bischof von Bath und Wales war über der
eigentliche Vertraute Wolsey's. Er empfing schon im März Instructionen
für eine **neue Papstwahl**[4]), die damals für unausbleiblich erachtet wurde
und da der Kaiser von dem Könige von England abhing, Wolsey des
ersteren feste Zusage besaß, so tritt das **Ziel der Politik des Cardinals von York** im Frühlinge 1523 klar hervor[5]).

Am 16. April eröffnete der König in ungemein feierlicher Weise
das Parlament[6]). Dr. Tunstall, Bischof von London, hielt statt des Car-

---

[1]) Bergenroth, n. 530.
[2]) Schreiben des Alonso Sanchez vom 28. Februar 1523. Bergenroth, n. 531.
[3]) Auch Suriano's Berichte bei Brown, n. 651, beweisen, daß König und
Cardinal in Betreff der Sendung Pace's nicht übereinstimmten. Suriano meinte am
8. Juni 1523, Wolsey habe nicht mehr das ganze Vertrauen des Königs. Calendar,
III, n. 687.
[4]) Brewer, n. 2887—2889.
[5]) Brown, n. 651.
[6]) Der neue Gesandte erhielt den speciellen Auftrag, dem Waffenstillstande des
Papstes englischerseits nur zuzustimmen, wenn der König von Schottland davon

dinals die Eröffnungsrede, in welcher er die Gründe auseinandersetzte, warum König Heinrich, nachdem er alle Mittel aufgeboten, den König von Frankreich zum Frieden mit dem Kaiser zu bewegen, von dem Könige, der den Vertrag von London gebrochen, gezwungen worden sei, Krieg zu führen. Es war auffällig, daß der Cardinal, welcher sich mit Unwohlsein entschuldigt hatte, die Rede nicht hielt. Der König erwartete dafür, er werde seine Pflicht im Parlamente thun.

Als Wolsey sich dann an beide Häuser des Parlamentes wandte, hob er gleichfalls hervor[1]), wie der König von Frankreich den Frieden verletzt und namentlich den mit den Schotten geschlossenen gebrochen habe. Die uns überlieferte Rede wurde jedoch erst gehalten, als die verlangten Subsidien schon gewährt waren[2]) und drückte nun den Lords und den Commons den Dank des Königs aus. Allein die Rede, welche in Gegenwart des Königs der Sprecher des Unterhauses, Thomas Morus[3]), hielt, beweist, daß der Cardinal durchweg in weitläufiger Rede all' das Unrecht auseinandergesetzt hatte, welches König Franz[4]) sich erlaubt hatte. Der Sprecher zeigte sich voll Enthusiasmus für einen Krieg, um Frankreich wieder zu erobern und erklärte geradezu, es sei jetzt keine Zeit von Frieden zu reden. Mangel an Wahrheit sei in der französischen Nation so tief begründet und ihre Begierde nach Ausdehnung ihrer Grenzen so unersättlich, daß, wenn die Engländer auch keinen Streit mit den Franzosen hätten, sie doch diese wegen ihrer Falschheit gegen andere Fürsten verabscheuen müßten. Wenn nicht gegeißelt, würden sie eine Geißel für Andere[5]). Nach dieser hyperpatriotischen Expectoration ganz im Sinne König Heinrich's, Wolsey's und des Hauses Lancaster, das im fünfzehnten Jahrhunderte die Eroberung Frankreich's mit allen Mitteln und zuletzt

---

ausgeschlossen wäre. Brown, n. 665. Der Herzog von Sessa nennt ihn die Seele des Cardinals von England. 11. Juni. Bergenroth, n. 555.

[1]) Brown, n. 663.

[2]) Brewer, n. 2957.

[3]) Nach Brewer, Cromwel. Allein die State papers weisen nach (p. 124, n. 2), daß Sir Thomas More Speaker in the house of Commons war während des Parlamentes, das am 13. August 1523 aufgelöst wurde. Mackintosh in seiner life of Sir Thomas More ergeht sich über das Benehmen des letzteren als Sprecher im Jahre 1523 sehr ausführlich.

[4]) By François now reigning there. Brewer, n. 2958.

[5]) Es war eine Paraphrase dessen, was König Ferdinand von Neapel schon 1493 in einem Schreiben an Papst Alexander VI. ausgesprochen: wenn die Franzosen zu Hause Ruhe haben, liegt ihnen nichts näher, als in Italien Unheil anzustiften. Trinchera.

v. Höfler: Adrian VI.   29

doch fruchtlos und zur äußersten Erschöpfung England's betrieben, lenkte jedoch der Sprecher sichtbar ein. Er machte auf die ungeheuren Schwierig= keiten aufmerksam, die ein Krieg mit Frankreich ergebe, das seiner Ge= wohnheit nach in diesem Falle sich auf Schottland stütze. Ein Heer von 30.000 Mann zu Fuß, von 10.000 Mann zu Pferd auf französischem Boden zu unterhalten, werde bald England größeren Schaden bringen als Frankreich. Ehe drei Sommer vorüber seien, würde die Armee das ganze baare Geld, das edle Metall England's, das auf eine Million angeschlagen würde, verbraucht haben[1]), der ganze Werth England's betrage ja nur vier Millionen, und zwar eine an liegenden Gütern, zwei an Haushalt, Vieh, Getreide, Waaren. Da bleibe denn nichts Anderes übrig, als Münze aus Leder zu prägen. Der Gedanke an Papiergeld lag zu ferne. Ziehe die englische Armee vor Paris, so möge man an die Taktik der Franzosen denken, die jetzt Schlachten vermieden — im Gegensatze zu den Tagen von Creffis, Maupertuis und Azincourt — wohl aber dem Feinde alle Zufuhr abzuschneiden sich bemühten. Dadurch werde der Festungskrieg nothwendig, wie denn Heinrich VII. zuerst Boulogne, Karl V. Tournay, Heinrich VIII. Terrouenne belagert hätten. Es lautete ungemein sonderbar, als der Sprecher hervorhob, während Kaiser Karl vor Tournay im Felde lag, habe König Franz drei oder vier Personen vom höchsten spanischen Adel bestochen, so daß der Kaiser genöthigt gewesen, bei seiner Rückkehr der Gerechtigkeit freien Lauf zu lassen. Der Cardinal habe gesagt, daß selbst Herr von Chièvres von den Franzosen bestochen worden sei[2]). Seit der Kaiser nach Spanien zurück= gekehrt, hätten die Statthalter der Niederlande französischen und schottischen Kaufleuten Päffe gegeben, während, wenn die Engländer ihren Vortheil verständen, Tausende von französischen Arbeitern, die nur lebten, indem sie englische Wolle verarbeiteten, genöthigt wären, das Geschrei um Frieden an ihren König zu richten.

Mochte aber der Sprecher die Gefahren eines französisch=englischen Krieges noch so düster malen, die geistlichen Lords, die weltlichen, die Commons waren einig. Der zweite König aus dem Hause Tudor wollte, da er nicht Kaiser geworden war, den Versuch wagen, den das Haus Lancaster gewagt[3]); Heinrich sah sich schon im Geiste als König von

---

[1]) All the corn and bullion in the realm. l. c. p. 1248.

[2]) Corrupted by their policy and gifts.

[3]) The King's Grace saied that he trusted in God to be their Governour him self and that they shold by this meenys make a way for him as King Richard (III.) did for his father (Heinrich von Richmond). State papers, p. III.

Frankreich, Wolsey als Papst. Adrian war ein Sterbender, seine Tage waren gezählt, da zählte er selbst nicht mehr. Man verfügte bei seinen Lebzeiten über seine Hinterlassenschaft. Als der dazu ernannte Special= commissär, der Lord von Bath, seinen feierlichen Einzug in Rom hielt, hatte Adrian freilich keine Ahnung von dem, um was es sich eigentlich handle. Der Papst dachte nur an Frieden und Eintracht, und diejenigen, mit welchen er deshalb unausgesetzt unterhandelte, würfelten bereits um seine Tunica. Am 2. Juli 1523 schlossen die Bevollmächtigten König Heinrich's und des Kaisers den Vertrag von Valladolid ab, demzufolge der Krieg mit Frankreich von zwei Armeen am 17. August eröffnet werden sollte[1]). Der Haß der Engländer gegen die Franzosen war so tief gewurzelt, daß Richard Pace, als er das Bündniß mit Venedig zu Stande gebracht, dem Kaiser schrieb (29. Juli 1523), er halte sich selbst für prädestinirt, den Ruin des Königs von Frankreich herbeizuführen[2]).

Niemand hatte eine Ahnung, daß viel eher der Ruin der katholischen Kirche in England bevorstand, und zwar durch den, der kurz vorher als Vertheidiger des Glaubens ein Buch „gegen den Ketzer Dr. Martin Luther" geschrieben hatte. Das ist die Ironie der Weltgeschichte.

Achter Abschnitt.

Kaiser Karl V. und Papst Adrian VI.

Kaiser Karl, für welchen gerade damals kühne Spanier Mittelamerika eroberten, befand sich fortwährend in Spanien, bemüht, die Spuren des großen Aufstandes der Castilianer zu verfolgen und das gesunkene könig= liche Ansehen wieder herzustellen. Der Verlust von Fuentarabia, dessen sich die Franzosen bei dieser Gelegenheit bemächtigt, lastete schwer auf dem Königreiche Navarra, aus welchem die französische Armee glücklich hinausgeschlagen worden war, und bedrohte auch die spanischen Herr= schaften Biscaya, Alava und Guipuscoa. So lange Fuentarabia nicht wieder spanisch geworden, konnte sich der Kaiser nicht im ruhigen Besitze von Spanien fühlen. Zu dem Aerger über den Verlust der für unein= nehmbar erachteten Feste kam der nichts weniger als angenehme Gedanke, daß sein erster Aufenthalt in Spanien 1517 bis 1520 wesentlich bei=

---

[1]) Bergenroth, n. 561.
[2]) l. c. n. 585.

getragen, die Keime des Aufstandes auszustreuen, sowie die Ueberzeugung,
daß die eigentlichen Urheber desselben in viel höheren Kreisen zu suchen
seien als in denen der Hidalgos, des städtischen Adels. Der Papst
hatte darüber als Gobernador sichere Kunde erlangt, hütete sich jedoch,
von dem Staatsgeheimnisse schriftliche Mittheilung zu machen. Die von
beiden Seiten, dem Kaiser wie dem Papste, gewünschte Zusammenkunft
war nicht zu Stande gekommen und da kam nun der Kaiser auf den
sehr nahe liegenden Gedanken, aus dem gefangenen Bischofe von Zamora,
Antonio de Acunna, der an dem Aufstande persönlich den größten Antheil
genommen, ihn von den Ufern des Duero an die des Tajo gespielt hatte,
mit den Franzosen in Verbindung war, sich zum Herrn von Toledo
aufzuschwingen gesucht hatte, dann aber sich flüchten mußte und auf der
Flucht von einem königlichen Soldaten gefangen worden war — nöthigen=
falls durch Anwendung der Folter Geständnisse zu erpressen. Fortwährend
wurde deshalb an dem Papste gearbeitet, die kirchliche Ermächtigung zu
erlangen, um gegen den Bischof, welcher von der Feste Najera nach der
von Simancas gebracht worden war, das peinliche Verfahren einleiten
zu dürfen.

Vor Allem aber handelte es sich darum, von der notorischen Zuneigung
des Papstes die möglichst freie Verfügung über die Bisthümer des großen
spanisch=burgundischen Reiches zu erlangen und Adrian zum Eintritt in
den großen Bund gegen Frankreich zu bewegen. Man sah es, als der
Papst von Anfang an das Bedürfniß des Friedens hervorgehoben hatte
und in diesem Bestreben ebenso von dem Cardinalscollegium als von
den Venetianern unterstützt, von der richtigen Würdigung der deutschen,
polnischen und ungarischen Verhältnisse getragen wurde, im Cabinet des
Kaisers bereits als einen Sieg an, daß Adrian nicht durch Frankreich
gegangen, nicht mit König Franz zusammengekommen war. Das Project
eines großen Congresses zur Pacification des christlichen Europa's war
freilich dadurch, daß Adrian mit keinem der eigentlich maßgebenden
Souveräne zusammengekommen war, nicht gefördert worden und ver=
schwand sehr bald bei der Unmöglichkeit, die hadernden Fürsten zusammen=
zubringen oder auch nur einen Allen genehmen Ort für den Congreß
ausfindig zu machen. Je länger sich aber die Unterhandlungen wegen
eines Waffenstillstandes, geschweige denn eines Friedens als Basis zum
gemeinsamen Vorgehen gegen die Osmanen hinausschoben, desto schlimmer
wurde die Lage der Insel Rhodus, welche der am weitesten vorgeschobene
Posten der christlichen Schlachtordnung war und eben deshalb von den
Osmanen mit aller Wuth angefallen wurde, mit gleicher Energie von

den christlichen Völkern hätte vertheidigt werden sollen. Es war denn doch kein Geheimniß, daß wenn Rhodus gefallen war, der nächste Angriff dem Königreich Ungarn gelte, die Eroberung desselben und der Krieg donauaufwärts nur für den Moment verschoben worden sei.

Am 29. August 1521 hatte Sultan Soliman Belgrad erobert. Die Knechtung Serbien's, das sein trauriges Schicksal selbst vorbereitet, nur zu sehr verdient hatte, war dadurch für Jahrhunderte eine vollendete Thatsache geworden. Bosnien, der Sitz der Patarener, hatte sich dem Islam in die Arme geworfen; der moslemische Slave knechtete hier den christlichen, wie die Thorheit der Serben den Fall von Constatinopel erleichterte. Der Haß der christlichen Nationalitäten sicherte den Os= manen die kaum gewonnene Herrschaft. Ungarn, zum großen Theile das Glacis von Belgrad, harrte in dumpfer Rathlosigkeit des osmanischen Eroberers, der das eine Auge der Christenheit gewonnen, als dieser sich entschloß, erst nach dem anderen, Rhodus, sich zu wenden und nachdem er Flotte und Heer abgesandt, die wichtige Insel den Johannitern ab= zunehmen, am 25. August 1522 selbst in das Lager kam, die Belage= rung der Stadt mit dem äußersten Nachdrucke zu betreiben. Zwei Tage später landete Papst Adrian mit achtzehn Galeeren bei Cività Vecchia. Am Jahrestage der Eroberung Belgrad's zog der deutsche Papst in Rom ein. Es war am 27. August 1522[1]), daß der Freund und Gönner Dr. Martin Luther's, Franz von Sickingen, welcher 1521 als Herr von Deutschland bezeichnet worden war, dem Churfürsten von Trier den Krieg erklärte und damit den Plan der Reichsritterschaft, die geistlichen Fürsten zu stürzen, offen darlegte. An demselben Tage erschienen Alfonso Sanchez, Botschafter des Kaisers, und Richard Pace, Botschafter König Heinrich's VIII. von England, im herzoglichen Palast zu Venedig vor dem Dogen, dem Senate und der Signoria, um, in Kraft des Londoner Vertrages vom 16. Juni, Venedig anzufordern, am Kriege gegen — König Franz von Frankreich theilzunehmen[2]).

So brach zugleich der Bürgerkrieg in Deutschland, der Kampf mit den Osmanen, der Krieg mit Frankreich aus, drohte die Vernichtung Ungarn's, ob Italien französisch oder türkisch würde, war die Frage; man befürchtete das Eine wie das Andere.

Zunächst mußte man jedoch abwarten, ob die Freunde nicht größere Verlegenheiten bereiten würden als die Feinde.

---

[1]) Ranke, deutsche Geschichte, II, S. 55.
[2]) Calendar of state papers, II, p. 478, n. 472.

Noch in Spanien hatte sich der Papst über die geringe Bereit=
willigkeit der Vicekönige beklagt, welche es nicht vergessen konnten, daß
er als Gobernador ihren Interessen entgegen gehandelt hatte. Er mußte
sehr bald empfinden, daß Don Juan Manuel, der kaiserliche Botschafter
in Rom, noch viel weniger freundliche Gesinnungen hege.

An demselben Tage, an welchem Adrian das Cardinalscollegium
um sich versammelte und den im Purpur Einherschreitenden (purpurati)
das Maß ihrer Einkünfte vorzeichnete, hielt er auch mit den anwesenden
Botschaftern einen Kriegsrath zur Rettung von Rhodus und der Abwen=
dung der Türkengefahr von Italien[1]), wo ja schon früher Otranto ihnen
hatte abgenommen werden müssen (1. September 1522). Der kaiserliche,
der englische, französische, polnische und venetianische Botschafter sammt
dem Johanniter=Prior wohnten der Berathung bei. Es mußte Allen
einleuchten, daß die Rettung von Rhodus und überhaupt der Christen=
heit von dem Joche der Osmanen nur durch eine allgemeine Pacification
der christlichen Mächte möglich war, zunächst aber Venedig als größte
Seemacht in die Action trete und mit seinen fünfzig Galeeren Rhodus
zu Hilfe eile. Aber gerade Venedig war ja zur Theilnahme an dem Kriege
gegen Frankreich aufgeboten worden und sollte jetzt seine Seemacht gegen
die Osmanen verwenden! Wir erwähnten, daß es damals Aloisio Gra=
denigo, dem venetianischen Botschafter, nicht zu schwer fiel, darzuthun,
daß die Seemacht der Republik der der Osmanen nicht gewachsen sei.
Seine Ausführung wurde durch den polnischen Botschafter bekräftigt. Es
lag nicht im Interesse Venedig's, sich einen Osmanenkrieg auf den
Hals zu laden. Von einer allgemeinen Betheiligung der christlichen Mächte
konnte ja bei dem französisch=spanischen Kriege keine Rede sein und das
Resultat der Berathungen erstreckte sich endlich darauf, daß der Papst
befahl, zwei Schiffe, jedes zu 1000 Mann, auf seine Kosten auszurüsten
und dem Cardinal Medici, dem Protector des Johanniterordens, auftrug,
diese Unterstützung den Belagerten zukommen zu lassen. Da aber der
Cardinal in der nächsten Zeit nach Florenz zurückging, mußte die Aus=
führung des päpstlichen Befehles, ganz abgesehen von der Leere der päpst=
lichen Cassen, von selbst ins Stocken gerathen.

Die Venetianer befanden sich in einer eigenthümlichen Lage, wo es
großer Klugheit bedurfte, sich, ohne zu zerschellen, hindurchzuwinden. Doge
und Senat hatten den englischen Botschafter Richard Pace auf das glän=
zendste aufgenommen[2]). Als aber Pace die Aufforderung stellte, sich mit

---

[1]) Brewer, p. 346.
[2]) Brewer, p. 2497, 2498.

dem Kaiser und dem Könige gegen König Franz zu verbünden, erfolgte die Antwort, Venedig habe bis jetzt noch keinen Frieden mit dem Kaiser abgeschlossen, der Papst aber die Venetianer zu einem allgemeinen Frieden aufgefordert, da der Türke die Christenheit mit Krieg überziehe. Sobald daher der Friede mit dem Kaiser abgeschlossen sei, zweifelten sie nicht, daß sich Alles nach des Königs Wunsch gestalten werde.

Die Venetianer konnten diese Antwort, welche übrigens Richard Pace ihrem wahren Werthe nach wohl zu würdigen verstand, um so leichter geben, als ihnen wohl bekannt war, daß der Bischof von Scardona im Auftrage Adrian's durch Venedig gekommen war, um sich von da nach Frankreich zu begeben und König Franz zu versichern, Adrian werde den Kaiser nicht mehr als ihn begünstigen[1]). Seinerseits machte Pace den Dogen aufmerksam, wie schändlich die französischen Könige immer gegen Venedig gehandelt, wie sie an der Vernichtung Venedig's gearbeitet, wie sie König Franz an Kaiser Maximilian verkaufen wollte, wenn dieser nur von der Eroberung Mailand's abzustehen sich entschließen würde. Der damalige Theilungsvertrag in Bezug auf Italien war ja kein Geheimniß geblieben.

Als die Venetianer fortfuhren, sich in zweideutige Redensarten einzuhüllen, stellte endlich Pace, verstärkt durch die Anwesenheit des kaiserlichen Botschafters, die positive Anfrage an die Signoria, ob sie von dem französischen Bunde abstehen wolle oder nicht; im letzteren Falle würde sie der König von England feindlich überziehen. Diese Alternative und die Lösung aus ihrer Verstrickung durch einen Krieg, der dem venetianischen Handel im Norden die empfindlichsten Verluste bereiten konnte, versetzten den Senat in unaussprechliche Bestürzung. Er bot Alles auf, Pace zu beschwichtigen und den Staat als Freund des Königs darzustellen. Richard Pace erkrankte hierauf, der Papst nicht minder, so daß derselbe erst am 30. September den Kaiser von seiner Ankunft in Rom in Kenntniß setzen konnte.

Unterdessen spielte der kaiserliche Botschafter Don Juan Manuel den Herrn in Rom. Er war der alter ego des Kaisers. Er gab den Vicekönigen von Neapel und Sicilien Weisungen wie den kaiserlichen Befehlshabern in Italien. Er war es, welcher Parma, Piacenza und Reggio als kaiserliche Lehen besetzen ließ, zum ungemeinen Verdruße des Papstes, der darin eine nicht zu duldende Verletzung der Rechte des Kirchenstaates erblickte. Er ließ ein Schiff mit den Effecten des französischen Cardinals

---

[1]) Pace an Wolsey bei Brewer, p. 2498.

von Auch wegnehmen; er freute sich nicht blos, Gewalt zu üben, sondern
wo möglich auch noch eine Kränkung hinzuzufügen. Er war Oberhaupt,
Leiter und Führer des diplomatischen und militärischen Generalstabes des
Kaisers in Italien und führte dessen Kriege auf eigene Faust.

Je mehr der Papst an einer allgemeinen Pacification der Christen=
heit arbeitete, desto mehr schied sich die kaiserliche Politik von der „aposto=
lischen". — Karl war von den weitaussehendsten Plänen erfüllt. Er
gedachte eine Flotte nach den Molukken, eine andere nach Rhodus zu
schicken, in Frankreich einzufallen, das mittelländische Meer und das spa=
nische sich eigen zu machen und eine militärische Verbindung mit dem
Infanten=Erzherzog einzurichten. Die kostbare Zeit, welche ihm der
Aufstand der Comunidades geraubt, sollte wieder eingebracht und die ganze
Macht eines Königs des nun zum erstenmale vereinigten Spanien's, des
burgundisch=habsburgischen Hauses und des Kaiserthums entfaltet werden.

Die Correspondenz des Kaisers mit Adrian wurde ununterbrochen
fortgesetzt. Wenn auch ein beträchtlicher Theil derselben sich in dem Archive
von Simancas birgt, so reicht doch dasjenige, was wir davon besitzen,
aus, die Intimität des gegenseitigen Verhältnisses uns klar zu machen [1].
Kaiser Karl antwortete auf Adrian's Brief vom 5. August über die Zwitter=
stellung Henri d'Albert's zu Frankreich und Spanien und wie er geringere
Hoffnungen auf ihn setze als der Papst, dankte ihm aber für seine War=
nung in Betreff König Christiern's von Dänemark und suchte Adrian eine
bessere Meinung in Betreff des Herzogs von Mailand beizubringen [2].
Ein Beweis, daß sich Adrian schon damals mit den dänischen Angelegen=
heiten beschäftigte.

Das nächste Schreiben des Kaisers, das uns überliefert ist, vom
7. September, trägt ganz den Stempel der veränderten Lage. Karl wälzt
jeden Vorwurf des Friedensbruches von sich und auf König Franz,
erklärt aber auch, ohne den König von England keinen Frieden schließen
zu können, jedoch zu jedem Frieden wie Waffenstillstand bereit zu sein,
wenn König Franz ehrbare Bedingungen stelle [3]. Allein die Correspon=
denz zwischen den beiden Häuptern der Christenheit ging bei dem Mangel
an sicherer Communication nur sehr langsam von Statten. Der Papst
sandte Karl Duplicate seiner Briefe, in der Besorgniß, die Originale
möchten nicht angekommen sein. So kam es, daß neun Tage nach dem

---

[1] Höfler, Wahl und Thronbesteigung Adrian's VI., S. 76.
[2] En Palencia a 25 de Agosto 1522. Gachard, n. XXXVI.
[3] En Valladolid. Gachard, n. XXXVII.

Schreiben Kaiser Karl's ihm der Papst auf's neue schrieb[1]), den Zustand von Rhodus, das Hilfeflehen von da wie von Ungarn darstellte und ihn selbst auf das beweglichste bat, mit dem Könige von England an einem Waffenstillstand oder Frieden zu arbeiten. Er schilderte seine eigene Verlegenheit den Schweizern gegenüber, welche ihre Rückstände von den Tagen Papst Leo's unbarmherzig verlangten. Adrian fand es hart, daß er in seiner Armuth diese bezahlen sollte, nachdem doch sein Vorgänger für Wiedererlangung des Herzogthums Mailand mehr als 400.000 Ducaten ausgegeben, abgesehen von Verpfändungen und Verkäufen im Betrage von 300.000 Ducaten. Die Schweizer seien Leute, die sich um Recht und Vernunft wenig kümmerten[2]). Der Kaiser möge sich in Betreff ihrer nicht täuschen. Sie fürchteten beständig, wieder unter das deutsche Reich zu kommen, von dem sie sich befreit, und wenn sie unter dem Vorwande, der Kirche (dem Papste) zu dienen, nicht gegen Frankreich dienen würden, ihm, dem Kaiser, würden sie nicht dienen und sein Geld wäre verloren. Ohne die Schweizer würde übrigens der König von England wenig ausrichten, mit ihnen, was er wünsche[3]).

Erst am 27. September antwortete der Kaiser auf das Schreiben Adrian's aus Genua am 19. August[4]). Es handelte sich jetzt um einen diplomatischen Feldzugsplan zur Beruhigung Italien's; dazu diente zuerst die Festhaltung Genua's. Dann, zu verhindern, daß die Schweizer sich nicht für Frankreich erklärten, endlich um die Gewinnung Venedig's, womit der Friede in Italien gesichert sei. Der Kaiser bat daher Adrian, seinen Nuntius bei den Schweizern, den Bischof von Veroli, zu vermögen, die Bemühungen des kaiserlichen und englischen Gesandten, sowie des Herzogs von Mailand zu unterstützen. Das Gleiche möge mit Girolamo Adorno geschehen, um die Venetianer in den Bund hineinzuziehen, und endlich möge dem Herzoge von Ferrara die Investitur mit Ferrara von Seiten des Papstes, mit Modena und Reggio von Seiten des Reiches gewährt werden, wobei Karl berechnete, daß man noch 2—300.000 Ducaten für das allgemeine Beste gewinnen könnte[5]). Die Antworten Adrian's beziehen sich regelmäßig auf das, was seiner Ueber-

---

[1]) Roma 16. Sept. Gachard, n. XXXVIII.

[2]) Es gente poco fundada en derecho ni en razon.

[3]) Folgen noch Verwendungen für Don Hernando de Silva und den Erzbischof von Bari, für welchen er das Bisthum Jaen verlangt. Gachard, n. XXXVIII.

[4]) Gachard, n. XXXIX.

[5]) Der Papst wollte jedoch seinerseits nur mit großer Vorsicht an diese Sache gehen, damit den Rechten der Kirche kein Eintrag geschehe. Gachard, p. 130.

zeugung nach Spanien am besten frommte, sowie auf die allgemeine Lage
der Christenheit. Er hatte zwar die Stelle eines Gobernadors aufge=
geben; seine Rathschläge sind aber fortwährend die des treuen Haus=
halters der spanischen Krone. Je mehr er aber selbst das Interesse
Spanien's im Auge hat, desto mehr sucht er Kaiser Karl für die Er=
füllung der allgemeinen Pflichten zu gewinnen. Er schreibt (30. Sep=
tember)[1]) an Kaiser Karl, er sei bereit, sein Blut für die Erhaltung
von Rhodus zu verspritzen und fordert ihn auf, Hilfe zu bringen. Er
schreibt ihm in Antwort auf Karl's Briefe vom 7. September (am
gleichen Tage, 30. September)[2]), daß er im Interesse der Christenheit
nur Eines kenne, Frieden zwischen Kaiser Karl und König Franz,
und bedauert, wenn diese seine Ansichten in Spanien mißverstanden
würden[3]). Wollte er aber auch sich an dem Kriege Kaiser Karl's gegen
König Franz betheiligen, so könnte er es doch nicht thun, überladen
mit Schulden, wie er sei, und gequält von dem Geschrei der armen
Leute, die das Ihrige seinem Vorgänger gegeben[4]). Er sei bei den
übrigen Fürsten bereits im Verdachte, als stünde er zu sehr auf Kaiser
Karl's Seite. Aber als sollte nach allen Seiten sich nur Zwist und
Verwirrung erheben, so erklärte sich Kaiser Karl gegen Adrian's System,
Nuntien nach den verschiedensten Ländern mit besonderen Aufträgen zu
schicken[5]), so erhob sich jetzt, als Adrian den Bischof von Astorga nach
Spanien gesandt hatte, mit Vollmachten zum Abschluß eines Friedens
zwischen Spanien und Frankreich, ein Streit zwischen dem Protonotar
Caracciolo, Don Bernardino Pimentel, einem Weltlichen, den zum Erstau=
nen der christlichen Welt Adrian in Spanien zu seinem Nuntius gemacht,
und dem Bischof von Astorga, so daß Kaiser Karl interveniren mußte.
Ueberhaupt nimmt die Correspondenz gegen Ende des Jahres an Gereizt=
heit zu. Der Papst, welcher am 21. November den Kaiser auf das drin=
gendste zur Hilfe für Rhodus aufforderte, beklagt sich ungemein über die

---

[1]) Gachard, n. XL.

[2]) Gachard, n. XLI.

[3]) Es folgt dann in der Correspondenz ein kleiner Brief Adrian's an Kaiser
Karl vom 14. October und hierauf eine Antwort auf Karl's Brief vom 26. Sep=
tember (27. September?) in Betreff des Herzogs von Ferrara und der Passage
französischer Schiffe nach Rhodus. Adrian's Schreiben ist vom 31. October. Gachard,
p. XLIII.

[4]) Qui ont engagé leurs offices, de quoi ils vivaient. Gachard, p. 127.

[5]) En verdad, schreibt Kaiser Karl, offenbar sehr übel gelaunt, no compla a
Vuestra autoridad ni al bien de los negocios tanta pluralidad de nuncios y
specialmente tan mal avenidos. Gachard, p. 132.

Bedrückungen, welche die Angehörigen des Kirchenstaates von dem kaiserlichen Heere in Italien litten. So oft er auch deshalb an Prospero
Colonna und den Herzog von Mailand geschrieben, so habe das die
Sache nur schlimmer gemacht. Die kaiserlichen Feldherren in Parma,
Piacenza, Reggio redeten sich auf Befehle Don Manuel's aus [1]), der
übrigens damals (21. November) Rom bereits verlassen hatte. Er könne
nicht begreifen, warum Don Manuel sich in der päpstlichen Angelegenheit so hart benehme, es müßte denn nur sein, weil er durch Adrian's
Wahl die 100.000 Ducaten einbüßte, die ihm ein anderer Bewerber
versprochen hatte. Die Gunst, welche Kaiser Karl ihm, dem Papste
bezeuge, seien Worte und nicht Thaten. Er hoffe, daß es jetzt mit
dem Herzoge von Sessa und dem Marquis von Pescara, den neuen
Botschaftern Kaiser Karl's, besser gehen werde (21. November) [2]).

Der darauffolgende Brief vom 22. November [3]) bringt neue Klagen,
da Girolamo Adorno im Namen des Kaisers mit dem Herzoge von Ferrara wegen Modena und Reggio unterhandeln sollte und Don Manuel
dem kaiserlichen Heere geboten hatte, die Ländereien des Kirchenstaates
zu bedrücken (agravarse).

Es klingt aber nach unseren Verhältnissen geradezu unerhört, wenn
Kaiser Karl am 17. December 1522 von dem Papste schrieb [4]), er habe
seit dessen Brief aus Genua vom 19. August kein Schreiben von ihm
erhalten, er wisse nichts von seinen Botschaftern, und nur durch Privat-
briefe habe er erfahren, daß der Papst glücklich in Rom angekommen,
gekrönt sei und daß dort ein so schlechter Gesundheitszustand herrsche.
Alle Klagen des Papstes waren vergeblich, wenn sie nicht zur rechten
Zeit zu Kaiser Karl drangen!

Der Vorwurf des Papstes über die Thatenlosigkeit des Kaisers bezog
sich wohl zunächst auf den Umstand, daß er im äußersten Westen weilte,
während die Osmanengefahr immer näher rückte. Wir wissen, daß Karl
am 25. August 1522 an den Herrn Charles de Poupet (Herrn de la
Chaux) ein weitläufiges Schreiben erließ, das wenigstens beweist, daß
er die drohende Gefahr wohl erkannte. Da Ungarn schon geschwächt, ja
beinahe schon vernichtet wäre, so sei, wenn es den Türken gelänge, die
beiden Bollwerke der Christenheit gegen ihn (Belgrad und Rhodus) zu
erobern, das Thor geöffnet, Schlüssel und Weg ihnen gegeben sowohl

---

[1]) Fechas en Marino a 10 de settembre.
[2]) Gachard, n. XLV. Calendar, II, p. 504.
[3]) Gachard, n. XLVI. Calendar, II, 505.
[4]) Calendar, II, p. 508.

nach Neapel und Sicilien als in den Kirchenstaat zu dringen, und, wenn diese überzogen würden, ganz Italien zu erobern, zuletzt die ganze Christenheit zu vernichten. Selbst wenn der Türke unverrichteter Dinge von Rhodus abzöge, sei die Christenheit vor diesem gewaltigen Feinde nicht sicher, da ihm dieselbe durch ihre eigene Schwächung mittelst der eigenen Waffen die Hilfe leiste, welche zu seiner Abwehr dienen sollte. Und was das Schlimmste sei, so müsse man auch glauben, daß die Unter= nehmungen der Osmanen eine Folge der Aufreizungen derjenigen seien, von welchen alle Uebel herstammten und die die ganze Christenheit dem Verderben aussetzten (den Franzosen) [1]. Obwohl aber sein Schatz durch die vorausgegangenen provocirten Kriege sehr angegriffen sei und er füglich Grund hätte, sich der Last zu entschlagen, so werde er doch handeln als erster Fürst der Christenheit und Protector der Kirche, und wie er nie einen anderen Wunsch gehegt, als mit den Ungläubigen zu kämpfen, werde er nun Rhodus zu Hilfe alle Kraft aufbieten. Er wolle an den König von England und an andere Fürsten schreiben, an die Herzoge von Savoyen, Lothringen und Ferrara, die Marchesen von Montferrat und Mantua, die Venetianer, Florentiner, Lucchesen und Genuesen, an seine Verbündeten, die Doria's (Adorno's) und an die Officiere in Genua zur Ausrüstung der fünfzehn größten und besten Carraken und fünfundzwanzig Galeeren, an die Vicekönige von Neapel und Sicilien, den Rhodisern zu Hilfe zu eilen mit Leuten und Schiffen, ebenso dem Papste. Auch habe er bereits für 10.000 Ducaten Lebensmittel für Rhodus aufbringen lassen.

Man kann annehmen, daß es dem Kaiser nicht an gutem Willen gebrach, die Christenheit gegen die Osmanen zu vertheidigen, wie er ja später selbst zweimal nach Afrika zog, die Kreuzfahrt gegen Tunis unternahm, wie einst König Ludwig IX., dessen Nachfolger jetzt eine so schmähliche Rolle als Türkenfreund spielte. Allein mindestens eben so sehr lag dem Kaiser am Herzen, von dem Papste alle möglichen kirch= lichen Privilegien sowohl in Betreff Spanien's als Flandern's und Bur= gund's zu erlangen. Seine Gesandten sollten die ersten sein, welche dem Papste Obedienz leisteten, aber auch ihm (dem Kaiser) einen Indult

---

[1] Qui comme iniques aucteurs de tous maulx, imitateurs de désordonnées volontés et cupiditez scéléreuses se demonstrent assez eulx vouloir couvrir et soulager par icelle sinistre pratique divertir la vraie voye et stabilité de la chose publique chrétienne mettant icelle en hasard de totale perdition, pré= sument estre lointain du feu du dit très-cruel Turc ennemi de tous bons chrétiens. Lanz, I, n. 37. (Wahrscheinlich soll es heißen: initiateurs.)

verschaffen, in Kraft desselben alle ersten Würden und Pfründen, die vacant würden, zu besetzen und neue Bisthümer zu errichten[1]). Hatte man bisher über den Absolutismus der Päpste in kirchlichen Dinge geklagt, so schien für Kaiser Karl die Gelegenheit günstig, denselben durch den weltlichen Absolutismus auf demselben Gebiete zu ersetzen, sich in den burgundisch-flandrischen wie in den spanischen Erbländern durch päpstlichen Indult zum Herrn der Kirche, ihres Vermögens und ihres unermeßlichen Einflusses auf seine Unterthanen aufzuschwingen. Dazu sollte vor Allem „master Adrian" helfen. Man wußte nicht, was schädlicher war, die Verweltlichung der Kirche durch die Päpste oder die Verkirchlichung des Staates durch den Kaiser.

Wir besitzen eine Denkschrift des kaiserlichen Cabinetes, welche um diese Zeit dem Papst überreicht worden ist. Es wurde in dieser zuerst auseinandergesetzt, man könne sich keinen hinreichenden Grund vorstellen, warum die „Defensiv-Liga" unterlassen werden sollte. Dem Kaiser komme es zu, die Protection des apostolischen Stuhles zu übernehmen. Er, der Schüler des Papstes[2]), stehe zu diesem in einem ganz anderen Verhältnisse als der König von Frankreich. Die Irresolution und Neutralität des Papstes bringe nur eine seinen eigenen Bestrebungen entgegengesetzte Wirkung hervor, theile die christlichen Mächte und führe schließlich zur Unterdrückung Aller. Nicht der Kaiser habe den Krieg begonnen oder herbeigeführt, wohl aber habe er den König von Ungarn unterstützt und ihm die Beisteuer überlassen, welche ihm das Reich zur Krönung gewährt, und ebenso Rhodus, was noch viel reichlicher geschehen wäre, wenn der Papst ihm die Gnaden (Indulte) gewährt hätte, auf welche Kaiser Karl so gerechte Ansprüche habe. Stets habe er nach dem Frieden gestrebt. Seit er sich mit dem König von England verbunden, müßten freilich die französischen Friedensbedingungen weiter gefaßt sein (mas largas) als früher; König Franz aber werde zum Frieden geneigter sein, wenn der Papst sich enger an den Kaiser anschließe. Seine Neutralität verleihe dem Könige die Möglichkeit, Italien zu beunruhigen, während sein Beitritt zur liga defensiva ihm die Möglichkeit gewähre, Italien zu befreien, zum Frieden zu kommen und dann sich gegen die Ungläubigen zu wenden. Der französische König würde die Friedensbedingungen nicht zurückweisen können, wenn er den Papst mit dem Kaiser verbunden sähe.

---

[1]) Des premières dignités et autres quelconques bénéfices qui vaqueront en nos dits pays de Flandre et Bourgogne et autres de par delà ainsi. Kaiser Karl an Margaretha. 15. August 1522. Lanz, I, n. 36.

[2]) Tan buen hijo y discipulo criado de su mano.

Ein Defensivbund sei daher der wahrste und beste Weg, um zum allge=
meinen Frieden zu kommen.

Die übrigen 27 Punkte bezogen sich theils auf italienische, theils
auf spanische Verhältnisse. Kaiser Karl wollte sich mit dem Papste wegen
des Herzogs von Ferrara auseinandersetzen. Dieser könne trotz der Ca=
pitulation mit dem Papste den König von Frankreich mit Geld unter=
stützen. Der Kaiser müsse die Reichsrechte über Ferrara, Modena und
Reggio wahren und sei bereit, dem Papste die Pfandsumme von 40.000
Ducaten zurückzugeben.

Die Absicht des Kaisers war, den Herzog von Ferrara, indem er
ihm Modena und Reggio gewährte, gänzlich von der französischen Seite
zu trennen. Der Herzog Alfonso leistete dem Kaiser auch am 29. No=
vember 1522 Huldigung als Reichsvasall, der Kaiser aber versprach ihm
Modena und Reggio für die Summe von 150.000 Ducaten. Mochte in
der weiteren Erörterung Adrian sich auf die Schenkung Karl's des Großen
beziehen; der Kaiser meinte, es sei jetzt nicht der Augenblick gekommen,
die strittigen Rechte zwischen der Kirche und dem Kaiserthum zu erörtern[1].

Der Papst möge seinen Nuntius in der Schweiz anweisen, gemein=
sam mit dem kaiserlichen Gesandten vorzugehen. Der Kaiser entschuldigte
sich mit seiner Geldnoth, wenn seine Beamten in Spanien die Einkünfte
vacanter Kirchen mit Beschlag belegten, verlangte, daß die Comuneros,
welche sich nach Rom geflüchtet hatten, weil sie von dem Generalpardon
ausgenommen worden waren, ergriffen und zur Strafe gezogen würden,
und ebenso das Breve, um gegen den Bischof von Zamora bis zur
Tortur vorzugehen; er entschuldigte sich in Betreff allgemeiner Klagen des
Papstes durch die Erschöpfung seiner Reiche in Folge der stattgehabten
Unruhen. Er wies die Klagen gegen seine Räthe zurück und bedauerte,
daß der Papst in dieser Beziehung unter dem Einflusse übelwollender
Personen zu stehen scheine. Eine (beantragte) Theilung (desmembracion)
des Erzbisthums Toledo wurde aus politischen Gründen zurückgewiesen,
für den Bruder des mayor domo mayor, Bischof von Moriana[2], der
Cardinalshut erbeten, sowie seine Einsetzung in die Kirche von Borgo
de Bressa. Er benachrichtigte den Papst von dem Tode des gefangenen
Marschalls von Navarra. Er verlangte in Gemäßheit der Bestimmungen
der Päpste Julius und Leo X., daß der große Markt von Lyon nach
Genf verlegt werde, um den König von Frankreich zu schwächen; der

---

[1] Siehe die Auseinandersetzung bei de Leva, storia documentata, II, p. 150.
[2] Maurienne.

Papft folle diejenigen mit Cenfuren belegen, welche zum Lyoner Markt (feria de Leon) ziehen würden. Der Kaifer ver= wandte fich ferner für den Bruder des Großkanzlers Gattinara, fowie für Don Juan Manuel, und zwar in einem mehr als gereizten Tone, wobei dem Papfte vorgeworfen wurde, daß er franzöfifchen Cardinälen erledigte Reichspfründen verliehen und im Königreich Neapel die Anzahl der „coronados" vermehrt habe. Die Erbeutung der Bagage des Cardinals von Auch durch Don Juan Manuel wird als Repreffalie vertheidigt, weil die Franzofen die nach Rom reifenden Spanier zurückgehalten. Die Priorie von Roncesvalles möge der Papft dem Sohne des Marfchalls von Navarra, dem Maeftro Luys Coronel, geben; die Einkünfte des Bisthums Catania follen zwifchen dem Protonotar Caracciolo und dem Leibarzt Narcis getheilt, in Betreff Oftia's der Vergleich des Cardinals de Sa. Croce mit dem von Medici (die Feftung betreffend) gewahrt, der Marchefe von Mantua begünftigt, die Renten der vacanten fpanifchen Kirchen den vom Kaifer beftimmten Perfonen ohne Einfpruch der Nuntien ausgezahlt, dem Kaifer der vierte Theil aller Beneficien aller feiner Reiche, wie es Papft Leo X. gethan, gewährt werden, der Papft auf 20.000 Ducaten von den Einkünften der fogenannten Bulla de Santo Pedro, die fich um 150.000 Ducaten gemindert, Verzicht leiften. In Betreff der Kreuzbulle (cruzada) verlangte Kaifer Karl den ganzen Betrag in allen feinen fpanifchen Reichen, indem er fonft die maurifchen Eroberungen nicht zu behaupten vermöge. Das Memoire gab fich die Mühe, die von dem Papfte deshalb gemachten Einwendungen, namentlich daß die Cruzada dem Jubiläum für 1525 hinderlich fei, zu begegnen und erfchöpfte fich in Gründen, um den Papft zur Bewilligung zu ver= mögen. Die Erhaltung Neapel's und Sicilien's, der Kampf mit den Türken, die Sicherheit des Papftes in Rom hingen davon ab. Der Kaifer verfprach den ganzen Betrag der Cruzada für diefe Endzwecke zu verwenden und wenn der Papft durchaus den ihn treffenden Antheil abziehen wolle, fo möge er fich deshalb mit dem Herzoge von Seffa benehmen. Endlich follte die ganze Verwaltung der drei geiftlichen Ritter= orden von San Jago, Calatrava und Alcantara einheitlich den Königen von Caftilien für alle Zeiten zugewiefen werden, da diefes zur beftändigen Beruhigung diefer Reiche durchaus nothwendig fei; das jus patronatus von Pampeluna zur Erhaltung von Navarra dem Könige zugewendet wer= den und der Papft die Inftruction einfehen[1]), welche der Vicekönig von

---

[2]) Gachard, Appendice B. n. XCVIII. CXI.

Neapel Charles von Lannoy erhalten, gemeinsam mit Don Juan Manuel, über diese Dinge mit dem Papste sich zu benehmen.

Adrian konnte wenigstens aus den 28 Punkten den Preis kennen lernen, um welchen Kaiser Karl ihm seinen Schutz gewährte. Seine Absicht war, Herr der reichen spanischen Kirche zu werden, über ihre Präbenden zu verfügen, sie nach Gefallen auszubeuten. Im Besitze ihrer reichen Mittel war es dann nicht nothwendig, auf die lästige Reform der politischen Zustände einzugehen, wie dieses die Comuneros verlangt hatten. Der Papst sollte behilflich sein, die drei Ritterorden in eine Einheit zu Gun= sten des Königthums umzuwandeln und dadurch sie vor den Bestrebungen des Adels sicherzustellen. Er sollte den politischen Flüchtlingen kein Asyl gewähren; er sollte der Krone, abgesehen von dem großen Ertrage der Einnahmen durch die Cruzada, d. h. vom Ablasse, auch noch den vierten Theil aller kirchlichen Einkünfte zusichern, nachdem sich Karl bereits in den Besitz des reichen Erbes zweier Erzbischöfe von Toledo, Jimenez und Wilhelm's von Croy, gesetzt. Kurz für die Zusicherung eines Schutzes, welcher auf Ablaßgeldern beruhte und den Papst aus seiner natürlichen Aufgabe, Friedensvermittler zwischen den streitenden Fürsten zu sein, gewaltsam hinauswarf, für einen Schutz, der an und für sich problema= tisch war und sich in der nächsten Zeit nicht so mächtig zeigte, Rhodus zu retten, jedenfalls aber den Papst mit dem Könige von Frankreich auf das bitterste verfeindete, sollte Adrian sich zum Werkzeuge der spanischen Politik machen, den König zum Herrn der spanischen Kirche erheben, diese, so reformbedürftig sie war, den Zwecken der Krone unterthänig machen. Papst Leo X. war aus Besorgniß, von der französischen Politik zum Caplan des Königs Franz verurtheilt zu werden, zum Kampfe mit letzterem gedrängt worden. Papst Adrian, durch Neigung, Gewohnheit und Dank= barkeit, durch seine ganze Vergangenheit an Kaiser Karl gekettet, befand sich in einer noch viel schlimmeren Lage dem Könige von Spanien gegen= über, da er persönlich bereit war, so weit nachzugeben, als es nur immer möglich war, aber Alles dieses nicht für hinreichend angesehen wurde; er sollte auch als Papst nur wie ein Spanier fühlen, das spanische Interesse zum seinigen machen. Deutsche Schriftsteller fassen die Lage des letzten deutschen Papstes nur nach seinem Verhalten zur deutschen Glaubensspaltung auf. Seine Stellung zur spanischen Weltmacht und ihrem 22jährigen Träger war mindestens ebenso schwierig, wo nicht schwieriger. Sie berührte ihn selbst persönlich noch mehr, brachte ihn in Zerwürfnisse mit sich, mit seinem Gewissen, mit seinem Pflichtgefühle. Er befand sich zwischen dem deutschen Reiche, das einem empörten Ocean glich, welcher fortwährend von den heftigsten Stürmen gepeitscht wurde, und der eisigkalten Politik des spanischen Hofes, der langsam aber sicher Schritt für Schritt voranging, dem Papste Boden zu entreißen, in unheimlicher, ganz und gar unhaltbarer Mitte, in einer Lage, die keinen Ausweg gestattete.

Adrian hatte allen diplomatischen Künsten Don Juan Manuel's, seinen Rathschlägen, seiner Feinheit wie seiner Grobheit Widerstand geleistet. Der thätigste und rücksichtsloseste aller spanischen Gesandten hatte den Papst zuletzt in das feindliche Lager getrieben. Nach einem Schreiben Don Juan's aus Genua vom 29. November 1522 drohte ein neuer Einfall der Franzosen in Italien. Er hatte Zeit gehabt, Rom zu verlassen[1]; denn als der Papst erfuhr, daß Girolamo Adorno von dem Kaiser den Auftrag erhalten, erst das Bündniß Karl's und Heinrich's mit der venetianischen Signoria, dann mit dem Herzoge von Ferrara wegen Modena und Reggio abzuschließen, so schrieb er am 22. November in sehr gereiztem Tone an Kaiser Karl wegen des Unrechtes, das er dadurch der Kirche zufüge, und erklärte, er würde Don Manuel zur Rechenschaft ziehen, wenn er sich noch im Kirchenstaat befände. Don Juan Manuel hatte sich zugleich des Papstes und der Franzosen zu erwehren, welche sich gleichfalls seiner bemächtigen wollten. Er hatte aber eine geheime Polizei organisirt, durch welche er auch mit den Plänen der Franzosen bekannt wurde. Er täuschte sie, kam nach Genua und rieth nun dem Kaiser, wenn der Papst nicht dazu gebracht werden könne, in die Liga gegen Frankreich einzutreten, so möge eine Liga aller italienischen Fürsten begründet werden; in diese werde Adrian schon eintreten. Manuel verfügte sich nachher an den Hof Kaiser Karl's, wo er die Anzahl der dem Papste abgeneigten Rathgeber vermehrte. Allein Manuel täuschte sich, wie in der Auffassung des Papstes überhaupt, so auch in dem neuen Plane, den er ausgeheckt hatte.

Ihrerseits ließen es die Franzosen nicht fehlen, auf den Papst und seine Umgebung einzuwirken. Wie die Venetianer in ihrer Schlauheit dem Könige von England die Vermittlung zwischen ihnen und dem Kaiser anboten, wollte König Franz dem Papste die Wahl lassen, in Betreff der Bedingungen eines Bündnisses mit ihm. Der Herzog von Sessa behauptete, der Datarius Enkenvoert thue nur, was der Cardinal di Monte ihm eingebe, letzterer nur, was der Cardinal von Volterra, der entschiedene

---

[1] Il papa è inclinatissimo alla pace et molto ha pigliato in protezione le cose di Francia non senza mormoratione degl' Imperiali et precipue di Don Giovanni Emanuel il quale si partì mezo disperato. Girolamo Negro, vom 10. December 1523.

Partisan Frankreichs, wünsche, täglich komme der französische Secretär zum Papst und werde von dessen sämmtlichen Dienern begünstigt, namentlich von Enkenvoert. Der Herzog rieth, dem Cardinal Volterra das Bisthum Tortosa oder die Abtei Monreal zu geben[1]).

Den Franzosen entgegenzuwirken, organisirten jetzt der Herzog und Lope Hurtado ein umfassendes Bestechungssystem der päpstlichen Famiglia, und bedrängten den Papst fortwährend mit ihren Anliegen, während er beinahe unter der Last der allgemeinen Calamität zusammenbrach. Als der Herzog am 16. October dem Papste eine dechiffrirte Depesche Kaiser Karl's, wie es scheint, wegen Parma's vorlas, bekam Adrian aus innerer Erregung Erstickungsanfälle. Der Herzog drang fortwährend in ihn, mit dem Kaiser und den italienischen Staaten in ein Bündniß zu treten; doch wollte Adrian auch hierauf nicht eingehen[2]), er habe weder Geld noch wolle er Krieg führen. Seine Absicht sei, erst einen Waffenstillstand und dann einen allgemeinen Frieden unter den christlichen Mächten abzuschließen. Als nun der Herzog den Papst aufmerksam machte, daß diese Absicht am besten erreicht werde, wenn er in die große Liga eintrete, blieb Adrian auf der einmal gefaßten Meinung. Er suchte auch auf den König von England einzuwirken, um ihn zu einem ehrenvollen Frieden mit König Franz zu vermögen[3]). Er sandte einen Vertrauten an letzteren, der hierauf einen Pariser an den Papst sandte, welcher ebenso als Oberhaupt der Christenheit und Friedensfürst den allgemeinen Frieden wollte, wie um Rhodus zu retten. Allein die spanische Politik rastete nicht und ersand fort und fort neue Pläne, auf den Papst einzuwirken. Schon am 17. October machte der Herzog von Sessa den Kaiser aufmerksam, Enkenvoert beherrsche den Papst, jenen aber der Referendar Johann Vinkler (Winkler), ein Deutscher, und der cameriere Peter von Rom, gleichfalls ein Deutscher. Letzterer nehme offen die Partei der Franzosen. Der Papst verkehre mit Zisterer und Anderen aus seiner Umgebung. Fray Alonso de Carmona, welcher auch bei dem Papste etwas gelte, gönne einem Sicilianer, Fray Bernardino, großen Einfluß. Letzterer sei zwar ein großer Lump (ribaldo), aber Freund des Herzogs Man verstand diesen Wink vollständig und traf Anstalten, die ganze Umgebung Adrian's in das spanische Bestechungsnetz hineinzuziehen. Der Herzog entwickelte eine Thätigkeit ohne Gleichen. Er suchte den Papst zu bewegen, auf die Schweizer einzuwirken, damit sie neutral blieben,

---

1) Calendar, n. 496 vom 31. October 1522.
2) Calendar, II, n. 1190.
3) Brewer, III, 2, n. 2607, 2670, 2707.

auf die Venetianer, damit sie der Liga beiträten, die Aussöhnung mit dem Herzoge von Ferrara zu bewirken. Adrian erklärte ihm, auch der König von Frankreich habe ihm Anerbietungen gemacht, er jedoch diese zurückgewiesen; er wolle nur Frieden. Der Papst bewirkte aber dadurch nur, daß der spanische Botschafter berichtete, Adrian wolle nur kein Geld ausgeben[1]). In Venedig wie in Rom wurden gleichzeitig alle Hebel angesetzt, die Liga durchzubringen; fort und fort häuften sich aber neue Schwierigkeiten. Der Herzog conferirte täglich zwei Stunden mit Enkenvoert, mit Winkler, mit dem uditore della camera, dem Bischofe von Cuenca. Er konnte sich am 20. November rühmen[2]), durch den Secretär Zisterer alle Geheimnisse des Papstes zu erfahren, und der Deutsche machte wirklich bis zu seinem frühen Tode den Verräther des Papstes. Der Herzog aber schlug ihn deshalb zum Ritter von San Jago vor. Es war Gefahr auf Verzug. Die ungeheuren Anstrengungen vor dem Antritte des Pontificates, die Reise, der Aufenthalt im pest=erfüllten Rom, die schwere Verantwortung, welche auf seinen Entschlüssen ruhte, die verschiedenen Anforderungen, welche an ihn fortwährend gestellt wurden, die Veränderung der Lebensweise zehrten an Adrian's Körper. Man machte sich bald mit dem Gedanken vertraut, daß die Sorgen des Pontificates den Papst einem frühen Ende entgegenführen würden. Als er nach Rom kam, schrieb der Herzog am 20. November 1522, war er kräftig. Jetzt ist er abgemagert, seine Wangen sind bleich, seine Augen sind rheumatisch. Es war wirklich Gefahr auf Verzug.

Adrian ward durch das ungestüme Drängen der Spanier, durch die entgegengesetzten Bemühungen der Franzosen und, wie es scheint, auch durch Mittheilungen Wolsey's[3]) in seiner zögernden Politik bestärkt. Nur wenn König Franz einen Einfall in Italien mache, wollte er gegen ihn Partei nehmen. Der Papst besorgte fortwährend das Schlimmste von Don Manuel, der sich bereits nach Valladolid begeben und dort seinen Sitz im königlichen Rathe eingenommen hatte[4]). Die Geldforderungen der Schweizer, welche Lope Hurtado auf 36.000 Ducaten angab, wurden immer dringender. Er selbst schränkte sich auf das äußerste ein. Was er flüssig machen konnte, hatte er für Ungarn ausgegeben; wenn er für die Bedürfnisse Italiens und dessen Erhaltung sparte, so war der kaiser=liche Gesandte der erste, welcher ihm Kargheit vorwarf. Zürnte Adrian

---

[1]) Calendar, n. 496, 497 vom 31. October und 1. November.

[2]) Calendar, II, n. 502.

[3]) Calendar, II, n. 512.

[4]) Schreiben vom 23. December 1522.

30*

über Karl's Politik, welcher die Lehen des Kirchenstaates für sich in
Anspruch nahm, so wurde das in der gehässigsten Weise nach Spanien
berichtet. Endlich eröffnete der englische Gesandte in Rom, December
1522, dem Papste, daß König Heinrich im März 1523 „einen höchst
grausamen Krieg in der Picardie beginnen wolle". Wohin Adrian blickte,
sah er nur Krieg, und sich selbst fortwährend gedrängt an dem Theil zu
nehmen, was er am meisten verabscheute.

Am 18. December 1522 fertigte der Großkanzler Gattinara eine
neue Denkschrift an den Papst[1]). Er pflichtete der Ansicht Adrian's bei,
daß ein allgemeiner Friede walten und die christlichen Fürsten ihre
Waffen gegen die Osmanen kehren sollten. Die Schuld aber, warum
dieses nicht geschehe, trügen die Franzosen allein, welche die eigentlichen
Ruhestörer seien und deren Treulosigkeit bestraft werden müsse. Genug
habe diese das burgundische Haus erfahren, da es, so oft es nicht vorbereitet gewesen, angegriffen worden sei. Franz habe in Calais die ehren-
vollsten Friedensbedingungen zurückgewiesen, da der Kaiser damals nicht
gerüstet war. Freilich, wenn der französische König seine Schwäche fühle,
wie jetzt, wo Papst und Kaiser nur Eine Seele in zwei Leibern bildeten
und der König von England sie unterstütze, dann denke er an Frieden
und biete Bedingungen an, welche Kaiser Karl nicht annehmen könne. In
der Verzweiflung hierüber suche dann König Franz durch seine Mutter
auf den Papst einzuwirken, daß dieser allgemeinen Frieden predige und
selbst neutral bleibe. König Franz wolle damit nur Zeit gewinnen und
nütze so des Papstes Friedensliebe und Arglosigkeit für sich aus. Neutralität von Seiten des Papstes sei aber identisch mit Zurückweisung der
kaiserlichen Forderungen, mit Störung des guten Verhältnisses zwischen
Papst und Kaiser, mit Preisgebung der Freiheit Italien's, mit Minde-
rung des kaiserlichen Ansehens und Ermuthigung der Feinde des Kaisers.
Der König von Frankreich werde dann Mailand nicht herausgeben, eine
Armee aufstellen, den Kaiser zwingen, dasselbe zu thun, und wenn der
Sultan das bemerken werde, werde er, unbekümmert um Rhodus, einen
Angriff auf das Königreich beider Sicilien machen[2]) und von da einen
Schlag gegen Rom führen. Der Kaiser und der König von England
wollten den Frieden mit Frankreich; letzterem Glauben zu schenken, sei
unmöglich. Es bleibe König Franz gegenüber nichts anderes übrig, als
daß der Papst sich mit beiden Monarchen verbünde. Frankreich müsse

[1]) Brewer, III, 2, n. 2718.
[2]) Man glaubte im Abendlande noch, als die Türken vor Rhodus standen,
ihre Rüstungen seien gegen Neapel gerichtet. Brewer, n. 2170.

gedemüthigt werden, damit es seine Hörner nicht gegen den heiligen Stuhl ausstrecke. Der Papst möge daher in König Franz dringen, den beiden Monarchen Genugthuung zu leisten oder doch einen Waffenstillstand auf dem status quo einzugehen, ihn warnen, unterdessen ein Heer nach Italien zu senden. Lehne König Franz dieses ab, so sei es Pflicht des Papstes, sich mit Kaiser Karl und König Heinrich zu verbünden und dem französischen Könige die dreifache Vereinigung zu zeigen. Er möge Venedig zu dem gleichen Schritte bewegen, die Schweizer aber bestimmen, ruhig zu bleiben, dem Kaiser die verlangten apostolischen Gnaden gewähren, damit er, durch die Kirchenschätze unterstützt, eine mächtige Flotte gegen die Ungläubigen ausrüsten könne. Wenn aber der Geist der Bosheit den Papst in anderer Weise überrede, so würden alle guten Absichten fehlschlagen[1]).

Letzteres scheint sich auf den Cardinal von Volterra, Soderini, be= zogen zu haben, der damals dem Papste den Rath gab, Siena dem Kirchenstaate zu incorporiren, was diesen mit der mediceischen Partei, deren Todfeind Soderini war, auf's heftigste entzweit hätte. Der Papst ging jedoch hierauf nicht ein und bestand darauf, den König von Frank= reich aufzufordern, einen Waffenstillstand auf drei Jahre einzugehen; Venedig aber sollte zur Aussöhnung mit dem Kaiser vermocht werden. Nach dem Schreiben Lope Hurtado's (vom 27. December 1522) erklärten sich auch die Venetianer vor Ende dieses Jahres bereit, ein Bündniß mit den beiden Monarchen einzugehen, wenn dieses nicht zu drückend wäre und ihm auch der Infant Ferdinand, Erzherzog von Oesterreich, beitrete. Als nun der kaiserliche und der englische Botschafter den Senat dahin brachten, eine Commission zu ernennen, mit welcher wegen des Friedens unterhandelt werden sollte, so erklärten die Commissäre, es müsse als Grundlage aller Unterhandlungen die Zurückgabe aller Ort= schaften an die Republik angenommen werden, die diese im letzten Kriege verloren hatte[2]). Das hieß nicht mehr unterhandeln, sondern capituliren.

So hatte aller Anstrengungen des kaiserlichen Cabinets ungeachtet und trotz aller Bestechungsversuche des Herzogs von Sessa auf die Um= gebung des Papstes die große Liga bis zum Ende des Jahres so viel wie keine Fortschritte gemacht; es war aber auch kein eigentliches Miß= verhältniß zwischen Adrian und den christlichen Fürsten eingetreten. Als der Weihnachtstag 1522 gekommen war, weihte der Papst in der

---

[1]) Calendar, II, n. 514.
[2]) Calendar, II, n. 576.

Sixtinischen Capelle ein für Kaiser Karl bestimmtes Schwert. Plötzlich vernahm man ein gewaltiges Getöse. Ein Stein von zwei Centnern Schwere löste sich von der Decke und zermalmte einen Schweizer von der päpstlichen Wache in unmittelbarer Nähe des Papstes [1]).

Man hatte keine Ahnung, daß, während man sich in den christlichen Kirchen des Festes der Geburt Jesu Christi erfreute, gerade an diesem Tage Rhodus aufhörte, eine christliche Stadt zu sein, durch Capitulation in die Hände Soliman's gefallen war. Erst gegen Ende Februar 1523 drang die Trauerkunde nach Rom wie in das Abendland.

Die Denkschrift Gattinara's hatte sich mit dem Schreiben des Papstes an Kaiser Karl vom 10. December gekreuzt [2]). Adrian hatte sich über= zeugt, daß König Heinrich weder einen Frieden noch einen Waffenstill= stand mit König Franz eingehen wolle, dadurch alle Friedensbemühungen fruchtlos seien. Der Papst schrieb spanisch und gebrauchte die ganze castilianische Freiheit, um seinem gerechten Unmuthe Luft zu machen. Er ging so weit, zu sagen, daß, wenn die Fürsten den Osmanen ein großes Heer zu Hilfe führen würden, die Folgen nicht schlimmer sein könnten, als sie aus ihren steten Zwistigkeiten hervorgegangen waren. Er bezeichnete die von König Franz gestellten Bedingungen als annehm= bar (razonales) und bat den Kaiser, er möge den König von England bewegen darauf einzugehen und wohl bedenken, daß seine jetzigen Bundes= genossen nicht immer auf seiner Seite ausharren würden. Er sprach wie ein Prophet. Dasjenige, was aber den Papst im gegenwärtigen Augen= blicke am unangenehmsten berührte, war die Angelegenheit des Cardinals von Auch. Adrian hatte dem Kaiser die authentischen Belege übersandt, daß Don Juan Manuel dem Cardinal für sich und die Seinigen einen Paß (salvo conducto) übersandte und nun habe er ohne Rücksicht auf diesen sowie auf die Excommunication, welche hiemit verbunden sei, die Leute des Cardinals gefangen genommen, ihre reichliche Habe geraubt, ohne sich bewegen zu lassen, sie zurückzugeben und jene frei zu lassen. Der Papst bestritt, daß der Geleitsbrief nur bedingt gelautet habe, der Cardinal sei päpstlicher Legat in Avignon, habe ohne Erlaubniß des Königs von Frankreich nach Tarragona kommen wollen, um ihm (dem Papste) dort Obedienz zu leisten, sei nun von ihm berufen worden und werde von Dienern des Kaisers in der erwähnten Weise behandelt. Der

---

[1]) Brewer, n. 2776. Cascò l'architrave della porta grande della capella di Sisto e ammazò uno Suizzero non troppo discosto dal Papa. Negro a M. Marc Antonio Michele. 29. December 1522.

[2]) Gachard, n. XLVII.

Papst schloß mit der Aufforderung an den Kaiser, er möge erklären, daß dieses gegen seinen Willen geschehen sei und ihm darauf antworten[1]). Dadurch war in Betreff der Unterhandlungen über die Liga ein Incidenzfall eingetreten, welcher dem Zustandekommen der letzteren nichts weniger als günstig war. Es sollte noch Aergeres eintreten. Am 1. Januar 1523 eröffnete Adrian dem Kaiser, daß König Franz seinen Botschafter, den Cardinal von Auch, zum Abschlusse des gewünschten Friedens bevollmächtigt habe. Er selbst aber wünsche, daß, bis dieser zu Stande komme, ein dreijähriger Waffenstillstand eintrete. Alle Parteien sollten schwören, den zu vernichten, welcher den Waffenstillstand brechen würde. Gerade in diesem Momente kam Adrian die Nachricht zu, die kaiserlichen Soldaten hätten sich San Giovanni's im Kirchenstaate bemächtigt, die Stadt geplündert, 50 Menschen erschlagen, den päpstlichen Commissär gefangen genommen[2]). Der Papst ließ sogleich Lope Hurtado zu sich bescheiden. Dieser fand Adrian VI. in einer Aufregung ohne Gleichen. Er erklärte dem spanischen Agenten, daß nur seine große Zuneigung zu dem Kaiser ihn abgehalten habe, nicht sogleich dem Bündnisse mit König Franz beizutreten; er werde aber die Urheber der Gewaltthat, Don Juan Manuel und Prospero Colonna namentlich mit dem Banne belegen[3]).

Ehe Hurtado's Depesche über diese geharnischte Erklärung an den Kaiser gelangen konnte, ging eine nicht minder inhaltreiche aus dem kaiserlichen Cabinete an den Herzog von Sessa ab. Man war daselbst der Ansicht, San Giovanni sei kaiserliches Lehen, habe Christoforo Pallavicini gehört, der wegen seiner Anhänglichkeit an den Kaiser von den Franzosen in Mailand hingerichtet worden war, und der Papst habe somit keine Ansprüche auf die Stadt, wobei freilich noch immer die Frage offen blieb, ob der Streit gerade durch Waffengewalt entschieden werden mußte. Ohne jedoch diesen Punkt zu erwähnen, schrieb Kaiser Karl am 10. Januar 1523 aus Valladolid an den Herzog und ermahnte ihn, in Rom auszuharren und auf den Papst einzuwirken, dessen Neutralität es unmöglich mache, Rhodus, Ungarn und anderen von den Türken bedrängten Ländern zu Hilfe zu eilen. Der Kaiser ließ sich weitläufig darauf ein, welche Vorstellungen dem Papste zu machen seien, besprach aber auch die Angelegenheit der päpstlichen Diener, und daß ihnen nicht

---

[1]) Im Spanischen klingt dieses gar eigenthümlich: y á esto y á todo lo demás que os tenemos scritto nos responded.

[2]) Calendar, II, n. 518.

[3]) Calendar, n. 524

nur Belohnungen zugewendet werden follten, fondern auch Strafen, wenn
fie fich nicht (dem Verlangen des Herzogs) fügten, da das Leben Adrian's
wohl nur von kurzer Dauer fei. Es charakterifirt die beiderfeits gereizte
Stimmung, daß, als fich Adrian darüber befchwerte, daß der Kaifer
Alles feinen Miniftern überlaffe, diefer ihm fagen ließ, wenn das der
Fall und feine Minifter wirklich fo übelwollend wären, als er annehme,
fo wäre der Papft längft nur mehr Pfarrer von St. Peter.
Der Gefandte habe Recht gethan, daß er bisher die Obedienz nicht
geleiftet (was übrigens feitdem doch gefchehen war). Wenn Venedig nicht
dem Bündniffe beitrete, fo habe Profpero Colonna Befehl, der Republik
den Krieg zu erklären. Niemals werde König Franz folche Friedens=
bedingungen ftellen, wie er und König Heinrich wünfchten, wenn fich
nicht der Papft zu ihren Gunften entfcheiden würde.

Die Weifung an den Gefandten beruhte offenbar auf Meldungen
des Herzogs vom Monate October, wie fie auch die Gefinnungen aus=
fprach, welche der Kaifer noch im Januar hegte. Es waren mehrere
Briefe Adrian's an Karl zufammengekommen, fo daß diefer im Monate
Januar[1]) auf fieben, im Monate Februar[2]) (8. Februar) auf drei ant=
wortete. Der Kaifer berichtet zuerft von den Rüftungen zu Gunften von
Rhodus, deffen Fall noch immer nicht bekannt war. Er fuchte das
Benehmen Don Manuel's in Betreff der 100.000 Ducaten zu rechtferti=
gen. Es fei eigentlich an dem Papfte, den zu beftrafen, der das An=
gebot gemacht. Die Befetzung von Parma, Piacenza und anderen Orten
des Kirchenftaates[3]) wird als ein Act der Nothwendigkeit dargeftellt, um
diefe gegen die Herzoge von Ferrara und Urbino, die Baglioni, die
Orfini und Renzo die Ceri zu fchützen. Er bat den Papft, doch nicht
einen Nuntius oder Commiffär abzufenden, um die Unterthanen des
Kirchenftaates gegen das kaiferliche Heer aufzuftacheln, wie Adrian gedroht
haben muß. Das hieße die allgemeine Angelegenheit zu Grunde richten,
indem die Mißhelligkeiten zwifchen Papft und Kaifer offenkundig würden.
Karl erinnerte den Papft an den Befitztitel von Parma und Piacenza[4]);
er weift den Vorwurf fchöner Worte ohne Thaten zurück und bedauert
feinerfeits, daß der Papft Perfonen das Ohr leihe, die ihn vom richtigen

---

[1]) Gachard, n. L.

[2]) Gachard, n. LI.

[3]) Am 13. November 1522 hatte Adrian den Gefchichtfchreiber Francesco
Guicciardini zum Gouverneur von Modena ernannt. Giov. Livi, F. Guicciardini
e Domenico Amorotto. Reggio 1875.

[4]) Son cosas imperiales.

Wege abzubringen suchten. Ebenso machte auf's neue Kaiser Karl den Papst aufmerksam, daß Modena und Reggio dem Reiche gehörten und ersteres um 40,000 Ducaten gegen das Recht der Wiedereinlösung verpfändet worden sei.

Er gab dem Papste zu verstehen, daß der kaiserliche Unterhändler den Auftrag habe, sich in Betreff des Herzogs von Ferrara mit dem Papste im Einverständniß zu erhalten: wenn aber letzterer einseitig vorgehe, dann auch er selbst dafür sorgen müsse, daß dem Reiche kein Nachtheil daraus erwachse. Der Herzog von Sessa habe den Auftrag, ihm die Urkunden vorzulegen, welche die Rechte des Reiches auf Modena und Reggio bewiesen. In dem Schreiben vom 8. Februar spricht sich Kaiser Karl noch klarer aus. Während er dem Papste dankt, daß er ihm wie ein Vater schrieb und ihn bittet, darin fortzufahren, rechtfertigt er sein und König Heinrich's Benehmen. König Franz zeige nur Worte, er rechne auf Adrian's Unentschiedenheit, um den Krieg in Italien neu anzufachen. Da bleibe beiden Fürsten nichts anderes übrig, als die unannehmbaren französischen Vorschläge zurückzuweisen. Nochmals nahm Karl den Don Manuel in Schutz; die zur Bezahlung der schweizerischen Anforderungen verlangte Geldunterstützung lehnte er ab, erklärte sich aber bereit zu den persönlichen Gunstbezeugungen, um welche ihn Adrian für Don Hernando de Silva und den Erzbischof von Bari ersucht hatte. In dem späteren Briefe, als die Gefahr eines Einbruches der Franzosen in Italien näher rückt, erbittet sich Karl den Beistand geistlicher Waffen von Seiten des Papstes und empfiehlt ihm, Parma und Piacenza durch den Marchese von Mantua[1]) einnehmen zu lassen.

Die eigentlichen Unterhandlungen zwischen den beiden fürstlichen Personen mit Adrian gingen nicht auf brieflichem Wege, sondern durch den Herzog von Sessa, welcher es besser verstand als Don Manuel, auf das Gemüth des Papstes einzuwirken, und den besonderen Auftrag erhielt, mit Sanftmuth vorzugehen. Das Endziel der kaiserlichen und spanischen Politik war, den Papst aus seiner Neutralität, welche nur den Franzosen zu Gute kam, heraustreten zu machen und ihn zum Anschlusse an das spanisch-englische Bündniß zu bringen. Allein diesem Begehren setzte

---

1) Die Befriedigung der Ansprüche, welche der letztere in Kraft eines Vertrages mit Papst Leo X. als Generalcapitän der Kirche erlangt hat, bilden noch den Inhalt des Schreibens Karl's V. an Adrian vom 8. Mai 1523. — Der letzte Brief Karl's, Antwort auf Adrian's Verwendung für den Herzog von Sessa (por el velus aureo para el duque de Sessa), ist während der Krankheit Adrian's geschrieben (am 25. August 1523), die sehr bald einen tödtlichen Ausgang nahm.

Abrian im Anfange des Jahres 1523 einen Widerstand entgegen, der
Karl V. höchlich erzürnte. Während Jedermann geglaubt hatte, Abrian
werde sich unbedingt an Kaiser Karl anschließen, war das Gegentheil
erfolgt. Aber nicht blos, daß der Papst als französenfreundlich galt, es
hatten auch Castilianer, welche dem Blutgerichte nach Unterdrückung des
Aufstandes der Comuneros entronnen waren, sich nach Rom geflüchtet
und dort Aufnahme gefunden. Der Herzog von Sessa erhielt daher den
Auftrag, zu bewirken, daß sie sich von da entfernten, und sie sobann zu
ergreifen und ohne Aufsehen nach Neapel in Gewahrsam zu bringen. Ja
der Gesandte mußte ein päpstliches Breve sich verschaffen, um den Proceß
gegen den Bischof von Zamora, denselben, dessen Freilassung Abrian
begehrt, führen zu können, und als in diesem die Anwendung der Tortur
nicht gestattet war, erklärte es Kaiser Karl für nicht hinreichend. Sessa
sollte ein anderes erwirken, das den Erzbischof von Granada und den
Bischof von Ciudad Rodrigo ermächtige, den Bischof der Tortur zu unter=
werfen, damit durch dieselbe der Bischof zur Bekenntniß der Wahrheit
gezwungen werde[1]). Der Kaiser beschwert sich wiederholt, daß der Papst
sich über die spanischen Minister beklagte, welche in den Unterhandlungen
mit ihm auf seinen Willen nicht achteten, während doch diese seine Diener
ihm nach dem besten Willen dienten und, wie er selbst dem päpstlichen
Nuntius Don Bernardo Pimentel gesagt, sehr eifrige Diener Sr. Heiligkeit
seien. Die Minister des Papstes aber suchten auf diesen einzuwirken,
damit er nicht zu willfährig sei, indem sonst der Kaiser dem Papste nichts
zu regieren übrig lasse, als den Kirchenstaat. „Wenn wir aber, setzte
Kaiser Karl bei, nach der Tyrannei streben würden, so hätten wir sie
vor und nach der Wahl Sr. Heiligkeit ausüben können, was der Papst
wohl beachten möge." Er trug dem Botschafter noch auf, sich den
Gerüchten, als stünde er (Karl) hinter seinem Rücken mit Abrian in
geheimen Beziehungen, nicht entgegenzustellen; er solle den vierten Theil
aller geistlichen Einkünfte, sowie die Cruzada nach dem Vertrage mit
Papst Leo X., der übrigens des letzteren Nachfolger nicht band, verlangen.
Halte Abrian die Bedingungen des Vertrages nicht, so sei auch Kaiser
Karl nicht gebunden, die dem römischen Stuhle vortheilhaften Bedingungen
des Vertrages zu erfüllen.

Wir besitzen einen Brief Abrian's an Kaiser Karl vom 3. Februar.
Er erklärte auf das bestimmteste, er könne, so lange Rhodus in Gefahr

---

[1]) Si esto, heißt es in der Depesche vom 10. Januar 1523, no hiziesse Su
Beatitud será nos forçado proveherlo otramente por los mejores (d. h. die
schärfsten) medios que vieremos convenyr. Lettres, n. IV. (Gachard, p. 172).

sei, es nicht auf sich nehmen, der Liga beizutreten[1]), indem er sonst bei allen christlichen Fürsten, die er zu einer großen Versöhnung zu bringen hoffe, Verdacht errege. Die alte Zuneigung zu Kaiser Karl war wieder mit voller Lebhaftigkeit zurückgekehrt, so daß er selbst hinzufügte, er sei bereit, Leben und Gut für den Kaiser daranzusetzen.

Auch dieser hatte noch keine Nachricht von dem Untergange von Rhodus, als er am 15. Februar[2]) im größten Geheim dem Herzoge von Sessa Vollmachten übersandte, mit dem Papste wegen eines Friedens oder eines Waffenstillstandes zu unterhandeln, jedoch sollte Niemand etwas davon erfahren, weder der englische noch der französische Gesandte.

Es war eine Wendung in der englisch-spanischen Allianz bemerkbar. Die kaiserlichen Botschafter in Rom wie in Venedig drangen fort- während auf Entscheidung. Nach Girolamo Adorno sollte der Krieg in der Normandie, in der Provence und Italien zugleich ausbrechen. Allein die Venetianer befanden sich in einer seltsamen Lage, welche einer Sack- gasse ziemlich ähnlich war. Ihre Verbindung mit Frankreich hatte sie zu Feinden Kaiser Karl's gemacht, den sie als Habsburger, wie als Spanier haßten, seit dem Tage von Bicocca fürchteten, aber doch wieder nicht in dem Grade, daß sie wegen eines Sieges über die Fran- zosen sich an ihn anschließen wollten. Umgekehrt verachteten die Spanier die Krämerpolitik der Venetianer und machten daraus auch kein Hehl. Allein ehe Venedig nicht von dem Könige Franz getrennt war, konnten die Spanier sich nicht als Herren Italien's ansehen. Auch die Venetianer wünschten nicht die Uebermacht der Franzosen in Italien. Sie war für sie nur eine Thatsache, mit welcher sie widerwillig rechneten. Trotz ihrer Verbindung mit Frankreich hatten sie den Durchzug von 10.000 deutschen Lanzknechten gestattet und sich dabei nur den Anschein gegeben, als könnten sie denselben nicht hindern. Wenn Nicolò Macchiavelli den Päpsten den Vorwurf machte, daß sie stets zwischen zwei Feinden Italien's schwankten, so gebührt derselbe noch viel mehr den Venetianern. Daß er den Italienern überhaupt zukam, hat schon Liutprand im zehnten Jahrhundert ausge- sprochen. Unter diesen Verhältnissen fühlte der Leiter der englischen Politik, Cardinal Wolsey, wohl ganz richtig heraus, daß die Venetianer nicht heute Frankreich's Freunde, morgen dessen Feinde sein könnten und bereitete deshalb einen natürlichen Uebergang. Er ließ ihnen schon Anfang 1522 eine Verbindung (liga) mit dem Papste, dem Kaiser und seinem

---

[1]) Bergenroth, II, 525.
[2]) Lettres, n. VIII, Calendar, II, p. 530.

Könige, sowie auch anderen Fürsten vorschlagen, ohne daß diese gegen Jemanden, also auch nicht gegen Frankreich gerichtet wäre[1]). Als der kaiserliche Botschafter nun seinerseits von den Venetianern Rückgabe alles dessen verlangte, was sie von Oesterreich und dem Reiche in Besitz ge= nommen, so fand er, wie sich Alfonso Sanchez Anfangs Februar 1522 ausdrückte, daß die Venetianer eingefleischtere Franzosen seien, als selbst die Pariser[2]). Sie sahen sich aber bald durch die Maßregeln, welche in England wie in Spanien gegen ihren Handel ergriffen wurden, ebenso bedroht, als durch das Verlangen, sich die kaiserliche Belehnung für ihre Besitzungen auf dem festen Lande zu erholen, während andererseits der König von Frankreich fortwährend versicherte, er werde nächstens einen neuen Zug nach Italien unternehmen, und der venetianische Botschafter in Paris berichtete, die ganze französische Macht werde sich gegen England wenden. Allein trotz wiederholter Versprechungen kam König Franz nicht, die Franzosen schwenkten nach der Niederlage bei Bicocca aus Italien ab, Genua wurde gerade einen Monat und einen Tag nach dem Siege von Bicocca von den Spaniern erobert[3]) und nun gab Kaiser Karl das Herzogthum Mailand dem Franz Sforza, das Herzogthum Genua dem Antonio Adorno. Herrschte auch factisch Kaiser Karl in beiden Herzog= thümern, so war doch dem nationalen Bewußtsein insofern Genüge geleistet, daß beide Staaten einheimischen Fürsten gegeben wurden, ihre eigenen Verfassungen erhielten. Für Venedig zumal war dieses selbst wichtiger, als der Sieg der Kaiserlichen bei Bicocca. Erhielten sich beide Herzoge in ihren Staaten, so waren die Thore Italien's den Franzosen verschlossen, und Venedig brauchte mit diesen in Bezug auf Italien nicht mehr zu rechnen. Jetzt trat die Schlichtung der Handelsdifferenzen mit England für sie in den Vordergrund und da war Nachgiebigkeit in Betreff der Liga der beste Ausweg, um zum Ziele zu kommen[4]).

Der englische Gesandte in Venedig, Richard Pace, welcher in Ver= bindung mit Adrian die Venetianer zur Allianz bringen sollte, blieb jedoch vom 27. August 1522 bis Ende Februar 1523 ohne Depeschen aus England[5]). Am 20. März 1523 starb Adorno in Venedig, wodurch wieder eine Verzögerung eintrat. Der Cardinal von York aber hielt die Zügel der Regierung wieder fest in seinen Händen und brachte

---

[1]) Lega per securità e conservatione de' communi stati. De Leva, p. 177.
[2]) De Leva, l. c.
[3]) 30. Mai 1522.
[4]) Vergl. de Leva, p. 181.
[5]) Calendar, II, n. 521.

endlich einen einjährigen Waffenstillstand mit Ausschluß der gegenseitigen
Bundesgenossen in Vorschlag. Von diesem wollte Kaiser Karl nichts
wissen; er suchte deshalb den englischen Plan durch das Gegenproject
vom 15. Februar zu beseitigen. Der Papst aber hatte Recht, als er den
Kaiser warnte, sich auf seinen Bundesgenossen zu verlassen.

Da kam — Ende Februar 1523 — die Nachricht nach Rom,
Rhodus sei verloren, der Padischah der Osmanen im Besitze der Stadt,
der Insel, der östlichen Bucht des mittelländischen Meeres. Ohne ein
Wort zu sprechen, nahm Adrian die Hiobspost an, nur ein tiefer Seufzer
entrann dem gepreßten Herzen[1]). Während sonst nicht Schmerz noch
Freude seine Züge belebten, zeigten sie lange die Spuren des Kummers,
der ihn verzehrte.

Neunter Abschnitt.

**Der Fall von Rhodus. Gefahr für Italien. Das Soderinische Complot.
Umschlag der Stimmung.**

Erst als das Unglück von Rhodus geschehen war, erfuhr man auch
den ganzen Zusammenhang, konnte man die Größe des Unheils ermessen.

Sultan Selim hatte in seinem Testamente seinem Sohne den Auftrag
hinterlassen, erst Belgrad anzugreifen, dann Rhodus zu nehmen und von
diesen zwei Stützpunkten aus die Zange anzulegen, das christliche Europa
zu bezwingen. Nachdem die innere Auflösung des Magyarenreiches den
Fall Belgrad's beschleunigte, diente ein jüdischer Arzt, welcher sich nach
Rhodus begeben, dem Padischah als Spion, indem er regelmäßig an
die Pforte berichtete, was in Rhodus vorging. Dann machte, als Philipp
von Lisleadam, nach Adrian's Meinung keine bedeutende Persönlichkeit[2]),
Großmeister der Johanniter wurde, der Kanzler des Johanniterordens,
Andreas de Merall, ein Portugiese, den Verräther. Er bezeichnete dem
Sultan die schwachen Stellen der Festung und forderte ihn auf, den
Kriegszug zu unternehmen. Als nun in Constantinopel dazu die größten
und umfassendsten Rüstungen, im Arsenale wie bei dem Heere, gemacht
wurden, die Türkei in Asien und Europa von Kriegslärm ertönte, fanden
die Nachrichten hierüber in Rhodus keinen Glauben und die angesehensten

---

[1]) Girolamo Negro a Marc Antonio Micheli. Roma, 28. Februar 1523.
Lettere di principi.
[2]) Brewer, n. 3025.

Dignitäre machten dem Großmeister Schwierigkeiten, als er die Befesti-
gungen vermehrte. Mit Mühe konnte man aus dem weinreichen Candia
Wein haben; gerade der Mangel an Wein trug zum unglücklichen Erfolge
wesentlich bei; das Getreide wurde unreif abgeschnitten, damit es nicht
in osmanische Hände falle. Sendschreiben ergingen jetzt an alle Fürsten
und Völker, Rhodus zu helfen. Vorüberfahrende Schiffscapitäne wurden
eingeladen, zur Vertheidigung in der Stadt zu bleiben, die verfügbare
Mannschaft, 3—4000 Bürger, 1500—2000 Bauern gemustert. Die
Hauptstärke bildeten jedoch die kriegstüchtigen Ritter, welche den verschiedensten romanischen Völkern angehörten. Aber auch sie waren nicht
in hinreichender Anzahl erschienen[1]).

Am 8. Mai 1522 erfolgte die Aufforderung Soliman's an den
Großmeister, die Insel zu übergeben; die Ritter sollten in seine Dienste
treten. Man beschloß, nur mit Kanonenschüssen zu antworten. Während
Adrian sich in Tortosa befand, landeten die Türken auf der Insel Lango;
sie wurden zurückgeschlagen[2]). Am 24. Juni erzwang aber die Flotte
die Landung und erfolgte die Absendung Sir Claude Domsohville's,
genannt Villiers; und Sir Loys de Sidonie's an Papst und Kaiser, um
Hilfe zu erbitten. Der Großmeister legte am Tage des heiligen Johannes
nach dem Hochamte in der Kirche St. Johannes Baptista die Schlüssel
der Stadt auf den Hochaltar und übergab dem Ordensheiligen ihren
Schutz. Der Kampf begann.

Der Padischah der Osmanen konnte keinen besseren Zeitpunkt zum
Angriffe auf das Abendland ausfindig machen. Ungarn, von Parteien
zerrissen, war von den Magyaren dahin gebracht worden, daß es um
fremde Hilfe betteln ging. Deutschland war zum Vulkan geworden; die
Aufruhrpredigt ertönte an allen Enden, der Umsturz der alten Verfassung
des Reiches wie der Kirche ging Hand in Hand, der Bürgerkrieg war
von Seiten des Adels losgebrochen, der Bauer prüfte bereits seine Waffen,
ein breiter Blutgraben drohte die alte Zeit von der neuen zu scheiden,
ein Meer von Unglück das humanistische Zeitalter zu begraben. Frankreich, unter der Hand eines Königs ohne Grundsätze, ohne Rechtsgefühl
vereinigt, wandte seine ganze Macht nur zur Beunruhigung seiner Nachbarn an, schürte die religiösen Unruhen in Deutschland, die politischen
in Spanien und hoffte der Hammer des Erdkreises zu werden. Bei

---

[1]) Brewer, n. 2117, 2118.
[2]) Nach einem Schreiben des Großmeisters hatten die Osmanen mit der Kriegserklärung bis zum 14. Juni gewartet. Er meldete am 17. die Landung im Porto
Fisco. Brewer, p. 2170. Die genauesten Nachrichten hat M. Sanuto.

dem französischen Könige war die Türkennoth nur eine Aufforderung, ungestraft zuzugreifen, deutsche, burgundische, italienische, spanische Länder mit seiner Krone zu vereinigen. Jetzt konnte man sehen, welches Unglück der Aufstand der Comuneros in Castilien, der allgemeine Aufstand der spanischen Länder im Jahre 1520 bis 1522 gewesen, da seine Beschwichtigung den Kaiser zwang, statt von Deutschland oder von Neapel aus den Angriff gegen die Osmanen vorzubereiten, in Valladolid Hof zu halten und mit Hilfe König Heinrich's VIII. die Franzosen im eigenen Lande zu bekämpfen. Die bedeutendste Seemacht, Venedig, war im Frieden mit den Türken, wollte diesen nicht. brechen und sandte wohl eine Flotte ab, aber nur vor Candia Station zu nehmen. Hätte sie die türkische Flotte angegriffen, als diese in dem Hafen von Rhodus lag, sie wäre vernichtet, das Belagerungsheer vom festen Lande abgeschnitten, die Sache mit einem Schlage zu Ende geführt worden. Die Venetianer sind ausgezeichnete Türken, lautete ein damaliger Bericht[1]. — Die Franzosen waren es nicht minder. Als zwei Venetianer, so weit Einzelne konnten, der belagerten Stadt Hilfe brachten, verbannte sie der Senat aus der Stadt. Welch herrliche Unterstützung der Christen, rief Negro aus, der dieses erzählte. Als auf Befehl des Papstes zwei Carraken in Genua für Rhodus ausgerüstet wurden[2], nahmen die Franzosen sie weg. Als sie endlich freigegeben wurden, ging die eine unter, die andere hatte so mit Stürmen zu kämpfen, daß der Papst sie für verloren hielt. Als. spanische Edelleute sich nach Genua begaben, um von dort nach Rhodus zu gehen, nahmen die „französischen Türken" das Schiff weg[3]. Die spanischen Truppen, welche den Papst nach Italien geleitet, weigerten sich, eine zweite Seefahrt nach Rhodus zu unternehmen. Adrian, welcher fortwährend mit der Rettung der Inselburg sich beschäftigte, brachte endlich, wie Jacobo Fontano erzählt, der selbst mit Mühe dem Tode durch die Osmanen entgangen war und nach Adrian's Tode den Todeskampf der Rhodiser beschrieb, 6000 Ducaten zusammen, die er nach Rhodus sandte. Hätte er doch sechs Galeeren, und wenn auch leere, dahin gesandt, ruft Jacobus aus[4]. Es charakterisirt die Zeit und ihre Bewegungen, den Glau-

---

[1] Brewer, n. 2840.

[2] 16. September 1522. Nach Negro waren es drei, von denen damals zwei noch nicht abgegangen waren.

[3] Girolamo Negro an Marc Antonio Michele vom 10. December.

[4] Potuisset vel voluisset. De bello Rhodio libri II. Jacobo Fontano Brugensi autore. Im Anhange zur lateinischen Uebersetzung des Chalcondylas, de origine et rebus gestis Turcorum libri X. Basileae fol.

bensstreit und die entsetzliche Verbitterung der Gemüther, welche sich daran knüpft, den theologischen Haß, der sich wie eine Giftquelle über die Welt ergoß und das Wirken der Humanisten wie der Fürsten, daß in diesem so verhängnißvollen Augenblicke die Mittel fehlten, sechs Galeeren aus= zurüsten, während das einzige Venedig über fünfzig verfügte, die es aber zur Ruhe wies. Endlich gestattete König Franz den französischen Rittern, mit sechs Galeeren von Marseille auszufahren. Sie waren gerade im Hafen von Messina angekommen, als auf elendem Schiffe, nach langer und gefährlicher Fahrt, kaum dem Tode entronnen, mit seinen Unglücks= gefährten Lisleadam daselbst anlangte, und nun enthüllte der Bruder Jean Lidheran von Auvergne dem unglücklichen Großmeister die lange Reihe vergeblicher Bemühungen der französischen Ritter, Rhodus Hilfe aus Frankreich zu verschaffen. Fontano weiß nicht, solle er es der Treulosigkeit oder der Ungeschicklichkeit der Mannschaft zuschreiben, daß das größte Schiff Genua's, ausgerüstet mit Leuten, Lebensmitteln und Waffen, an der Küste von Genua unterging, ebenso ein englisches Schiff mit auserwählten englischen Schützen. Ein spanisches wurde von den Seeräubern auf das übelste zugerichtet und ebenso ein Transportschiff des Don Diego von Toledo, Priors von Castilien, Sohn des Herzogs von Alba. Dazu kam, daß falsche Gerüchte, vielleicht mit Absicht ausgesprengt, die überhaupt nicht große Thatkraft lähmten. Noch am 6. August 1522 schrieb der Abt von Najera aus Pavia an den Kaiser, der mantuanische Gesandte in Venedig habe gemeldet, es sei nicht wahr, daß die Osmanen Rhodus belagerten; die Venetianer wüßten nichts davon. Dann verbreitete sich das Gerücht[1]), die Osmanen hätten die Belagerung aufgehoben, so daß also Hilfe unnöthig sei. Die Osmanen hatten überall ihre Agenten, ihre Reptilien[2]).

Ganz abgesehen von der zahlreichen Flotte, dem gewaltigen Heere, besaß Soliman nebst der besten Infanterie der Welt die ausgezeichnetste Artillerie, die sich der neuesten Erfindungen von zerstörender Wirkung, Kartätschen und Bomben, bemeistert hatte. Zahlreiche Erdwerke wurden aufgeworfen, Gräben gezogen, Minen angelegt und mit den Einwohnern ein geheimes Einverständniß gepflogen, damit in der Stadt eine Feuers=

---

[1]) Calendar, II, p. 461. Am 23. December kam endlich Don Bernardino mit vier französischen Barken und einer biskaischen Brigantine an. Negro, 28. Februar.

[2]) Im Angesichte dieser Thatsachen konnte nur ein Don Manuel schreiben: el soccorso del papa para Rhodos es como todas las otras sus cosas que ha dos meses que se negocia y hasta oy no hay nada hecho. (Roma 8. Octobre 1522.) De Leva, I, p. 153, n. 2.

brunst entstehe, wenn die Osmanen von außen stürmten. Am 25. August kam der Padischah in das Lager und nun wurden die umfassendsten Vorkehrungen zu den Stürmen getroffen[1]). Aber schon am 15. August war der jüdische Arzt als Verräther hingerichtet worden. Im September und October erfolgten die Stürme, begleitet vom Auffliegen der Minen, welche allmälig bis zu sechzig angelegt worden waren, und der Bau unterirdischer Gänge, so daß einmal eine große Abtheilung Türken mitten in der Stadt erschien[2]). Bei einem einzigen Sturme erlitten die Osmanen durch die heldenmüthige Vertheidigung einen Verlust von 22.000 Janitscharen, hundert Standarten wurden erobert, zwei Paschas getödtet. Die Verluste an Menschenleben, das fort und fort zu Tode gehetzt wurde, um die Kräfte der Belagerten zu ermüden, waren ungeheuer[3]), und in der That waren die Belagerer auf dem Punkte angelangt, daß sie sich von ihren Minen zurückzogen, sich still verhielten und am 10. December endlich selbst Bedingungen der Uebergabe anboten. Soliman hatte den Paschah, welcher ihm zur Unternehmung der Belagerung den Rath gegeben, zum Tode verurtheilt. Da begab sich ein albanesischer Renegat in das osmanische Lager und stellte ihm vor, in Rhodus herrsche Mangel an Wein und Pulver, die Schanzen seien zerstört, die Einwohner muthlos geworden. Jetzt wurde beschlossen, trotz der ungeheueren Verluste auszuharren und auf dieses blieb dem Großmeister nichts anderes übrig, als, da die oft erbetene Hilfe ausblieb, die Munition verschossen war, die Capitulation einzuleiten. Der Vertrag wurde abgeschlossen, das Belagerungsheer zog sich zurück, um den Abzug der Ritter zu ermöglichen, als fünf Tage später (25. December) 15.000 Janitscharen, mit Stöcken bewaffnet, hereinbrachen, die Hauptkirche ihres Schmuckes beraubten, plünderten, schändeten und alle Gräuel an den Zurückgebliebenen verübten. Es war der Weihnachtstag 1522. Man wußte es sicher im osmanischen Lager. Am 26. December begab sich, der Aufforderung des Padischah entsprechend, der Großmeister in ärmlicher Kleidung in das Lager des siegreichen Soliman, welcher die Zusage freien und sicheren Abzuges wiederholte. Aber sorgfältig wurde nach Dschem, dem Sohne des ehemaligen Prätendenten des osmanischen Reiches gefahndet, er endlich aus-

---

[1]) Nach Hammer, osm. Geschichte, war er am 25. Juli gelandet. III, S. 22.

[2]) Brewer, p. 2818.

[3]) Gabriele Martinengo von Brescia, welcher von Candia aus nach Rhodus gegangen war, als Ingenieur Hilfe zu leisten, meinte, wenn nur 1000 Mann im September und selbst noch im October zu Hilfe gekommen wären, hätte Rhodus sich erhalten. De Leva, p. 153. Die Türken büßten ihren kriegerischen Ruf in Rhodus ein.

findig gemacht und, als er den christlichen Glauben nicht verleugnen wollte, hingerichtet. Es sollte in Mitte des Verrathes nicht an Blutzeugen fehlen. Frau und Tochter wurden nach Constantinopel geschleppt. Am 29. December betrat Soliman die eroberte Stadt; in der Nacht vom 1. auf den 2. Januar 1523 schiffte sich der Großmeister nach Europa ein. Am 3. Januar wohnte Soliman dem Kanzelgebete in der unterdessen zur Moschee umgewandelten St. Johanneskirche bei. Wo die Muttergottes- kirche von Phileremos (auf dem Boden von Altrhodus) gestanden, wurde erst für Soliman ein Ort zur Ausübung aller Wollust gebaut, dann eine Festung errichtet. Am 29. Januar traf Soliman wieder in Con- stantinopel ein, nachdem er durch die Eroberung von Rhodus und der dazu gehörigen Inseln (acht an der Zahl), ferner des deutschen Schlosses Petreon auf den Trümmern des Mausoleums von Halicarnassos den osmanischen Flotten den bisher versperrten Paß zwischen Constantinopel und Alexandria eröffnet, die osmanische Herrschaft zwischen dem vene- tianischen Cypern und Candia hineingeschoben, die Zugänge von Klein- asien in seine Hand gebracht hatte und der Eroberung Italien's um ein Bedeutendes nähergerückt war. Jetzt erst konnte der Plan, von Belgrad nach dem Abendlande vorzudringen, wieder aufgenommen werden. Die Venetianer aber, welche Rhodus hatten fallen lassen, konnten sehen, wie sie sich der Eroberung von Cypern, dann von Candia erwehrten.

Während die Geretteten erst noch mit dem Schiffbruch und allem Elende einer langen und mißlichen Fahrt kämpften, ergriff Adrian die nöthigen Maßregeln, zu retten, was noch gerettet werden konnte. Die entsetzliche Katastrophe, welche in allen christlichen Ländern wiederhallte, war eine ungeheuere Anklage gegen die christlichen Fürsten, eine ebenso große Rechtfertigung der Politik Adrian's, wenn sie auch an und für sich eines jener schweren Ereignisse war, die sein Pontificat zu einem so unglücklichen gestalten.

Der Vicekönig von Neapel brachte dem Papste einen Brief Gabriel's von Martinengo aus Gallipoli über die am 3. Januar erfolgte Besetzung von Rhodus.

Er ließ keinen Zweifel mehr aufkommen, daß die Sache wirklich so sei. Adrian traten Thränen in die Augen, doch sagte er nichts als: dennoch (Tamen). Dann berief er neun Cardinäle zu einem Con- sistorium und erklärte ihnen: von nun an wage er es nicht mehr, irgend welche Ausgaben zu machen, er wolle alle seine Einkünfte für den Einen Endzweck bestimmen, künftig nur die carmoisinrothe Tiare tragen und was er erübrige, zum Türkenkriege verwenden. Diese beabsichtigten das Verderben der Christenheit, eben deshalb betreibe er selbst den allgemeinen Frieden[1]).

Adrian wurde seit dem Verluste von Rhodus seines Lebens nicht mehr froh. So oft er davon sprach, traten ihm die Thränen in die Augen. Je tiefer ihn das Unglück schmerzte, desto mehr entschloß er sich, rücksichtslos voranzugehen. Es steht wohl mit diesen Vorgängen in Beziehung, daß er jetzt alle von Leo X. gekauften Aemter cassiren und den Cardinälen ihre sogenannten indulti nehmen wollte, was in Rom eine ungeheure Bestürzung erregte, so daß die Cardinäle im Hause des Volterra eine Berathung[2]) hielten, da sie von den energischen Maßregeln zunächst betroffen waren. Er drang in Venedig, Friede zu machen, schrieb dem Kaiser über den drohenden Untergang der Christenheit und machte ihm nur zu gerechte Vorwürfe über seine Saumseligkeit. Er beschwor Katharina von Aragonien, Königin von England[3]), ihren Gemahl zum Frieden zu bewegen, König Heinrich selbst und den Cardinal von York, dem er darlegte, Ungarn, Italien und Sicilien befänden sich in der größten Gefahr[4]). Wolsey möge öffentliche Gebete und Processionen veranstalten. Der König möge nicht blos gegen das Schisma (Luther) kämpfen, sondern auch gegen die gegenwärtige Gefahr. Nur ein allgemeiner Friede könne helfen, oder doch wenigstens ein mehrjähriger Waffenstillstand, welchen er selbst in Rom zu vermitteln übernehmen wolle; der König möge dazu seine Botschaft bevollmächtigen, nicht aber jetzt die Christenheit verlassen; er verdiene wohl so viel Achtung, als sein Vorgänger Leo X. Er bemerkte noch dem Cardinale, daß er zu gleichem Endzwecke dem Kaiser und dem Könige von Frankreich geschrieben. Der Nuntius in Frankreich bearbeitete nicht blos den Hof für einen allgemeinen Frieden, sondern auch den schottischen Herzog von Albany, an welchen auch der Papst schrieb und der sich endlich bereit erklärte, einen Agenten an Wolsey zu schicken, um den Frieden zwischen Schottland, Frankreich und England zu vermitteln[5]). Allein der König von Frankreich schrieb dem Papste zurück, er könne auf seine Ermahnungen nicht eingehen; er müsse

---

[1]) Nach Marino Sanuto: che ex nunc lui von si curava di far spexa nel papato daria le intrata et fin il suo regno egli porteria sua mitria cremosina per spender il resto contra il Turko, qual pretende la ruina di Christiani e chel desiderava pace fra li potentati christiani. Bericht vom 29. Januar.

[2]) 10. Februar. M. Sanuto.

[3]) Brewer, n. 2848.

[4]) Brewer, n. 2849. 23. Februar 1523.

[5]) Der Erzbischof von Bari an Wolsey und Margarethe von Savoyen. 25. Februar. Brewer, n. 2853, 2854.

31*

auf der Restitution von Mailand bestehen[1]) und Hilfe gegen die Türken
zu versprechen, sei ihm nicht möglich. Er nahm endlich die Maske ab
und konnte es um so leichter thun, als er auf eine ihm ergebene Partei
im Cardinalscollegium zählen konnte. Wenn hier der Papst sein Leid
klagte und darstellte, daß König Franz Ursache sei, warum das Werk der
Pacification nicht zu Stande komme, so mochte er sehen, daß er nicht
eine höhnische Antwort erhielt. Selbst der Vicekanzler der römischen
Kirche[2]) verfolgte seine eigene Politik.

Der Papst ließ sich dadurch nicht abschrecken. Er wandte sich an
den König Johann von Portugal, welcher gerade damals mit Kaiser Karl
in Unterhandlungen stand, da er die Infantin Katalina zur Gemahlin
begehrte und dem Wunsche der Spanier gemäß, die eigene Schwester,
die schöne Isabella von Portugal, mit dem Kaiser zu vermählen gedachte.
Adrian betrieb jetzt um so nachdrücklicher die Aussöhnung Venedig's mit
dem Kaiser. Da aber König Franz den Kaiser und Venedig zu trennen
suchte, so bot jetzt Wolsey alles auf, Italien von der französischen Tyrannei
zu befreien, die englische Vermittlung in Venedig durchzusetzen und den
Papst auf seine Seite zu ziehen[3]). Aber auch diese seine eigenen Absichten durchkreuzenden Bemühungen hielten Adrian nicht ab, unablässig
an Beseitigung der Hindernisse der allgemeinen Pacification zu arbeiten.

Es war nichts von dem Zögern und Aufschieben zu bemerken, das
man Adrian so oft zum Vorwurfe gemacht hatte. Der Cardinal Colonna,
zum Erzbischofe von Catania erhoben, wurde zur Mission nach Ungarn,
der Bischof von Feltre, Bruder des Cardinals Campeggio, nach Venedig
bestimmt, das der Papst mit dem Kaiser auszusöhnen alle erdenkbare
Mühe aufbot. Ebenso sollte das Verhältniß des Herzogs von Ferrara,
Modena's und Reggio's zu dem Kaiser wie zum Kirchenstaate geregelt
werden. Der Plan eines italienischen Staatenbundes trat in den Vordergrund. Italiener sollten Italien gegen die Franzosen abschließen und
zu diesem Ende eine italienische Bundesarmee aufgestellt[4]), daneben
auf den Infanten=Erzherzog eingewirkt und die Schweizer zum Frieden

---

[1]) Bergenroth, II, n. 540.

[2]) Ea res est, schrieb Medici an Wolsey am 23. März 1523 (Brewer, n. 2910),
quae maxima ex parte ad Cardinales spectet (es ist nicht ganz klar, worauf sich
das Verständniß der beiden Cardinäle bezieht), ut pontificis ipsius partes non
magnae sint.

[3]) Wolsey an Pace. Brewer, n. 2863. Man glaubte in Rom Anfangs März,
Wolsey werde den König Heinrich zum Frieden bewegen. (Campeggio an Wolsey,
2. März. Brewer, n. 2865.) Darin täuschte man sich freilich sehr.

[4]) Brewer, n. 2867.

bewogen werden. Das Cardinalscollegium wurde veranlaßt, an König Heinrich von England zu schreiben, um ihn zum Frieden geneigt zu machen. In Rom sollte ein Fürstencongreß veranstaltet werden, der Papst gedachte die Kirchenschätze zum Türkenkriege zu verwenden. Der Papst, hieß es jetzt[1]), verkaufe selbst Aemter und selbst Bisthümer — welche ist nicht gesagt — um nur Geld zur Rettung der Christenheit zu erlangen. Er fühle sich höchst unglücklich und beklage es, die schwere Verant= wortung auf sich genommen zu haben. Seine steten Aufforderungen an die Könige, in Kraft christlichen Gehorsams Frieden zu halten und gegen die Osmanen aufzutreten[2]), bewirkten doch, daß König Heinrich im März Vollmachten ertheilte, um einen Defensivbund mit dem Papste, dem Kaiser und anderen Fürsten abzuschließen, sowohl den Türken Wider= stand zu leisten, als der lutherischen Häresie ein Ende zu machen[3]). Ein eigener Abgesandter sollte deshalb nach Rom gehen[4]). Die Haupt= sache war, auf den Kaiser einzuwirken, den Advocaten der Kirche, den Träger des weltlichen Schwertes, der ja von der Einheit der Gewalten die großartigste Zukunft in Aussicht gestellt hatte, jetzt aber mehr wie je sein eigenes Heil von dem Erträgnisse einer cruzada abhängig zu machen Lust zeigte.

Die Correspondenz Adrian's mit Kaiser Karl nahm seit dem Falle von Rhodus an Lebhaftigkeit zu. Der Papst verwarf am 2. März auf's neue den Beitritt zur Liga, behauptete die Rechte der Kirche über Modena, Reggio, San Giovanni, Parma und Piacenza, und erklärte, er werde von den kaiserlichen Ministern schlimmer behandelt als von den franzö= sischen, namentlich kam er auf's neue auf Don Juan Manuel und dessen Verhalten bei der Papstwahl zu sprechen. Noch beweglicher war das Schreiben vom 3. März, in welchem er geradezu aussprach, daß, wenn der Kaiser und die Könige von England und Frankreich ihre Streitig= keiten nicht mindestens auf drei Jahre aufgäben und einen allgemeinen Krieg gegen die Osmanen begännen, es dem Kaiser noch begegnen könne, aus seinen Erbstaaten vertrieben zu werden. In gleicher Weise schrieb Adrian auch an die beiden Könige.

Man hatte in Frankreich offenbar keine ganz richtige Anschauung von dem wahren Verhältnisse Adrian's zu Kaiser Karl und traute ihm jene Unparteilichkeit nicht zu, deren er sich in der That befliß. Klug

---

[1]) 4. März 1523. Brewer, n. 2870.
[2]) De Leva, II, p. 168.
[3]) Brewer, n. 2872, 2889.
[4]) l. c. 2879, 2887. Das gab den Vorwand zur Mission Clerk's.

genug benützte aber König Franz Ende März die Sachlage, um durch
den Erzbischof von Bari Friedensvorschläge zu machen, die aber selbstverständlich unannehmbar waren, da er auf der Rückgabe von Mailand
und Tournay bestand. Man wußte in Spanien, daß der König einen
neuen Einfall in Italien beabsichtige[1]), weshalb der Kaiser am 16. März
an alle italienischen Staaten sowie an den Papst Schreiben erließ, dagegen
Vorkehrungen zu treffen. Es charakterisirt Kaiser Karl und König Franz[2]),
der letztere bediente sich des Kirchensilbers zu seinen Rüstungen gegen
Kaiser Karl, dieser verlangte die Cruzada angeblich gegen die Osmanen,
factisch gegen die Franzosen, während einerseits der Türkenkrieg, andererseits der kirchliche Abfall Deutschlands drohten.

In allem Geheim bereitete damals König Franz durch den Cardinal
von Volterra, welchem Adrian bisher so großes Vertrauen geschenkt, und
durch dessen Neffen Pietro und Tomasio Soderini einen Hauptschlag vor,
mit welchem vielleicht der Versuch in Verbindung stand, den Papst zu
vergiften, der dem Herzoge von Camerino zugeschrieben wurde.

Gerade damals zeigte sich Adrian in den Audienzen, welche er Ende
März dem kaiserlichen Botschafter gab, mehr als je abgeneigt, der großen
Liga beizutreten. Er berieth sich mit den Cardinälen Volterra, Fiesco,
Monte und Colonna, ohne jedoch eine Uebereinstimmung zu finden. Die
beiden ersten, Soderini an der Spitze, waren für Neutralität, Monte
dagegen, Colonna unbedingt für Anschluß an den Kaiser. Jedes Wort,
das in der geheimen Berathung gesprochen worden war, erfuhr der
spanische Botschafter sogleich wieder. Die Bestechung der Umgebung des
Papstes war im größten Maßstabe erfolgt, ohne daß Adrian davon eine
Ahnung hatte. Der Herzog von Sessa höhnte ihn dafür in seiner Depesche
und verspottete die scharfen Maßregeln des Papstes gegen seine Umgebung[3]).
In der nächsten Audienz des letzteren ergoß sich der Papst in Klagen
über seine Hilflosigkeit, über die Schwäche des Kaisers der französischen
Macht gegenüber, sowie darüber, daß der Infant separat mit Venedig unter-

---

[1]) De Leva stützt sich wiederholt auf ein Schreiben De Praet's, kaiserlichen
Gesandten in London, an Kaiser Karl vom 1. Juni (Archives du royaume belgique) über die Pläne König Franz' vom 1. Juni 1523. (II, 169, 170.)

[2]) Instructions pour les Cardinaux d'Auch et de Cosme bei Mignet: Rivalité de Charles Quint et de François I. p. 354 (11. August 1522). Nous
sommes prêts de faire paix ou trève et de venir à grosse puissance contre le
Turc, pourvu que Milan, qui est notre patrimoine, dont indûment avons été
spoliés, nous soit rendu. Das aber war mehr eine Kriegserklärung als ein Angebot
zum Frieden.

[3]) Lettres, n. XI. Calendar, II. n. 542.

handle. Was er sagte, wurde mit höhnenden Zusätzen an den Kaiser berichtet. Gerade die Standhaftigkeit Adrian's bewirkte jedoch, daß der nach Rom gesandte spanische Marschall dem Papste in größtem Geheim eröffnete, er habe kaiserliche Vollmachten, um einen Waffenstillstand mit König Franz abzuschließen. Die Unglücksnachricht von Rhodus schien denn doch Eindruck gemacht zu haben. Täglich, heißt es, hielt der Papst seitdem Consistorium; der Kaiser aber fühlte sich gedrungen, eine eigene Rechtfertigungsschrift ausarbeiten zu lassen[1]), um sich gegen die Vorwürfe des Papstes zu rechtfertigen. Er gibt diese insoferne zurück, daß er sagt, wenn er von dem Papste gleich anfänglich jene kirchlichen Zugeständnisse erhalten hätte, die seine Vorgänger nicht abzuschlagen pflegten, so würden sich die Dinge ganz anders gestaltet haben und ohne sie könne er auch jetzt nicht ein Heer aufstellen, groß genug, die Türken abzuhalten. Karl übersandte eben deshalb dem Herzoge von Sessa Vollmachten, um mit Berücksichtigung der von Adrian gestellten Clauseln einen Waffenstillstand abzuschließen. Sie waren vom 12. April datirt, an Don Luis von Cordoba, Herzog von Sessa und Juan de Gattinara gerichtet und übergaben dem Papste das Amt eines Vermittlers. Ihm sollten die Castelle von Mailand und Cremona, die Städte und Festungen von Fuentarabia und Hesdin für die Zeit des Waffenstillstandes übergeben werden. Dasselbe solle mit Tournay geschehen. Der Waffenstillstand sollte drei Jahre oder doch so lange als der Krieg mit den Türken dauern. Karl wünschte ferner von den Verpflichtungen des Windsor-Vertrages mit König Heinrich (letzterem jährlich 135.000 Goldthaler zahlen zu müssen) durch den Papst befreit zu werden und verlangte dazu Adrian's Vermittlung. Ebenso Aufhebung aller geistlichen Censuren für die Fürsten, die sich am Türkenkampfe betheiligen würden, Einwirkung des Papstes auf die Schweizer, Gewährung der spanischen Quarta, endlich selbst Einreihung tüchtiger Bettelmönche in das Heer. Da der Papst nach einer Correspondenz in Ziffern sich sehr starker Ausdrücke gegen Kaiser Karl bedient hatte[2]), sollte der Botschafter ihn besänftigen. Weitere Aufträge bezogen sich auf die Rechte des Reiches an Modena und Reggio und das Project einer blos defensiven Liga, sowie eines Waffenstillstandes im Mittelmeere. Letzteren verwarf Karl ganz, da er nur den französischen Corsaren Vorschub leiste. Zuletzt kam noch eine Rechtfertigung des Benehmens Don Juan Manuel's, der endlich (März 1523) nach

---

[1]) Depesche vom 11. April 1523.
[2]) Que nuestras cartas no son maduramente digestas. Gachard, p. 183.

Valladolid gekommen war und dessen Befreiung von den kirchlichen Censuren jetzt Karl wünschte.

Es lag dem Kaiser unendlich viel daran, den Papst umzustimmen; aber die Vorschläge, welche die Denkschrift enthielt, waren im Ganzen doch nichts anderes als eine Reihe von Vortheilen, welche sich Karl ausbedingte, gleich als wäre Rhodus nur untergegangen, damit er dem Papste eine Rechnung stellen und sich noch größere Vortheile aus dem allgemeinen Unglücke erholen könne.

Am 21. April erhielt der Herzog neue Aufträge. Er solle auf Dietrich Hezius, der bei dem Papste so viel gelte, einwirken, ihm vor= stellen, daß er ein Unterthan Kaiser Karl's sei, der Papst lebe nicht ewig, die Fürsten besäßen aber viele Mittel, diejenigen zu bestrafen, die ihnen nicht dienten, und die Gewohnheit, geleistete Dienste zu belohnen. Hezius möge dieses einsehen! Der Gesandte solle die Angelegenheiten des Cardinals von Medici, der ein so großer Diener des Kaisers sei, wie die seinigen behandeln, er solle dem Papste die volle Wahrheit in Betreff des Vergiftungsversuches sagen, welchen die Diener des Herzogs von Camerino an ihm anstiften wollten. Er bedauere, daß die Cardinäle dem Papste so wenig Ehrerbietung erwiesen. Schlösse sich Adrian ihm an, so würden sie das nicht wagen. Allein es sei auch zu bedauern, daß der Papst das Uebel nicht einsehen wolle, welches seine Unentschiedenheit in Betreff der Liga erzeuge. Schließlich wurde der Herzog angewiesen, für den kaiserlichen Leibarzt Narciß zwei neapolitanische Abteien, d. h. die Renten derselben, von dem Papste zu begehren.

Nichts aber brachte gegründetere Klagen über den Verfall der kirchlichen Zucht hervor, als das System der Commenden, das der Papst nun dem kaiserlichen Leibarzt zuliebe sanctioniren sollte.

Wie lange sich übrigens die Unterhandlungen auf einer Basis, die nur Karl Vortheile brachte, hingeschleppt hätten, ohne ein Resultat herbeizuführen, ist schwer zu sagen, als ein Ereigniß eintrat, das den Knoten mit einem Male durchhieb.

Die wachsame und argwöhnische spanische Polizei war schon seit Langem einem Complote auf der Spur, das von der soderinisch=fran= zösischen Partei ausging. Endlich wollte ein sicilianischer Edelmann, Ueberbringer von Depeschen des Cardinals Soderini an den König, von Rom nach Frankreich gehen. Er erregte Verdacht, wurde gefangen gesetzt, seine Papiere ihm abgenommen und nun ergab sich aus diesen, daß in Sicilien eine neue Revolution ausbrechen und König Franz eingeladen werden sollte, diese durch eine französische Flotte zu unter=

stützen. Der Aufstand in Sicilien sollte selbst nur das Signal zu einer Erhebung in der Lombardei und dem Einrücken der Franzosen in Italien geben. Daß dann in Toscana die Medici durch Soderini ver= drängt würden, war selbstverständlich, die Erhebung eines Franzosen oder französisch Gesinnten an der Stelle des deutschen Papstes dann wohl die unausbleibliche Folge.

Nach Petrus Martyr waren zwei Briefe des Cardinals an den König Franz aufgefangen worden. Im ersten forderte er letzteren auf, seinen Einfall in Italien zu beschleunigen, Geld und Soldaten seien bereit. Wenn er zögere, werde er Venedig, die französische Partei in Florenz, die Castelle von Mailand und Cremona verlieren, endlich ganz Italien. Im zweiten beklagte sich der Cardinal über die heftige und drohende Sprache, welche der König gegen den Papst führe. Es sei nicht Zeit, das Gemüth des Papstes zu beunruhigen, welcher, wenn er sich auch der Vater aller christlichen Fürsten nenne, niemals den Kaiser ver= lassen werde, den er erzogen habe [1]). Er beschwerte sich, daß ihm die königlichen Minister nicht früher des Königs Briefe mitgetheilt hatten; er hätte ihre Uebergabe verboten. Endlich machte er seinen Agenten am französischen Hofe die größten Vorwürfe, daß seine Unterhandlungen daselbst in den Mäulern der Leute seien.

Eilboten beriefen den Cardinal von Medici nach Rom, wo er, auf das Glänzendste empfangen, mit einem Gefolge von 3000 Reitern einzog. Papst und Cardinal hielten geheime Conferenzen [2]), die den kaiserlichen Botschafter in nicht geringe Aufregung versetzten. Endlich, am 27. April 1523, erging an den Cardinal Soderini der Auftrag, sich zur Audienz in den Vatican zu begeben. Man sah ihn in glänzendem Aufzuge nach der Leostadt reiten, nach kurzer Frist sein Gefolge ohne ihn zurückkehren. Der Cardinal ward verhaftet, in das Castell gebracht, wo er strenge bewacht wurde; seine Papiere wurden mit Beschlag belegt, eine Commission von Cardinälen — Sauli, S. Croce, Ancona, de Cesis nebst den Uditoren und Procuratoren der apostolischen Kammer zur Unter= suchung ernannt, die Güter des Cardinals mit Sequester belegt. Nur die Anklage des Hochverrathes konnte ein solches Verfahren rechtfertigen.

Drei Tage nachdem das Haupt der französischen Partei festgenommen worden, erging von Adrian eine förmliche Einladung an alle christ=

---

[1]) A cujusque autoritatis halitu putatse esse Pontificem. Epl. 778. Darin irrte sich Soderini.

[2]) Calendar, II, n. 544.

lichen Fürsten, einen Waffenstillstand unter sich einzugehen und ihre
Waffen gegen die Osmanen zu kehren[1]). Der Entwurf ließ die Möglich=
keit des Zusatzes neuer Artikel offen. Gleichzeitig ergingen Schreiben auf
Schreiben. Sie benachrichtigten den Kaiser, König Heinrich, die übrigen
Fürsten und Staaten von der Gefahr, welche von Seiten der Franzosen
und den von diesen aufgewühlten Sicilianern gedroht hatte, von dem
Sturze der französischen Partei in Rom, von den Machinationen der
französischen Politik. Man hatte fortwährend über die Unschlüssigkeit
Adrian's geklagt; er hatte den entscheidenden Moment so gut zu erfassen
gewußt, als am 15. October 1520 zu Valladolid, als er sich durch
heimliche Flucht der Gewalt der Comuneros entzog. Die gerechte
Besorgniß für die Freiheit Italien's und der Kirche, über den Aus=
bruch einer Umwälzung, von der nur die Osmanen Vortheile ziehen
konnten, die im besten Falle Rom nicht ihnen, aber den Franzosen
preisgab, hatte allem Schwanken ein Ende gemacht, ihm selbst die That=
kraft zurückgegeben, die einst zur Erstürmung von Tordesillas geführt.
Leider sind wir, da uns die französischen Correspondenzen fehlen, in Bezug
auf den eigentlichen Vorgang an zerstreute Notizen gewiesen; sie lassen
aber in Betreff der Hauptpunkte keinen Zweifel aufkommen.

Es handelte sich nicht blos um den Papst, sondern um eine Ver=
schwörung in Sicilien, von welcher die spanische Botschaft die Beweise
erhielt, als derjenige aufgefangen wurde, der die Briefe des Cardinals
nach Frankreich bringen sollte. Er gestand das Vorhaben, nannte die
Theilnehmer, worauf das Strafgericht nicht ausblieb; der Graf von
Camerati, Oberaufseher der sicilianischen Häfen, wurde zur Viertheilung
verurtheilt, der Aufstand im Keime erstickt[2]); der Franzose Beaucaire,
welcher dieses erzählt, theilt uns leider die geheimen Correspondenzen auch
nicht mit, die bei dieser Gelegenheit stattfanden und läßt uns selbst in
Betreff der Zerwürfnisse des Papstes mit König Franz im Unklaren.
Hingegen wissen wir, daß gerade damals Adrian sich berufen fühlte, eine
der wichtigsten Fragen der spanischen Krone, die so lange Zeit die spanische
Geschichte in Aufregung erhalten hatte, zu Gunsten Karl's zu entscheiden,
die Frage in Betreff der bleibenden Incorporirung der drei Großmeister=
thümer von S. Jago, Calatrava und Alcantara. Das Verfahren König
Ferdinand's hatte die Opposition des hohen Adels hervorgerufen[3]).
Es ist wohl keine üble Nachrede gewesen, wenn behauptet wurde, Don

---

[1]) Brewer, n. 2997, 2998.
[2]) Belcarius, p. 526.
[3]) Siehe darüber: Höfler, Die Romanen, S. 195.

Gonſalvo de Cordova, von König Ferdinand zurückgeſetzt, mit Argwohn und Eiferſucht verfolgt, geradezu unwürdig behandelt, wo nicht miß=handelt, habe nach dem Großmeiſterthum von S. Jago geſtrebt, als er, im Begriffe ſich zum Haupte der Oppoſition zu machen, am 2. Decem=ber 1515 ſtarb. Gemeinſam verhinderten Adrian und Ximenes nach dem Tode König Ferdinand's das gleiche Streben des Herzogs von Escalon. Daß bei dem unnatürlichen Anſchluſſe Don Juan de Padilla's und ſeiner Gemahlin, Donna Maria de Pacheco, an die aufrühreriſchen Städte die Hoffnung, „Altezza" zu werden, mindeſtens eines der drei Großmeiſter=thümer der Krone zu entziehen, einen bedeutenden Einfluß ausübte, iſt ſicher geſtellt; mehr als wahrſcheinlich, daß auch im Schoße der Herzoge, Marquis und Grafen Caſtilien's ähnliche Tendenzen herrſchten. Iſt es doch durch ein Schreiben Don Inigo de Velasco's, Condeſtable de Caſtilla und Gonverneur des Königreiches, ſicher geſtellt, daß er 1521 zum Lohne für ſeine Verdienſte von Kaiſer Karl das Großmeiſter=thum von S. Jago verlangte [1]) und offenbar in der ſicheren Vorausſetzung, daß es ihm der Kaiſer, dem er Caſtilien und Navarra gerettet, nicht verſagen würde. Die Antwort liegt in der Bulle vom 4. Mai 1523. Die Krone war vor dem Adel nicht ſichergeſtellt, ſo lange nicht, was Ferdinand und Iſabella begonnen, durch den Papſt vollendet und die ganze reiche Quelle von Macht, Einkommen und Einfluß, die den drei Orden zukam, dauernd der Krone Caſtiliens zugewendet wurde. Adrian, welcher durch ſeine perſönlichen Erfahrungen in den ſchlimmen Tagen des Aufſtandes die hohe Bedeutung der Sache mehr als jeder andere kennen gelernt hatte, entſchloß ſich, durch eine beſondere Bulle den Schlußſtein zu dem Gebäude der Concentration der Gewalten zu legen. Er inaugurirte für ewige Zeiten die drei Großmeiſterthümer mit der Krone von Caſtilien=Leon, ſo daß ſie nicht mehr von ihr getrennt werden konnten [2]) und die Orden jede Freiheit der Bewegung unabhängig von der Krone verloren. Der Krieg mit den Mauren in Spanien, zu deſſen Führung ſie zunächſt gegründet worden waren, hatte aufgehört; die Orden befanden ſich in einer ähnlichen Lage wie die Templer nach

---

[1]) Papeles de Simancas. Creincia del Condestable (für ſeinen Sohn, den Grafen von Oñate).

[2]) 4. Mai 1523. Offenbar iſt das Datum der Bulle im Bullarium Magnum, IV non. Maj. 1522 Apud S. Petrum falſch. Am 4. Mai 1522 war Adrian noch ganz gut in Spanien und nicht bei St. Peter in Rom. Durch unſere Auseinander=ſetzung wird zugleich ein weitverbreiteter Irrthum berichtigt, als hätte die Incorpo=ration unter König Ferdinand dem Katholiſchen ſtattgefunden.

dem Verluste des heiligen Landes. Daß da, nachdem der Grund der Existenz ein anderer geworden war, eine Reform und Veränderung noth that, konnte nicht geleugnet werden. Adrian faßte die Sache von dem Standpunkte auf, den die jüngsten Ereignisse als den richtigen bezeichnet hatten, der Krone den Sieg über den Adel zu verschaffen und jedem Streben der Granden, sich gegen die Krone auf eines der Großmeisterthümer zu stützen, ein- für allemal ein Ende zu machen.

Er that damit, was König Ferdinand so sehr im Interesse der Krone gewünscht hatte, wenn freilich seitdem die Orden ihres Hauptzweckes verlustig gingen und die Ritter zu königlichen Präbendaren herabsanken, da der eigentliche Grund ihres Daseins aufhörte. Mit großer Umständlichkeit räumte Adrian alle Hindernisse aus dem Wege, die dieser Maßregel entgegenstanden. Er gab dem Könige das volle Recht, für die Erhaltung der Zwecke der Orden Sorge zu tragen, und ihr Einkommen für die Türkenkriege zu verwenden. Selbst wenn die Krone einer Frau zukomme, sollte die Verfügung Kraft haben und der Königin die freie Verleihung der Commenden und Präceptorien zustehen, jedoch keine Veräußerung der Ordensgüter damit verbunden sein.

Die Freiheit der Bewegung war dadurch dem Adel entzogen, nicht blos die maestrazgos, die Orden selbst dem Könige für ewige Zeiten unterworfen. Der Adel, welcher aus den Ordenswürden so reiche Einkünfte gezogen, konnte diese nur mehr aus der Hand des Königs erhalten, welcher die ihm geleisteten Dienste nach Gefallen belohnte. Die Macht der Orden war an den König gefallen, die Vortheile der Krone unberechenbar[1]). Man konnte sich zur Hebung des königlichen Ansehens, seiner Einkünfte und seines Einflusses kaum ein wirksameres Mittel vorstellen als die Bulle vom 4. Mai 1523. Dazu gesellte sich dann noch die Ertheilung der Cruzada[2]). Es fehlte, die Allgewalt der Krone zu vollenden, nur noch Eines: die königliche Verfügung über die spanischen Bisthümer. Auch diese ließ nicht lange auf sich warten.

Lope Hurtado hatte Recht, wenn er am 5. Mai über die veränderte Lage der Dinge in Rom berichtete. Der König von Frankreich war zur Plünderung der Kirchen, zur Beraubung seines Volkes genöthigt, wenn er Krieg führen wollte; Karl V. hatte die reichsten Mittel erlangt, seine Finanzen in Ordnung zu bringen und den Krieg fortzusetzen, freilich, meinte der Papst, nur gegen die Osmanen.

---

[1]) Nach einem Briefe Sampson's an Wolsey vom 17. Mai. Brewer, n. 3031.
[2]) Calendar, II, n. 548.

Gerade damals war es, daß der Tod des 90jährigen Dogen Antonio Grimani, 7. Mai 1523, die Hoffnungen der Franzosen wieder rege machte. Der Gang der Verhandlungen gerieth auf's neue in Stocken, die Mög= lichkeit, Grimani einen Franzosenfreund zum Nachfolger zu geben, war nicht ausgeschlossen. Die Venetianer waren nach dem Berichte Pace's an Wolsey schon Ende Januar entschlossen gewesen[1]), dem Kaiser eine ansehnliche Summe Geldes zu gewähren, den Schutz Neapel's gegen die Osmanen zu übernehmen; sie wollten König Franz seinem Schicksale überlassen. Die Hoffnung des Kaisers und seines englischen Bundesgenossen, dem „gallischen Hahn" jede Feder auszurupfen, mit der er fliegen könne, war nicht wenig gestiegen, als der Tod Grimani's alle bisherigen Errungenschaften wieder in Frage stellte. Ehe nicht ein neuer Doge gewählt war, die Politik Venedig's unter dem neuen Herzoge sich klärte, konnte von einem gemeinsamen Auftreten keine Rede sein.

Zehnter Abschnitt.

Huldigung der italienischen Staaten. Die venetianische Botschaft.

Seit dem Anfange seines Pontificates hatten theils die Städte des Kirchenstaates, theils auswärtige Mächte den Papst durch Gesandtschaften ge= ehrt und ihm ihre Huldigung dargebracht. Florentiner begrüßten ihn bereits in Livorno. Der Marchese von Mantua war bei Adrian's Einzuge zu= gegen gewesen. Der Sohn des Herzogs von Ferrara hielt am 17. Sep= tember seinen Einzug in Rom[2]); Ferdinando Maria von Urbino hatte nicht gewartet, bis der Papst Spanien verließ, sondern seine Huldigung schrift= lich in Spanien dargebracht. Am 26. September huldigten durch eine feierliche Gesandtschaft die Piacentiner und leisteten das homagium[3]). Die Einwohner von Avignon thaten (15. December) dasselbe und ihr Führer D. Antonius Perpayla erlangte bei dieser Gelegenheit von Adrian am 4. Januar 1523 die Ritterwürde[4]). Am 4. Februar zog die Gesandtschaft des Erzherzog=Infanten mit Hieronymus Balbus in Rom ein. Am 18. März hielt Ferdinando Maria aus dem Hause Rovere, Herzog von Urbino, seinen Einzug in Rom und wurde dann am

[1]) Brewer, n. 2817, 2863.
[2]) Blasius. Ms.
[3]) Blasius.
[4]) Blasius.

20. März von Adrian in der camera segreta zum Fußkusse zugelassen [1]). Am 25. März kam eine Gesandtschaft von Lucca, worauf sie am 15. April im öffentlichen Consistorium empfangen wurde und der Protonotar Bartolomeo eine feierliche Anrede hielt [2]). Auch die Gesandten von Modena waren in diesen Tagen gekommen [3]), da am 19. April drei von ihnen vom Papste zu Rittern gemacht wurden. Bereits am 16. war der feierliche Einzug der florentinischen Gesandtschaft erfolgt, sechs angesehene Männer, unter ihnen ein Tornabuoni, ein Rucellai, Jacobo Salviati. Sie wurden vom Herzog von Urbino, der links in der vorderen Reihe ritt und von dem Governator von Rom, der ihnen zur Rechten ritt, in die Stadt geleitet [4]). Natürlich konnte auch Venedig nicht zurückbleiben.

Der Papst hatte, wie wir gesehen, gleich anfänglich sich mit Venedig in freundliche Beziehung gesetzt, an den Cardinal Grimani geschrieben, obwohl derselbe ihn nicht gewählt hatte, und durch den Cardinal auf seinen Vater, den Dogen, zu wirken gesucht. Es handelte sich hiebei um drei Dinge. Erstens hoffte Adrian die Venetianer von der Unterstützung der Rebellen des Kirchenstaates, der fuorusciti zu trennen, die nur den Tod Leo's erwarteten, um den Versuch zur Rückkehr in ihre Städte zu machen, aus denen der Mediceer sie vertrieben. Dann verband sich die Sorge um Ungarn so sehr mit Aufrechthaltung guter Beziehungen zu Venedig und ebenso die Hoffnung auf eine wirksame Unterstützung der Johanniter, daß der Papst in diesen seinen Hauptbestrebungen fortwährend auf Venedig angewiesen war, ganz abgesehen von der allgemeinen Pacification, an welcher er rastlos arbeitete und die unmöglich schien, so lange nicht der Bund Venedig's mit Frankreich gesprengt war.

Ihrerseits war die Signoria klug genug, als der Papst ihr seine nur zu aufrichtigen Betheuerungen mittheilte, daß er Frieden wolle, diese in ihrem vollen Interesse zu würdigen. Sie befand sich dem Könige von England gegenüber in Bedrängniß und so sehr ihr eine Vermehrung der Kaisermacht in Italien unangenehm war, so hatte sie doch dagegen nicht viel einzuwenden, wenn Mailand ein italienisches Herzogthum wurde, die übrigen italienischen Fürsten erhalten wurden und endlich Italien seine Thore vor einem auswärtigen Kriege verschloß. In dem Maße, in welchem Adrian als italienischer Fürst eintrat und Italien den Frieden zu verschaffen dachte, die Kriegslust Leo's an ihm sich nicht

---

[1]) Blasius.
[2]) Orationem luculentam. Blasius.
[3]) Wann, gibt Blasius nicht an.
[4]) Blasius. Ammirato, II, p. 396.

bemerken ließ, wandte sich die Republik dem Ausländer zu, der als imperialissimo galt und sehr bald zeigte, daß er noch höhere Interessen kenne als die des spanischen Königs. Nicht ohne Aerger berichtete am 25. October 1522[1]) der kaiserliche Gesandte Don Alonso Sanchez, der päpstliche Nuntius in Venedig übe daselbst den größten Einfluß aus, die Venetianer thäten, was er ihnen rathe, in der Hoffnung, es werde Adrian gelingen, die beiden Könige und den Kaiser mit einander auszusöhnen. Das neue Jahr hatte dann die Stellung des Papstes, sowohl den italienischen als außeritalienischen Mächten gegenüber eher gebessert als verschlimmert. Es war nicht blos das Vertrauen zu einer unparteiischen Auffassung und Behandlung der allgemeinen Angelegenheiten zurückgekehrt, die Venetianer trugen sich selbst mit der geheimen Hoffnung, die Städte, welche sie in den Tagen Papst Julius' II. im Kampfe mit dem Kirchenstaate an diesen verloren, durch Anschluß an Adrian wieder zu gewinnen.

Freilich traten jetzt vor Allem die ungarischen Angelegenheiten in Rom in den Vordergrund. Am 28. Januar war im Vatican die Conferenz gehalten worden, welcher der Gesandte König Ludwig's, der Vicekönig und der Großconnetable von Neapel, nebst dem Herzoge von Sessa beiwohnten. Es folgte das öffentliche Consistorium am 29. Januar, bei welchem Dietrich Hezius das jammervolle Schreiben des Königs verlas und der Papst in eleganter Rede dem Bedauern über die heillosen Zustände Ungarn's Ausdruck gab. Dann die feierliche Audienz des Bischofs von Gurk im Februar. Es war Zeit, daß auch die Venetianer sich auf den Weg nach Rom begaben.

Sie hatten das Ihrige schon früher gethan und waren Marco Dandolo, Antonio Giustiniani[2]), Luigo Mocenigo und Pietro Pesaro, Repräsentanten des Adels, Reichthums und der hohen Bildung Venedig's, dazu auserwählt worden. Die Gesandten waren aber, als sich die große Seuche auch über den Norden ausdehnte[3]), bereits in Bologna umge-

---

[1]) Calendar, II, n. 495.

[2]) Antonio Giustiniani, geb. 1461, gest. 1528, einer der bedeutendsten Staatsmänner, die Venedig damals besaß, ist der Verfasser der so hochinteressanten dispacci von 1502—1505, welche Professor Villari aus einem jener zahlreichen und für die ganze Geschichte Europa's so werthvollen venetianischen Codices herausgab, die so lange in der kaiserlichen Hofbibliothek zu Wien unbenützt aufbewahrt und dann 1866 zurückgegeben wurden. Irre ich mich nicht, so bin ich der einzige deutsche Gelehrte, der von ihnen Gebrauch machte. (Siehe Heinrich's IV. Versuch), dem Hause Habsburg die Lombardei zu entreißen. 1859.)

[3]) Noch Ende October fielen der Seuche in Rom täglich 150 Personen zum Opfer. Calendar, II, p. 500.

kehrt und erst am 23. März¹) 1523 zogen sie über Pesaro, Loretto und Spoleto nach Rom, wo der Papst selbst ausnahmsweise von der Engels=burg den prachtvollen Einritt der Gesandten ansah. Die Monotonie der päpstlichen Hofhaltung, die klösterliche Stille und Einsamkeit war plötzlich unterbrochen und man konnte sich für einige Wochen in die glänzenden Feste Leo's X. zurückversetzt glauben. Während von Valla=dolid die Rechtfertigungsschrift des Kaisers ausging, erfolgte in Rom am 20. April 1523 die feierliche Auffahrt der Gesandten, ihr Empfang im Vatican und die ganze Entfaltung venetianischer Pracht und Herrlich=keit²). Adrian hatte sich den Abend vorher die Rede geben lassen, welche Marco Foscari als Sprecher der Gesandten an ihn richten wollte, um sie selbst ausführlich und zum großen Lobe Benedigs zu beantworten. Er that dies in gewähltem Latein; nur die Aussprache, welche die italie=nischen Laute verschmähte, klang fremdartig (barbara). Der Bericht der venetianischen Botschafter erwähnt, daß die päpstlichen Gemächer in einer Schönheit prangten, wie sie nur auf der welthistorischen Höhe der Kunst erreicht werden konnte; die Wände waren mit den berühmten Teppichen bekleidet, welche den burgundischen nichts nachgaben, eher sie übertrafen. Die zahlreichen Mitren aus Goldfäden und mit Edelsteinen geschmückt, bewiesen die Höhe des Kunstgewerbes. Die Wappen des prachtliebenden Paul II., eines Venetianers, und Leo's X., überall angebracht, erin=nerten, wie lange in ununterbrochener Folge der Kunst eine Stätte in Rom bereitet war. Die Rede Adrian's begann mit einem Satze Plato's, daß die Macht in der Weisheit bestehe; sie entrichtete damit dem humanistischen Zeitalter einen Tribut, den das Oberhaupt der katholischen Christenheit dem Alterthume und seinen Ideen darbrachte, während eine höchst ernste Disputation im öffentlichen Consistorium, gerade als die Gesandten zur Audienz durch die päpstlichen Gemächer zogen, sie belehren konnte, was eigentlich im gegenwärtigen Momente die christliche Welt bewege. Sie galt den Doctrinen Luther's, deren Für und Wider von den Advocaten der Curie erörtert wurde. Auf den feierlichen Empfang folgte erst die geheime Audienz, der eine Mahlzeit bei dem Cardinal Cornelio, Neffen des Botschafters Dandolo, vorausging, mit 65 Gängen, jeder zu drei Speisen, alle Tafelgeschirre aus Silber, unter steter Be=

---

¹) Sommario del viaggio degli oratori Veneti che andarono a Roma a dar l' obbedienza a P. Adriano VI. Albéri, relaz. Serie II, vol. 3.

²) Ueber das Einzelne verweise ich auf die schönen Darstellungen bei Reumont und Gregorovius. Dazu Marino Sanuto. — Ich beschränke mich hier auf das Wesentlichste.

gleitung von Musik und Gesang, angemessen dem Zeitalter und der Lieb=
lingsneigung Leo's X. In der Audienz selbst betrieb Dandolo die Resti=
tution von Ravenna und Cervia und der Jurisdiction über das adriatische
Meer, welche Julius II. aufgehoben hatte. Adrian erklärte jedoch, mit
diesen Verhältnissen zu wenig vertraut zu sein, um sogleich darüber ent=
scheiden zu können. Den Venetianern, obwohl an Kunst und Pracht
gewöhnt, bot Rom unendlich viel Neues und Großartiges dar, von dem
Baue der St. Peterskirche an, die noch der Kuppel entbehrte, zu den
übrigen Kirchen, endlich die großartigen Reste des Alterthums und die neuen
Paläste, sprechende Denkmäler der neueren Richtung und des wunderbaren
Vereines florentinischer und römischer Künstler. Die Beschreibung der
Venetianer von der Pracht und der Eleganz der Tafeln, theilweise im
Freien gedeckt, unter Säulenhallen und inmitten des herrlichsten Grün's,
durch Springbrunnen abgekühlt, der Massen und Schönheit der silbernen
Gefäße, der Kostbarkeit des Weines, der Auswahl der Speisen — ein
Fisch kostete dem Cardinal Grimani bei dem Festessen, das er den
Gesandten gab, 18 Ducaten — der geschmackvollen Pracht der Anzüge,
das alles aus dem Munde derjenigen, die das staunend mit ansahen
und bewunderten, klingt wie ein occidentales Märchen. Dagegen ver=
schwindet der Norden mit seinen Biergelagen, seinen dogmatischen
Zänkereien, den unfläthigen Schimpfreden und Tischgesprächen[1]), in die
jener Christus eingewickelt wurde, den Luther jetzt als den einzig wahren
der deutschen Nation bot, während ihn der am 6. April 1520 ver=
storbene Rafael Sanzio von Urbino in der wundervollen Disputa
gegenwärtigen und künftigen Geschlechtern in erhabener Milde und
Schönheit darstellte, als wolle er den Streitenden, denen er seine Wund=
male zeigt, sagen, „bin ich denn nicht für Alle gestorben?"

Auch die Kunst, an deren Wirksamkeit gerade jetzt in Deutschland
mit frevler Hand die Axt gelegt wurde, hat ihr Apostolat. Schwer
mußte es Byzanz büßen, daß seine Kaiser im VIII. Jahrhunderte mit
einer der edelsten Richtungen der menschlichen Seele gebrochen hatten.
Weit mehr als die Wissenschaft, deren Resultate nur dem Forscher, nicht
der Menge zugänglich sind, hat die Kunst die Aufgabe, geheimnißvoll
im Menschen wirkenden Kräften einen gemeinverständlichen und doch
erhabenen Ausdruck zu geben. Keine Worte, keine Farben können aus=
drücken, was die Musik in Tönen ausspricht, die durch das Ohr zum

---

[1]) Wie man in Deutschland als nächste Frucht der Glaubensspaltung den Unter=
gang des Reiches und zugleich aller Wissenschaften befürchtete, mag man bei
Döllinger ersehen.

Herzen dringen und dasselbe im Innersten bewegen, Gefühle erzeugen, die der Wissenschaft unzugänglich sind. Es war ein providentieller Moment in der Geschichte Europa's, als, wie in ganz Italien, so vor Allem in Rom die herrlichsten Schöpfungen der bildenden Kunst in wunderbarer Vollendung dastanden, während der Norden sich auf= machte, darin nur Götzendienst zu erblicken und die rohen Gesellen der kirchlichen Reformation im Bildersturm die Verwirklichung des Evan= geliums erblickten. Dann als der Cäsaropapismus, brutal und ideenleer wie die Kirchen mit ihren nackten Wänden, in welchen er gepredigt wurde, die Welt zu beherrschen begann, das Scepter zur Fuchtel herab= sank, die Gewissen gedrückt wurden wie die Landeskinder, die ihr Blut für ungerechte Kriege verspritzen mußten, war es ein Glück für die Menschheit, daß edlere Richtungen im romanischen Süden noch eine Stätte gefunden hatten, wo deutsche und andere Barbaren lernen konnten, daß in den sogenannten finsteren Zeiten und ehe das rothschimmernde Licht des neuen Evangeliums zu leuchten begonnen, ein großartiger Verein edler Persönlichkeiten erhabenere Ziele in's Auge gefaßt und verwirklicht hatte. Man konnte es doch den Moslim überlassen, über= tünchte Wände als nothwendigen Bedarf eines echten Gottesdienstes anzusehen. Es war eine Thatsache von eminenter Bedeutung, daß gerade jetzt, als sich die größte Scheidung vorbereitete, die die christliche Aera kennt, in den Loggien des Vatican jenes große Bilderbuch der heiligen Schrift durch Rafael aufgeschlagen wurde, das in seiner Art eine allen Nationen und allen Zeiten verständliche Bibelübersetzung, das Ringen der menschlichen Seele nach Erlösung, wie die großen Anstalten sie zu verwirklichen in den edelsten Zügen vorführt, und die Verbrüderung des Göttlichen mit dem Menschlichen, welche den Inbegriff des Christen= thums bildet, das Mysterium der Weltgeschichte, in unvergänglicher Schön= heit dargestellt, ja gleich einer Fundgrube künstlerischer Ideen späteren Geschlechtern in der dem erhabenen Inhalte entsprechendsten Form über= liefert wurde.

Allein nicht blos das Göttliche war in der beseligendsten Gestalt, wie sie nur immer menschliche Sinne aufzufassen und darzustellen ver= mögen, den Augen vorgeführt. Wie die verschiedenen christlichen Jahr= hunderte einander die Erkenntniß der himmlischen Wahrheit überliefert, wie die Apostel und Blutzeugen sie späteren Geschlechtern überantwortet und von diesen die theure Hinterlage bewahrt worden, bis zu dem jüngsten Propheten der Florentiner, zeigte in vollster lichter Schöne die eine Wand dem entzückten Beschauer, der vor sich das tägliche Wunder erblickt, das der Herr am Vorabende seiner Leiden zum Heile der Welt, zur Erinnerung an ihn als Speise und Trank im mühsamen Erdenwallen eingesetzt. Das andere Wunder aber des großen Erbarmers, als die Welt, dem Polytheismus verfallen, nach Erlösung seufzte, zeigte so recht die andere Wand, das edelste Streben erhabener Geister dar= stellend, die das Gemeine verachtend, in dem Wechsel der Natur das Bleibende, im Zufälligen das Gesetzmäßige, in allem Seienden das Reine und Wahre, im Schönen das Gute zu gewinnen trachteten und unter der Führung von Männern, die weit über ihr Jahrhundert hinausragten, die Hoheit menschlicher Erkenntniß bethätigten. Gerade jetzt, wo im germanischen Norden menschliche Wissenschaft vor dem blinden Glauben die Fahne senken mußte, legte dies Bild das glänzende Zeugniß ab, wie der Alexandriner Clemens sich ausgedrückt: es habe die Philo= sophie die hellenische Welt zur Erkenntniß Christi heran= gezogen, wie das hebräische Gesetz die Juden[1]). Es war eine der großartigsten Thaten des menschlichen Geistes, als am Vorabende des germanischen Schisma's in der disputa wie in der Schule von Athen Rafael im vaticanischen Palaste den Triumph des Glaubens einer= seits, den der Wissenschaft andererseits darstellte — ein leuchtender Protest gegen die Lehre von der Finsterniß christlicher Zeiten und der Schädlichkeit der Philosophie.

Kein Fürstensitz, keine Burg der Welt konnte sich mit dem Vatican messen, seit Zucht und Ehrbarkeit wieder eingezogen waren und die Bemühung hervortrat, die Hinterlassenschaft apostolischer Zeiten, die Errungenschaften wilder Jahrhunderte, in welchen die Völker das Licht des Evangeliums von Rom empfangen, dieses die Welt zum zweiten= male und geistig überwunden, gegen ungemessenen Angriff zu ver= theidigen.

Zwei Welten grenzten nicht blos in Rom an einander. Sie gingen, selbst ihre Grenzen verflüchtigend in einander über und bedurften mehr und mehr einer Versöhnung, die christliche und die heidnische. Da war, was so lange die Grüfte aufbewahrt und vor der Barbarei durch Ver= borgenheit sichergestellt, einem sinnigen Geschlechte aufgethan worden, das mit dem gelehrten Verständniß den Sinn für Schönheit verband. Da wurden auf dem Capitole die herrlichsten Statuen des Alterthums bewundert, wurde im Pantheon an einem Altare das Grab Rafael's

---

[1]) Ἐπαιδαγώγει αὐτὴ ἡ φιλοσοφία τὸ Ἑλληνικὸν ὡς ὁ νόμος τοὺς Ἑβραίους εἰς Χριστόν. Vergl. Höfler, die philosophische Facultät und ihre Stellung zur Wissenschaft und zum Staate. 1857.

32*

von Urbino gebaut, bewunderte man auf dem Quirinal die Statuen, welche den Namen des Phidias und Praxiteles trugen, im Belvedere, dessen zwölf Zugänge Adrian bis auf einen hatte vermauern lassen, den Nil und den Tiber, den Laokoon mit seinen Knaben, dessen Schönheit den Apollo und die Venus des Belvedere dem Beschauer in Schatten stellte. Zu diesen großartigen Monumenten des Alterthumes, den zahlreichen und wohlerhaltenen Bogen, dem Colosseum, das die Herrlichkeit der Kaiserzeit vergegenwärtigte, gesellten sich dann noch die Reliquien der christlichen Zeit, von welchen der venetianische Gesandte meinte, wer nicht ein Herz von Stein besitze, könne sie nicht sehen, ohne im Innersten erschüttert zu werden. Der Kampf des Christenthums gegen das Heidenthum hatte aufgehört ein zerstörender zu sein, die Achtung vor den großartigen Schöpfungen der dahingeschwundenen Aera war auf dem Gebiete der Kunst wie der Wissenschaft durchgedrungen und die Reaction antiker Ideen auf das Leben und die Denkungsart hatte selbst siegreich, ja überwältigend begonnen. Da war denn mit dem Pontificat Adrian's insoferne ein gewisser Stillstand eingetreten, als nicht mehr die unbedingte Bewunderung, nicht mehr die übertriebene und einseitige Schätzung der Antike stattfand, sondern die gebieterische Nothwendigkeit sich geltend machte, das christliche Leben in seinem vollen Ernste aufzufassen, der Frivolität des Treibens zu steuern, dem christlichen Körper die Seele zurückzugeben und dem großartigen Gedanken, der im Baue der St. Peterskirche sich aussprach, den richtigen und allgemeinen Ausdruck zu geben, über den schönsten Bau Altroms, dem in die Lüfte gestellten Pantheon — der Kuppel von St. Peter — noch das Kreuz aufzurichten, das die Welt erlöst und die Macht des Heidenthums gebrochen. Es gehörte mit zu den großen Veränderungen der Zeit, daß sich jetzt auch die richtige Anschauung über den Papst selbst Bahn brach, ein Mann, der sich selbst beherrscht, im Gewähren mehr als sparsam, von Empfangen so viel wie keine Rede; kein Tag vergeht, ohne daß er am frühen Morgen celebrirte, Niemand weiß, wen er liebt oder ob er liebt, kein Zorn bewegt ihn, kein Scherz belebt ihn, wie er wegen seiner Wahl sich nicht freute; ja man weiß, wie tief er aufseufzte, als er die Nachricht davon erhielt. Kein Tag verfloß, ohne daß er nicht auch in seiner Bibliothek gelehrten Studien oblag. Er stand auf einsamer, seinen Zeitgenossen unerreichbarer Höhe, ihnen beinahe unbegreiflich, ernst, erhaben da. Ahmte Rom in Nüchternheit, Selbstverleugnung und strenger Pflichterfüllung den Papst nach, so konnten Hunderte von Schriften über die babylonische Gefangenschaft' geschrieben werden: die Thatsache widerlegte sie. Der geistige Schwerpunkt war wieder da, wohin er gehörte [1]).

Allein war die Sparsamkeit des Papstes und sein Verlangen an seine Umgebung, nur die Pflicht im Auge zu haben und das persönliche Interesse außer Acht zu lassen, noch so gebieterisch, die spanische Politik verstand es, hievon den gehörigen Nutzen für sich zu ziehen. Enkenvoert, welchem Adrian noch am meisten vertraute, erhielt von Kaiser Karl das Bisthum Tortosa. Die übrigen Diener des Papstes wissen, schreibt der spanische Botschafter an seinen Herrn, was bereits in Betreff ihrer Wünsche angeordnet worden ist. Der Papst konnte wohl erklären, wenn er in Erfahrung bringe, daß einer seiner Diener auch nur einen Ducaten annehme, so würde er ihn entlassen. Der Botschafter höhnte ihn in seinem Bericht[2]) und bedauerte nur, daß Zisterer, welcher selbst in seiner letzten Krankheit noch bei nächtlicher Weile sich aus dem päpstlichen Palaste zu dem spanischen Gesandten begeben, ihm die Geheimnisse seines Herrn zu verrathen, gestorben sei. Man möge ihm heimlich Geld schicken für den ersten Kammerdiener des Papstes, für Francisco, Theodorich und den Beichtvater Adrian's. Lope Hurtado, welcher täglich bei dem Papste war und der auch das Geschäft der Bestechung schon in Spanien eingeleitet hatte, übersandte endlich am 5. Mai die ganze Liste des päpstlichen Haushaltes (famiglia), der belohnt werden müßte: der cameriero, der credenciario, der majordomus, der cubicolario, der Beichtvater, der Barbier und Caplan, ein Pietro di Roma und ein Jan von Antwerpen. Die spanische Politik war so aufmerksam, auch nicht den Geringsten zu übergehen. Was in der Umgebung des Papstes bestochen werden konnte, war bestochen und die spanischen Ducaten nahmen jetzt ihre Wanderung unmittelbar in den vaticanischen Palast. Nur Papst Adrian selbst blieb hievon unberührt, und war von der großen Liga die Rede, so jammerte er, er könne schon deshalb nicht beitreten, weil er absolut kein Geld besitze. Er war ja Nachfolger Leo's X., Erbe seiner leeren Cassen!

So sehr jetzt auch der Kaiser in den Herzog von Sessa und den Vicekönig von Neapel drang, in Betreff Adrian's das Unmögliche zu

---

[1]) Vir est sui tenax, in concedendo parcissimus, iu recipiendo nullus aut rarissimus, in sacrificio cotidianus et matutinus est. Quem amat aut siquem amat, nulli exploratum. Ira non agitur, jocis non ducitur. Neque ob pontificatum visus est exultasse; quin constat, graviter illum ad ejus famam nuntii ingemuisse. Marin Sanuto, vol. XXXIII. Ein moroser Zug, der ihn nie ganz verließ, beeinträchtigte die persönliche Liebenswürdigkeit.

[2]) 11. April 1523.

leisten, so arbeitete ihm jedoch Niemand besser in die Hände als König Franz selbst. Noch schien der Ernst des Papstes auf den König in günstiger Weise einzuwirken. Er beschloß, den Bischof von Bayeux und den maître des requêtes, des Roches, mit Vollmachten nach Rom zu senden, die Instructionen des Cardinals von Auch zu erweitern, einen Frieden oder Waffenstillstand abzuschließen. So hieß es. Allein der Erzbischof von Bari machte Wolsey aufmerksam, daß es gar nicht in der Absicht des Königs liege, einen längeren als dreimonatlichen Waffen= stillstand abzuschließen oder diesen durch seine Gesandten verlängern zu lassen. Er wolle nur hiemit täuschen und vor Allem den Papst, von welchem er ganz richtig die Meinung hegte, er hoffe durch einen längeren Waffenstillstand die Franzosen von Italien ferne zu halten.

Neue Verwicklungen brachte die nur zu gerechtfertigte Weigerung des Erzherzogs-Infanten, dem Vertrage mit Venedig beizutreten, so lange dieses Meran einerseits, Gradisca andererseits für sich verlangte und somit Südösterreich wie mit einer Zange zu packen suchte. Da endlich erfolgte die Ankunft des Bischofs von Bath und Wales, John Clerk, in Rom, in außerordentlicher und, wie den Vertrauten mitgetheilt worden war, ungemein wichtiger Sendung, am 3. Juni, zehn Tage früher als er erwartet worden[1]). Der Papst hatte für einen glänzenden Empfang gesorgt. Tausend Berittene zogen ihm sechs Miglien weit ent= gegen und führten ihn in Rom ein, wo die Cardinäle Medici und Campeggio sich beeilten, ihn mit der Lage der Dinge bekannt zu machen. Die Gefangenschaft Volterra's war noch das Ereigniß des Tages. Er hatte Medici mit dem Papste verfeindet und diesen selbst in eine Lage gebracht, daß er schwarz für weiß und weiß für schwarz hielt. Die kaiserliche Partei sei in Verzweiflung gewesen und habe von dem Papste nicht mehr Gunst erlangt, als wenn er in Paris geboren worden wäre. Alles sei erfreut, daß sich Adrian dieses verpestenden Rathgebers entschlagen habe. Die Audienz selbst konnte der großen Hitze wegen vor dem 8. Juni nicht ertheilt werden. Der Cardinal Medici, für welchen Clerk's Sendung kein Geheimniß enthielt, und der englische Gesandte Hannibal begleiteten den außerordentlichen Botschafter in den Vatican, wo ihn der Papst sitzend empfing[2]), im Beisein Campeggio's, der allein von allen Cardinälen im Vatican wohnte, des Uditore di camera, welcher die Schreiben vorzulesen hatte, und des Erzbischofs von Cosenza.

---

[1]) Clerk to Wolsey vom 11. Juni. Vergl. auch die Depesche Hannibal's von demselben Datum. Brewer, 3090, 3093.

[2]) On a low stool under a cloth of estate.

Clerk hob sodann die große Zuneigung hervor, welche König Heinrich für Adrian hege, die Unbilden, welche er von König Franz erleide und die den Krieg für ihn zur Nothwendigkeit machten, weniger um seiner selbst willen als zum Schutze des apostolischen Stuhles und des Kaisers. Es sei nothwendig, eine neue Liga abzuschließen, um den König von Frankreich zur Vernunft zu bringen. Er habe den Auftrag, deshalb mit dem Papste zu unterhandeln, wie Richard Pace zu gleichem Zwecke mit dem Herzoge von Mailand zu unterhandeln beauftragt sei. Der Papst möge Sorge für sich selbst tragen, der König aber werde nichts ohne Zustimmung des Kaisers thun. Adrian erwiderte, er sei mit dem arg= listigen Vorgehen der Franzosen wohl bekannt und wenn er bisher neu= tral geblieben, so sei es nicht aus Vorliebe für die Franzosen, sondern aus Sorge für den Frieden der Christenheit geschehen. Dann stand er ohne eine Antwort zu erwarten auf, machte über das Haupt des Botschafters das Kreuzzeichen und gab ihm damit das Zeichen, sich zu entfernen.

Am anderen Tage verfügte sich Clerk wieder in den päpstlichen Palast. Er traf den Cardinal von Medici und den Herzog von Sessa bei dem Papste, welcher ihm mittheilte, er habe einen Brief von dem Erzherzoge vom 23. Mai erhalten, demzufolge dieser Vollmachten nach Venedig gesandt habe. Der Herzog drang nun in den Papst, sich an die Liga anzuschließen; Adrian aber lächelte auf dieses, wies auf seine Armuth hin und wie die Einkünfte des römischen Stuhles, was wir auch von anderer Seite her wissen, vorzüglich auf französischen Beiträgen beruhten. Als nun Clerk sich an die Spanier anschloß, um auf den Papst einzuwirken, mußte er sehr bald die Erfahrung machen, daß Adrian wie ein Fels im Meere, den von allen Seiten die Wogen peitschen, unbeweglich blieb[1]). Der Herzog von Sessa versicherte den Engländer, der Papst würde n i e zum Eintritte in eine Offensiv=Liga gebracht werden und Clerk beschwerte sich nun, daß weder der Herzog noch der Cardinal von Medici deshalb in den Papst drangen. Beide Männer waren hinlänglich gewiegt, um einzusehen, daß man von Adrian nicht das Unmögliche verlangen konnte, nicht sich seines eigenen Einflusses berauben dürfe. Clerk mußte den geschulten Diplomaten gegenüber erst ein Lehrgeld bezahlen. Alles ist hier kühl, schreibt er, mit Ausnahme der Pest, die in diesen Tagen wieder entsetzlich wüthet[2]). Die so gewaltig

---

[1]) Pontifex, schreibt er an Wolsey, velut rupes in mari sita undique petita fluctibus mansit immobilis.

[2]) Omnia hic frigent praeter pestem quae his proximis diebus incipit saevire maxime.

ausposaunte Mission des Mylord von Bath und Wales war ihrem
ostensiblen Endzwecke nach gescheitert und für den geheimen, Wolsey's
Papstwahl vorzubereiten, im gegenwärtigen Augenblicke noch weniger
Aussicht vorhanden.

Eilfter Abschnitt.

Zerwürfnisse mit König Franz von Frankreich. Drohungen des Königs.

Es ist in Bezug auf eine der entscheidendsten Thatsachen der Regierung
Adrian's, die Zerwürfnisse mit König Franz von Frankreich, mehr als
schwierig, den Faden der Begebenheiten zu finden, den gefundenen nicht
zu verlieren, so lange nicht die Franzosen selbst uns authentische Auf=
schlüsse gewähren und die Briefe König Franz' veröffentlichen. Der
König hegte im Stillen die weittragendsten Pläne. War der Anschlag
auf Castilien mißglückt, hatte der auf Navarra ein übles Ende genommen,
so wurde jetzt an der Empörung von Sicilien gearbeitet, von welcher
sich König Franz mehr Ruhm und Vortheil versprach, als von der Unter=
stützung der ruhmvollen aber unglücklichen Johanniter auf Rhodus. Schon
in den ersten Tagen des April 1523 berichtete der venetianische Orator
in Rom an seine Signoria, es scheine, der Papst habe von dem fran=
zösischen Könige eine sehr schnöde Antwort erhalten; dieser habe zwar ver=
sprochen, 50.000 Mann gegen die Türken aufzustellen, aber Zurückgabe
des Thores von Italien, Mailand, verlangt[1]). Der Cardinal von Auch
habe sich gegen den Papst hochfahrender Worte bedient. Am 15. April
bot König Franz dem Papste einen Waffenstillstand von zwei Monaten
an[2]), worüber Berathungen mit dem Cardinal von Auch stattfanden.
Adrian, unmuthig über die Ausflüchte des Königs, erklärte hiebei, der
König sei Ursache, daß das gute Werk einer allgemeinen Pacification
nicht zu Stande komme. Adrian benahm sich mit den französisch gesinnten
Cardinälen, beschwerte sich aber bei ihnen und erklärte, er werde dem
Herzog von Mailand Geld schicken. Er wollte auch den Cardinal
Grimani sprechen, dieser aber war durch Gicht an sein Bett gefesselt.
Die anderen Cardinäle aber gaben ihm gute Worte[3]) und meinten, ein
Baum falle ja nicht auf Einen Streich. Das war in der Zeit, in

---

[1]) Brewer, n. 3145.
[2]) Bergenroth, n. 533.
[3]) Parole sante. Sanuto.

welcher die imperialistischen Cardinäle von dem Papste aussprengten, er
sei ärger als ein Pariser, während in Wirklichkeit Abrian dem Könige
erklärte, er könne sich auf so kurze Zeit nicht in einen Waffenstillstand
einlassen. Dann gestalteten sich plötzlich die Dinge mehr als ungünstig
für König Franz. Sein Anschlag auf Sicilien mißlang, sein Anschlag
auf Mailand war kein Geheimniß, Soderini im Gefängniß, der Papst
enttäuscht. Die Lunten, durch welche er Ober= und Mittelitalien in
Brand zu setzen hoffte, hatten versagt. Er entdeckte einen Anschlag von
Seiten des Herzogs Karl von Bourbon, den er selbst durch Ungerechtig=
keiten zum Abfalle drängte, ohne jedoch vor der Hand Weiterem auf die
Spur zu kommen als dem Plane, ihn mit der Königin=Witwe Eleonore
zu vermählen. Der Ton der königlichen Correspondenzen wird bitter,
geradezu beleidigend, ein beredter Ausdruck seiner inneren Stimmung.
Die Verbindung mit Italien wird erschwert. Die Depeschen des Nuntius
kommen nicht mehr in Rom an. Handelsleute melden den bevorstehenden
Einbruch der Franzosen in Italien [1]).

Am 10. Mai 1523 schrieb Altobello Averoldo, Bischof von Pola
und Gouverneur von Bologna für Papst Abrian VI., an den Dogen
von Venedig und den Rath der Zehn, daß ein päpstlicher Bote ihn
benachrichtigt, König Franz wolle in ein friedliches Abkommen mit Kaiser
Karl und König Heinrich nicht einwilligen, sondern verlange zuerst Rück=
gabe des Herzogthums Mailand. Endlich habe er auf Andringen seiner
Mutter eingewilligt, einen Waffenstillstand für zwei Monate einzugehen,
der am 1. Juni [2]) beginnen sollte, und „Madame" habe dem Papste
geschrieben, für den Moment damit zufrieden zu sein.

Der Papst war aber nichts weniger als zufrieden und neigte sich
auf die Seite Kaiser Karl's. Er gewährte ihm nebst der cruzada die
großen Vergünstigungen über die drei spanischen Ritterorden, welche in
einer weisen und sparsamen Hand concentrirt, dem Könige ein gesichertes
Einkommen verschafften und ihn somit von auswärtigen Subsidien und
den Bewilligungen der Cortes unabhängig machen konnten. Jede Ver=
günstigung dieser Art reizte aber den König von Frankreich auf das
äußerste, indem er darin einen Act der Feindseligkeit gegen das fran=
zösische Interesse erblickte. Er selbst verfügte über 14 Erzbisthümer,

---

[1]) Brewer, n. 3031, 3035.
[2]) From the ist instant. Die Nachricht findet sich im Appendix zu R. Brown,
Calendar, vol. IV, p. 487. Der Brief enthält auch die Nachricht, daß König Heinrich
nicht zur Restauration des Cardinals Abrian in den Besitz von Bath und Wales
zustimmen werde. (Vergl. über ihn vol. II, n. 1044, 1054.)

140 Bisthümer, über Hunderte von Abteien und Prioreien[1]), und hatte
Papst Adrian Anlaß gehabt, der deutschen Nation zu sagen, wie kümmer-
lich er lebe, so waren seine Einkünfte auf ein Nichts reducirt, wenn ein
Bruch mit Frankreich erfolgte. Diesen betonte jetzt aber der König, indem
er erst an den Papst jenen Brief schrieb, welcher uns leider ohne Datum
und als an Papst Clemens VII. gerichtet, überliefert wurde[2]), der aber
an Adrian gerichtet, von dem Zorne des Königs wie von seiner Rücksichtslosigkeit hinlänglich Zeugniß gibt. Er begann mit einer Darlegung
der Verdienste, welche sich das Haus Frankreich — ein neuer historischer
Begriff — um den römischen Stuhl erworben, von König Pippin bis zu
ihm selbst, der Papst Leo X. Urbino erobern half, natürlich ohne Hinzu-
fügung der ungeheuren Vortheile, welche das Haus Frankreich zu allen
Jahrhunderten aus dieser seiner Politik gezogen. Der König erklärte,
daß er dieses nur anführe, weil diejenigen, welche diese Verdienste um
den apostolischen Stuhl anerkennen sollten, jetzt die französischen Privilegien vernichteten und die Wiedereroberung Mailands verhinderten. Er
erinnerte den Papst, daß die Kirche immer die Kaisermacht in Italien
und namentlich in Neapel gefürchtet und gegen sie Schutz in Frankreich
gesucht habe, der ihr auch nie fehlte. Jetzt aber büßten es die, welche
ihr geholfen. Wenn aber dem Könige seit Adrian's Thronbesteigung wiederholt Vorstellungen gemacht worden seien, der Papst werde die Wege seines
Vorgängers, Papst Leo's, einschlagen, so sei er, der König, doch immer
von Adrian's Ehrlichkeit[3]) und Güte überzeugt gewesen, sowie daß er
an seine Ehre und sein Alter denken werde, um unparteiisch, ohne Ansehen
der Person als gemeinsamer Vater aller christlichen Fürsten nur Recht,
Billigkeit und Gerechtigkeit vor Augen zu haben, wie er ihm dieses auch
nach Spanien geschrieben. Es sei wahr, er habe daran gezweifelt, als
ihm nach seiner Ankunft in Rom geschrieben worden, man suche Adrian
hinterlistig in die Wege Papst Leo's X. zu drängen, insbesondere aber
jetzt, wo Cardinal Soderini gefangen gesetzt worden sei. Wenn Gerechtigkeit und Gleichheit herrschten, so müßte seine Gegner dasselbe Schicksal
treffen. Dann wolle der Papst einen dreijährigen Waffenstillstand unter
kirchlichen Censuren verkünden, als wenn er, der König, ein Feind des
Friedens wäre. Er habe doch deshalb seine Gesandten in Calais gehabt
und die Angelegenheit in die Hände des Papstes gelegt, auch deshalb

---

[1]) Relaz. di Francia von Matteo Dandolo. (Albèri, I, 4, p. 40.)
[2]) Archivio storico ital. I, p. 396.
[3]) Preud'homie.

ihm seinen Secretär nach Nizza[1]) geschickt, dann den Cardinal d'Auch nach Rom, und als Adrian ihn aufforderte, zur Vertheidigung der Christenheit einen Waffenstillstand zu schließen, habe er sich auch dazu bereit erklärt, wenn ihm Mailand zurückgegeben werde[2]). Als Adrian letzteres zu weit aussehend gefunden, habe er Gesandte nach Rom geschickt, Frieden oder Waffenstillstand abzuschließen, und zwar daß er für zwei Monate sich des Krieges entschlagen wolle, und wenn dies nicht hinreiche, wolle er den Gesandten auch noch eine längere Zeit zugeben und das habe ihm allgemein befriedigend geschienen. Als er aber erfahren, der Papst wolle einen unbedingten Waffenstillstand verkündigen, habe er den Gesandten verboten, darauf einzugehen und dem Papste geschrieben, daß ein dreijähriger Waffenstillstand zu nichts fruchte. Papst Leo X. habe, ehe er den fünfjährigen Waffenstillstand verkündet, sich mit den Botschaftern der christlichen Fürsten benommen und dennoch wollte ihn keiner annehmen und er selbst habe ihn gebrochen, während die Türken Belgrad belagerten; Adrian aber wolle sich nicht mit den Fürsten benehmen, so daß, wenn die französische Armee zum Sammelplatz komme, sie angegriffen werden könne. Er habe seinen Gegnern Bullen gegeben, um Geld zu erheben, ihn aber vergessen. Wenn es den Päpsten so leicht würde, Fürsten zu bannen, so brächte das schlimme Folgen, und große Seelen könnten dies nicht gut finden. Die Könige von Frankreich besäßen Privilegien, welche sie mit Blut erworben hätten und die ihre Unterthanen bis zum letzten Blutstropfen vertheidigen würden. Man könne nicht Censuren gegen ihn ohne Beobachtung der gehörigen Formen verhängen; Adrian's Vorgänger hätten dieses immer mit großer Feierlichkeit beobachtet. Papst Bonifacius habe gegen Philipp den Schönen etwas unternommen, was schlecht ausfiel. „Ihr werdet nach Eurer Klugheit daran denken." Ein dreijähriger Waffenstillstand binde ihm für drei Jahre die Hände, und wenn die Türken Krieg führen würden, der Kaiser dann den Römerzug unternähme, könne er ihm nicht Widerstand leisten. Was Adrian beabsichtige, habe wohl den Anschein, gegen die Türken gerichtet zu sein, sei aber in Wahrheit gegen ihn, den König. Sein Trost sei, daß die Herzen der Fürsten in den Händen Gottes lägen, der seine Friedensliebe kenne, wie er bereit sei, den Krieg zur Erhaltung des Glaubens zu führen. Der Papst möge nicht thun, was einem guten und klugen Hirten nicht zukomme,

---

[1]) A Nyor (p. 399). Was keinen Sinn gibt. Es muß heißen Nice, Nizza, als Adrian dort laudete.

[2]) Ce que Votre Sainteté ne trouva bon disant que cela ne se pourroit si promptement faire.

nicht statt des Friedens noch größere Verwirrung veranlassen. Seitdem sich die Nachricht von dem allgemeinen Waffenstillstand zu Wasser und zu Lande verbreitet, machten seine Gegner nur noch größere Anstrengungen, diese würden aber nichts ausrichten. Er jedoch sei bereit, ob der Türke über Ungarn oder Neapel hereinbreche, ihm persönlich Widerstand zu leisten. Der Brief schloß: „und wenn es der Wille (plaisir) Euer Heiligkeit ist, uns ähnliche Bullen zukommen zu lassen als unseren Feinden, um Geld zu erlangen, so erfüllt Ihr getreulich (grandemment) Eure Pflicht[1])."

Der Brief bedurfte keines Commentars. Der Papst war unparteiisch, wenn er dem Franzosenkönig Mailand und die alte Stellung in Italien verschaffte; parteiisch, wenn er nicht that, was König Franz wollte, dessen Bereitwilligkeit, für die gemeinsame Sache ein Opfer zu bringen, doch wohl nur in seinen Verbindungen mit all' denjenigen zu erblicken war, die den allgemeinen Frieden nicht zu Stande kommen ließen.

Es ist sehr schwer, so lange nicht das Schreiben des Königs datirt aufgefunden wird, den chronologischen Zusammenhang aufrecht zu erhalten. Nach Marino Sanuto (13. Mai) erklärte der Cardinal von Auch dem Papste, er sehe keine Möglichkeit vor sich, einen Vertrag mit ihm abzu=schließen und wolle ebendeshalb nach Frankreich zurückgehen, indem er sonst Volk für König Franz werben müsse (far zente), und fürchte des=halb in das Castell gesetzt zu werden. Beinahe von demselben Datum ist ein Schreiben des Inhaltes[2]), der Papst habe dem Könige sagen lassen, er solle die Waffen niederlegen und gegen die Türken kämpfen, worauf letzterer' erwidert habe, es gebe keinen anderen Türken zu bekämpfen als den Clerus (il prete). Es ist wohl kein Zweifel, daß dem Könige bekannt wurde, welcher Zufluß von Macht seinen Gegnern durch die Bulle vom 4. Mai zugekommen war. Seine Träume, in Castilien Einfluß zu gewinnen, alle seine Pläne vom Jahre 1520 waren dadurch wie Seifen=blasen vergangen. Damals, am 20. Mai erfolgte endlich die Wahl eines neuen Dogen. Sie war auf Andrea Gritti, einen (bis dahin) glühenden An=hänger Frankreich's gefallen. Mußte dieses Ereigniß wieder die gesunkenen Hoffnungen des französischen Königs heben, so war ein anderes geeignet, sie noch mehr schwellen zu machen. Noch Anfang Mai konnte Adrian nach S. Maria della consolazione reiten und über das Marsfeld zur

---

[1]) s. d. Es kann dies unmöglich derselbe Brief sein, von dem Bergenroth sagt (Introd. CLXXIV): Adrian habe ihn am 28. März 1523 erhalten.

[2]) Marin Sanuto, vom 12. Mai.

großer Freude des römischen Volkes zurückkehren[1]). Allein in den nächsten
Wochen nahm nicht nur die Pest wieder zu, sondern der Papst hatte
auch, wohl in Folge der Alteration über den König von Frankreich, zwei
Fieberanfälle, von denen der eine 26, der andere 28 Stunden dauerte
und die seine Kräfte so erschöpften, daß der eine Arzt bereits einen Wink
fallen ließ, wer noch eine Gnade von dem Papste suche, möge sich beeilen.

Die neuere Forschung hat über die Beziehungen Papst Leo's X.
zu dem französischen Hofe durch Auffindung der Correspondenz seines
Vicekanzlers, des Cardinals Giulio, höchst dankenswerthe Aufschlüsse ge=
wonnen[2]). Ein Brief vom Hochsommer 1518[3]) charakterisirt die fran=
zösische Politik dem römischen Stuhle gegenüber als ein stetes Verlangen
von neuen Vergünstigungen und einem immerwährenden Vergessen der
empfangenen, um neue zu erhalten, als wäre noch gar nichts gewährt
worden. Erreichten die Franzosen aber auf diesem Wege nicht Alles, was
sie wollten, so nähmen sie ungescheut mit Gewalt, was sie begehrten und
behandelten die Autorität und Würde des römischen Stuhles nur als eine
Sache pro forma. Sie bemächtigten sich der kirchlichen Einkünfte, ent=
rissen den im rechtlichen Besitz Befindlichen den Jahre lang behaupteten
Genuß, diejenigen, welche deshalb Citationen (vor Gericht) brachten, würden
ermordet, Urtheile und Urtheilsvollstreckungen erfolgten nach Willkür[4]).

Man muß diese Darstellung aus einer Zeit, als noch das beste
Einvernehmen des römischen Stuhles, wenigstens nach außen hin, statt=
fand und ein Papst regierte, der wegen seiner französenfreundlichen Ge=

---

[1]) Marin Sanuto, 9. Mai. Fu molto grato al popolo.

[2]) Manoscritti Torrigiani donati al R. Archivio di Firenze. Arch. stor.
ital. III, 24, p. 29.

[3]) Der Vicekanzler Papst Leo's X. an den Cardinal von S. Maria in porticu.

[4]) Et veramente — questa è gran cosa che ogni dì il Papa fa gratie al
christianissimo et a li suoi amici e servitori et ogni di surgono su nove dimande
più gravi et più importanti de le facte et de le facte non si tiene memoria.
De le nove si fa instantia come se mai si fussi obtenuto altro et se non si
fanno a punto secondo chè ricercono; ogni cosa facta è perduta. In modo
che pare à N. S. che di quelle cose che può fare e sin richiesto et fa tutto
volontieri; et de altre che non può et non debbe consentire che lo voglino
sforzare et se non hanno la gratia a lor modo che si piglino di propria auto-
rità et tenghino quel conto de la sede apostolica et de la auctorità et dignità
di S. S. come di una cosa vana et pro forma. — Circa lo spirituale pigliono
per forza la tenuta et li fruti de benefitii non solo vacanti ma di vivi et di
quelli che sono stati in possessione parecchi anni; amazono quell che vi por-
tono citationi; danno sententie come pare a loro, executoriali o altre simil cose,
juridiche et ordinarie etc. p. 30.

sinnungen bekannt war, sich vergegenwärtigen und ebenso sich erinnern, daß die Furcht Papst Leo's, zum bloßen Caplan des Königs herabzusinken, ihn zuletzt zum Anschluß an Kaiser Karl trieb, um ein unparteiisches Urtheil über die Politik König Franz' I. gegen Leo's Nachfolger zu fällen, den er gleich anfänglich mit einem Uebermuthe ohne Gleichen behandelt hatte. Die Verstimmung über Adrian's Wahl theilt sich auch den französischen Schriftstellern mit, wie denn Belcarius zwar nicht, was vor Allem wünschenswerth gewesen wäre, den Text der Correspondenz des Königs mit dem Papste mittheilt, wohl aber, wo er Adrian etwas Ungünstiges nachsagen kann, die Gelegenheit nicht unbenützt verstreichen läßt.

Jedenfalls wußte jetzt Adrian genau, wessen er sich von König Franz zu gewärtigen hatte und wenn er darnach seine Maßregeln nahm, so that er nur mehr, was die Pflicht der Selbsterhaltung gebot. Die Bemerkungen über die französische Politik im Jahre 1518 passen aber so genau für das Jahr 1523, daß wir sie in Ermangelung anderer Quellen hier als am richtigsten Platze einzuschalten für angemessen erachteten[1]).

Die Zerwürfnisse mit König Franz glichen sich nicht mehr aus. „Alle Fürsten", rief der König aus, „verschwören sich gegen mich, aber ich werde ihnen schon Genugthuung leisten. Ich kümmere mich weder um den Kaiser, noch um die Engländer. Ich weiß, daß der Kaiser kein Geld hat. Gegen die Engländer sind an die Nordgrenze Besatzungen zum Schutze der Festungen gelegt. Was von Burgund aus gegen mich aufgeboten wird, macht mir keine Sorge. Ich ziehe nach Italien[2]), stelle das Herzogthum Mailand wieder her und kehre als Sieger zurück. Wenn ich finde, daß mir Jemand etwas entrissen, werde ich ihn verjagen und Alles mir wieder nehmen[3])." Er ließ den neuen Dogen sondiren; Venedig möge ihm die Treue bewahren. Als er keine rechte Antwort erhielt, sagte der Botschafter, er sehe wohl, daß die Venetianer mit dem Kaiser abschließen wollten, da der Doge nicht so offen mit ihm rede, als er sonst zu thun pflegte.

Anfang Juli, als der venetianische Botschafter aus Paris berichtete, daß die französische Armee sich nach Italien auf den Weg mache, berichtete der Orator aus Rom, der Papst wolle den König mit dem Banne belegen, da er jeden Friedensantrag zurückweise. König Franz betrieb den Einfall der Schotten in England, verbündete sich deshalb mit dem Earl

---

[1]) Registro di lettere scritte in nome del Card. Giulio de Medici (29. März, 12. Juli 1518).

[2]) Noch Anfang Juni hatte verlautet, eine französische Gesandtschaft sei nach Rom bestimmt; sie überschritt jedoch die Alpen nicht.

[3]) Petri Mart. Opus epistol. n. 784.

von Desmond, mußte aber selbst erleben, daß sein Vetter, Karl Herzog
von Bourbon, von ihm auf das tiefste gekränkt und seines Lebens nicht
mehr sicher, heimlich mit Kaiser Karl unterhandelte und letzterer die
Hoffnung schöpfte, über die französische Krone verfügen zu können. Mit
Recht zögerte aber Adrian noch immer, es zum Aeußersten kommen zu lassen.

Er berief den Erzbischof von Bari für den Fall, daß der König
keine anderen Bedingungen stelle, zurück, der Cardinal von Auch begab
sich nach Avignon[1]), zugleich kam auch über die Schweiz die Nachricht
nach Rom, daß die Franzosen einen Einfall in Italien beabsichtigten.
Man konnte sich aber nicht verhehlen, daß ein Bruch mit Frankreich
beinahe das Schlimmste war, was überhaupt einzutreten vermochte.
Wie Adrian an Charles von Lannoy, Vicekönig von Neapel, schrieb[2])
und in ähnlicher Weise auch dem englischen Botschafter gegenüber sich
aussprach, war der Bruch mit Frankreich die Quelle seiner größten
Sorgen. Er mußte sich sagen, daß ohnmächtiger Zorn vergeblich sei[3]),
seine Armuth nicht vermehrt werden dürfe. Allein das Schlimmste, was
der Papst von dem allerchristlichen Könige, dem Nachfolger Philipp's des
Schönen, befürchtete, war, König Franz möchte die lutherische Häresie
in Frankreich begünstigen, daselbst die kirchliche Ordnung umstürzen; er
befürchtete von dem französischen Könige, dessen Regierung in der Geschichte des französischen Verfassungslebens ganz ausfällt[4]), gerade dasjenige, was nachher von Seiten König Heinrich's von England erfolgte,
des defensor fidei, mit welchem sich Adrian jetzt zu verbünden im
Begriffe war. Mit dem Schicksale Papst Bonifacius' VIII. bedroht,
rief der Papst am 16. Juli 1523 die Hilfe König Heinrich's VIII.
für sich an[5]). Adrian begann mit Recht für seine Freiheit und für sein
Leben Besorgnisse zu hegen. Erst als es so weit gekommen war, entschied
er sich, die bisherige Politik zu ändern.

---

[1]) Schreiben des Herzogs von Sessa vom 11. Juni. Bergenroth, p. 555.
Der Papst befand sich damals wieder auf dem Wege der Besserung, aber die Pest
nahm in Rom zu, die kaiserlichen Pensionen an die Umgebung des Papstes wurden
ausbezahlt.

[2]) Mignet, Rivalité, I, p. 357, ohne Angabe des Datums. Der Brief, nur im
Auszuge mitgetheilt, ist aus dem codex Bethune, n. 4572.

[3]) Quod vana est sine viribus ira. State papers, p. 5. Juni 1523. De
Leva, II, p. 172.

[4]) Siehe Picot, histoire des états généraux. Die Geschichte springt da von
Ludwig XII. zu Heinrich II. Der französische König war, wie Marin Cavallo sich
ausdrückte, aus einem rex francorum ein rex servorum geworden.

[5]) Brewer, n. 3185.

Zwölfter Abschnitt.

Abschluß der großen Liga zur Befreiung Italien's. Beitritt des Papstes. Erkrankung und Tod Adrian's.

Am 29. Juli, siebenundzwanzig Tage nachdem Kaiser Karl und König Heinrich sich vertragsmäßig verpflichtet, am 16. August Frankreich von der Guienne und von Boulogne aus zu überfallen, kam der Vertrag zwischen Venedig, dem Kaiser und dem Erzherzoge Ferdinand zu Stande. Bereits am 3. Mai waren dazu die Grundzüge in Valladolid gelegt worden, so daß jetzt „unter Zustimmung und Rath Adrian's" und seines Legaten, des Bischofs von Feltre, Thomas Campeggio, der Abschluß stattfinden konnte. Die Paciscenten verpflichteten sich zu gegenseitigem Schutze in Betreff des freien Handels und Wandels auf allen ihren Meeren und Gebieten. Venedig behielt seinen gegenwärtigen Besitzstand auf dem festen Lande und bezahlte dem Kaiser binnen acht Jahren 200.000 Goldducaten. Besondere Bestimmungen regelten die Rechtsver= hältnisse derjenigen, die früher für oder gegen Venedig Partei genommen. Auf Betrieb des Infanten=Erzherzogs und des Herzogs von Mailand wurde unter den italienischen Staaten noch ein besonderes Vertheidigungs= bündniß gegen alle Fürsten, den Papst ausgenommen, abgeschlossen und zwar, wie es hieß, war die Ausnahme erfolgt, wegen dessen höchster Güte und der Unbescholtenheit seines Lebens[1]. Ihm und dem Könige von England sollten als Conservatoren des Bündnisses die Ehren= plätze reservirt sein, fünf Monate lang noch italienischen und nicht ita= lienischen Fürsten und Staaten der Beitritt zum Bündnisse offen stehen[2].

Nach den venetianischen Berichten über die geheimen Berathungen im venetianischen Senate[3] erklärte sich Luca Trono (uno de' savij del consiglio) sehr entschieden gegen jede Unterstützung der Franzosen, wenn diese auf's neue einen Versuch machen würden, Mailand zu erobern. Anderer Ansicht war Giorgio Cornaro: man möge erst die wahren Ab= sichten des Kaisers in Betreff des Friedens erforschen, weshalb Luigi

---

[1] Pro ejus summa bonitate et vitae integritate. Der schönste Sieg, den der Papst feiern konnte, lag in dieser Anerkennung.

[2] Codex Bibl. Foscar. n. 313. Ms. De exarchatu Italiae et juribus Ro-manae ecclesiae amplificatis gratuita donatione aut restitutione ipsorum Ro-manis pontificibus facta. Ex libello P. Hadriano P. VI. Romae oblato.

[3] Storia Veneta, p. 63—66. Ms.

Mocenigo (cavalliere e consigliere), Giorgio Cornaro (procuratore) und Marco Antonio Veniero (dottore) den Auftrag erhielten, ſich mit Adorno zu benehmen. Aber auch Adrian wirkte auf dieſen ein[1]) und betrieb ohne Wiſſen des venetianiſchen Senates bei dem Könige von England die Freilaſſung der zwei venetianiſchen Galeeren, welche jedes Jahr des Handels wegen nach England geſchickt wurden und auf die König Heinrich Beſchlag gelegt hatte. Als dann an der Stelle des Biſchofs von Pola Lorenzo Campeggio, Biſchof von Feltre, als päpſtlicher Nuntius nach Venedig gekommen war, bot auch dieſer Alles auf, Venedig zum allgemeinen Frieden und zum Türkenkriege zu bewegen. Der Senat antwortete dankend für die Geſinnungen des Papſtes, aber mit dem Bedeuten, daß, wenn er einen allgemeinen Kreuzzug zu Stande brächte, Venedig ſich nicht ausſchließen würde. Bei den Verhandlungen mit dem Kaiſer bereitete aber das Verlangen des letzteren, daß Venedig die Vertheidigung Neapel's gegen die Türken übernehmen ſollte, ſowie die Auseinanderſetzung wegen der exilirten venetianiſchen Unterthanen die größten Schwierigkeiten, die durch das Erſcheinen des Baltaſſar Gleſio (Cles), Botſchafter Erzherzog Ferdinand's, eher vermehrt als vermindert wurden. Auch König Franz ſäumte nicht, den Verſuch zu wagen, nochmals auf die Venetianer einzuwirken. Er verſicherte den venetianiſchen Botſchafter Girolamo Badoer von ſeiner Abſicht, ſobald wie möglich ein Heer nach Italien zu ſenden. Er beauftragte Renzo di Ceri und Ambroſio von Florenz, gemeinſam mit ſeinem Botſchafter in Venedig, Villiers, dem Senate Anzeige von dieſem Vorhaben zu machen und ihn aufzufoidern, an dem Vertrage feſtzuhalten. Der Senat befand ſich zwiſchen Kaiſer Karl und König Franz in qualvoller Lage, entſchloß ſich aber zuletzt doch, dem Könige die vertragsmäßige Hilfe abzuſchlagen, ſich aber dabei auf die Friedensbemühungen des Papſtes auszureden, der bereits im Conſiſtorium beſchloſſen, den Bann über diejenigen auszuſprechen, welche nicht drei oder fünf Jahre Frieden halten wollten. Die Republik könne die Hoffnung nicht aufgeben, den Tag zu ſehen, an welchem den Kriegen ein Ende gemacht ſei. Acht Tage nachdem dieſe Antwort im Senate den Geſandten vorgeleſen (30. April 1523) ſtarb der Doge Anton Grimani und ruhten nun bis zur Neuwahl alle Geſchäfte. Die Wahl ſelbſt ſchwankte zwiſchen zwei ausgezeichneten Männern, Giorgio Cornaro, welcher der Republik das Geſchenk des Königreiches Cypern gemacht, und durch ſeine Beredſamkeit ebenſo wie durch die

---

[1]) Maravigliosamente affaticavasi per la concordia di principi. l. c. 68.

Reinheit seines Lebens beliebt war, und Andrea Gritti, der durch die Wiedereroberung von Padua und sein Benehmen, als Venedig durch die Liga von Cambray dem Untergange geweiht schien, sich große Verdienste um sein Vaterland erworben hatte[1]. Auf ihn fiel denn auch am 17. Mai 1523 die Wahl. Am 15. Juni kam der Protonotarius Caracciolo als zweiter kaiserlicher Botschafter nach Venedig, am 17. begab er sich mit dem andern, Alfonso Sanchez, zu der Signoria und verlangten nun beide raschen Abschluß des Vertrages. Die Venetianer, welche für das Schicksal ihrer Galeeren fürchteten, die von England nach Hause kehren sollten, bestanden auf möglichster Geheimhaltung der Unterhandlungen, weshalb sie auch später als alle anderen Compaciscenten den Vertrag bekannt machten[2]. Kein Mittel wurde von ihnen unversucht gelassen, erst den Abschluß desselben zu illudiren, dann hinauszuschieben[3]. Zuletzt aber scheint ein Motiv den Ausschlag gegeben zu haben, die Hoffnung, durch den Papst, welcher so sehr daran arbeitete, Italien den Frieden zu geben, diejenigen Städte wieder zu erlangen, welche ihnen Julius II. entrissen und dem Kirchenstaate einverleibt hatte.

Seit Kaiser Karl den Girolamo Adorno durch Marin Caracciolo als seinen Botschafter ersetzt, verdoppelten sich die Bemühungen, Venedig für den Kaiser zu gewinnen. Fast jeden Tag wurde der Senat bestürmt, eine günstige Erklärung abzugeben. Allein ebenso that die Partei im Senate, welche von dem Einbruche der Franzosen für Venedig das größte Unheil gewahrte, das Aeußerste, die Republik von einem Bündnisse gegen König Franz abzuziehen, der ihr Brescia und Verona verschafft und von dessen Feindschaft sie das Schlimmste besorgen mußte. Ohne den König von Frankreich sei alles Gleichgewicht in Italien verloren und der Kaiser der Herr der Halbinsel, von welcher aus er Griechenland erobern könne. Die Kaiserlichen, schlecht bezahlt, drückten auf das Volk, so daß dasselbe wieder sich nach der Herrschaft der Franzosen sehne. Andererseits machte sich die Meinung geltend, daß, seit die Franzosen in Italien Alles bis auf Cremona verloren, das sich nicht halten könne, ein Krieg mit dem Kaiser ein Unding sei, seit Mailand einem einheimischen Prinzen übergeben, der Grund der Streitigkeiten

---

[1] Storia Veneta, p. 74. Ms.

[2] Bericht des kaiserlichen Botschafters vom 16. Juli bei Bergenroth, p. 566.

[3] Bergenroth hat in der Introduction zum II. Bande des Calendars die von Pace in Venedig geführten Unterhandlungen weitläufig besprochen. Ich stütze mich auf die ihm bekannten, sowie auf ihm unbekannte Quellen und fühle mich gar nicht berufen, sein Urtheil stets als das richtige anzuerkennen.

zwischen dem Kaiser und dem Könige in Betreff Italien's beseitigt sei. Die Partei des Friedens mit dem Kaiser erlangte aber unerwartete Verstärkung, als Gritti mit dem Nachdrucke seiner Beredsamkeit und dem Ansehen seiner Würde, obwohl er bisher als Franzosenfreund gegolten, nun mit Beseitigung seiner persönlichen Sympathien sich für den Vertrag mit dem Kaiser erklärte[1]) und die Nachricht anlangte, der Papst sei der Liga beigetreten, da der Einbruch der Franzosen bevorstehe[2]).

Auch Badoer, der venetianische Botschafter am französischen Hofe, mochte durch seine Depeschen zur Umstimmung der Gemüther in Venedig nicht wenig beigetragen haben. Er stellte dar, wie der König mit Frauen und Jagden die Einkünfte des Reiches vergeude, ganz und gar sich seinen Vergnügungen und Ausschweifungen ergebe, nur bei der Tafel manchmal an den Krieg denke oder darüber spreche. Wollte er ein Heer ausrüsten, so müßten entweder die königlichen Domänen verkauft oder das Reich mit unerschwinglichen Auflagen belastet werden. Bereits flüstere man von sonderbaren Plänen Karl's, Herzogs von Bourbon, den der König auf das ungerechteste behandelt. Die Thatenlosigkeit des König Franz trage am meisten Schuld an den Fortschritten der Kaiserlichen[3]).

Die Lage der Dinge hatte sich auch für die Venetianer wesentlich geändert, seit sie die Ueberzeugung gewonnen, daß der Papst an dem Ausschlusse der Franzosen arbeite. Der Botschafter berichtete in Chiffren vom 19. und 20. Juli aus Rom, daß der Papst ihm in Betreff der Verläßlichkeit des Kaisers die bündigsten Versicherungen gegeben. Er habe ihn und seinen Vater (Philipp) erzogen (governato). Karl sei ein guter Katholik und was er verspreche, werde er auch halten, nicht so, wie der König von Frankreich. Er erinnerte den Botschafter, wie es König Ludwig XII. gemacht, der, im Bunde mit den Venetianern, nichts desto weniger sich mit dem Erzherzog Philipp von Burgund verbündet und die Bedingung gesetzt, daß, wenn er (der König) dem Kaiser Maximilian Truppen gegen Venedig zu Hilfe schicke, dadurch nicht der Bund als gebrochen anzusehen sei. So verhalte es sich mit der Treue der Franzosen. Noch niemals habe sich Adrian so unumwunden ausgedrückt. Dennoch schien die venetianische Signoria keine Stellung gegen Frankreich

---

[1]) Storia Veneta, p. 77, woselbst auch der Vertrag enthalten ist.

[2]) Adrian hatte Mitte Juli der Signoria seine Absicht mitgetheilt, der Liga beizutreten und dabei gewünscht, daß die Unterhandlungen in Rom und in Venedig zu Ende geführt würden. Bergenroth, p. 572.

[3]) Bei Belcarius, commentarii, p. 525. Belcarius ist allerdings gegen Adrian mehr als billig eingenommen.

33*

einnehmen zu wollen und noch am 25. Juli hatte der Papst alle Hoff=
nung aufgegeben, die Venetianer zu gewinnen.

Sie hatten ihre Unterhandlungen in ein undurchdringliches Geheimniß
eingehüllt. Am 9. Juli versicherte der Doge den französischen Gesandten,
so sehr die kaiserlichen Gesandten Alles aufbieten, Venedig zu gewinnen,
so haben wir doch bis jetzt noch gar nichts gethan[1]). Fortwährend
drängte Campeggio auf Abschluß des Bundes und suchte Adrian selbst
alle Schwierigkeiten, die dem Vertrage mit dem Erzherzog Ferdinand sich
entgegenstellten, zu beseitigen[2]). Bereits am 19. Juni kam die Vollmacht
des Infanten an[3]). Jetzt schienen alle Schwierigkeiten gehoben zu sein,
als die Signoria neuerdings neun Tage verstreichen ließ, ohne in Unter=
handlung zu treten; als sie es dann that, erhob sie neue Schwierigkeiten.
Als achtundzwanzig Tage seit der Ankunft der Vollmacht des Infanten
verstrichen waren, entschlossen sich die Botschafter, die Frage, ob Ja oder
Nein an die Signoria zu richten (16. Juli)[4]).

Schon hatte die französische Gesandtschaft einen Protest gegen Ab=
schluß eines Vertrages mit dem Kaiser überreicht (27. Juli). Nun drängte
aber auch Adrian, welcher an den Dogen geschrieben und seine Bereit=
willigkeit erklärt hatte, in die Liga einzutreten, zum Abschlusse. Am 29. Juli
verfügten sich die Deputirten des Senates in die casa Pasqualigo, wo
Caracciolo wohnte. Es kamen der Legat, Alfonso Sanchez, Richard Pace,
Balthasar von Cles, (Gesandter des Erzherzogs, Francesco Taverna, Ge=
sandter des Herzogs von Mantua, der sich seit mehreren Tagen heimlich
in Venedig aufhielt, und nun unterschrieben die Anwesenden den in aller
Stille gefertigten und bereitgehaltenen Vertrag[5]). Sogleich gingen Courriers
nach Rom, Spanien, England, zum Erzherzog, wie nach Mailand ab.
Die französischen Gesandten erfuhren jetzt aus dem Munde des kaiser=
lichen, daß der Vertrag abgeschlossen sei[6]). Der Papst sei die Ur=
sache desselben. Dann kamen der kaiserliche, der englische und der öster=
reichische Gesandte, schüttelten dem Dogen die Hand und nun wurden
Anordnungen getroffen, die noch übrigen Punkte in Ordnung zu bringen,
namentlich die Geldleistungen zu regeln. Die Venetianer thaten noch

---

[1]) E tamen non havemo finqui fato alcuna cosa.

[2]) Bergenroth, n. 516.

[3]) Damals muß also die Mission Balbi's nach Innsbruck schon stattgefunden haben.

[4]) Gesammtbericht des englischen und des kaiserlichen Gesandten an den Kaiser
vom 16. Juli. Bergenroth, n. 568.

[5]) Alle hore 20.

[6]) E sta causa videlicet il papa.

immer, als wenn der König von Frankreich der Liga beitreten wolle. Der Botſchafter Badoer mußte am franzöſiſchen Hofe darſtellen, Venedig ſei (durch den Papſt) gezwungen worden. Man wußte, daß die zurück- gehaltenen Galeeren am 4. Juli von England abfahren wollten und ſpielte, bis ſie in Sicherheit waren, Komödie. Als die Sache ſoweit gekommen war, konnte man die Maske ablegen. Mit der herzoglichen Krone auf dem Haupte, begleitet von den Bot- ſchaftern des Kaiſers, des Königs von England, Richard Pace, der erſt an der feierlichen Proceſſion Antheil nahm, als der franzöſiſche ausblieb, des Königs von Polen, des Infanten-Erzherzogs, der Herzoge von Mailand, Ferrara und Mantua, an der Spitze Aller der päpſtliche Legat Campeggio, zog der Doge Sonntag den 2. Auguſt 1523 in die Kirche von San Marco. Der Abſchluß der Liga hatte aufgehört ein Geheimniß zu ſein.

In den nächſten Tagen verabſchiedete ſich Pace, mit einer goldenen Kette im Werthe von 800 Ducaten beſchenkt, und der Botſchafter des Infanten-Erzherzogs[1]. Pace, deſſen Verhalten in Venedig die kaiſerlichen Geſandten nicht genug zu rühmen wußten[2], begrüßte den Kaiſer als das von Gott auserleſene Werkzeug zur Beſtrafung der Franzoſen, als den neuen Auguſtus, der berufen ſei, wie dieſer den Tempel des Janus zu ſchließen[3]. Man erwartete den vollen Triumph der vereinigten kaiſer- lichen und engliſchen Waffen.

Die Sache war zu einem ehrenvollen Abſchluß gekommen. Der Vertheidiger des Glaubens, König Heinrich VIII. von England, hatte mit dem Papſte das Werk übernommen, den Waffenſtillſtand des Kaiſers mit Venedig zum Frieden auszudehnen, ſo daß nicht blos in Italien Ruhe ſtattfinde, ſondern daraus ein allgemeiner Friede unter allen Fürſten hervorgehen möge. Thomas Campeggio, Biſchof von Feltre, als päpſt- licher Nuntius, und Richard Pace, als engliſcher Geſandter, hatten dieſe glückliche Wendung herbeigeführt. Der Kaiſer wie der Doge verſprachen den gegenſeitigen Unterthanen freien Handel und Wandel auf ihren Meeren und ihren Ländern — wie den eigenen — Schutz gegen Unbilden, ſchnelle Rechtspflege, ſie verpflichteten ſich, keine Piraten zur Beſchädigung des Anderen dulden, noch geſtatten zu wollen, daß bewaffnete Schiffe aus

---

[1] R. Brown, p. 724—728. Er war während der Unterhandlungen ſelbſt ohne die wichtigſten Documente gelaſſen worden. Bergenroth, p. CLVIII.

[2] Schreiben an Kaiſer Karl vom 29. Juli. Bergenroth, p. 579.

[3] l. c. p. 581. Video deum immortalem ita tunc favere felicitati ut te unum delegisse videatur etc.

den gegenseitigen Häfen ausliefen, ohne Garantie zu geben, daß die
beiderseitigen Unterthanen dadurch nicht beschädigt würden. Der Friede
selbst hatte aber eine doppelte Bedeutung. Er regelte zuerst die Diffe=
renzen des Kaisers mit Venedig, welche aus den Kriegen Kaiser Maxi=
milian's mit der Republik hervorgegangen waren und namentlich diejenigen
venetianischen Unterthanen betrafen, welche sich damals an den Kaiser an=
geschlossen hatten und wegen deren es schon in Worms zu Verhandlungen
gekommen war. Der andere Theil aber betraf das sogenannte arctissi-
mum vinculum foederis, einen ganz besonders engen Bund, gleichfalls
auf Betrieb des Papstes, des Königs von England, des Erzherzogs Ferdi=
nand und des Herzogs von Mailand zur Vertheidigung Italiens[1]).

Die Frage in Betreff der Investitur ließ man fallen, die Contin=
gente der Venetianer und des Herzogs von Mailand wurden geregelt.
Die Könige von Ungarn, Polen und Portugal traten bei. Der Herzog
von Savoyen, Karl III., welcher im Jahre 1521 den Franzosen den
Paß nach Italien geöffnet und sie mit Lebensmitteln und Munition
unterstützt, dafür von König Franz Verzichtleistung auf die Ansprüche an
die Grafschaft Nizza erlangt hatte, das den Königen von Frankreich als
Grafen von der Provence zukam, schloß sich jetzt auch an den Kaiser an,
in der Hoffnung, Saluzzo zu erwerben. Florenz, der Herzog von Genua,
der Marchese von Monferrato traten gleichfalls der Liga bei. Statt
Teodoro Trivulzio's wurde der Herzog von Urbino Generalgovernator
der venetianischen Armee. Jetzt bot selbst Andrea Doria dem Kaiser
seine Dienste[2]) an.

Der Entschluß der venetianischen Signoria fand in Italien un=
getheilten Beifall. Jetzt endlich, hoffte man, seien die Alpen gegen den
französischen König gewahrt und könne man unter dem vortrefflichen
und durch seine Frömmigkeit ausgezeichneten Papst[3]) auf eine Unter=
nehmung gegen die Türken rechnen.

---

[1]) Propterea ipsae partes cum interventu praefati Serenissimi archiducis et
Illustrissimi ducis Mediolani uti principalium jurarunt, sanciverunt et inierunt
foedus, ligam et sinceram intelligentiam inter se ad mutuam defensionem tantum perpetuo duraturam pro statibus in Italia existentibus contra quoscunque
principes potentatus et dominos aliosque cujusvis gradus existant quacunque et
suprema dignitate fulgeant christianos, tantummodo excepto praefato Sanctissimo Pontifice Adriano VI. pro ejus summa bonitate et vitae integritate capitulis modis et mutuis obligationibus infrascriptis etc. Cod. Foscar. l. c.

[2]) De Leva, p. 183.

[3]) Veramente ottimo e religiosissimo pontifice, schreibt jetzt Negro, der dem
Papste bisher so wenig Gerechtigkeit erwiesen hatte.

Von dem Gemüthszuſtande des Königs Franz zeugt am beſten, was er am 23. Auguſt an Montmorency ſchrieb: „ich werde nicht früher mich wohl befinden, als wenn ich mit meinem Heere die Alpen überſchritten habe" [1]). Teodoro Trivulzio forderte ihn auf, die Hoffnung nicht ſinken zu laſſen.

Mit Mühe entrann am 25. Auguſt der Herzog Sforza II. dem Meuchelmorde. In der Meinung, er ſei getödtet, bemächtigte ſich Galeazzo Birago der Feſtung Valenza am Po, ſie den Franzoſen zu öffnen, ſtatt ihrer kam aber der kaiſerliche Feldherr Antonio de Leva und entriß die Stadt den Verſchworenen. Man bekämpfte ſich gegenſeitig mit Verrath, und hoffte König Franz durch ſeine Anhänger in Italien feſten Fuß zu faſſen, ſo bot jetzt Kaiſer Karl Alles auf, den Herzog Karl von Bourbon zu gewinnen, welcher als Bourbon wie als Gemahl der Suſanna (Tochter der Anna von Frankreich, welche ſelbſt eine Tochter König Ludwig's XII. von Frankreich und Gemahlin des Herzogs Peter von Bourbon war) dem franzöſiſchen Throne am nächſten ſtand und ſyſtematiſch von König Franz gekränkt und zurückgeſetzt wurde. Es handelte ſich gleichzeitig darum, dem Könige von Frankreich einen Prinzen von Geblüt abſpenſtig zu machen und endlich den Papſt von Frankreich abzuziehen und damit dem großen Bunde erſt den wahren Schluß zu geben. Die Ungerechtigkeit des Königs gegen den Herzog, welchem das Erbe ſeiner Gattin vor= enthalten und der bis zur Verzweiflung gebracht wurde, beſchleunigte das Gelingen des erſten Planes, wenn auch nicht in dem gewünſchten Umfange, daß der Herzog bei dem Einbruche einer ſpaniſch=engliſchen Armee einen Aufſtand in Frankreich ſelbſt organiſiren konnte. König Franz hatte wenigſtens genug im eigenen Lande zu thun und mußte den Plan aufgeben, ſich an die Spitze ſeiner ſchlagfertigen Armee zu ſtellen und ſelbſt mit ihr die Alpen zu überſchreiten. Das war aber für ihn ſelbſt, der ſchon bis Lyon gekommen war, einer Niederlage gleich zu achten.

König Heinrich VIII. hatte den Herzog von Buckingham, der dem Throne zunächſt ſtand, kurzweg als Verſchwörer hinrichten laſſen. Er war es, welcher in Calais dem Könige von Frankreich Argwohn gegen ſeinen übermächtigen Unterthan, den Herzog von Bourbon, eingeflößt hatte. Mögen die Franzoſen ſagen was ſie wollen, der Herzog von Bourbon hatte, um ſich ſelbſt zu retten, keinen anderen Ausweg, als ſich vor dem „rè delle bestie", wie man den König von Frankreich hieß, in die

---

[1]) Mignet.

Arme seines Gegners zu flüchten. Was an diesem Verrathe schändlich
ist, trifft nur den König Franz von Frankreich.

Was die Vollendung der Liga betraf, so hatte fortwährend Kaiser
Karl bei dem Herzog von Sessa den Eintritt des Papstes in die Liga
betrieben. Die Unterhandlungen, wie sie aus zwei Briefen Kaiser Karl's
an den Herzog vom 10. Juni hervorgehen, beschränkten sich aber nicht
darauf allein. Adrian erwies sich geneigt, auf die Cruzada und die
Bewilligung des vierten Theiles der geistlichen Einkünfte einzugehen;
jedoch nur auf Ein Jahr, nicht für drei bewilligte er die Cruzada, ver=
langte aber den dritten Theil des Erträgnisses der St. Petersbulle, von
welcher Papst Leo X. erst 20.000 Ducaten der apostolischen Kammer,
dann (14. September 1521) 100.000 Ducaten dem Kaiser reservirt hatte.
Was aber die Quarta ecclesiastica betraf, so verlangte jetzt Karl, daß
letztere sich auch auf Brabant, Flandern, die burgundische Grafschaft,
seine Herrschaften von Holland, Friesland, Luxemburg, Limburg, Hennegau,
Artois, Namur, Tournay bezögen und eine eigene Bulle deshalb aus=
gefertigt werde. Das Breve in Betreff des Bischofs von Zamora
war erfolgt; es ermächtigte Karl, gegen diesen vorzugehen und er ver=
sprach, es nur nach den Absichten des Papstes zu thun. Letzterem wurde
der Zehent von dem Königreich Neapel und eine Abfindungssumme
von der Cruzada gewährt[1]), jedoch mit Vermeidung der Anerkennung
eines Rechtes auf den dritten Theil der Cruzada. Das Verlangen, daß
die päpstlichen Diener in Spanien naturalisirt sein sollten, wurde im
Hinblick auf den Umstand, daß durch ähnliche Naturalisationen[2]) der
Aufstand in Castilien hervorgerufen worden sei, zurückgewiesen, die Ver=
haftung geflüchteter Castilianer (Comuneros) dem Gesandten empfohlen,
endlich die Erklärung abgegeben, daß Karl nie und nimmermehr anerkennen
werde, das Königreich Sicilien von der Kirche zu haben. Die
Sprache wurde selbst sehr drohend und der Gesandte aufgefordert, dem
Papste zu erklären, er möge Karl nicht dahin treiben, nachdem er
selbst so wenig väterliche Gesinnungen zeige, ihm auch nicht
den Gehorsam eines Sohnes zu erweisen. Der Herzog solle dem
Papste und dem Cardinal Colonna deshalb reinen Wein einschenken. Er
werde in diesem Punkte nie nachgeben[3]).

---

[1]) 20.000 Ducaten. Lettres, n. XIV.

[2]) Ich kann mir nur vorstellen, daß damit die Naturalisation des Herrn von
Chièvres gemeint war. Von dieser bis zum Aufstand der Comuneros war aber ein
weiter Weg.

[3]) Gachard, p. 191, Note.

Der Herzog von Sessa war ganz in die Absichten seines Gebieters eingegangen, ohne sich an den Wortlaut seiner Instruction zu halten, er hatte vielmehr den Abschluß eines Waffenstillstandes mit König Franz hinausgeschoben als denselben befördert. König Heinrich wollte ihn nicht. Eine kriegerische Action der beiden Fürsten gegen König Franz stand bevor und darum wollten sie sich jetzt nicht durch einen Waffenstillstand die Hände binden lassen. Der Herzog erhielt selbst den bestimmten Auftrag[1]), wenn jetzt (13. Juli) König Franz einen Waffenstillstand anböte, denselben zu verzögern. Am 20. August sollte der Waffentanz beginnen[2]).

Mitten in diese Negotiationen fiel die Nachricht von einer neuen Erkrankung des Papstes, wie es scheint in Folge eines ihm beigebrachten, aber nicht stark wirkenden Giftes. Karl beklagte[3]) den Tod des Papstes, wenn er eintreten würde, als ein großes Unglück für die Christenheit, aber sein Botschafter erhielt bereits am 13. Juli den Auftrag, für diesen Fall die Wahl des Cardinals von Medici und zwar, wenn nöthig, mit Hilfe der Vicekönige von Neapel und Sicilien und einer spanischen Armee („wenn auch mit aller Freiheit") durchzusetzen.

Endlich konnte der Herzog den Kaiser von den guten Intentionen des bereits wiederhergestellten Papstes in Kenntniß setzen. Der Abschluß des Vertrages mit Venedig war dem Kaiser hinterbracht worden; er erfuhr (am 23. August), daß Adrian sich für den Bund ausspreche und erbot sich auf dieses zu allem Guten[4]), erinnerte an das Wormser Edict gegen Dr. Martin Luther[5]) und theilte mit, daß er dessen Anhänger in Belgien habe hinrichten lassen[6]). Er weist aber den Botschafter, die Vicekönige und Feldherren zu neuer genauer Correspondenz an. Die Vorbereitungen zum Feldzuge waren getroffen, die englischen Truppen wurden für den Continent eingeschifft; ein großer Schlag stand in Aussicht[7]). — Der Papst hatte endlich Stellung genommen. Er hatte Venedig auf=

---

[1]) Lettres, n. XVII.

[2]) Lope de Soria an den Kaiser. Bergenroth, n. 585.

[3]) Lettres, n. XIX.

[4]) Come hijo muy obediente y observautissimo.

[5]) Valladolid, 23. August 1523. Lettres, n. XIX.

[6]) 22. August. Gachard, p. 275. Vergl. auch das Schreiben vom 25. August n. LIV) voll Artigkeit an Adrian. Es wird ihn nicht mehr lebend getroffen haben.

[7]) Der Kaiser hoffte, wie es scheint, Bayonne zu überraschen und zögerte in Folge geheimer Verabredungen loszuschlagen. Dann kamen die Truppen der spanischen Granden nicht zu gehöriger Zeit zusammen, was auch der englische Gesandte in Spanien beklagte. Logronno, 2. October 1528.

gefordert, Gesandte nach Rom zum Abschlusse einer Liga zu senden. Er verlangte am 19. Juli mit dem Vicekönige von Neapel zu unterhandeln, für welchen er mehr Sympathien besaß, als für den Herzog von Sessa. Als dieser am 24. Juli in Rom angekommen war, eröffnete ihm und dem Herzoge der Papst, welche Gefahr Italien von Seiten der Franzosen drohe und daß für diesen Fall der Vicekönig das Commando über die sämmtliche italienische Armee erhalten solle[1]); denn nur unter dieser Bedingung würde sich der Herzog von Mantua als päpstlicher Ober= commandant fügen. Als der Vicekönig zögerte, diese Würde anzunehmen, bestand der anwesende Cardinal von Medici darauf, er solle das Commando interimistisch annehmen, wozu sich der Vicekönig bereit erklärte. Jetzt war von dem weiteren Vertrage die Rede, der dem Cardinalscollegium vor= gelegt werden sollte[2]).

Unterdessen wurde in Valladolid an einer Art von Manifest ge= arbeitet. Am 4. August erfolgte der Vertrag des Herzogs von Bourbon, der Schwager Kaiser Karl's werden sollte, mit diesem. Am 22. aber setzte ein kaiserliches Schreiben an den Papst auseinander, warum Karl der Aufforderung zu einem Waffenstillstande nicht habe entsprechen können. Er sei gezwungen, den Friedensstörer der Christenheit zur See und zu Lande zu bekämpfen und „die Türken"— die Freunde der Türken — zu ver= nichten. Alles hänge jetzt von der Entscheidung des Papstes ab[3]). Wenn er der Liga beitrete, die den Kaiser, den König von England, Venedig und die italienischen Fürsten vereinige, so sei Italien gerettet, könne Frankreich gedemüthigt werden. Als Kaiser Karl dieses schrieb, mußte er noch nicht, was seit Ende Juli in Rom vorgegangen, daß Adrian bereits am 3. August[4]) dem Bündnisse des Kaisers, des Königs Heinrich, des Infanten=Erzherzogs, der Herzoge von Mailand und Genua bei= getreten war. Die Thore Italien's schienen den Franzosen verschlossen[5]).

Niemand hatte mehr Grund über diese Wendung der Dinge zu triumphiren, als König Heinrich's „demüthiger Caplan im armen Hause bei Westminster". Die Venetianer bezeichneten ihn jetzt (31. Juli) als

---

[1]) Nach der Darstellung De Leva's wollten der Cardinal von Medici und Don Juan Manuel, der hiebei wieder die Hand im Spiele hatte, Prospero Colonna von der hohen Würde ausschließen.

[2]) Bericht des Herzogs von Sessa an den Kaiser vom 28. Juli. Berg. n. 574.

[3]) Bergenroth, n. 558. Am 23. Juni erfuhr der Kaiser, Adrian sei geneigt, in das Bündniß einzutreten. l. c. n. 590.

[4]) So Adrian im Schreiben an König Heinrich. Irrig hat De Leva den 5. August. Brewer, n. 3285.

[5]) Worte Kaiser Karl's in dem Erlaß vom 27. August. Brewer, n. 593.

rerum Romanae ecclesiae cardinem, als wahre Angel (Wendepunkt) der römischen Kirche[1]). Der Windsor-Vertrag hatte, wie die Mosesschlange die anderen Schlangen, so die übrigen Verträge beseitigt. Der venetianische Vertrag erschien nur als eine Erweiterung des von Windsor, dieses Werkes der Politik Wolsey's.

Frankreich war von drei Seiten umschlossen und die kühnsten Pläne König Heinrich's ihrer Vollendung nahe gekommen. Mit großem Behagen setzte der Cardinal dem Könige auseinander, daß er selbst durch den Vertrag in nichts gebunden sei; der Papst, bisher so großer Gegner der Verträge, welche nicht eine allgemeine Pacification bezweckten, sei jetzt ganz eifrig dafür[2]). Bei dieser großen Verbindung von Staaten und Herrschaften von Italien[3]) in Einem Sinne und Uebereinstimmung würde der gemeinsame Feind mehr Schwierigkeiten finden, wenn er in Italien eindringe, als er vermuthe. Der Cardinal hatte sich mit dem Maire von London, den Botschaftern des Kaisers, Venedig's und Mailand's, sowie mit dem Secretär des Cardinals von Medici besprochen, in London sollte die Nacht festlich begangen, Freudenfeuer angezündet werden und eine feierliche Procession stattfinden. Dem Erzherzog-Infanten wurde der Gartier[4]) bestimmt, ebenso auch dem Herzoge von Ferrara, welcher jedoch bereits einen Orden von Frankreich erhalten hatte, was als unvereinbar mit dem Empfange des englischen angesehen wurde. Der Herzog von Suffolk übernahm das Commando der Armee in Calais am 24. August und nun sollte in Verbindung mit dem kaiserlichen Feldherrn Grafen von Buren am 4. September der Krieg in höchst grausamer Weise mit Sengen und Brennen unternommen werden[5]), während man stündlich auf den Abfall des Herzogs Karl von Bourbon von König Franz rechnete.

Es fehlte, die Combinationen aus dem armen Hause bei Westminster zum glücklichen Ende zu bringen, nur noch Eines, der Tod des seit Anfang August mit Siechthum kämpfenden Papstes und die Wahl Wolsey's zu seinem Nachfolger.

An demselben Tage, an welchem in Venedig der wichtige Vertrag, „accordo", unterschrieben wurde, Mittwoch den 29. Juli 1523, versammelte Adrian die Cardinäle zum Consistorium. Niemand konnte sich

---

[1]) Calendar, III, n. 270.
[2]) Was and is the more fervent in this matier. State papers, n. LXVII. Wolsey an König Heinrich, 17. August 1523.
[3]) For defence of the same against France. l. c. p. 119.
[4]) Garter, Hosenbandorden.
[5]) State papers, p. 123, Note.

über die Tragweite der zu fassenden Entschlüsse einer Täuschung hingeben. Es handelte sich um das Schicksal Italien's, des Kirchenstaates, um die Person des Papstes selbst, um Krieg oder Frieden, wenn auch zunächst nur um eine Defensivstellung, die aber, sobald der König von Frankreich, wie er seinen Entschluß bereits angekündigt hatte, den Krieg in Italien eröffnete, von selbst unhaltbar wurde. Adrian setzte den ver= sammelten Cardinälen auseinander, daß König Franz keinen Waffenstill= stand wolle, er selbst sich durch das Benehmen des Königs gezwungen sehe, sich mit denjenigen zu verbinden, welche den Frieden und die Ruhe Italien's wollten. Sei aber Italien in Frieden und Ruhe, so sei es die christliche Welt. Der Papst befahl, die Anklage=Acte vorzulesen, welche König Franz in Form eines Schreibens an die Cardinäle von St. Germain aus, 4. Juli 1523, hatte ergehen lassen, sowie auch das Schreiben voll Drohungen und Invectiven, welches er selbst von dem Könige erhalten[1]). Auch das an die Cardinäle gerichtete Schreiben begann, gleichlautend mit dem an Adrian abgesandten, mit einer Aufzählung aller Wohlthaten, die die französischen Könige dem römischen Stuhle erwiesen, welche Gefahren ihm die deutschen Kaiser bereitet, so daß deßhalb die Vereinigung der Kronen Neapel's und des Kaiserthums verboten worden. Jetzt seien, die ehemals als Freunde gegolten, Feinde geworden, der Cardinal von Volterra auf Denunciation des Cardinals von Medici in den Kerker geworfen. Spanier hätten den Papst nach Italien gebracht und bekämpften jetzt den König in Insubrien. Der Papst wolle zu seinem Verderben unter Censuren einen dreijährigen Waffenstillstand aufstellen. Er habe ihm erst seinen Secretär zugesandt[2]), der Papst aber die Sache nach Rom verlegt, dann den Cardinal von Auch, und als der Papst ihn gebeten, für Waffenstillstand oder Frieden geneigt zu sein, habe er zu= stimmend geschrieben und nur die Restitution von Mailand verlangt. Er habe sich anheischig gemacht, Gesandte mit Vollmachten zum Abschluß von Waffenstillstand oder Frieden nach Rom zu schicken; als er aber erfuhr, der Papst wolle, von einigen Cardinälen instigirt, ohne alle Bedingungen Waffenstillstand ankündigen[3]), habe er seine Gesandten von ihrer Reise zurückgerufen. Leo X. habe doch sich, ehe er fünfjährigen Waffenstillstand verkündete, mit den Gesandten benommen, dann aber

---

[1]) Marin Sanuto, p. 246—269 f. Möglich, daß auch das Schreiben an den Papst dieses Datum getragen. Es würde in der Darstellung nichts ändern.

[2]) Nach Villa franca auf der Reise nach Italien.

[3]) Das bezog sich wohl auf Anfang Juni. Der Papst hatte erklärt, auf einen zweimonatlichen Waffenstillstand nicht eingehen zu können.

freilich, während die Türken Belgrad belagerten, selbst seine Bestimmung überschritten. Der Papst aber habe sich mit keinem Fürsten, wenigstens nicht mit ihm, benommen, seinen Feinden apostolische Bullen gewährt, die Fürsten mit geistlichen Censuren bedroht, was gegen alle Privilegien der französischen Könige sei und eine derartige Verletzung derselben würden weder der französische Adel noch das Volk dulden.

Papst Bonifacius habe seine Kühnheit büßen müssen[1]). Wenn während des Waffenstillstandes der Kaiser in Italien einbreche, um unter dem Vorwande seiner Krönung Italien zu beunruhigen, könne ihm dann nicht einmal Widerstand geleistet, noch die Freunde geschützt werden. Der Papst habe wohl schon lange dieses gewollt, aber die Veränderung in den Gemüthern einiger Cardinäle (Medici) sei unbegreiflich. Freilich habe Leo X. vorgezogen, den kirchlichen Frieden statt gegen die Türken in Ungarn, gegen die Christen auszunützen und wenn nicht die Schlechtigkeit einiger Menschen gesiegt hätte, so würde der Friede in Calais zu Stande gekommen sein, wären Belgrad und Rhodus gerettet worden. Der Waffenstillstand des Papstes sei nur gegen ihn gerichtet, der doch in Wahrheit den Frieden wolle. Die Cardinäle möchten dazu ihre Zustimmung nicht geben, indem sonst ein noch viel ärgerer Krieg ausbreche als je einer stattgefunden habe. Er habe ein großes Heer zusammengezogen, das so aufgestellt werde, daß, wo auch die Türken einfielen, in Ungarn oder Campanien, sie zurückgetrieben würden. Der Papst möge ihm nun auch zur Ausrüstung Bullen gewähren, wie er es seinen Gegnern gethan[2]), dazu aber die Cardinäle den Papst bewegen.

Bei der Berathung stimmten von den 28 anwesenden Cardinälen nur vier, Fiesco, Monte, Orsini, Trivulzio, gegen das Bündniß. Alle anderen nahmen es an. Bis zum letzten Augenblicke hatte die französische Partei Alles aufgeboten, auf den von Sorge, Krankheit und Kummer gequälten Papst in ihrem Sinne einzuwirken. Die unheilvollen Folgen dieser Aufregung blieben nicht aus[3]).

Unstreitig hatte die neue Liga nach der Auffassung der Windsor-Alliirten eine aggressive Seite und insoferne hat Mignet Recht, wenn er

---

[1]) Sensit tandem suae temeritatis poenas. p. 268.

[2]) 4. Mai 1523.

[3]) Schon am 27. August berichtet der Herzog von Sessa nach der englischen Uebersetzung: The Pope however has fallen ill in consequence of his excessive work. As one party urged him to conclude the league and an other party advised him not to do to, he war in a perpetual state of excitement. His illness which is a bad kind of rheumatism is serious. Bergenroth, n. 594.

diese betonte. Allein deshalb, weil der Papst die Verpflichtung auf sich nahm, monatlich 20.000 Ducaten, der Kaiser 30.000 und die Herzoge von Mailand und Florenz je 20.000, Siena, Lucca, Genua je 10.000 Ducaten zur Erhaltung des Heeres zu entrichten und der Bund auf Ausschluß der Franzosen auf Italien beruhte, war derselbe nicht aggressiv; er beabsichtigte Erhaltung des status quo, da König Franz Mailand nicht mehr besaß. In dieser Beziehung war die Liga doch nur defensiv, nicht offensiv, und die Behauptung Mignet's, der Papst habe die Streitigkeiten der Fürsten vermehrt, indem er sich hineinmischte und eine offensive Liga[1]) am 3. August abgeschlossen, ist und bleibt unrichtig. Die Liga wollte den Krieg hindern, nicht veranlassen, und Europa eine andere Zukunft geben als im Vernichtungskampfe zwischen Karl und Franz den Todesstoß durch die Osmanen zu erleiden. Andererseits war Adrian zum Danke für seine Bemühungen, zwischen beiden Rivalen den Frieden zu vermitteln, mit dem Schicksale bedroht, das Bonifacius VIII. zu Anagni betroffen, d. h. durch eine französische Verschwörung und französische Gewaltthat im Vatican überfallen, seiner Freiheit, ja seines Lebens beraubt zu werden. Der Mordversuch auf den Herzog von Sforza von Mailand wurde französischem Einflusse zugeschrieben[2]); warum sollte es nicht auch einen bravo geben, der dem Leben des deutschen Papstes nachstrebe, nachdem schon Einer den Versuch gemacht hatte? Diese nur zu gegründete Besorgniß trübte seine letzten Tage; es ist die Angst eines Sterbenden, die sich in seinen nächsten Briefen kundgibt. Sein Anschluß an die Liga, welchen er so lange hinausschob, war nur ein Act der Nothwehr gegen den allerchristlichsten König. Noch mochte er sich freuen, wie sich mit einemmale Alles gegen den Friedens=störer der Christenheit wandte. Binnen acht Tagen, schrieb am 25. August 1523 Mylord Surrey, Admiral der vereinigten englisch=spanischen Flotte, an die Königin Margaretha von Schottland, wird König Franz von so mächtigen Heeren angegriffen, daß er genug zu thun haben wird, sich zu vertheidigen. Ganz Italien ist gegen ihn ver=

---

[1]) Rivalité, p. 358. Der Kaiser selbst betrachtete die Liga als blos defensiv und wünschte ihre Umwandlung in eine offensive. Schreiben vom 2. October. Bergen=roth, n. 604.

[2]) Nicht blos der Herzog, auch Morone, sein Kanzler, und Prospero Colonna waren von Meuchelmördern bedroht. Ma il colpo andò fallito e il cavalleresco Rè dovette acconciarsi a far la guerra coi modi consueti. Archivio stor. ita-liano, III, 25, p. 300, gestützt auf den Bericht des Zeitgenossen Begio in der biblio-theca historica italica, cura et studio Societatis Longobardicae historiae studii promovendis. Milano 1876.

bunden. Der Sache die gehörige Form zu verleihen, verzögerten die Venetianer die Publication des Vertrages bis zum großen Frauentage, 15. August, an welchem der Doge in das adriatische Meer fuhr, die Vermählung desselben mit Venedig zu feiern. Italien schien gerettet.

Kaiser Karl, jetzt el hijo muy obediente y observantisimo, war noch immer nicht vollständig zufrieden. So sehr er sich über das Bündniß mit dem Papste freute, so war es doch nur ein Vertheidigungsbund. Er befahl dem Herzog von Sessa, Alles aufzubieten, daß der Papst und die italienischen Fürsten einen Offensivbund abschlössen[1]). Es genügte nicht, die Thore Italien's geschlossen zu haben, es sollte von Italien aus der Einfall in die Provence stattfinden. Während aber diesem sich mannigfaltige Hindernisse in den Weg stellten, gingen die Anordnungen in Betreff der spanischen Kirchen fort. Die Pension, welche Bernaldino Velasco von dem Bisthum Valencia bezog (6000 Ducaten), sollte auf Toledo und Granada übertragen werden. Es lautet inmitten der großen Ereignisse beinahe komisch, wenn gerade jetzt auseinandergesetzt wurde, daß die Uebertragung der Pensionen, welche sich auch auf Wolsey bezog, deshalb große Schwierigkeiten bot, weil die Einen schwere Ducaten verlangten, die Anderen (die Bezahlenden) nur ducati di camera anboten. Der Herzog von Sessa konnte jedoch berichten, daß der Papst seine Zustimmung zu dem Angriffe auf Frankreich gegeben (da dadurch der Angriff der Franzosen auf Italien abgelenkt werde), aber an der Offensiv-Liga sich nicht betheiligen wolle. Mit Begierde verlange er nach der Nachricht, ob der Krieg bereits begonnen habe. Er beauftragte seinen Nuntius in Venedig, die Venetianer zur Vertheidigung Italien's, zur Erfüllung des Vertrages anzuhalten.

Die Sache hatte noch einen eigenthümlichen Epilog.

Am Festtage des 4. August (Maria Schnee) begaben sich der ganze päpstliche Hof, sämmtliche Cardinäle und geistlichen Würdenträger in die Basilica der Mutter Gottes auf dem Esquilin. Der Cardinal Colonna verrichtete das Hochamt, worauf die Vertragsurkunde des Bundes gegen die Türken und die Friedensstörer verkündet und der Papst, der Kaiser, König Heinrich, der Erzherzog, der Herzog von Mailand, die Florentiner, Sienesen, Lucchesen als Bundesgenossen genannt wurden. Der Name der Venetianer wurde damals mit Bewilligung des Papstes verschwiegen; sie wollten, wie gesagt, am Feste der Auffahrt der Muttergottes, ihren Beitritt selbst erklären. Monsignor Vincenzo Pimperolli hielt sodann eine

---

[1]) Schreiben des Kaisers vom 27. August. Calendar, II, p. 593.

Rede, in welcher er die Schuld des Verlustes von Rhodus der Uneinig=
keit der christlichen Fürsten zuschrieb.

Rom, ganz Italien, schwamm in Wonne. Endlich schien die
Christenheit geeinigt, die Gefahr eines Türkenkrieges wie eines Franzosen=
Einbruches beseitigt[1]. Allein es fehlten zwei Völker; die Franzosen,
welche von der christlichen Welt ausgeschlossen und als Friedensstörer
bezeichnet worden waren, und die Deutschen, welche, in ihren inneren
Streitigkeiten befangen, für die allgemeinen Angelegenheiten der Christen=
heit kein Herz hatten, ja selbst in ihrem Schoße eine Partei heranzogen,
die ihre Hoffnungen auf den Sieg der Türken richtete[2].

Als Foscari die Briefe der venetianischen Signoria über den Abschluß
des Vertrages brachte, küßte ihn der Papst. Er hatte bereits die Abtei
de' Burguignoni, über welche ein Streit ausgebrochen war, dem Herrn
Sebastian Trevigian gegeben, den Proceß wegen der Heiligsprechung
Giustiniani's angeordnet; jetzt versprach er auch noch die Breven wegen
Abtretung von Ravenna und Cervia ausfertigen zu lassen, so daß die
Venetianer in den Besitz der ganzen Romagna und ihrem Endziele, den
adriatischen Golf abzuschließen, um ein Bedeutendes näher gekommen
wären. Foscari war bemüht, vor der Publication der Liga, alle die
Türken verletzenden und Venedig gefährlichen Ausdrücke zu beseitigen,
worauf Samstag den 15. August vor den Pforten des Dogenpalastes
Frieden und Liga verkündet[3], der Papst als Conservator ausgerufen
wurde. Alle Glocken der siebzig Inseln Venedig's läuteten, der
Campanile von S. Marco war illuminirt. Ein päpstliches Breve vom
1. September bewilligte der Signoria zwei Zehnten von ihrem Clerus.
Venedig konnte sich eines völligen Sieges erfreuen, der kaum dadurch
getrübt wurde, das höchst zuverlässige Briefe aus Frankreich damals
meldeten, daß der Cardinal von Medici, welcher sich damals eines
unbedingten Vertrauens von Seite des Papstes erfreute, im Vereine mit
der florentinischen Republik mit König Franz I. einen Vertrag abge=
schlossen habe, demzufolge der König sich verpflichtete[4], den Cardinal

---

[1] Negro, 5. August.

[2] Siehe die interessanten Aufschlüsse, welche hierüber Jörg in seinem gründ=
lichen Werke, Deutschland in der Revolutionsperiode von 1522 bis 1526, gab.

[3] The french ambassador and Mons. de Villiers and Renzo di Cere stayed
at home in sadness. Sanuto im Calendar, III, n. 734.

[4] Conforme nel suo esser. Marin Sanuto, p. 295. Der König sandte noch
einmal den Antonius Rinkon nach Polen, um mit König Sigmund ein Bündniß
einzugehen. Von dem in Venedig abgeschlossenen heißt es, more vulpecularum
statuerunt, ut cum Caesare de civitatibus imperii concordarent foedusque cum

und den stato fiorentino zu erhalten, dieser aber, dem Könige 100,000 Ducaten zu bezahlen, wodurch derselbe in den Stand gesetzt wurde, nach Italien vorzudringen[1]).

Eine große Hitze, eine drückende Schwüle lastete seit Anfang August über Rom. Adrian war, nachdem er am 4. August in S. Maria Maggiore pontificirt, in der Nähe der Kirche bei dem Cardinal von S. Croce in San Marcellino geblieben und ebenso den darauffolgenden Tag. Der Cardinal hatte, der Sitte jener durch die Borgias verrufenen Zeiten folgend, was von Thieren zum festlichen Mahle bestimmt war, lebend in die Küche bringen lassen, damit es dort zubereitet werde und auf ihn nicht der Verdacht einer Vergiftung falle, Adrian ihn aber scherzweise erinnert, daß er ja in den Tagen Julius' II. Papst gewesen sei. Der Scherz war nicht unzeitig, da, wenn die Franzosen siegten, die Candidatur S. Croce's nicht undenkbar war. Nachdem Adrian einige Erfrischungen zu sich genommen, kehrte er am 5. August Abends in den Vatican zurück. Bereits hatten Hitze, Aufregung und die Schwäche der Constitution[2]) zu einem Unwohlsein geführt, welches sich zuerst als Katarrh kundgab; es setzte sich in der Kehle fest und bemächtigte sich sodann der Nieren, so daß es heftige Schmerzen erregte und Adrian genöthigt war, die Audienzen zu beschränken. Auch der Datarius Enkenvoert erkrankte, so daß alle Geschäfte für einige Zeit stille standen. Nur der Cardinal von Medici und der kaiserliche Gesandte wurden ein- oder zweimal vorgelassen. Doch blieb Adrian ununterbrochen thätig, ging, obwohl der Schmerz sehr heftig wurde, in seinem Gemache auf und nieder und erledigte die laufenden Geschäfte, namentlich was sich auf den neuen Bund bezog. Als der Jahrestag seiner Ankunft in Cività Vecchia kam (27. August), verlor er den Cardinal Grimani. Dann kam der Tag des eigenen Einzuges in Rom und seiner Krönung (31. August). Alle Cardinäle versammelten sich an diesem Tage, der Sitte gemäß, zur Messe im Palaste, worauf der Papst sie in sein Gemach berief, ein Consistorium hielt und drei Bischöfe, zwei für Spanien, einen für Deutschland, ernannte. Er war selbst der Gegenstand der allgemeinen

---

omnibus, servatis nihilominus regi Galliae pactis inierint. Acta Tomiciana, VI, p. 313. Das wurde also im Norden verbreitet.

[1]) Ich halte eine Geschichte des Cardinals Giulio von Medici, die seine Politik unter Leo X. und Adrian VI. zu erörtern sich die Aufgabe stellte, für äußerst wünschenswerth; dann kann erst von einer Geschichte Clemens' VII. die Rede sein.

[2]) Nach Giovio auch eine leichte Erkältung in der Kirche des heiligen Martin (S. Marcellino).

Beobachtung geworden. Man fand, daß er weniger schwach sei als man behauptet hatte; das Zimmer zu verlassen, zur Messe zu gehen, wagte er jedoch nicht. Man zählte die Lebensfäden, welche sich langsam abspannen. Man glaubte nicht anders als König Franz sei bereits in Italien eingefallen. Während im vaticanischen Palaste eine Katastrophe sich vorbereitete, ertönte in Rom die Werbetrommel. Es handelte sich darum, die Stadt vor inneren Unruhen zu bewahren und Bologna gegen die Bentivoglios zu schützen. Adrian ließ den Bischof von Treviso zu sich kommen, den er zu einer Mission bestimmte; 15.000 Ducaten wurden nach den Bestimmungen des Vertrages vom 3. August flüssig gemacht.

Der ganze Monat August verstrich so, wie Adrian an seinen Nuntius in Venedig schrieb, mehr in beschwerlichem als gefährlichem Unwohlsein. Am 28. August ertheilte er dem Markgrafen Friedrich Gonzaga von Mantua den Auftrag, sein Bundescontingent in das Mailändische vorrücken zu lassen; drei Tage später befahl er ihm, sich an der Spitze der Truppen des Kirchenstaates, der Mailänder und der Florentiner nach Piacenza zu begeben, dort sich mit Prospero Colonna zu berathen, ob nicht, um die Franzosen auf dem linken Po-Ufer aufzuhalten, die Besetzung von Alessandrien erfolgen solle. Das Schreiben stellte dem Markgrafen vor, er könne sich in seinem ganzen Leben um den römischen Stuhl und kaiserliche Majestät nicht verdienter machen als jetzt[1]). Am 31. August ersuchte Adrian den König von England um ein Geleitschreiben für den neuen Nuntius Sylvester, der den Bischof von Astorga ablösen und dem König zugleich wegen des Friedensvertrages vom 29. Juli Mittheilungen machen sollte. An demselben Tage trug er auch dem Nuntius in Venedig auf, dem Dogen ein Schreiben zu übergeben; zugleich benachrichtigte er ihn, er habe Geld und Soldaten nach Oberitalien abgesendet und thue es täglich, der Nuntius möge den Senat und den Herzog zu gleicher Anstrengung ermuntern, da es sich um Abwendung des völligen Ruins, der Knechtschaft und der Veränderung Italien's und der ganzen Christenheit handle[2]). Dahin hatte es König Franz gebracht, daß der deutsche Papst als der Vertheidiger Italien's gegen fremde Knechtschaft auftrat und derjenige, welcher unablässig an der Pacification des christlichen Europa's gearbeitet hatte, zum Kampfe gegen den allerchristlichsten König genöthigt wurde.

Noch sah Rom am 1. September 1523 ein würdiges, wenngleich

---

[1]) Gachard, p. 281.

[2]) Quo maxima ruina servitus atque confusio — Italiao totique christianitati — imminet.

wehmüthiges Schauspiel. Nach langer und unglücklicher Irrfahrt war endlich Lille d'Adam, der Großmeister der Johanniter, in Civitá Vecchia gelandet[1]), nachdem ihm als Franzosen die Landung im Neapoli= tanischen verweigert worden[2]). Sein französisches Gefolge flößte Miß= trauen ein, weshalb auch die Spanier nichts von einer Niederlassung des Ordens in Sicilien wissen wollten, obwohl die Insel am meisten gefährdet schien. Der Orden war jetzt doppelt heimatslos und der Großmeister hatte in einem Briefe aus Messina vom 20. Mai an Cardinal Wolsey nur darin Trost gefunden, daß, wenn das Unglück erfol= gen mußte, es unter dem Pontificate Adrian's stattfand, der ihm ein Asyl in Rom angeboten. Die Krankheit Adrian's veranlaßte dann noch Lille d'Adam's längeren Aufenthalt in Civitá Vecchia. Als er am 1. Sep= tember in St. Paul eintraf, zogen alle Cardinäle dem tapfern Manne entgegen. Jener Tag der alten Geschichte schien wieder gekommen zu sein, als der Senat dem bei Cannä geschlagenen Feldherrn entgegenging, ihm dankend, daß er an der Zukunft Rom's nicht verzweifelt. Obwohl krank, ging auch Adrian ihm entgegen, ihn zu begrüßen und der Tapferkeit und Ausdauer des Ordens seine Anerkennung zu zollen. Auf die Anklagen gegen Adrian, als hätte er die Rettung von Rhodus vernachlässigt, kann der Geschichtschreiber des letzten rhodischen Krieges nicht Worte genug finden, die Demuth und Tugend Adrian's zu preisen[3]). Es war die Rede, dem Orden Ragusa, Malta, Tripolis, Cortona, Morea einzu= räumen. Der Bischof von Concha hatte die Flüchtigen in Civitá Vecchia im Namen des Papstes begrüßt. Jetzt donnerten die Kanonen der Engels= burg, als Lille d'Adam einzog — um nach wenigen Tagen die Wache des Conclave zu übernehmen. Vier Tage später, am 5. September, zeigte sich Adrian zum letztenmale öffentlich, um die Soldaten zu segnen, die zur Vertheidigung Italien's nach dem Norden zogen. Beinahe schon sterbend befahl er zu Gunsten der Turkopolen des Johanniterordens ein Breve an König Heinrich auszustellen und ihm den Orden zu empfehlen[4]).

Die Krankheit des Papstes, deren Gefahr nach Giovio die Aerzte ihm selbst so weit dies möglich war, zu verheimlichen suchten, nahm jetzt so zu, daß die Cardinäle Medici, Campeggio, SS. Quatro ein Trium=

---

[1]) Nach Belcarius am 1. August.

[2]) Petrus Martyr.

[3]) Qua in se ostendit egregie Adrianus divinus homo humanus deus innatam sibi cum ceteris virtutibus a puero humilitatem. Fontanus de bello Rhodio, III, 500.

[4]) Brewer, n. 3356.

34*

virat bildeten, das für den bevorstehenden Wechsel des Pontificats Vor=
kehrungen treffen sollte. Adrian selbst fühlte seit dem 5. September unter
heftigen Schmerzen, wenn auch ungebeugten Muthes, seinen Tod heran=
nahen. Am 8. September berief er die Cardinäle an sein Krankenlager.
Aufrecht im Bette sitzend, erklärte er ihnen, er erwarte seine baldige Auf=
lösung. Er verlangte von ihnen, sie möchten den Geistlichen seiner Um=
gebung gewisse Consistorialpfründen zukommen lassen; er wolle dem Datar
des römischen Stuhles, Bischof von Tortosa, Wilhelm Enkenvoert, das
Cardinalat übertragen. Der Papst hatte sich bis zur Zeit von jedem
Nepotismus fern gehalten. Jetzt richtete der Sterbende zu Gunsten eines
wohlverdienten Freundes eine Bitte an die Cardinäle. Sie fand keinen
Anklang. Der Cardinal S. Croce, sowie andere Cardinäle sprachen sich
dafür aus, Neffen des Papstes, die gelehrte und tugendhafte Männer
seien, zu Cardinälen erhoben zu sehen. Gegen Enkenvoert machten sie
das Rauhe seines Benehmens geltend. Der Papst, welcher vernehmlich
sprach, aber doch so, daß man fühlen konnte, er werde nicht lange leben,
brach dann den Gegenstand ab. Die feindliche Stimmung der Cardinäle
gegen den Papst machte sich in dem Maße bemerkbar, in welchem die
Besorgniß, er möchte noch länger leben, schwand. In der darauffolgenden
Nacht nahmen Fieber und Schmerzen zu, so daß Adrian mehrmals
von Ohnmacht befallen wurde. Am 10. versammelte er nochmals die
Cardinäle zum Consistorium. Er ernannte Enkenvoert zum Cardinal[1]),
gab dem Bischof von Worcester ein Bisthum in Sicilien mit 900 Du=
caten Einkünften (offenbar nach dem Wunsche Kaiser Karl's), dem Bruder
des Cardinals Campeggio eine Abtei, dem Eustache de Croy, Verwandten
des Vicekönigs von Neapel, das Bisthum Arras, dem Giovanni Rosso,
Erzbischof von Cosenza, die Kirche von Cadix mit 1000 Ducaten Ein=
künften. Man sieht, der kaiserliche Botschafter hatte bis zum letzten
Augenblicke seine Hand im Spiele. Auf seinen Betrieb traf er noch am
Morgen seines Todes Verfügungen über seinen Hausrath, den er aus
Spanien mitgebracht hatte; sie wurden jedoch nicht gehalten[2]). Der Be=

---

[1]) Cum prius Adrianus P. infirmus tentasset facere cardinalem Rev. D.
Guilielmum Enkenvoert et non successisset, licet infirmitate gravatus fecit con-
gregationem et praticam, ita quod illum creavit in cardinalem, dedit pileum
rubeum et associatus in capellam parvam, Card. S. crucis decanus fecit preces
et inde in aula magna ductus a cardinalibus ibi dimissus nobis continuo minis-
trantibus, habuimus mantellum de Giamelotta. Blasius.

[2]) Itinerarium, c. 3. Die Berichte des Botschafters vom 9. und 11. September
melden, daß die Aerzte Adrian aufgegeben, doch trat der Tod früher ein, als sie
glaubten. Am 13. September berichtete jedoch der Herzog, Adrian werde nicht mehr

fehlshaber der Engelsburg erhielt den Auftrag, den Cardinal von Volterra nicht in Freiheit zu setzen[1]).

Wir mußten bisher glauben, es hätten zwischen dem sterbenden Papste und dem Kaiser keine Beziehungen stattgefunden. Die neue Ausgabe Mariana's belehrt uns, daß am 6. September Adrian dem Kaiser als König von Spanien und seinen Nachfolgern die in ihren Folgen un= absehbare Ermächtigung ertheilte, die Erz= und Bisthümer der spanischen Krone mit Prälaten seiner Wahl besetzen zu können. Adrian handelte hierbei offenbar nach dem Grundsatze, den er am 30. August 1521 in einem Schreiben an den Kaiser ausgesprochen, daß eine der Haupturfachen des Aufstandes der Comuneros darin bestanden, daß Kaiser Karl spanische Bisthümer an Fremde verliehen[2]) und hoffte durch die neue Verfügung das königliche Ansehen ebenso zu stärken, als die reichen Einkünfte der spanischen Kirche Spanien zuzuwenden. Es ist zu bedauern, daß die Bulle nicht näher bekannt wurde[3]). Sie vervollständigte, was die große Ermächtigung in Betreff der Maestrazgos nach der Seite des Adels gewährt hatte. Adel und Clerus waren jetzt von dem katholischen Könige ganz abhängig. Was waren die Cortes gegen eine solche Fülle der Gewalten? Karl V. hatte erlangt, was er wünschte und konnte dem Wechsel des Pontificates mit Ruhe entgegensehen. Er wußte, daß nur Medici nachfolgen werde[4]).

---

als zwei oder drei Tage leben, obwohl er sich jetzt besser befinde. Calendar, II, p. 597, 598, 599.

[1]) Motu proprio. Der Herzog von Sessa am 13. September. Bergenroth, n. 599.

[2]) La una de las principales causas de los levantamientos destos reinos führte er von Villorado aus dem Kaiser zum Gemüth, ha sido por haber dado V. R. iglesas a personas extrangeras. Es war das beste Mittel, den Adel an sich zu ketten, während die Entziehung der maestrazgos demselben eine schwere Wunde versetzte. Diese Angelegenheit wurde bisher von allen Historikern falsch aufgefaßt.

[3]) Somario de loque aconterió los annos adelante 1523. El pontifice Adriano concedió a los reyes de España Don Carlos y sus sucesores autoridad de nombrar y presentar los que hubiesen de ser obispos en aquellos reinos. Expidióse la bula à 6 del mes de setiembre. Concedió otrosi que perpetuamente pudiesen tener eu administracione los maestrazgos de los tres órdenes militares cosa que los pontifices pasados habian concedido pero por tiempo limitado. Obras del padre Juan de Mariana. T. II. Biblioteca de autores españoles desde la formacion del linguaje hasta nuestros dias T. XXXI, 1872. p. 384.

[4]) Am 5. September empfahl Adrian noch dem König Heinrich den Johanniter= orden, am 7. schrieb er an den Herrn von Camerino, che provedi alla cose di Siena und an einen Legaten, daß er Getreide sende. Am 9. berichteten die florentinischen Gesandten (bei Gattina), er habe sieben Stunden auf eine Weinsuppe hin geschlafen. Am 11. war er aufgegeben, am 13. hieß es, er könne höchstens zwei Tage noch leben.

Die großen Schmerzen verzehrten die Kraft des Sterbenden. Ab=
wechselnd umstanden die Pönitentiaren sein Bett. Der Erzbischof des
Palastes, umgeben von den Hausprälaten, reichte ihm die Sterbesacra=
mente.

Und doch gab es noch so Vieles zu thun! Während der Papst im
Vatican mit den schwierigsten Angelegenheiten der Christenheit beschäftigt,
die Franzosen aus Italien auszuschließen, die Deutschen durch ein Concil
zu beruhigen dachte, war Rom die Zuflucht der Marranos [1] geworden,
wimmelte es von Gotteslästerern, sowie von Personen, welche Schacher
mit dem geistlichen Amte trieben. Das niedere Volk aber war bedrückt
durch Wucherer und Kornkäufler, die das Brod vertheuerten und die
Armen in Verzweiflung brachten. Endlich war der Verführung der rö=
mischen Jugend durch schlechte Schulen ein Ziel zu setzen. Jetzt erst
sollte die eigentliche Regierung Rom's beginnen und da Vor=
nehm und Gering pflichtvergessen in das Leben stürmten, selbst ehe noch die
Reform der Curie und des Cardinalscollegiums zu Ende gekommen war,
auch nach dieser Seite Ordnung geschaffen werden. Alle Hoffnung des
Besserwerdens hing von einem Leben ab, das, von Kummer, Sorge,
Krankheit und Alter verzehrt, jetzt rasch zu Ende eilte. Die traurigen
Erfahrungen, die er bei Fürsten und Völkern gemacht, der Kummer, der
ihn Tag und Nacht nicht verließ, die persönliche Gefahr, in welcher er
dem französischen Könige gegenüber schwebte, der als Urheber des an
dem Herzog von Mailand versuchten Meuchelmordes bezeichnet wurde,
raubten dem siechen Körper die Kraft, der Krankheit Widerstand zu leisten [2].

---

[1] Ich habe in meiner Geschichte des Aufstandes der castilianischen Städte wie=
derholt auf den Antheil der marranos an demselben aufmerksam gemacht. Auch bei
dem Widerstande Toledo's unter Anführung der Wittwe Juan de Padilla's betheiligten
sie sich sehr. Eines der merkwürdigsten Schriftstücke des sechszehnten Jahrhunderts,
die cronica de Don Francesillo de Zuñiga (im XXXVI. Bande der Biblioteca
de autores españoles, die mir erst jetzt — 1879 — zugänglich ist), sagt von der
Schlacht vor den Thoren von Toledo, en esta batalla fueron hallados muchos
muertos sin prepucios. Diese Chronik, die ohne Beispiel dasteht, so wechseln in ihr
geschichtliches Material, Bosheit, Satyre, üble Nachrede, beißender Spott, muntere
Laune und scharfe Beobachtung von Ereignissen und Charakteren, verdient eine sorg=
fältige Untersuchung und Besprechung.

[2] Ita ut tum civitatis status misere deplorandus esse videretur, quum
quisque fere insignium atque infimorum ordinum recti atque honesti penitus
oblitus cuncta sibi in summa vitae libertate licere vellet nec ullum omnino
corrigendis moribus censorem pateretur, etiam vel sola pecunia digna supplicio
crimina vindicantem, scilicet ut repudiatis Christianae medicinae praesidiis
affecti corruptique eo insaniae proveheremur ut indignantibus demum diis

Ueber die letzten Tage Adrian's gibt Wilhelm von Lochorst, Cano=
nicus der Marienkirche in Utrecht, in einem Schreiben an den Dechanten
und seine Mitbrüder mehrfache Aufschlüsse. Er erwähnt der großen Hitze,
welche Adrian sonst immer geflohen, die aber bei Verkündigung des Friedens
und der Eintracht der Fürsten und Mächte Italien's geherrscht und die,
wenn nicht auch unglückliche Nahrungsmittel [1]), ihm die Krankheit zu=
gezogen, welche erst schleichend, dann offen und heftig aufgetreten. Die
Aerzte (zwei spanische, zwei römische) hätten alle Kunst aufgeboten, nicht
minder die Kämmerer [2]) bis zur Erschöpfung ihm bei Tag und Nacht
Hilfe geleistet. Er habe gespürt, wie er allmälig kalt werde, endlich die
Stimme verloren, so lange er sprechen konnte, seine Freunde getröstet.
Mit Zustimmung der Cardinäle habe er noch seine letzten Verfügungen
getroffen, was er an beweglichen Gütern von Spanien her besessen, zum
Unterhalte der Seinigen bestimmt, jedoch nichts von den Gütern, welche
ihm als Papst zugekommen, da er Kirchengüter nicht für sie verwendet
wissen wolle [3]). Er ernannte den Cardinal Enkenvoert zum Testaments=
vollstrecker und überließ ihm die Verfügung über seine Stiftungen zu
Löwen und Utrecht [4]). In Betreff seines Begräbnisses verlangte er Fern=
haltung von Pomp und Pracht. Im Gegensatze zu anderen Berichten
erwähnt Lochorst der großen Trauer in Rom, an welcher nur die Car=
dinäle, die geizigen Kaufleute und die lügenhaften Officialen [5]), deren
gewohnter Gewinn durch die Reformation des so gerechten Papstes
gelitten, sich nicht betheiligten.

Nach dem Berichte des venetianischen Botschafters vom 25. August
waren zwei Nierensteine von dem Papste abgegangen und hatte sich ein
Apostem im Schlunde gebildet. Noch gestattete er dem Cardinal Grimani,

---

atque hominibus in ipsa quae imminebat horribili cadentis urbis ruina (1527)
immunibus barbaris corpora atque animos ad omnia exempla crudelitatis atque
ignominiae praeberemus. Paul. Jovii vita Hadriani VI. c. 16. Das war eigentlich
die beste Grabschrift auf Adrian. Der Spötter Don Francesillo de Zuñiga kann nicht
umhin, in seinem lächerlichen Schreiben an Papst Clemens VII. von den miserias
y calamidades del papa Adriano (que Dios haya) zu sprechen. p. 24.

[1]) Sive infesto esu aut potu refectus. Ap. Burm. p. 504.

[2]) Cubicularii.

[3]) Seque noluisse abuti bonis ecclesiae seu sacerdotiis ad eos ditandum
exemplum dans successoribus.

[4]) Ad pios usus et praesertim pro alimentatione pauperum affinium ac
dotibus pro salute animae suae.

[5]) Cardinales, mercatores avari et mendaces officiarii quorum solita lucra
reformatione aequissimi pastoris cessaverant et id genus hominum novarum
rerum studiosum.

der am 27. Auguſt ſtarb, ein Teſtament zu machen. Am 5. September
ſcheint die eigentliche Kriſe eingetreten zu ſein. Es geht ganz ſchlecht[1]),
lautete der Bericht. Damals begannen bereits die Unterhandlungen
wegen eines Nachfolgers. Am 8. ſchien ſein Ende nahe[2]). Als die Car=
dinäle ſich entfernten, verlor er die Sprache und man ſah in Rom ſeiner
Auflöſung entgegen. Am 10. ſei auf ſeine Bitte Enkenvoert der rothe
Hut zugeſtanden worden und habe gleich unter den gewöhnlichen Cere=
monien ſeine Aufnahme in das Cardinalscollegium ſtattgefunden. Als
dann der Botſchafter den Papſt bat, das Teſtament Grimani's zu
beſtätigen, habe er nur etwas Unverſtändliches gemurmelt, doch dem
Cardinal Piſani 300 Ducaten Penſion angewieſen. Als am 14. Sep=
tember um 10 Uhr die Krankheit ſich verſchlimmerte, habe er ſelbſt die
letzte Oelung verlangt und ſei dann in derſelben Stunde geſtorben, und
zwar in den Armen des Erzbiſchofs von Durazzo, wie Blaſius von Ceſena
meldet[3]). Marin Sanuto ſetzt hinzu, man habe bei ihm nicht mehr als
1000 Ducaten gefunden und nicht gewußt, wo die andern hingekommen,
obwohl die Meinung herrſche, er beſitze Geld. Er habe aber, was er
beſeſſen, nach Ungarn und an den Marcheſe von Mantua geſchickt. „Dieſe
Neuigkeit erſchien in Venedig ſehr ſchlimm und der Doge und alle Pregadi
trauerten über dieſen Tod. Er war ein guter Papſt, unſer Freund, und
wünſchte den Frieden[4])."

Nach dem Berichte des Herzogs von Seſſa an den Kaiſer hätten
ſich einige Cardinäle eine unerhörte Gewaltthat an dem Sterbenden
erlaubt[5]). Sie drangen mit Ungeſtüm in ihn, er ſolle ſagen, wo er ſein

---

[1]) Stava malissimo. Ms. p. 301.

[2]) Laborabat in extremis.

[3]) Sicut vixit, pacifice, morose, devote et sancte, ita obiit. Lochorst.

[4]) Storia Veneta, Ms. p. 87. Cessò al commun fato il sommo Pontifice
Adriano il quale se avesse saputo unire l'ottima sua intenzione e la sua
dottrina con l'uso degli interessi e principalmente con la cognizione di quelli
d'Italia, sarebbe stato più celebre apresso di presenti et a suoi coetanci avrebbe
lasciato maggior desiderio della sua persona. Era inclinatissimo alla republica
e se più vissuto fuesse era forsi per dargli i più distinti contrasegni del suo
amore constando (contano) come ella meditava di restituirgli in premi delle
tante bene merenze per la religione e sede apostolica le due cità di Ravenna
e Cervia usurpategli dal Pont. Giulio II. p. 88.

[5]) Many of the Cardinals committed the greatest cruelty ever heard of.
Bergenroth, n. 601. Solche Stellen ſollte man denn doch im Urtexte mittheilen.
Uebrigens iſt es ſonderbar, daß nur der kaiſerliche Botſchafter dieſes meldet und den
Venetianern von dem Scandale nichts bekannt geweſen ſein ſoll, wenn er wirklich
ſtattfand. Ebenſowenig weiß Blaſius etwas von der Sache.

Geld versteckt habe und der Herzog rechnete es sich und seinem Bruder am 16. September zum Verdienste an, noch ärgere Scenen verhindert zu haben. Tausend Ducaten seien Alles gewesen, was man gefunden habe. Die Vertheidigung Italien's gegen die Franzosen, Ungarn's gegen ihre Verbündeten, die Osmanen, war der Gedanke, welcher Adrian bis zum letzten Augenblicke beschäftigte.

Nach dem Berichte des päpstlichen Ceremonienmeisters waren außer dem Erzbischof von Durazzo (sacrista) die Cardinäle Campeggio und Enkenvoert bei dem Tode zugegen. Alle Prälaten des Palastes waren von dem Erzbischofe Sacrista herbeigerufen worden, dann kamen noch die Cardinäle Fiesco, de Monte und S. Croce[1]). Die Plombatoren wuschen sodann die Leiche, die Ceremonienmeister kleideten sie an und trugen sie hierauf in den bestimmten Saal[2]), wo sie dem Volke ausgestellt wurde. Eben dahin begaben sich die Cardinäle, als ihnen die Todes-nachricht mitgetheilt wurde. Sie verfügten über die wichtigsten Stellen eines Gubernators von Rom, eines Capitäns des Collegiums, eines Capitäns des Palastes, eines Baroncello und ernannten die Cardinäle Valle, Colonna und Orsini[3]), das Inventar aufzunehmen, für die Exequien zu sorgen, sowie den Castellan von St. Angelo zu vereiden. Schon am Mittwoch (16. September) begann der Streit wegen Frei-lassung des Cardinals von Volterra. Dem Großmeister von Rhodus wurde (18. September) ein Platz im Cardinalscollegium eingeräumt; es wurde beschlossen, so lange die Exequien dauerten, täglich 500 Pfund Wachs zu verwenden, und der Streit wegen Volterra's endlich am 20. dahin entschieden, daß er am letzten Tage der Exequien vollständig befreit, bis dahin aber noch im Castelle verweilen solle. Die Cardinäle de Monte, Colonna und Orsini kündigten ihm schon am 21. September seine bedingte Befreiung an[4]); sie hatten sich dadurch hinlänglich als Gegner des Car-dinals von Medici und als Franzosenfreunde bethätigt.

Nach Deutschland drang die Kunde, der Papst habe die Cardinäle zur Frömmigkeit und zum Festhalten an Kaiser Karl V. ermahnt[5]). Diese Nachricht ist insofern die wahrscheinlichste, da sie mit seinem Cha-rakter, mit seiner Liebe zum Kaiser, mit dem Inhalte seines ganzen Lebens

---

[1]) Qui multa verba fecerunt. Das Todtengericht begann somit unmittelbar an der Leiche selbst.

[2]) In aula paramenti.

[3]) De Monte wurde noch als vierter beigefügt.

[4]) Blasius.

[5]) Kilian Leib ad 1523.

übereinſtimmut. Wir wiſſen aber aus einer viel näher liegenden und ganz zuverläſſigen Quelle, daß es der Wunſch des Sterbenden war, den Car= dinälen, die er an ſein Bett berufen, ſeinen letzten Willen zu eröffnen, ſich mit ihnen über die Nöthen der Kirche zu benehmen und ihnen ſeine letzten Ermahnungen zu ertheilen. Die Kräfte des Sterbenden reichten aber dazu nicht aus. Er ſtarb, ehe er den höchſten Wunſch in Ausfüh= rung zu bringen vermochte[1]), der Welt und Rom den Frieden zu geben.

Deutſchland und Frankreich, Italien und Spanien, die Osmanen und die chriſtlichen Fürſten und Völker hatten dafür geſorgt[2]), daß der Papſt den Kelch der Trübſal mit der Heſe leere. Gut war es, daß ſein ganzes Leben eine ununterbrochene Vorbereitung für den Tod geweſen, der ihn von der Qual des Daſeins befreite. Er ſtarb, 64 Jahre alt, an dem Tage, an welchem das franzöſiſche Heer ungehindert den Teſſin überſchritt[3]), am 14. September 1523 um Ein Uhr Abends, nachdem er das Beſte gewollt, das Mögliche erſtrebt, den allgemeinen Ruin nach Kräften auf= gehalten, die römiſche Welt zu ihren Pflichten zurückzuführen verſucht, ruhig und ſanft, wie er gelebt, wenig betrauert, bald vergeſſen. Die Wogen der Parteiung ſchlugen raſch über ſein Andenken zuſammen und begruben daſſelbe in der Noth des Krieges und den Wirren des kirchlichen Abfalles. Sein Tod war längſt in die politiſchen Combina= tionen aufgenommen worden. Er berührte diejenigen nicht, welche die Providenz zu ſpielen unternahmen. Er war für ſie nur ein Wetterſchlag, den raſch ein anderer verdrängte.

---

[1]) Qui (morbus) quum admirabili quadam nec .satis intellecta alternandi ratione, nunc auctu nunc decremento variaret, tandem sanctus senex die quo aegrotare cepisset quadragesimo primo spiritum Deo omnipotenti reddidit. Antea tamen quum jam deficientibus animi et corporis viribus debilitatior fieri inci- peret, scitis ipsi Patres amplissimi quam paterna et benigne vos coram accerssitis de voluntate sua novissima deque reliquis ecclesiae necessitatibus alloqui admo- nereque desideraverit. Quod quum (extremis jam urgentibus) perficere nequiverit, par piumque est bonum propositum preclaris ex operibus non inferius ducere. Begerius.

[2]) Begerius ſagt ausdrücklich, daß der Schmerz, welchen ihm das Scheitern der Friedensunterhandlungen bereitete, den Anlaß zu ſeinem frühen Tode gab. Sic (ſeine Nuntien zu den Fürſten) quum parum proficerent, usque adeo percussus animo conflictatusque est, ut non minima causa letiferi morbi ex quo post- modum obiit, ex eo mentis dolore nata credatur. Begerius rechnet den 5. Auguſt als Tag der Erkrankung, welche nach 41 Tagen der Tod beendete.

[3]) Der Doge theilt M. Foscari mit, daß dies am 14. September geſchah.

Schluß.

Rom befand sich in den Händen der Spanier. Um Unruhen vor= zubeugen, hatte Ferdinand de Silva, Capitän der Leibwache, einige Unterthanen des Herzogs von Camerino, der zur französischen Partei gehörte, im Castell festsetzen lassen. Spanier umgaben die Leiche Adrian's, als sie in Pontificalgewändern in den zweiten Hof des Palastes gebracht und dort vor Allen ausgestellt wurde, Don Fernando de Silva, Don Bartolomeo Cueva, Sohn des Herzogs von Albuquerque und später Cardinal, Don Pietro Pacieco, Sohn des Don Alfonso Tellez, Grafen von Puebla de Montalvan, später Cardinal, Don Roderigo Mendoza, später Bischof von Salamanca. Schon am 14. in der Nacht war die Leiche in aller Stille in die Capelle des Palastes gebracht und dort bewacht worden, am 15. September wurde sie feierlich nach St. Peter ge= tragen, dort die Messe gelesen und nach Beendigung der Exequien bis Abends in der Basilica gelassen. Man beobachtete eine alte Sitte, der zufolge die römischen Matronen an diesem Tage sich ohne Erlaubniß ihrer Männer und ohne Rücksicht auf jene Tage, welche im Ehecontracte bestimmt wurden, daß sie an ihnen ausgehen konnten, nach St. Peter begeben durften, den Fuß des Papstes zu küssen. In der Nacht wurde sodann die Leiche in die Capelle der Domherren von St. Peter getragen; da sie aber bereits so aufgedunsen war[1]), daß sie an Alexander VI. erinnerte, der angeblich an Gift gestorben war, so wurde von dem Capelldirector laut behauptet, Adrian sei an Gift gestorben. Sogleich ent= stand ein heftiger Streit, da die Spanier den Niederländern vorwarfen, sie hätten nicht die gehörige Sorgfalt geübt, Franzosen statt Spanier in der Küche zugelassen, sie seien Schuld am Tode des Papstes, eine Ver= muthung, welche durch die Vergiftung Prospero Colonna's noch vermehrt wurde und die endlich zur Secirung des Cadavers führte. Vom 20. Sep= tember an fanden die feierlichen Exequien statt[2]) und lasen die Cardinäle abwechselnd die Todtenmessen.

Neun Tage nach einander, nur der Sonntag war ausgenommen, wurden die Exequien fortgesetzt. Bereits drangen die Bauern der Cam= pagna in die Stadt, um, wie sie hofften, an Kampf und Plünderung Theil zu nehmen. Die Conclavisten hatten in ihrer Weise damit begonnen, als sie von den Cardinälen, was sich in den Zimmern Adrian's befand,

---

[1]) Cum vivens esset aspectu pulcherrimus. Itin.
[2]) Anfänglich sine aliquo bono praeparamento, sine cera, vix Cardinales habuerunt ceram, in castro doloris parum. Blasius.

für sich in Anspruch nahmen. Das Conclave hatte bereits begonnen und
noch immer war davon die Rede[1]). Vor Allem aber gab das Conclave selbst
Anlaß zu Streit. Die französischen Cardinäle beeilten sich zu kommen,
die deutschen blieben wie gewöhnlich aus. Der kaiserliche Botschafter
verlangte, daß die Cardinäle das Conclave sogleich bezögen, der französische drang darauf, daß man die Ankunft der französischen Cardinäle
abwarte. Zehn Tage verstrichen so, man mußte sich beeilen, die Vorbereitungen zu treffen. Am 1. October wurde die heilige Geistmesse zum
Eintritte in das Conclave gelesen. Es bezeichnete die eingetretene Veränderung, daß der Cardinal von Volterra, aus der Engelsburg entlassen, sie hielt.

Da der Papst für sich so viel als nichts gebraucht, hoffte man
großen Schätzen auf die Spur zu kommen, namentlich glaubte man diese
im Allerheiligsten zu finden, wie man ein Gemach in der torre Borgia
nannte, zu welchem Adrian den Schlüssel beständig bei sich trug und das
Niemand betreten durfte. Albergato erwähnt in seinen Commentarien
weitläufig, daß der Cardinal Armellino als Cardinal-Camerlengo sich
dahin begab, die Thüren aufbrechen ließ und sich in den Besitz der sorgfältig verwahrten Kostbarkeiten setzte. Man fand zwei Tiaren, einige
Kelche, mehrere silberne Gefäße ohne größeren Werth, endlich einen eigenen
Kasten[2]), den der Camerlengo öffnen ließ. Hier hoffte man endlich die
Schätze zu finden, die der Geizhals, der Heuchler und wie sonst Albergato
den verhaßten Barbaren zu bezeichnen liebte, im Geheimen zusammen-
gescharrt hatte. Man fand — Adrian's Correspondenz, die uns leider
verloren ging, einige Gemmen, zwölf Ringe aus dem Nachlasse Papst
Leo's X., eine indische Goldstufe, die er aus Spanien mitgebracht und
2000 Ducaten. Hocherzürnt über diese unangenehme Täuschung, befrug
man „die Familie des Papstes". Die Diener antworteten, sie wüßten
nur von 800 Ducaten und diese befänden sich bereits in den Händen
der Cardinalscommission. Jetzt mußte Wilhelm Enkenvoert Geldsummen
unterschlagen haben, was nur in der Vorstellung derer möglich war, die
da meinten, Adrian habe für sich gesammelt und für sich gespart[3]). Wir
wissen, daß die Cardinäle am 2. October den Beschluß faßten, das Silberzeug Adrian's zu verpfänden und mit der Pfandsumme die Schweizer-
wache zu bezahlen[4]). Allein Adrian, der es aus Spanien mitgebracht,

---

[1]) Blasius.

[2]) Ex his quae Neapoli adducuntur.

[3]) Cod. Lat. Monac. 151, f. 352.

[4]) Et quae fuerunt auditoris Trivaltii (Trivultii). Blasius.

schätzte es selbst nicht sehr hoch, als er während des Aufstandes der Comunidades auf dem Punkte stand, all' das Seine zu verlieren und aus Valladolid heimlich entrann, ohne mehr mitzunehmen als was er auf dem Leibe trug. Statt aber die Widersacher zu versöhnen, steigerte der Aerger über die Enttäuschung nur den Zorn der Unversöhnlichen. Die Römer konnten wohl die Freude über den Tod des Papstes, der dem Abfalle Deutschland's Grenzen gezogen, die Bewegung, welche Alles zu bewältigen drohte, aufgehalten, den Franzosen den Zugang zu Italien zu verschließen sich bemüht, Luther's Freunden und König Franz von Frankreich überlassen. Sie schmückten die Hausthüre des päpstlichen Leib= arztes mit Lorbeerkränzen und begrüßten ihn, der das Leben des Papstes nicht zu retten vermocht, als Befreier des Vaterlandes!

Wann war die sogenannte öffentliche Meinung nicht eine feile Metze? Am 10. October trafen in Pampeluna in Navarra, wohin sich Kaiser Karl begeben, dem Einbruche seiner Armee in Frankreich näher zu sein, zugleich die Nachrichten von dem Tode Adrian's, von der Ueberschreitung des Tessin von Seite der Franzosen, von dem Rückzuge Prospero Co= lonna's ein. Der dreiundzwanzigjährige Fürst, welcher kurz vorher seine Schwester, die Königin=Witwe Leonore von Portugal, nach Tordesillas und Valladolid geleitet, war das Muster eines kühnen Reiters geworden[1]. Er galt im saracenischen Wettkampfe wie im eigentlichen Turniere als der gewandteste und tüchtigste Kämpfer, er griff im Stiergefechte selbst die wüthenden Thiere an. Gerade damals unterhielt er ein Liebes= verhältniß mit der Mutter der Margarethe von Oesterreich, die im Sommer 1523 zu Valladolid geboren wurde[2]. Er dachte damals an den Sturz des Königs Franz durch den Abfall des Herzogs von Bour= bon, an die Theilung Frankreich's und die Erhebung des Herzogs sei es zum Könige des noch übrigen, sei es der Provence allein. Der Tod des Papstes kam ungelegen, insoferne er diese Pläne störte, gelegen, insoferne man glauben konnte, daß sie durch seinen Nachfolger, wozu kaiserlicherseits der Cardinal von Medici erlesen war, gefördert werden würden. Da er aber nichts weniger denn unerwartet kam, änderte er an den zu ergreifenden Verfügungen wenig oder gar nichts; er erweckte am kaiserlichen Hofe, wo das politische Interesse allein maßgebend war, kaum vorübergehendes Bedauern[3]. Nach wenigen Jahren freilich hatte man Ursache anders zu denken.

---

[1] Casp. Contarini an die Signoria. Valladolid 7. Juli 1523. Calendar III, n 702.

[2] Calendar, III, p. 320, Note X.

[3] Am deutlichsten sieht man dieses in den Commentaires de Charles V.

Am 25. September ließ noch König Heinrich durch Patente ver=
künden, daß er und der Papst zu Conſervatoren des Bündniſſes vom
29. Juli erhoben worden ſeien. Die Nachricht vom Tode Adrian's
war früher nach England als nach ' Pampeluna gelangt. Sie durch=
kreuzte am meiſten die Pläne Wolſey's, welcher bereits angefangen
hatte, Kaiſer Karl für doppelzüngig zu halten, und nun ſich überzeugen
konnte, daß jene günſtige Stimmung für ſeine Papſtwahl nicht mehr vor=
handen ſei, die er 1521/22 vorausgeſetzt und die ihn noch 1523 zur
Sendung des Lord=Biſchofs von Bath und Wales vermocht hatte. „Gott
ſegne ſeine (Adrian's) Seele, ſchrieb am 14. September der Biſchof an
ſeinen Protector (Wolſey), und gebe ihm einen Nachfolger, wie wir ihn
wünſchen [1]." Er hatte bereits bei Lebzeiten Adrian's die Cardinäle Medici,
SS. Quatro und Campeggio, welchen im Cardinalscollegium die Ent=
ſcheidung zuzukommen ſchien, wegen Wolſey's Wahl ſondirt, mußte ihm
aber ſchreiben, daß nur, wenn Medici oder Farneſe es nicht würden, eine
Ausſicht für den abweſenden Cardinal von York vorhanden ſei. Ja,
wenn er in Rom anweſend wäre, ſchrieb er ihm, die Pille zu verſüßen,
dann würden der ganze römiſche Hof und alle Cardinäle in ſeiner Wahl
übereinſtimmen! Man mißbillige die Wahl eines Abweſenden, da die
Furcht vor einer Verlegung des römiſchen Stuhles aus Italien hinweg
vorhanden ſei. Wenn Wolſey ſich nicht durch Eigenliebe blenden ließ,
ſo mußte er ſich bei dem Empfange der Todesnachricht ſagen, daß für
ihn ſehr wenig Ausſicht vorhanden ſei, in Rom gewählt zu werden.
Dennoch gab er die Hoffnung nicht auf. Als er am 30. September die
Depeſche vom 14. erhielt, ſchrieb er an König Heinrich, nur ſeine Ab=
weſenheit in Rom verhindere bisher ſeine Wahl [2]. Er glaube aber nicht,
daß die Cardinäle ſich in der Wahl eines Abweſenden vereinigen würden
und ſo ſehr er ſelbſt im Dienſte des Königs zu bleiben wünſche [3], ſo
werde er doch in Erinnerung an die früher (1521) ausgeſprochenen
Wünſche des Königs in Betreff ſeiner Beförderung ſolche Juſtructionen
erlaſſen, als ſie in jüngſter Zeit Richard Pace übergeben worden waren,
der ſich damals in Rom befand. Seine Hoffnungen waren auch diesmal
eitel. Seine Selbſttäuſchung überſchritt jedes Maß.

Während von Seiten der venetianiſchen Republik Andrea Navagero
und Lorenzo Priuli an den Kaiſer, Carlo Contarini an den Erzherzog=
Infanten, M. Anton Venier an den Herzog von Mailand geſchickt

---

[1] Brewer, n. 3331.

[2] Brewer, n. 3372.

[3] Than be ten popes.

wurden, den Friedensvertrag zu ratificiren, empfing der König von Frankreich die Nachricht vom Abschlusse des Vertrages von Venedig in Lyon. „Ich kümmere mich um diese elenden Kaufleute nicht [1]), rief er aus; sie halten nie Treue und werden sie in gleicher Weise, wie sie sie mir gebrochen, auch dem Kaiser brechen." Man trug von Seite der Kaiserlichen Sorge, daß die Venetianer erführen, wie König Franz bei Lebzeiten Kaiser Maximilian's und dann noch zu Montpellier es betrieben, sich in den Besitz von Savoyen, Brescia, Bergamo und Crema — des Königthums der Lombarden zu setzen. Der König aber erklärte, er wolle lieber seine Krone einbüßen, als den ihm widerfahrenen Schimpf ungerächt lassen. Er nahm Geld auf, belastete den Clerus mit einem Zehenten, forderte die Schweizer auf, wenn er in Piemont einrücke, sich mit ihm zu vereinigen. Seine Anhänger in Italien [2]) — er zählte auch deren in Venedig viele — begannen sich zu rühren. Leone Graf von Carpi bemächtigte sich des gleichnamigen Castells, Galeazzo Birago des Castells von Valenza, und als nun Wilhelm Gaufer, Admiral von Frankreich, rasch nach Italien zog, den Tessin überschritt, der Tod Adrian's erfolgte, konnte König Franz bereits auf eine Schwenkung der Venetianer zu seinen Gunsten rechnen. In sechs Tagen war die Todesnachricht von Rom nach Lyon gekommen [3]). König Franz theilte sie dem venetianischen Botschafter mit den Worten mit: „Jetzt werde ich nach Italien ziehen."

Doch veränderte sich sehr bald die Lage der Dinge, als der Abfall Bourbons erfolgte [4]), die Engländer in die Picardie, die Spanier vor Bayonne rückten und nur der Verrath der deutschen Hauptleute in Burgund, welche Karl von Bourbon verließen, Ursache ward, daß dieser nicht König Franz stürzte und selbst König wurde [5]). Schon im September wollte der Herzog von Savoyen zwischen König Franz und dem Kaiser vermitteln; er wurde jedoch von dem Kaiser dahin beschieden, er sei Unterthan des Reiches und habe nicht zum Nachtheile seines Herrn neutral zu bleiben [6]). Anfangs October ließ König Franz durch den päpstlichen Nuntius, Erzbischof von Bari, dem Kaiser Friedensanerbietungen machen.

---

[1]) Questi villani mercadanti. Gasp. Contarini an die Signoria, von Burgos 12. September. Calendar, III, n. 751.

[2]) Molini, I, p. 106. Archivio stor. App. IX. Bergenroth, p. 571.

[3]) Calendar, III, n. 756. Depesche Badoer's vom 21. September.

[4]) Der König behauptete, mit Vorwissen Adrian's, was sehr zweifelhaft ist.

[5]) Brief aus Innsbruck bei Sanuto. 29. November. Calendar, III, n. 777.

[6]) Gasp. Contarini an die Signoria. 12. September 1523. Calendar, III, n. 751.

Er wollte seine Ansprüche auf Neapel und Mailand aufgeben, wenn Karl seine Tochter heirate[1]). Der Erzbischof kam am 16. October von Lyon nach Pampeluna. Da aber der Plan offen war, die Verbindung des Kaisers mit Venedig und England zu lösen und der Kaiser noch durch seine Beziehungen zu dem Herzoge von Bourbon große Vortheile zu er= reichen hoffte, ließ Kaiser Karl einfach die französischen Anerbietungen zur Kenntniß König Heinrich's bringen[2]).

Man hoffte in Rom, jetzt würden die Wissenschaften, welche vor der Barbarei die Flucht ergriffen, wieder hergestellt werden[3]). In Deutsch= land dachte der eine Theil nur an vollständige Zerstörung dessen, was man bisher für heilig erachtete; der andere, mit der Erhaltung und Besserung der kirchlichen Einrichtungen beschäftigt, war hierdurch, wie durch die Gefahr vor den Türken[4]), zu sehr von der Gegenwart ein= genommen, als daß der Tod des deutschen Papstes, der seine Reformen nur begonnen, aber nicht vollendet hatte, tiefer empfunden worden wäre. Man fühlte die Lücke, welche der Tod gerissen, aber die Ereignisse über= stürzten sich so, daß nur die edleren und ruhigen Naturen wirklich den schweren Verlust erkannten. Der Menge entging er. Es kamen die giftigen Aeußerungen Luther's dazu, das Andenken eines der redlichsten deutschen Männer in Deutschland selbst in rasche Vergessenheit zu bringen.

Vieles trug bei, die Erinnerung an Adrian's hohe Tugenden auch in den Gemüthern frühe auszulöschen, welche von ihm eine bessere Wendung der Dinge erwartet hatten. Diese selbst zeigte sich ja nur wie eine goldenschimmernde Wolke, um rasch einer dunkeln Platz zu machen. Adrian's Kränklichkeit machte seit Langem Alle, die ihre Hoffnungen auf ihn gerichtet, mit dem Gedanken vertraut, daß sein Wirken nur von kurzem Bestande sei; Andere hatten bereits begonnen, ihre Blicke nach der neu aufgehenden Sonne zu richten, ehe noch das Licht des Tages völlig erloschen war. In Rom war er in den vornehmen Kreisen nie beliebt gewesen. Er hatte den Grazien nie geopfert. Ihm fehlte die Leutseligkeit. Ein mürrischer Zug in seinem Charakter ließ keine An= näherung zu. Die niederen Classen erfreuten sich an dem Gedanken, die lustigen Tage Papst Leo's wiederkehren zu sehen und der lästigen Zucht

---

[1]) Depeschen aus Rom vom 14. October. Sanuto.

[2]) November 1522. Calendar, III, n. 768, 777.

[3]) Negro.

[4]) Bereits beschäftigte sich der Großwessir mit den religiösen Vorgängen in Deutschland (Juli 1523). Sanuto.

„des Schulmeiſters" entronnen zu ſein. Den Fürſten war zu allen Zeiten ein Mahner und Warner läſtig. Die Menge theilt den Inſtinct der Athener, welche den gerechten Ariſtides haßten. Der Krieg in Italien, die Niederwerfung des Adelsaufſtandes in Deutſchland, die geheimen Um= triebe, welche erſt bei dem plötzlich auflodernden Bauernkriege (1525) klar wurden, drängten alles Andere in den Hintergrund. Zu keiner Zeit iſt das Gedächtniß des Erlebten ſchwankender und kürzer, als wenn eine alte Ordnung aus den Fugen geht und Ungeahntes, ja für unmöglich Erachtetes zur erſchreckenden Wirklichkeit wird. Dazu kam, daß Adrian keine Cardinalspromotion vorgenommen hatte, ſomit (mit Ausnahme Wil= helm Enkenvoert's) der Verſtorbene keine Partei im Cardinalscollegium hinterließ, ſeine Freunde und Anhänger überhaupt in Rom keinen Boden beſaßen. Das Schlimmſte aber, was in Bezug auf Adrian's Feſtſtellung als geſchichtliche Perſönlichkeit, um wenigſtens der Nachwelt ein treues Bild zu ſichern, geſchehen konnte, trat ein, als ſein früherer Secretär, dann Datar, Dietrich Hezius, eigentlich Heſius aus Heeſe bei Eindhoven, Rom verließ, ſich nach Lüttich begab und, da er dem undankbaren Rom nicht Adrian's Gebeine entziehen konnte, wenigſtens alle Schriften, die ſich auf ſein Pontificat bezogen, mit fort nahm[1]). Er ſchadete dadurch Adrian in ganz entſetzlicher Weiſe.

Vergeblich ſuchte Papſt Clemens VII., der ſeine Treue und Redlichkeit kennen gelernt hatte, Hezius zu vermögen, nach Rom zurückzukehren; er bot ihm das Cardinalat an, das ihm Adrian zugedacht hatte. Hezius verſchmähte alle Ehren und Würden; er dachte nur mehr, ſich von allem Contacte mit der Welt zurückzuziehen und beabſichtigte, eher ſich an die armen Begleiter Ignatius' von Loyola anzuſchließen, als ſich mit dem Purpur der Cardinäle zu ſchmücken, deren Treiben er in nächſter Nähe zu beobachten Gelegenheit hatte. Dadurch entgingen aber nicht blos dem vaticaniſchen Archive, dieſer in der Welt einzig daſtehenden Sammlung, die Regeſten Adrian's, ſondern der Geſchichte überhaupt die nähere Kenntniß ſeiner Wirkſamkeit. Die geſchichtliche Forſchung mußte ſich mit oberfläch= lichen Begebenheiten begnügen und der fleißigſte Forſcher, der ſich mit Adrian's Geſchichte beſchäftigt, Reuſens, brachte es nicht auf dreißig Ur= kunden, abgeſehen von der jedoch unvollſtändigen Correſpondenz Adrian's mit Kaiſer Karl, die Gachard herausgegeben. Es riß dadurch der Faden des hiſtoriſchen Zuſammenhanges und ward, als dieſe Schriften nach

---

[1]) Abstulit hinc secum ejus Pontificatus scripturas omnes, klagte Papſt Gregor XIII. Breve vom 12. Februar 1575.

v. Höfler: Adrian VI. 35

Hezius' Tode (am 10. Mai 1555) [1]) sich nicht mehr vorfanden, der Nachwelt selbst die Möglichkeit entzogen, sich ein richtiges Urtheil über Adrian's Wirksamkeit zu bilden, geschweige einen Ueberblick seiner ausgedehnten, so viele Länder umfassenden Thätigkeit zu gewinnen. Da konnte ihn freilich Pallavicini in seiner Geschichte des Concils von Trient darstellen als einen Stubengelehrten, der den römischen Stuhl nur compromittirte. Der päpstliche Annalist Raynaldo publicirte von ihm nur sechs Briefe, das Bullarium magnum nur fünf Breven. Burmann's fleißige Sammlung vermochte an Briefen nur wenig zu Tage zu fördern. So ist es gekommen, daß beinahe 400 Jahre lang das Bild Adrian's keine greifbare historisch-sichere Gestaltung annehmen konnte.

Der neue Cardinal von Tortosa, Wilhelm Enkenvoert, welcher schon unter Julius II. und Leo X. die Stellen eines scriptor cubicularius und scriptor apostolicus bekleidet hatte, blieb in Rom, wo er am 20. Juli 1534 starb [2]). Er war es, der seinem verstorbenen Freunde und Gönner Adrian das prachtvolle Grabmal in der deutschen Kirche der Anima mit dem Aufwande von 1000 Ducaten [3]) errichten ließ. Es zeigt den Papst lebensgroß, in liegender Stellung auf dem Sarkophage ruhend, über ihm in der Nische die jungfräuliche Mutter mit dem Kinde, Petrus und Paulus zur Seite, unterhalb das Reliefbild seines feierlichen Einzugs in Rom, seitwärts übereinander in vier Geschossen erst rechts und links die Cardinaltugenden, über diesen die Religion und die Frömmigkeit, das Ganze in Form eines Altars, den auf seinem Giebel vier Candelaber mit einer weiblichen Figur — eine Mutter, die einem Kinde einen Vogel zeigt — schmücken; zwischen ihnen vier Medaillons, das äußerste mit dem Wappen Adrian's, umschattet von päpstlichen Emblemen und mit der Inschrift Parmae dominus, das nächste mit dem Brustbilde Adrian's, das dritte mit dem Symbole des heiligen Geistes, der auf zwei Mitren (Tortosa und Rom), Bücherrollen und den päpstlichen Schlüsseln ruht; das vierte endlich, das richtige Symbol der Thätigkeit des Papstes, ein emporstrebender, aber nicht vollendeter Quadernbau mit

---

[1]) Die Grabschrift des echten Schülers Thomas von Kempen's sagt (de Ram, notice p. 13):

> Qui cum magnus erat et major evadere posset
> Cunctis posthabitis maluit esse latens.

Offenbar muß es heißen: magnus erat majorque evadere.

[2]) Blasius erwähnt, daß am 5. August der Gottesdienst für ihn in der Anima gehalten wurde.

[3]) Nach Lochhorst.

der Umschrift: ut ipse finiam. Das zweite Geschoß wird vom ersten durch eine Inschrift getrennt, die quer durch das Ganze unter dem Sarkophage sich hindurchzieht und besagt, wie schmerzlich es sei, daß Alles davon abhänge, in welche Zeiten die Tugend des besten Mannes falle[1]). Die Basis des Ganzen schmückt rechts und links das Wappen Enkenvoert's, in der Mitte die Inschrift, welche ankündet, daß der Cardinal von St. Johann und Paul das Grabmal Adrian setzen ließ, welcher, während er selbst dem Glanze menschlicher Dinge am meisten widerstrebte, wegen seiner unvergleichlichen Kenntniß der heiligen Wissenschaften und einer beinahe göttlichen Bewahrung der Keuschheit zum Lehrer Kaiser Karl's berufen, Bischof von Tortosa, Cardinal, Regent von Spanien, endlich Papst geworden sei, als welcher er starb[2]). Eine Indulgenz wurde für diejenigen erlangt, die am Jahrestage seiner Grablegung bestimmte Gebete an seinem Grabe verrichten würden. Mit Recht hatte, als er anfänglich in der St. Peterskirche zwischen den Gräbern der beiden Piccolomini[3]), Pius' II. und Pius' III., seine Grabstätte gefunden, eine Inschrift von ihm gesagt, er habe in seinem Leben nichts für unglücklicher erachtet, als zu herrschen.

Am letzten Tage der Exequien hielt Konrad Vegerius[4]), der mehr als 15 Jahre zu den Clerikern des Papstes gehörte, nach dem Wunsche seiner Angehörigen die Trauerrede, welche sich aber weder nach Form noch nach Inhalt über die Mittelmäßigkeit erschwang. War es der Anblick der Cardinäle, welche des Verstorbenen Gegner gewesen, war es die Rückwirkung der Stimmung in Rom, war es die Unbeholfenheit des Redners, der sich darauf beschränkte, zu beweisen, daß Adrian den guten Päpsten mit Fug und Recht beizuzählen sei[5]); der Aufschwung des Redners erschien gelähmt. Die Italiener, Bianesio Albergato an der Spitze, hatten Lust, Adrian den schlechtesten Päpsten beizuzählen[6]).

Erbe der großen Rechte und Ansprüche, die seine Vorgänger erworben, bemüht, den Kirchenstaat in jener Ausdehnung zu erhalten, die die Rechts= ansprüche gewährten, und andererseits bereit, den Venetianern jene Gebiete abzutreten, die ihnen Julius II. abgenommen, um sie für Aufrechthaltung

---

[1]) Proh dolor, quantum refert in quae tempora vel optimi cujuscunque virtus incidat.
[2]) Ap. Burmannum. App. 80.
[3]) Moringus, c. 80.
[4]) Vecerius. Obsecutus petenti familiae. War dieses eine Entschuldigung?
[5]) Ut in albo bonorum Pontificum censeri meritissime possit.
[6]) Es erging ihm hierbei nur, wie es Leo X. ergangen.

35*

des Friedens in Italien zu gewinnen, und ebenso bestrebt, den Krieg zwischen dem französischen Könige und dem Kaiser hintanzuhalten, war Adrian's Thätigkeit vor Allem nach dem glorreichen Ziele gerichtet, die Einheit der höchsten weltlichen und geistlichen Gewalten zu wahren. Nicht im Streite der beiden Welten, der lange genug die deutsche Geschichte zerrüttet und sie aus ihrer natürlichen Entwickelung herausgeschleudert hatte, sondern in ihrer gegenseitigen Durchdringung zur Förderung gemein= samer Endzwecke und höherer Ziele schien ihm, wie so vielen Päpsten früherer Zeiten, das Heil und die Bedingung des Besserwerdens zu ruhen. Als sein Nachfolger, der Cardinal von Medici, Clemens VII., die Politik der Versöhnung und des Friedens in unseliger Stunde verließ und sich von dem Kaiser wegwendend an König Franz anschloß, erfolgte, nachdem König Franz bereits geschlagen und gefangen worden, die entsetzliche Katastrophe des römischen Stuhles, der sacco di Roma, die Einnahme und Plünderung Roms (Mai 1527) durch die kaiserlichen Truppen. Sieben Jahre später von einer lebensgefährlichen Krankheit wie durch ein Wunder geheilt und doch den Tod im Herzen tragend, befahl Papst Clemens VII. dem Cardinal von S. Croce, am Gedächtnißtage des Todes Adrian's eine Messe in der päpstlichen Capelle zu lesen (14. Sep= tember 1534)[1]. Ihr wohnten alle Cardinäle bei. Sie hatten Zeit gehabt, zu erwägen in eilf traurigen Jahren, welche Politik besser gewesen, die der Entsagung und Selbstverleugnung, welche Adrian geübt, oder die des unmittelbaren Eingreifens in die politischen Verhältnisse, welche Clemens VII. so großes Wehe bereitet hatte. Der letzte mediceische Papst starb schon 12 Tage nach dieser Sühnung (26. September 1534). Hatte ihn eine Ahnung des eigenen Todes beschlichen, als er den Todestag seines Vorgängers begehen ließ, der seine historische Stellung zwischen zwei Mediceern gefunden, wie seine Grabesstätte zwischen den beiden Pius? Die Worte Giovio's, daß die Katastrophe durch die Barbaren, das Gericht Gottes hereinbrechen werde, wenn man den evangelischen Rath des Fremden (barbaro) verschmähe, waren in entsetzlicher Weise zur Wahrheit geworden; Adrian hatte schon 1527 eine furchtbare Rechtfertigung seines verkannten Strebens erlangt.

Es ist nicht denkbar, daß Adrian bereits die volle Kenntniß jenes unwürdigen Intriguenspieles besaß, dessen Ziel er selbst gewesen war,

---

[1] Letzte Nachricht des Blasius im CLM. 144. Bernardino de Carvajal, obispo que fuera primero de Astorga, despues de Badajoz, de Cartagena, de Siguenza y de Plasencia, aber auch nach, Adrian's Tode nicht Papst, war nach Juan de Mariana schon am 16. December 1523 gestorben.

des Bestechungssystems, das auf seine Umgebung angewendet wurde, des Verrathes, der hier stattfand, sowie des ganzen Umfanges der Verleumdung, welche ihn zu ihrem Opfer erkor. Als er die spanischen Pagen in ihr Vaterland zurückgeschickt, wurde erst ausgesprengt, daß er es mit Weibern halte[1]), eine Verleumdung so unsinniger Art, daß man Anstand nimmt, sie auch nur in dieser Form zu erwähnen. Man begreift aber, warum Enkenvoert in der Grabschrift Adrian's Keuschheit besonders betonte. Römer und Deutsche hatten, so sehr ihre Anschauungen sonst auseinander gingen, sich in Feindseligkeit gegen ihn vereinigt. Er selbst fühlte das wohl und beklagte daher in vertrauten Gesprächen mit Enkenvoert und Hezius das Unglück der Päpste, welchen selbst bei dem besten Willen die Möglichkeit fehle, das Rechte zu thun. Niemals ließ ihn der quälende Gedanke zur Ruhe kommen, daß er nicht, wie er wollte, die Reform Roms selbst, ehe er Hand anlegte an die Beseitigung des deutschen Schismas, zu vollenden im Stande war; daß er den Deutschen, welche von der feindlichsten Gesinnung ausgehend, Thaten verlangten und nicht Worte, mit Versprechungen entgegentreten mußte, Treue und Glauben von ihnen zu verlangen gezwungen war, statt auf das Werk hinzuweisen, das als vollendete Thatsache für sich selbst gesprochen hätte. Vielleicht wäre es besser gewesen, wenn er dem Cardinalscollegium von Anfang an weniger schroff entgegengetreten wäre. Aber einmal hatte dieses selbst sich eine Stellung angemaßt, die zerstört werden mußte, wenn irgend ein Heil entstehen sollte, und war eben bei Adrian der Gedanke vorherrschend, selbst nach Deutschland zu gehen, dort aber nicht mit leeren Händen zu erscheinen, sondern den Deutschen zu beweisen, daß ihre Klagen gegen Rom aufgehört hätten, eine Berechtigung zu besitzen.

Die Zerwürfnisse mit dem französischen Könige stellten dann seinem Plane, nach Deutschland zu gehen, unbesiegbare Schwierigkeiten entgegen, nicht aber der Absicht, den Glanz des Pontificates mit apostolischer

---

[1]) Don Francesillo de Zuñiga, welcher mit seiner bösen Zunge Niemanden verschonte und eben deshalb seinen Tod durch Meuchelmord fand, verfaßte auch eine Anzahl burlesker Briefe voll Schnurren und lächerlichem Unsinn. In einem von diesen, an die señora emperatriz, erzählt er ein Abenteuer der aja des Prinzen Philipp, doña Inés de Manrique, mit dem licenciado Santiago, der von sich sage, er sei hijo bastardo del Papa Adriano que Dios haya que lo hobo en la condesa de Concentaina. Man kann sich denken, welches Gelächter diese Schnurre verursachte. Wahrscheinlich war die genannte Gräfin eine Dame, auf welche so etwas am wenigsten paßte, weshalb auch das Lachen doppelt begründet war; Zuñiga verlegte sich darauf, das Unwahrscheinlichste als ganz beglaubigt hinzustellen.

Armuth zu vertauschen, an der Reform der Kirche unablässig zu
arbeiten[1]). Als sich später Papst Marcellus II. (1555) der Lage Adrian's
erinnerte und sie mit der eigenen verglich, überwältigte ihn das Gefühl
der Verlassenheit und Verantwortlichkeit so sehr, daß er verzweifelnd in
die Worte ausbrach: „Ich weiß nicht, wie Jemand selig werden kann,
der diese erhabene Stelle inne hat." Es war im vollsten Sinne Adrian's,
wenn seine erste Grabschrift dahin lautete, er habe nichts für unglücklicher
erachtet, als zur Herrschaft gelangt zu sein; und doch meinte Erasmus,
wenn es ihm vergönnt gewesen wäre, zehn Jahre zu regieren, er hätte
Rom gebessert. Die Kürze seines Pontificates hat denn auch wesentlich
den Sieg der Glaubensspaltung gefördert. Wenn ferner der Tadel sich
laut machte, er habe öfter zu große Nachsicht geübt, so steht dieser
Vorwurf mit dem Anderer, er sei unbegrenzt hart gewesen, in grellem
Widerspruche. Moringus, der ersteres beklagt, muß zugestehen, daß
größere Strenge vielleicht noch ärgere Uebelstände hervorgerufen hätte,
als diejenigen waren, welche er zu ignoriren schien. Man klagte, er habe
auf ungenaue Berichte Zugeständnisse gemacht, die bei besserer Information
unterblieben wären, Priestern die Weihen gespendet, die sich nachher als
untauglich erwiesen. Glücklich derjenige Fürst, dem kein stärkerer Vorwurf
zufällt, als daß seine Diener den von ihm gehegten Erwartungen nicht
immer entsprachen. Adrian war selbst in früheren Zeiten behilflich gewesen,
daß Wilhelm von Croy die reiche Brabanter Abtei Affliche als Commende
erhielt. Es war ihm bei Wolsey's Uebergewicht, bei den Rücksichten, die
er auf ihn und Giulio Medici nehmen mußte, auch als Papst nicht
möglich, der Cumulation von Bisthümern, wie er wollte, entgegen=
zutreten[2]). Wie sehr hatte er Kaiser Karl in Spanien gerathen, mit
der Verleihung von Bisthümern vorsichtig zu sein; er konnte es nicht
hindern, wenn der Kaiser hierbei nach politischen Rücksichten und nicht
nach den religiösen Bedürfnissen verfuhr.

---

[1]) Miseram esse Pontificum conditionem, quibus deerat recte faciendi facul-
tas etiamsi plurimum vellent et laborum et industriam suam in eo impenderent.
Quoniam igitur ante iter suum in Germaniam, quod in animo habebat, nulla
in parte (?) emendare ecclesiam poterat, nihil supererat quam fidere ejus promissis,
quae exequi firmiter decreverat etiamsi omni potestate excideret sive ad exemplum apostolicae vitae ad extremam paupertatem reveniret. Burmann, p. 400. —
Offenbar stammen die Aufzeichnungen des Paolo Giovio von Eukenvoert her, der
jenen zur Abfassung der Lebensgeschichte Adrian's bewog.

[2]) War doch auch Ignatius von Loyola dafür, daß dem Cardinal Farnese neben
anderen Bisthümern auch das von Bisen in Portugal zukam. v. Truffel, Ignatius
von Loyola, S. 13.

Es mag getadelt werden, daß er in Rom eingewurzelten Uebelständen zu schroff entgegentrat, ohne sie heben zu können, er einen Kampf begann, den er nicht zu beendigen vermochte und in welchem er selbst unterging. Man mußte ihn dann aber auch tadeln, daß er persönlich durch das Gewicht seiner Tugenden einen Gegensatz zu denjenigen bildete, deren Grabschrift anders lautete als die seine. Anstoß gab es, daß er und seine Umgebung die ernste flandrische Sitte den geschmeidigen und urbanen Italienern gegenüber zu stark hervorkehrten, einsam stehend wie auf hoher Warte, er an Mitteln und Wegen sich vergriff. Wem wäre dieses in den ersten Jahren eines so unendlich schwierigen Pontificates nicht begegnet? War der Gegensatz zu der Leichtlebigkeit und Genußsucht der Zeiten Leo's X. ein Fehler, so fällt er auf Adrian zurück. Allein wer konnte, wer durfte Leo's Pontificat in seinem Sinne fortsetzen? Leo hatte selbst die unübersteigliche Grenze erreicht, wo nicht bereits überschritten.

Das Papstthum Adrian's hatte vom ersten Momente an ebensowenig Neigung zu der einseitigen Größe eines Innocenz III. oder IV., als eines Bonifacius VIII. oder Clemens VI., die über den Schutt des Kaiserthums den unnahbaren Thron priesterlicher Machtherrlichkeit erbaut hatten. Der letzte deutsche Papst, dem als Ideal das Verhältniß Papst Adrian's zu Karl dem Großen vorschweben mochte, befand sich auf derselben Linie, auf welcher seine deutschen Vorgänger gestanden waren, die unter dem Schutze des Kaisers das Pontificat erhalten hatten und ebensosehr die höheren und geistigen Interessen des Papstthums gegen störenden Einfluß von weltlicher Seite zu schützen sich bemühten, als sie die des Kaiserthums zu wahren strebten. Sein und ihr Pontificat zeigt die volle Thorheit jener Anschauungsweise, die in dem Papstthum den natürlichen Feind der weltlichen Macht darzustellen sucht. Es war für Adrian kein leeres Wort, Vater der Christenheit zu sein. Die Interessen des schottischen Königreichs wie die Ungarn's, Schweden's und Polen's wie der amerikanischen Indier waren gleichmäßig zu vertreten, Italien vor den Franzosen zu schützen, und man kann wohl sagen, Frankreich vor dem eigenen Könige, der die theuersten französischen Interessen preisgab, um mit Mailand das Thor von Italien zu gewinnen. Deutschland glich einem empörten Meere und Spanien, das aus den Wunden blutete, die der Aufstand der Comunidades geschlagen, erwartete die heilende Hand, die das Königthum stärkte, es vom Adel unabhängig machte und den langen, auf den verschiedensten Gebieten durch mehr als 400 Jahre geführten Streit zwischen Krone und Granden zu Ende brachte. Es war kein kleiner Triumph für Adrian, als der schismatische Patriarch von Alexandrien, Theophilus, sich

dem römiſchen Stuhle in dem Augenblicke unterwarf, in welchem Luther
die Lehren angriff, in denen Orient und Occident als die echten chriſt=
lichen übereingekommen waren, wie es für Hieronymus Aleander, den
päpſtlichen Bibliothekar, ein Triumph war, nachdem er 1521 auf deut=
ſchem Boden ſeines Lebens nicht ſicher geweſen, die Ausſöhnungsurkunde
dem vaticaniſchen Archive einzuverleiben [1]), deren Bedeutung freilich im
Lärm entfeſſelter Leidenſchaften überſehen wurde.

    War es ſo auch Adrian nicht gegeben, in Deutſchland durchzudringen,
ſo war es doch ein hoher Gewinn, daß er die Reihe von Päpſten einer
vollſtändig anderen Richtung durchbrach, wenn es ihm auch nicht gegeben
war, durch eine umfaſſende Cardinalspromotion Sorge zu tragen, daß
ſein Nachfolger nicht wieder aus der Mitte jener Cardinäle gewählt
werde, deren Einfluß er gebrochen hatte und die er zu reformiren ver=
geblich ſich bemühte. Nichts aber war in der Natur der Sache mehr be=
gründet, als daß, wenn vor und nach ihm Abkömmlinge reicher und fürſt=
licher Kaufherren aus Florenz Päpſte wurden, im Zeitalter des größten
Aufſchwunges der Wiſſenſchaften ſich auf dem römiſchen Stuhle auch noch
ein Platz vorfand für den gelehrten Sohn eines armen Mannes, der zwar
nicht im ſonnigen Italien, ſondern in den nebelhaften Niederlanden geboren,
in Deutſchland ſeiner Abkunft wegen nicht Reichsbiſchof werden konnte, von
den Italienern zum Papſte gewählt wurde, Erbe war nicht des Verdienſtes
ſeiner Ahnen, ſondern ſeiner eigenen Thaten, ein Muſter von Fleiß und
Ehrbarkeit, geſchmückt mit Kenntniſſen wie mit Tugenden, denen allein
er einen Thron verdankte, welcher über alle hervorragte, die fürſtliche
Abkunft, Macht und Erbſchaft verleihen konnten. Es war nicht blos
ein Triumph des Bürgerthums, daß ein Unadeliger, ein Mann aus dem
Volke Papſt geworden war; das Princip allgemeiner Gleichberechtigung
hatte dadurch auf dem kirchlichen Boden den Sieg davon getragen, und
hielt man vor noch nicht langer Zeit an dem Satze feſt, das Papſtthum
gehöre den Italienern, das Kaiſerthum den Deutſchen, den Franzoſen die
Wiſſenſchaft, ſo gehörte jetzt das Kaiſerthum dem Enkel Maximilian's,
das Papſtthum dem deutſchen Erzieher des deutſchen Kaiſers, die
Wiſſenſchaft aber war international geworden und Meiſter Adrian's
Name hatte auch hierin einen guten Klang.

    Der große Gegenſatz, welcher ſich an Adrian anknüpft, beſtand aber nicht
blos in ſeiner perſönlichen Stellung zu den Mediceern. Er iſt ſelbſt nicht
dadurch erſchöpfend dargethan, daß, wenn die Deutſchen weniger empfanden,

---

[1]) Moringus, p. 74.

was sie an Adrian besaßen, als die Italiener, was sie durch ihn verloren, so daß sie seit ihm das Papstthum allen Nichtitalienern consequent verschlossen bis zum heutigen Tage; wohl aber war es ein eigenthümliches Schauspiel, daß in der Zeit der größten und nachhaltigsten kirchlichen Entzweiung zwei Männer einander gegenüberstanden, die beide den untersten Schichten der Bevölkerung entsprossen, ihre sociale Bedeutung als Professoren erlangt und über diesen Schämel der eine zu der päpstlichen Würde, der andere zur geistigen Dictatur Deutschland's sich erschwungen hatten. Sie vertraten nicht etwa nur die Anschauungen zweier Universitäten, selbst nicht blos zwei Principien, bereits standen zwei Gewalten einander gegen= über, jede in ihrer Art unumschränkt, ausschließlich, dictatorisch. Wie nach den alten römischen Gesetzen der Träger der weltlichen Macht über den Gesetzen stand, ward der Papst „von Niemandem gerichtet und richtete er Alle". Kein Gesetz beschränkte ihn, er war „das lebendige Gesetz auf Erden und empfing die Fülle seiner Gewalten nicht erst von Concilien und der Kirche, er hatte sie von dem heiligen Petrus, wie dieser sie von Christus erhalten". Wenn irgend Jemand Repräsentant der Legitimität war, so war es der ehemalige Professor von Löwen, der auch auf dem päpstlichen Throne noch Professor blieb und, ohne Falsch und Hinterlist, in seiner Naivetät zu Allem eher paßte als zu seiner Umgebung, zu den Staats= männern ohne Grundsätze, zu den Mönchen ohne Disciplin und Gewissen, zu den Diplomaten, welchen der Erfolg Alles ist, zu den Fürsten, welchen ihr Interesse Alles war, zu den geistlichen Kriegern, die ihm im Ponti= ficate vorangegangen waren, zu den Lebemännern, die sie großgezogen und als ihre Erben zurückgelassen hatten. Der Verkommenheit und Auf= lösung der convulsivisch aufgeregten Zeit gegenüber stand Adrian da als der Mann der treuesten Pflichterfüllung, von eiserner Strenge gegen sich selbst, die verkörperte Ordnung und der verkörperte sittliche Ernst, un= bewegt durch eine schrankenlose Fülle der Gewalten, besorgt nur, ewiger Verantwortung zu entgehen, stets für das Heil Anderer bedacht, nüchtern und mäßig und des Endes eingedenk, das den Höchsten wie den Niedrigsten überrascht. Sein Leben voll stürmischer Ereignisse, die ihn nicht beugten, besäet mit glücklichen, die ihn nicht erhoben, beherrscht und bewältigt durch seinen stets gleichen Sinn, ward nicht getheilt in zwei einander aufhebende Gegensätze; es bildete eine Kette ununterbrochener Arbeit und jede von den hohen Stufen, auf welche er sich gesetzt sah, zeigte nur den Spiegel gleichmäßiger Ruhe, Besonnenheit und Selbstverleugnung. In Spanien mit einer Botschaft betraut, die bei dem Widerwillen König Ferdinand's scheitern mußte, in Valencia zu einer womöglich noch

schwierigeren bestimmt, als Gobernador hilflos und verlassen, Gefangener
und Flüchtling, und doch noch der Felsen, an welchem sich der Aufstand
brach, Retter der Monarchie Kaiser Karl's, schien er nur deshalb Papst
geworden zu sein, um, was er in Spanien gelitten, im Großen und
Ganzen noch einmal zu durchmessen und dem kirchlichen Aufstande gegen=
über nicht minder der Felsen zu werden, an dem sich die Wogen brachen,
als er es im Aufstande der Comunidades gewesen war. Er war es,
der zuerst der Alles überfluthenden Bewegung in Deutschland Schranken
zog, den Katholiken das verlorene Centrum wieder gab, Zuversicht und
Vertrauen einflößte, und als die deutschen Bischöfe schwankten, das Amt
eines Universalbischofs übernehmend, die Laien aufrief, die Kirche zu retten,
für welche der deutsche Episcopat, im Fürstenthum erstarkt und — er=
krankt, keinen Sinn mehr zu haben schien.

Ihm gegenüber der Mönch, der Priester, der Professor, welcher Dicta=
tor Deutschland's geworden war, indem er es verstanden, die Nation in
alle Irrgänge seines psychologischen Processes zu verflechten, durch die er sich
selbst Schritt für Schritt von allen Verpflichtungen der früheren Epoche,
vom Glauben, der Disciplin, dem Gehorsam, dem geistigen Leben, Fühlen
und Denken derselben entschlug. Was ihm heilig gewesen, war ihm jetzt
profan; was göttlich, satanisch; was früher verboten und unerlaubt, jetzt er=
laubt und begehrenswerth; was sich auf der Grundlage christlicher Erkennt=
niß entwickelt hatte, Menschensatzung; es gab keine Tradition, nur mehr
seine Autorität; was er bestimmte, war Gesetz, war Evangelium, Christus
selbst nur durch ihn nach 1500 Jahren zum Siege gekommen, der Heiland
der Welt eine Art von Johannes des neuen Gottesmannes, der Rufer
in der Wüste gewesen, die jetzt erst zum Reiche Gottes sich verklärte. Die
illegitime Gewalt, welche mit einemmale, auf die Massen sich stützend,
zur Dictatur sich erschwang, bedrohte bereits den alten Glauben nicht
minder als Wissenschaft und Kunst, die Satzungen des Reiches wie der
Kirche, das ganze Geistesleben, das gerade im fünfzehnten Jahrhunderte
so reiche Blüthen getragen, wie es denn geradezu ein Frevel ist, die Ver=
nichtung desselben durch Martin Luther zu Gunsten des blinden Glaubens
und die geistige Veröbung, die das theologische Gezänke hervorrief, mit
jener Triebkraft zu verwechseln, welche sich in der erfreulichsten Weise
vor ihm überall bemerkbar gemacht hatte, wo philosophische Studien
getrieben wurden und die Kunst sich sorgsamer Pflege erfreute. Gerade
als Enkenvoert seinem päpstlichen Freunde die Inschrift setzte, welche
seine bewunderungswürdige Keuschheit rühmte, häuften sich im entgegen=
gesetzten Lager die Stimmen, die die grobe Sinnlichkeit des deutschen

Reformators bezeugen. „Ich brenne von der großen Flamme meines ungezähmten Fleisches," hatte Luther schon am 13. Juli 1521 geschrieben. „Ich glühe vor Wollust[1])," bis endlich das schmutzige Geständniß erfolgt, „ich bin an Kethen (die Nonne Katharina von Bora) gebunden und gefangen und liege auf die Bora[2]). Schickt euch, daß ihr meiner Braut helft gut Zeugniß geben wie ich ein Mann sei." Da war es denn freilich das einfachste Mittel, Alles was ihm widerstrebte, Alles was seiner Auffassung von Sitte und Recht entgegen war, als vom Teufel gestiftet darzustellen, die Messe und die sacramentale Ordnung der Dinge, aber auch die Vernunft selbst und das edelste Gut, die menschliche Freiheit. Daß uns beides erhalten blieb, ist wenigstens nicht das Verdienst der deutschen Reformation. Es geschah im Gegensatze zur Doctrin vom blinden Glauben und zum reformatorischen Bildersturme; es ist die Folge des Gegensatzes, der durch Adrian und seit Adrian Wurzel schlug und seine Kraft bethätigte.

Es war ein ganz eigenthümliches Geschick, daß die romanischen Staaten sich zum überwiegenden Theile illegitime Dynastien gaben, welche aber selbst thatkräftig die Aufgabe erfüllten, die die legitimen, in unwürdiger Schwäche begriffen, zu erfüllen unterlassen hatten. In Deutschland bildete sich durch den Aufstand gegen die Kirche eine illegitime religiöse Gewalt, die im Aufruhr des Adels, der Bauern, der Fürsten, vor Allem der Priester und Mönche groß geworden, endlich in die widrigste politische Form, den Cäsaropapismus umschlug, in einen Byzantinismus, der die einst freien Deutschen in stumme Knechte umwandelte. Was waren die Kämpfe der Guelfen und Ghibellinen, die das beste Mark Italien's aufzehrten, gegen die ununterbrochenen inneren Kriege der Deutschen, seit ihre religiöse Einheit gesprengt und der gegenseitige Haß der Getheilten das Capital

---

[1]) De Wette, II, p. 22.

[2]) De Wette, III, p. 18. Dazu Melanchthon's Brief vom 16. Juni 1525 über Luther's Heirat, der merkwürdigerweise unverfälscht erst jetzt an die Oeffentlichkeit gelangte. Ἔστιν ὁ ἀνήρ (Luther) ὡς μάλιστα εὐχερὴς καὶ αἱ μοναχαὶ πάσῃ μεχανῇ ἐπιβουλευόμεναι προσέσπασαν αὐτόν, ἴσως ἡ πολλὴ συνήθεια, ἡ σὺν ταῖς μοναχαῖς κἂν γενναῖον ὄντα καὶ μεγαλόψυχον κατεμάλθαξε ἢ καὶ προσέκαυσε. — Ἐλπίζω, setzt Melanchthon hinzu, ὅτι ὁ βίος οὑτοσὶ σεμνότερον αὐτὸν ποιήσει. — Εἰκὸς δὲ ἀναγκασθῆναι ἀληθῶς γαμεῖν. Wenn der Herausgeber, Wilhelm Meyer, hinzufügt, der Brief (vom 16. Juni 1525) zeige keine Achtung vor Katharina von Bora und feindselige Stimmung gegen Luther, so ist das erste wahr, das andere falsch. Der Brief zeigt eben nur, wie sich die Sache wirklich verhielt, nicht mehr und auch nicht weniger. Er beschönigt nichts und ist ebenso wenig feindselig. Sitzungsberichte der kön. bair. Akademie der Wissenschaften, philos.-hist. Classe. 1876. V.

geworden war, von dem sie zehrten? Es kennzeichnet aber die für alle
Zeiten denkwürdige Periode nicht blos, daß sie einen Mann von stürmischer
Energie, ohne Maß und ohne Gesetz, unfaßbar, bewundert und ver-
flucht, hervorbrachte, auf den Händen getragen von den Einen, als Narr
bezeichnet und vom Dämon besessen von den Anderen, von überschweng-
lichem Lobe als der Mann Gottes ausgerufen, wie als der Urheber
unversöhnlichen Hasses, tiefeinschneidender nationaler Spaltung der Geschichte überliefert, der kühn war und gewaltig wie ein Aar, hart und
wie gemacht zum Hammer der Welt[1]), so daß auf ihn die Worte des
hellenischen Tragöden paßten: Vieles ist schrecklich, aber nichts schrecklicher
als der Mensch[2]). Nach außen hin ehern und unerbittlich, aber mit sich
selbst und seinem Gewissen in jenem Kampfe begriffen, den er als ununterbrochenen Streit mit dem Satan bezeichnete und aus welchem er
durch reichliches Trinken, durch Spiel und Scherze, durch Gedanken an
ein hübsches Mädchen, dem eigenen Geständnisse nach[3]), zu entkommen
suchte, indem er sich in Rausch oder heftigen Zorn versetzte[4]). In seinen
wüsten Neigungen ein Kind der Zeit und durch und durch Deutscher,
Abkömmling einer verfallenen Nation, war er bestimmt, es nach einem
thatenvollen Leben auszusprechen, es seien die Universitäten, welche ihn
mit Jubel aufgenommen, Anstalten, an denen die Lüge systematisch
getrieben werde, wo alle Tugend und Ehrbarkeit gemordet werde. Nachdem er eine welthistorische Umwälzung hervorgerufen, wünschte er, er
hätte diese Sache nicht angefangen[5]), er wäre mit seinen Büchern nicht
gekommen. Die Scheidung Deutschland's in zwei feindliche Hälften war
und blieb sein Werk.

Ihm gegenüber als Leiter und Lenker der respublica christiana im
Momente drohender, ja wie es schien, unaufhaltsamer Auflösung der Mann
unverdrossener Arbeit, der in seinem bewegten Leben die Höhen und Tiefen
menschlicher Geschicke durchmessen, in der Hofluft wie als öffentlicher
Lehrer, als Gobernador wie als Papst sich als ordnender, besonnener,
ruhiger und erhaltender Geist bewährt, als treuer Unterthan seines kaiserlichen Herrn, als Priester ohne Tadel, als Gelehrter unermüdlich, als
Papst bestrebt, die Verwirrung der Geister zu lösen, die christliche Welt

---

[1]) Malleus orbis, wie Kaiser Friedrich II. einst von sich sagte.
[2]) Πολλὰ τὰ δεινά,
    ἀλλ' οὐδέν ἀνθρώπου δεινότερον πέλει.
[3]) Döllinger, Reformation, I. Zweite Auflage. S. 476.
[4]) De Wette, Briefe Luther's, IV, 188.
[5]) Döllinger, Reformation, III, S. 258. De Wette, V, 153.

in Frieden zu vereinigen, Alle ohne Unterschied, die Massen wie die Einzelnen, die Vornehmen wie die Geringen, die Geistlichen wie die Laien zur Erkenntniß ihrer sittlichen Aufgabe, der Schwere ihrer Ver- antwortung zu bringen, und dessen Schwächen nur in einer zu ängstlichen Gewissenhaftigkeit bestanden, die ihn lehrte, Alles und Jedes auf den höchsten Zweck des menschlichen Daseins zu beziehen. Ja sagen wir es, es war ein großartiger Moment der deutschen Geschichte, als die beiden Professoren von Löwen und Wittenberg, der eine in Italien, der andere im Sachsenlande, einander gegenüberstanden, der eine aufzulösen bemüht war, was der andere schuf, beide vom entgegengesetzten Standpunkte aus die Geister leiteten und zum Weltenkampfe führten. Die Entwicklung der Weltgeschichte beruht aber nicht blos auf Flüglern, sie bedarf der Zügler in mindestens gleichem Grade. Es bleibt für alle Zeiten und alle Völker wahr, daß nicht im Sturmwinde, der die Waldungen niederreißt, nicht in Feuersgluth und dem Erdbeben, das die Felsen spaltet und die Wohnungen der Menschen zerstört, der Odem Gottes sich zeigt. — Der Fortschritt des Menschengeschlechtes beruht auf der stillen Wirksamkeit ordnender und besonnener Geister, die, wo die wilden Mächte zerstören, rastlos bauen und dem lauten Lärm des Marktes die unbesiegbare Thätigkeit unermüdlicher Geduld und ruhiger Energie entgegenstellen.

Die Restauration der katholischen Welt knüpft sich an den Namen Adrian's an. Nicht er hat den Zwiespalt in der deutschen Nation, in der Christenheit überhaupt geschaffen, wohl aber den berechtigten Gegensatz, der alles Große der lebensvollsten Jahrhunderte deutscher und europäischer Geschichte in sich schloß, gerettet, als er dem Umsturze der Dinge die Grenze zog. Die wilden Scenen des Bauernkrieges, der mit einer tiefen Blut- lache die Geschichte des deutschen Mittelalters von der der neueren Zeit trennt, die mitleidslose Tyrannei der deutschen Fürsten, von denen Mark graf Casimir siebzig gefangenen Bauern die Augen ausstechen ließ, weil sie ihn nicht anblicken wollten, die Aufrichtung von Staatskirchen und die systematische Ertödtung des geistigen Lebens, als es in Deutschland so viele Päpste gab als Fürsten und Herren, bewiesen unwiderleglich, wie nothwendig für eine bessere Zukunft die Erhaltung eines Gegensatzes war, der in den apostolischen Zeiten wurzelte, wie nothwendig es war, alle edleren Naturen um sich zu sammeln, ehe es Abend wurde und man die Christen nicht mehr daran erkannte, wie sie einander liebten, sondern nur, wie sie einander haßten. Es war für Adrian kein geringer Triumph, daß, als Paul III. die Reform der Kirche ernstlich wieder aufnahm, sie nach den Grundsätzen vorgenommen wurde, zu denen sich der deutsche Papst offen bekannt hatte. Darin lag die Apologie seines Pontificates auch den Römern gegenüber.

Vierhunderteinundsechszig Jahre waren von dem Tode des letzten deutschen Papstes — Nicolaus II., gest. 19. Juli 1061 — bis zur Wahl Adrian's VI. verflossen.

Es waren die bewegten Zeiten des Investiturstreites, der Kämpfe der Staufer mit den Päpsten, des Unterganges des alten deutschen Kaiserthums, des päpstlichen Schismas und der großen Concilien. Mehr als 350 Jahre sind seit Adrian's Tode verflossen.

Es waren die Zeiten des Kirchenstaates, als die Päpste auch italienische Fürsten waren und ihre weltliche Politik oftmals in italienischen Fragen entscheidenden Ausschlag gab; die Zeit der Reformation und der Revolution.

In diesen Jahrhunderten gab es nur mehr italienische Päpste; Adrian war somit nicht blos der letzte deutsche, er war überhaupt der letzte nichtitalienische Papst seit vierthalbhundert Jahren.

Auch darin liegt ein welthistorischer Gegensatz.

Verzeichniß

der

benützten Handschriften und Werke

nebst

Namen=Verzeichniß.

Benützte Handſchriften und Werke.

Acta conciliorum, Parisiis 1714. f. IX.
— primi concilii Pisani sumptibus v. Mondiere
    Lut. Paris. 1612. 4.
— des Reichstages zu Nürnberg. Bibl. Cap. Prag.
    R. CVI. 4.
— Sanctorum. Cura Bollandist.
— Tomiciana (epistolarum, legationum etc.)
    Sigismundi I. per Stanisl. Gorski. T. VI.
Adam, vitae Theologorum. Francof. 1705.
Adriani P. VI. Opera, vide Reusens.
Aegidii Viterb., vitae summorum Pontificum.
    Ed. Hoefler.
— oratio habita ad Adrianum VI. Ed. Hoefler.
Aeneae Sylvii Piccolominii, Opera. Ed. Basileae.
Africanus Severolus, conclave Adriani VI. Cod.
    Lat. Bibl. R. Monac. n. 151.
Aguire, collectio maxima conciliorum omnium
    Hispaniae atque novi orbis. Salmantiae
    1686. 8.
Albèri, relazioni degli ambasciatori Veneti.
Aleandri, Card. epistolae ap. A. Maium, Card.
    Spicilegium Rom. II. Romae 1879.
Alfani, Teseo, memorie Perugine. Archivio stor.
    ital. XVI, 2.
Alfonso Don rey de Castilla, las siete partidas.
    Madrid 1807. 8.
Alte Reichshaubtlungen. Aus dem Mainzer Archive.
    K. k. Haus=, Hof= und Staatsarchiv. Ms.
Altmeyer, der Kampf demokratiſcher und ariſto=
    tratiſcher Priucipien zu Anfang des ſechszehnten
    Jahrhunderts. Lübeck 1843.
Ammirato Scipione, istorie fiorentine. Firenze
    1641 f.
Angleria Petrus Martyr de, Opus epistolarum f.
Ausbacher Reichstagsacten von 1522. (Bamberger
    Archiv.)
Antonini (Divi), chronicon (bis 1459). Lugd.
    1587. 3 T.
Archivalien des Bamberger, Dresdener, Prager,
    Wiener Archivs.
Archiv für die ſchweizeriſche Reformationsgeſchichte.
    Herausgegeben auf Veranlaſſung des ſchweize=
    riſchen Pius=Vereines. Freiburg 1875. 3. Bd. f.
Archivio storico italiano, lombardo, siciliano.
Aretin Chriſtoph Freih. v., Beiträge zur Geſchichte
    der Literatur. Bd. VII, IX. 1807.

Aretin K. M. Freih., Bayern's auswärtige Ver=
    hältniſſe. Bd. I. Paſſau 1839.
Aſchbach, die Wiener Univerſität und ihre Huma=
    niſten. Wien 1877.
Aubin J. M., Geſchichte Papſt Leo's X. Aus. dem
    Franzöſiſchen von Bruh. Augsburg 1846.
Aurelii Cornelii apocalypsis super miserabili
    statu matris ecclesiae dialogus. Ed. Bur-
    mann, p. 259.
Balbi Hieronymi, opera, vide Retzer.
Bartold F., storia dell' arcivescovo S. Antonino
    coll' apologia di frà Girol. Savonarola. Fi-
    renze 1782.
Battus, Parmensis. Epistola, vide Burmann,
    p. 436.
Bauer Fr. Heinrich, Hadrian VI. Heidelberg
    1876. 8.
Belcarius Fr., rerum Gallicarum commentarii.
    Lugd. 1628 f.
Bembi P., epistolarum libri VI f. Ven. 1575.
— epistolae familiares.
Benſen, Geſchichte des Bauernkrieges in Oſtfranken.
    Erlangen 1840.
Bergenroth, Calendar of letters, despatches and
    state papers. I, II. London 1866.
— Supplement. London 1868. Kl. f.
Berni, rime burlesche. Firenze 1552.
Bibliotheca hist. italiana cura et studio socie-
    tatis Longobardicae studiis promovendis. Mi-
    lano 1876.
Blasii Baronis de Martinellis de Cesena, diarium
    apostolicae sedis 1518—1538. Ms. Bibl. Reg.
    Monac. Cod. lat. 144 f.
Boverius, Zach. annales minorum Cappucinorum.
    T. I.
Böcking, Ulrichi Hutteni opera omnia. Lipsiae
    1859. 5 vol.
Böhm, Dr. Willy: Hat Kaiſer Maximilian im
    Jahre 1511 Papſt werden wollen? Berlin 1873.
— Friedrich Reiſer's Reformation des Königs Sig=
    mund. Leipzig 1876.
Bradford, correspondence of the emperor
    Charles V. and his ambassadors at the
    court of England and France. London 1850. 8.
Bremond, bullarium ordinis fratrum praedica-
    torum. T. IV. Romae 1732 f.

Brewer, letters and papers etc. of the reyn of Henry VIII. London. 1862.

Brown, calendar of state papers and manuscripts. London 1869. .

Brosch Moritz, Papst Julius II. und die Gründung des Kirchenstaates. Gotha 1878.

Bryce James, des deutschen Reiches Vergangenheit und Gegenwart. Leipzig 1877.

Buchholz, Geschichte der Regierung Ferdinand's I. Wien 1831. Bd. I.

Buder Chr. G. vitae clarissimorum historicorum. Jenae 1740.

Bullarium Romanum. T. IV.

— Magnum. Luxemburgi 1721 f.

Bullinger, Reformationsgeschichte. Herausgegeben von Hottinger und Vögeli. Frauenfeld 1836—40. 3 Bde.

Burmannus Carolus, Hadriauus VI. Trajecti ad Rhenum. 1727. 4

Burnet, the history of the reformation of the church of England. New edition by W. Pocock. vol. I.

Calcagnini, Coelii, oratio ad Adrianum VI. P., vide Burmann. p. 331.

Cantù Ces., storia della città e della diocesi di Como. I, II, Como 1829—31. 8.

Capponi Gino, storia della republica di Firenze. 2 Tomi.

— Deutsch von Dütschke. 1. 2. 1876.

Cardanus, de reformatione Bernensi. Bonnae 1868.

Caracioli, vita S. Cajetani Thienaei. AA. SS. 7 Aug.

Carderiera y Solano D. Valentin, Iconografia española coleccion de ritratos estatuas Mausoleos. Madrid 1856—64. f. 1, 2.

Carutti Dom., storia della diplomazia della corte di Savoia. Roma 1875. 2 tomi.

Casa Joh., vita Card. Contarini (Monum.)at. Halae 1708).

Cavalcanti Giov., istoria fiorentine — 1475. Firenze 1838—39. 2. vol.

Cavendish, the history of the life and time of Card. Wolsey. 1744. 3 vol. 8.

Cerretani, istoria del. Ms. della Bibl. Riccardiana a Firenze.

Chmel, Actenstücke und Briefe zur Geschichte des Hauses Habsburg im Zeitalter Maximilian's. Wien 1854. 3 Bde.

Ciampi Seb., biblioteca critica delle antiche reciproche corrispondenze dell' Italia colla Russia. Firenze 1834.

Clarus, Darstellung der spanischen Literatur im Mittelalter. Mainz 1841.

Cochlaeus Joh., commentaria de actis et scriptis M. Lutheri. 1549 f.

Commentaires de Charles V. publiés par B. Kervyn de Lettenhove. Bruxelles 1862.

Commentaria rerum diurnalium conclavis in quo creatus fuit Adrianus VI. Ms. des geheimen Haus-, Hof- und Staatsarchivs.

Conclave Adriani VI. Ms. Bibl. Paris.

Contarino, de potestate Pontificis in usu clavium. Bibl. Max. Pat. T. 13.

Copialbuch, Innsbrucker, Kaiser Karl's V. 1519 bis 1523. Ms.

Corlieu, la mort des rois de France. Paris 1873. 8.

Çurita Geronymo, istoria del rey D. Hernando el catholico. I, II. 1580. f.

— annales de Aragon. 1582 f.

Cuspinian Joh., Tagebuch 1502—1527. Herausgegeben von Karajan. Wien 1875. Relatio. (Böhmisches Landesarchiv.)

Daniel Fernandez y Domingo, anales de Tortosa, vide Zur Kritik.

De exarchatu Ravennae et juribus Romanae ecclesiae amplificatis gratuita donatione aut restitutione ipsorum R. Pontificibus facta ex libello D. Hadriano P. VI. Romae oblato. Cod. Bibl. Foscar. olim Viennae CLXX.

Discorsi di Alessandro de' Pazzi al Cardin. Giulio de Medici. 1522. Arch. stor. it. T. I, p. 420.

Dobel Friedr., Memmingen im Reformations-Zeitalter. Augsburg 1878.

Documenti di storia italiana, vide Cavalcanti.

— riguardanti Giuliano de Medici e il Pontifice Leone X. Arch. st. it. T. I.

— della congiura fatta contra il Card. Giulio de Medici. 1522. Arch. stor. it. Nuova serie, T. XI.

Documentos ineditos.

Dogrel, cod. diplomaticus Poloniae. 1, 4, 5.

Döllinger v., Reformation, 3. Aufl. Bd. I.

— Kirche und Kirchen. 1861.

— Beiträge. 1, 2. Regensburg 1862.

— Der Papst und das Concil. Jan. 1869.

— Sammlung von Urkunden zur Geschichte des Concils von Trient. I, 1. 1876.

— Janus.

Droysen, Geschichte der preußischen Politik.

Druffel August v., Ignatius von Loyola vor der römischen Curie. München 1879.

Drumont, Erasmus his life and charakter as shown in his correspondence and works. London 1873. 2 vol. 8.

Egli Emil, die Züricher Wiedertäufer zur Reformationszeit. Zürich 1878.

Enhuber, conciliorum Ratisbonensium brevis recensio. 1768. 4.

Erasmi Rotterd. Opera omnia. Lugduni 1703 f.

Fabri Johannis, malleus 1524. fol. Coloniae.

Ferrari, la mente di Giambattista Vico. Milano. 1854.

Flescheri, theatrum historicum. Francof. 1681. 8. vide Gratianus.

Florebellus Ant., de vita Jacobi Sadoleti S. R. E. presb. Card. commentarius. Colon. 1580.

Flores, Petri Hisp. Episc. Castell. oratio habita Romae do summo Pontifice eligendo Julii II P. M. successore. Argent. 1513. 4.

Florez Henrique, España sagrada 1747. 50 vol. 4.

Forschungen zur deutschen Geschichte.

Friedrich Fr., Astrologie und Reformation 1564.

— Der Reichstag von Worms im Jahre 1527. München 1871.

— Geschichte des vaticanischen Concils. Bonn 1877. 4.

Froude, the history of England from the fall of Card. Wolsey. T. I. Leipzig 1861.

Gachard, correspondance de Charles V. et d'Adrian VI. Bruxelles 1859.

Gailliard, histoire de François I., roi de France. 2c édition. Paris 1859. 1, 2.

Gams P., Kirchengeschichte Spaniens. Regensburg 1876.

Gattina, Petrucelli della, hist. des conclaves. 4 T.

Geiger, Briefe Reuchlin's. Stuttgart 1876.

— Johann Reuchlin. Sein Leben und seine Werke.

Giovio P., Opera. Vita Hadriani VI. Delle istorie. Venetia 1564.

— de legatione Basilii M. principis moscoviae.

Giustiniani, vide Villari.

Godfroy, vide Lettres.

Goldasti, Politica.

Gotheim Dr. Eb., politische und religiöse Volks-bewegungen vor der Reformation. 1878.

Gravamina nationis germanicae. Ms. Bibl. Prag. VI. II. 145.

Gregorovius, Geschichte der Stadt Rom im Mittel-alter. 3. Aufl.

Gröne, Tetzel und Luther. Soest 1863.

Hagen, Deutschlands literarische und religiöse Ver-hältnisse im Reformationszeitalter. Erlangen 1840. 3 Bde.

Harleß, die Literatur der ersten 100 Jahre nach der Erfindung der Typographie. Leipzig 1840.

Hasak Vinc., der christliche Glaube des deutschen Volkes beim Schlusse des Mittelalters. Regens-burg 1868.

Hase Dr. Karl Alfred, Herzog Albrecht von Preußen und sein Hofprediger. Leipzig 1879.

Henne Alex., histoire du règne de Charles Quint sur Belgique. 1858—60. 10 Bde.

Herberger, Conrad Peutinger in seinem Verhält-nisse zum Kaiser Maximilian. Augsburg 1851.

Herberstein, L. B. in, rerum Moscovitarum com-mentarii. 1551 (Basileae 1571) f.

— Tagebuch. Herausgegeben von Krieger. 1855.

Hettner Hermann, italienische Studien. 1879.

Höfler Const., Böhmische Studien.

— Fränkische Studien.

— Analekten zur Geschichte Deutschland's und Italien's. 1845.

Höfler Const., über die politische Reformbewegung in Deutschland. 1850.

— Denkwürdigkeiten der Charitas Pirkheimer. 1851.

— Chronik des Bartholomäus von St. Egidius. Prag 1859.

— Kaiserthum und Papstthum. 1862.

— Betrachtungen über das deutsche Städtewesen im fünfzehnten und sechszehnten Jahrhunderte.

— Wahl und Thronbesteigung Papst Adrian's VI. 1872.

— Kaiser Karl's I. erstes Auftreten in Spanien. 1873.

— Kaiser Karl's I. Wahl zum römischen Könige 1873.

— Der Aufstand der castillianischen Städte gegen Kaiser Karl V. 1876.

-- Zur Kritik und Quellenkunde der ersten Re-gierungsjahre Kaiser Karl's V. 1. 1876. 2. 1878.

— Der deutsche Kaiser und der letzte deutsche Papst. 1876.

— Die romanische Welt und ihr Verhältniß zu den Reform-Ideen des Mittelalters. 1878.

Horawitz, zur Biographie und Correspondenz J. Reuchlin's (Sitz.-Ber. LXXXV. 1. 1873).

Horn, Johanne Trithemius. Würzburg 1843.

Horvath, Geschichte der Ungarn. Pest 1857. Bd. I.

Hub, die deutsche komische und humoristische Dich-tung seit Beginn des sechszehnten Jahrhun-derts. Nürnberg 1855.

Hübner Alex. Freih., Sixtus V. Leipzig 1871. 2 Bde.

Jäger, über Kaiser Maximilian's Verhältniß zum Papstthum. (Sitz.-Ber. d. k. k. Akademie d. W. 1854.)

Janssen Joh., Geschichte des deutschen Volkes seit dem Ausgange des Mittelalters. I, 2. Freiburg 1876, 1878.

— Frankfurt's Reichscorrespondenz. 1376—1529. I, II. 1866.

Jarke, Studien und Skizzen zur Geschichte der Reformation. Schaffhausen 1846. Bd. I.

Iconografia española, vide Carderiera.

Institutum societatis Jesu. Pragae 1757. fol.

Jörg E., Deutschland in der Revolutions-Periode von 1522—1526. Freiburg 1857.

Johannes, Episcopus Chiomensis. Onus ecclesiae. 1531. 4.

Journal des voyages de Charles V. Chroniques belges inedits. T. XIV.

Jovius vide Giovio.

Itinerarium, vide Ortiz.

Juste, M. Théodore, Charles Quint et Marguerite d'Autriche. Bruxelles et Leipzig 1858.

Karajan Th. v., vide Herberstein.

Karamsin, Geschichte Rußland's. Bd. VII.

Keller Adalbert v., Hanns Sachs. Stuttgart.

Kerim de Lettenhove, chroniques rélatives à l'histoire de la Belgique. Bruxelles 1876.

36*

564 Benützte Handschriften und Werke.

Kirchmair's Denkwürdigkeiten 1529—1552. Herausgegeben von Karajan. Wien 1855.

Kolde, Luther's Stellung zu Concil und Kirche bis zum Wormser Reichstag 1521. Gütersloh 1875.

Konrad von Würzburg. Herausg. von W. Grimm. 1844.

Krafft, Briefe und Documente aus der Zeit der Reformation im sechszehnten Jahrhunderte. Elberfeld 1876. 8.

Kraus v., zur Geschichte Oesterreichs unter Ferdinand I. 1519—1522. Wien 1873.

Kranse Fr. Karl, Helius Cobanus Hessus, sein Leben und seine Werke. I. Bd. Gotha 1879.

Kurz Heinrich, Thomas Murner's Gedicht vom großen Lutherischen Narren. Zürich 1848.

Lämmer Hugo, Monumenta Vaticana. Friburgi 1861. 8.

— Meletematum Romanorum mantissa. Ratisbonae 1875. 8.

— Annalecta Romana. Schaffhausen 1864.

Lanz, Correspondenz des Kaisers Karl V. Leipzig 1844. 3 Bde.

— Actenstücke und Briefe zur Geschichte Kaiser Karl's V. Wien 1853.

Lateranense concilium novissim. Romae 1521. fol.

Launojus Joannes, Henrico Barillonis. de Adriano VI. epistola, vide Burmann. p. 360.

Lechler, der Kirchenstaat und die Opposition gegen den päpstlichen Absolutismus. Leipzig 1870.

Le Gendre, histoire de France. 3 Bde. f.

Le Glay, négociations diplomatiques entre la France et l'Autriche. Paris 1845. 2 Bde. 4.

— Lettres de Maximilien et de Marguerite. 2 vol.

Lehmann P., das Pisaner Concil von 1511. Breslau 1874.

Leib Kilian, hist. sui temporis. Ms. gedruckt bei Aretin, und Döllinger, Beiträge.

Le livre des trahisons de France envers la maison de Bourgogne, vide Chroniques Belg. T. XII.

Lenz, drei Tractate aus dem Schriftenchllus des Constanzer Concils. Marburg 1846.

Leodii Huberti Thomae annales Palatini. Francof. 1665. 4.

Lettere di principi, libro primo. Venetia 1562. 4. 1581. 8.

Lettres de Louis XII. par Godfroy. 3 vol. 8. Paris.

Leva Giuseppe de, storia documentata di Carlo V in correlazione all' Italia. vol. 1, 2. Venezia 1864.

Liber decanorum facultatis philosophicae universitatis Pragensis. Pars I, II. Pragae 1830, 1832.

Loccenius Joh., hist. rerum Suecicarum. Upsaliae 1512. 8.

Loose W., aus dem Leben der Charitas Pirkheimer. Dresden 1870.

Lukaszewicz J., von den Kirchen der böhmischen Brüder 'im ehemaligen Großpolen. Uebersetzt von Th. Fischer. Gratz 1877.

Lutheri Martini, opera. Ed. Walch.

— Briefe, vide Wette.

Maaßen Dr. Fr.,Neun Capitel über freie Kirche und Gewissensfreiheit. Gratz 1876.

Macchiavelli Nicolò, opera, cura di P. Fanfani e L. Passerini. Firenze 1873. 8. VI vol.

Maffei, vita S. Ignatii. AA. SS. 31. Juli.

Magnus Olaus, hist. de gentibus septentrionalibus. Antwerpiae 1858.

Mai Angelo, Spicilegium Romanum. II. Romae 1839.

Mainzer Reichsverhandlungen. Ms. des Wiener Staats-Archives.

Malipiero, annali Veneti dall 1457—1500. Firenze 1844.

Manuscritti Torrigiani. Archivio st. ital. III,25,26.

Marcuse, über den Abt Johannes Trithemius. Halle 1874.

Maurenbrecher, Studien und Skizzen zur Geschichte der Reformationszeit. Leipzig 1874.

Meyer W., Melanchthon's Brief über Luther's Heirat. Sitzungsbericht der kön. bair. Akademie der Wissenschaften. München 1876.

Michaud et Poujoulat, nouvelle collection des mémoires relatifs á l'hist. de France. Paris 1857.

Mignet, la rivalité entre François I et Charles Quint, vide Revue de deux mondes. 1854.

Minutoli, Friedrich Churfürst von Brandenburg. 1850.

Mittareli, annales Camaldulenses. Venitia 1764. VIII.

Möhler, gesammelte Schriften. Herausgegeben von Döllinger. 2 Bde.

Molini, documenti di storia italiana. Firenze 1836. 8.~

Mondiere, vide Acta.

Monumenta conciliorum generalium. T. I, II. f. Vindobonae 1857, 1873.]

Monumenta Habsburgica. Wien 1854. vide Chmel u. Lang.

Monumenta spectantia historiam Slavorum meridionalium. T. I, 1, 2. II, III, V, VI. Zagrabiae 1868.

Moringi, vita Adriani VI. vide Burmannus.

Morus Thomas, latina opera.' Lovanii 1566. f.

Moscovitarum rerum autores varii. Francof. 1601. f.

Müller Joh. v., Schweizergeschichte. Bd. V.

Münster Seb., Kosmographie. Basel 1550. f.

Nibling Joh., Prior von Ebrach, Aufzeichnungen, vide Höfler, fränkische Studien.

Rippold Friedr., die Reformbestrebungen Papst Hadrian's VI. und die Ursachen ihres Scheiterns. (Raumer, histor. Taschenbuch V, 5. 1875.)

Rüscheler, Geschichte des Schweizerlandes. Schaff-
hausen 1847. I, II.
Oefele, rerum boicarum scriptores. Augustae.
Vind. 1763. f. 5. II.
Orlandinus, historia societatis Jesu. Coloniae
1605. 4.
Ortizius Blas., itinerarium Adriani P. VI. vide
Burmannus, p. 153.
Osorius, de rebus Emmannelis Lusitaniae Regis.
Col. 1537. 8.
Padilla Don Lorenzo de, cronica de Felipe I.
llamado el hermoso. (Doo. VIII.)
Pallavicini, storia del concilio di Trento. 6 vol.
Panvinio, Onofr. delle vite de' Sommi Pontifici.
Venet. 1643. 4.
Panzer, Annalen der älteren deutschen Literatur.
Nürnberg 1788.
Papeles de Simancas, Copien von Briefen aus
dem Archive von Simancas von 1520—1522.
Bibl. Palat. Vienn.
Papencordt, Geschichte der Stadt Rom im Mittel-
alter. Herausgegeben von Höfler 1857.
Paridis Crassi, Episc. Pisauriens. Magistri caere-
moniarum diarium Julii P. II. Cod. R. Monac.
lat. n. 151.
Pastor Fr. Ludwig, die kirchlichen Reunionsbestre-
bungen während der Regierung Karl's V. Frei-
burg 1879.
Pazzi Alessandro di, discorso al Cardinal Giulio
di Medici 1522. Arch. st. it. 1, p. 420.
Petrucelli, vide Gattina.
Picolominii Aeneae Sylvii opera omnia. Basileae
1591. fol.
Picus Joh. Franc., vita Savonarolae fr. ord. prae-
dicatorum. 1530.
Pièces historiques. Ms. des k. k. Haus-, Hof- und
Staatsarchives.
Pirkheimer Willibald, opera. Francof. 1610.
Pitti Jacopo, delle istorie Fiorentiae sino al
1529. Libri due.
Platina, delle vite di sommi Pontifici. Venetia
1642. 4.
Poli Raynaldi, libri IV pro ecclesiasticae unitatis
defensione. 1555. f.
Pontificii oratoris legatio. Bibl. Capit. Prag. R. 106.
Pontoppidan, Reformationsgeschichte der dänischen
Kirche. Lübeck 1734. 8.
Prantl, Geschichte der Ludwig Maximilians-Uni-
versität. 1, 2. München 1872.
Pray, annales regum Hungariae. Vindobonae
1770 f.
Printz de Buchau Dan., Moscoviae ortus etc.
Gubenae 1679.
Rabelais Franç., oeuvres par le Duchat. Amster-
dam 1841. 3 vol.
Ram de, notice sur les papiers d'état du Pape
Adrien VI. (Bulletin de la commission royale
d'histoire. T. XI, n. 1.)

Ranke L. v., römische Päpste. 3 Bde.
— deutsche Geschichte im Zeitalter der Reforma-
tion. Bd. I. (Sämmtliche Werke, II. Gesammt-
ausgabe.)
Rauzanus Petrus, vita S. Vincentii Ferrerii. Ap.
Bollandistas 5. April.
Raynaldi annales ecclesiastici. T. XX. f.
Razzi Serafino, vita del R. P. fra Girolamo Savo-
narola. Ms.
Recuerdos y bellezas de España. Barcelona
1839—1865. 4.
Reichstags-Acten von 1522—23.
— Ansbacher.
— Bamberger.
— Dresdener.
— Mainzer.
— Wiener.
Reitteri Conr., carmen dicolon. 1508.
Retzer, Hieronymi Balbi opera. Vindob. 1791.
2 Bde.
— Leben u. Schriften v. Hieron. Balbi. Wien 1790.
Reuchlin's Briefwechsel, herausgegeb. v. L. Geiger.
Stuttgart 1876.
Reumont Alfred v., Geschichte der Stadt Rom.
3 Bde.
— Il Card. Wolsey e la Sa. Sede. Archivio.
App. 28.
— un' ambasciata Veneta in Ungheria 1500—1503.
1875.
Reusens, syntagma doctrinae theolog. Adriani VI.
Lovanii 1862. 8.
— Adrianus VI., anecdota. Lovanii 1862. 8.
Revue de deux mondes (Mignet, rivalité de
Charles V et François I), T. XIV.
Rittershusii Conradi, commentarius de vita Bi-
lib. Pirckheimeri, vide Buderus.
Robitsch, Geschichte der Protestanten in der Steier-
mark.
Roscoe, Leben Papst Leo's X., deutsch von Henke.
3 Bde. Wien 1818.
Roßmann, Betrachtungen über das Zeitalter der
Reformation. Jena 1858.
Rossi, Patricio de, memoire storiche. Romae
1837.
Ruselli, vide Lettere.
Rzyszczewski u. Muszkowski, cod. diplom. Po-
loniae. Varsoviae 1847—48. 1, II.
Sadoleti Jacobi, Episc. Carpentoracti epistolarum
libri XVI. Coloniae Agripp. 1580.
Salat Johann, Chronik der schweizerischen Refor-
mation, vide Archiv für die schweizerische Re-
formationsgeschichte, Bd. I. Freiburg 1869. 1
Sandoval, vida del Emperador Don Carlos V.
Sanuto Marino, de successu rerum Italiae. Ms.
des k. k. Haus-, Hof- und Staatsarchivs.
Sarpi Paolo (Soave), storia del concilio di Trento.
Schaab, Geschichte des großen rheinischen Städtebundes.

Schäffner, Geschichte der Rechtsverfassung Frankreich's. 2. Aufl. 1859.

Scheible, das Kloster. Bd. VIII, X. 1847—1848.

Schelhorn, amoenitates hist. ecclesiast. Francofurti 1738. T. II.

Schmidt J., Geschichte der Deutschen.

Schwab J. B., Johannes Gerson. Würzburg 1859.

Seckendorf Lud. v., commentarius de Lutheranismo. Francof. 1692. f. 1.

Seripandi vitae S. Pontificum Cod. Palat. Vienn. 841 (6017). Herausgegeben von Höfler.

— Actionum Tridentinarum series, v. Döllinger.

Severolus, vide Africanus.

Simrock, Parzival und Titurel. Stuttg. 1876.

Sleidanus Joh., commentarius de statu religionis libri XXVI. Aug. 1621.

Solis de, historia de la conquista de Mejico. Paris 1826. 3 vol. 12.

Speierer Städtetags-Acten. Ms. der k. Archive zu Speier und Bamberg.

Spieß, Aufklärungen in der Geschichte und Diplomatik. Baireuth 1791. 2.

State papers. Vol. I. King Henry the eight. Parts I et II. 1830. 4.

Stitzing, Ulrich Zasius. Basel 1857.

Storia Veneta 1521—1533. Cod. Palat. Vienn. 6479.

Strauß, Ulrich von Hutten. Leipzig 1871.

Sugenheim, Baiern's Kirchen- und Volkszustände im sechszehnten Jahrhundert. Gießen 1842.

Summa Conciliorum. Lugduni 1564. 12.

Summarium sive rubrum S. Lateran. concilii. (Vide Acta Conciliorum. Paris 1714. T. XX.)

Tetleben's Briefe an den Churfürsten von Mainz, vide Krafft.

Thauffing M., Dürer's Briefe. Wien 1872.

Tholut, Vorgeschichte des Rationalismus. Halle 1854.

Theiner, Schweden und seine Stellung zum heil. Stuhle. I, II. Augsburg 1838.

— Vetera monumenta (hist. Ungariae). T. II. 1860 f.

— Vetera monumenta Slavorum meridionalium. T. I. 1863. f.

Tomaseo, rélations des ambassadeurs vénitiens sur les affaires de France au XVI siècle. I, II. 1834.

Tosti D. Luigi, Geschichte des Konziliums von Konstanz. Deutsch von Arnold. Schafthausen 1860.

Trattato de pace generale tra Carlo V, la republica di Venezia et gli altri principi cristiani per la mediazione del P. Adriano VI. 1523. Cod. Bibl. Fosc. CCCXIII, n. 6544.

Trithemii Joh., Opera. Francof. 1601.

Truffel August v., der Elsässer Augustinermönch Johannes Hoffmeister und seine Correspondenz mit dem Ordensgeneral Hieron. Seripando. Abhandl. der III. Classe der kön. bair. Akademie der Wissenschaften. XIV. 1.

— Ignatius von Loyola an der römischen Curie. München 1879.

Turgenevius, hist. Russiae monumenta. Petrop. . 1842. 1. 4.

Ulenberg, historia de vita etc. Lutheranorum. Col. 1622. 8.

Ulloa Alfonso, vita di Carlo V. Venet. 1562. 4.

Ursini Caspari Velli carmen ad Adrianum VI, vide Burmann, p. 339.

Varchi Benedetto, storia di Firenze. Biblioteca classica italiana. Trieste 1858. T. I.

Vegerii Conradi, funebris oratio in mortem D. Hadriani VI. P. M. habita Romae in reverendissimorum S. R. C. Cardinalium consessu. Ultimo die exequiarum pronunciata.

Vico Giambatt. Opere. Milano 1854.

Villari Pasquale, dispacci di Antonio Giustiniani 1502—1506. Firenze 1876. 3 t.

Villiers Cosmas, bibliotheca Carmelitana. Aurelianis 1752. II vol. f.

Vita Leonis X. auct. anonymo. Ap. Roscoe, T. III.

Vittorii, storia d'Italia 1511—27. Arch. stor. App. 21.

Vives Ludovicus, Opera omnia. Basileae 1555. f. 2 Bde.

Voigt Joh., Codex diplomaticus Prussiae. Königsberg 1833. 4 Bde.

— Geschichte Preußen's. Bd. VI, VII.

Bulliemin, Geschichte d. schweizerischen Eidgenossenschaft. Deutsch von Keller. Aarau 1878. 2 Bde.

Waddingus, annales minorum. Romae 1736. T. XVI. f.

Walz, der Wormser Reichstag im Jahre 1521. Forschungen. Bd. VI.

Weiss, papiers d'état du Cardin. Granvella. Tom. I.

Weiß Fr. Ed., aus der Culturgeschichte von Florenz. Berlin 1877.

Wette de, Luther's Briefe, Sendschreiben und Bedenken. 5 Bde. Berlin 1825—1828.

Wiedemann Dr. Theodor Fr., Johann Eck. Regensburg 1865.

— Geschichte der Reformation u. Gegenreformation im Lande unter der Enns. I. Prag 1879.

Wiener k. k. Haus-, Hof- und Staatsarchiv.

Wiltsch, Handbuch der kirchlichen Geographie und Statistik. Berlin 1846. 2 Bde.

Ziegler Jacob, vita Clementis P. VII. vide J. G. Schellhorn. T. II.

Namen-Verzeichniß.

K. k. Hofbuchdruckerei Carl Fromme in Wien.

Druck:
Customized Business Services GmbH
im Auftrag der KNV-Gruppe
Ferdinand-Jühlke-Str. 7
99095 Erfurt